VERLAG
FRITZ
MOLDEN

Peter Gosztony

DIE ROTE ARMEE

Geschichte und Aufbau der sowjetischen Streitkräfte seit 1917

VERLAG FRITZ MOLDEN

WIEN - MÜNCHEN - ZÜRICH - NEW YORK

1. Auflage

Wien-München-Zürich-New York
Verlegt vom Verlag Fritz Molden München GmbH
Lektor: Moritz Strachwitz
Schutzumschlag: Hans Schaumberger, Wien
Gesamtherstellung: Druckerei E. Rieder, Schrobenhausen

ISBN 3-217-00666-6

Gewidmet dem Andenken des sowjetischen Majors Akopjan, der zur Zerschlagung des Faschismus mit der Roten Armee von Moskau bis Berlin marschiert ist und der im November 1956 in Budapest auf der Seite der ungarischen Freiheitskämpfer den Heldentod gefunden hat.

„Wenn die Klasse der Ausbeuter einen Krieg führt, um ihre Herrschaft als Klasse zu stärken, so ist das ein verbrecherischer Krieg, und die ‚Vaterlandsverteidigung' in einem *solchen* Krieg ist eine Niedertracht und ein Verrat am Sozialismus.

Wenn das Proletariat, das bei sich die Bourgeoisie besiegt hat, einen Krieg führt zur Festigung und Entwicklung des Sozialismus, dann ist der Krieg berechtigt und heilig!"

Wladimir Iljitsch Lenin,
1918

Inhaltsverzeichnis

Vorwort

Als die große Französische Revolution zum Aufbau militärischer Machtmittel schritt, sollten damit ihre Errungenschaften nicht nur gesichert, sondern auch unter der Losung „Freiheit, Gleichheit, Brüderlichkeit" in die anderen Staaten Europas getragen werden. Mit der „Levée en masse" vom 23. August 1792 schuf der „Wohlfahrtausschuß", das Exekutivorgan der Revolution, die erste Volksarmee der Geschichte, in der es keinerlei Privilegien mehr gab und deren Offiziere und Soldaten nur durch ihre Funktion von einander verschieden waren. Die Französische Revolution endete schließlich im Französischen Kaiserreich. Die Armee der Revolution, geschaffen und erzogen von Lazare N. Carnot, wurde zum farbenprächtigen imperialen Heer des Kaisers Napoleon. Zwar wurden weiterhin revolutionäre Parolen verkündet, doch diente die militärische Macht eindeutig zur Erweiterung und Festigung der französischen Vorherrschaft in Europa.

Die gleiche Entwicklung läßt sich nach der Großen Sozialistischen Oktoberrevolution 1917 in Rußland beobachten. Kaum waren Lenin und seine Bolschewistische Partei zur Macht gelangt, mußten sie zum Schutz der neuen Ordnung Kampfformationen aufstellen. Die Rote Arbeiter- und Bauern-Armee, geschaffen und erzogen vom „russischen Carnot", Leo D. Trotzki, war selbstverständlich als Volksheer konzipiert. Die Vorgesetzten hatten keine Privilegien vor den Rotarmisten. Schmucke Uniformen, Orden und Ränge waren verpönt. Die Parolen der Revolution, das Banner des proletarischen Aufstandes, sollten im Zeichen des Internationalismus über ganz Europa getragen werden. In den Jahren des Bürgerkrieges und der ausländischen Intervention, als es um das nackte Überleben ging, und bis zu den großen Säuberungen der dreißiger Jahre glaubten die Rotarmisten ehrlich und voller Idealismus an diese revolutionären Losungen.

Dann brachen Hitlers Heere in die Sowjetunion ein. Als die Not am größten war, kam das Vaterland wieder zu Ehren, wurden wieder Orden in großer Zahl gestiftet und goldene Schulterstücke für die Offiziere eingeführt. Und kaum war der Krieg gewonnen und die nationalsozialistische Gefahr gebannt, stellte die nun Sowjetarmee genannte Streitmacht das Hauptinstrument der russischen Großmachtpolitik dar, die auf die Diplomatie und die Komintern-Aktivität der Zwischenkriegszeit folgte.

Vor der Revolution von 1917 hatte sich Lenin nie ernstlich mit praktischen Fragen des Militärwesens befaßt. In seiner grundlegenden Arbeit über Staat und Revolution vertrat er die Ansicht, daß nach der Eroberung der Macht durch das Proletariat der Staat mit all seinen Unterdrückungsorganen untergehen werde, ja untergehen müsse. Als er sich nach der Machtergreifung gezwungen sah, in der Räterepublik eine Armee aufzustellen, griff er auf die Thesen von Friedrich Engels zurück, der sich seinerzeit ausgiebig mit den Problemen der modernen Massenarmeen befaßt hatte. Lenin selbst schwebte ein Volksheer neuen Typs vor, das „irgendwo" zwischen einer regulären Armee preußischer Prägung und der schweizerischen Miliz mit demokratischem Einschlag stehen sollte. Was aus dieser Idee wurde, bildet den Gegenstand dieses Buches.

Seit ihrem Bestehen hat die Sowjetarmee *zehn* kleinere und größere Kriege geführt. Einige davon waren Verteidigungskriege, andere wieder, die Mehrzahl, Angriffsfeldzüge. Von den Absichten des Gründers der Sowjetunion ist in den sowjetischen Streitkräften von 1980 nicht mehr viel übrig geblieben. Die Sowjetarmee unserer Zeit ist eine nach rein militärisch-hierarchischen Grundsätzen aufgebaute Riesen-Organisation, die in der sowjetischen Politik und Gesellschaftsordnung ihren ganz bestimmten Platz hat. Sie ist der Garant der sowjetischen Großmachtstellung in Europa und in der übrigen Welt. In der längsten Friedensperiode unseres Jahrhunderts wird diese Armee in ständiger Kampfbereitschaft gehalten. Ihre zahlenmäßige Stärke ist dabei dreimal höher als diejenige der Zarenarmee vor dem Ersten Weltkrieg. Im Inneren ist sie nicht nur eine „Volksuniversität", wie Marschall Gretschko 1975 feststellte, sondern auch ein Schmelztiegel zur Russifizierung des Vielvölkerstaates, denn seit 1938 ist in der Roten Armee Russisch die ausschließliche Amts- und Kommandosprache.

Mag sein, daß es Leser geben wird, die den Eindruck haben, ich hätte die Rolle der Sowjetarmee bei der Niederwerfung des Hitler-Reiches überbewertet. Andere wiederum könnten das Buch als antikommunistisch empfinden. Sowohl den einen als auch den anderen sei gesagt, Geschichte schreibt man nicht nach Gefühlen und noch weniger nach politischen und ideologischen Dogmen. Die Geschichtsschreibung muß sich auf Fakten und Dokumente stützen und Ergebnisse festhalten. Bei meiner Arbeit habe ich nach Möglichkeit östliche und westliche Quellen beigezogen, soweit ich diese von der Schweiz aus beschaffen konnte. Die Archive in Moskau sind für den Forscher noch immer verschlossen, besonders wenn man sie für ein so brenzliges Thema, wie die Geschichte der Streitkräfte konsultieren möchte. Die Fragen zu einigen Problemen des sowjetischen Militärwesens in der Stalin-Zeit, die ich an das Genfer Büro der staatlichen sowjetischen Presseagentur Nowosti gerichtet habe, sind unbeantwortet geblieben. Gleichwohl hege ich die Hoffnung, daß ich in meinem Buch die Geschichte der mächtigsten Streitmacht unserer Zeit den Umständen nach gerecht dargestellt habe. Von vielen Persönlichkeiten und Stellen erhielt ich dabei Hilfe, für die ich mich hiermit bedanken möchte. Einen besonderen Dank schulde ich Herrn Dr. Max Keller, Oberst i. Gst. a. D. der Schweizer Armee und gewesener Militärattaché, für die Durchsicht des Manuskriptes und seine stetige und sachkundige Hilfe.

Bern, im Frühjahr 1980
Dr. Peter Gosztony

I. Der Weg in die Revolution

Mit großem Pomp feierte das zaristische Rußland im Jahre 1913 das Dreihundertjahr-Jubiläum des Hauses Romanow. Zu Ehren des Zaren aller Reußen, des 45jährigen Nikolaus II., wurden mehrere Wochen Militärparaden, Volksfeste, Bälle und Bankette veranstaltet. Doch vermochte all dies nicht darüber hinweg zu täuschen, daß das riesige Zarenreich mit seinen 161 Millionen Einwohnern enorme Schwierigkeiten hatte.

Rußland war zu Beginn des 20. Jahrhunderts eines der rückständigsten Länder Europas. Der Großteil seiner Bevölkerung, ein buntes Gemisch von vielen Nationalitäten und Religionen, lebte noch wie mitten im 19. Jahrhundert. Die Landwirtschaft dominierte. Obwohl die Leibeigenschaft 1861 abgeschafft worden war, hingen die Bauern noch in mancher Hinsicht von der Gunst ihrer Gutsherren ab. Die Industrie war im Vergleich zu anderen Ländern noch sehr im Rückstand. Das städtische Proletariat, das mit der Industrialisierung entstanden war, lebte in großem Elend und wurde rücksichtslos ausgebeutet. Immer wieder setzten sich aufgeklärte und auch revolutionäre Intellektuelle für die besitzlosen Bauern und das Industrieproletariat ein, um das Los der Ausgebeuteten zu verbessern und ihnen zu politischer Macht zu verhelfen. Um die Jahrhundertwende wurde die Sozialdemokratische Partei Rußlands gegründet. Infolge interner Streitigkeiten spaltete sich diese 1903 in einen gemäßigten Flügel („Menschewiken“) und einen radikalen Flügel („Bolschewiken“). Das Ziel der Letztgenannten war, die bestehende gesellschaftliche Ordnung durch eine Revolution zu stürzen und an die Macht zu gelangen.

Zar Nikolaus II., der seit 1894 das riesige Land als absoluter Herrscher regierte, und mit ihm alle maßgebenden Kreise, standen den neuen politischen und sozialen Bestrebungen in Rußland ablehnend und verständnislos gegenüber. Nikolaus II. stützte sich auf seine politische Polizei, die 1880 gegründete „Ochrane otdelenie“, die alle oppositionellen Bewegungen im Lande mit Gewalt und List zu unterdrücken hatte.

1. Der Erste Weltkrieg

1914 fieberte ganz Europa einem Krieg entgegen. Die Machtblöcke hatten sich schon gebildet: auf der einen Seite die *Zentralmächte* (Deutschland, Österreich-Ungarn und Italien) und auf der anderen Seite die *Entente Cordiale* (Großbritannien, Frankreich und Rußland). Am 28. Juni 1914 wurde der österreichisch-ungarische Thronfolger Erzherzog Franz Ferdinand in Sarajewo (Bosnien) von einem serbischen Studenten ermordet. Als Wien deswegen von der serbischen Regierung mit einem unannehmbaren Ultimatum Genugtuung forderte, explodierte das europäische Pulverfaß. Am 25. Juli 1914 beschloß der russische Kronrat, Serbien, wenn nötig, militärische Beihilfe zu gewähren.[1] Bereits am darauffolgenden Tag mobilisierte Rußland. Der Zar und die Regierung hofften insgeheim, mit der Kampagne „zum Schutz des Slawen" auf dem Balkan ihre Untertanen von den eigenen Problemen ablenken zu können. Denn seit 1911 war es immer wieder zu sozialen Unruhen und zu Streiks in den Industriezentren gekommen. In den Monaten vor Kriegsausbruch befanden sich mehr als eine Million russische Arbeiter im Ausstand.

Am 28. Juli 1914 erklärte Österreich-Ungarn dem Serbischen Königreich den Krieg. Innerhalb weniger Tage ergriff der Krieg wie eine Kettenreaktion die europäischen Mächte. Das Deutsche Reich eilte der Doppelmonarchie zu Hilfe und erklärte Rußland am 1. August und zwei Tage später Frankreich den Krieg. Österreich-Ungarns Kriegserklärung an Rußland erfolgte am 6. August, als russische Truppen bereits gegen Ostpreußen marschierten. So entstanden an der russischen Front zwei Schwerpunkte. Einerseits griffen zwei Armeen Ostpreußen an, während andererseits fünf Armeen das damals österreichische Galizien in die Zange nahmen.

Die Armee des Zaren war weder materialmäßig noch politisch auf den Krieg vorbereitet. Zwar wurden in den ersten Kriegsjahren mehr als 15 Millionen Mann aufgeboten, aber es fehlten Organisation und Mittel, um sie auszurüsten und zu bewaffnen. Die aus Frankreich und England eintreffenden Lieferungen halfen nicht viel weiter. Die Verluste an den Fronten stiegen: Bereits Ende 1916 verzeichnete die zaristische Armee beinahe drei Millionen Tote, Verwundete und Vermißte. Die unfähige militärische Führung, die Niederlage nach Niederlage hinnehmen mußte, die mangelhafte Versorgung der Fronttruppen mit den elementarsten Gütern, bewirkten sowohl bei den einfachen Soldaten als auch im Offizierskorps Unzufriedenheit.

Der Großteil der Mannschaften bestand aus jüngeren Bauern. Diese hatten von der Weltpolitik nur eine geringe oder überhaupt keine Ahnung; die meisten von ihnen konnten weder lesen noch schreiben: auch die sogenannten „Halbanalphabeten" zeigten nach der ersten Euphorie von 1914 immer weniger Interesse, sich für eine Sache zu schlagen, die sie nicht als ihre eigene betrachteten. „Warum müssen wir die Deutschen bei Berlin schlagen, damit unsere Kinder und

Enkel bei Irkutsk und Krasnojarsk friedlich ihre Felder bebauen können?" so fragte zum Beispiel ein sibirischer Schütze seinen Offizier 1915 in Galizien und andere wieder hatten willige Ohren für die Gerüchte, die aus dem Zarenhof kamen. Diese brachten die Zarin, die eine geborene deutsche Prinzessin war, mit den Niederlagen der Zarenarmee in Verbindung. Ob hier nicht Verrat am Werke war? Und Rasputins „Zauber" auf die Zarin? Was ging im Zarenhof vor, während man sich an der Front im Dreck und Elend für den Zaren schlug? „Ich bin nur ein einfacher Bauer, aber ich würde eine derartige Schande nicht zulassen, und er (Nikolaus II.) ist der Herrscher! Vergießen wir dafür unser Blut?" fragte 1916 an der rumänischen Front ein Soldat einen die Truppe besuchenden Petrograder Professor. Und als dieser zurückfragte: „Für ihn?", sagte der Soldat nachdrücklich „Für wen denn sonst? ... Ist er das auch wert?"[2]

Arbeiter und Intellektuelle erklärten, daß der Krieg nicht ihre Sache sei. Dieser hatte die Kluft zwischen den sozialistischen Parteien vertieft. Während die Mehrheit der Menschewiken sich, mit Vorbehalt zwar, aber immerhin für die Verteidigung des Vaterlandes entschied, forderte der Führer der Bolschewiken, Wladimir Iljitsch Lenin (seit 1907 in der Emigration, seit 1914 in der Schweiz), daß der „ungerechte imperialistische Krieg" des Zaren mit allen Mitteln sabotiert, in einen „gerechten Bürgerkrieg" verwandelt werde, damit in Rußland ein gewaltsamer Umschwung möglich werde! Ungeachtet ihrer beschränkten Mittel verbreiteten die Bolschewiken ab 1916 regelmäßig heimliches Propagandamaterial unter den Soldaten.

Wie stand es in jener Zeit um das zaristische Offizierskorps? Um seine Lage zu verstehen, müssen wir uns kurz mit der Miljutin'schen Heeresreform von 1874 beschäftigen. Damals hatte man, um den Anschluß an die Entwicklung zu großen Massenarmeen nicht zu verlieren, die Offizierslaufbahn (die bisher nur den privilegierten Klassen offen stand) *allen* Schichten zugänglich gemacht; Voraussetzung war nicht mehr die adlige Herkunft, sondern der Bildungsstand. Durch gewisse Förderungsmethoden und durch die Einführung des sogenannten Einjährig-Freiwilligen-Status wurde der Anteil des bürgerlichen Elements im russischen Offizierskorps wesentlich erhöht. Aber das Kasten-System blieb unangetastet. Sondereinheiten (die Garden) und höhere Stäbe blieben weiterhin den Angehörigen der „staatstragenden Schichten" d. h. des Adels und anderer privilegierter Klassen vorbehalten.

Die ersten Monate des Krieges forderten unter den Offizieren viele Opfer. Vor der Mobilisation zählte die Zarenarmee etwa 50000 aktive Offiziere; bis Anfang 1917 fielen mehr als 60000 aus (die Reserve-Offiziere miteingerechnet). Dies war um so schlimmer, als die Zahl der Soldaten zwischen 1914 und 1916 von 1432000 auf 15293000 Mann gestiegen, das Offizierskorps aber gleich groß bzw. klein geblieben war. Nur durch eine radikale Lösung konnte diesem Mißverhältnis abgeholfen werden! So wurden in sechswöchigen Schnellkursen Fähnriche (die rangniedrigsten Offiziere) herangebildet. Sie brauchten kein großes Führungstalent, hatten aber auch nicht viel Autorität bei der Mannschaft. Trotzdem mußten sie mit der Zeit verantwortungsvolle Aufgaben übernehmen, konnten sie aber oft nicht zufriedenstellend lösen. Dazu kam noch, daß viele dieser Kriegs-Fähnriche, die hauptsächlich aus den Städten stammten, schon vor dem Krieg mit der Politik in Berührung standen und für soziale Ideen und Strömungen empfänglich waren. Die Folge davon war, daß die Sozialisten mit ihrer Agitation nicht nur bei der Mannschaft, sondern auch bei einem Teil der Offiziere Erfolg erzielten.

Zwischen Offizieren und Mannschaften bestand eine tiefe Kluft. Zwar hatte man 1904 die körperliche Züchtigung der Soldaten als Disziplinarmaßnahme abgeschafft, doch führte man sie, als die Lage an der Front kritisch wurde, wieder ein.

Bereits 1915 war es verschiedentlich zu kleineren Soldatenrevolten gekommen, vornehmlich bei der Flotte. Im darauffolgenden Jahr, insbesondere nach dem Scheitern der mit großer Hoffnung geführten Brussilow-Offensive[3], vermehrten sich derartige Vorfälle — nicht zuletzt als Folge der Propagandatätigkeit von Bolschewiken (in Uniform oder in Zivil) wie Michail W. Frunse, N. W. Krylenko und A. F. Mjasnikow. Im Heer und bei der Flotte wurden geheime Parteizellen gebildet, Lesezirkel organisiert und Verbrüderungen mit dem Gegner („Proletarier, genau wie wir!") herbeigeführt. Wenn man die geheime Agitationstätigkeit der Sozialisten aller Schattierungen in der Armee auch nicht überbewerten darf, so muß man doch festhalten, daß diese Männer mit ihren Aktionen ihren festen Platz in der Vorgeschichte der Revolution von 1917 haben.

2. Das Ende des zaristischen Rußlands

Der Winter 1916/17 stand im Zeichen vermehrter Unruhen und größerer Unrast. Paris und London drängten den Zaren erneut, die westeuropäische Front durch neue russische Offensiven zu entlasten. Dazu aber fehlten alle Mittel. „Die grauen Generalstabsnullen", schrieb später der Organisator der Roten Armee, Leo Dawidowitsch Trotzki, „füllten die Lücken mit neu Ausgehobenen, trösteten sich und ihre Verbündeten mit Zahlenkolonnen, wo man Kämpferkolonnen brauchte. Annähernd 15 Millionen Mann wurden mobilisiert, die die Depots, Kasernen, Etappen füllten, herumlungerten, herumstampften, einander auf die Füße traten, verbitterten, fluchten..."[4] Das russische Transportwesen konnte die ihm gestellte Aufgabe nicht mehr lösen. Sogar die Güterverteilung stockte. In den Großstädten kam es zu Lebensmittelknappheit, worunter insbesondere die Arbeiterschaft zu leiden hatte. Streiks und Arbeitseinstellungen waren in beängstigendem Ausmaß an der Tagesordnung. Bereits im Oktober 1916 zogen mehrere zehntausend Arbeiter mit revolutionären Parolen wie „Nieder mit dem Krieg!"

und „Nieder mit dem Zaren!" durch die Großstädte. Die Zahl der Deserteure wuchs.

Vergeblich warnten die bürgerlichen Oppositionsführer den Zaren und die Regierung vor den verheerenden Folgen ihrer Politik. Selbst die Ermordung des unseligen Mönchs Rasputin im Dezember 1916, ein Wetterleuchten, das den kommenden Sturm ankündigte, bewirkte keine Änderung mehr. Das ganze Russische Reich, Regierte und Regierende, waren reif für die Revolution!

Mit einer spontanen Frauendemonstration in den Straßen Petrograds (des heutigen Leningrads) begann am 23. Februar 1917 (nach der damaligen russischen Zeitrechnung) jene Bewegung, die binnen weniger Tage den russischen Zarenthron zum Einsturz brachte. *Damit begann die Entwicklung, welche Europa, ja die ganze Welt mit einem neuen Gesellschaftssystem konfrontieren sollte!* Am folgenden Tag streikten bereits 200000 Arbeiter, und nach weiteren 24 Stunden hatten sich die Arbeitsniederlegungen zum Generalstreik ausgeweitet. Die Polizei und die Armee standen den Ereignissen machtlos gegenüber. Am 27. Februar 1917 gingen die Angehörigen der Petrograder Garnison auf die Seite der Revolution über. Die Soldaten des Zaren verbrüderten sich mit den Arbeitern und Bürgern. Sozialisten und bürgerliche Demokraten forderten die sofortige Abdankung des Zaren und die Bildung einer neuen, demokratischen Regierung. Am 28. Februar ging auch Moskau in die Hände der Aufständischen über. Die Unruhen erfaßten immer größere Teile Rußlands und die Front.[5]

Um die Monarchie zu retten, dankte Nikolaus II. am 2. März 1917 ab. Sein designierter Nachfolger auf dem Thron, Großfürst Michail, war jedoch nicht gewillt, das Erbe anzutreten. So endete die Herrschaft der Romanows in Rußland.

3. Für ein neues Rußland!

Inzwischen formierte sich unter dem Fürsten G. I. Lwow eine Provisorische Regierung mit dem Ziel, die Ordnung im Lande wieder herzustellen. An dieser Regierung beteiligten sich alle Parteien, von den bürgerlich-liberalen bis zu den gemäßigten Sozialisten, d. h. Menschewiken und Sozialrevolutionäre im Bestreben, Rußland vom Absolutismus zur bürgerlichen Demokratie zu führen. Doch ungeachtet der Absichten der neuen Regierung griff die Revolution weiter. Die aufgebrachten Massen stürmten das Staatsgefängnis und befreiten die politischen Gefangenen (unter ihnen viele Sozialisten). Im Taurischen Palast, wo vorher das zaristische Parlament, die Duma getagt hatte, gründeten die Bolschewiken zusammen mit linksorientierten Politikern Ende Februar 1917 und ohne Befragen der Regierung ein Provisorisches Exekutivkomitee der *Sowjets der Arbeiter- und Soldatendeputierten,* das sogleich den Arbeiter- und Soldatensowjet einberief.

Das Wort „Sowjet“ hörten die Petrograder Bürger zum ersten Male, obwohl dieser Name in der russischen Arbeiterbewegung seit den Unruhen von 1905 und 1906 bekannt war. („Sowjet“ könnte man mit „Rat“ übersetzen, und zwar im Sinn: Rat der gewählten Vertreter der Betriebe und Truppenteile.) Der Petrograder Arbeiter- und Soldatensowjet bestand aus etwa 3000 Delegierten. Er war und blieb tonangebend und richtungweisend für alle übrigen Sowjets. Auffallend war, daß er viel mehr Militärangehörige als Arbeiter zählte, obwohl in der Hauptstadt mehr Arbeiter als Soldaten waren.

Die Leitung des Exekutivkomitees und damit des Sowjets lag offiziell in den Händen der Sozialisten jeglicher Prägung. Marxistische Intellektuelle beherrschten die Bewegung. Ihre größte Sorge galt vorerst der Armee. Diese hatte noch eine beträchtliche Macht und stand unter der Regierung Lwow und wurde weiterhin von der alten Generalität geführt. In den Köpfen der Sozialisten spukte nun die Idee, daß irgendein zaristischer General seine Truppen gegen Petrograd führen könnte, um der Revolution Einhalt zu bieten. Wie sollte die Revolution weiterentwickelt und im ganzen Reich verwirklicht werden, wenn eine der Hauptsäulen des gestürzten Regimes, die Armee, noch auf diese Weise weiterbestand? Es galt, die neuen Ideen in die Armee zu tragen, selbst um den Preis einer militärischen Desorganisation und der Auflösung der bestehenden Fronten.

Aus solchen Überlegungen entstand am 1. März 1917 — unabhängig von der Regierung — jenes *erste* Dekret des Arbeiter- und Soldatensowjet das zur Bildung von *Soldatensowjets* (eine Art von Soldaten-Komitees) im Heer und in der Flotte aufrief. Diese sollte dem Petrograder Arbeiter- und Soldatensowjet verantwortlich sein und Einfluß nehmen auf die Truppe. Mit dem Dekret wurde Mißtrauen gegen das Offizierskorps geschürt. So lautete ein Punkt: „Alle Waffen, Gewehre, Maschinengewehre, Panzerautos usw., haben unter der Kontrolle und zur Verfügung der Kompanie- und Bataillonsausschüsse des Sowjets zu stehen und sind unter keinen Umständen, auch nicht auf dahingehende Aufforderung, den Offizieren auszuhändigen!“[6] Im weiteren hob das Dekret die bisherigen Gruß- und Anredeformen zwischen Offizieren und Soldaten auf und schränkte die Privilegien des Offizierskorps ein. In der Folge wurde dann noch das Prinzip der Wählbarkeit der Offiziere im Heer und in der Flotte „dekretiert“.

Den Sozialisten schwebte in diesen Frühlingstagen 1917 als Idealbild eine Armee von Bürgern in Uniform vor, die nur bei der Erfüllung dienstlicher Pflichten die militärische Disziplin wahren und „außer Dienst“ als Staatsbürger die ihnen zustehenden politischen Rechte ausüben sollten. Die Regierung Lwow, die sich im Hinblick auf die in naher Zukunft abzuhaltenden allgemeinen und geheimen Wahlen als „provisorisch“ bezeichnete und sich selbst nicht im klaren war, welche politische Richtung sie hinsichtlich der Armee einschlagen wollte, ließ den Petrograder Arbeiter- und Soldatensowjet gewähren.

Der neue Kriegsminister Alexander I. Gutschkow (ein bürgerlicher Politiker, Fabrikant von Beruf) sanktionierte in einem Tagesbefehl das Dekret Nummer 1 des Petrograder Arbeiter- und Soldatensowjets zur Demokratisierung der

Fronttruppen und er verfügte die Entlassung von 120 Generälen des Heeres. Daneben versuchte die Regierung mittels chauvinistisch-sozialpatriotischer Phrasen den Krieg fortzusetzen. Sie proklamierte nunmehr den „revolutionären Krieg", der nötig sei, die Ehre Rußlands zu retten. Dabei diente die Weiterführung des Krieges gegen die Zentralmächte nur den Interessen der Westmächte, die von einem Waffenstillstand im Osten die Verstärkung der deutschen Truppen an der Westfront zu erwarten hatten.

4. Lenin und die deutsche Reichsregierung

Mit der Möglichkeit eines Waffenstillstandes an der Ostfront befaßte man sich in Berlin schon seit längerer Zeit. „Der Sieg und als Preis der erste Platz der Welt ist unser, wenn es gelingt, Rußland rechtzeitig zu revolutionieren und damit die Koalition zu sprengen!" schrieb bereits im Dezember 1915 der deutsche Diplomat Graf Ulrich v. Brockdorff-Rantzau aus Kopenhagen, der in der Folge eine Schlüsselrolle bei der „psychologischen Kriegsführung" gegen Rußland spielen sollte.[7]

Im Deutschen Auswärtigen Amt bestand bereits Ende 1915 ein „Kostenvoranschlag" von 20 Millionen Rubel für eine Revolution im Zarenreich. Eine Million Rubel — wohl von der Kriegsbeute aus dem russischen Teil Polens — hatten die Deutschen im Januar 1916 nach Petrograd geschafft und verschiedenen revolutionären Gruppen zur Verfügung gestellt. Weitere Summen erhielten Revolutionäre im Ausland, die das Zarenregime bekämpften. Die Bolschewiken, der radikalste Flügel der russischen Revolutionäre, gehörten in dieser Zeit allerdings noch nicht zu den Geldempfängern, obwohl die Parteileitung solche Spenden dringend benötigt hätte.

Ebenfalls Ende 1915 hörte der deutsche Reichskanzler Theobald von Bethmann-Hollweg zum ersten Mal von Wladimir Iljitsch Lenin, den Führer der Bolschewiken, der nach Kriegsausbruch in der neutralen Schweiz Zuflucht gefunden hatte. Damals erhielt er einen „Friedensplan" der Bolschewiken, der verlockend aussah: Ausrufung der Republik in Rußland — Enteignung der Großgrundbesitzer — Achtstündiger Arbeitstag für die Werktätigen — volle Autonomie für alle Nationalitäten — Friedensangebot ohne Rücksicht auf Frankreich — Rückzug der russischen Armee aus der (mit Deutschland verbündeten) Türkei und (um das britische Imperium zu treffen) Einmarsch der russischen Armee in Indien. Das alles um den bescheidenen Preis eines deutschen Verzichts auf Annexionen und Kontributionen in Rußland.[8]

Als Lenin Ende Februar 1917 in Zürich von den Erfolgen der Revolution in Petrograd hörte, unternahm er alles, um so rasch wie möglich nach Rußland zu gelangen. Über verschiedene Mittelsmänner nahm er Verbindung zum Deutschen Reich auf. Berlin half, und so konnte Lenin und seine Gruppe im März 1917 Zürich verlassen und in dem berühmten „plombierten Wagen“ durch Deutschland, Schweden und Finnland nach Petrograd reisen, wo sie am 3. (16.) April eintrafen. Auf dem Finnischen Bahnhof warteten, trotz der späten Abendstunde, Tausende von Arbeitern auf Lenin. Vor dem Bahnhof improvisierte dieser die erste öffentliche Rede in Rußland nach langer Zeit. Von einem Panzerauto aus sprach er zur Menge. Es war eine „Kriegserklärung“ an die Provisorische Regierung des Fürsten Lwow. Er, so sagte Lenin, sei für einen sofortigen Frieden und er wolle sich für eine gerechte Verteilung des Bodens unter die Bauern einsetzen. Die Revolution dürfe nicht auf halbem Weg stehen bleiben.

Der Leiter der deutschen Abwehrstelle in Stockholm, Hans Steinwachs meldete am 30. April 1917 dem deutschen Generalstab in Berlin: „Lenins Eintritt in Rußland geglückt. Er arbeitet völlig nach Wunsch...“[9]

5. Die Bolschewiken und die Provisorische Regierung

Es war ein großer politischer Irrtum, anzunehmen, daß Lenin sich in Rußland zugunsten des deutschen Kaiserreichs betätigen würde. Der Führer der Bolschewiken verabscheute das Deutsche Kaiserreich genau so wie das Zarenregime. Seine Meinung über den Krieg war wohlbekannt. Beide Seiten führten einen verbrecherischen, volksfeindlichen und ungerechten Krieg. Man mußte mit diesem aufhören bzw. ihn zu einem Bürgerkrieg umwandeln mit dem Ziel, die Macht des Proletariats zu erreichen.

Präzis formulierte Lenin sein Programm in den sogenannten *April-Thesen*, die er bereits am 4. April in Petrograd veröffentlichte, und in denen er unter anderem forderte: „Keinerlei Unterstützung der Provisorischen Regierung, Aufdeckung der ganzen Verlogenheit aller ihrer Versprechungen, insbesondere hinsichtlich des Verzichts auf Annexionen. Entlarvung der Provisorischen Regierung, statt der unzulässigen, Illusionen erweckenden ‚Forderung‘, *diese* Regierung, die Regierung der Kapitalisten, solle aufhören, imperialistisch zu sein! ... *Keine parlamentarische Republik* — von den Sowjets der Arbeiter- und Soldatendeputierten zu dieser zurückzukehren wäre ein Schritt rückwärts — sondern eine Republik der Arbeiter- und Bauerndeputierten im ganzen Lande, von unten bis oben!“[10] Im übrigen vertrat Lenin die Meinung, man müsse die Polizei, die Armee und die ganze Bürokratie „abschaffen“. Das stehende Heer sollte durch eine allgemeine Volksbewaffnung ersetzt werden.

Lenins Programm für die Machtergreifung stand fest. Bereits 1905 hatte er geschrieben: „Wir werden sofort nach der demokratischen Revolution, und zwar im

Maße unserer Kraft, der Kraft des klassenbewußten und organisierten Proletariats, den Übergang zur sozialistischen Revolution in Angriff nehmen. Wir sind für die permanente Revolution. Wir werden nicht auf halbem Weg stehen bleiben!"[11]

Um seine Pläne durchführen zu können, scheute Lenin sich nicht, von den Deutschen finanzielle Unterstützung anzunehmen. Die Bolschewistische Partei (wie sie sich ab April 1917 offiziell nannte) brauchte Geld. Sie mußte Zeitungen herausgeben, Agitatoren und Propagandisten bezahlen und nicht zuletzt Waffenlager anlegen, um damit die Parteimiliz, die Rote Garde, auszurüsten. Ein Aufwand, den Lenin allein mit Mitgliederbeiträgen nie hätte finanzieren können.

Das Verhältnis der Bolschewiken zur Provisorischen Regierung wurde mit Lenins Rückkehr unfreundlich, ja feindlich. Die Partei führte nun einen vielseitigen Kampf: sie bekämpfte die Regierung Lwow mit der Losung „Alle Macht den Sowjets", sie versuchte im Petrograder Sowjet vermehrten Einfluß zu gewinnen, sie verstärkte die Antikriegsagitation unter den Soldaten und sie trieb die Organisation einer bewaffneten Parteimiliz, der Roten Garde, voran.

6. Die Rote Garde

Die Geschichte der Roten Garde ist gleichzeitig die Geschichte des Kampfes um „den Mann mit dem Gewehr" („Tschelowjek s ruschjom").

Milizartige Formationen hatte es im Zarenreich schon 1916 gegeben, als in den größeren Städten Bürgerwehren organisiert wurden, um die Polizei zu unterstützen. Nach der Februarrevolution 1917, als infolge Lockerung der Regierungsgewalt und Massendesertionen von der Front es in den Städten und insbesondere in den Vororten zunehmend unsicher wurde, begannen die neu gegründeten Betriebsräte der großen Werke sogenannte Arbeiterwachen aufzustellen. Die militärische Ausrüstung dafür wurde vom Kriegsministerium zur Verfügung gestellt. Die Arbeiterwachen waren unpolitisch und hatten lediglich für die Sicherheit der Werke und ihrer Umgebung zu sorgen. Die Bolschewiken trachteten jedoch danach, unter Ausnützung der Verhältnisse und der Erfahrungen von 1905 bewaffnete Formationen zur Durchsetzung ihrer Politik zu bilden.

Lenin weilte noch in der Schweiz, als seine Parteigänger in Moskau Ende März 1917 die Aufstellung einer als „Rote Garde" bezeichneten Kampforganisation der Partei beschlossen. Diese sollte in erster Linie in den Betrieben und Werken von Moskau und Petrograd organisiert werden, mit Schwergewicht in den Rüstungsfabriken und Waffenarsenalen: das örtliche Proletariat war mit einzubeziehen. Der 52jährige P. K. Sternberg, ursprünglich Astronom, schon seit vielen Jahren „Berufsrevolutionär", nahm sich der Aufgabe mit Erfolg an. Aus seinem

Bericht vom 4. (17.) April 1917, der nach unserer Meinung bereits die Organisationsgrundsätze der späteren Roten Armee enthält, zitieren wir:

„*Die Konterrevolution* (gemeint: Bürgerliche-Demokratie — P. G.) *organisiert sich. Sie kann sich auf zwei Kräfte stützen: die Armee und die Miliz. Auf die Armee hat die Bourgeoisie wenig zu hoffen, bestenfalls werden ihr einige Truppenteile die Treue halten. Schlimmer ist es um die Miliz bestellt. Es wird der Bourgeoisie gelingen, sie aus zuverlässigen Elementen zusammenzustellen. Das* (bürgerliche — P. G.) *Komitee der gesellschaftlichen Organisationen hat sich bereits diese Aufgabe gestellt. Wir müssen dieses Vorhaben durchkreuzen. Dazu müssen wir in die* (nichtbolschewistische — P. G.) *Miliz eintreten und zu erreichen versuchen, daß unsere Genossen die besten Waffen erhalten. Außerdem müssen wir besondere Militärkader schaffen. Bei den Parteiklubs in den Bezirken müssen Schieß- und Sportzirkel organisiert und die Genossen im Waffengebrauch ausgebildet werden...*“[12]

Langsam nahm die Rote Garde in Moskau und Petrograd Gestalt an, blieb aber zahlenmäßig relativ schwach. Im Sommer 1917 verfügte sie über etwa 12000 Mann, wozu noch ca. 13000 Sympathisanten kamen, die — so dachten die Bolschewiken — im Notfall als Reserve oder als Hilfstruppe hätten dienen können.[13]

In militärischer Beziehung waren die Abteilungen der Roten Garden anfänglich armselige Formationen; die Disziplin ließ sehr zu wünschen übrig, Waffen waren nur wenig vorhanden, und die Mängel der Ausbildung konnten durch den revolutionären Elan der Instrukteure nicht wettgemacht werden. In einem möglichen Bürgerkrieg hätten sie nicht selbständig gegen reguläre Truppen eingesetzt werden können. Es war für die Bolschewiken ein ausgesprochener Glücksfall, daß die Rote Garde mit revolutionär gesinnten Teilen der regulären Truppen gemeinsame Sache machen konnte. Das waren die Matrosen im Petrograder Kriegshafen Kronstadt und die lettischen Schützen-Einheiten der Moskauer Garnison.

Im April und Mai 1917 waren in Petrograd und in Moskau Zentrale Stäbe der Roten Garde aufgestellt worden. Die Abteilungen wurden möglichst territorial und nach Produktionsbetrieben aufgebaut. Ihre Grundformation war die Zehnergruppe (der Trupp); diese wurden in Züge und Kompanien zusammengefaßt. Das Bataillon war die größte Einheit und zählte etwa 400—600 Bewaffnete. Die Kader wurden von der Truppe gewählt, während die Inspekteure durch die Stäbe ernannt wurden.

Ungeachtet der zahlreichen politischen und militärischen Krisen arbeiteten die Bolschewiken den ganzen Sommer am Ausbau der Roten Garde. Neben der militärischen Ausbildung vergaßen sie die politische Erziehung nicht, denn der Rotgardist sollte nicht „bloß“ Sozialist sein, sondern auch Anhänger oder Sympathisant von Lenins Partei. Während die bolschewistischen Propagandisten an der Front und im Hinterland daran arbeiteten, die Armee vollends zu zerstören, sorgte man in Lenins Stab dafür, daß die Rote Garde-Abteilungen immer größer und stärker wurden, um zu gegebener Zeit das seit März 1917 bestehende bürgerlich-demokratische System in eine „sozialistische Gesellschaftsordnung" umzuwandeln. Mit List und Gewalt steuerte Lenin, der seit April 1917 mit seinem Stab im Petrograder Smolny-Institut installiert war, der Machtübernahme zu.

7. Die Kerenski-Offensive

In der allgemeinen Gärung konnte sich die Provisorische Regierung des Fürsten Lwow nicht durchsetzen. Am 5. (18.) Mai bildete der 36jährige Sozialrevolutionär Alexander F. Kerenski eine Koalitionsregierung mit vermehrter Beteiligung der sozialistischen Parteien, jedoch ohne Bolschewiken. Um die Stimmung im Lande zu heben, plante die Kerenski-Regierung eine großangelegte Offensive: in Galizien sollte die österreichisch-ungarische Armee geschlagen werden.

Lenin versuchte das zu hintertreiben. Sein Einfluß blieb aber auf den Petrograder Sowjet beschränkt und der I. Gesamtrussische Sowjetkongreß sprach der Provisorischen Regierung sein Vertrauen aus. Nun versuchten es die Bolschewiken bei der Armee. An einer am 16. (29.) Juni zusammengerufenen Gesamtrussischen Konferenz der Militärsowjets forderte Lenin die Delegierten auf, endlich mit dem Krieg Schluß zu machen und die Übernahme der gesamten Staatsmacht durch die Sowjets mit Waffengewalt vorzubereiten! Er wurde aber niedergestimmt. Die Mehrheit der Delegierten war für die Fortsetzung des Krieges.

Am 18. Juni (1. Juli) begann die Offensive der russischen Armee in Galizien. Kerenski ging zur Front und wandte sich mit einem Tagesbefehl an die Soldaten: „Das Vaterland ist in Gefahr. Die Freiheit ist bedroht, die Revolution steht vor dem Zusammenbruch. Es ist Zeit, daß die Armee ihre Pflicht erfüllt. Euer Höchstkommandierender (General der Kavallerie Alexej A. Brussilow — P. G.), der auf so viele Siege zurückblickt, ist der Ansicht, daß jedes weitere Zögern dem Feinde zugute kommt, während ein einziger entscheidender Sieg seine Pläne zunichte machen kann! ... Offiziere und Soldaten: Wisset, ganz Rußland segnet euch zu den Waffentaten für die Zukunft des Vaterlandes und im Namen eines ehrenhaften und dauernden Friedens. Ich befehle Euch: Vorwärts!"[14]

Auf 65 Kilometer Frontbreite griffen 31 Divisionen die k.u.k. Armee an. Anfänglich schien es, als ob der Gegner eine ähnliche Niederlage wie bei der ersten Brussilow-Offensive (1916) erleiden würde. Die ersten Erfolge weckten in breiten Schichten der russischen Bevölkerung Begeisterung und lösten eine „nationalistische Welle" aus. Doch schon nach einer Woche kam die Wende. Organisationsfehler und Rivalitäten in der russischen Generalität vereitelten den weiteren Vormarsch. Als dann der Gegner am 6. (19.) Juli nördlich von Zborow (ca. 80 km östlich Lemberg) zum Gegenangriff überging, war die sogenannte Kerenski-Offensive gescheitert.

Vergeblich versuchte die russische Heeresleitung die Truppen umzugruppieren. Die „Demokratisierung" der Kommandogewalt durchkreuzte alle ihre Pläne. Die Soldaten stimmten „nach demokratischer Art" über die Befehle ab und weigerten sich in den meisten Fällen, neue Stellungen zu beziehen oder an Entlastungsangriffen teilzunehmen. Das 1. Gardekorps verließ zum Beispiel eigenmächtig seine Stellungen. Die Flut der Desertionen nahm zu. Am 9. (22.) Juli wurde die Verteidigungslinie der 7. Armee durchbrochen; die 8. und die 11. Armee mußten ebenfalls zurück. Bis Ende Juli verlor die russische Armee nicht nur die im Vormonat besetzten Gebiete, sondern auch die seit 1916 besetzten Teile von Galizien und der Bukowina.

Unterdessen kündigte sich im Hinterland eine neue Krise an. Die schlechte Ernährungslage, die Inflation, der Mißerfolg an der Front lösten neue Streikwellen der Arbeiter aus und erhöhten die politische Unrast der Soldaten in den Heimatgarnisonen. Am 3. und 4. (16. und 17.) Juli kam es in Petrograd — ohne Dazutun der Bolschewiken — zu Demonstrationen gegen die Provisorische Regierung. Sie konnte nur mit Militäreinsatz überwunden werden. Kerenski nahm die Demonstrationen zum Anlaß, um mit den Bolschewiken abzurechnen. Er bezeichnete sie als Urheber der Unruhen, beschlagnahmte ihre Zeitungen und Druckereien und machte ihre geheimen Verbindungen mit Berlin publik.[15] Gegen viele Führer und Anhänger der Partei wurden Haftbefehle erlassen. Trotzki kam ins Gefängnis, Lenin jedoch gelang die Flucht nach Finnland. Die Bolschewiken waren in die Illegalität gedrängt. Aber die von ihnen gesäte Saat wuchs weiter. „Unsere Provisorische Regierung greift die Bolschewiken heftig an", hieß es in einem Soldatenbrief von der Front. „Aber wir Frontsoldaten finden nichts an ihnen auszusetzen. Früher waren wir gegen sie, aber jetzt, da die Provisorische Regierung den armen Leuten schon so lange versprochen hatte, die Freiheit zu geben (gemeint die Demobilisierung — P. G.), sich aber damit Zeit läßt, gehen wir Schritt für Schritt auf die Seite der Bolschewiken über..."[16]

Kaum war die Gefahr von links überwunden, drohte der Provisorischen Regierung ein Staatsstreich von rechts.

Ende Juli wurden an einer Generalstagung in Mogiljow die moralisch-politische Schwäche des „demokratischen Militärwesens" offen diskutiert. Die Generale beschlossen, die meisten demokratischen Armeereformen rückgängig zu machen, die nach den Worten des Befehlshabers der Westfront General Anton I. Denikin — „den letzten Nagel zum Sarge unserer Armee lieferten!"[17] General Lawrentij G. Kornilow, seit Ende Juli Höchstkommandierender der Russischen Armee, nahm an dieser Tagung nicht teil. Er versuchte vielmehr, die deutsche Offensive gegen Riga aufzufangen. Daneben verfolgte er aber auch politische Pläne. Er wollte dem „demokratischen Spuk" nicht nur an der Front, sondern auch im Hinterland ein Ende bereiten. Zu diesem Zwecke zog er das ihm ergebene 3. Kavalleriekorps von der Front ab und setzte es am 25. August (7. September) nach

Petrograd in Marsch. Die Provisorische Regierung sollte mit Militärgewalt gestürzt und eine Militärdiktatur errichtet werden.

Kerenski erkannte jedoch die Gefahr. Er mobilisierte nicht nur seine eigenen Anhänger gegen Kornilow, sondern er schloß auch mit den Bolschewiken einen Burgfrieden. Trotzki und die anderen Verhafteten konnten die Gefängnisse verlassen, die Rote Garde Abteilungen erhielten Waffen, die bolschewistische Partei wurde eingereiht in die Abwehrfront gegen Kornilow.

Der General und seine Pläne erlitten rasch Schiffbruch. Mit geschickter Agitation wurden seine Kosaken auf die Seite der Provisorischen Regierung gezogen. Am 31. August (13. September) wurde bereits die Zerschlagung des „Kornilowputsches" bekanntgegeben. Der General und seine Anhänger wurden verhaftet, Kerenski triumphierte.

Durch den gescheiterten „Kornilowputsch" wurden Lenins Pläne gefördert. Die Zeit der Illegalität dauerte nicht einmal sechs Wochen. Die Partei hatte dabei keine großen Schäden erlitten. Seit April 1917 hatte sich die Mitgliederzahl der Bolschewistischen Partei verdreifacht. Am VI. Parteikongreß in Petrograd, der noch im Untergrund abgehalten wurde, zählte die Partei 240000 Mitglieder. Das neue Programm hieß nun nicht mehr „Alle Macht den Sowjets!" sondern fordert die „Diktatur der Bourgeoisie" (gemeint die Provisorische Regierung! — P. G.) durch einen bewaffneten Aufstand zu stürzen und die Macht im Namen des Proletariats und der armen Bauern zu übernehmen.[18]

8. Dem Roten Oktober entgegen

Der Sozialrevolutionär Kerenski trieb die Demokratisierung Rußlands voran. Im September proklamierte er die Republik und berief ein Vorparlament ein. Er bildete eine neue Regierung, in der zwar immer noch keine Bolschewiken waren, in der aber die sozialistischen Parteien eine klare Mehrheit hatten. Jedoch die Lösung der immer brennender werdenden Probleme — Friedensschluß und Agrarreform — wurde weiterhin hinausgeschoben. Da gelang es den Bolschewiken, in Moskau und später auch in Petrograd, im Sowjet die Mehrheit zu gewinnen. Nun rüsteten sie unter Leitung von Leo D. Trotzki (Lenin war immer noch in Finnland) zum entscheidenden Schlag. Die Rote Garde-Abteilungen wurden auf „Kriegsstärke" gebracht, die Beziehungen zu den revolutionären Kronstädter Matrosen enger geknüpft und die Agitationstätigkeit an der Front intensiviert.

Obwohl die Zentralorganisation der Soldatensowjets noch in den Händen der Menschewiken und der Sozialrevolutionäre lag, hatten diese in Wirklichkeit keine Macht mehr. Die Soldaten hörten auf die bolschewistischen Agitatoren, die sie mit Losungen für Frieden und Agrarreform für Lenins Ideen gewannen. Der

Friedenswille der Soldaten erreichte Anfang Oktober seinen Höhepunkt. Ein treffliches Stimmungsbild über die innere Lage der Russischen Armee in dieser Zeit vermittelte der letzte Chefkommissar der Frontarmeen der Provisorischen Regierung, Wladimir Stankewitsch in seinen Erinnerungen: „Der Revaler Besuch blieb mir besonders in Erinnerung. Zum erstenmal stieß ich mit einer rein bolschewistischen Masse zusammen. Die Matrosenversammlungen bestanden zu neun Zehnteln aus Bolschewiken. Meine Aufgabe war, vor diesen die Provisorische Regierung zu verteidigen. Natürlich mußte ich dabei die größte Vorsicht walten lassen, doch ich fühlte das Vergebliche meiner Bemühungen. Allein das Wort, ‚die Regierung' rief in der Versammlung eine Spannung hervor, und man fühlte, daß die Welle der Erregung, des Hasses und Mißtrauens sofort die ganze Masse erfaßte. Das war stark, leidenschaftlich und unwiderstehlich und floß in dem einmütigen Ausruf ‚Nieder!' zusammen!"[19]

Stankewitsch berichtet weiter, daß bei der Rückkehr aus Reval der Zug des Oberbefehlshabers der Front von Deserteuren besetzt worden sei, die „auf jeder Station anzutreffen waren und sogar auf die Wagendächer stiegen, von wo sie nur mit Mühe heruntergeholt werden konnten!"[20] (In dieser Zeit wurde die Zahl der Deserteure in Rußland auf über 3 Millionen geschätzt.)

Nun nützte auch Kerenskis Ehrenwort nichts mehr, daß die Soldaten nur noch bis Spätherbst 1917 an der Front ausharren müßten. Die uniformierte Masse hatte einfach genug vom Krieg und drängte nach Hause. „Wir erlebten geradezu tragische Minuten, als wir von den Divisionsstäben Telegramme erhielten, wonach die Soldaten vom soundsovielten Regiment ihre Stellungen verlassen hatten und in Richtung der Stäbe der Division zurückgingen... Nach einer Viertelstunde hieß es: auch die Soldaten des soundsovielten Regimentes haben ihre Stellungen verlassen und gehen in Richtung Heimat zurück. Und so ging es weiter... Letzten Endes konnte ein jeder solcher Aufruhr verhältnismäßig friedlich geregelt werden, aber es wurde uns klar, *daß wir keine Armee mehr hatten*. Es drohte sogar die Gefahr, daß sich der passive Widerstand in einem aktiven Kampf gegen die Regierung verwandeln würde. Die Bolschewiken erhoben plötzlich das Haupt und fühlten sich als Herren der Situation in der Armee..."[21]

Am 10. (23.) Oktober fand in Petrograd eine wichtige Sitzung des Zentralkomitees der Bolschewistischen Partei statt. Lenin, der kurz vorher heimlich aus seinem finnischen Exil zurückgekehrt war und sich in Petrograd versteckt hielt, plädierte für möglichst baldigen Aufstand. Trotzki, inzwischen auch Leiter des Revolutionären Militärkomitees der Petrograder Sowjets geworden, unterstützte ihn und arbeitete Tag und Nacht für dieses Ziel. Zwar schreckten noch einige Männer des Zentralkomitees von dem offenen Bruch mit der Regierung zurück — sie hatten die Juli-Ereignisse noch nicht vergessen —, doch gab Lenin jetzt nicht mehr nach. Trotzki war es gelungen, die in Petrograd stationierten Garnisonen für die Bolschewiken zu gewinnen.

Am 24. Oktober (6. November) schrieb Lenin aus seinem Petrograder Versteck an die Mitglieder des Zentralkomitees einen bedeutsamen und denkwürdigen Brief: „Die Lage ist äußerst kritisch... Jetzt hängt alles an einem Haar... Auf keinen Fall darf die Macht bis zum 25. Oktober in den Händen Kerenskis und Konsorten belassen werden, unter keinen Umständen: die Sache ist unbedingt heute abend oder heute Nacht zu entscheiden... Eine Verzögerung der Aktion bedeutet den Tod!“[22]

Lenin wußte zu jener Zeit bereits, daß Kerenski besondere Vorbereitungen traf: Truppen sollten zusammengezogen und die Presse der Bolschewiken (abermals) verboten werden. Aufgrund von Lenins Brief wurde in der Nacht vom 24. auf den 25. Oktober im Smolny-Institut der Entschluß gefaßt, den *bewaffneten Aufstand gegen Kerenski sofort auszulösen!*

Damit riß das von L. D. Trotzki geleitete Revolutionäre Militärkomitee das Gesetz des Handelns an sich. Im Verlauf dieser entscheidenden Nacht wurden alle wichtigen Punkte Petrograds von den Bolschewiken und ihren Sympathisanten besetzt. Ohne Kampf und ohne Opfer, fast widerstandslos, wie Trotzki in einer längst in Vergessenheit geratenen, im Jahre 1918 in Bern (Schweiz) veröffentlichten Schilderung schrieb.[23]

Das Kräfteverhältnis in Petrograd hatte sich stark zugunsten der Bolschewiken verändert. Die Rote Garde verfügte über 20000 Mann. Mit ihr sympathisierten etwa 60000 Matrosen der Baltischen Flotte. Zwar bestand die Petrograder Garnison aus etwa 180000 Soldaten, doch galten höchstens 30000 Soldaten noch als regierungstreu. Wie dann die Ereignisse zeigten, war selbst diese Annahme zu hoch. Als es darauf ankam, blieben zum Schutze der Provisorischen Regierung nur wenige Tausend Soldaten übrig, und auch diese waren infolge der Desorganisation wenig brauchbar.[24]

Am 25. Oktober (7. November) tagten in Petrograd zwei Gremien: Kerenski mit der Provisorischen Regierung im Winterpalais und der Zweite Allrussische Sowjetkongreß im Smolny-Institut. Von den über 1000 Delegierten waren allerdings erst 649 anwesend, davon vertraten 390 die Bolschewiken.[25] Lenin wollte den Kongreß vor vollendete Tatsachen stellen und durch ihn — nach dem Staatsstreich — die „Sowjetmacht“ in Rußland proklamieren lassen. Aber der Kongreß wollte sich in kein Abenteuer einlassen und schlug vorerst eine friedliche Lösung für die gegenwärtige politische Krise vor. Indessen umstellten Rote Garde-Abteilungen das Winterpalais, wo noch einige hundert Offiziersschüler und ein Frauenbataillon die Regierung schützten; andere Abteilungen hatten sich bereits eigenmächtig zurückgezogen. Aber erst am Abend des 25. Oktobers (7. November), nachdem um etwa 21 Uhr der auf der Newa liegende Kreuzer „Aurora“ einen einzigen — blinden! — Schuß abgefeuert hatte, griffen die Rotgardisten an. Erst nach Mitternacht gelang es einigen Matrosen und Rotgardisten mit Wladimir A. Antonow-Owsejenko, Mitglied des Revolutionären Militärkomitees, bis in den Sitzungssaal vorzudringen, wo er die Provisorische Regierung für verhaftet erklärte. Kerenski hatte jedoch seine Minister schon vor Stunden verlassen, um außerhalb der Hauptstadt Militärhilfe herbeizuholen.

Trotzki, der zu dieser Zeit im Sowjetkongreß war, beschreibt die Szene wie folgt: „Die Einnahme des Winterpalais zog sich hinaus, und das rief unter den weniger entschiedenen Elementen des Kongresses eine Schwankung hervor. Der rechte Flügel prophezeite uns... einen baldigen Untergang. Voller Spannung warteten alle auf die Nachricht vom Platz des Winterpalais. Nach einiger Zeit erschien Antonow-Owsejenko, der die Operation leitete. Im Saal trat vollkommmene Stille ein: Das Winterpalais genommen, Kerenski geflüchtet, die übrigen Minister verhaftet und nach der Peter-Pauls Festung verbracht! Das erste Kapitel der Oktober-Revolution war damit zu Ende...“[26]

Im Kampf um das Winterpalais fielen sechs, in ganz Petrograd insgesamt 61 Personen. Das, was später als die Große Sozialistische Oktoberrevolution bezeichnet wurde, ging also ziemlich unblutig über die Weltbühne. Trotzki berief sofort den Petrograder Arbeiter- und Soldatensowjet in das Smolny-Institut ein. Dort gab er bekannt, daß die Provisorische Regierung Kerenski gestürzt sei. „Sie wartet nur auf den Besen der Geschichte, der sie auskehren muß!“ — rief er.[27] Erst in diesem Moment erschien Lenin im Saal und wurde mit stürmischem Beifall empfangen. Er ergriff sofort das Wort und forderte die Bildung einer Sowjetregierung, ohne irgendwelche Beteiligung der Bourgeoisie, die Zerstörung des alten Staatsapparates und die Schaffung eines völlig neuen auf der Basis der Sowjetorganisation. Lenin schloß mit den Worten: „Von jetzt an beginnt eine Epoche in der Geschichte Rußlands und die neue, dritte Revolution[28] soll uns in ihrem Enderfolg zum Sieg des Sozialismus führen!“[29]

Den Worten folgten rasch Taten: den Aufruf des Petrograder Revolutionären Militärkomitees („An die Bürger Rußlands!“) vom 26. Oktober (8. November) ergänzten drei grundlegende Dekrete (d. h. gesetzgeberische Akte): über den *Frieden*, über *Grund und Boden* und über die *Bildung einer Arbeiter- und Bauernregierung.* (Es muß zum besseren Verständnis der Vorgänge vom Oktober 1917 hervorgehoben werden, daß die Bolschewiken damals keine uneingeschränkte Diktatur ihrer Partei wollten und daß die Errichtung des Sowjetstaates für sie nicht die Diktatur der Bolschewistischen Partei bedeutete.)

Anmerkungen:

1 Über die Probleme des Ausbruchs des Ersten Weltkrieges siehe *Tuchman*, Barbara W.: August 1914, Bern 1964.

2 Mitgeteilt bei *Wettig*, Gerhard: Die Rolle der russischen Armee im revolutionären Machtkampf 1917. Sonderdruck aus „Forschungen zur osteuropäischen Geschichte“, Bd. 12, Berlin 1967, S. 80.

3 Anfang Juni 1916, die Groß-Offensive des russischen Generals A. A. Brussilow, die eigentlich zur Entlastung der westlichen Verbündeten des Zarenreiches gegen die österreichisch-ungarische Armee geführt wurde und die nach gewissen Anfangserfolgen dennoch scheiterte.

4 Zitiert bei *Deutscher*, Isaac: Die unvollendete Revolution, Frankfurt a. M. 1970, S. 108.
5 Einzelheiten siehe *Chamberlin*, William Henry: Die russische Revolution, Frankfurt a. M. 1958, Bd. 1.
6 Ebd., S. 397ff.
7 Mitgeteilt bei *Goerlitz,* Walter: Geldgeber der Macht, Düsseldorf-Wien 1976, S. 79.
8 Ebd., S. 72.
9 Ebd., S. 84.
10 Lenins „April-Thesen" siehe *Chamberlin*, a.a.O., S. 408ff.
11 *Lenin,* Wladimir Iljitsch: Sämtliche Werke, Wien 1931, Bd. 8, S. 248.
12 *Jakowlewa,* W.: Der Professor des bewaffneten Aufstandes. Aus dem Leben P. K. Sternbergs, Moskau-Leningrad 1933, S. 17.
13 Ebd., S. 13.
14 Zitiert bei *Smilg-Benario*, Michael: Von Kerenski zu Lenin. Die Geschichte der zweiten russischen Revolution, Zürich 1929, S. 114.
15 *Kerenski*, Alexander F.: Die Kerenski-Memoiren. Rußland und der Wendepunkt der Geschichte, Wien-Hamburg 1966, S. 324ff.
16 *Chamberlin*, a.a.O., S. 213.
17 Zitiert bei *Chamberlin,* a.a.O., S. 216.
18 Geschichte der Kommunistischen Partei der Sowjetunion, Berlin/DDR 1975, S. 259.
19 *Stankewitsch*, Wladimir: Wospominanija 1914—1919, Berlin 1924, S. 245ff.
20 Ebd., S. 246.
21 Ebd., S. 246.
22 *Lenin*, Wladimir Iljitsch: Ausgewählte Werke in zwei Bänden, Berlin/DDR 1961, Bd. 2, S. 519.
23 *Trotzki*, Leo: Von der Oktoberrevolution bis zum Brester Friedensvertrag, Bern 1918, S. 64.
24 Einzelheiten bei *Smilg-Benario*, a.a.O., S. 301ff.
25 Der Zweite Allrussische Sowjetkongreß der Arbeiter- und Soldatendeputierten war am Abend des 25. Oktober (7. November) 1917 wie folgt zusammengesetzt: 390 Bolschewiki, 160 Sozialrevolutionäre, 72 Menschewiki, 14 vereinigte Internationalisten (Sozialdemokraten), 6 Anarchisten, 7 ukrainische Sozialrevolutionäre. Die Delegierten vertraten 402 Sowjets.
26 *Trotzki,* Von der Oktoberrevolution... a.a.O., S. 67.
27 *Smilg-Benario*, a.a.O., S. 303.
28 Die erste Revolution: 1905; die zweite Revolution: Februar 1917; die dritte Revolution: Oktober 1917.
29 Zitiert bei *Smilg-Benario*, a.a.O., S. 304.

II. Von der Roten Garde zum Volksheer

Unmittelbar nach dem Sieg der Bolschewiken in Petrograd trat der Zweite Allrussische Sowjetkongreß abermals zusammen (ohne die Sozialrevolutionäre Kerenskis, die Lenin wegen des Staatsstreichs demonstrativ fernblieben) und bildete eine neue Regierung, den Rat der Volkskommissare (Ministerrat). Dieser kam am 27. Oktober (9. November) 1917 unter dem Vorsitz Lenins zusammen. Seine Mitglieder waren ausnahmslos Parteigänger Lenins. Trotzki übernahm die Auswärtigen Angelegenheiten, Rykow das Innere und der untersetzte Georgier Josif W. Stalin die Nationalitätenfrage. Da die Bolschewiken außer Trotzki keinen Militärspezialisten hatten, wurde im Rahmen des Rates der Volkskommissare ein besonderes Komitee für Militär- und Marineangelegenheiten geschaffen. Dieses setzte sich zusammen aus dem „Berufsrevolutionär" Wladimir A. Antonow-Owsejenko, dem Fähnrich N. W. Krylenko, Jurist und seit 1904 Bolschewik, und dem Matrosen Pawel J. Dybenko, Führer der revolutionären Matrosen der Baltischen Flotte.

Vorerst schien den Siegern von Petrograd die Militärfrage gar nicht so wichtig zu sein. Die zwei Dekrete, die der Sowjetkongreß noch am 27. Oktober (9. November) erließ, verfügten die Kampfeinstellungen an allen Fronten und eine radikale Agrarreform. Das entsprach der allgemeinen Sehnsucht der Bevölkerung und hatte den Zweck, die Massen für die Bolschewiken zu gewinnen.

Kerenski gab sich jedoch noch nicht geschlagen! In- und außerhalb Petrograds organisierte er den Widerstand, um den Staatsstreich Lenins rückgängig zu machen. Am zweiten Tag nach dem Fall des Winterpalais erhoben sich die Fähnriche der Wladimir-und-Paulus-Lehranstalt in Petrograd. Die Abteilungen der Roten Garde konnten die Revolte nicht niederwerfen. Da forderte Trotzki die revolutionäre Organisation der Baltischen Flotte, den „Zentrobalt" auf, „dem konterrevolutionären Spuk" ein Ende zu bereiten. Danach haben die Matrosen Dybenkos so unmenschlich mit den jungen Offiziersanwärtern abgerechnet, daß sogar Trotzki zugeben mußte, es sei zu „unnötigen Brutalitäten" gekommen.[1]

Das Vorgehen der Matrosen in Petrograd schreckte die bisher eher passive Bevölkerung der Hauptstadt auf. Die Post und andere Institutionen weigerten sich, Lenins Regierung anzuerkennen. Das Personal des Telegraphenamtes trat in den Streik. Die Bolschewiken mußten energisch durchgreifen. Sie verboten die ihnen feindliche Presse und setzten führende Persönlichkeiten der sozialistischen Bewegung gefangen.

Doch kaum war die Ordnung in der Hauptstadt wieder einigermaßen hergestellt, trafen neue Hiobsbotschaften ein: „Kerenski marschiert mit General Krasnows Truppen gegen Petrograd!“, „Zehntausend Soldaten wollen die Revolution unterdrücken!“ Das Komitee für Militär- und Marineangelegenheiten versuchte, die Petrograder Garnison für die Verteidigung der neuen Macht zu mobilisieren. Jetzt verspürten die Bolschewiken am eigenen Leib die negativen Folgen der bisher so eifrig praktizierten Politik der „Demokratisierung der Armee“! Endlose Debatten in den Kasernenhöfen, „gute Ratschläge“, wie die Krasnow-Kosaken zu beschwichtigen seien, aber keinerlei Kampfbereitschaft kennzeichneten die Lage. Nicht umsonst beklagte sich später Trotzki: „Soeben erst hatte man einen unblutigen Sieg errungen und schon sollte man gegen einen Feind von wer weiß welcher Stärke zu neuen Kämpfen mit wer weiß welchem Ausgang ausziehen?!“[2]

Das Komitee für Militär- und Marineangelegenheiten versuchte, die Abteilungen der Roten Garde und die Matrosen der Baltischen Flotte für die Verteidigung Petrograds zusammenzufassen. Mit Mühe und Not gelang es am 29. Oktober (11. November) zu einer einheitlichen Führung zu kommen, als der ehemalige Oberst M. A. Murwjew, ein linker Sozialrevolutionär aus persönlichem Groll gegen Kerenski den Bolschewiken seinen Dienst anbot.

Mit ein paar verläßlichen Regimentern hätte Kerenski wahrscheinlich Petrograd zurücknehmen können. Aber solche Truppenteile existierten schon lange nicht mehr. Auf Drängen des Ministerpräsidenten erklärte sich Generalleutnant P. N. Krasnow bereit, seine Kosaken gegen Petrograd zu führen. (Der General war zwar ein Monarchist, ein persönlicher Freund von Kornilow und kein Anhänger des Sozialrevolutionärs Kerenski. Er hielt es dennoch für seine Pflicht, die rechtmäßige Regierung zu unterstützen.) Aber seine Truppen, zu schwach und teilweise schon demoralisiert, besaßen keine Schlagkraft. Am 30. Oktober (12. November) endete ein kurzes Gefecht auf den Höhen von Pulkowo mit einem Abwehrerfolg der Roten. Damit war der Marsch gegen Petrograd gescheitert. In den folgenden Tagen gingen die Rote Garde-Abteilungen zum Gegenangriff über. Dybenkos Matrosen gelang es sogar Gattschina, das Hauptquartier Krasnows zu besetzen und den General (vorübergehend) gefangenzunehmen. Kerenski mußte einsehen, daß die Sache, für die er sich persönlich so eingesetzt hatte, im Lande selbst verloren ging. Er tauchte unter und verließ Rußland im Juni 1918 um nach England ins Exil zu gehen.

Zu gleicher Zeit, als sich die Bolschewiken in Petrograd gegenüber Kerenski behaupteten, errangen sie auch die Oberhand in Moskau. Nachdem die beiden großen Zentren in ihre Hand gelangt waren, dehnten sie ihre Macht immer weiter über das Land aus. Die Dekrete über den Frieden und die Agrarreform sorgten — erwartungsgemäß — überall für Sympathisanten.

1. Dem Bürgerkrieg entgegen

Kaum war Lenins Sieg in Petrograd gesichert, gab der Zweite Allrussische Sowjetkongreß den Großmächten den Friedenswillen des neuen Regimes bekannt und rief zugleich zu einem Waffenstillstand auf. In der Russischen Armee machten indessen die Bolschewiken die drakonischen Maßnahmen Kerenskis rückgängig und schafften zugleich alle Dienstränge und Chargen ab. Die Kommissare der Provisorischen Regierung Kerenskis mußten ihre Posten räumen. Lenin versprach, baldmöglichst Vertrauensleute des (bolschewistisch beherrschten) Zweiten Allrussischen Sowjetkongreß zu der Truppe zu schicken. Generaloberst N. N. Duchonin, Höchstkommandierender der Armee, war unschlüssig, was er nach dem Machtwechsel machen sollte. Bevor er sich zu einem Entschluß aufraffen konnte, wurde er in seinem Hauptquartier in Mogiljow verhaftet und am 22. November (9. Dezember) auf dem Wege zum Bahnhof von Dybenkos Matrosen gelyncht. Lenin ernannte nun den Fähnrich N. W. Krylenko zum neuen Höchstkommandierenden. Da dieser aber nur wenig von praktischen Fragen der Armeeorganisation verstand, mußte ihm ein Berufsoffizier beigegeben werden.

Ein General mit „revolutionärer" Vergangenheit war nicht aufzutreiben. Lenin entsann sich seines Mitkämpfers W. D. Bontsch-Brujewitsch, der soeben zum Sekretär des Rates der Volkskommissare ernannt worden war. Dessen Bruder Michail Dmitrij war Generalleutnant und tat im Hauptquartier in Mogiljow Dienst. Krylenko befahl ihn zu sich und betraute ihn mit den Geschäften eines Generalstabschefs. Die erste Aufgabe hieß: Reorganisierung des Hauptquartiers und Abtransport von Militärgütern aus jenen Gebieten, die voraussichtlich infolge der eingeleiteten Waffenstillstandsverhandlungen mit den Deutschen und Österreich-Ungarn geräumt werden mußten.[3] Am 20. November (3. Dezember) begannen nämlich die von Trotzki geführten Waffenstillstandsverhandlungen in Brest-Litowsk. Lenin brauchte um jeden Preis einen sofortigen Frieden, um freie Hand für seine weitgesteckten Pläne in Rußland zu haben.

Während von den Frontarmeen Lenins Staatsstreich mit erstaunlicher Gleichgültigkeit hingenommen wurde, entstand im Süden Rußlands ein Widerstand, hauptsächlich bei Militärs und ukrainischen Separatisten. Gegen diese stellte Lenin noch Ende November einen sogenannten Revolutionären Feldstab auf mit dem Fähnrich M. K. TerArutjunjanz an der Spitze. Für die Leistung des operativen Teils der Führung wurde der ehemalige Oberst Jukums J. Vazetis, ein lettischer Nationalist, 43 Jahre alt, kein Bolschewik, gewonnen. (Vazetis hoffte auf ein freies Lettland, vertraute auf das Nationalitätenprinzip der Bolschewiken und stellte sich Lenin mit seinen lettischen Schützen bereits vor den Oktoberereignissen in Petrograd zur Verfügung. Dieser vertraute den disziplinierten Letten so sehr, daß er zur Bewachung des Smolny-Institutes und zur Aufrechterhaltung der öffentlichen Ordnung in Petrograd Vazetis' Schützeneinheiten einsetzen ließ.[4])

Im Dezember 1917 formierten sich am Don und in der Ukraine antibolschewistische Regimes. Mit der Ukrainischen Zentralrada („Rada“ = Rat) in Kiew wollte Lenin vorerst verhandeln. Die Konterrevolution am Don aber sollte sogleich mit Waffengewalt unterdrückt werden. Antonow-Owsejenko, der „Bezwinger des Winterpalastes“, wurde von Lenin persönlich damit beauftragt. Im Raum Charkow sammelte dieser die erste „Feldarmee“ der Sowjetregierung. Sie bestand aus 6 000—7 000 schlecht disziplinierten und mangelhaft organisierten Soldaten mit 30 Kanonen und einigen Dutzend Maschinengewehren. Der Gegner, die „Truppen“ des Atamans A. M. Kaledin waren genau so schlecht organisiert wie die Roten und dazu noch zahlenmäßig schwächer.

Der Donfeldzug Antonow-Owsejenkos deckte viele Mängel der bolschewistischen Kriegführung auf. Die Heeresdepots waren schnell leer, und da man meist vergeblich an die Solidarität der Bauern appellierte, mußte die Truppe zwangsweise requirieren. Die Disziplinlosigkeit der Roten Garde-Einheiten wirkte sich aus. So kam es zum Beispiel im Dezember 1917 bei den Kämpfen um Rostow am Don vor, daß die Rotgardisten zwar am Morgen ihre Stellungen besetzten, am Abend jedoch — als wäre ihre Schicht in der Fabrik zu Ende — in Massen zu den Quartieren zurückkehrten. Nur die Führungskader, meist Bolschewiken, hielten dann in der Nacht die Stellungen. „Die Folgen waren hier wie überall die gleichen: Vernichtung der isolierten Gruppen, Durchbruch, Panik, Metzeleien!“[5]

Da es in der Roten Garde noch keinen zentralen politischen Apparat gab, verfiel die Kampfmoral der Truppe rasch. Die neutralistische Propaganda der Menschewiken und der rechten Sozialrevolutionäre blieb nicht wirkungslos. Infolge innerer politischer Streitigkeiten wurde Antonow-Owsejenkos „Armee“ geschwächt, wodurch die Entscheidung lange hinausgeschoben wurde. Erst als Lenin Verstärkungen ins Don-Gebiet schickte (2000 zuverlässige Rotgardisten aus Petrograd), konnten Kaledins Truppen geschlagen und am 24. Februar 1918 Rostow und am folgenden Tag Nowotscherkask eingenommen werden. Der Ataman beging Selbstmord und die Reste seiner „Armee“ flohen in die Salsker Steppen.

In der Ukraine, wo verhandelt wurde, weigerte sich das Ukrainische Generalsekretariat in Kiew (wie das der Rada gegenüber verantwortliche ukrainische Kabinett genannt wurde) den Forderungen der Petrograder Sowjetregierung nachzukommen. Es bestand auf seinem Recht, eigene militärische Verbände zu halten und all jene Truppen zu entwaffen, welche seine Autorität nicht anerkennen wollten. Es war zu einer gewissen Zusammenarbeit mit Lenin bereit: dazu schlug es eine gesamtsozialistische Regierung auf streng föderativer Grundlage vor. Lenin jedoch weigerte sich, eine von Rußland weitgehend unabhängige Ukraine zu dulden. Da verließen die ukrainische Bolschewiken die Kiewer Rada und bildeten am 12. (25.) Dezember 1917 in Charkow eine eigene Regierung, die sofort die Ukrainische Sowjetrepublik ausrief. Der Rat der Volkskommissare in Petrograd anerkannte diese Republik als die „wahre Vertretung des Ukrainischen Volkes“. Damit begannen die offenen Feindseligkeiten zwischen Petrograd und Kiew, die sich bis ins Frühjahr 1918 hinzogen. Am 26. Januar (8. Februar) 1918 zogen Rote Truppen in Kiew ein. In einigen Wochen konnte die Sowjetmacht in der ganzen Ukraine errichtet werden — jedoch nur vorübergehend, denn Ende Februar besetzten deutsche Truppen das Land und die Bolschewiken mußten sich zurückziehen.

2. Brest-Litowsk und seine Folgen

Bei den von L. D. Trotzki mit großem Elan geführten Friedensverhandlungen in Brest-Litowsk konnte am 3. (17.) Dezember 1917 ein Waffenstillstand, befristet auf 28 Tage, abgeschlossen werden; doch danach versteiften sich die Fronten. Das Deutsche Reich und seine Verbündeten bestanden darauf, ihre Truppen in den von ihnen bereits besetzten russischen Gebieten zu belassen. Und als die Deutschen am 9. Februar 1918* einen Separatfrieden mit der — vor den Bolschewiken auf westukrainisches Gebiet geflüchteten — Ukrainischen Zentralrada abschlossen, der ihnen das Recht gab, Teile des Landes zu besetzen, fühlte sich die Sowjetregierung vollends vor den Kopf gestoßen. Am Tage der Unterzeichnung dieses Dokumentes forderten die Deutschen die Sowjetdelegation auf, diesen Separatfrieden anzuerkennen und ihre militärischen Operationen in der Ukraine einzustellen. Trotzki weigerte sich, diesen Forderungen nachzugeben, ja überhaupt die Verhandlungen fortzusetzen. Denn deren Annahme hätte die klare Abtrennung beträchtlicher Gebiete des Russischen Reiches bedeutet und dieses Zugeständnis wollte nicht einmal der Internationalist Trotzki machen. „Dann weder Krieg noch Frieden!", mit diesen Worten verließ er am 9. Februar mit seiner Delegation Brest-Litowsk. Dabei verstieß er gegen Lenins Anweisungen, der ihm noch Ende Januar 1918 den Auftrag erteilt hatte, die Friedensverhandlungen zwar vorerst mit allen Mitteln zu verzögern — im Falle eines Ultimatums jedoch den Friedensvertrag sofort zu unterzeichnen![6]

Nachdem die Friedensverhandlungen in Brest-Litowsk unterbrochen worden waren, ging die deutsche Armee am 18. Februar 1918 an der ganzen Ostfront zur Offensive über. Sie traf nur auf klägliche Reste der ehemals mächtigen zaristischen Armee. Die Lage wurde für die Russen katastrophal. Bontsch-Brujewitsch, der Stabschef des Höchstkommandierenden, des Fähnrichs Krylenko, war ratlos. Seit Wochen hatte er das Unheil auf sich zukommen sehen. In seinen Memoiren berichtet er, daß es ihm schwergefallen sei, die Handlungen der Sowjetregierung von Ende Dezember 1917 zu begreifen, womit in der Armee für Kommandierende erneut das Wahlprinzip eingeführt und gleichzeitig alle Ränge und Dienstgradabzeichen abgeschafft wurden: „Diese beiden Dekrete versetzten mir einen schweren Schock. Jedem, der auch nur die Anfangsgründe der alten

* Am 1. Februar 1918 ist in Rußland der Gregorianische Kalender eingeführt worden. Von jetzt an werden alle Daten nur noch im „neuen Stil" angegeben.

Militärwissenschaft beherrschte, schien es völlig klar, daß eine Armee nicht ohne autoritäre Kommandeure, die entsprechende Gewalt besitzen und nicht von unten abgesetzt werden dürfen, existieren könne. Wenn sich ein Regiment oder eine Kompanie jederzeit einen Kommandeur wählen konnte, wer würde dann ihre Befehle überhaupt noch ausführen?"[7] Und da seit Ende Dezember 1917 auch die Demobilisierung der Armee vorangetrieben wurde, war das Chaos im russischen Militärlager vollkommen.

Bontsch-Brujewitsch suchte nach einer Lösung. Er schlug vor, aus den noch bestehenden Truppenverbänden eine *Sonderarmee* zu bilden. Der Höchstkommandierende Krylenko war jedoch dagegen: „Eine Sonderarmee? Aber wer bürgt dafür, daß kein neuer Kornilow auf den Plan tritt, der sie dann nicht gegen die Deutschen führt, sondern im Gegenteil mit ihr eine Verschwörung anzettelt und über das revolutionäre Petrograd, über die Arbeiter und Bauern herfällt, die ihre Soldatenmäntel noch nicht ausgezogen haben?"[8] — Die Bolschewiken, die in der alten Armee die Gefahr eines konterrevolutionären Putsches witterten, zogen es vor, diese zugrunde gehen zu lassen, anstatt sie kampffähig zu machen.

Bontsch-Brujewitsch, dieser durch-und-durch Soldat, zeichnet ein Schrekkensbild von der Front: Viele Abschnitte waren von Truppen völlig entblößt und unbewacht. Eine Frontlinie existierte nur noch auf dem Papier. Reserven gab es keine; und auch, wenn es solche gegeben hätte, wäre es fraglich gewesen, ob sie zu einem Einsatz bereit gewesen wären. Das Offizierskorps war stark dezimiert — die Mehrzahl der Kommandeure waren entweder von den Soldatenausschüssen abgesetzt oder demobilisiert worden. Die bei den Truppen verbliebenen Offiziere besaßen keine ausreichende Ausbildung und keine Kampferfahrung, was sich besonders fatal bei der Artillerie auswirkte. Und dann die anderen Mängel: die Magazine leer, massenweise Desertion bei den Fronttruppen. Unzufriedenheit und Ausschreitungen gegen alles, was nach Ordnung roch. „Der Zustand der Fronten ist so, daß die Armeen völlig kampfunfähig und außerstande sind, den Gegner in den gegenwärtigen Stellungen aufzuhalten oder sich bei Zurückverlegung der Linie zu verteidigen. Einen Widerstand gegen einen eventuellen Angriff des Gegners können nur neuformierte, disziplinierte Einheiten mit Kommandeuren leisten, die den Anforderungen des modernen Krieges und Kampfes gerecht werden!"[9]

Das war Anfang Januar 1918.

Und einige Wochen später wurde der deutsche Angriff Wirklichkeit.

Die deutsche Heeresleitung hatte die Truppen für die Offensive in der Heeresgruppe D zusammengefaßt. Diese erhielt nach dem Scheitern der Friedensverhandlungen in Brest-Litowsk den Befehl, das Baltikum bis zur Linie Pskow — Narwa zu besetzen, vorläufig aber nicht weiter vorzustoßen.[10] Bis Ende Februar 1918, also innerhalb von 12 Tagen, erreichten die deutschen Truppen diese Linie.

Trotzki selbst gibt in der bereits mehrmals zitierten Schrift zu, daß bei seinen Landsleuten kaum von einem Widerstand die Rede sein konnte: „Die Soldaten wollten nicht glauben, daß die Deutschen... weiter angreifen würden. Der panische Rückzug paralysierte den Willen selbst derjenigen wenigen Truppen, die bereit waren, in den Kampf zu treten... Die alte Armee war schon längst tödlich getroffen und zerfiel in lauter einzelne Teile, die alle Wege und Knotenpunkte verrammelten... Das einzige ernsthafte Hindernis auf dem Wege des deutschen Vormarsches war der Raum..."[11]

Konnte der Raum allein die Deutschen aufhalten?

Die Rote Garde-Abteilungen waren regulären Truppen nicht gewachsen. Dybenkos schnell an die Front geworfene Sondereinheiten versagten. Bontsch-Brujewitsch: „Dybenkos Abteilung wimmelte von verdächtigen ‚Kumpeln' und flößte kein Vertrauen ein. Man brauchte sich diese Freibeuter mit ihren perlmutterknopfbesetzten übermäßig weiten Hosen und ihrem breitspurigen Auftreten bloß anzusehen, um zu wissen, daß die gegen reguläre deutsche Einheiten nicht hätten kämpfen können... Deshalb versuchte ich auf jede Weise zu verhindern, daß die Matrosen nach Narwa in Marsch gesetzt würden..."[12] Aber Dybenko, der die Lage nicht begriff, bestand darauf, daß „seine Matrosen" an der Abwehr gegen die Deutschen teilnehmen sollten. Sie zogen zwar an die Front, aber kaum erblickten sie den Gegner, verließen sie scharenweise ihre Einheiten und zerstreuten sich in alle Himmelsrichtungen. „Als später ein besonderes Tribunal das schmähliche Verhalten der Abteilungen untersuchte, stellte sich heraus, daß sich die disziplinlosen Matrosen, anstatt gegen die Deutschen zu kämpfen, über ein erbeutetes Schnapsfaß hergemacht hatten!"[13]

In Petrograd brach in diesen letzten Februartagen eine Panik aus. Lenin selbst berichtete am 7. März 1918 dem VII. Parteikongreß freimütig: „Wir glaubten, daß wir Petrograd in wenigen Tagen verlieren würden, als die anrückenden deutschen Truppen nur wenige Tagemärsche von der Stadt entfernt waren und die besten Matrosen und die Arbeiter der Putilow-Werke, bei all ihrem großen Enthusiasmus, allein dastanden, als ein furchtbares Chaos, eine Panik entstand, die dazu führte, daß die Truppen bis Gattschina flohen, als wir erlebten, daß zurückgenommen wurde, was gar nicht aufgegeben war!"[14]

Nun setzte Lenin auf das Proletariat von Rußland. Er rief sie zu den Waffen und verkündete am 22. Februar 1918 durch den Rat der Volkskommissare: „Die Sozialistische Republik der Sowjets befindet sich in größter Gefahr... In Durchführung des Auftrags der Kapitalisten aller Länder will der deutsche Militarismus die russischen und unkrainischen Arbeiter und Bauern erdrosseln, das Land den Gutsbesitzern, die Fabriken und Werke den Bankiers und die Macht der Monarchie zurückgeben..."[15] Mit einem Sechspunkteprogramm sollten Arbeiter und Bauern zum Militärdienst und die bürgerliche Klasse unter Aufsicht von Rotarmisten zum Schanzen eingesetzt werden. Eine neue, disziplinierte und von revolutionären Elan durchdrungene Militärmacht sollte dem äußeren Feind der neuen Ordnung in Rußland trotzen.

Der *23. Februar 1918*, der Tag der Mobilisierung des „werktätigen Volkes" im Sinne des obgenannten Aufrufes wird seither als offzieller Gründungstag der Roten Armee gefeiert.

Der Rat der Volkskommissare, der seit dem Januar 1918 am Entwurf für ein Dekret über den Aufbau der neuen sozialistischen Armee arbeitete, bezeichnete diese nach langen Debatten und nach Prüfung vieler Varianten als *Rote Arbeiter- und Bauern-Armee.* Am 28. Januar (11. Februar) 1918 wurde das Gründungsdekret verabschiedet. „Die alte Armee diente der Bourgeoisie als Klasseninstrument zur Unterdrückung der Werktätigen", so hieß es in diesem Erlaß. „Mit dem Übergang der Macht an die werktätigen und ausgebeuteten Klassen ergab sich die Notwendigkeit, eine neue Armee zu schaffen, eine Armee, welche in der Gegenwart die feste Stütze der Sowjetmacht ist, in allernächster Zukunft das Fundament für die Ablösung der regulären Armee durch die allgemeine Volksbewaffnung bilden und der Unterstützung der in Europa herannahenden sozialistischen Revolution dienen wird..."[16] Der Fähnrich Krylenko wurde vom Oberkommando der Armee abberufen und durch den einstigen Obersten Vazetis ersetzt. Am nächsten Tag folgte das Dekret über die Bildung einer *Roten Arbeiter- und Bauern-Flotte.*

Aber auch die ersten Abteilungen dieser Roten Arbeiter- und Bauern-Armee vermochten die Frontlage weder im Baltikum noch in der Ukraine zu verbessern. Am 1. März 1918 nahmen die Deutschen Kiew und die Ukrainische Zentralrada stellte ihre Herrschaft im Lande wieder her. Bei Pskow und Narwa betrachteten die Deutschen ihre Lage als so sicher, daß sie bereits begannen, Truppen nach Süden zu verlegen. Die gesamte russische „Front" wackelte und drohte mit Einsturz. „Genug der kleinen Trupps — gebt Regimenter her! Genug der Kommissare — schickt Militärfachleute!" schrieb wütend der Befehlshaber der 1. Armee vor Petrograd.[17]

Die Revolution konnte nur durch einen raschen Friedensschluß gerettet werden. Lenin plädierte dafür — koste er, was er wolle! —, Trotzki und Bucharin waren dagegen. Aber auch sie mußten Ende Februar einsehen, daß ihr Eigensinn den Zusammenbruch des Regimes bedeute. So wurden die deutschen Forderungen angenommen und am 3. März 1918 unterzeichneten Lenins Emmissäre in Brest-Litowsk den Friedensvertrag mit den von den Zentralmächten festgelegten Bedingungen.

Ganze Landesteile — insgesamt 400000 km² mit einer Bevölkerung von 60 Millionen Menschen — wurden von Rußland abgetrennt. Es verlor seine reichsten Getreidegebiete, fast alle Ölquellen, 80 Prozent seiner Produktion an Kohle und 80 Prozent der Eisenproduktion. Ferner mußte sich die Sowjetregierung verpflichten, Armee und Kriegsflotte zu demobilisieren. So war der Friede von Brest-Litowsk ein Diktatfrieden mit sehr schweren Bedingungen für Rußland. Lenin aber willigte in alles ein, denn nur durch diesen Vertrag konnte Rußland aus dem unseligen Ersten Weltkrieg ausscheiden und das Sowjetregime das bekommen, was es am dringlichsten brauchte: eine Atempause.

3. Die Rote Arbeiter- und Bauern-Armee

Vom 6. bis 8. März 1918 tagte der VII. Parteikongreß der Bolschewiken in Petrograd. Dort wurde die Partei umbenannt in „Kommunistische Partei Rußlands (Bolschewiki)", abgekürzt KPR(B). Es war der letzte Parteitag in der einstigen Zaren-Metropole. Am 10. März übersiedelten Parteiführung und Regierung nach Moskau — wo sie sich sicherer fühlten —, das nun die Hauptstadt der Russischen Sozialistischen Föderativen Sowjetrepublik (RSFSR) wurde.

Nach Abschluß des Friedensvertrages von Brest-Litowsk wurde der Aufbau der Roten Arbeiter- und Bauern-Armee (abgekürzt: Rote Armee) mit aller Kraft vorangetrieben. Lenin selbst hatte sich bis dahin, wie schon erwähnt, wenig mit praktischen Fragen des Militärwesens beschäftigt. Er hatte zwar Clausewitz studiert, Engels' Schriften über den Bürgerkrieg gelesen und während seiner Emigration in Bern das Werk von Franz von Erlach über die Freiheitskriege kleiner Völker gegen große Heere durchgearbeitet. Aber vom Aufbau und der Organisation neuzeitlicher Streitkräfte wußte er wenig. Nach den schlimmen Erfahrungen mit dem Matrosen Dybenko und dem Fähnrich Krylenko war ihm klar, daß er für eine neue Armee in erster Linie Fachkräfte benötigte, die ihrerseits einer strengen politischen Kontrolle zu unterstellen waren. Wie die Ereignisse zeigten, hatte Lenin in der Person des ehemaligen Generals Bontsch-Brujewitsch einen solchen Militärfachmann.

Am 4. März 1918 wurde das bisherige Komitee für Militärangelegenheiten durch einen Obersten Kriegsrat ersetzt und das Hauptquartier in Mogiljow aufgelöst. Vorsitzender des Obersten Kriegsrates wurde der neuernannte Volkskommissar für Militärangelegenheiten L. D. Trotzki; militärischer Leiter wurde M. D. Bontsch-Brujewitsch, mit zwei „politischen Kommissaren".[18]

Trotzkis Ernennung war für viele eine Überraschung, denn es war bekannt, daß dieser mit der Politik Lenins nicht überall einverstanden war. Sein Wirken in Brest-Litowsk hätte sogar beinahe das Ende des Regimes nach sich gezogen. Andererseits wußte man die Qualitäten Trotzkis zu schätzen: sein Organisationstalent, die Redekunst und eine Energie, die er 1917 bei der Vorbereitung der „Oktoberrevolution" mehr als einmal unter Beweis gestellt hatte. Natürlich hätte die Kommunistische Partei Rußlands auch ohne Trotzki eine neue Armee formiert. Aber sie wäre bestimmt niemals so rasch entstanden und so schlagkräftig geworden wie jene, die der Sohn eines armen jüdischen Bauern aus der Südukraine aus dem Nichts organisierte.

Zu diesem Thema sagte Lenin 1919 zu Maxim Gorki: „Es wird viel gefaselt und besonders viel anscheinend über mich und Trotzki." Er schlug mit der Hand auf den Tisch und fuhr fort: „Bitte, man soll mir noch einen Menschen zeigen, der imstande wäre, in einem Jahr ein fast mustergültiges Heer zu organisieren und auch die Achtung militärischer Sachverständiger zu erringen. So einen Mann haben wir!"[19]

Der Oberste Kriegsrat war nun für alle militärischen Anordnungen im Lande verantwortlich. Zu den ersten Maßnahmen, die Trotzki nach dem 13. März traf, gehörten die Abschaffung der Wählbarkeit der Kommandeure (wie die Offiziere in der Roten Arbeiter- und Bauern-Armee bis 1942 hießen), die Wiedereinführung der Disziplinarstrafen einschließlich der Todesstrafe, und die völlige Integrierung der noch verwendbaren Teile der Roten Garde-Abteilungen.

Trotzki und Bontsch-Brujewitsch dachten an eine Armee von 1,5 Millionen Mann. Brigaden und Divisionen sollten die bisher buntgemischten Abteilungen ablösen, die in den meisten Fällen gar keine militärischen Formationen darstellten. Anfänglich wollten sie die Armee aus freiwilligen Land- und Stadtproletariern formieren, um so den revolutionären Charakter beizubehalten. Doch sie mußten den Gedanken bald aufgeben; es gab zu wenig Freiwillige! Die allgemeine Kriegsmüdigkeit machte sich bemerkbar. Am 1. April 1918 hatte Trotzki erst 156000 Mann in seiner Armee; mit größter Anstrengung konnte diese Zahl bis zum 20. April auf 200000 Mann gesteigert werden. Danach jedoch verringerte sich der Zustrom von Freiwilligen derart, daß er kaum noch ausreichte, die Abgänge zu decken.[20] Am 29. Mai 1918 wurde die Militärdienstpflicht verfügt.

Um einigermaßen ausgebildete Reserven zu schaffen, wurde bereits am 22. April 1918 eine „Allgemeine militärische Ausbildung“ für die „werktätige Bevölkerung“ angeordnet. Alle Männer im Alter von 18 bis 40 Jahren mußten neben ihrer täglichen Arbeit einen insgesamt 96stündigen Militärkursus absolvieren.

Ein besonderes Problem der Roten Arbeiter- und Bauern-Armee erwuchs aus dem Fehlen von Militärspezialisten. *Tausende* von Kommandeuren sollten in kürzester Zeit ihre Tätigkeit aufnehmen. Aber woher sollte man diese für das neue Militärwesen lebenswichtigen Kader nehmen? Zwar wurden bereits im Februar 1918 dreizehn Lehrgänge zur Ausbildung von Kommandeuren durchgeführt, aber diese reichten weder quantitativ noch qualitativ für die in Aufstellung begriffenen Truppen.

Deshalb griff Trotzki zu einer radikalen Lösung: Am 22. April 1918 legte er dem Gesamtrussischen Zentralexekutivkomitee der Sowjets in Moskau einen Plan vor, nach dem auch ehemalige zaristische Offiziere in die Rote Arbeiter- und Bauern-Armee aufgenommen werden sollten — vorerst auf freiwilliger Basis, im Notfall aber auch als Zwangsverpflichtete. Die Frage der „Militärspezialisten“, wie man diese Offiziere in der Folge nannte, stieß sowohl bei der Ultralinken als auch in der Truppe auf Widerstand. Die einmal verbannten Herren sollten wieder Arbeiter und Bauern kommandieren und möglicherweise schikanieren? Und wo bliebe die Wachsamkeit? Konnte man dem Klassenfeind überhaupt vertrauen? Diejenigen, die noch immer an eine Ideal-Armee, an das Modell der Pariser Kommune und an die Vorstellungen von Engels glaubten — und sie waren recht zahlreich — bekämpften Trotzkis Vorhaben aufs heftigste. Lenin war derjenige, der sich schützend vor Trotzki stellte. Er, der sein Armeeideal im Schweizer Milizsystem sah, war genügend Realist, um einzusehen, daß der Volkskommissar für

Militärangelegenheiten auch in dieser Hinsicht die richtige Lösung vorschlug. Denn die Lage bei den ersten Formationen der Roten Arbeiter- und Bauern-Armee war, besonders punkto Disziplin, katastrophal!

J. P. Smilga, einer der engsten Mitarbeiter Trotzkis in dieser Zeit, legte davon beredtes Zeugnis ab: „Für die neue Armee hat sich das Prinzip der Wählbarkeit (der Kommandeure — P. G.) als gänzlich unbrauchbar erwiesen. Ein gewählter Kommandeur ist kein Vorgesetzter. Er wird sofort beseitigt, wenn seine Verfügung den Soldaten nicht gefällt. Alle Versuche, den einmal gewählten Kommandeur festzuhalten, mißlangen. Fast überall wurden auf Kommandostellen feige und anpassungsfähige Männer gewählt. Nie haben Unehrlichkeit und Verschwendung eine solche Blüte erreicht, wie zur Zeit der Wählbarkeit der Vorgesetzten. Ein aus nur 300—400 Mann bestehendes Regiment forderte Gehalt und Lebesmittel, als wäre es vollständig besetzt. Niemand konnte verantwortlich gemacht werden. Der Kommandeur berief sich auf das Komitee, das Komitee auf den Willen der Massen als den obersten Richter. Über militärische Befehle wurde mehrere Tage hindurch beraten, schließlich wurden sie ausgeführt oder auch nicht, je nach der gefaßten Resolution..."

Der Bolschewik Smilga schloß seine Ausführung mit einem Argument, das im Sommer 1917 die Offiziere Brussilows und Kornilows gegenüber Kerenski hätten verwendet haben können: Eins kann ich nur sagen: solange dieses Prinzip (die Wählbarkeit — P. G.) in der Armee herrschte, gab es kein Kommando. Der Kommandeur war kein Vorgesetzter, sondern ein Spielzeug in den Händen der Soldaten!"[21]

Eine weitere Maßnahme zur inneren Festigung der Truppen war das „feierliche Gelöbnis", das Ende April anstelle des im Dezember 1917 abgeschafften Eides eingeführt wurde.

Am 1. Mai, dem großen Feiertag des internationalen Proletariats, wurde zum ersten Mal eine Parade der Moskauer Regimenter der Roten Arbeiter- und Bauern-Armee in der neuen Hauptstadt abgehalten. Bei diesem Anlaß mußten die Soldaten ihr Gelöbnis ablegen. Die Parade, der mit Lenin die ganze Sowjetregierung beiwohnte, zeigte jedoch nicht nur das positive der neuen Armee. Sie legte auch den Mangel an Disziplin und Klassenbewußtsein bloß: einige Abteilungen erschienen (trotz Befehls) gar nicht zum Defilee, andere verließen den Platz noch vor Abschluß der Parade.[22]

Im Mai 1918 wurde ein vom Obersten Kriegsrat ausgearbeitetes neues System für die Aufteilung des Landes in administrative Wehrkreise eingeführt. Damals erstreckte sich die Sowjetmacht lediglich auf 28 Gouvernements des europäischen Teils von Rußland mit einer Bevölkerung von 64,5 Millionen. Um die Militärverwaltung zu straffen, wurden hier elf Wehrkreise geschaffen. Diese hatten für die Erfassung von Reservisten und für deren Ausbildung zu sorgen. An die Spitze dieser Wehrkreise wurden Parteifunktionäre gestellt, während man für die Leitung der praktischen militärischen Tätigkeit „erfahrene Militärspezialisten" zu gewinnen trachtete. Im weiteren wurden bei den Wehrkreisen unter der Bezeichnung „Abteilung für Propaganda“ politische Kommissariate eingerichtet, welche die Aufgabe hatten, den Rotarmisten das Wesen der Sowjetmacht und die Ziele der kommunistischen Partei klarzumachen.

Im Juni und Juli 1918 erfolgten mehrere Einberufungen in die Rote Arbeiter- und Bauern-Armee, vor allem von Arbeitern aus den proletarischen Zentren von Moskau und Petrograd, aber auch aus dem Uralgebiet. So brachte man bis Ende Juli 1918 die Armee auf den Stand von 450000 Mann.

Weshalb baute Trotzki die Rote Armee mit allen Mitteln aus? Was war der Zweck dieser außerordentlichen Förderung des Wehrwesens der Sowjetmacht? Der Volkskommissar machte kein Hehl aus seinen Plänen. Am 13. März 1918 bereits — als er das Volkskommissariat offiziell übernahm — sprach er vor dem Plenum des Moskauer Sowjets offen darüber:

„Wir brauchen eine Armee, die uns zur starken Macht für den kommenden Kampf gegen den internationalen Imperialismus macht. Mit Hilfe dieser Armee werden wir uns nicht nur selber schützen und wehren, sondern wir werden auch den Kampf des internationalen Proletariats unterstützen... Mögen die Kleingläubigen, von Müdigkeit übermannt, von der revolutionären Bewegung des Proletariats der anderen Länder nichts mehr wissen wollen, wir behaupten, daß der Augenblick der sozialen Explosion in allen Ländern unvermeidlich kommen wird und daß wir, denen die Geschichte früher als den anderen den Sieg und alle sich aus dem Sieg ergebenden Möglichkeiten gegeben hat, beim ersten Grollen der Weltrevolution bereit sein müssen, unseren Brüdern im Ausland militärische Hilfe zu leisten!“[23]

Aber diese großen Pläne von einer „permanenten Revolution“, in der die Rote Arbeiter- und Bauern-Armee den Proletariern Europas wertvolle Unterstützung gewähren sollte, mußten sehr bald einmal aufgegeben werden. Die Atempause nach Brest-Litowsk, für die Lenin so viel preisgegeben hatte, dauerte in der Tat nicht lange. Bereits Mitte März 1918 erreichte Moskau die Kunde von der Landung britischer Truppen in Murmansk, denen alsbald französische und amerikanische Einheiten folgten. Mit ihrer Gegenwart und Intervention wollten die Verbündeten des einstigen Zarenreiches vorerst nur verhindern, daß die Deutschen — die ja noch immer ihre Gegner waren — an der Ostfront entlastet wurden und so die Westfront in Frankreich und Belgien verstärken konnten.

4. Gegenrevolution und fremde Interventionen

Unter den von Rußland in Kriegsgefangenschaft gehaltenen Angehörigen der Zentralmächte befanden sich auch einige Zehntausende Tschechen und Slowaken. Für diese hatten die in Amerika lebenden tschechischen Nationalpolitiker T.

G. Masaryk und E. Benesch bei der Zarenregierung eine Sonderbehandlung erwirkt: sie sollten in eigenen Lagern zusammengezogen und dort als nationale tschechoslowakische Armee organisiert und bewaffnet werden. Der Einsatz dieser Armee für die Entente gegen die Zentralmächte sollte nach der Zerschlagung der österreichisch-ungarischen Doppelmonarchie zur Schaffung einer tschechoslowakischen Republik beitragen.[24] Aber erst unter Kerenski wurde die „Tschechoslowakische Legion" tatsächlich aufgebaut. Im Sommer 1917 wurden einige tausend Mann dieser „Armee ohne Land" über die Weltmeere nach Frankreich an die Front gebracht. Das Gros jedoch (ungefähr 70000 Mann) stand zur Zeit der bolschewistischen Machtergreifung noch in Sibirien. Ihre Anführer hielten sie aber außerhalb der revolutionären Auseinandersetzungen. Nach dem russisch-deutschen Friedensschluß von Brest-Litowsk wollten sie die Legion so schnell wie möglich über Wladiwostok nach Europa bringen. Dieser Plan fand allgemeine Unterstützung; einzig die britische Regierung wollte die Legion in Sibirien belassen, damit diese zusammen mit der in Entstehung begriffenen antibolschewistischen Armee des Kosakenführers G. M. Semjonow im Osten Front gegen die Deutschen und Bolschewiken mache. Als dann im Mai 1918 Angehörige der Tschechoslowakischen Legion mit kriegsgefangenen Ungarn in Streit gerieten und ein „Privatkrieg" zwischen diesen auszubrechen drohte, befahl der Volkskommissar für Militärangelegenheiten Trotzki, die Legion zu entwaffnen. Begreiflicherweise widersetzte sich diese; kurzerhand brachte sie die von ihr bewachte und strategisch wichtige Transsibirische Eisenbahnlinie von Pensa über den Baikalsee zum Russischen Fernen Osten am 29. Mai 1918 in ihre Gewalt. Am 8. Juni nahmen sie noch Samara an der Wolga in Besitz. Damit war es mit der Herrschaft der Sowjetmacht in diesem Teil Rußlands zu Ende.

Im Schutze der Tschechoslowakischen Legion sammelten sich nunmehr überall die antibolschewistischen Kräfte. Hinter dem Ural begann im Sommer 1918 eine Gegenrevolution. In Omsk bildete Admiral A. W. Koltschak eine russische Regierung, die von London und Paris de facto anerkannt wurde. Koltschak machte kein Hehl daraus, daß sein Ziel die Restauration der Monarchie sei. Diese Entwicklung kam den britischen Plänen entgegen. Am 22. Juni 1918 erklärte Kriegsminister Winston Churchill vor dem Kabinett: „Wir müssen Ereignisse erzwingen, statt uns damit zu begnügen, ihnen ihren Lauf zu lassen. Nun, da die tschechischen Divisionen im Besitz der sibirischen Eisenbahn sind und Gefahr laufen, von den verräterischen Bolschewiki abgeschlachtet zu werden, kann der Versuch, sie zu retten, unternommen werden. Dürfen wir annehmen, daß Wilson die Rettung der Tschechen als eine Ehrenverpflichtung ansehen wird?"[25]

Daraufhin entsandte der amerikanische Präsident Woodrow Wilson zum Schutze der Tschechoslowakischen Legion ein amerikanisches Truppenkontingent von 7 000 Mann nach Wladiwostok, wo es im August 1918 eintraf. Ungefähr zu gleicher Zeit sandte das mit der Entente verbündete Japan 70000 Mann nach Russisch-Fernost, jedoch weniger zum Schutze der Legion als in Verfolgung eigener, imperialistischer Ziele.

Aber nicht nur im asiatischen, auch im europäischen Rußland wirkten 1918 Gegenrevolution und Entente gemeinsam gegen die Sowjetmacht Lenins. Überall entstanden kleinere und größere Verbände weißer Truppen, die unter verschiedensten Namen, oft untereinander rivalisierend, mit oder ohne ausländische Hilfe gegen die Kommunisten ins Feld zogen. Baku wurde von den Briten besetzt. Deutsche Truppen landeten auf der Krim und begannen mit Operationen in Richtung Nordkaukasus. Im Dongebiet griffen die Kosaken zu den Waffen, und mit deutscher Unterstützung rückten sie, von ihrem Ataman General P. N. Krasnow geführt, gegen Zarizyn (später Stalingrad, heute Wolgograd) und Woronesch vor.

Für die Sowjetregierung wurde die Lage zunehmend kritisch. Aus allen Himmelsrichtungen kamen Hiobsbotschaften. Im August hatte die Tschechoslowakische Legion einen guten Teil des russischen Goldschatzes in ihren Besitz gebracht; Sibirien befand sich in den Händen von Gegenrevolutionären; im Ural brachen Revolten aus; Samara, Simbirsk, Kasan und große Teile des Wolgagebietes sagten sich von den Bolschewiken los. Am 6. Juli 1918 wurde der nach dem Frieden von Brest Litowsk nach Moskau gesandte deutsche Botschafter Wilhelm von Mirbach von antibolschewistischen Sozialrevolutionären ermordet. Sie wollten damit Berlin veranlassen, deutsche Truppen gegen Moskau in Marsch zu setzen. In Murmansk und Archangelsk waren im Verlaufe des Sommers 31000 Mann Entente-Truppen (Briten, Franzosen, Italiener und Serben) gelandet worden, in deren Schutz eine gemäßigt sozialrevolutionäre russische Regierung waltete. In Jaroslawl, etwa 270 km nördlich von Moskau brach ein Aufstand gegen die Bolschewiken aus, den die Rote Armee nur mit Mühe in zwei Wochen unterdrücken konnte. Mit der Ukraine, Sibirien und dem Wolgagebiet waren die Lebensmittellieferanten der großen Städte verloren gegangen. Moskau und das restliche Territorium der Sowjets hungerten. Kleinmut und Uneinigkeit griffen um sich. Auch innerhalb der kommunistischen Reihen begann es zu kriseln. Am 30. August 1918 wurde in Petrograd ein Attentat auf M. S. Uritzki, den Leiter der dortigen politischen Polizei Tscheka[26] verübt. Am gleichen Tag wurde auch ein Mordanschlag auf Lenin versucht: eine Sozialrevolutionärin gab nach einer Fabrikversammlung mehrere Schüsse auf ihn ab. Lenin überlebte das Attentat, sah aber nun ein, daß jetzt, wo es um Sein oder Nichtsein des Regimes ging, jede Rücksicht fehl am Platz sei. Dies waren die Wochen des krisenhaften Sommer 1918, wo — nach Trotzki — „die Revolution ihre Gutmütigkeit verlor...“[27]

5. Der Aufbau der Roten Armee

In dieser Lage arbeitete Trotzki fieberhaft am Auf- und Ausbau der Roten Arbeiter- und Bauern-Armee oder — wie sie immer öfter genannt wurde — der Roten Armee. Durch das Gesamtrussische Zentralexekutivkomitee[28] ließ Lenin am 2. September 1918 das Gebiet der Russischen Sozialistischen Föderativen Sowjetrepublik (RFSFR) zum „einheitlichen Kriegslager" erklären. Nun konnten *alle Kräfte und Mittel* für die bewaffnete Verteidigung der Sowjetmacht eingesetzt werden." Von der Festigung der Roten Armee hängt die Stärke der Republik im Kampf gegen die Imperialisten, hängt der Sieg des Sozialismus in Rußland und in der ganzen Welt ab!", verkündete Lenin.[29]

Am 20. Mai 1918 waren in der Roten Armee noch nicht einmal 300000 Mann. Davon waren aber nur etwa 200000 einigermaßen bewaffnet.[30] Aus ungleich bewaffneten und buntgemischten Einheiten sollte in einem zum „Kriegslager" gewordenen Land eine zentral geführte reguläre Armee geschaffen werden.

Nach der Einführung der allgemeinen Wehrpflicht rief die Partei am 1. Juni 1918 die Arbeiter „wie im Oktober" zu den Waffen. „Konterrevolution und Hunger ziehen in den Krieg gegen uns! Die revolutionäre Armee muß geschaffen werden, da nur sie Rettung bringt!" Der Aufruf schloß mit dem Satz: „Im Namen des Kampfes um Brot, um Boden, um Freiheit und Sozialismus: Arbeiter und Bauern — zu den Waffen!"

Am 10. Juli 1918 ließ Lenin den V. Sowjetkongreß das „Dekret über den Aufbau der Roten Armee" beschließen. Damit war endlich die *Grundlage* geschaffen, um eine zentral geführte reguläre, auf allgemeiner Dienstpflicht beruhende Massenarmee aufzubauen.

Noch im Juni hatte Trotzki zwei Jahrgänge der „Dorfarmut" zur Roten Armee einziehen lassen. Ende Juli 1918 zählte diese 450000 Mann. Für Lenin war das noch nicht genug; bis zum Herbst wollte er eine Million Rotarmisten.

Die Ausrüstung der Rotarmisten erfolgte anfänglich aus Depots der ehemaligen zaristischen Armee, bald aber aus neuer Produktion der Rüstungswerke in Petrograd und nicht zuletzt aus Improvisationen, wofür die Panzerzüge die augenfälligsten Beispiele sind.

Erheblich schwieriger als die Beschaffung der Ausrüstung erwies sich die Bereitstellung der Kader für die immer größer werdende Rote Armee. In der Kommunistischen Partei Rußlands waren sehr wenige Militärfachleute. Deshalb hatte Trotzki bereits im März 1918 vorgeschlagen, ehemalige Offiziere als *Militärspezialisten* für die Rote Armee zu verpflichten. Dem Vorschlag wurde in der Parteiführung — mit ideologischen Argumentationen — heftigst widersprochen. Trotzki ließ sich jedoch nicht beirren. Er erinnerte daran, daß in der Krise der Großen Französischen Revolution, als es um Sieg oder Untergang ging, der Konvent die ehemaligen Offiziere des Königs als Kommandeure für das Volksheer verpflichtet hatte. Sollte man jetzt das sozialistische Vaterland der Proletarier der ganzen Welt wegen engstirniger Auslegung der Ideologie zugrunde gehen lassen? „Man kann zu den früheren Offizieren stehen, wie man will", schrieb Trotzki rückblickend im Jahre 1924, „eine Tatsache ist gewiß: nur mit Hilfe dieser Offiziere ist es der Sowjetregierung gelungen, eine Armee zu schaffen, die nicht nur gegen die einheimischen Weißgardisten erfolgreich gekämpft hat."[31]

Lenin entschied: Er billigte bereits im März 1918 die Verwendung von Offizieren der zaristischen Armee in der Roten Armee. Gleichzeitig sollte aber alles daran gesetzt werden, um aus dem Proletariat stammende ehemalige Unteroffiziere und auch fähige Soldaten zu roten Kommandeuren heranzubilden.

Lenins Entschluß ging sicher auf die guten Erfahrungen zurück, die er im Dezember 1917 mit ehemaligen Marineoffizieren gemacht hatte, die freiwillig in den Dienst der Sowjetregierung getreten waren und dieser die Treue gehalten hatten.

Bei den zaristischen Heeresoffizieren war die Lage anders. Eingedenk der umstürzlerischen Tätigkeit der Bolschewiken in der alten Armee standen sie vorwiegend antikommunistisch der Sowjetregierung gegenüber. Von einigen 100 000 Offizieren traten somit 1918 nur 8000 freiwillig in die Rote Armee ein. Trotzki griff deshalb zu Zwangsmaßnahmen. Er ließ im Juni 1918 alle demobilisierten, ehemaligen Offiziere samt ihren Familien registrieren. Die Männer wurden unter strenger Bewachung an die Front gebracht und dort in den neugeschaffenen Militärräten eingesetzt, während ihre Angehörigen als „Pfand" festgehalten wurden. Auf diese Weise wurden der Roten Armee innerhalb von zwei Jahren beinahe 50 000 ehemalige Offiziere zugeführt und auf verschiedene Kommandoebenen eingesetzt.[32]

Die Militärräte übten in der Roten Armee ab April 1918 die Kommandogewalt aus. Sie bestanden meist aus drei Personen: einem Militärspezialisten und zwei Kriegskommissaren. Die Rechte der Mitglieder waren unterschiedlich. Der Militärspezialist durfte in militärtaktischen Fragen entscheiden, den Kommissaren oblag die politische Verantwortung für den Entscheid. Sie waren auch für die politische Erziehung der Rotarmisten verantwortlich. Gab es zwischen dem Kommissar und dem Militärspezialisten Meinungsverschiedenheiten, so mußte sich dieser stets dem Willen der Kriegskommissare beugen.

Die Institution der Kriegskommissare, deren sich Trotzki mit Erfolg zur Kontrolle der Militärspezialisten und zur Durchsetzung des Willens der Kommunistischen Partei in der Roten Armee bediente, hatte sowohl eine lange europäische als auch eine spezielle russische Tradition. Die Wiege dieser Institution waren die italienischen aristokratischen Stadtrepubliken der Renaissance, die durch die Einsetzung von „Kommissaren" bei ihren Söldnertruppen die politische, die wirtschaftliche und die administrative Leitung der Feldzüge sicherten. Die Große Französische Revolution bediente sich der Kriegskommissare zur ideologischen Führung ihrer Armee, und in Rußland waren es die Kommissare des Zaren, die während der Besetzung der Mandschurei (1900—1907) bei den einheimischen Behörden den Willen der Besatzungsmacht auf politischem und administrativem Wege durchzusetzen hatten. Auch die „Provisorische Regierung" von 1917 verfügte über Kommissare, die besonders bei der Brussilow-Offensive bei den Truppen zum Einsatz kamen. Lenins Partei erinnerte sich der Kriegskommissare als Mittel zur Durchsetzung der eigenen Politik erst, als Trotzki das Volkskommissariat für Militärangelegenheiten übernahm und die Rote Armee mit Hilfe ehemaliger Offiziere zu einer regulären Streitmacht ausbaute.

Am 6. April 1918 erschien in der sowjetischen Presse die erste kurze Mitteilung über die Kriegskommissare, die Mitglieder der Kriegsräte und ihre Rechte und Pflichten. Bereits am darauffolgenden Tag beschloß das Gesamtrussische Zentralexekutivkomitee, beim Volkskommissariat für militärische Angelegenheiten ein Gesamtrussisches Büro der Kriegskommissare zu eröffnen. Dieses sollte die Truppen mit Kriegskommissaren „versorgen" und deren Ausbildung und Tätigkeit vereinheitlichen. „Ohne den Kriegskommissar hätten wir keine Rote Armee gehabt", schrieb später Lenin zu Recht.[33] Und Trotzki erklärte auf einer Tagung vor den Kriegskommissaren am 7. Juni 1918 klipp und klar: „Der Kommissar ist der direkte Vertreter der Sowjetregierung in der Armee, der Verfechter der Interessen der Arbeiterklasse. Wenn er sich in die militärischen Operationen nicht einmischt, so deshalb, weil er hinter jedem militärischen Leiter steht, seine Handlungen verfolgt und jeden seiner Schritte kontrolliert. Der Kriegskommissar ist ein Politiker. Der militärische Leiter bürgt mit seinem Kopfe für seine ganze Tätigkeit, für den Ausgang der militärischen Operationen. Hat der Kommissar festgestellt, daß der Revolution von seiten der militärischen Leiter Gefahr droht, so hat der Kommissar das Recht, den Konterrevolutionär erbarmungslos abzuurteilen, ja ihn zu erschießen! Es liegt den Kriegskommissaren die Pflicht ob, unermüdlich tätig zu sein, um das Klassenbewußtsein in der Armee zu heben und schonungslos die unerwünschten Elemente auszurotten!"[34]

Das Schicksal der zwangsweise in der Roten Armee Dienst tuenden Offiziere war manchmal sehr hart. Ihnen war angedroht, daß die „Tscheka", die „Gesamtrussische Außerordentliche Kommission zur Bekämpfung von Konterrevolution und Sabotage", Rache an den Familienangehörigen nehmen werden, falls sie „die Sache des Volkes" verraten oder sabotieren oder gar zum Feind überlaufen sollten. Diese Drohungen waren ernst. Als es im Herbst 1918 bei den Militärspezialisten einige Fälle von Untreue gab, ließ Trotzki tatsächlich deren Familienangehörige exekutieren. Mit der Sippenhaft wurde die Ergebenheit der Kommandeure in der Roten Armee erzwungen.

Dieser Bericht wäre unvollständig, wenn man nur die Schwierigkeiten mit den ehemaligen Offizieren schilderte. Es gab auch eine ganze Reihe von ehemaligen zaristischen Offizieren, die freiwillig in den Dienst der Roten Armee traten und dem neuen Regime die Treue hielten. Viele Gründe mochten dazu beigetragen haben. So zum Beispiel ihr Aufenthaltsort. Wer sich in einem von den Sowjets kontrollierten Gebiet aufhielt, mußte sich — notgedrungen — den Roten anschließen.

Die persönliche Einstellung zu ehemaligen Vorgesetzten konnte auch entscheidend sein. In einem 1921 in Paris veröffentlichten Werk eines emigrierten

Offiziers ist folgender — bezeichnender — Passus zu lesen: „Der Offizier, der in den Armeen der Südwestfront diente, sagte: Drosdowski[35] ruft zum Kampf gegen die Bolschewiken. Wer ist dieser Drosdowski — ich kenne ihn nicht. Aber Gutor, mein ehemaliger Chef, der bekannte General (bis 1917 Oberbefehlshaber der Südfront — P. G.), trat in bolschewistische Dienste. Natürlich werde ich zu Gutor gehen und nicht zu Drosdowski..."[36]

Von den Offizieren im Dienst der Roten Armee wurde General Bontsch-Brujewitsch bereits erwähnt. General D. P. Parski, ehemaliger Oberbefehlshaber der 12. Armee im Raum Riga, schloß sich im Frühjahr 1918 den Kommunisten an mit der Begründung: „Zwischen den Deutschen und den Bolschewiken ist die Wahl nicht schwer. Wir werden immer den roten Stern dem schwarzen Adler vorziehen!"[37] Mit ähnlichen Argumenten trat der von den großen Offensiven von 1916 und 1917 bekannte General A. A. Brussilow, vorerst als „Privatperson" und im Mai 1920 auch in offizieller Funktion der Roten Armee bei. Erwähnen muß man außerdem A. A. Baltijski, ehemaliger Adjutant des Kriegsministers Suchomlinow, der als Militärreformer von Format das erste sowjetische Militärreglement ausarbeitete und zwar im Sinne der Forderung Trotzkis „Für die eisernen Bataillone ist ein eisernes Reglement nötig!" General P. P. Sytkin, ein persönlicher Feind und Gegenspieler von General Denikin an der Südfront, bekämpfte diesen mit innerer Genugtuung. Mit den Worten „Schauen wir jetzt zu, welche Talente der Anton Denikin besitzt!" eröffnete er im Oktober 1919 den Feldzug gegen dessen weiße Armee.[38] Der ehemals zaristische Gardeoberst A. I. Dolmatow, den Trotzki einmal als den „besten Remonteoffizier Rußlands" bezeichnete, bewährte sich als Initiant und Organisator der später berühmt gewordenen Ersten Reiterarmee. Anzuführen sind hier noch Oberst S. S. Kamenew, Höchstkommandierender der Roten Armee von Juli 1919 bis April 1924, sowie sein begabter Stabschef Oberst B. M. Schaposchnikow, der sich im Mai 1918 der Roten Armee anschloß und alle wichtigen strategischen Pläne des Bürgerkrieges bearbeitete.[39] Ferner der durchaus lebensfrohe ehemalige Gardeoffizier M. N. Tuchatschewski, der als Kommandeur der 1. Revolutionären Armee den Aufstand der Sozialrevolutionäre in Moskau niederschlug und im Juni 1918 in einer Krisenlage in Simbirsk eindeutig für die Kommunisten Partei nahm. In seinen Memoiren beschreibt er das: „Murawjow (Oberbefehlshaber an der Wolgafront, der im Oktober 1917 Lenin in Petrograd vor Kerenskis Truppen gerettet hatte — P. G.) kam mit dem Schiff nach Simbirsk. Ich sollte ihm Meldung machen, wurde aber sofort verhaftet. Murawjow erklärte mir mit flackernden Augen: ‚Ich erhebe die Flagge des Aufstandes, schließe Frieden mit den Tschechoslowaken und erkläre Deutschland den Krieg!'"[40] Tuchatschewski weigerte sich mitzumachen. Als Murawjow den Simbirsker Sowjet gegen die Bolschewiken umzustimmen versuchte, wurde er von einem roten Matrosen erschossen. Tuchatschewski wurde wieder frei; mit dem neuernannten Kriegskommissar, dem kommunistischen Intellektuellen W. W. Kujbischew, gelang es ihm, die Lage in der 1. Armee wieder herzustellen und 1200 ehemalige Offiziere für die Rote Armee zu gewinnen.

Im September 1918 begann die Rote Armee militärische Formen anzunehmen, obwohl sie noch weit davon entfernt war, eine reguläre Streitmacht zu sein. Am 11. September 1918 verfügte der „Revolutionäre Kriegsrat der Russischen Republik“ die Bildung von Armeen und sogenannten Fronten. Gegen die weißen Truppen wurden eine Ost-, eine Nord- und Südwestfront gebildet. Den deutschen bzw. österreichisch-ungarischen Armeen im Westen, wo die Friedensregelung von Brest-Litowsk noch in Kraft war, wurden nur unbedeutende Kräfte gegenübergestellt. Von dieser Seite war kein Angriff zu befürchten.

An den drei erwähnten Fronten der Republik operierten 12 Feldarmeen. Zu diesen gehörten im Herbst 1918 34 Schützendivisionen und eine Kavalleriedivision.[41] Die wichtigste Waffengattung der Roten Armee war die Infanterie, deren Hauptbewaffnung aus Gewehren und schweren Maschinengewehren des Modells Maxim bestand. Den Truppen mangelte es ständig an Waffen und Munition. Die rote Artillerie steckte im Jahre 1918 noch in den Kinderschuhen. Anfang 1919 besaßen 12 Feldarmeen etwa 1700 Geschütze verschiedenster Kaliber — die meisten waren von ausländischen und weißen Truppen erbeutet.

Erwähnenswert sind die „gepanzerten Kräfte“ der Roten Armee. Diese bestanden aus 23 Panzerzügen. Ein Panzerzug umfaßte eine gepanzerte Lokomotive, zwei gepanzerte Geschützstände und zwei bis drei Plattformwagen. Oft war ihr Einsatz entscheidend. Besonders in den heißen Sommerwochen 1918, als Trotzki mit seinem Panzerzug von einem Krisenort zum anderen eilte und in die Schlacht eingriff, wenn dies nötig war.

Die Panzerauto-Abteilungen waren mit Beutefahrzeugen oder „selbstgebastelten“ Panzerwagen ausgerüstet, wovon Ende 1918 insgesamt 150 vorhanden waren.

Während Ende 1918 erst mit dem Aufbau einer „Luftwaffe“ begonnen wurde, besaß die Sowjetrepublik zu diesem Zeitpunkt bereits eine eigene Kriegsmarine. Diese bestand hauptsächlich aus den Kriegsschiffen der Baltischen Flotte und setzte sich aus 2 Schlachtschiffen, 2 Kreuzern, 24 Torpedobootzerstörern, 6 U-Booten, 3 Kanonenbooten und diversen Hilfs- und Spezialschiffen zusammen. Oberbefehlshaber der Roten Kriegsmarine war der ehemalige zaristische Konteradmiral W. M. Altfater. Nach dessen Tod im April 1919 übernahm A. W. Nemitz, ebenfalls ehemaliger höherer Marineoffizier, die Führung.

6. Die ersten militärischen Erfolge der Roten Armee

Am 1. August 1918 schrieb Lenin dem Kriegskommissar des Jaroslawler Wehrkreises M. W. Frunse einen dramatischen Brief: „Jetzt hängt das *gesamte* Schicksal der Revolution von *einer* Sache ab: dem schnellen Sieg über die Tschechoslowaken an der Front Kasan-Ural-Samara. *Alles* hängt davon ab!"[42] Michail Wasiljewitsch Frunse, ein Bolschewik der ersten Stunde, 33 Jahre alt, mit einer natürlichen Begabung für militärische Führerschaft, verfügte in den 3 Armeen „seiner" Front über knapp 70000 Mann, darunter viele ehemalige Kriegsgefangene der Zentralmächte. Obschon diese in vielen kleinen Gruppen über das weite Land aufgesplittert waren und keine ausreichenden Verbindungen hatten, konnten sie Erfolge erzielen. Am 9. September nahm die 2. Armee Kasan, und am 12. September eroberte die 1. Armee Simbirsk, wo sie reiche Beute an Kleidung und Waffen machte. Als später die Tschechoslowaken versuchten, die Stadt zurückzuerobern, hielten die Rotarmisten standhaft ihre Stellungen. „Links ein Österreicher, rechts ein Ungar und neben ihm ein Posener Pole tragen einen verwundeten Russen aus dem Kampf", so beschrieb ein Teilnehmer die damaligen Kämpfe. „Alle gehörten verschiedenen Nationen an und kämpften doch für die gleiche Sache!"[43] Bei Simbirsk zeichneten sich Tuchatschewski und der Kriegskommissar M. I. Kalinin (der spätere Staatspräsident der UdSSR) besonders aus.

Bei Kasan bewies das 5. revolutionäre lettische Schützenregiment außerordentliche Tapferkeit und wurde dafür — erstmals in der Geschichte der Roten Armee — mit einem Ehrenbanner ausgezeichnet. Im obersten Stab der Roten Armee begann man allmählich einzusehen, daß tapfere Soldaten auch öffentlich geehrt und mit Auszeichnungen belohnt werden mußten. So brachten die ersten Erfolge auch ein Umdenken. Dekorationen sollten fortan nicht mehr verpönt sein. (In der Truppe wurde dieser Gedanke noch während längerer Zeit nicht akzeptiert. Es kam öfters vor, daß gefangenen weißen Offizieren nicht nur deren Rangabzeichen sondern auch die verschiedenen Orden auf den bloßen Körper genagelt wurden, weil in einer klassenlosen Gesellschaft jeglich Abweichung von der Gleichheit verachtet wurde.)

Nachdem an der Ostfront die 4. Armee den Südural zurückerobert und dabei über 1000 Kilometer zurückgelegt hatte, wurde ihr Kommandeur W. K. Blücher — ehemaliger Arbeiter, in der zaristischen Armee Unteroffizier, seit 1916 Mitglied der bolschewistischen Partei — als erster Soldat der Roten Armee mit dem neugeschaffenen „Rotbannerorden" geehrt.

Als sich dann die Tschechoslowaken aus dem Wolgagebiet zurückzogen, kamen auch die Städte Ufa und Orenburg unter die Kontrolle der Roten Armee, worauf an der Ostfront eine wohltuende Ruhepause eintrat.

Anders stand es an der Südfront. Im Don-Gebiet hatten im Frühjahr 1918 zwei markante Persönlichkeiten des alten Regimes die Fahne des Widerstandes gegen die Revolution erhoben: der 49jährige Kosakenataman Pjotr Nikolajewitsch Krasnow und Generalleutnant Anton Iwanowitsch Denikin, 46jährig, ehemaliger Oberbefehlshaber der Süüdwestfront in Galizien. Dieser war im August 1917 bereits bei Kornilows Putschversuch dabei gewesen, von Kerenskis Truppen verhaftet worden, konnte aber fliehen und organisierte mit den Generälen Alexandrow und Kornilow eine antibolschewistische Freiwilligenarmee. Diese Freiwilligenarmee benutzte das fruchtbare Kosaken-Territorium im Süden des europäischen Rußlands als Operationsbasis. Diesem Gebiet fiel in den folgenden Monaten (und Jahren) die Rolle zu, die bei der Großen Französischen Revolution die Vendée gespielt hatte.

Die Kosaken in Krasnows und Denikins Armeen verstanden mit ihren erfahrenen Generälen und dem hohen Prozentsatz altgedienter Offiziere ihr Handwerk. Ungeachtet der großen Entfernungen zwischen den Fronten beherrschten sie das weite Kampfgelände. Ihr Antibolschewismus beruhte zwar nicht auf einer besonderen Liebe zur Monarchie oder zu den Romanows, sondern eher auf dem Willen zur Bewahrung ihrer althergebrachten Privilegien, die ihnen Lenin abgesprochen hatte. In der Regel nicht mittellos, lehnten sie auch die gleichmacherische Agrarpolitik Moskaus entschieden ab. Als dann noch am Anfang des Bürgerkriegs undisziplinierte rote Truppen auf Kosakengebiet zahllose Raubüberfälle und andere Gewalttätigkeiten verübten, war auch die persönliche Motivation für ihre Parteinahme gegen die Kommunisten gegeben.

Krasnow und Denikin operierten anfänglich unabhängig voneinander. Der Ataman verfügte in seiner Don-Armee über 52000 Kosaken, 80 Geschützen, 27 Maschinengewehren, 68 Flugzeuge (!) und 14 Panzerzüge.[44] Denikins Freiwilligenarmee zählte 1918 über 43000 Mann und bestand vorwiegend aus Offizieren.[45]

Im Spätsommer 1918 geriet die Südfront der Roten Armee in Gefahr. General Krasnows Truppen rückten vom Don her gegen das von den Roten gehaltene Zarizyn an der Wolga vor, und Denikins Offiziersdetechements schlossen rote Truppen im Nordkaukasus ein. Zur selben Zeit bedrohten die Kosaken auch Woronesch. Auf einem Gebiet von mehreren hundert Quadratkilometern wogten die Gefechte hin und her. Es gab kaum feste „Fronten". Um das kleine, unscheinbare Wolgastädtchen Zarizyn, das ein Vierteljahrhundert später unter dem neuen Namen Stalingrad in die Weltgeschichte eingehen sollte, entbrannten im August 1918 besonders schwere Kämpfe, denn es hätte leicht zum Vereinigungspunkt zwischen den Truppen Krasnows und den Truppen der Gegenrevolutionäre im sibirischen Omsk werden können! Semjon Michailowitsch Budjonny, ein 35jähriger, hochdekorierter ehemaliger zaristischer Unteroffizier, und Klement Jefremowitsch Woroschilow, ein 37jähriger ehemaliger Metallarbeiter aus Lugansk, leiteten die Verteidigung Zarizyns und widerstanden jedem Ansturm. Als ihre Lage besonders kritisch wurde, stieß ein aus Moskau entsandter Volkskommissar zu ihnen: der aus Georgien stammende 39jährige Berufsrevolutionär und Altbolschewik Josif Wissarionowitsch Stalin. Seinen ursprünglichen Auftrag, für die hungernde Hauptstadt im reichen Südrußland Lebensmittel zu holen, hatte er wegen Krasnows Vorstoß nicht erfüllen können. Nun blieb Stalin in Zarizyn, übernahm den Vorsitz im Kriegsrat und leitete die Verteidigung des Städtchens. Es waren schwere Zeiten: Meutereien innerhalb der eigenen Truppen waren an der Tagesordnung.[46] Stalin gelang es jedoch, die Lage zu meistern und die Truppen mit Rekruten erheblich zu verstärken.

Stalins Abneigung gegen seinen späteren großen Widersacher Trotzki trat in dieser Zeit zu Tage. Der Georgier hielt nicht viel von Militärspezialisten und von militärischer Organisation. Er wollte eine proletarische Armee, von revolutionärem Geist beseelt. Erst auf Lenins Drängen hin änderte er im September 1918 seine Ansicht und bildete wunschgemäß an der Südfront Feldarmeen und Armeebereiche. Aus den bisher bunt gemischten Abteilungen und Truppenhaufen entstanden fünf Feldarmeen (die 8., die 9., die 10., die 11. und die 12.). Gleichwohl konnte Krasnows neuer Vorstoß von Ende September nur mit Mühe und großen Verlusten abgeschlagen werden. Interne politische Gegensätze riefen nach einer Reorganisation. Nach mehrmaligen Interventionen Trotzkis und auf Lenins persönlichen Befehl wurde Anfang Oktober Stalin von der Südfront abberufen. Ende 1918 mußte der Gegner seinen weiteren Vorstoß in dieser Gegend einstellen.

Im September 1918 wurde aber auch eine Verstärkung der russischen Nordfront nötig. Aus den Abteilungen und Trupps der Roten Armee war dort die 6. Armee gebildet worden. Diese zählte knapp 6000 Mann und verfügte über 188 Maschinengewehre und 27 Geschütze. Trotzki gab das Kommando dieser „Armee“ dem ehemaligen General A. A. Samojlo, der versuchte, damit wenigstens im Gebiet von Archangelsk und im Raum Wologda eine Verteidigung zu organisieren. Denn in Murmansk und in Archangelsk befanden sich seit März 1918 ausländische Interventionstruppen mit etwa 31000 Soldaten, unter deren Schutz eine der Sowjetregierung entgegengesetzte nationale russische „Regierung“, angeführt von einem gemäßigten Sozialrevolutionär.

7. Die erhoffte und befürchtete Weltrevolution

Treibende Kraft der Entente-Intervention in Rußland waren von Anfang an die Briten gewesen. Die Konservativen — vor allem Winston S. Churchill — hatten darauf gedrängt, eine „zweite Front“ gegen die Zentralmächte zu aktivieren, nicht ohne politischen Hintergedanken. Das zeigte sich, als das kaiserliche Deutschland im Herbst 1918 zusammengebrochen war und es galt, den britischen Interventionstruppen in Rußland ein neues Ziel zu geben. Churchill: „Soll die Intervention fortgesetzt werden, so hat sie sich entweder gegen den Bolschewismus als solchen zu richten, oder sie soll jede Spur deutschen Einflusses tilgen!“[47]

In der Ablehnung des Bolschewismus war Großbritannien mit Frankreich einig. Dieses hatte dem zaristischen Rußland über 12 Milliarden Goldfrancs geliehen und wußte, daß Lenin zu deren Rückzahlung nicht bereit war.

Die Regierungen in London und Paris fürchteten, was die Bolschewiken hofften: daß „die Revolution“ von Rußland aus auf Westeuropa übergreife. Die kriegsmüden Arbeiter sehnten sich nach Frieden und zugleich nach sozialer Veränderung der bürgerlichen Gesellschaft und blickten hoffnungsvoll nach Petrograd und Moskau, wo sich etwas Neues, etwas Niedagewesenes anbahnte.

In Moskau rechnete man indessen fest mit der unmittelbar bevorstehenden Weltrevolution. Am 14. November 1918 erklärte Trotzki bei der feierlichen Eröffnung der neugegründeten Militärakademie der Roten Armee, daß in Europa die Ereignisse nunmehr nach den gleichen Gesetzen wie in Rußland ablaufen würden: „Deutschland (das am 9. November die Waffen gestreckt hatte — P. G.) holt uns jetzt hinsichtlich der Wege und Formen der revolutionären Entwicklung ein, und es holt uns rasch ein. Dann ist die Reihe an Frankreich, England und an den anderen kapitalistischen Ländern... Wenn die Lehren der Geschichte endgültig verdaut sein werden, wird unser Volk, das jahrhundertelang in Erniedrigung lebte, einen mächtigen Sprung vorwärts machen und wir werden viele andere Völker einholen oder gar überholen!“[48]

In dieser Lage mußten die westlichen Regierungen darauf bedacht sein, daß mit der militärischen Niederwerfung der Zentralmächte im Herzen Europas kein politisches Chaos entstand, das leicht in eine große Revolution ausarten könnte. Deshalb verlangte Churchill im britischen Kabinett, als Deutschland am 9. November 1918 die Waffen streckte, daß bestimmte Militär-Kontingente der Besiegten einsatzbereit zu belassen seien. „Es könnte dazu kommen, daß wir die deutsche Armee wieder aufbauen müssen... aus Furcht vor dem Umsichgreifen des Bolschewismus!“[49]

Es lag genau in diesem Gedankengang, daß Marschall Foch — gewiß kein besonderer Freund der Deutschen — bei den Waffenstillstandsverhandlungen in Compiègne sich einverstanden erklärte, der deutschen Friedensarmee zusätzliche 5000 Maschinengewehre zu belassen. Die damit ausgerüsteten Truppen sollten kurz darauf bei der Bekämpfung der aufrührerischen Linken gute Dienste leisten.

8. Der Krieg nach dem Kriege

Der Waffenstillstand mit dem Deutschen Reich vom 9. November 1918 schuf für London und Paris eine völlig neue Situation im Osten Europas. Das Deutsche Reich fiel jetzt im Westen und Süden des europäischen Rußlands als antibolschewistische „Ordnungskraft“ aus. Um das Machtvakuum, das mit dem Abzug der bisherigen Besatzungsmacht entstehen mußte, aufzufüllen, hatte der französische Ministerpräsident Clemenceau, der „Tiger“, bereits Ende Oktober 1918 den Oberbefehlshaber der französischen Balkanarmee („Armée française d'Orient“), General Franchet d'Esperey angewiesen, seine Operationen nach Osten auszudehnen und den Bolschewisten entgegenzutreten. Am 15. November

1918 erschien ein französisch-britisches Geschwader im Schwarzen Meer und landete in den folgenden Tagen Truppen in Noworossisk. In kürzester Zeit wurde unter französischem Kommando in Odessa eine Streitmacht von etwa 80000 Mann zusammengezogen, bestehend aus französischen Kolonialtruppen, polnischen Freiwilligen und zwei griechischen Regimentern. Sie sollten in Südrußland die Funktion der abziehenden Deutschen übernehmen. Im Dezember 1918 landeten weitere Franzosen, aber auch britische und sogar amerikanische Truppen in Odessa und im Baltikum. Die Politik der Entente zielte darauf, den verzettelten antibolschewistischen Kräften in Südrußland Rückhalt zu verleihen, in dessen Hauptquartier sich eine britische Militärmission etablierte. Die Briten verfügten, daß die Depots der abziehenden deutschen Truppen von der Freiwilligenarmee Denikins zu übernehmen seien. Aus Indien stießen in der selben Zeit britische Kolonialtruppen nach Baku vor und brachten große Teile des Kaukasus unter ihre Kontrolle.

Die Sowjetregierung sah dieser Entwicklung nicht untätig zu. Nach dem Zusammenbruch des kaiserlichen Deutschland und der Auflösung der k.u.k. Monarchie widerrief Lenin eilends den Friedensvertrag von Brest-Litowsk. Die Rote Armee erhielt den Befehl, die bisher von den Deutschen und Österreichern kontrollierten Gebiete zu besetzen. Als sich die Deutschen aus der Ukraine zurückzogen, stieß daher die neugebildete „Ukrainische Rote Armee" sofort nach. Am 10. Dezember 1918 nahm sie Minsk, wo dann die Weißrussische Sowjetrepublik ausgerufen wurde. Am 9. Februar 1919 fiel auch Kiew in ihre Gewalt. Lediglich im Süden der Ukraine konnten sich Denikin — und die Entente-Truppen — halten.

Auch im Baltikum griff die Entente ein. Dort hatten die einheimischen Bolschewiken nach dem Abzug der Deutschen die Sowjetmacht errichtet. Da erschienen anfangs Dezember 1918 britische Kriegsschiffe in Lipeja, später auch in Tallin und Riga. Esten, Letten, Finnen und antibolschewistische Russen verbündeten sich zu einer „Baltischen Streitmacht". Obwohl diese kaum 10000 Mann zählte, gelang es ihr dank straffer Führung, guter Disziplin und zeitgemäßer Ausrüstung — mit den britischen Kriegsschiffen im Rücken — die zahlenmäßig viel stärkere Rote Armee zurückzutreiben und im Januar 1919 Narwa zu nehmen.

Die größte Gefahr für die russische Sowjetrepublik ballte sich jedoch im Winter 1918/19 im Osten zusammen, in den weiten sibirischen Gebieten hinter dem Ural. Hier kontrollierte die Tschechoslowakische Legion weiterhin die Transsibirische Eisenbahn, was den antibolschewistischen Kräften überall die Möglichkeit gab, die Oberhand zu gewinnen. In Omsk hatte sich bereits im Juli 1918 eine Gegenregierung gebildet, die von London und Paris de facto anerkannt wurde. Diese duldete anfänglich noch Menschewiken in ihren Reihen, wurde aber im Spätherbst 1918 umgebildet. Die Sozialisten wurden durch konservative Politiker ersetzt. Die Omsker Regierung machte kein Hehl daraus, daß ihr Ziel die Restauration der Monarchie sei. Ihr gehörte als Kriegsminister ein Admiral an, Alexander Wassiljewitsch Koltschak, der 45jährige ehemalige Befehlshaber der zaristischen Schwarzmeer-Flotte, der 1917 zufällig in Sibirien war. Ende November 1918 ließ sich Koltschak zum Ministerpräsidenten und einige Zeit danach zum „Obersten Regenten Rußlands“ ausrufen. Sein Ziel war, alle gegenrevolutionären Kräfte unter seiner Fahne zu vereinigen und dem „bolschewistischen Spuk“ innerhalb kürzester Zeit ein Ende zu machen.

Koltschak genoß von Anfang an die Unterstützung der Briten und Franzosen. Diese neigten dazu, die Regierung in Omsk als rechtmäßige Nachfolgerin der zaristischen Regierung anzuerkennen. In kürzester Zeit rüsteten sie die Armee Koltschaks aus, so daß diese Anfang 1919 über 300000 Mann verfügte. *Diese* hatten den Angriff auf Moskau zu führen, während die ausländischen Truppen in Sibirien (Briten, Franzosen, Japaner, Amerikaner) insgesamt etwa 150000 Mann, sich nicht direkt in die „innerrussischen Angelegenheiten“ einmischen, sondern nur das Hinterland kontrollieren sollten! Dasselbe Konzept galt auch für die Tschechoslowakische Legion, die nach der Eroberung von Samara ihren weiteren Vormarsch nach Westen eingestellt und sich mit der Rolle des Zuschauers im Bürgerkrieg begnügt hatte.

Lenins junger Staat hatte also um die Jahreswende 1918/19 mit zahlreichen Problemen und Sorgen zu kämpfen. Mehr als 250000 ausländische Soldaten standen auf russischem Boden und stärkten den verschiedenen weißen Regierungen bzw. Gruppierungen den Rücken. Wenn Lenin und sein Regime überleben wollten waren drastische Maßnahmen nötig. Der Führer der Bolschewiken zögerte nicht. Die „innere Front“ der Sowjetrepublik wurde von der Tscheka mit Terror gehalten; wirtschaftlich begann die Ära des „Kriegskommunismus“...[50]

9. Die Rote Armee — ein reguläres Heer oder eine Sammlung von Partisanentruppen

Obwohl die weißen Truppen zahlenmäßig unterlegen waren, zeigten sie sich dank besserer Führung und Disziplin den revolutionären roten Kräften anfänglich fast überall überlegen. In großen Teilen der Roten Armee herrschte indessen weiterhin ein Geist des „Partisanentums“. Kleine Trupps und bunt zusammengewürfelte Abteilungen lehnten nach der Manier von Freischärlern und Anarchisten jede zentrale Führung und militärische Disziplin ab. Desertionen waren an der Tagesordnung. In einem Befehl vom 3. März 1919 beklagte der Oberbefehlshaber der 4. Armee an der Ostfront M. W. Frunse, die Disziplinlosigkeit seiner Truppe. Obwohl er die Armee erst seit einem Monat führe, habe er bereits zahlreiche „grobe Verletzung der Dienstordnung und der Disziplin“ feststellen müssen. „Diese Vorfälle sind um so bedenklicher und um so weniger entschuldbar, als die ‚Mißachter‘ der Disziplin bisweilen Angehörige eines höheren Kommandostabes und teilweise sogar Kriegskommissare sind!" Als Beispiel erwähnt Frunse: „Ein Brigadekommandeur, der den Befehl erhalten hatte, eine andere Dienststelle zu übernehmen und sich dorthin zu begeben, erklärte einfach, ... er werde den Befehl nicht ausführen... Der Chef einer der Armee vorübergehend zugeteilten Abteilung ließ sich von seinem eigenen Gutdünken leiten, trachtete stur nach seinen eigenen dienstlichen Vorteilen und drohte mit dem eigenmächtigen Abmarsch seiner ganzen Abteilung, die einen strategisch sehr wichtigen Raum zu decken hatte... Bei einer Besprechung der operativen Aufgabe und der entsprechenden Truppeneinteilung erklärte ein anderer Brigadekommandeur, seine Truppen träten nur dann an, wenn am vorgesehenen Punkt kein einziger Mann von anderen Truppen verbleibe..."[51]

Da erließ Trotzki gegen Jahresende den Geheimbefehl Nr. 6/1918, mit dem er von jedem Rotarmisten unbedingten Gehorsam verlangte. Für Fahnenflucht gebe es in Zukunft nur eine Strafe: das Erschießen! Dagegen versprach er für Tapferkeit und Ausdauer Orden und Geldbelohnungen. Der Volkskommissar wandte sich gegen die „eitlen und halbgebildeten Parteiquacksalber" (wie er die sich allwissend fühlenden Parteifunktionäre nannte), die den Militärspezialisten ins Handwerk pfuschten. Im Zentralorgan der Partei, in der Moskauer „Prawda", ließ Trotzki am 31. Dezember 1918 einen Artikel veröffentlichen, in dem er jeden verurteilte, der die Truppenführung ausschließlich den Kommissaren überlassen wollte.

Trotzki und sein Stab arbeiteten daran, der Roten Armee eine *feste* Truppenordnung mit der nötigen *zentralen* Befehlsgewalt zu geben. Am 2. September 1918 wurden alle Befugnisse über Armee und Flotte in den Händen eines *Revolutionären Kriegsrats der Republik* zusammengefaßt, dessen Vorsitz Trotzki übernahm — neben seiner Funktion als Volkskommissar für Militär- und Marineangelegenheiten. Er war damit in einer Schlüsselposition der Macht.

In der zweiten Hälfte 1918 hatte Lenin bis zum Frühjahr 1919 eine Armee von *drei* Millionen Soldaten gefordert. Ende Dezember 1918 zählte die Rote Armee bereits 1,7 Millionen Mann, die auf Papier in 13 Armeen gegliedert insgesamt 42 Schützen- und 3 Kavalleriedivisionen umfaßte. Diese Formationen waren eher Zielvorstellungen als Tatsache. Die Kader bildeten weiterhin das größte Problem: 60 Prozent der Kommandostellen waren unbesetzt![52] Wohl bewährten sich einige ehemalige hochdekorierte Unteroffiziere der Zarenarmee, wie S. M. Budjonny oder W. I. Tschapajew — als Brigade- und Devisionskommandeure, aber sie waren eher eine Ausnahme. Lenin versuchte von Anfang an die „Kader-Frage" zu lösen. Der im Dezember 1917 in Moskau eröffneten ersten Militärschule für angehende rote Kommandeure[53] war nach dem 23. Februar 1918 ein ganzes System von Kommandeurkursen und anderen, jeweils vier bis sechs Monate dauernden Lehrgängen gefolgt. Am 31. Dezember 1918 wurden in Rußland 63 Kommandeurkurse und Schulen geführt. Im September 1919 sollten es bereits deren 107 sein![54] — immer noch viel zu wenig für ein angehendes Dreimillionen-Heer.

Umsonst griff Trotzki 1918/19 — im Einverständnis mit Lenin[55] — vermehrt auf ehemalige zaristische Offiziere zurück. Sie vermochten weder zahlen- noch führungsmäßig den Kader-Bedarf zu decken. Die Ende 1918 bzw. Anfang 1919 in die Rote Armee erneut zwangsverpflichteten ca. 37000 ehemaligen Offiziere erfüllten ihre Aufgabe begreiflicherweise mit wenig Enthusiasmus. Ihr Los, wie schon geschildert, war weiterhin hart, und in vielen Fällen geschah ihnen auch Unrecht. Rückschläge an den Fronten und chaotische Zustände bei den Truppen lastete man mit Vorliebe diesen „Klassenfeinden" an. Es kam im Frühjahr 1919 so weit, daß sogar Lenin mit den Gedanken spielte, „alle Spezialisten" und zwar „ohne Ausnahme" aus der Roten Armee zu entfernen![56]

Am 18. März 1919 begann in Moskau der VIII. Kongreß der Kommunistischen Partei Rußlands. Aus den von der Rote Armee kontrollierten Gebieten vertraten 403 Delegierte — darunter viele Soldaten — 313766 Parteimitglieder.[57] Sie sollten die Politik für die nächsten Jahre festlegen. Neben politischen wurden aber auch wirtschaftliche und militärische Fragen behandelt. Bei den Diskussionen um die Rote Armee kamen viele Mißstände zur Sprache. Dabei wurde mit persönlichen Angriffen nicht gespart! Die sogenannte „Militäropposition" (zu der nicht nur „linke" Kommunisten wie W. M. Smirnow, G. I. Safranow, G. L. Pjatakow u. a. gehörten, sondern auch solche, die bisher Lenins „Linie" treu gefolgt waren, wie zum Beispiel Woroschilow) wandte sich erneut gegen eine Zentralisierung der Kommandogewalt; das sei das Charakteristikum eines „imperialistischen" Staates. Sie forderte, daß die Kommandeure weiterhin von der Truppe zu wählen seien und sie verwarf die weitere Verwendung von „Militärspezialisten" und die „eiserne Disziplin" in der Roten Armee. Sie erklärte, nicht nur der Stellungskrieg, sondern auch die zentrale Führung seien einer revolutionären Armee unwürdig. Beweglichkeit, Kühnheit, Angriffsgeist und Manövrierfähigkeit seien die Merkmale einer Armee neuen Typs. Man brauche keine Befehle aus einer Zentrale, keine „arroganten Zarenoffiziere" und keine schwerfälligen Etappendienste. Die Verbände sollen klein und selbständig sein und möglichst aus vielen Waffengattungen bestehen. Die Bevölkerung werde sicherlich „ihre" Soldaten mit den nötigen Lebensmitteln versorgen.

Trotzki wandte dagegen ein: „Als Taktik der Revolution wurde die Taktik des Kleinkriegs proklamiert. Das war alles äußerst abstrakt und im wesentlichen eine Idealisierung unserer Schwäche. Die Vorzüge der zentralisierten Organisation und Strategie gegenüber lokaler Improvisation, militärischem Separatismus und Föderalismus haben sich an den Erfahrungen des Kampfes bald sehr deutlich gezeigt!" *Denn:* „Bandenkrieg als Kriegsprogramm zu propagieren wäre dasselbe, als wollte man die Rückkehr von der Großindustrie zur Hausindustrie empfehlen!" Man müsse davon ausgehen, daß in Zukunft gegen imperialistische Heere gekämpft werden müsse. Deshalb habe die Rote Armee die mächtigste Armee der Welt zu sein. „Sie wird nicht nur ein Werkzeug zur Verteidigung der sozialistischen Gesellschaft gegen eventuelle Überfälle seitens noch vorhandener imperialistischer Staaten sein, sondern sie wird es erlauben, dem Proletariat dieser Staaten im Kampfe gegen den Imperialismus entscheidende Unterstützung angedeihen zu lassen!"[58]

Lenin setze sich eindeutig für den „Trotzkistischen Weg" zum weiteren Ausbau der Roten Armee ein: „Der ganze Fehler der Opposition besteht eben gerade darin", betonte er in seiner Schlußrede, „daß Ihr, die Ihr durch Eure Erfahrungen, durch jene Tradition des Heldentums, an die wir stets erinnern werden, mit diesem Partisanentum verbunden seid, nicht verstehen wollt, daß jetzt eine andere Periode begonnen hat. Jetzt muß die reguläre Armee im Vordergrund stehen, jetzt müssen wir zur regulären Armee mit Militärspezialisten übergehen!"[59] In der Schlußtagung wurde der Vorschlag, anstelle einer zentralistisch organisierten Armee lose Partisaneneinheiten aufzustellen, deutlich verworfen. Auch die Forderung nach der Wählbarkeit der Kommandeure wurde abgelehnt und schließlich wurde noch die Position der Militärspezialisten gefestigt. Die „Militäropposition" hatte also eine Niederlage hinnehmen müssen.

Der Parteikongreß stellte die Tätigkeit der Kriegskommissare teilweise auf neue Grundlagen. Lenin zollte ihnen Anerkennung für die bisher geleistete Arbeit und ließ eine Resolution verabschieden, durch die anstelle des „Gesamtrussischen Büros der Kriegskommissare" die „Politische Abteilung des Revolutionären Kriegsrats der Republik" (die heutige Politische Hauptverwaltung der sowjetischen Streitkräfte) geschaffen wurde. An ihre Spitze sollte stets ein Mitglied des Zentralkomitees der Kommunistischen Partei Rußlands mit den Rechten eines Mitglieds des Revolutionären Kriegsrats der Republik gestellt werden.

Die Nachrichten von der Ausrufung der Ungarischen Räterepublik in Budapest (21. März 1919) und vom Generalstreik in Deutschland und den bürgerkriegsähnlichen Zuständen in Berlin bestärkten die Delegierten des VIII. Parteikongresses in ihren Erwartungen und sie werteten sie als erste Anzeichen für den Niedergang der alten Ordnung in Europa.

10. Das Jahr 1919 — Jahr der großen Entscheidungen

Daß Trotzki dem VIII. Parteikongreß in Moskau fernblieb, hatte gute Gründe: Admiral Koltschak rüstete Anfang 1919 zu einer Großoffensive gegen den Sowjetstaat. In vier Armeen gegliedert und auf einer Frontbreite von 1800 km eröffneten seine Truppen Mitte März 1919 den Angriff. Koltschaks Feldarmeen zählten 130000 bestens ausgerüstete Soldaten — die vom einstigen zaristischen Obersten Sergej Sergejewitsch Kamenew befehligte Ostfront der Roten Armee lediglich 101000 schlecht bewaffnete Rotarmisten.[60] Die ersten Siege der weißen Truppen riefen in Moskau Bestürzung hervor. Lenin proklamierte die Ostfront zur „Hauptfront der Republik", der alle Reserven zugeführt werden sollten.

Trotzki erschien mit seinem Panzerzug an der Ostfront und versuchte, durch seinen persönlichen Einsatz, besonders gefährliche Situationen zu meistern.

Nachdem Ufa gefallen war und die weißen Truppen sich der Wolga näherten, griff Lenin auf die Kommunistische Partei zurück. Jede Grundorganisation wurde verpflichtet, 10 bis 20 Prozent (die frontnahe Organisation sogar 50 Prozent) ihrer Mitglieder an die Front zu schicken. Doch was nützten diese, wenn es an Kommandeure und Ausrüstung mangelte? „Wir führten Krieg ohne Vorräte", schrieb Trotzki später. „Schon Anfang 1919 war in den Zentrallagern nichts mehr vorhanden. Das Hemd ging von der Nadel direkt zur Front. Am schlimmsten war es bei Gewehren und Munition. Die Fabriken von Tula arbeiteten für den nächsten Tag. Ohne die Unterschrift des Höchstkommandierenden durfte über keinen einzigen Munitionswagen verfügt werden. Die Versorgung mit Munition und Gewehren war immr auf das äußerste angespannt, wie eine Saite. Manchmal riß diese Saite. Dann verloren wir Menschen und Raum..."[61]

Die Ostfront der Roten Armee wurde buchstäblich zerrissen: zwischen den beiden Flügeln entstand eine Lücke von 150 km Breite. Der ganze Ural fiel in die Hände Koltschaks. Anfang April näherten sich weiße Vorabteilungen Simbirsk, Kasan und Samara. Innerhalb weniger Wochen mußte die rote Armee ein Gebiet von 300000 km^2 mit über fünf Millionen Menschen aufgeben! Schon bestand die Gefahr, daß der weiße Admiral, zusammen mit Denikin, zu einem Schlag gegen Moskau ausholen würde.

Trotzki: „Aus Partisanenabteilungen, aus Flüchtlingen, die vor den Weißen wegliefen, aus den in der nächsten Umgegend mobilisierten Bauern, aus Arbeiterabteilungen, welche die Industriezentren entsandten, aus kommunistischen Gruppen und Militärspezialisten formierten wir hier, an der Front, Kompagnien, Bataillone, frische Regimenter, manchmal auch ganze Divisionen. Nach Niederlagen und Rückzügen verwandelte sich die lockere, von Panik erfaßte Masse in zwei bis drei Wochen in kampffähige Truppenteile. Was war dazu nötig? Viel und wenig!" Und der Volkskommissar zählt die Mittel auf: „Gute Kommandeure, einige Dutzend erfahrene Kämpfer, zehn aufopferungsfähige Kommunisten, Stiefel auftreiben für die Barfüßigen, eine Badeanstalt herrichten, eine energische Agitationskampagne durchführen, Essen verschaffen, Wäsche, Tabak und Streichhölzer liefern. Mit alldem beschäftigte sich der Zug (der Panzerzug Trotzkis — P. G.). Wir besaßen stets in der Reserve einige gute Kommunisten, um Lücken auszufüllen: zwei- bis dreihundert gute Kämpfer; einen kleinen Vorrat an Stiefeln, an Lederjoppen, Medikamenten, Maschinengewehren, Feldstecher, Karten und allerhand Geschenke wie Uhren und anderes. Die unmittelbaren materiellen Vorräte des Zuges waren natürlich im Vergleich zu den Bedürfnissen der Armee unbedeutend. Sie wurde jedoch stets ergänzt. Und die Hauptsache war, sie spielten Dutzende und Hunderte von Malen die Rolle jener Schaufel Kohle, die im gegebenen Augenblick nötig ist, um das Feuer im Ofen nicht erlöschen zu lassen..."[62]

Die entscheidende Wende an der Ostfront kam in den letzten Apriltagen. Dem

Oberkommando der Roten Armee war es gelungen, Frunses „Südgruppe“ an der Ostfront so zu verstärken, daß diese den Weißen überraschend in die linke Flanke stoßen konnte. Frunses Offensive war um so wirksamer, als sich gleichzeitig ein Regiment der Weißen gegen seine Offiziere erhob und geschlossen zu den Roten überlief. Koltschaks Generalstab, dem Frunses Truppenkonzentration nicht entgangen war, mußte ohnmächtig zusehen, wie die Rote Armee in den nächsten Wochen die Front der Weißen zerstückelte und die Truppen von der Wolga in den Ural zurückdrängte. Am 9. Juni 1919 überquerte die rote 25. Division unter Tschapajew den Bjelajafluß und nahm Ufa wieder ein. Damit waren die Weißen an den Ausgangspunkt ihrer Offensive zurückgeworfen.

Noch waren die Kämpfe im Osten nicht abgeschlossen, als im roten Oberkommando eine heftige Debatte darüber entbrannte, *wann* und *wo* die Offensive fortgesetzt werden sollte. Lenin und der größte Teil seiner Mitarbeiter wollten weiter nach Osten vorstoßen. „Wenn wir den Ural bis zum Einbruch des Winters nicht zurückerobern, halte ich den Untergang der Revolution für unvermeidbar“, telegraphierte Lenin Ende Mai 1919 an den Revolutionären Militärrat der Ostfront. Er forderte den inzwischen zum Oberbefehlshaber dieser Front ernannten M. W. Frunse auf, die Offensive gegen Koltschak fortzusetzen und den Ural mit seinen wichtigen Industriegebieten zu besetzen.[63] Trotzki und Vazetis dagegen wollten die Offensive an der Ostfront abbrechen und die Fronten im Süden und Westen verstärken, wo neue militärische Bedrohungen auftauchten. Ende Juni wurde jedoch der bisherige Höchstkommandierende der Roten Armee Vazetis — unter dem Vorwurf der Unfähigkeit[64] — abgesetzt und durch den ehemaligen Obersten S. S. Kamenew ersetzt. Trotzki empfand das als persönliche Beleidigung und wollte zurücktreten. Das Politbüro der Kommunistischen Partei versöhnte ihn, indem es ihm am 5. Juli 1919 erneut das Vertrauen aussprach. Lenin beeilte sich, mit einer Blankovollmacht Trotzkis Position zu stärken: „Ich kenne den strengen Charakter der Verfügungen des Genossen Trotzki und bin so tief, so vollkommen überzeugt von der Richtigkeit, Zweckmäßigkeit und Notwendigkeit der vom Genossen Trotzki im Interesse der Sache erteilten Verfügungen (was er als notwendige Korrektur der Linie in der Kriegsfrage betrachtet — P. G.), daß ich sie voll und ganz unterstütze!“[65]

Indessen ging die Offensive der Roten Armee im Osten weiter. Koltschaks Truppen waren weitgehend demoralisiert und zu keinem ernsthaften Widerstand mehr fähig. So gelang es Frunses Truppen am 13. Juli fast kampflos Slatoust, das „natürliche Tor“ zum waldreichen Uralgebiet, einzunehmen. Tags darauf fiel die Hauptstadt des Urals, Jaketerinburg (heute Swerdlowsk), ein wichtiger Eisenbahnknotenpunkt. Das Schicksal von Koltschaks Truppen war besiegelt. Massendesertion, Kapitulation und offene Meuterei brachten den Niedergang. Der mit so viel Versprechungen verbundene Feldzug gen Moskau war vollends gescheitert.

Im Sommer hatte sich die Lage der Sowjetrepublik an der Süd- und Westfront tatsächlich verschlechtert. Während Frunse im Osten offensiv bleiben konnte, wurde die rote Südfront durch einen Vorstoß General Denikins im Juli 1919 in die Verteidigung gedrängt.

Vorangegangen war eine Meuterei bei den roten Truppen in der Ukraine. Der Kommandeur der roten 6. Division, N. A. Grigorjew, war mit seinen Truppen von den Bolschewiken zu den ukrainischen Nationalisten übergetreten. Dadurch wurde der ukrainische Widerstand gegen die Sowjetmacht derart verstärkt, daß Lenin sein Vorhaben, rote Truppen durch die Ukraine und die Karpaten der bedrängten ungarischen Räterepublik zu Hilfe zu schicken, aufgeben mußte. Auch anderswo kriselte es. General Denikin stieß mit einer Armee von 150000 Mann auf breiter Front schnell nach Norden vor mit dem Ziel, Moskau einzunehmen. Seine Kavallerie machte den Roten besonders viel zu schaffen. Große Teile der Ukraine wurden besetzt, das Donezbecken eingenommen. Im Oktober 1919 erreichten die weißen Truppen bereits Tula, das wichtigste Rüstungszentrum der Roten Armee, kaum 100 km von Moskau entfernt. Während des ganzen Bürgerkrieges waren die Weißen nie so nahe an die Hauptstadt des Sowjetstaates herangekommen. „Russische Kapitalisten versprachen dem Regiment, welches als erstes in die Hauptstadt eindringt, eine Million Rubel als Belohnung. In bürgerlichen Zeitungen wurden sogar Tag und Stunde des Falls von Moskau bekanntgegeben — so überzeugt waren die Feinde von ihrem Sieg!“ heißt es in einem neueren, die Lage dramatisierenden sowjetischen Standardwerk.[66]

Am 14. Oktober 1919, einen Tag nachdem Denikin Orel genommen hatte, gab die Moskauer Parteizeitung „Prawda“ unumwunden zu: „Jetzt können sogar Blinde erkennen, daß die entscheidenden Tage der Revolution gekommen sind... Das Schicksal der ganzen kommunistischen Bewegung wird nunmehr an der Südfront entschieden...“

Zu gleicher Zeit stieß ein anderer weißer General, N. N. Judenitsch, im Norden gegen Petrograd vor. Dieser hatte in Helsinki — mit Genehmigung der finnischen Regierung und mit Unterstützung der Engländer — Russen in Finnland angeworben und in Estland eine Freiwilligen-Armee von etwa 10000 Mann aufgestellt. Mit dieser begann er anfangs Oktober 1919 einen Angriff auf Petrograd. Auch die Polen rüsteten zum Kampf. Sie drangen in Bjelorußland ein und besetzten vorübergehend sogar die Hauptstadt Minsk.

Die zunehmend schlechter werdende militärische Lage im Süden, Westen und Norden erschütterte die „revolutionäre Moral“. In einem Brief an das Politbüro des ZK der Kommunistischen Partei beklagte Trotzki den Defaitismus der ukrainischen Kommunisten und die Verwahrlosung der Rotarmisten.[67] Das als „rote Festung“ geltende Woronesch konnte im September 1919 von kaum 15 weißen Kosaken genommen werden. Der vorübergehend an die Spitze des Feldstabes des Revolutionären Kriegsrates der Republik gestellte ehemalige General Bontsch-Brujewitsch schilderte die militärische Lage kurz und klar: „Wir haben keinerlei Reserven, die Feindaufklärung ist miserabel und einzelne rote Armeen, insbesondere diejenigen im Süden, sind durch die grenzenlose Desorganisation und die Unfähigkeit, Operationen durchzuführen, zum Untergang verurteilt!“[68]

Um der tödlichen Gefahren zu trotzen, „mobilisierte" die Partei wiederum die Massen. „*Alle* zum Kampf gegen Denikin!" Lenin erklärte das Land erneut zum „Kriegslager", in dem die eisernen Gesetze des Krieges das gesamte Leben bestimmten. Trotzki traf organisatorische Maßnahmen in der Roten Armee. Militärische Dienststellen im Hinterland wurden aufgelöst, die Zahl und die Kompetenzen der Kriegskommissare drastisch herabgesetzt, die politische Erziehung der Truppen intensiviert. Man schreckte auch nicht davor zurück, mit einzelnen Gegnern (vorübergehend) zu paktieren, um gute Voraussetzungen für den Angriff gegen Denikin zu schaffen. So verbanden sich die Roten mit Machnos ukrainischen Anarchisten, obschon deren Kampfkraft von Trotzki gering geschätzt wurde: „In dieser ‚Armee' hält man nichts von Ordnung und Disziplin... In dieser ‚Armee' werden die Offziere gewählt. Höchste Zeit, daß diesem halb kulakischen, halb anarchistischen Zeitvertreib ein Ende gemacht wird!" schrieb Trotzki dem Politbüro.[69]

Wie es Trotzki und Vazetis schon im Juni geplant hatten, wurde nun die Südfront reorganisiert und unter das Kommando des ehemaligen zaristischen Oberstleutnant Alexander Iljitsch Jegorow gestellt, der seit 1918 Mitglied der KPR(B) war und der später einer der ersten Marschälle der Sowjetunion werden sollte. Bis Mitte Oktober 1919 gelang es, die Südfront auf über 180000 Mann zu bringen mit 1651 Maschinengewehren und über 3000 Geschützen.[70] Von besonderer Bedeutung war, daß an der Südfront nun auch rote Kavallerieverbände aufgestellt wurden in 15000 Mann Stärke, die unter das Kommando des späteren legendär gewordenen S. M. Budjonny kamen.

Die spektakulären Erfolge Denikins und seiner weißen Armee erwiesen sich bald als trügerisch. So wenig wie Admiral Koltschak konnte er das eroberte Gebiet halten. Seine Truppen waren vom langen Vormarsch erschöpft und es fehlte an Ersatz. Die Bestände sanken. An der etwa 1200 km langen Front von Kiew bis Zaryzin (heute Wolgograd) standen etwa 120000 Mann mit 2326 Maschinengewehren und nur 542 Geschützen.[71] Als besonders abträglich etwies sich, daß Denikins politische Vorstellungen und Ideale, die auf übernommenen zaristischen Institutionen beruhten, in keiner Weise den Bedürfnissen der arbeitenden Bevölkerung Südrußlands entsprachen, während das Programm Lenins und der Bolschewiken auf die Arbeiter abgestellt war und mit geschickten Parolen auch die armen Bauern ansprach.

Unter diesen Umständen begann die Rote Armee Mitte Oktober 1919 den *Gegenangriff*. Am 20. Oktober besetzten sie Orel und am 24. Oktober schlug Budjonnys Reitertruppe die Kosaken Mamontows, Denikins Elitekorps bei Woronesch und nahm die Stadt. Bei diesen Kämpfen taten sich zwei Einheitskommandeure besonders hervor, G. K. Schukow und S. K. Timoschenko, die später zu großen Armeeführern der Roten Armee werden sollten. Die spektakulären Erfolge der roten Kavallerie veranlaßten Trotzki Anfang November zu seinem denkwürdigen Befehl „Aufs Pferd, Proletarier!", demzufolge am 30. November 1919 die Erste Rote Reiterarmee Budjonnys entstand.

Moral und Kampfkraft der Weißen brachen zusammen, die Initiative ging in den nächsten Wochen völlig auf die Roten über. Im November erreichten diese Kastornaja und Kursk, Mitte Dezember wurde Charkow und Kiew genommen. Bis Ende Dezember 1919 war ein großer Teil der Ukraine und fast das ganze Dongebiet mit den Zentren Rostow und Nowotscherkask in der Hand der Roten Armee.

Denikins Freiwilligenarmee zerfiel in mehrere Gruppen. Der General vermochte seine Niederlage nicht zu überwinden. Nach langem Zögern übergab er am 20. April 1920 das Oberkommando dem bisherigen (weißen) Befehlshaber im Kaukasus, Baron Peter von Wrangel und begab sich ins Exil nach Frankreich. Wrangel zog sich mit dem Hauptkontingent der zerschlagenen Freiwilligenarmee (40 000 bis 50 000 Mann) auf die Krim zurück, während die in Südrußland und im Kuban zerstreuten Reste von der Freiwilligenarmee in den ersten Monaten des Jahres 1920 aufgerieben wurden.

Gleichzeitig mit dem Angriff gegen Denikin im Süden wurde auch die Verteidigung gegen Judenitsch im Norden verstärkt. Trotzki begab sich am 16. Oktober 1919 in die „Hauptstadt der Revolution", um persönlich die Operationen zu leiten. „In Petrograd fand ich eine schreckliche Verwirrung vor. Alles war in Auflösung. Die Truppen gingen zurück, zerbröckelten in Stücke...", schrieb er später. „Judenitsch hielt bereits zehn bis fünfzehn Werst (1 Werst = 1,07 km. — P. G.) vor Petrograd. Das waren dieselben Höhen von Pulkowo, wohin ich vor zwei Jahren gereist war, als die siegreiche proletarische Revolution ihr Leben gegen die Abteilungen Kerenskis und Krasnows verteidigte. Das Schicksal Petrograds hing jetzt wieder an einem Haar. Man mußte den Automatismus des Rückzugs brechen, sofort und um jeden Preis!"[72]

Trotzkis Auftreten und Organisationstalent bewirkte Wunder. Streng und mit Leidenschaft nahm der Volkskommissar die Verteidigung Petrograds in die Hand. Es ist unmöglich, sagte er, daß sich eine kleine Armee von höchstens 15 000 ehemaligen Offizieren einer Arbeiterhauptstadt mit 700 000 Einwohnern bemächtigt! Er ließ verkünden, die Stadt werde sich „im Inneren" verteidigen, dies sei von nun an die beste strategische Lösung, die kleine weiße Armee werde sich in dem Labyrinth der befestigten Straßen verlieren und kann einzeln aufgerieben werden ... So wurde Petrograd in wenigen Tagen zu einer „Festung". Am 21. Oktober erreichten die Weißen den Stadtrand, wurden jedoch zurückgeworfen. Um die Höhen von Pulkowo entbrannten harte Kämpfe. Lenin, der die Ereignisse im Norden aufmerksam verfolgte, schrieb Trotzki: „Man muß bald mit Judenitsch Schluß machen: dann richten wir alles gegen Denikin!"[73] In den ersten Novembertagen intensivierten die Roten ihre Angriffe und noch vor Monatsende war Judenitschs Armee zerschlagen: ihre Reste wurden im (damals) bürgerlichen Estland entwaffnet und interniert.

Die Zerschlagung der Armeen Denikins und Judenitschs brachte die grundlegende Wendung im russischen Bürgerkrieg, und zwar eindeutig zugunsten der Bolschewiken. Mitte Oktober 1919 kam dann auch die Ostfront in Bewegung.

Eine rote Streitmacht von 60 000 Infanteristen und 7000 Reitern nahm einen allgemeinen Angriff gegen die Regierung Koltschaks in Omsk auf. Diese vermochte sich kaum mehr zur Wehr zu setzen. Die Roten nahmen buchstäblich im Vorbeimarsch die wichtigsten Bastionen des Gegners. Am 14. November zogen sie bereits in Omsk ein und stießen dann entlang der Transsibirischen Eisenbahn zum Baikal vor. Das brachte im sibirischen Teil des einstigen Zarenreiches die Wende zugunsten von Lenin. Koltschaks Herrschaft wurde gebrochen. Der Admiral gab sich geschlagen: in Irkutsk angekommen, von der eigenen Stabswache in Stich gelassen, dankte er am 4. Januar 1920 ab und stellte sich unter den Schutz der Irkutsker Entente-Mission. Diese aber übergab den glücklosen einstigen „Obersten Regenten Rußlands" der Tschechoslowakischen Legion, die wiederum Koltschak dem aus Menschewiken und Bolschewiken neugebildeten Irkutsker „Politischen Zentrum" weiterreichte, um ihren eigenen Weg nach Wladiwostok zu erkaufen. Noch bevor die Rote Armee in der Stadt erschien, stellte das „Politische Zentrum" Koltschak vor ein Volksgericht und ließ ihn zum Tode verurteilen. Am 7. Februar 1920 wurde er von einem Peleton einer „revolutionären Volksarmee" erschossen. Als am 22. Februar die Rote Armee Irkutsk erreichte, war die Stadt mit roten Fahnen geschmückt. Sibirien bis zum Baikalsee kam damit unter die Oberhoheit der Russischen Sozialistischen Föderativen Sowjetrepublik.

Neben den verschiedenen Hauptfronten der RSFSR bestanden 1919 zahlreiche Nebenfronten, wo örtliche bolschewistische Führer — meistens unabhängig von Moskau und nicht selten von anarchistischen Ideen geleitet — auf eigene Faust Krieg führten.[74] Sie befolgten dabei keineswegs die Regeln des konventionellen Kriegs, führten vielmehr einen Guerilla-Krieg, ungefähr so, wie er später während des Zweiten Weltkrieges in den bjelorussischen Wäldern gegen die deutsche Wehrmacht geführt worden ist. Da diese Trupps und Abteilungen in den meisten Fällen sich zum Kommunismus bekannten und sowohl gegen weiße Truppen, als auch gegen andersdenkende sozialistische Gruppen vorgingen, werden sie in der offiziellen Historiographie des Ostblocks als Bestandteil der Roten Armee angesehen und auch als solche gewertet.[75] Ihr Wirken bedürfte einer besonderen Darstellung.

11. Die Festigung der Sowjetmacht

Nach den militärischen Erfolgen des Winters 1919/20 konnte Lenin die Sowjetmacht konsolidieren, während die Entente begann, ihre Interventionstruppen aus Sibirien und Archangelsk abzuziehen. Mitte Januar 1920 heben sie auch — ohne Gegenleistung — die Wirtschaftsblockade gegenüber Sowjetrußland auf. Nur die Japaner blieben weiterhin in Sibirien. Im Raum Tschita sowie an Teilen der Transsibirischen Eisenbahn und um Primorje schützten sie mit bedeutenden Kräften „ihr" sibirisches Imperium. Tokio wolle sich zwar nicht in inner-russische Angelegenheiten einmischen, gestatte jedoch immerhin Koltschaks geschlagenen Truppen, auf japanischem Schutzgebiet Zuflucht zu nehmen.

Der Baikalsee bildete in diesem Frühjahr 1920 die Grenze zwischen Rußland und Japan. Lenin scheute eine militärische Auseinandersetzung mit den japanischen Besatzungstruppen und regelte die Lage in Ost-Sibirien auf diplomatischem Weg. Am 6. April 1920 wurde zwischen dem von japanischen Truppen besetzten und dem von der Roten Armee kontrollierten Sibirien eine Art „Pufferstaat", die „Fernöstliche Republik" vereinbart. Diese hatte eine Ausdehnung von 1,5 Millionen km^2 mit 1,8 Millionen Einwohnern, vorwiegend russischer Nationalität. Ihrem Wesen nach war sie ein sozialistischer Staat, regiert von einer Koalitionsregierung linker Parteien aller Schattierungen, in der aber die Bolschewiken den Ton angaben. Sie hatte sogar eine nach dem Vorbild der Roten Armee aufgebaute „Volksarmee", die bald von aus Moskau entsandten Kommandeuren — wie z. B. I. P. Uborewitsch — geführt wurde. Als im Oktober 1922 die letzten japanischen Truppen aus Wladiwostok abzogen, wurde die „Fernöstliche Republik" und damit der östliche Teil Sibiriens der RSFSR einverleibt.

Kehren wir aber noch zum Winter 1919/20 zurück.

Im Süd-Ural überwand in diesen Monaten der Bezwinger Denikins, M. W. Frunse in einer langwierigen Kampagne die Reste der ehemaligen Koltschak-Armee. Saratow, Astrachan und ganz Turkestan kamen unter die rote Fahne. Frunses mit Bravour und Ausdauer geführter Feldzug, an dem sich auch örtliche bolschewistische Einheiten beteiligten, öffnete den Sowjets den Weg nach Mittel-Asien. Der Krieg griff nach Kirgisien und Tadschikistan über. Auch hier vermochten die verzettelten Kräfte der Weißen Bewegungen, die zwar sporadisch noch britische Waffenlieferungen erhielten, der Roten Armee keinen nachhaltigen Widerstand mehr zu leisten. Bei der Bevölkerung hatten sie keinen Rückhalt, da sie die verhaßte russisch-zaristische Herrschaft verkörperten. Die Roten dagegen mit ihren vielversprechenden revolutionären Parolen, insbesondere den Dekreten über die Gleichberechtigung der Nationalitäten und die Landreform, wurden als Befreier begrüßt.

So geschah es, daß im Frühjahr 1920 die Hauptzentren der weißen Konterrevolution in sowjetisch Mittel-Asien zerschlagen wurden, was jedoch nicht das Ende des Bürgerkrieges in diesen Gebieten bedeutete. Die russischen Grenzen nach Persien, Afghanistan und China waren aber kaum bewacht. So dauerte hier der Kleinkrieg noch jahrelang fort, in denen rote Truppen gegen „ausländische Diversantengruppen" und einheimische Bauern („Kulaken"[76]) zu kämpfen hatten, die der Sowjetmacht leid geworden waren und immer wieder zu den Waffen griffen.

In Moskau erachtete man indessen den Zeitpunkt für gekommen, die gewonnenen Gebiete in einem Staatenbund zusammenzufassen. Den ersten Ansatz dazu bildete das Dekret vom 1. Juni 1919 über die Vereinigung der Sozialistischen Sowjetrepubliken von Rußland (RSFSR), Lettland, Litauen, Weißrußland und der Ukraine, „zum Kampf gegen den Weltimperialismus.“[77] Dieser war eine Föderation von gleichberechtigten Staaten, in der aber praktisch die RSFSR entscheidende Vorrechte hatte. So wurde — unter anderen — das Militärwesen zentral von Moskau aus geleitet.

Im Frühjahr 1920 nützten Lenin und seine Mitarbeiter die für sie günstige militärische Lage aus, die lebenswichtigen wirtschaftspolitischen Aufgaben der Republik in die Hand zu nehmen. Der Verfall der Volkswirtschaft, insbesondere des Transportwesens und der Landwirtschaft mußte unbedingt aufgehalten werden. Da Arbeitskräfte nicht zu finden waren, griff die Regierung auf die inzwischen 3 Millionen Rotarmisten zählenden Streitkräfte zurück. Schon im Februar 1920 wurden einzelne Verbände der Roten Armee zu „Arbeitsarmeen“ umorganisiert und geschlossen in der Volkswirtschaft eingesetzt.

Nach dem IX. Parteikongreß im März 1920, an dem Lenin zwar den Friedenswillen der Partei betonte, jedoch weiterhin Wachsamkeit forderte, kam es zur Neustrukturierung der obersten Führung der Roten Armee. Anstelle des im November 1918 geschaffenen „Rates der Arbeiter- und Bauern-Verteidigung“ trat der dann bis 1937 wirkende „Rat für Arbeit und Verteidigung“. Dieser war bereits eine Art *Gesamtverteidigungsbehörde*, die sowohl den wirtschaftlichen Aufbau der Sowjetrepubliken, wie auch deren militärische Verteidigung sicherzustellen hatte.

Anmerkungen:

1 *Trotzki:* Von der Oktoberrevolution..., a.a.O., S. 75.

2 Ebd., S. 78.

3 *Bontsch-Brujewitsch,* Michael D.: Petrograd. Erinnerungen eines Generals, Berlin/DDR 1970, S. 248.

4 *Germanis*, Uldis: Oberst Vazetis und die lettischen Schützen im Weltkrieg und in der Oktoberrevolution, Stockholm 1974, S. 272.

5 *Thomas*, J. (Hrsg.): Illustrierte Geschichte des Bürgerkrieges, 1917—1921, Berlin 1929, S. 239.

6 Geschichte der Kommunistischen Partei der Sowjetunion, a.a.O., S. 301.

7 *Bontsch-Brujewitsch,* a.a.O., S. 258.

8 Ebd., S. 260.

9 Ebd., S. 262.

10 Kriegsgeschichtliche Forschungsanstalt des Heeres: Der Weltkrieg 1914 bis 1918, Berlin 1942, Bd. 13, S. 342—399, und *Kaupisch,* Hugo: Die Befreiung von Livland und Estland, Oldenburg 1918, S. 88.

11 *Trotzki:* Von der Oktoberrevolution..., a.a.O., S. 114.

12 *Bontsch-Brujewitsch,* a.a.O., S. 295.

13 Ebd., S. 295.

14 *Lenin*, Wladimir Iljitsch: Über Krieg, Armee, Militärwissenschaft, Berlin/DDR 1959, Bd. 2, 1. Halbband, S. 315.
15 Ebd., S. 296.
16 *Bergmann*, H., *Smilga*, J., *Trotzki*, L.: Die russische sozialistische Armee, Zürich 1920, S. 25.
17 *Lenin*, Wladimir Iljitsch: Sämtliche Werke, Zürich 1934, Bd. 22, S. 319ff.
18 Eigentlich: Kriegskommissar mit politischem Auftrag. Kommissare wurden bereits in der Zeit der Provisorischen Regierung zu den Truppen entsandt um sie, im Sinne des Regierungsprogramms, zu beeinflussen. Die Institution als solche übernahm später Lenin und sie wurde bis zu unseren Tagen in der Sowjetarmee beibehalten.
19 Zitiert nach *Trotzki*, Leo: Tagebuch im Exil, München 1963, S. 7.
20 *Sacharow*, M. W. (Vorsitzender der Redaktionskommission): Die Streitkräfte der UdSSR. Abriß ihrer Entwicklung von 1918 bis 1968, Berlin/DDR o. J., S. 44.
21 *Bergmann, Smilga, Trotzki*, a.a.O., S. 60–61.
22 Ebd., S. 30.
23 *Trotzki*, Leo: Die Geburt der Roten Armee, Wien 1924, S. 20ff.
24 Einzelheiten siehe *Thunig-Nittner*, Gerburg: Die Tschechoslowakische Legion in Rußland. Ihre Geschichte und Bedeutung bei der Entstehung der 1. Tschechoslowakischen Republik, Wiesbaden 1970, S. 115ff.
25 Zitiert nach *Schmid*, Alex P.: Churchills privater Krieg. Intervention und Konterrevolution im russischen Bürgerkrieg 1918—1920, Zürich 1974, S. 23.
26 Tscheka: Gesamtrussische Außerordentliche Kommission zur Bekämpfung von Konterrevolution und Sabotage. Dieses Polizeiorgan des Sowjetstaates, gegründet am 7. (20.) Dezember 1917, befand sich fest in den Händen der Kommunistischen Partei Rußlands und diente in der Folge laut Beschluß des Rates der Volkskommissare vom 5. September 1918 als Instrument des „roten Terrors". „Der rote Terror war" so schrieb darüber F. E. Dserschinski, der erste und langjährige Leiter der Tscheka, „nichts anderes, als der Ausdruck des unbeugsamen Willens der ärmsten Teile der Bauernschaft und des Proletariats, jeden Aufstandsversuch gegen uns zu zerschlagen!" (*Dserschinski*, F. E.: Izbrannye proizwedanija, Moskau 1957, Bd. 1, S. 274.)
27 *Trotzki*, L. D.: Über Lenin, Hamburg 1964, S. 196.
28 Gesamtrussisches Zentralexekutivkomitee: oberstes gesetzgebendes und kontrollierendes Organ des Sowjetstaates zwischen den Sowjetkongressen nach dem Oktober 1917 bis zur Bildung des Obersten Sowjets der Russischen Sowjetrepublik im Jahre 1937.
29 Zitiert nach *Korabljow*, J. I., *Anfilow*, W. A., *Mazulenko*, W. A.: Kurzer Abriß der Geschichte der Streitkräfte der UdSSR von 1917 bis 1972, Berlin/DDR 1976, S. 50.
30 Ebd., S. 50.
31 *Bergmann, Smilga, Trotzki*, a.a.O., S. 62.
32 *Bubnow*, A. S., *Kamenew*, S. S., *Eideman*, R. P.: Graschdanskaja wojna 1918—1921, Moskau 1928, Bd. 2, S. 93—97.
33 Zitiert nach *Korablow, Anfilow, Mazulenko*, a.a.O., S. 58.
34 *Trotzki*, Die Geburt der Roten Armee, a.a.O., S. 60.
35 A. M. *Drosdowki*, Oberst der zaristischen Armee. Erließ Ende März 1918 einen Aufruf zum Kampf gegen die Bolschewiken, sammelte 600 Offiziere um sich und schlug sich von Jassy bis nach Rostow am Don zu den weißen Truppen durch.
36 *Wetlugin*, A.: Awantjuristy graschdanskoj wojny, Paris 1921, S. 30.
37 Ebd., S. 19. 38 Ebd., S. 27.
39 *Sacharow*, M. W.: Utschonyj i woin. O Marschale Sowjetskogo Sojusa B. M. Schaposchnikowe, Moskau 1974.
40 Zitiert bei *Nikulin*, Lew: Die Affäre Tuchatschewski, in: Geköpfte Armee, Berlin o. J., S. 29.

41 *Sacharow,* a. a. O., S. 59.
42 *Lenin,* Wladimir Iljitsch: Briefe, Berlin/DDR 1968, Bd. 5, S. 128.
43 *Nikulin*, a. a. O., S. 33.
44 Über die Rolle der Panzerzüge im Bürgerkrieg siehe auch *Iwanow,* W.: Panzerzug 14—69 und andere Erzählungen, Berlin/DDR 1975.
45 Einzelheiten siehe *Schmiedel,* Karl, *Schnitter,* Helmut: Bürgerkrieg und Intervention 1918—1922. Militärhistorischer Abriß des Bürgerkrieges und der ausländischen Intervention in Sowjetrußland, Berlin/DDR 1970, S. 80.
46 Ausführlich berichtet darüber Marschall S. M. *Budjonny* in seinen 1958 in Moskau veröffentlichten Memoiren „Projdennyj put'" dessen ungarische Ausgabe unter dem Titel „A megtett ut" in Budapest 1959 erschienen ist. (In der ung. Ausgabe S. 202 ff.)
47 Zitiert bei *Schmid,* a. a. O., S. 27.
48 Zitiert bei *Abosch,* Hans: Trotzki-Chronik, Daten, Leben und Werk, München 1973, S. 45.
49 Zitiert bei *Schmid*, a. a. O., S. 28.
50 „Kriegskommunismus" ist die offizielle Bezeichnung jener Periode in der Geschichte des Sowjetstaates, die zeitlich vom November 1918 bis April 1921 dauerte und durch die totale Mobilisierung des Wirtschaftslebens für den Krieg gekennzeichnet war. Die praktisch kaum nennenswerte und zudem schlecht arbeitende Industrie wurde verstaatlicht, alle Privatunternehmen verboten. Nahrungsmittel für die Städte und für die Armee wurden von speziellen Arbeiterabteilungen im Lande gewaltsam requiriert. Da ein einigermaßen funktionierender Verwaltungsapparat fehlte, der die Steuern hätte eintreiben können, wurden große Mengen Papiergelder gedruckt, was zu Inflation führte. In der Folge entstand natürlich ein Schwarzer Markt, auf dem Bargeld als Zahlungsmittel praktisch ausgeschaltet war. Die Fabriken versuchten hier, ihre Produkte gegen Lebensmittel zu tauschen. Dies führte zu einem Wirtschaftschaos. Die Bauern, die für ihre Erzeugnisse keine Bezahlung erhielten, zogen sich von den Städten zurück und bauten nur soviel an, wie sie selbst zum Überleben brauchten. So konnten die Arbeiterabteilungen immer weniger Lebensmittel beschlagnahmen.
51 *Frunse*, M. W.: Isbrannye proiswedenija, Moskau 1957, Bd. 1, S. 140.
52 *Bergmann, Smilga, Trotzki,* a. a. O., S. 73.
53 Es handelt sich um die Moskauer Revolutionäre Schule für Maschinengewehrkommandeure, die noch heute unter dem Namen „Höhere Allgemeine Truppenkommandeurlehranstalt namens des ‚Obersten Sowjet der RSFSR'" besteht.
54 *Golub,* P. A.: Der Kampf der Bolschewiki um die Gewinnung der Armee für die Oktoberrevolution. In: „Zeitschrift für Militärgeschichte" Berlin/DDR, Nr. 1/1968, S. 49.
55 Vgl. Lenins Rede über die Frage der Militärfachleute vom 13. März 1919 in Petrograd. In: „Russische Korrespondenz", Berlin Nr. 12/1920.
56 *Trotzki,* Mein Leben, a. a. O., S. 431.
57 *Pospelow,* P. N., *Bugajew,* J. I., *Iljitschow,* L. F.: Geschichte der Kommunistischen Partei der Sowjetunion, Moskau 1972, Band 3, Buch 2, S. 265.
58 Zitiert bei *Abosch,* a. a. O., S. 60.
59 Zitiert bei *Sacharow,* a. a. O., S. 94.
60 *Lotockij,* Sz. Sz., etc.: A háboruk és hadmüvészet története, Budapest 1975, S. 78.
61 *Trotzki,* Mein Leben, S. 401.
62 Ebd., S. 399.
63 *Frunse,* a. a. O., Bd. I, S. 187.
64 *Bontsch-Brujewitsch,* a. a. O., S. 380 ff.
65 Zitiert bei *Abosch*, a. a. O., S. 48.
66 *Korabljow, Anfilow, Mazulenko*, a. a. O., S. 77.
67 Zitiert bei *Abosch,* a. a. O., S. 49.

68 *Bontsch-Brujewitsch,* a.a.O., S. 383.
69 Zitiert bei *Abosch*, a.a.O., S. 48.
70 *Lotockij,* a.a.O., S. 80.
71 *Chamberlin,* a.a.O., Bd. 2, S. 259.
72 *Trotzki,* Leo Mein Leben, S. 412.
73 *Lenin*, W. I.: Briefe, Berlin/DDR 1969, Bd. IV., S. 69.
74 So hatte zum Beispiel Anfang 1920 der Vorsitzende des Baschkirischen Revolutionskomitees, *Jamagulow*, Kommunisten verhaften lassen, die gegen seine politische Linie in der nationalen Frage aufgetreten waren. Auf Lenins Befehl entsandte darauf Frunse eine Sonderkommission und eine Truppenabteilung und „zwang die Abenteurer zur Kapitulation". Vgl. *Frunse*, a.a.O., Bd. II, S. 500 (deutsche Ausgabe: Ausgewählte Schriften, Berlin/DDR 1960).
75 *Schmiedel, Schnitter,* a.a.O., S. 170.
76 „Kulak" = sowjetischer Ausdruck für „reicher Bauer" bzw. Bauer mit größerem Landbesitz.
77 *Lenin,* W. I.: Werke, Berlin/DDR 1963, Bd. XXIX, S. 393.

III. Das Ende des Bürgerkrieges

Zu den nach dem Ersten Weltkrieg neugeschaffenen Staaten Europas gehörte auch Polen, das in seiner bewegten Geschichte mehrmals unter den Großmächten aufgeteilt worden und schließlich völlig untergegangen war. Die Festlegung der Grenzen des am 3. November 1918 wiedererstandenen Staates konnte allerdings während der Nachkriegswirren nicht in allseits akzeptierbarer Weise erfolgen. Besonders schwierig erwies sich die Grenzziehung im Osten. Die vom britischen Außenminister Lord Curzon of Kedleston vorgeschlagene Demarkationslinie zwischen Polen und Rußland wurde im Dezember 1919 in Paris vom Obersten Rat der Entente und der mit ihr verbündeten Mächte offiziell als Ostgrenze empfohlen, von der polnischen Regierung jedoch nicht angenommen.[1] Denn Jozef Pilsudski, der „starke Mann" Polens, Staatschef und Armeeoberbefehlshaber in einer Person, war — wie viele seiner Gefolgsleute — vom Wunsch beseelt, die Grenzen Polens soweit als möglich nach Osten zu verschieben — ohne allzugroße Rücksicht auf die ethnische Zugehörigkeit der Mehrheit der dortigen Bevölkerung. Ihm schwebte ein Groß-Polen vor, wie es vor der Teilung von 1772 bestand, als Litauen, Galizien und große Teile der Ukraine noch von Warschau aus beherrscht wurden.

1. Der polnisch-russische Krieg

In Ausnutzung der Wirren des russischen Bürgerkrieges hatten polnische Truppen bereits 1919 weite Gebiete östlich des Bug besetzt. So fielen Wilna, Minsk und Bobruisk in polnische Hand. Damals hatte die Rote Armee nur sehr wenige Truppen an der Westfront, die bloß lückenhaft („schleierartig", wie die einschlägige sowjetische Literatur schreibt[2]) besetzt war. Ihre Hauptkräfte hatte die Rote Armee an anderen Fronten. Weder die Parteiführung noch das Oberkommando der Roten Armee nahmen die drohende „polnische Gefahr" ernst. Lenin wollte im Westen dieselbe Politik verfolgen wie im Fernen Osten, wo gegenüber den Japanern ein „neutrales" Puffergebiet geschaffen worden war. Im Januar 1920 war er sogar bereit, mit Polen Frieden und dabei territoriale Zugeständnisse in der Ukraine und in Weißrußland zu machen. Doch Pilsudski ließ sich nicht von seinen Plänen abbringen. Er wollte den Krieg im Osten, obwohl er von London zur Mäßigung aufgefordert wurde und Paris den polnischen Kriegsvorbereitungen skeptisch gegenüberstand.

Im Frühjahr 1920 wurde das polnische Ostheer auf 150000 Mann verstärkt. Bewaffnung und Ausrüstung stammten hauptsächlich aus französischen Beständen. Einen Bundesgenossen, allerdings einen schwachen, sicherte sich Pilsudski in der Person des ukrainischen Nationalistenführers Semjon Petljura, der mit seinen von der Ukrainischen Roten Armee zerschlagenen Truppen vor einiger Zeit auf polnischem Gebiet Zuflucht gefunden hatte. Er stellte dem polnischen Ostheer zwei Brigaden zur Verfügung.

Am 25. April 1920 eröffneten die Polen mit fünf Armeen, die in zwei Armeegruppen gegliedert waren, auf einer 1000 km breiten Front von Polotzk bis Podolsk die Offensive. Ihre Gegner, die sowjetische West- und Südwestfront, vermochten kaum ernsthaft Widerstand zu leisten. Die Westfront verfügte über zwei Armee (15. und 16. Armee) mit insgesamt 49610 Mann Infanterie und Kavallerie; die Südwestfront hatte zwei Armeen (12. und 14. Armee) mit nur 15654 Soldaten.[3] Die polnische Offensive brachte raschen und durchschlagenden Erfolg. Obwohl man in der Ukraine die Polen nicht als Befreier ansah, hofften doch viele Gegner der Bolschewiken, mit Pilsudskis Hilfe eine selbständige nationalistische Ukraine gründen zu können. Ende April besetzten die polnischen Truppen Shitomir, und am 6. Mai marschierten sie in Kiew ein. Pilsudski schmiedete bereits neue Pläne: Er bot Wrangel ein Bündnis an, zur gemeinsamen Vernichtung der Roten Armee.

Die polnischen Erfolge verwirrten die roten Truppen und überraschten Moskau. Die Lage wurde zudem dadurch verschärft, daß in den ukrainischen Dörfern im Hinterland der Roten Armee ein regelrechter Guerillakrieg aufflammte. Lenin schob die Schuld am neuen Krieg dem „Weltimperialismus“ zu; hinter dem „bürgerlich-gutsherrschaftlichen Polen“ ständen die Entente-Mächte, der polnische Angriff sei nichts anderes als ein Teil der neuen Entents-Intervention, diesmal mit polnischen Söldnern.[4] Moskau proklamierte den „Verteidigungskrieg“; ab sofort stand die West- bzw. Südwestfront im Zentrum der militärischen Anstrengungen. In aller Eile wurden Angehörige neuer Jahrgänge zu den Waffen gerufen. Dabei griff der „Rat für Arbeit und Verteidigung“ selbst auf die nichtrussischen Nationalitäten des Landes zurück, z. B. auf junge Männer aus Sibirien und aus Turkestan. Die Kaukasusfront hatte die größtmögliche Anzahl Divisionen nach Westen zu verlegen. Dort und auf der Krim sollten alle Operationen eingestellt werden. Lenin wies Trotzki sogar an, die Unabhängigkeit des von Menschewiken regierten Georgien (im Kaukasus) zu respektieren. Budjonny mußte den Aufmarsch seiner 1. Reiterarmee an der Südwestfront beschleunigen. Diese war noch stärker geworden und verfügte jetzt über 18000 Mann, 302 Maschinengewehre, 48 Artilleriegeschütze, 4 Panzerzüge, 4 Panzerwagenabteilungen und 18 Flugzeuge. Am 1. Mai begann sie ihren Fußmarsch über zirka 1200 km von Maikop (Kaukasus) nach Uman (Ukraine). Für einen Eisenbahntransport fehlten der Roten Armee das notwendige Rollmaterial.[5]

Am 28. April 1920 billigte das Politbüro des Zentralkomitees der KPR(B) Lenins Plan zu Zerschlagung der polnischen Invasionsarmee durch einen Gegenangriff. Danach sollte die Westfront nördlich von Polessja angreifen, während die Südwestfront auf Brest vorstoßen sollte. Neue Männer übernahmen das Kommando: der 27jährige M. N. Tuchatschewski das der Westfront und der 37jährige A. I. Jegorow, ebenfalls Offizier der alten Armee, dasjenige der Südwestfront. Die Revolutionären Kriegsräte der beiden Fronten wurden durch Spitzenfunktionäre der Partei verstärkt; einige davon waren polnischer Muttersprache, wohl im Hinblick auf die beabsichtigte Agitation unter den gegnerischen Soldaten. Lenin erteilte der Tscheka weitgehende Vollmachten. Ihr Chef F. E. Dserschinski erschien persönlich in der Ukraine, um als Leiter der rückwärtigen Dienste der Südwestfront das Hinterland der kämpfenden Front zu stabilisieren, „antisowjetische Banden" zu vernichten und Diversionsakte im Rücken der Roten Armee zu vereiteln.[6]

Der Verlust von Kiew und die Nachricht, daß polnische Truppen bereits den Dnjepr überschritten hatten, versetzte ganz Sowjetrußland in Aufregung. Der Krieg in der Ukraine und in Bjelorußland wurde selbst bei den breiten Massen zur nationalen Angelegenheit. Jetzt fanden auch solche Offiziere der alten Armee den Weg zu den Wehrkommandos, die sich bisher der Zwangseinberufung in die Rote Armee entzogen hatten. Der bekannteste unter ihnen war der hervorragende General der Kavallerie A. A. Brussilow, der sich gar mit einem Brief an das Politbüro des Zentralkomitees der KPR(B) wandte und im Namen einiger seiner ehemaligen Kameraden, ihre Dienste zur Verteidigung der Heimat gegen die fremden Invasoren anbot.[7] Dem Gesuch wurde rasch stattgegeben. In der ersten Maiwoche etablierte sich beim Oberkommando der Roten Armee eine „Sonder-Beratungsgruppe" unter der Leitung von A. A. Brussilow. Weitere Mitglieder waren u. a. die ehemaligen Generäle A. M. Sajontschkowski, A. J. Gutor und D. P. Parski. Die Gruppe hatte keine operativen Funktionen, sondern beriet nur in technisch-organisatorischen Fragen.

2. Die Gegenoffensive der Roten Armee

Den Angriff gegen die Polen eröffnete Tuchatschewski am 14. Mai 1920 an der Westfront im Raum Beresino. Die polnische Nordfront wurde überrascht und zum Rückzug gezwungen. Erst als die Polen ihre Kräfte umgruppiert hatten, konnten sie die Offensive auffangen und die roten Truppen zurückdrängen. Bis Anfang Juni mußte Tuchatschewski alle eroberten Gebiete wieder dem Gegner überlassen bis auf einen Brückenkopf am westlichen Ufer der Dwina. „An der Westfront ist die Lage schlimmer, als Tuchatschewski und der Höchstkommandierende angenommen haben“, telegraphierte Lenin am 2. Juni in einem streng vertraulichen Telegramm nach Krementschug, wo Stalin als Kriegskommissar weilte. Der Georgier mußte zur Kenntnis nehmen, daß die dem Oberkommando der Roten Armee noch verfügbaren Reserven nicht gegen Wrangel, sondern an der Westfront eingesetzt werden.[8]

Die Südwestfront war nach dem polnischen Vorstoß in einer besonders prekären Lage, weil sie fortan gegen *zwei* feindliche Gruppierungen operieren mußte: auf der Krim hielt die rote 13. Armee die Truppen Wrangels eingeschlossen. Sie hielt mit schwachen Kräften die Landenge von Perekop und hatte seit Mitte April den Auftrag, sich auf Verteidigungsoperationen zu beschränken. Die 12., die 14. und die aufmarschierende 1. Reiterarmee Budjonnys standen im Westen gegen die Polen im Einsatz. Als Verstärkung hatten sie die sogenannte „Fastower Gruppe“, die über Teile der Dnjeprflotille verfügte.

Mitte Mai — als Tuchatschewski mit der Westfront angriff — erschien der Höchstkommandierende der Roten Armee, S. S. Kamenew mit seinem Stab in Charkow, um den Operationsplan der Südwestfront mit deren Oberbefehlshaber Jegorow in allen Einzelheiten durchzusprechen.

Der Angriff der Südwestfront begann am 25. Mai. Budjonnys Kavallerie-Einheiten führten den ersten Schlag aus dem Raum Uman. Die polnische 2. Armee ließ sich jedoch von Reiterattacken im Stil des Bürgerkrieges nicht beeindrucken und wehrte den Angriff ab. Vergeblich wurden Budjonnys Reiter mit Artillerie und zwei Panzerzügen verstärkt, vergeblich zeigten einige Einheiten wahren Heldenmut (andere dagegen meuterten und liefen zu den Polen über[9]). Budjonnys Angriff mußte nach unbedeutenden Geländegewinnen am 3. Juni abgebrochen werden.

Jegorow ließ umgruppieren und verstärkte die Stoßtruppen mit der aus dem Ural herbeigeholten berühmten Elite-Division „Tschapajew“ (25. Division). Am 5. Juni mußte die 1. Reiterarmee erneut angreifen, diesmal auf einem schmäleren Angriffsstreifen. Jetzt hatte sie Erfolg. Während die rote 12. Armee nördlich von Kiew die Stellungen der polnischen 3. Armee durchbrach, erreichten Budjonnys Reiter am 7. Juni Schitomir und Berditschew und waren damit im *Rücken* der polnischen 3. Armee, die Kiew am 12. Juni räumte, um einer Einkreisung zu entgehen. General Rydz-Smigly, der die polnischen Truppen an dieser Front befehligte, versuchte vergeblich, den Gegner „irgendwo“ in der Ukraine zum Stehen zu bringen. Die rote Offensive schien nicht mehr aufzuhalten zu sein. Die 12. und 14. Armee Jegorows rückten gegen Chelm bzw. Tarnopol vor, während die 1. Reiterarmee in Richtung Rowno vorstieß. Damals schrieb Stalin folgenden Brief an den Revolutionären Kriegsrat der 1. Reiterarmee:

„Meine Freunde!
Folgende Umstände zu Ihrer Kenntnis:
Gewöhnlich bestehen bei den polnischen Einheiten Militärmissionen… der europäischen Staaten. Die Mitglieder der Missionen sind aber eigentlich die Führer

der polnischen Truppen. Sie müssen deshalb (wenn möglich) unbedingt festgenommen und unter sicherer Bedeckung dem Revolutionären Kriegsrat der Front übergeben werden. In den von den Polen besetzten Städten befinden sich gewöhnlich alle möglichen Roten Kreuze... Diese Institutionen sind polnische Spionageherde. Sie müssen ebenfalls festgenommen und ebendahin gebracht werden.

Die Polen lassen beim Rückzug ihre Waffen den Kulaken zurück, damit im Rükken unserer Truppen ein Bandenunwesen entsteht. Beim Vormarsch müssen daher unsere Truppen unbedingt der Bevölkerung die Gewehre abnehmen und sie entwaffnen... Erklären Sie den Befehlshabern, Kommissaren sowie ohne Ausnahme allen Rotarmisten eindringlich, wir marschieren zur Befreiung des werktätigen Bauern vom polnischen Pan (Herr), unser Krieg ist ein Befreiungskrieg! *Behandeln Sie die kriegsgefangenen Ukrainer aus Galizien (die Ruthenen) sorgsam, nicht nur die Bauern, sondern auch die Intelligenz! Machen Sie den von den Polen unterdrückten galizischen Ukrainern klar, wenn sie uns unterstützen, werden wir gegen Lwow (Lemberg) vorgehen, es befreien und ihnen übergeben! Wir werden die Polen verjagen und den unterdrückten Ukrainer-Galiziern helfen, sich einen unabhängigen Staat zu schaffen, auch wenn er kein Sowjetstaat, sondern ein Staat wäre, der sich gegenüber der RSFSR wohlgesinnt verhält...“*[10]

Dies geschah am 17. Juni 1920 bei der Südwestfront. An der Westfront bereitete Tuchatschewski eine neue Offensive vor. Aus zugeführten Verstärkungen wurde südlich Lepel eine neue, die 3. Armee formiert. Südlich Drissa wurde die 4. Armee in die Westfront integriert. Am 4. Juli verfügte Tuchatschewski über vier Armeen mit 101472 Mann, davon 9133 Kavalleristen.[11] Außerdem erhielt er eine Anzahl von Kampf- und Straßenpanzern, die einst von den Franzosen an Denikin geliefert worden waren und die die Rote Armee unversehrt erbeutet hatte. Damit hatte die Westfront doppelt soviele Soldaten und dreimal soviele Geschütze wie die Polen.

Am 1. Juli bombardierten sowjetische Flugzeuge die Stadt Minsk. Drei Tage später begann Tuchatschewskis Westfront die Offensive. In einer dreitägigen Schlacht wurde die Beresina-Linie der Polen durchbrochen, ihre 1. Armee arg in Mitleidenschaft gezogen und ihre 4. Armee zum Rückzug gezwungen. Am 11. Juli verließen die Polen Minsk und am 14. Juli Wilna. Das Auftreten der russischen Truppen und die Einnahme Wilnas, des Zankapfels zwischen Polen und Litauen, brachte die kleine (bürgerliche) litauische Armee auf die Seite der Roten Armee, was die Mutlosigkeit der zurückgehenden Polen noch weiter vergrößerte. Die polnische Nordostfront fiel zurück auf das alte Stellungssystem der früheren deutschen Ostfront und mußte dann noch weiter auf Bug und Narew zurückgenommen werden.

Pilsudski und die polnische Regierung befanden sich in einer schwierigen Lage. Die militärischen Kräfte der jungen Republik schienen am Ende zu sein. Unter Hinweis auf die Gefahr einer Bolschewisierung großer Teile Mitteleuropas bat

Warschau die führenden Entente-Mächte um Hilfe. Diese ließen Pilsudski nicht in Stich. General Maxime Weygand erschien am 25. Juli mit einer Militärdelegation in Warschau und half, mit der inzwischen ebenfalls eingetroffenen materiellen Unterstützung die Reorganisation des polnischen Ostheeres durchzuführen.

Die Kampfbegeisterung der Roten Armee der West- und Südwestfront stieg. „Unsere Erfolge begannen", schrieb Trotzki später, „die Polen gingen mit einer Schnelligkeit zurück, mit der ich selbst nicht gerechnet hatte, da ich jenen Grad des Leichtsinns nicht voraussetzen konnte, der dem Feldzug Pilsudskis zugrunde lag. Aber auch auf unserer Seite zeigte sich nach den ersten großen Siegen eine Überschätzung der sich uns eröffnenden Möglichkeiten. Es entstand und festigte sich eine Stimmung, den Krieg, den wir als einen Verteidigungskrieg begonnen hatten, in einen revolutionären Angriffskrieg zu verwandeln... Es gab die heiße Hoffnung auf einen revolutionären Aufstand der polnischen Arbeiter. Jedenfalls entstand in Lenin der feste Plan, die Sache bis ans Ende durchzuführen, das heißt in Warschau einmarschieren, um den polnischen Arbeitermassen zu helfen, die Regierung Pilsudski zu stürzen und die Macht zu ergreifen..."[12]

In der Tat war man in Moskau fest entschlossen, die Offensive gegen Polen energisch weiterzuführen. Mitte Juli 1920 schlug Lenin einen britischen Vermittlungsversuch ab. „Man will uns mit Hilfe betrügerischer Versprechungen den Sieg entreißen!", telegraphierte er Stalin nach Charkow, und E. M. Skljanski, dem Stellvertreter Trotzkis, schrieb er unter anderem: „Die internationale Lage, insbesondere der Vorschlag Curzons (Annexion der Krim für einen Waffenstillstand mit Polen auf der Linie Grodno-Bialystok — P. G.) machen es erforderlich, die Offensive gegen Polen *maximal* zu beschleunigen. Wird das getan? Wird alles getan? Wird es energisch getan? Lenin."[13]

Vergessen war die am 23. Mai 1920 vom Zentralkomitee der KPR(B) verabschiedete Resolution zur „polnischen Frage", wo zwar die Abwehr des polnischen Angriffs als Ziel bestimmt, jedoch gleichzeitig hervorgehoben war, daß „die Zerschlagung der polnischen Weißgardisten... auch nicht um ein Jota unsere Einstellung zur Unabhängigkeit Polens verändere."[14] Nun, Moskau war jetzt noch für ein „unabhängiges" Polen, doch dieses Polen sollte — mit Hilfe der Roten Armee — kommunistisch sein und staatsrechtlich die selben Formen (und Souveränitäts-Beschränkungen) haben, wie die Ukrainische und die inzwischen am 16. Juli 1920 in Minsk proklamierte Bjelorussische Sozialistische Sowjetrepublik.

So begann Moskau in der Zeit der Siege der Roten Armee in der Ukraine und in Bjelorußland diejenigen politischen Vorkehren zu treffen, die der Sowjetunion später stets als Muster für weitere ähnliche Aktionen dienten. In Bialystok, auf polnischem Gebiet, ließ Lenin unter der Obhut von Tuchatschewskis Rotarmisten Ende Juli ein sogenanntes „Polnisches Revolutionskomitee" gründen, dessen Mitglieder ausschließlich Bolschewiken polnischer Abstammung waren. Vorsitzender dieses Komitees wurde J. Marchlewski, ein früherer Mitarbeiter von Rosa Luxemburg; Mitglieder waren unter anderem F. E. Dserschinski (von der

Südwestfront) und J. S. Unschlicht (Kriegskommissar von der Westfront). Dieses Komitee hatte die Aufgabe, die „wahren Interessen des polnischen Volkes" zu vertreten und dieses gegen die „herrschende Klasse" in Polen aufzuwiegeln. (Lenin an Tuchatschewski in einem Telegramm vom 3. August 1920: „Es sind alle Maßnahmen zu ergreifen, um das Manifest des Polnischen Revolutionskomitees in Polen weitgehend zu verbreiten. Dazu sind unsere Flugzeuge einzusetzen..."[15])

Vom 7. Juli bis 8. August tagte in Petrograd und Moskau der II. Kongreß der Kommunistischen Internationale.[16] Dieser erließ einen Aufruf an alle Kommunistischen Parteien der Welt, Sowjet-Rußland in seinem „gerechten Krieg" zu unterstützen. Die Folge davon waren Streiks und Protestaktionen in den bürgerlichen Staaten Europas, die alle darauf zielten, Polen von seinen westlichen Freunden zu isolieren und die Waffenlieferungen der Entente-Mächte nach Warschau zu unterbinden und auf diese Weise Lenins Pläne zu begünstigen.

Doch noch während des siegreichen Vormarschs der Roten Armee im Westen trat im Süden Rußlands ein Ereignis ein, mit dem Lenin nicht gerechnet hatte. Am 9. Juli sandte Wrangel kleinere Einheiten seiner Truppen über das Meer, die am Don und im Kubangebiet Erhebungen gegen die Sowjetmacht organisierten. Am 25. Juli begann der „schwarze Baron" (wie Wrangel von den Bolschewiken genannt wurde) von der Krim aus eine allgemeine Offensive, durchbrach die schwache rote Verteidigung und stieß in Richtung des Donezbeckens vor. Das Oberkommando der sowjetischen Südwestfront mußte jetzt also einen Zweifrontenkrieg führen: während im Westen (in der Ukraine) der rote Vormarsch fortgesetzt wurde, sollten die 13. Armee und die am 16. Juli neu formierte 2. Reiterarmee in der Südukraine die Weißen zum Stehen zu bringen. Es kam jedoch anders. Nachdem Wrangel von der Krim aus mit seinen Truppen ein doppelt so großes Gebiet wie die Halbinsel besetzt hatte, geriet seine Offensive am 2. August zum Erliegen; sie hatte sich einfach „totgelaufen".

Am gleichen 2. August — ein interessantes Zusammentreffen der Daten! — trat in Moskau das Zentralkomitee der KPR(B) zusammen, um die militärische Lage zu besprechen. Angesichts der „riesenhaften Bedrohung durch Wrangel"[17] verstärkte sich im Zentralkomitee das Bestreben, mit Polen doch noch zu einem Kompromißfrieden zu kommen. Lenin unterrichtete in diesem Sinne auch Stalin, der darauf bissig antwortete und für den weiteren Krieg gegen Polen eintrat.[18]

Am 5. August 1920, nachdem der Stillstand der Wrangel-Offensive bestätigt worden war, beschloß das Zentralkomitee der KPR(B) in einer denkwürdigen Diskussion über Krieg oder Frieden mit Polen, die Offensive der Roten Armee im Westen *fortzusetzen*. Dabei sollte auch Tuchatschewskis Westfront in Aktion treten, und zwar baldmöglichst. Der rasch ausgearbeitete Operationsplan sah einen schnellen Krieg gegen Warschau vor. Tuchatschewski sollte von Jegorow die 12. Armee und die 1. Reiterarmee erhalten und am 13. August angreifen, um die polnische Hauptstadt durch eine kühne Umgehung mit vier Armeen von Norden her bereits am 16. August einzunehmen.[19]

Um die gegen Polen in den Kampf geführten Truppen für die zu befreienden polnischen Proletarier äußerlich attraktiver zu machen, sind bereits in den letzten Juliwochen an der Südwest- und Westfront neue Uniformen ausgegeben worden.[20] Die Rotarmisten trugen jetzt bis zu den Knöcheln reichende Mäntel und eine spitze Stoffmütze, an deren Stirnseite ein großer roter Stern prangte. Weil sie zuerst bei Budjonnys Reitertruppen eingeführt wurde, hieß die neue Mütze im Volksmund „Budjonnowka". Die im Sommer 1919 eingeführten Dienstgradabzeichen, welche die Funktion der Rotarmisten markierten, wurden jetzt in größeren Mengen ausgegeben und schmückten die Ärmel der Kommandeure.

3. Der Weichselfeldzug

Planmäßig begann am 13. August 1920 bei Bialystok der Angriff der Roten Armee auf Warschau. Tuchatschewski verfügte über vier Armeen und die (schwache) Mosyrgruppe mit insgesamt 57223 Soldaten, darunter 6680 Kavalleristen.[21] Er rechnete mit dem baldigen Eintreffen der 12. Armee und der 1. Reiterarmee, mit denen er die linke Flanke und das Zentrum seines Angriffskeils verstärken wollte.[22] Und mit noch etwas rechnete man im Oberkommando der Westfront (bzw. in Moskau): mit der baldigen Revolutionierung des polnischen Proletariats, das im Rücken der polnischen Armee für die Rote Armee Partei ergreifen und die Waffe gegen die herrschende Bourgeoisie erheben sollte.[23]

Aber es kam alles ganz anders.

Jegorow mißachtete den Befehl des Revolutionären Kriegsrats der Republik vom 11. August zur Abgabe von zwei Armeen an Tuchatschewski, der ihm am 13. August erneut erteilt wurde. Die 1. Reiterarmee, die längst in der Reserve hätte sein sollen, stand weiterhin an der Front und schickte sich an, Lwow (Lemberg) zu erobern. Nördlich von ihr kämpfte die 12. Armee um Cholm. Stalin, der in dieser Zeit als leitender Kriegskommissar im Stabe Jegorow tätig war und seinen Oberbefehlshaber in jeder Hinsicht beherrschte, unterließ es, der Westfront die beiden Armeen zur Verfügung zu stellen. Für ihn war die Einnahme Lwows (und damit die „Revolutionierung" Galiziens) wichtiger als die Unterstützung Tuchatschewskis bei der Eroberung Warschaus. Er schrieb dem Oberkommando der Roten Armee, die beiden Armeen stünden im Kampf und der Revolutionäre Kriegsrat der Südwestfront hält einen anderen Einsatz dieser Armeen für nicht mehr möglich.[24]

Die Folgen ließen nicht lange auf sich warten.

Während die Westfront den Angriff auf Warschau begann und anfänglich gut vorankam, rückten die Truppen der Südwestfront in Richtung Lwow vor. Die beiden Fronten bewegten sich damit in verschiedene Richtungen, die Kräfte wurden verzettelt und die Chancen für die Eroberung Warschaus verspielt.

Aber auch die in den Weichselfeldzug gesetzten politischen Erwartungen erfüllten sich nicht. Das Betreten rein polnischer Gebiete durch die Rote Armee versetzte die polnischen Arbeiter und Bauern zwar in Erregung, jedoch nicht für eine Revolution, sondern zur Unterstützung ihrer Regierung. Die Aufrufe des „Polnischen Revolutionskomitees“ aus Bialystok fanden kein Echo. Dagegen entstanden freiwillige Bauernbataillone, und in den Vorstädten Warschaus halfen die Arbeiter, die Verteidigung gegen „die Russen“ vorzubereiten. (W. K. Putna, ein Divisionskommandeur der sowjetischen Westfront, schreibt in seinen 1925 in Moskau veröffentlichten Erinnerungen von der Niedergeschlagenheit der Rotarmisten, die beinahe die Außenbezirke Warschaus erreicht hatten und nun erfuhren, daß sich die Arbeiter freiwillig den Verteidigern angeschlossen hatten.[25])

Später gab selbst die KPR(B) zu, daß „bei der Planung der polnischen Kampagne einige politische Fehler“ begangen worden waren: „In den von den Weißpolen befreiten Gebieten wurden die den Gutsbesitzern abgenommenen Ländereien nicht unter die Bauern verteilt, sondern als Sowjetgüter vorgesehen. Diese Politik war natürlich nicht geeignet, die Sympathien der polnischen Bauern für die Sowjets zu stärken. In der Kommunistischen Partei Polens wurde auch die leninsche Losung des Selbstbestimmungsrechts der Nation unterschätzt, wodurch den Weißpolen erleichtert wurde, den polnischen Werktätigen einzuflößen, die Rote Armee kämpfte für die Vernichtung der Selbständigkeit des polnischen Staates und für die Angliederung Polens an Rußland...“[26]

Auch bei einzelnen Einheiten der Roten Armee tauchten Schwierigkeiten auf, wo sich die Rotarmisten weigerten, die russisch-polnische Grenze zu überschreiten. Budjonny: „Als unsere Reitertruppen die Grenze erreichten, sagten uns einige unserer Soldaten — die bisher nicht gewußt hatten, was Feigheit ist — ohne Umschweife, sie wollten nicht weitergehen!“[27]

Polen rüstete inzwischen zu einem neuen Waffengang. In kürzester Zeit wurden 300000 Rekruten und Reservisten eingezogen und über 100000 Freiwillige eilten zu den Waffen.

Tuchatschewskis Westfront kam immer langsamer vorwärts. Der Vormarsch und die pausenlosen Kämpfe hatten die Truppe, die seit Juli (in mehreren Etappen) etwa 600 km vorgerückt war, erschöpft. Der Nachschub konnte nicht mehr folgen, die Verluste konnten nicht mehr ersetzt werden. Die vier roten Armeen und die „Mosyrgruppe“ — weit auseinandergezogen und insbesondere an der südlichen Flanke unzureichend gedeckt — waren Mitte August am Ende ihrer Kräfte.[28] Im Raume Warschau wurden indessen die Polen der Roten Armee mannschafts- und ausrüstungsmäßig überlegen; und weil sie den Heimatboden verteidigten, war ihre Kampfmoral — im Gegensatz zu den Rotarmisten — ausgezeichnet.

In dieser Lage begann am 16. August die polnische Gegenoffensive. Pilsudski griff mit einer Stoßgruppe von drei polnischen Armeen (60000 Soldaten mit 275 Geschützen[29]) aus dem Raum Lublin-Deblin die schwache „Mosyrgruppe“ an, durchbrach die Front, stieß in den Rücken der sowjetischen Westfront und zwang Tuchatschewski am 17. August, seine vor Warschau stehenden Truppen zurückzunehmen. Bereits zwei Tage später erreichten polnische Truppen den westlichen Bug und rückten nach Norden und Nordosten vor, um die rote 4. Armee im Danziger Korridor abzuschneiden.

Der polnische Angriff gelang glänzend. Etwa sieben Divisionen der Westfront wurden nach Ostpreußen abgedrängt, wo sie interniert wurden. Nach dem Rückzug der Westfront mußte sich auch die Südwestfront zurückziehen. Budjonnys Reiter wurden sieben Kilometer vor Lwow von einem polnischen Kavalleriekorps zurückgeworfen. Am 21. August erhielt die 1. Reiterarmee zum *dritten Mal* vom Revolutionären Kriegsrat der Republik die Direktive, nach Westen abzuschwenken. Am 27. August wurde sie aber bei Zamosć besiegt und mußte den Rückzug antreten.

Erst Ende August gelang es Tuchatschewski, den polnischen Vormarsch auf der Linie Lipsk — Kuznica — Swislocz — Bialowieza — östlich Brest — Litowsk und am westlichen Bug zum Stehen zu bringen.

Klägliche Reste der roten Truppen besetzten nun die improvisierte Verteidigungslinie. Die 15. Armee zählte nur noch 700, die 3. Armee 2000 und die 16. Armee 1000 kampffähige Soldaten. Die „Mosyrgruppe" war gänzlich aufgerieben.

Den Polen fielen 65000 Gefangene, mehrere Tausend Pferde, 1023 Maschinengewehre, 251 Geschütze und einige Tanks in die Hände.[30] „Man muß alle Kraft daransetzen, damit die weißrussischen Arbeiter und Bauern — und sei es in Bastschuhen und halbnackt, aber unverzüglich, mit revolutionärer Schnelligkeit — in drei- und vierfacher Menge Ersatz für die Armee stellen...", telegraphierte Lenin in diesen Augusttagen an Kriegskommissar Smilga nach Minsk und verlangte die sofortige Auffüllung der Armee an der Westfront durch die Neueingezogenen.[31]

In Moskau wollte man sich nämlich mit der Niederlage nicht abfinden. Trotzki, soeben von der „Wrangel-Front" zurückgekehrt, staunte über die Leichtsinnigkeit des Politbüros einschließlich Lenins. Tuchatschewski machte der Moskauer Parteiführung neue Hoffnung, indem er die Ankunft von etwa 60000 Rekruten meldete und mitteilte, daß die Artillerie erneuert werde. „Innerhalb von zwei bis drei Wochen könnte die Westfront wieder angriffsfähig sein!" — meldete er.[32]

Trotzki war jedoch anderer Meinung: „Was haben wir an der Westfront?" fragte er seine Genossen. „Moralisch geschlagene Kader, in die man frischen Menschenteig hineingeworfen hat. Mit einer solchen Armee kann man nicht Krieg führen. Mit solchen Truppen kann man sich eventuell noch verteidigen, indem man zurückgeht und in ihrem Rücken eine zweite Armee aufstellt; aber es ist sinnlos, zu glauben, eine solche Armee könne sich noch zu einem siegreichen Angriff aufraffen auf einem Weg, der von ihren eigenen Trümmern besät ist..."[33]

Trotzki wurde an die Westfront geschickt, um die Lage an Ort und Stelle zu beurteilen. Im Stab Tuchatschewskis war noch immer von einem neuen Polenfeldzug die Rede, aber die Truppen wollten nicht mehr mitmachen. „Je tiefer ich die militärische Leiter hinabstieg von der Armee zur Division, zum Regiment und zur Kompagnie — um so klarer wurde mir die Unmöglichkeit eines Angriffskriegs!“[33], schrieb der Volkskommissar für Militärwesen. Nach Trotzkis Bericht sah das Politbüro der KPR(B) die Aussichtslosigkeit eines weiteren Angriffskriegs gegen Polen ein. Es drängte nun darauf, daß die bereits eingeleiteten Verhandlungen zu einem Friedensabkommen abgeschlossen wurden. (Lenin rechtfertigte sich auf dem IX. Gesamtrussischen Kongreß der KPR(B) am 22. September 1920 mit den Worten: „Krieg oder Frieden mit Polen? Wir wollten einen für uns schweren Winterfeldzug vermeiden und schlagen wiederum einen für Polen günstigen, für uns ungünstigen Frieden vor...“[34])

Am 12. Oktober 1920 kam in Riga ein polnisch-sowjetischer Vorfriede zustande, dem am 18. März 1921 die endgültige Regelung folgte. Danach (und bis 1939) verlief Polens Ostgrenze *östlich* der 1919 von der Entente vorgeschlagenen „Curzon-Linie“. Warschau hatte die Herrschaft über die eroberten westukrainischen und westweißrussischen Gebiete. Für Sowjet-Rußland bedeutete der Friede mit Polen die Sicherung seiner neuen Westgrenze, aber auch das Ende des Traums von einer Revolutionierung Mittel-Europas durch die Besetzung Deutschlands — denn nach dem Rigaer Vertrag hatten Sowjet-Rußland und Deutschland keine gemeinsame Grenze mehr.

Die Auseinandersetzung um die Schuld am Mißerfolg vor den Toren Warschaus im August 1920 beschäftigte die sowjetische Führung noch lange Zeit. Tuchatschewski sagte später, nicht die Politik, sondern die militärische Strategie habe das Fiasko des Weichselfeldzugs herbeigeführt. Außer den Schwierigkeiten mit der 1. Reiterarmee hätten auch die mangelhaften Kommunikationsmöglichkeiten und die Unerfahrenheit einiger Verbandskommandeure der Westfront zum Mißerfolg beigetragen.[35] Stalin beschuldigte Trotzki und das Oberkommando der Westfront, sie hätten beim Vormarsch ihrer Armeen die eroberten Positionen nicht genügend gefestigt.[36] Budjonny wiederum gab I. T. Smilga, dem Kriegskommissar der Westfront, und N. N. Schwarz, dem Stabschef der Westfront, die Schuld, die „Tuchatschewski über die Lage viel zu optimistisch informierten...“[37] Lenin sprach vor dem X. Parteikongreß der KPR(B) von einem Fehler, den „wir begangen hatten“: „Dieser Fehler wurde dadurch hervorgerufen, daß wir das Übergewicht unserer Kräfte überschätzt hatten!“[38] Die heute gültige sowjetische Parteigeschichte zitiert zwar Lenins Eingeständnis, betont aber die politische Fehlrechnung: „Ein Teil der polnischen Bevölkerung war betrogen worden: Die Machthaber Polens verstanden es, sich den Haß zunutze zu machen, den die Werktätigen gegen das zaristische Rußland hegten, das Polen unterdrückt hatte. Sie stellten den Befreiungskampf der Roten Armee als ausländische Intervention hin. Diesen Betrug durchschauten die Werktätigen, insbesondere die Bauernmassen, nicht...“[39]

4. Die Zerschlagung der Wrangel-Armee auf der Krim

Das Politbüro des Zentralkomitees der KPR(B) konnte sich nicht nur mit der militärischen Entwicklung im Westen und Südwesten befassen, es mußte sich auch um die bedrohlich gewordene Lage im Süden kümmern. Wrangels Truppen, „Russische Armee" genannt, waren seit Juli 1920 im Vormarsch nicht nur in der Südukraine, sondern auch im Vorfeld des Kaukasus. Sie hatten eine ansehnliche Stärke: 28400 Mann Infanterie und 15500 Mann Kavallerie mit 267 Geschützen, 1377 Maschinengewehren und 60 Panzern bzw. Panzerautos bzw. 40 Flugzeuge. Der „schwarze Baron" machte sich indessen für seine Chancen im Krieg gegen die Rote Armee keine Illusionen und sah die Grenzen seiner Möglichkeiten. Er war sich klar bewußt: „Rußland kann nicht durch einen Siegeszug auf Moskau befreit werden, sondern nur durch die Schaffung eines wenn auch kleinen Fleckens russischen Landes, in dem Ordnung herrscht und dessen Lebensbedingungen die unter dem roten Joch seufzenden Menschen anziehen würden..."[40] Wrangels Politik hatte aber, trotz einiger Reformen, nicht die Anziehungskraft auf die breiten Massen. Dazu kam, daß er mit einigen Unterführern Pech hatte und daß seine ausländischen Protektoren, vor allem die Briten, es müde waren, ihn weiter zu unterstützen. Zwar war die Lage in der zweiten Hälfte August 1920 in Südrußland — während Pilsudskis Offensive — für Wrangel ausgesprochen günstig. Aber die weißen Russen waren nicht imstande, ihre Operationspläne mit den Polen abzustimmen — nicht einmal zur Überwindung des gemeinsamen Feindes.

Am 19. August 1920 erklärte Lenin die „Wrangel-Front" (später Südfront) zur Hauptfront der Republik; diese sollte 5 Armeen umfassen. Als Befehlshaber berief er M. W. Frunse, den Bezwinger Koltschaks. Er befahl eine abermalige Mobilisierung der Kommunisten, wobei 55 Prozent der neu Eingezogenen der Südfront zugeführt werden mußten.[41] (Lenin wußte damals noch nicht, daß Tuchatschewskis Angriff auf Warschau gescheitert war.[42])

Zur politischen Vorbereitung des Feldzuges gegen Wrangel erhielt Frunse einen neuen Revolutionären Kriegsrat mit dem Chef der Politischen Hauptverwaltung der Roten Armee (Chef-Kriegskommissar) S. I. Gussew. Der soeben aus Deutschland in Moskau eingetroffene ungarische Kommunist Béla Kun gehörte auch dazu. Dieser hatte zwar Mühe mit der russischen Sprache und kannte die Verhältnisse in Südrußland kaum, dafür aber war er als Chef einer von der weißen Konterrevolution niedergerungenen Ungarischen Räterepublik ein hartgesottener „Internationalist", von dem man „bolschewistische Härte" und Kompromißlosigkeit erwartete.

Lenin empfing Frunse am 20. September im Kreml zu Moskau. Er trug ihm auf, den Feldzug gegen Wrangel so zu führen, daß der Feind noch vor Wintereinbruch besiegt sei, weil das Land unmöglich noch einen Kriegswinter durchstehen könnte. In der Tat war die Lage der Sowjetrepublik im Herbst 1920 in jeder Hinsicht besorgniserregend. Besonders das Transportwesen lag am Boden. So mußten beispielsweise beinahe alle Truppen der Südfront ihren Aufmarsch über Hunderte von Kilometern zu Fuß bewältigen, die 1. Reiterarmee zu Pferd.[43]

Budjonnys Armee hatte im Polenfeldzug empfindliche Verluste erlitten und zählte am 2. Oktober einschließlich frischen Ersatzes lediglich 15274 Mann, davon hatten aber nur 2621 ein Gewehr; die anderen besaßen bloß Säbel.[44] Budjonnys Reiter legten die 700 km von Zamosć bis Berislaw in Südrußland in 20 bis 25 Tagen zurück. Dabei kam es zu mancherlei Zusammenstößen mit umherschweifenden weißen Guerilla-Truppen, jedoch nicht mehr mit Machnos anarchistischer „Aufständischer Armee". Denn am 17. Oktober war diese durch ein „vorläufiges militärpolitisches Übereinkommen" zwischen der Sowjetregierung der Ukraine und der Revolutionären Aufstandsarmee von N. I. Machno als Freischärlerarmee der Roten Armee angegliedert worden. Frunse konnte aber nur operativ über die gut bewaffneten und harten Kämpfer Machnos verfügen; organisatorisch mußte er sich damit abfinden, daß diese „ihre früher festgesetzte Struktur, ohne Übernahme der Grundlagen und der Prinzipien der regulären Truppenteile der Roten Armee" beibehalten.[45] Als Gegenleistung für die Beteiligung am Feldzug gegen Wrangel sollte Machno und seine Organisation bei den für Dezember 1920 vorgesehenen Wahlen zum VIII. Allrussischen Sowjetkongreß als selbständige politische Gruppe auftreten können. (Beide Seiten waren aber mißtrauisch. Die Sowjets wußten dabei schon von vornherein, daß dieses „Bündnis" nicht von langer Dauer sein würde.[46])

Noch während der Vorbereitungen für die Offensive gegen Wrangel wurde von Moskau aus versucht, den Feind auf „psychologischem Weg" zur Kampfeinstellung zu bewegen. Am 12. September 1920 appellierte die „Prawda" mit einem ganzseitigen Aufruf an das „Russentum" der Offiziere der Armee Wrangel und warnte sie zugleich, ihre „schändliche Rolle im Dienst der polnischen Gutsbesitzer und der französischen Wucherer" weiter zu spielen. Eine ehrenvolle Kapitulation und volle Straffreiheit wurden ihnen zugesichert. Der Appell war unterzeichnet von Regierungschef Lenin und Staatschef Kalinin sowie von Trotzki, Kamenew und sogar vom ehemaligen General A. A. Brussilow als „Vorsitzender der Besonderen Beratungsgruppe beim Höchstkommandierenden der Roten Arbeiter- und Bauern-Armee."

Viel Erfolg hatte dieser Aufruf allerdings nicht.

Am 14. September löste Wrangel eine Offensive aus. Sie war eine Flucht nach vorn. Das „Armeekorps Don" überrannte die Verteidigung der roten 13. Armee und gewann rasch Raum in Richtung Jakaterinoslaw (heute Dnjepropetrowsk). Weil die weiße Kavallerie anfänglich der roten überlegen war, konnte sie Erfolge erzielen, und den Aufmarsch Frunses stören. Wrangels Ziel waren die Kosakengebiete des Donezbeckens. Hier wollte er eine neue politische Basis errichten.

Trotzki erkannte die Gefahr und fuhr mit seinem Panzerzug eiligst nach Taganrog am Asowschen Meer, wo er persönlich die Verteidigung organisierte. Als Wrangel den entschlossenen Widerstand der Roten feststellte, wandte er sich nach Westen, um Verbindung zu Polen zu erhalten. Nach einigen anfänglichen

Erfolgen scheiterte auch dieses Unternehmen. Mitte Oktober 1920 waren alle Chancen verspielt, Wrangels Armee hatte schwere Verluste, der Kampfgeist ließ nach. Im Oberkommando der Weißen sprach man bereits von einem Rückzug auf die Krim.

Am 13. Oktober wurden Wrangels Truppen über den Dnjepr zurückgetrieben. Bei Bekanntwerden des sowjetisch-polnischen Waffenstillstandes und des Vorfriedensvertrages von Riga, war es dem Oberkommando Wrangels klar, daß die Rote Armee nun nicht mehr in einen Zweifrontenkrieg verstrickt war und fortan mit aller Energie an die Vernichtung der letzten großen weißen Armee auf russischem Boden gehen würde.

Frunses Aufmarsch dauerte den ganzen Monat Oktober 1920. Lenin ging das Risiko ein, noch *vor* dem Waffenstillstand mit Polen mehrere Verbände von der West- und Südwestfront nach Südrußland zu verlegen. Frunse war optimistisch, denn er besaß viermal mehr Soldaten und Waffen als die Weißen. Seine fünf Angriffsarmeen (1. und 2. Reiter-, 4., 6. und 13. Armee) zählten 99500 Infanteristen und 33685 Kavalleristen.[47] Am 26. Oktober sandte er aus Apostow ein Telegramm an Lenin: „Die entscheidenden Tage (der Offensive — P. G.) werden der 31. Oktober sowie der 1. November sein. An der Zerschlagung der Hauptkräfte des Gegners gibt es für mich keinen Zweifel. Es wird ihm nicht gelingen, sich im Augenblick unseres Angriffs hinter die Landenge (zur Krimhalbinsel — P. G.) zurückzuziehen. Für die sofortige Einnahme der Landengen stehen die Chancen meines Erachtens nur eins zu hundert!“[48]

Frunse wollte Wrangels Truppen auf dem Festland — in Nordtaurien — zerschlagen und ihnen den Rückzug auf die Krim abschneiden. Die entscheidenden Operationen fielen der 6. Armee und der 1. Reiterarmee zu: unter Ausnützung des Brückenkopfes bei Kachowka, den Dnjepr überschreiten und bis zur Landenge von Perekop vorstoßen.

Am 28. Oktober begann Frunses Offensive. Das Wetter war infolge des frühen Wintereinbruchs ziemlich ungünstig. Es schneite und das Thermometer sank auf minus 10—15 Grad Celsius. Budjonny: „Wir hatten wenig Winterausrüstung, die Soldaten litten unter der Kälte. Die schlecht und mangelhaft beschlagenen Pferde hatten große Mühe, sich auf dem eisigen Boden zu bewegen. Sie glitten ständig aus...“[49] Die vom ehemaligen zaristischen Oberstleutnant A. I. Kork befehligte 6. Armee brach aus dem Brückenkopf Kachowka als erste aus. Ihr folgte die 1. Reiterarmee. Der Angriff wurde von einer mit Beutegeschützen nach französischem Muster aufgestellten Artilleriebrigade unterstützt. Die Wirkung war begrenzt. Denn als die Front vorrückte, vermochte die Artilleriebrigade nicht zu folgen. Sie war nur auf einen Stellungskrieg vorbereitet, und die Kommandeure hatten keine Ahnung, wie Geschütze in einem Bewegungskrieg zu verwenden sind.[50]

Inzwischen war auch die 2. Reiterarmee südlich von Jekaterinoslaw in Aktion getreten. Wrangels Truppen wurden in einer dreitägigen Schlacht geschlagen und begannen, sich in Richtung Krim zurückzuziehen. Frunses Rechnung ging aber nicht ganz auf. Die Divisionen „Kornilow“, „Markow“ und „Drosdowski“ der „Russischen Armee“ kämpften sich den Weg zum Gros im befestigten Isthmus von Perekop frei, wo sie verhältnismäßig sicher waren. Nur ein Rest von Wrangels Truppen in Nordtaurien wurde aufgerieben.

Frunse, der einen *vollen* Sieg wollte, begab sich am 3. November nach Melitopol, um die Eroberung der Krim unverzüglich zu beginnen. Wrangel hatte jedoch eine ausgzeichnete Verteidigungsstellung. Die Halbinsel Krim ist nur durch die etwa acht Kilometer breite Landenge von Perekop und die bis zu drei Kilometer breite, aber 120 Kilometer lange Landzunge von Arabat (Arabatskaja Strelka) mit dem Festland verbunden. Diese Verbindungen hatte Wrangel frühzeitig durch Stacheldraht, Bunker und Unterstände befestigen lassen. Mehr als 70 Geschütze und etwa 150 Maschinengewehre waren auf der Landenge allein im Raum des acht Meter hohen Türkenwalls konzentriert. Von Osten her konnte die Landenge praktisch nicht angegriffen werden: der zwar nicht sehr tiefe, dafür aber stark morastige Siwasch („Faules Meer“) ist dort der natürliche Schutz der Krim. Mit Mobilisierung der letzten Reserven auf der Krim brachte Wrangel anfangs November seine Truppe auf 25000 Mann.

Frunses Angriff auf die Krim begann am 7. November 1920, am dritten Jahrestag von Lenins Machtergreifung. Frontal berannte die 51. Schützendivision von W. K. Blücher die Landenge, blieb aber vor dem Türkenwall liegen. Immer wieder trieb Blücher seine Soldaten zum Angriff. Hunderte von Toten lagen auf dem Schlachtfeld. Frunse selbst erschien bei der Division, versprach Verstärkung und wies alle Einwände des Kommandeurs zurück, der seine Rotarmisten schonen wollte.[51] Die Division mußte wieder zum Angriff antreten. Anderen Einheiten der roten 6. Armee gelang es in der Nacht vom 7. auf den 8. November den Siwasch zu überschreiten, was einem Wunder gleichkam. Ein ungewöhnliches Naturereignis unmittelbar vor dem Angriff hatte dies ermöglicht: Ein heftiger Westwind hatte während drei Tagen das seichte Wasser aus dem Siwasch geweht und dabei den morastigen und schlammigen Meeresgrund soweit ausgetrocknet, daß nicht nur Infanteristen und Kavalleristen, sondern stellenweise sogar Geschütze passieren konnten.

Nach der offiziellen sowjetischen Geschichtsschreibung haben Rotarmisten mit großem Opfermut das „Himmelfahrtskommando“ durch den Siwasch hinter die Perekop-Verteidigung Wrangels durchgeführt. In der Geschichte der Machno-Bewegung ist jedoch nachzulesen, daß Frunse diese schwierige Aufgabe der ukrainischen „Revolutionären Armee“ (also Machnos Truppen) übertragen hatte. „Als erstes rückte die (Machno) Kavallerie unter Führung Matschenkos, eines Bauernanarchisten aus Guljai-Pole, vor; alsdann folgte unter Koschins Führung das Maschinengewehrregiment. Der Anmarsch vollzog sich unter dem Trommelfeuer des Gegners und kostete gewaltige Opfer... Allein durch die Hartnäckigkeit und Tapferkeit der Angreifenden wurden die Wrangeltruppen in die Flucht getrieben...“[52] Die durch den Siwasch vorgestoßenen Trupps konnten sich auf der Litowsker Halbinsel der Krim festklammern und alle Gegenangriffe der Weißen abschlagen. Am 9. November gelang es ihnen dann, die Stellungen der Weißen endgültig zu durchbrechen. Damit waren die Verteidiger des Türkenwalls im Rücken bedroht. Sie zogen sich zurück und versuchten im Raum von Uschun eine neue Verteidigungslinie aufzubauen. Aber es war zu spät. Am 11. November gelang es der roten 4. Armee, die Weißen im östlichen Teil der Krim, bei Tschongar zu schlagen und so das Tor zur Krim auch hier zu öffnen. An diesem Tag meldete Frunse an Lenin: „Ich bin Zeuge der außerordentlich hohen Tapferkeit, die die heldenmütige Infanterie beim Sturm über den Siwasch und auf Perekop bewiesen hat... Unsere Verluste sind sehr schwer. Einige Divisionen haben drei Viertel ihres Bestandes verloren. Der Gesamtverlust an Toten und Verwundeten beim Sturm auf die Landengen beträgt mindestens 10000 Mann...“[53]

Frunse wollte die Überreste der „Russischen Armee“ so schnell wie möglich vernichten und unter allen Umständen die Einschiffung und damit die Flucht des Gegners nach Westen verhindern. In einem Funkspruch forderte er Wrangel auf, sich binnen 24 Stunden zu ergeben. „Bei gewissenhafter Erfüllung dieses Angebots wird allen Angehörigen der Krimarmee das Leben und auf Wunsch freier Abzug über die Grenze garantiert!“[54] Frunse hoffte, auf diese Weise auch die Flotte und das Kriegsmaterial der Weißen erbeuten zu können.

Doch Wrangel und seine Soldaten dachten nicht an Übergabe. Nun setzte Frunse alles daran, Sewastopol schnellstens zu nehmen. Dabei kam es zu dramatischen Szenen. Machnos Truppen strebten nach Simferopol und eroberten die Stadt am 14. November. Die 2. Reiterarmee besetzte einen Hügel vor der Stadt und beanspruchte den Sieg für sich. Auch die 1. Reiterarmee hatte ihre Probleme. In der Nähe von Sewastopol lief Budjonny, als er allein eine nächtliche Inspektion unternahm, einer weißen Patrouille in die Hände. Er war schon entwaffnet und seine Identität festgestellt (was nicht schwer war, denn sein charakteristischer Schnurrbart war allgemein bekannt), als ihm in der letzten Minute die Flucht gelang. Auf Woroschilows Frage, wo er denn die Nacht verbracht habe, erwiderte Semjon Michajlowitsch wahrheitsgemäß: „Im Jenseits, Klementij Jefremowitsch... im Jenseits...“[55]

Am 15. November 1920 zog Budjonnys 1. Reiterarmee gemeinsam mit Blüchers 51. Division in Sewastopol ein. Am 16. November erlahmte auch in Kertsch der Widerstand des Gegners. Der Rückzug der „Russischen Armee“ in die Hafenstädte gelang erstaunlich gut. Wrangel konnte das Gros der ihm gebliebenen Truppen (und sehr viele Zivilflüchtlinge) auf 126 Schiffen vor der Roten Armee (und damit vor der Tscheka) retten, insgesamt 145693 Menschen. Die Schiffe erreichten — mit Ausnahme von einem, das in einem Sturm unterging — ungestört das rettende Ausland.[56] (Budjonny behauptet, daß Wrangel lediglich 83000 seiner Anhänger rettete, wovon die meisten gar nicht Soldaten gewesen seien, sondern „Angestellte der verschiedenen und zahlreichen Etappendienste, ganze Scharen von zaristischen Bürokraten, Großgrundbesitzern, Kapitalisten, Fabrikanten, usw.“[57])

Frunse konnte stolz sein auf seine Truppen. Diese hatten, wenn auch mit sehr hohen Verlusten, bei der Einnahme der Krim Können und Opferbereitschaft gezeigt. Mit der Vertreibung von Wrangels „Russischer Armee“ war die letzte größere und kampfkräftige antibolschewistische Organisation auf russischem Boden zerschlagen.

Aber der Bürgerkrieg war gleichwohl noch nicht zu Ende.

5. Die Zerschlagung von Machnos Insurgentenarmee und die Ausdehnung der Sowjetmacht auf die asiatischen Teile Rußlands

Bevor die Südfront als operativer Kampfverband aufgelöst werden konnte, mußte sie noch eine letzte Operation durchführen: gegen die mit ihr „verbündete“ ukrainische „Aufständische Armee“ d. h. gegen Nestor Machno. Rotarmisten und „Machnowzy“ hatten verschiedene Ideologien und Zielsetzungen, was sogleich nach dem gemeinsamen Sieg über Wrangel zu Streitigkeiten führte. Frunse wollte Machnos Armee in die Rote Armee eingliedern und gab am 24. November der roten 4. Armee einen dementsprechenden Befehl.[58] Machno widersetzte sich unter Berufung auf den Vierten Punkt des Abkommens vom 17. Oktober, der ihm die Unabhängigkeit seiner Truppen und Organisation zusicherte. Innerhalb weniger Tage wurde aus den Streitigkeiten ein offener Krieg. Am 26. November 1920 verkündete Frunse den Truppen der Südfront, daß von nun an Machno und alle seine Einheiten als Feinde der Sowjetrepublik und der Revolution zu betrachten seien. Am Tag darauf folgte der Befehl, den Kampf gegen Machno mit aller Entschlossenheit und Schonungslosigkeit zu führen. „Alle Banden sind völlig zu vernichten und alle Wurzeln des Banditismus zu beseitigen!“[59]

Der Widerstand der ukrainischen Insurgentenarmee dauerte mehrere Monate und die Kämpfe zogen sich von der Krim bis zur Ukraine. Frunse war gezwungen, alle seine vier Armeen gegen die, wie es fortan hieß, „großbäuerischen, anarchistischen Banden“ einzusetzen. Machno genoß bei der ländlichen Bevölkerung der Ukraine breite Unterstützung, und er hatte auch in den Reihen der Roten Armee seine Sympathisanten. So wurde zum Beispiel am 9. Februar 1921 Budjonny gemeldet, daß der Kommandeur der 1. Kavalleriebrigade („ein mutiger und kräftiger Mann“) in der Nacht mit einigen hundert Rotarmisten seinen Standort verlassen habe und zu den „Machnowzy“ übergelaufen sei…[60]

Bei den Armeen der Südfront wuchs die Unruhe unter den Rotarmisten. Die Soldaten waren kriegsmüde und wollten zu ihren Familien: Desertionen waren an der Tagesordnung, besonders als im Frühjahr 1921 in der Ukraine die Landverteilung begann. Budjonny: „Ständig wurden wir mit Fragen bombardiert. Wann können wir endlich nach Hause? Es war immer schwieriger, die Ordnung, die Disziplin und die Kampfmoral bei der Truppe aufrechtzuerhalten..."[61]

Doch der Krieg dauerte fort. Anfang 1921 glaubte der 26jährige rote Divisionskommandeur S. K. Timoschenko den Anarchistenführer bei Lobny in einer Falle zu haben und zur Übergabe zwingen zu können. Machno, der wußte, daß ihn die roten nicht schonen würden, konnte sich der Gefangennahme entziehen. Den ganzen Sommer 1921 wurde gekämpft, aber allmählich siegte die Übermacht. Machno floh Ende August, schwer verwundet nach Frankreich, wo er 1934 Opfer eines politischen Attentats wurde.

Im Schatten der Ereignisse im europäischen Rußland bahnten sich — kaum beachtet — auch im zentralasiatischen und kaukasischen Teil des einstigen Zarenreichs Entscheidungen an, welche die Ausdehnung der Sowjetmacht in diese Gebiete zur Folge haben sollten.

Als 1917 die Autorität der Provisorischen Regierung in Petrograd stetig sank, erwachten in Transkaukasien Bestrebungen, Georgien, Armenien und Aserbajdschan in einem unabhängigen Staatenbund zu einigen. Unter der Führung von Nationalisten bürgerlicher und sozialdemokratischer (Menschewiki) Prägung entstand Anfang 1918 diese Konföderation, die jedoch nur kurzen Bestand hatte. Die Bolschewiken, die sich gleichzeitig organisiert hatten und hauptsächlich in Georgien einen gewissen Rückhalt beim Industrieproletariat fanden, wollten Sowjetrepubliken. Am 26. Mai 1918 erklärte Georgien seine Unabhängigkeit; zwei Tage später folgten Aserbajdschan und Armenien. Das reiche Ölzentrum Baku lockte zudem Türken wie auch Deutsche und Engländer an. Die inneren Wirren wurden noch größer, als die georgischen Bolschewiken für die Errichtung eines Sowjetstaates Hilfe von Moskau forderten. Lokale Aufstände, blutige Ausschreitungen gegen verschiedene Nationalitäten, eine ausgesprochene kühle Haltung gegenüber Denikins Freiwilligenarmee und schließlich eine kaum unterdrückte feindliche Einstellung zu Lenins neuem Rußland kennzeichneten die Lage in Transkaukasien bis zum Frühjahr 1920.[62]

Am 11. und 12. Februar 1920 tagte der I. Parteikongreß der Bolschewiken *Aserbajdschans* illegal in Baku. Hier wurde der Entschluß gefaßt, durch einen bewaffneten Aufstand den „bürgerlichen Nationalisten" die Macht zu entreißen und den Sowjetstaat zu proklamieren. Da die eigenen Kräfte dazu nicht ausreichten, wandte sich die Parteileitung am 15. März 1920 „im Namen der Werktätigen Aserbajdschans" an den Rat der Volkskommissare der RSFSR und bat sie, ihnen „im Kampf um die Errichtung der Sowjetmacht im Kaukasus Hilfe und Unterstützung zu gewähren."[63] Diesem Ersuchen wurde in Moskau sofort stattgegeben. Aus den Truppen, die bisher gegen Denikin gekämpft hatten, wurde in kürzester Zeit die rote 11. Armee gebildet und Mitte April 1920 an der nördlichen Grenze Aserbajdschans bereitgestellt.

Am 26. April proklamierten die aserbajdschanischen und die russischen Bolschewiken auf einer gemeinsamen Tagung den Aufstand. Am folgenden Tag wurde der Putsch gegen die rechtmäßige Mussawat-Regierung ausgelöst. (Die Mussawat-Partei bestand aus Intellektuellen und Vertretern der nicht sehr zahlreichen tatarischen Kaufleute. Die tatarischen Bauern folgten ihr aus einem Gefühl der Stammeszugehörigkeit). In Baku siegten die Bolschewiken rasch. Sie ließen eine Aserbajdschanische Sozialistische Sowjetrepublik ausrufen und baten die RSFSR um Hilfe. Lenin zögerte nicht: Die bereitgestellte 11. Armee überschritt die Grenze und begann am 27. April 1920 den Angriff auf Baku. In ihren Vorausabteilungen befanden sich führende Parteifunktionäre der KPR(B), nämlich der Armenier A. I. Mikojan und der Georgier G. K. Ordschonikidse. Die aserbajdschanische Mussawat-Regierung leistete nur schwachen Widerstand. Nach einem Vorstoß von 200 Kilometern erreichten die Rotarmisten bereits am 28. April Baku. Die Mussawat-Regierung konnte aber rechtzeitig entkommen und mit einigen Schiffen sich und den Staatsschatz im Hafen von Enseli, nahe der türkischen Grenze, in Sicherheit bringen, wo sich auch eine britische Militärgarnison befand. Während die 11. Armee die restlichen Gebiete von Aserbajdschan in Besitz nahm, rüstete die rote Wolga-Kaspi-Kriegsflotte zu einem Raid gegen den Hafen von Enseli am 17. Mai. Was nun nachher geschah, war charakteristisch für die gesamte ausländische Intervention. Am 18. Mai landete die rote Flotille überraschend einige Kommandos im Hafen von Enseli, welche die Stadt umzingelten. Vom Kommandeur der britischen Garnison, General Shampain, wurde Ultimativ die Herausgabe der Regierungsschiffe und des Staatsschatzes verlangt. Außerdem wurde er aufgefordert, mit seiner Garnison unverzüglich die Stadt zu verlassen. Die Antwort traf rasch ein: Die Briten akzeptierten alle Punkte des Ultimatums. Damit hatte die Sowjetmacht in ganz Aserbajdschan gesiegt.

Im Mai und Anfang Juni 1921 kam es aber gleichwohl noch zu kleineren Aufständen gegen die Bolschewiken. Die Anhänger der Mussawat-Regierung hofften dabei auf Unterstützung durch persische und britische Truppen. Diese blieb aber aus; dafür kehrten Truppen der roten 11. Armee zurück und halfen „brüderlich" der aserbajdschanischen Sowjetregierung, ihre Ordnung im Lande wieder herzustellen.

In *Armenien* war die Lage noch komplizierter. Hier regierte die Daschnak-Partei, eine den Menschewiken nahestehende revolutionäre Partei. Armenien hatte kein Industrieproletariat, und die kommunistische Bewegung war sehr schwach. Die neue Republik hatte aber mächtige Gegner an ihren Grenzen: die Türkei, Persien und Aserbajdschan drängten danach, Armenien unter sich aufzuteilen. Für dieses war daher die Anlehnung an Rußland geradezu ein Akt der Selbsterhaltung, sei dieses zaristisch oder bolschewistisch.

Im Mai 1920 hatten die Bolschewiken von Aserbajdschan aus versucht, in Armenien einen Staatsstreich zu organisieren, jedoch ohne Erfolg. Im September 1920 brach ein Krieg zwischen Armenien und der Türkei aus, der für die Daschnak-Regierung ungünstig ausging. Die Türken besetzten Kars und Alexandropol und gingen grausam gegen die armenische Bevölkerung vor. Die Daschnak-Regierung bat Sowjetrußland um Hilfe. Die rote 11. Armee erschien und warf die Türken zurück. Mit den roten Truppen im Land konnten die armenischen Bolschewiken ihren neuen Staatsstreich mit Erfolg durchführen. „Die sowjetischen Truppen und die revolutionären armenischen Abteilungen marschierten auf Erevan, ohne unterwegs auf Widerstand zu stoßen.“[64] Die bisherige Regierung wurde zur Demission und zur Verkündung des Machtwechsels gezwungen. Nachdem einheimische Bolschewiken eine Regierung gebildet hatten, vereinbarten die RSFSR und Armenien am 4. Dezember 1920 ein Abkommen über die Anerkennung Armeniens als unabhängige Sowjetrepublik. Die Kämpfe zwischen Anhängern der Daschnak-Partei und der Roten Armee dauerten jedoch noch bis zum April 1921. Erst nachdem rote Truppen unter den Befehl von A. I. Todorski im Sangesurg-Gebiet den letzten Stützpunkt der Daschnaken „gesäubert“ hatten, konnte die 11. Armee Armenien verlassen.

Als letzte der transkaukasischen Republiken unterlag *Georgien* im Februar 1921 den Sowjets. Ein Jahr vorher hatte Lenin die Unabhängigkeit Georgiens anerkannt und — wie bereits erwähnt — Trotzki sogar angewiesen, die Souveränität des von einheimischen Menschewiken geleiteten georgischen Staates zu achten. Zum Dank ließ die Regierung in Tiflis die Kommunistische Partei Georgiens gesetzlich zu, doch vermochte sich eine solche erst im Mai 1920 zu bilden. Als dann in den benachbarten Staaten die Rote Armee einzog und Aserbajdschan und Armenien Sowjetrepubliken wurden, schien auch Georgiens Zukunft vorgezeichnet. Den Vorwand für ein Eingreifen Moskaus in Georgien bot eine Bauernrevolte im Inneren des Landes. Da damals noch keine georgische Kommunistische Partei existierte, schlossen sich einige Personen zu einem „Revolutionskomitee Georgiens“ zusammen. Am 16. Februar 1921 brachten sie in einem Telegramm an Lenin die Hoffnung zum Ausdruck, daß Sowjetrußland „die junge Republik in ihrem ungleichen Kampf mit den Feinden nicht allein lasse.“[65] Wieder fiel der 11. Armee die Hilfeleistung zu, sie rückte vor, um das überhaupt noch nicht existierende „Sowjet-Georgien“ zu unterstützen. Während die Rote Armee mit vier Divisionen von Osten und Norden auf Tiflis vorrückte, drangen von Süden her türkische Truppen ins Land ein, um ihren „alten Traum“ — die Annektierung Batums — zu verwirklichen. Bei den Kodshorsker Höhen vor Tiflis nahmen die Regierungstruppen den Kampf mit der Roten Armee auf. Es wurde erbittert gefochten und die 11. Armee mußte einige Verluste hinnehmen. Am 25. Februar 1921 fiel Tiflis, aber im Raum von Kutaissi wurde noch bis Mitte März gekämpft. Schließlich sah sich die georgische Regierung gezwungen, ins Ausland zu emigrieren. In der Folge wurde die Grusinische (georgische) Sozialistische Sowjetrepublik in Tiflis ausgerufen. Am 12. März 1922 schlossen sich die drei jungen Sowjetrepubliken zur Transkaukasischen Föderativen Sozialistischen Sowjetrepublik zusammen.

Das Schicksal *Turkestans* entschied sich bereits im Jahre 1920. Seit der Auflösung des Zarenreichs kämpften hier lokale nationale Kräfte, Reste der Freiwilligenarmee Denikins, schwache kommunistische Gruppen und fanatische religiöse Stämme um die Macht. Als die Rote Armee im Frühjahr 1920 Dagestan erreichte, wurde sie von der Bevölkerung zuerst herzlich empfangen und im Kampf gegen die weißen Truppen unterstützt. Bald aber bewirkten die maßlosen Requisitionen der Roten und die Unduldsamkeit der Sowjetfunktionäre hinsichtlich Religion und Brauchtum Widerstand. Im August 1920 kam es zum Aufstand gegen die sowjetische Besatzungsmacht. Die ganze dagestanische Bergbevölkerung scharte sich um den Imam Gotzinki, der den „heiligen Krieg" für die Freiheit des Landes proklamierte.

Es dauerte Monate, bis die Rote Armee des Aufstandes Herr wurde. Auf dem flachen Land behaupteten sich die Sowjets; in den Schluchten und Felsgebieten jedoch waren die Aufständischen Meister. Mit fanatischem Mut trotzten die mohamedanischen Gebirgsstämme lange jedem Angriff. Nach sowjetischen Quellen verloren bei diesen Kämpfen mehr als 5000 Rotarmisten ihr Leben.[66] Erst im Frühjahr 1921, nachdem Georgien Sowjetrepublik geworden war und damit die Aufständischen von jeglicher Unterstützung von außen abgeschnitten waren, kam ihr Widerstand zum Erlöschen.

Auch *Russisch-Zentralasien* erlebte 1920 schwere Zeiten. Infolge der Auflösung des russischen Reiches entstanden in verschiedenen Teilen dieses riesigen Gebietes weiße „Gegenregierungen" bzw. „selbständige Armeen", gegen die reguläre und Guerilla-Einheiten der Roten Armee kämpften. Jeder Sieg und jede Niederlage der Sowjets hat hier eine eigene Geschichte. Im August 1920, als Europa gebannt auf den polnischen Kriegsschauplatz blickte, dehnte Moskau seine Macht in Asien weiter aus, so auch auf das Emirat von Buchara und das Chanat von Chiwa (am südlichen Ufer des Aralsees) — beide frühere Vasallen des Zaren, aber nicht Teile des Zarenreichs.

Mit der Direktive Nr. 3504 vom 12. August 1920 warnte M. W. Frunse — damals Oberbefehlshaber der Turkestanischen Front — vor einem möglichen Zweifrontenkrieg der Engländer und der Franzosen gegen die Rote Armee. Die Kapitalisten versuchten, den Vormarsch der siegreichen Roten Armee nicht nur im Westen (in Polen) aufzuhalten, sondern sie strebten auch danach, in Turkestan offensiv zu werden. „Die Aufklärung zeigt", ist in der Direktive die (unwahre) Prognose zu lesen, „daß unsere Feinde die feste Absicht haben, gegen uns einen Bund, bestehend aus Persien, Buchara und Afghanistan, zu bilden, um uns dann... entlang der ganzen Südgrenze anzugreifen!"[67] Die sieben Divisionen der Turkestanischen Front erhielten den Auftrag, dem Feind zuvorzukommen.

Zu gleicher Zeit faßte die unbedeutende Kommunistische Partei von Buchara in Tschardschui den Beschluß, das bisherige Regime durch einen bewaffneten Aufstand zu stürzen. Die „Werktätigen des Emirats" griffen zu den Waffen und riefen am 29. August 1920 die rote Armee zu Hilfe. Am gleichen Tag befahl Frunse den Marsch auf Buchara. 7000 Mann Infanterie, 2500 Mann Kavallerie, unterstützt von 40 Geschützen und 11 Flugzeugen griffen das Emirat an.[68] Festung und Stadt Staraja Buchara fielen bereits am 2. September, der Emir floh nach Afghanistan. In anderen Teilen des Landes gingen die Kämpfe aber noch weiter. Erst am 6. Oktober 1920 konnte der I. Kongreß der Volksvertreter von

Gesamtbuchara (eine Art Volksfront unter Führung der einheimischen Bolschewiken) in der Hauptstadt zusammentreten und die unabhängige Sowjetrepublik Buchara ausrufen, die enge Freundschaft mit Sowjetrußland halten wolle.

In *Chiwa* spielten sich die Ereignisse ganz ähnlich ab wie in Buchara. Ein Feldzug der Roten Armee bewirkte die Proklamierung einer Volksrepublik. In den Grenz- und Berglandgebieten dauerten jedoch Kämpfe und Unruhen noch jahrelang; besonders hartnäckig wehrten sich die Basmatschen (eine turkestanische kriegerische Nationalistenbewegung). Die Vernichtung dieser „Banden“ zog sich nach dem offiziellen sowjetischen Angaben „noch mehrere Jahre hin.“[69]

Im *Fernen Osten* ging in dieser Zeit das Glück der Roten Armee auf und ab. Das Politbüro des Zentralkomitees der KPR(B) hatte bereits im März 1920 ein Fernöstliches Büro der KPR(B) ins Leben gerufen, dessen Aufgabe es war, nach bewährtem Muster die bewaffnete Machtergreifung vorzubereiten. Die Revolutionäre Volksarmee der Fernöstlichen Republik unter G. Ch. Eiche erlitt jedoch bald Schiffbruch. Zwar wurde sie mit den weißen Truppen in dieser Gegend noch fertig; als aber im April 1920 japanische Truppen in Wladiwostok, Chabarowsk, Nikolsk-Ussurijsko, Spassk und in anderen Städten eingriffen, mußte sie sich zurückziehen. Weder organisatorisch noch waffentechnisch war die Revolutionäre Volksarmee in der Lage, den Kampf mit diesen regulären Armee-Einheiten aufzunehmen. Die Japaner begnügten sich jedoch damit, das Gebiet von roten Aufständischen zu säubern; dann überließen sie das Feld den einheimischen Weißgardisten — die sich beeilten, blutige Rache zu nehmen. (So wurden zum Beispiel die Mitglieder des Kriegsrats der Revolutionären Volksarmee S. G. Laso und W. M. Sibirzew auf der Station Murawjow-Amurski in einem Lokomotivkessel lebendig verbrannt.) Die Sowjetregierung mußte dieser Niederlage untätig zusehen: wegen der drohenden Angriffe Pilsudskis und Wrangels konnte sie für den Fernen Osten keine Kräfte frei machen.

Aber die Idee, die Fernöstliche Republik zu einer wirklichen Sowjetrepublik zu machen, wurde nicht aufgegeben. Als im Oktober 1920 die Japaner begannen, ihre Truppen aus dem Transbaikal- und Amurgebiet zurückzuziehen, wurde die Revolutionäre Volksarmee wieder aktiv; an einem einzigen Tag, dem 22. Oktober nahm sie Tschita ein, den wichtigsten Verkehrsknotenpunkt auf dem Weg nach Wladiwostok.

Im Frühjahr 1921 eroberte der weiße Generalleutnant Baron R. F. von Ungern-Sternberg mit wenigen tausend Soldaten die halbe Mongolei. Die Japaner, die sich nun anschickten, auch das Primorje-Gebiet (Küstengebiet) zu verlassen, verhalfen im Mai in Wladiwostok einer bürgerlichen „Regierung“ unter den Brüdern Merkulow zur Macht. „In diesem schweren Augenblick kam die Sowjetregierung der Fernöstlichen Republik zur Hilfe. Nach der Niederschlagung Wrangels und nach dem Friedensschluß mit Polen (März 1921) ergab sich für die RSFSR die Möglichkeit zu dieser Hilfsleistung“ heißt es dazu im schon oft zitierten sowjetischen Standardwerk über die Sowjetarmee.[70] Moskau übertrug dem Helden des Krimfeldzuges, W. K. Blücher die Führung der Revolutionären Volksarmee. Eine Schützendivision und eine Kavalleriedivision der Roten Armee wurden als Expeditionskorps im Baikalgebiet zusammengefaßt. In dem von den Weißen nicht besetzten Teil der Mongolei entstand eine kleine, aber gut geführte einheimische rote Kavallerie-„Armee" unter dem Mongolen Reiterführer Suche-Bator.

Im Sommer 1921 kam es zur Entscheidungsschlacht: Das rote Expeditionskorps brachte zusammen mit der Revolutionären Volksarmee und den mongolischen Reitern den Weißen eine entscheidende Niederlage bei. Baron von Ungern-Sternberg wurde gefangengenommen und am 4. September 1920 nach einem Kriegsgericht hingerichtet.

Um die Jahreswende 1921/22 begannen die Japaner — auf amerikanischen Druck hin — ihre fernöstlichen Positionen auf dem Gebiet des alten Rußlands vollständig zu räumen. Die von ihnen eingesetzte bürgerliche Regierung Merkulow in Wladiwostok war auf die Dauer jedoch nicht imstande, sich zu halten. Zwar wurde sie mit einer „Weißen Aufstandsarmee" unter General Moltschanow im November 1921 offensiv und sie konnte am 22. Dezember 1921 sogar Chabarowsk einnehmen und den Amur überqueren. Aber ihr Vormarsch rief die Rote Armee auf den Platz: Blücher begann, den Gegenangriff zu organisieren.

Am 5. Februar 1922 löste Blücher bei Wolotschajewka eine Gegenoffensive aus. Er verfügte über etwa 8000 Mann (Infanterie und Kavallerie), 300 Maschinengewehre, 30 Geschütze, drei Panzerzüge und zwei Panzer. Der weiße Gegner hatte halb so viele Soldaten und war auch ausrüstungsmäßig unterlegen. Aber die Weißen verteidigten sich erbittert. *Acht* Tage und Nächte tobte der Kampf, schließlich siegte die Übermacht. Die Reste der „Weißen Aufstandsarmee" zogen sich nach Wladiwostok zurück, und Blücher besetzte am 22. Februar 1922 Chabarowsk.

Dann trat im Fernen Osten eine mehrmonatige Ruhepause ein. Die Sowjets benützten diese, um einerseits die Revolutionäre Volksarmee zu verstärken und andererseits in den noch von den Japanern besetzten Küstengebieten Partisanentrupps zu organisieren. Am 17. August übernahm der von Moskau entsandte J. P. Uborewitsch den Oberbefehl über die Revolutionäre Volksarmee und wurde sogleich Kriegsminister der Fernöstlichen Republik. Damit kam der Pufferstaat im Fernen Osten unter sowjetische Kontrolle. Die Ausdehnung der Sowjetmacht ins Primorje (Küstengebiet), wo sich noch immer einige japanische Einheiten aufhielten, konnte beginnen.

6. Die Wahrheit über die alliierte Intervention in Rußland

Die militärische Bedeutung der alliierten Interventionstruppen in Rußland wurde und wird von der sowjetischen Geschichtsschreibung ziemlich übertrieben. Man schrieb und schreibt von mehreren großangelegten Feldzügen der *vierzehn* kapitalistischen Staaten, die versuchten, die Arbeiter- und Bauernmacht in Rußland mit Gewalt zu zerschlagen und die kapitalistische Gesellschaftsordnung wiederherzustellen.[71] Zu den vierzehn Staaten, die zwischen 1918 und 1921 in Rußland kürzere oder längere Zeit Militärkontingente unterhielten, gehören die USA, Großbritannien, Deutschland, Österreich-Ungarn, Frankreich, Japan, Italien, Griechenland, Finnland, Polen, Rumänien, die Tschechoslowakei, Serbien und die Türkei. In Wirklichkeit war jedoch die *unmittelbare militärische* Intervention der Alliierten in Rußland im Verhältnis zu der räumlichen und zeitlichen Ausdehnung des Bürgerkrieges geringfügig: sie beschränkten sich praktisch auf die Erfüllung von Sicherungsaufgaben im Hinterland. Eine ernsthafte kriegerische Konfrontation mit der Roten Armee wurde vermieden. Alliierte Truppen zogen weder allein noch an der Seite der Weißen gegen die Roten ins Feld — abgesehen von vereinzelten Ausnahmen, wie die erwähnte Besetzung von Baku und Enseli (1918) oder der französisch-griechische Ausfall aus Odessa (1919). Einzig Japans Präsenz im Fernen Osten war etwas bedeutender, sowohl bezüglich der Zahl der eingesetzten Soldaten, als auch zeitlich, dauerte sie doch von 1918 bis 1922.

Nicht zu leugnen ist dagegen die enorme *materielle* Unterstützung der verschiedenen Kräfte der russischen Gegenrevolution durch die Entente. Ihre Bedeutung war zugegebenermaßen groß, wenn auch nicht schlachtentscheidend. Denn in den Kämpfen standen sich — und das muß betont werden — auf beiden Seiten beinahe ausschließlich Russen oder andere Angehörige des ehemaligen Zarenreiches gegenüber.

Die Politik der Alliierten in Rußland hatte eben viele Gesichter. Einerseits gab es die obenerwähnte logistische, politische und militärische Unterstützung der Weißen, andererseits begannen bereits im März 1919 Verhandlungen mit Lenin über eine Kompromiß-Lösung im Bürgerkrieg (Bullitt-Mission[72]). Winston Spencer Churchill beschreibt in seinem Buch „The World Crisis: The Aftermath“ trefflich die Lage wie folgt: „Waren sie (die Alliierten — P. G.) im Krieg mit Sowjetrußland? Gewiß nicht, aber sie schossen auf Sowjetrussen, wo sie sie sahen. Sie bewaffneten die Feinde der Sowjetregierung. Sie verhängten die Blockade über ihre Häfen und versenkten ihre Kriegsschiffe. Sie hegten den ernsten Wunsch, das Regime möge fallen, und befaßten sich mit Plänen zu seinem Sturz. Aber Krieg, wie entsetzlich! — Einmischung, welche Schmach! Es ging sie, wie sie wiederholt versicherten, gar nichts an, wie die Russen ihre inneren Angelegenheiten ordneten. Sie waren unparteiisch — basta! Und gleichzeitig war man nicht abgeneigt, zu verhandeln und gute Geschäfte zu machen!“[73]

Der Abzug der fremden Truppen aus Rußland begann bereits anfangs 1919. Als erste zogen die Deutschen ab — der Waffenstillstandsvertrag zwang sie zu diesem Schritt. Im März und April 1919 räumten die Franzosen Odessa und Umgebung: ihre Interventionstruppen (Teile zweier Regimenter und einige Marinepatrouillen) wurden auf dem Seeweg bzw. durch Rumänien zurückgezogen. Mit den Franzosen gingen auch die Griechen — ein ganzes Regiment. Und die Rumänen, die sich Bessarabien angeeignet hatten, zogen sich an ihre neue Grenze zurück. Die Briten begannen im Sommer 1919 ihre verschiedenen Stützpunkte in Rußland zu räumen und schlossen diese Aktion im wesentlichen bis Jahresende ab (Lenin sah darin eine entscheidende Wende in der Geschichte des Bürgerkriegs). Die Amerikaner, die 1918 in Sibirien Truppen landeten und in Nordrußland unter britischem Kommando 5000 Soldaten stationiert hatten, zogen ihre Einheiten bis zum April 1920 vollständig ab.[74] Die japanische Militärintervention in Sibirien dauerte dagegen bis Ende Oktober 1922. Tokio verfolgte dabei ausgesprochen imperialistische Ziele und zog seine Truppen nur langsam und erst auf Druck der Briten und Amerikaner zurück.

Die allgemeine Kriegsmüdigkeit der Entente-Mächte und die Einsicht, daß die russischen weißen Kräfte weder politisch noch militärisch fähig waren, die Lage zu meistern, beschleunigte diese Rückzüge. Die Weißen verloren die Gegenrevolution, nicht weil es ihnen an Waffen, sondern weil es ihnen am Glauben an die eigene Sache und an der Einsicht in die Not ihres Volkes fehlte. Der großrussische Chauvinismus, der zu einer ehrlichen Bündnispolitik mit den nichtrussischen Völkern des ehemaligen Zarenreichs nicht fähig war, und das Fehlen eines fortschrittlichen Sozial- und Agrarprogramms bewirkten, daß Bauern und Arbeiter sich den Bolschewiken zuwandten. So kam es, daß die Rote Arbeiter- und Bauernarmee trotz aller ihrer Mängel und organisatorischer bzw. militärtechnischer Schwächen den Weißen moralisch überlegen blieb. Sie verstand sich zudem besser als ihre traditionbefangenen Gegner auf die neue revolutionäre Methode der Kriegsführung, die der Höchstkommandierende der Roten Armee zur Zeit des Bürgerkriegs, S. S. Kamenew, wie folgt zusammenfaßte: „Absolut neu im Kriegswesen war hierbei die Forderung, das ganze innere Leben des Landes dem Krieg unterzuordnen — so wurden alsbald die Grenzen verwischt, die die Front vom Hinterland trennten, so wurde alsbald, wenn man sich so ausdrücken darf, die eherne Geschlossenheit der gesamten Organisation des Kampfes geschaffen. Die Verwirklichung dieser Regel bedeutet eine neue Wissenschaft vom Krieg."[75]

Als es dann Lenin nicht nur gelang, die Entente-Mächte militärisch aus Rußland zu verdrängen, sondern bei ihnen durch die (später widerrufene) Anerkennung der Staatsschulden der Zarenregierung aus der Vorkriegszeit auch noch die Bereitschaft zur Normalisierung der Beziehungen zur Russischen Sozialistischen Föderativen Sowjetrepublik zu erwirken (im Herbst 1921[76]) — war der Weg zur offiziellen Anerkennung der „Sowjetmacht" durch die „kapitalistischen Mächte" Europas und Amerikas geebnet.

Anmerkungen:

1 Die sogenannte Curzon-Linie verlief von der Südostecke Ostpreußens östlich Bialystok vorbei zum Bug (bei Brest-Litowsk) und folgte diesem bis in dessen Quellgebiet und von da östlich Lemberg (Lwow) vorbei zu den Wald-Karpaten.
2 *Sacharow*, a.a.O., S. 151. — Im Frühjahr 1920 gab es in der Roten Armee 56 Schützen- und 21 Kavalleriedivisionen, 9 besondere Schützen- und einige besondere Kavalleriebrigaden, die in 12 Armeen und einer Reiterarmee zusammengefaßt waren. Im Jahre 1920 kamen mehr als eine Million neuer Rotarmisten in die Feldarmeen.
3 *Sacharow*, a.a.O., S. 146.
4 Geschichte der Kommunistischen Partei der Sowjetunion, Moskau 1972, Bd. III/2, S. 517.
5 *Bugyonnij*, Sz. M.: Lovasroham, Budapest 1967, S. 74 (Es ist der zweite Band der Lebenserinnerungen von Marschall der Sowjetunion Budjonny).
6 Am 29. Mai wurde Dserschinski zum Chef der rückwärtigen Dienste der Südwestfront ernannt. „Für die Lösung dieser Aufgaben wurde die Stärke der ‚Truppen des inneren Schutzes' (Tscheka) auf 50000 Mann erhöht." Vgl. *Sacharow*, a.a.O., S. 158.
7 Geschichte der Kommunistischen Partei der Sowjetunion, Moskau 1972, Bd. III/2, S. 519. — „Neue Zürcher Zeitung" vom 27. Mai 1920.
8 *Lenin*, W. I.: Briefe, Berlin/DDR 1969, Bd. 6, S. 209.
9 *Bugyonnij*, Lovasroham, S. 97.
10 *Woroschilow*, K. J.: Stalin und der Aufbau der Roten Armee. Aus der Sonderbeilage der „Hefte der kasernierten Volkspolizei", Berlin/DDR 1953, S. 13.
11 *Tuhacsevszkij* válogatott müvei, Budapest 1975, S. 78.
12 *Trotzki*, a.a.O., S. 440.
13 *Lenin*, Briefe, Bd. 6, S. 244.
14 Geschichte der Kommunistischen Partei der Sowjetunion, Berlin/DDR 1975, S. 361.
15 *Lenin*, Briefe, Bd. 6, S. 254.
16 Kommunistische Internationale, auch Dritte Internationale, die Weltorganisation der Kommunistischen Parteien von 1919—1943. Die Kommunistische Internationale wurde auf Initiative Lenins hin geschaffen. Der Gründungskongreß fand im März 1919 in Moskau statt.
17 *Lenin*, Briefe, Bd. 6, S. 253.
18 Mitgeteilt bei *Lenin*, Briefe, Bd. 6, S. 460.
19 Geschichte der Kommunistischen Partei der Sowjetunion, Moskau 1972, Bd. III/2, S. 527.
20 *Sacharow*, a.a.O., S. 158.
21 *Tuhacsevszkij*, a.a.O., S. 102.
22 Ebd., S. 109.
23 *Knorin*, W. (Red.): Kurze Geschichte der KPdSU/B/, Moskau 1935, S. 311.
24 Einzelheiten siehe in „Wojenno-Istoritscheskij Shurnal", Moskau, Nr. 9/1962, S. 62 und *Bugyonnij*, Lovasroham, S. 314.
25 *Putna*, W.: Do Vislyi obratno, Moskau 1925, S. 137.
26 *Knorin*, a.a.O., S. 312. Eine Überheblichkeit erfaßte auch im allgemeinen die politische Führung des Feldzugs der Roten Armee gegen Polen. Dserschinski zum Beispiel ließ Moskau in einem Telegramm vom 15. August wissen, daß nach seinen Kenntnissen in Warschau bereits Unruhen ausgebrochen seien, die Behörden mit der kampflosen Übergabe der Stadt rechneten, die Bauern im Raum Mlawa-Wloclawek sich neutral verhielten und „die Arbeiter von Bialystok dagegen gehobener Stimmung seien." Vgl. Dzierzynska, Zofia: Jahre großer Kämpfe, Berlin-Ost 1977, S. 327.

27 *Bugyonnij*, Sz. M.: Uj utakon, Budapest 1975, S. 285 (Der dritte Band der Erinnerungen des Marschalls der Sowjetunion Budjonny).
28 Schmiedel gibt die effektive Stärke der Westfront am 16. August 1920 wie folgt an: die nördlich und nordwestlich der polnischen Hauptstadt operierenden roten Kräfte — die 4., die 15. und die 3. Armee — hatten nur noch 39000 Mann, die 16. Armee östlich von Warschau 11000 und die „Mosyrgruppe" 4000 bis 5000 Mann. Vgl. *Schmiedel*, a. a. O., S. 224.).
29 Die Nachkriegszeit, a. a. O., S. 333.
30 Ebenda, S. 336.
31 *Lenin*, Briefe, Bd. 6, S. 269.
32 *Tuhacsevszkij*, a. a. O., S. 124.
33 *Trotzki*, a. a. O., S. 442.
34 Ebd., S. 443.
35 *Tuhacsevszkij*, a. a. O., S. 124.
36 *Stalin*, J. W.: Probleme des Leninismus, Moskau-Leningrad 1934, Zweite Folge, S. 263ff.
37 *Bugyonnij*, Lovasroham, S. 313.
38 *Lenin*, Werke, Bd. 32, S. 171.
39 Geschichte der Kommunistischen Partei der Sowjetunion, Berlin/DDR 1975, S. 364.
40 *Obolenskij*, W.: Krim pri Wrangele, Moskau 1927, S. 25.
41 *Lenin*, Briefe, Bd. 6, S. 465.
42 *Dzierzynska*, a. a. O., S. 330.
43 *Trotzki*, Mein Leben, S. 448.
44 *Bugyonnij*, Uj utakon, S. 9.
45 Das Übereinkommen ist bei P. *Arschinoff:* Geschichte der Machno-Bewegung, 1918—1921, Berlin 1923, S. 214ff. im Wortlaut abgedruckt.
46 *Bugyonnij*, Uj utakon, S. 17.
47 *Schmiedel*, a. a. O., S. 239.
48 *Frunse*, M. W.: Na frontach grashdanskoj wojny. Sobranie dokumentow, Moskwa 1941, S. 415. — Lenin reagierte äußerst gereizt auf dieses Telegramm: „Ich bin empört über ihren optimistischen Ton, da sie doch schreiben, daß die Chancen für den Erfolg der *längst gestellten* Hauptaufgabe nur eins zu hundert sind. Wenn die Dinge so empörend schlecht stehen, bitte ich, sehr eilige Maßnahmen zu überlegen, wie schwere Artillerie herangeführt werden, Zufuhrwege hierfür gebaut, Pioniere eingesetzt werden können..." *Lenin*, Briefe, Bd. 6, S. 329.
49 *Bugyonnij*, Uj utakon, S. 82.
50 *Thomas*, J. (Hrsg.): Illustrierte Geschichte des Bürgerkrieges, Berlin 1929, S. 457.
51 *Frunse*, M. W.: Ausgewählte Schriften, Berlin/DDR 1955, Bd. 1, S. 227.
52 *Arschinoff*, a. a. O., S. 218.
53 *Frunse*, Ausgewählte Schriften, Ergänzungsband, S. 337.
54 Ebd., S. 336. — Lenin tadelte ihn deswegen: „Ich bin sehr erstaunt über das übermäßige Entgegenkommen der Bedingungen", schrieb er Frunse am 12. November 1920 (*Lenin*, Briefe, Bd. 7, S. 6).
55 *Bugyonnij*, Uj utakon, S. 144.
56 *Wrangel* in der in Paris herausgegebenen Emigrantenzeitung „Beloje Delo", Bd. 6, S. 242.
57 *Bugyonnij*, Uj utakon, S. 145.
58 Der Befehl ist abgedruckt bei *Frunse*, Ausgewählte Schriften, Ergänzungsband, S. 343.
59 *Frunse*, Ebd., S. 345.
60 *Bugyonnij*, Uj utakon, S. 197.

61 *Bugyonnij*, Uj utakon, S. 162.
62 Zu Einzelheiten siehe u. a. *Berija*, L.: Zur Geschichte der bolschewistischen Organisationen in Transkaukasien, Moskau 1936. Berija, der spätere Innenminister der Sowjetunion, bezeichnete in diesem Buch die georgischen Menschewiken als die „niederträchtigsten Verräter am georgischen Volk“ weil sie „nach dem Sieg der sozialistischen Oktoberrevolution Georgien vom revolutionären Rußland losrissen“ und mit dem deutschen, dann mit dem englisch-französischen Imperialismus ein Bündnis schlossen „und verwandelten zusammen mit den Daschnaken und Mussawatisten Transkaukasien in ein Aufmarschgebiet der ausländischen Intervention und der bürgerlich-weißgardistischen Konterrevolution gegen Sowjetrußland.“ (Ebd., S. 143).
63 *Sacharow*, a.a.O., S. 190.
64 Ebd., S. 192.
65 *Sacharow*, a.a.O., S. 193.
66 Vgl. die Memoiren von A. I. *Todorskij:* Krasnaja Armija w gorach, Moskau 1924, S. 159.
67 *Frunse,* Ausgewählte Schriften, Ergänzungsband, S. 103.
68 *Sacharow*, a.a.O., S. 194.
69 Chiwa und Buchara wurden in der Folge Sowjetische Volksrepubliken. Im Jahr 1923, als Moskau die zentralasiatischen Gebiete nach ethnischen Standpunkten reorganisierte, wurden diese Volksrepubliken aufgelöst. Als neue Staaten wurden 1923 bzw. 1929 die Turkmenische, die Uzbegische und die Tadschikische Sozialistische Sowjetrepubliken gebildet, die als Unionsrepubliken enge Bestandteile der Sowjetunion wurden.
70 *Sacharow,* a.a.O., S. 197.
71 Siehe dazu „Die ausländische militärische Intervention und der Bürgerkrieg in der UdSSR 1918—1920“, Berlin/DDR 1954, oder *Sacharow,* a.a.O., S. 101—191.
72 William *Bullitt,* US-Politiker, Leiter einer nordamerikanischen Delegation, die 1919 geheime Verhandlungen mit den Bolschewiken um eine Beendigung des Bürgerkrieges in Rußland führte.
73 *Churchill,* W. S.: The World Crisis: The Aftermath, London 1929, S. 253.
74 In Nordrußland befanden sich US-Truppen in der Region Murmansk — Archangelsk und hatten die Aufgabe, die beiden Häfen vor der Roten Armee zu schützen. Sie nahmen an keinen militärischen Aktionen gegen die Sowjetregierung teil. In Sibirien blieben die US-Truppen einerseits wegen des Schutzes der Tschechoslowakischen Legion, und andererseits — als es diesen gelungen war, nach dem Sturz der Koltschak-Regierung (1920) das Land zu verlassen — um die japanische Präsenz im Fernen Osten zu überwachen. Einzelheiten vgl.: *Matloff,* Maurice, ed.: American Military History, Washington 1969 (Army Historical Series / Office of the Chief of Military History), S. 407, ferner *Brandley,* John: Allied Intervention in Russia, London 1968.
75 Zitiert bei: „Lenin und der Aufbau der sowjetischen Streitkräfte, Moskau 1969, S. 77.
76 Vgl. Karl *Radeks* Artikel in „Russische Korrespondenz“, Berlin, Nr. 10—11/1921, S. 892ff.

IV. Zwischen Krieg und Frieden

Trotz allem Hin und Her an den verschiedenen Fronten des Bürgerkrieges konnte sich die Russische Sozialistische Föderative Sowjetrepublik in den Jahren 1920 und 1921 nach außen konsolidieren. Wo die Rote Armee erfolglos blieb, traf die junge, dynamische Sowjetdiplomatie eine Regelung. So wurde die Unabhängigkeit und Souveränität Finnlands und der drei baltischen Republiken 1920 vertraglich anerkannt. Am 18. März 1921 wurde in Riga ein Vertrag mit Polen abgeschlossen, allerdings unter erheblichen territorialen Zugeständnissen. Im gleichen Monat wurde der Konflikt mit der Türkei beigelegt, worauf sich die türkischen Truppen aus Batumi zurückzogen und im nördlichen Adscharian den bisher besetzten Teil räumten.[1]

Die außenpolitische Konsolidierung der RSFSR vermochte jedoch nicht die äußerst schwierige Lage an der „inneren Front" zu verbessern. Drei Jahre Weltkrieg, zwei Revolutionen und drei Jahre Bürgerkrieg hatten das Land vollständig ausgelaugt und wirtschaftlich ruiniert. Lenin: „Rußland ist aus dem Krieg in einem solchen Zustand hervorgegangen, daß sein Befinden am ehesten einem Menschen gleicht, den man halbtot geprügelt hat: sieben Jahre lang wurde auf das Land eingedroschen, da gebe Gott, daß es sich wenigstens auf Krücken fortbewege! So sieht die Lage aus, in der wir uns befinden!"[2]

Das Elend traf nicht nur die Angehörigen des „ancien régime" oder des Bürgertums, sondern auch das Proletariat. Das Wirtschaftssystem des „Kriegskommunismus" machte jede private Initiative und damit Behelfslösungen unmöglich: Infolge der weitgehenden Lahmlegung des Verkehrswesens litten weite Teile des Landes, insbesondere die Städte, Hungersnot.

1. Der Aufstand in Kronstadt

Solange ausländische Intervention und Bürgerkrieg dauerten, ertrugen die Massen die Misere mehr oder weniger geduldig. Als aber Anfang 1921 im europäischen Teil Rußlands der Friede einzog, wurde die darbende Bevölkerung unruhig und ungeduldig. Als die Regierung im Januar 1921 gezwungen war, die Brotrationen der städtischen werktätigen Bevölkerung ein weiteres Mal drastisch zu kürzen, waren vor den staatlichen Lebensmittelverteilstellen in Petrograd wieder Szenen zu beobachten wie im Februar 1917. Mitte Februar 1921 mußten die meisten Fabriken in der Stadt wegen Kohlenmangels die Arbeit einstellen und ihre Arbeiter nach Hause schicken. Das bedeutete für diese nicht nur Untätigkeit, sondern auch Wegfall der Betriebs-Beköstigung. Nun setzten sich die Werktätigen zur Wehr: In Betriebsversammlungen und Demonstrationen forderten sie Arbeit und Brot. Zu den wirtschaftlichen Forderungen kamen bald auch — brisante — politische Wünsche (wie z. B. „Sowjets — aber ohne Kommunisten!"). Bis Ende des Monats spitzte sich die Lage immer mehr zu.

Als die Arbeiter sich zu organisieren begannen und Kontakte zu der von Petrograd kaum 30 Kilometer entfernten Kronstadter Garnison anknüpften, sprang der Funke der Revolte auf diese über. Die rund 12000 Matrosen und Rotarmisten waren ebenfalls unzufrieden; sie, die sich als Avantgarde der Revolution von 1905 und 1917 betrachteten und die im Oktober 1917 gehofft hatten, tatsächlich für die klassenlose Gesellschaft zu kämpfen, fühlten sich jetzt betrogen. Den Matrosen und den meist aus bäuerlichen Verhältnissen stammenden Rotarmisten mißfiel es immer mehr, daß in der Roten Armee wiederum die Autorität der Vorgesetzten und eine straffe Disziplin eingeführt und daß ihre Vorgesetzten wieder „von oben" ernannt wurden. Auch wenn sie bei der Roten Armee nicht hungern mußten, blieb ihnen das Elend im Land nicht verborgen. Nachdem eine Delegation der Kronstadter Garnison Ende Februar 1921 die mißliche Lage der Petrograder Arbeiter gesehen hatte, verfaßten die Matrosen zweier Kriegsschiffe am 28. Februar 1921 eine Resolution: Sie forderten unter anderem Neuwahlen zu den Sowjets, Freiheit für die gesamte linke Presse, Freilassung der politischen Gefangenen aller sozialistischen Parteien, Gleichheit bei der Lebensmittelverteilung, Abschaffung der Getreiderequisitionskommissionen und die freie Verfügung der Bauern und Kleinhandwerker über ihre Produkte.[3]

In Petrograd gelang es dem Vorsitzenden des städtischen Sowjets, G. J. Sinowjew, einem „Altbolschewik", mit List und Gewalt die Unruhe der Arbeiter durch Verhängung des Belagerungszustands und Einsatz von Tscheka-Truppen und Kursanten der Roten Armee (wie jetzt der Kadernachwuchs genannt wurde) zu unterdrücken. In Kronstadt ging jedoch die Gärung weiter.

Am 2. März 1921 versammelten sich die Delegierten der Kronstadter Matrosen, Rotarmisten und Arbeiter im „Haus der Erziehung" und gründeten ein Provisorisches Revolutionskommitee. Der Matrose S. M. Petrischenko, Obermaat auf dem Panzerkreuzer „Petropawlowsk", wurde mit anderen altgedienten Matrosen an die Spitze dieses Ausschusses gestellt. Dieser sollte einerseits in Kronstadt für Ruhe und Ordnung sorgen, andererseits freie und geheime Wahlen für einen neuen Stadtsowjet durchführen. Innerhalb weniger Stunden war die gesamte staatliche Macht in den Händen des Provisorischen Revolutionskomitees. Damit war das Machtmonopol der Kommunistischen Partei nicht nur in Frage gestellt, sondern regelrecht gebrochen worden.

Lenin erkannte die Gefahr. Bei der Gärung im Lande konnte das Beispiel Kronstadt rasch Schule machen. Bauernrevolten in Tambow und in Saratow, im Kuban und in der Ukraine hatten die Moskauer Regierung bereits gewarnt. Die Kräfte der Tscheka hatten dort nicht ausgereicht, um den Widerstand der erbitterten Bauern zu brechen. Einheiten der Roten Armee mußten als „Ordnungstruppen" eingesetzt werden — und nur mit Mühe war es der Übermacht der Armee- und Tschekaverbände gelungen, die „Hungerrevolten" der Bauern niederzuschlagen.[4] Und nun revoltierte die Kronstadter Garnison, die eine militärische *und* politische Macht darstellte. Das konnte der Kommunistischen Partei Rußlands zeitlich nicht ungelegener kommen. Aus allen Teilen Rußlands strömten Anfang März 1921 die Delegierten zum Parteikongreß nach Moskau, um im Auftrag von 700000 Parteimitgliedern die nächste Etappe des Aufbaus des Sowjetstaates zu besprechen. Lenin hatte wichtige Resolutionen zu verabschieden, in denen die Lehren aus dem Abschluß des Bürgerkriegs und dem Elend der „arbeitenden Bevölkerung" gezogen wurden. So sollte die Ablieferungspflicht der Bauern durch eine Naturalsteuer und der „Kriegskommunismus" durch ein neues System der noch auszuprobierenden sozialistischen Wirtschaft ersetzt werden.

Am 2. März gab die Sowjetpresse bekannt, daß die Kronstädter Ereignisse nichts anderes als eine konterrevolutionäre Meuterei gegen das sozialistische Vaterland darstellten. Lenin war nicht gewillt, mit Petrischenkos Revolutionskomitee zu verhandeln. Sinowjew befahl die Verhaftung aller Verwandten der Aufständischen auf dem Festland — als Geiseln für die in Kronstadt festgehaltenen kommunistischen Funktionäre.

Auf Anordnung Trotzkis (der sich in seinen Memoiren über seine Rolle bei der Niederschlagung der Meuterei ausschweigt) wurde in Petrograd aus zuverlässigen Truppen die 7. Armee gebildet. Lenin übertrug Tuchatschewski dieFührung der militärischen Operationen gegen die rebellierende Garnison.[5] Man muß sich die Perversion des Falles vorstellen: die Avantgarde der Petrograder sozialistischen Revolution sollte durch die Kriegskunst eines ehemaligen zaristischen Gardeoffiziers vernichtet werden!

Am 5. März übernahm Tuchatschewski in Petrograd die Befehlsgewalt. In seinem Stab befanden sich sowohl Kommandeure der einstigen Westfront, wie W. K. Putna, als auch Persönlichkeiten des Revolutionsjahres 1917, wie P. J. Dybenko. Auch Trotzki kam mit seinem Panzerzug nach Petrograd und stellte den Kronstädtern ein Ultimatum: „Die Arbeiter- und Bauernregierung hat beschlossen: Kronstadt und die meuternden Schiffe haben sich sofort wieder in die Verfügungsgewalt der Sowjetrepublik zu begeben... Wer die Hand gegen die sozialistische Heimat erhob, muß sofort die Waffen niederlegen! ... Diese Warnung ist die letzte!"[6] Als das Ultimatum am 7. März ablief, begann die Rote Armee mit dem Angriff gegen die Kronstädter Garnison.

Die 7. Armee erhielt den Befehl, die Seefestung frontal anzugreifen. Die Artillerie-Beschießung der befestigten Anlagen der Insel erwies sich als ungenügend.

Die Meuterer setzten sich energisch zur Wehr. Der erste Sturm über das Eis der Meerenge wurde zurückgeschlagen. Tuchatschewski wurde klar, daß ein planmäßiger Angriff erforderlich war. Er ließ das Artilleriefeuer sieben bis zwölf Kilometer zurückverlegen und befahl der Infanterie erneut den Angriff. Aber auch dieser Versuch schlug fehl.

Auf Lenins Geheiß wurden weitere Artillerieformationen und — was noch wichtiger war — aus Kursanten gebildete Stoß-Einheiten nach Petrograd verlegt. 300 Delegierte des X. Parteikongresses, unter ihnen A. S. Bubnow, K. J. Woroschilow und viele andere erprobte Kommandeure des Bürgerkriegs, begaben sich an die „Kronstädter Front". Fast eine Woche dauerten die Vorbereitungen zum dritten Angriff. Derweil versuchten die Kronstädter Verbündete zu gewinnen. Sie konnten aber Tuchatschewskis Einschließungsring nicht durchdringen und ihre Losung „Sowjets — aber ohne Kommunisten!" auf dem Festland nicht verbreiten. Ihre Hoffnung, das Eis werde durch Frühlingswitterung bald schmelzen und somit weitere Infanterieangriffe der Roten Armee unmöglich werden, ging auch nicht in Erfüllung.

Am 17. März begann der entscheidende Sturm der 7. Armee auf Kronstadt. Vom nördlichen und südlichen Ufer eröffneten alle Batterien das Feuer auf die Garnison, das von den Matrosen heftig erwidert wurde. Sowohl die Kriegsschiffe „Petropawlowsk" und „Sewastopol" wie auch die Artillerie der Festung beschossen Tuchatschewskis Truppen. In einer der seltenen sowjetischen Beschreibungen ist die Eroberung Kronstadts (über die sonst in der offiziellen Geschichte der Roten Armee bis heute fast völliges Schweigen gewahrt wurde) wie folgt geschildert:

„Dichter Nebel senkt sich auf die Bucht. Nach kurzer Ruhepause gehen die Truppen um 3 Uhr früh in weißen Tarnmänteln aufs Eis. Das Tauwetter hat die Eisdecke aufgeweicht.
Die Meuterer leuchten mit Scheinwerfern auf das Eis, aber das Licht verschwimmt im Nebel. Am 17. März gegen fünf Uhr früh treffen die Gegner aufeinander. Nach erbitterten Kämpfen dringt die Abteilung der Kursanten in die Stadt ein, die anderen folgen: es gibt Straßenkämpfe, fast aus jedem Fenster wird geschossen. Die Angreifer kennen sich in Kronstadt nicht aus und haben schwere Verluste.
Um 16 Uhr gehen die Meuterer zum Gegenangriff über und drängen die Angreifer auf das Eis zurück. In diesem entscheidenden Moment erschienen das Kavallerieregiment der 27. Division und eine Abteilung Petrograder Kommunisten. Gegen 20 Uhr beginnt der nächste Angriff.
Um Mitternacht meldet der Sender des Panzerkreuzers ‚Petropawlosk' daß die Matrosen sich ihren Kommandeuren widersetzen und bereit sind, sich zu ergeben. Gleichzeitig wird bekannt, daß das sogenannte ‚Kronstädter Revolutionskomitee' an das finnische Ufer geflüchtet ist und daß die zurückgebliebenen Meuterer ebenfalls bereit sind, die Waffen zu strecken. Am 18. März um 11 Uhr

betreten die roten Kursanten die ‚Sewastopol' und die ‚Petropawlowsk': Kronstadt ist der Republik wiedergegeben!"[7]

Lenin bedankte sich persönlich bei Tuchatschewski, der im Moskauer Kreml herzlich empfangen wurde und sofort eine neue Aufgabe erhielt: die Niederschlagung des andauernden Aufstandes der Bauern in Tambow. Seit Mai 1920 hatte dort ein Sozialrevolutionär, A. S. Antonow, den Widerstand gegen die Sowjetregierung organisiert. Sein „Verband der arbeitenden Bauern" faßte in weiten Gebieten Fuß. Die örtlichen Sowjetbehörden waren machtlos dagegen. Ende 1920 hatte Antonow bereits 50000 Männer unter den Waffen. Er bildete damit zwei „Armeen". Diese stießen immer häufiger mit den Ordnungskräften der Sowjetregierung zusammen. Lenin sah sich schließlich gezwungen, reguläre Truppen aufzubieten, um dem „konterrevolutionären Spuk" mitten im Lande ein Ende zu bereiten. So kam Tuchatschewski mit Antonow-Owsejenko, Uborewitsch, Kotowskij und anderen nach Tambow, wo es den vereinigten Armee- und Ordnungskräften gelang, die „Antonowtschina" zu überwinden und bis August 1921 die Macht der Sowjetregierung auch in diesen Gebieten wieder herzustellen. (Antonow selbst wurde erst im Juni 1922 gestellt und dann erschossen),

Fünf Jahre später gestand Tuchatschewski in einem Aufsatz, von dem wir nur Bruchstücke kennen, daß der Aufstand in Kronstadt und die Bauernrevolte in Tambow „eine große Gefahr für die Sowjetmacht darstellten..."[8] Weil sie rechtzeitig isoliert und liquidiert werden konnten, blieben sie lediglich historische — wenn auch politisch nicht unbedeutende — Episoden in der ereignisvollen Geschichte der Sowjetunion und ihrer Roten Armee.

2. Wie soll es weitergehen?

Im März 1921 zählte die Rote Arbeiter- und Bauern-Armee über 5,3 Millionen Soldaten. Nachdem die äußeren und inneren Feinde überwunden waren, erzwang die katastrophale wirtschaftliche Lage eine drastische Reduzierung der Armeebestände. Ungeachtet Lenins Warnung von Dezember 1920, daß der Rückzug des „Weltimperialismus" (d. h. der Interventen — P. G.) für Sowjetrußland noch nicht den „ewigen Frieden" bedeute, wurden in der zweiten Hälfte 1921 umfangreiche Demobilisierungen vorgenommen. Bis Januar 1922 sank der Bestand der Roten Armee auf 1,4 Millionen Mann. Im Sommer 1922 wurden erneut Soldaten ausgemustert, so daß bis Jahresende in Armee und Flotte nur noch 796924 Rotarmisten und Matrosen verblieben.[9] Auch im folgenden Jahr ging der Abbau weiter. Am 1. September 1923 war die Rote Armee auf dem niedrigsten Stand nach dem Bürgerkrieg: 516028 Mann, davon 39859 Mann bei der Flotte. Grundwehrdienst leisteten einzig Rotarmisten und Matrosen der Roten Flotte im Alter von 22 und 23 Jahren.

Gleichzeitig mit diesem Truppenabbau entbrannten Diskussionen über den weiteren Ausbau der Armee. „Eine erste Periode von Kriegen liegt hinter uns" sagte Lenin. „Wir müssen uns auf die zweite vorbereiten. *Wann* sie jedoch kommen wird, wissen wir nicht, und wir müssen daher alles tun, um dann, wenn sie kommen wird, auf der Höhe zu sein!"[10] Trotzki, Gussew und Frunse arbeiteten unter verschiedenen Gesichtspunkten Thesen über die zukünftige Militärdoktrin der Roten Armee aus. Alle lebten im Glauben, daß der Sowjetmacht von den Kapitalisten nur eine Atempause gewährt werde. A. P. Smirnow, ein führender Funktionär der KPR(B), faßte 1922 das Militärprogramm der Partei wie folgt zusammen:

„... Ist der Kampf... zu Ende? Natürlich nicht. Wohl ist die erste Krise des Kapitalismus vorübergegangen, aber die Krankheit ist unheilbar, und auf den ersten Anfall kann jeden Augenblick ein zweiter folgen. Die Kapitalisten begreifen sehr wohl, welch verhängnisvolle Bedeutung das Bestehen Sowjetrußlands mit seiner Roten Armee alsdann für sie gewinnen wird. Daher versuchen sie, den zweiten Anfall hinauszuzögern, und erklären sich bereit, mit uns zu verhandeln, denn sie wissen, daß es ohne unser Zutun keinen Ausweg aus der wirtschaftlichen Krise (des Kapitalismus — P. G.) gibt. Haben sie aber mit Hilfe dieses Manövers ihre morsche Wirtschaft wieder aufgerichtet, so werden sie zu einem neuen Schlag gegen uns ausholen, der voraussichtlich die bisherigen an Wucht bei weitem übertreffen wird. Darauf müssen wir gefaßt sein.
Wir müssen uns also vorbereiten. Auch dürfen wir nicht vergessen, daß unsere Rote Armee bisher noch nicht den wirklichen europäischen Armeen gegenübergestanden hat. Die Heere Koltschaks, Denikins und Wrangels waren eiligst zusammengerafft, und wenngleich sie über gute Führer und Spezialtruppen verfügten, so hatten sie doch keineswegs einen gut funktionierenden Staatsapparat hinter sich. Der anfänglich schwachen Roten Armee stand ein verhältnismäßig schwacher Feind gegenüber. Erst im Kampfe gegen diesen gewann sie an Stärke und Organisation. Die polnische Armee... stellte schon eine ernstere militärische Größe dar, doch hat die Rote Armee gezeigt, daß sie es dank den Erfahrungen der vorangegangenen Kämpfe auch mit dieser durchaus aufnehmen kann. Wenn aber in Zukunft ein Konflikt ausbrechen wird, so werden wir es mit den europäischen Armeen zu tun bekommen, und eben im Hinblick auf diesen Feind muß jetzt die Rote Armee ausgebaut werden..."[11]

Daß die Prognose, wonach die feindliche kapitalistische Umwelt nur darauf warte, die Sowjetmacht in Rußland zu vernichten, *falsch* war, hat sich in den folgenden Jahren herausgestellt. Damals aber, unmittelbar nach der Beendigung des

Bürgerkriegs und der Verkündung der neuen Wirtschaftspolitik — „NEP"* — wurde sie geglaubt und beherrschte die Diskussion um die Zukunft der Roten Armee.

Am 30. Dezember 1922 wurde aus den vier bestehenden Sowjetrepubliken, nämlich der Russischen Sozialistischen Föderativen Sowjetrepublik, der Bjelorussischen Sozialistischen Sowjetrepublik, der Ukrainischen Sozialistischen Sowjetrepublik und der Transkaukasischen Föderation mit Aserbajdschan, Armenien, Georgien die *Union der Sozialistischen Sowjetrepubliken* (UdSSR) gebildet, kurz Sowjetunion genannt. Schon vorher, am 15. November 1922 war der Leninsche Pufferstaat in Sibirien, die Fernöstliche Republik, in die RSFSR integriert worden, nachdem am 25. Oktober 1922 die letzten japanischen Truppen Wladiwostock verlassen hatten und die Fernöstliche Republik ihre Macht bis zu den Küstengebieten ausgedehnt hatte. Der X. — in dieser Form letzte — Allrussische Sowjetkongreß sanktionierte die Gründung der Sowjetunion. Moskau blieb die Hauptstadt und die Kommunistische Partei (ab 1925: Kommunistische Partei der Sowjetunion, Bolschewiki: KPdSU(B)) stellte weiterhin die Führungskraft des neuen Föderativstaates dar.

Nach der Neugestaltung des staatlichen Aufbaus machten sich Partei und Regierung daran, eine zeitgemäße und schlagkräftige Rote Armee zu schaffen. Sie stützten sich dafür auf eine Resolution des X. Parteikongresses vom März 1921, mit dem die Kontroverse „Milizarmee — Stehendes Heer" beigelegt worden war. Führende Parteifunktionäre wie N. I. Podwojski und W. P. Georgadska, hatten damals die Ansicht vertreten, daß die Rote Armee, entsprechend der kommunistischen Doktrin als Milizarmee zu gestalten sei. Tuchatschewski forderte dagegen ein stehendes Heer und lehnte eine Milizarmee ab. Die Lösung zeigten M. W. Frunse und S. I. Gussew mit ihren Thesen „Über die Reorganisation der Roten Armee", die sie im Auftrag des Zentralkomitees der KPR(B) ausgearbeitet hatten. Darin befürworteten sie eindeutig ein stehendes Heer als Kaderarmee, aber sie schlossen nicht aus, daß davon in absehbarer Zeit wenigstens ein Teil in Milizformation umgewandelt werden könnte.[12]

3. Die Militärreform von 1924 bis 1928

Am 21. Januar 1924 starb Lenin. Der II. Sowjetkongreß der UdSSR ehrte ihn nicht nur als den größten Politiker der Welt, sondern auch als „den größten Heerführer aller Länder, aller Zeiten und aller Völker..."[13] Im Kreml brach der

* Die NEP (wörtlich: Nowaja Ekonomitscheskaja Politika, Neue Ökonomische Politik) war als Provisorium gedacht und ziehlte darauf ab, mit Hilfe des wiederzugelassenen freien Handels und mit Unterstützung des ausländischen Kapitals die ruinierte Volkswirtschaft Rußlands aufzubauen.

Kampf um die Nachfolgeschaft aus. J. W. Stalin, seit 1922 Generalsekretär der KPR(B), als vom Verstorbenen designierter Parteiführer, sah sich einem Trotzki gegenüber, der sowohl in bezug auf das Staatswesen, als auch punkto Heer eigene Ansichten vertrat.

Stalin zögerte nicht lange. Im Januar 1924 ließ er durch eine Sonderkommission des ZK der KPdSU(B) unter dem Vorsitz von S. I. Gussew den Zustand der Roten Armee untersuchen. Im Frühjahrsplenum des ZK der KPdSU(B) zeichnete Gussew ein ziemlich düsteres Bild von der Armee: ernsthafte Mängel überall, Kaderfluktuation, schlechte Truppenversorgung, unbefriedigender Stand der Ausbildung und Erziehung usw.[14] Trotzki der Volkskommissar für Militär- und Marineangelegenheiten wurde zum Sündenbock gestempelt. Es wurde ihm vorgeworfen, die Parteidoktrinen auf seine Weise interpretiert zu haben. Insbesondere Budjonny grollte ihm, weil ihm gesagt worden war, Trotzki wolle die großen Reiterverbände abschaffen, die er für eine moderne Armee als überflüssig betrachtete.[15]

Die Angriffe auf Trotzkis Person wurden immer lauter und heftiger. Er selbst reagierte auf die Attacken gelassen. „Ich gab das Amt des Volkskommissars für Militär- und Marineangelegenheiten kampflos ab“, schrieb er 1930 in seinen ersten, im Westen verfaßten Memoiren. „Ja, sogar mit innerer Erleichterung, um den Gegnern das Mittel der Verleumdung in bezug auf meine militärischen Absichten zu entreißen. Zur Rechtfertigung ihres Vorgehens hatten die Epigonen Lenins anfangs diese phantastischen Absichten ausgedacht, und später begannen sie halb und halb selbst an sie zu glauben...“ Und der Organisator der Roten Armee, dem letzten Endes der Sieg im Bürgerkrieg zu danken war, gab auch die Gründe seiner „Erleichterung“ an: „Meine praktischen Interessen hatten sich seit 1921 einem anderen Gebiet zugewandt. Der Krieg war beendet, die Armee von fünf Millionen dreihunderttausend auf sechshunderttausend Mann abgebaut. Die militärische Arbeit kam auf ein bürokratisches Geleise. Den ersten Platz im Lande nahmen nun die Fragen der Wirtschaft ein, die seit der Beendigung des Bürgerkriegs meine Zeit und meine Aufmerksamkeit in viel höherem Maße beanspruchten als die militärischen Fragen.“[16]

Aber erst nach dem Januarplenum 1925 des ZK der KPdSU wurde Trotzki als Volkskommissar für Militär- und Marineangelegenheiten und als Vorsitzender des Revolutionären Kriegsrates der UdSSR durch den Kandidaten des Politbüros des ZK der KPdSU(B) M. W. Frunse ersetzt. Stalin hatte jedoch schon vorher für die Entfernung von Trotzkis engsten Mitarbeitern aus dem Militärwesen gesorgt. So war der Altbolschewik E. M. Skljanski, Trotzkis langjähriger „Bürochef“, die „Seele“ der Materialverwaltung der Roten Armee zum Vorsitzenden des „Amtorg“ (Amerikahandel) „befördert“ worden. Auf Stalins Wunsch reiste Skljanski in die Vereinigten Staaten von Amerika, wo er 1926 unter eigenartigen Umständen starb.[17]

Mit Frunse kamen 1925 Stalins Protegés als neue Männer an die Spitze der Roten Armee: S. M. Budjonny, J. S. Unschlicht und K. J. Woroschilow wurden in den Kriegsrat aufgenommen, und mit ihnen die ehemaligen zaristischen Offiziere A. I. Jegorow, S. S. Kamenew und M. N. Tuchatschewski.

Auch in den unteren Rängen der Roten Armee und der Roten Flotte wurden nach den Richtlinien der Partei zahlreiche personelle Umbesetzungen vorgenommen; dabei wurden viele ehemalige Offiziere der alten Armee entlassen.

Zu Beginn der Militärreform wurde die Funktion des Höchstkommandierenden für die Friedenszeit abgeschafft. Der bisherige Stelleninhaber S. S. Kamenew wurde zum Hauptinspektor der Roten Armee ernannt. Von 1927 bis 1934 war er stellvertretender Volkskommissar für Militär- und Marineangelegenheiten. Anstelle des völlig verbürokratisierten Stabs der Roten Armee wurden *drei* selbständige Verwaltungen geschaffen, die dem Volkskommissariat für Militär- und Marineangelegenheiten bzw. dem revolutionären Kriegsrat der UdSSR unterstanden:
— der Stab der Roten Arbeiter- und Bauernarmee, verantwortlich für die allgemeinen Fragen der Landesverteidigung;
— die Hauptverwaltung der Roten Arbeiter- und Bauernarmee, ein rein administratives Organ mit logistischen Aufgaben, und
— die Inspektion (später Hauptverwaltung) der Roten Arbeiter- und Bauernarmee, die vornehmlich für die Ausbildung der Truppe und für die Heranbildung neuer Kommandeure zuständig war.

Daneben wurden andere zentrale Verwaltungen erweitert oder neu gebildet, wie zum Beispiel die „Verwaltung Luftstreitkräfte", die „Verwaltung Seestreitkräfte', die „Verwaltung militärischer Lehranstalten". Die Stäbe der Militärbezirke wurden auf der Grundlage der kollektiven Führung neustrukturiert mit einem Revolutionären Kriegsrat an der Spitze, in dem neben dem Befehlshaber des Militärbezirks auch die örtliche Vertretung der Kommunistischen Partei zu bestimmen hatte.

Eine der wichtigsten Reformen war die Klarstellung der Kommandobefugnisse zugunsten der roten Kommandeure. Am 2. März 1925 ließ Frunse durch den Revolutionären Kriegsrat der UdSSR einen Befehl „Über die Einführung der Einzelleitung in der Roten Arbeiter- und Bauernarmee" beschließen, durch den die Macht der Kommissare eingeschränkt wurde. Im Bürgerkrieg hätten diese zwar Großartiges geleistet, doch könne in Friedenszeiten auf ihre Mitwirkung in der bisherigen Art verzichtet werden. Für Ausbildung und Einsatzbereitschaft der Truppe sollte nur *ein* Mann verantwortlich sein: der Kommandeur. Die Kommissare mußten sich mit der Funktion eines „Gehilfen des Kommandeurs für politische Angelegenheiten" begnügen. Sie sollten sich ausschließlich um die politischen und kulturellen Belange kümmern und sich nicht mehr in Kommandosachen einmischen.

Am 18. September 1925 wurde die Militärdienstpflicht neu geregelt. In Übereinstimmung mit der revidierten Verfassung der Sowjetunion wurde die Verteidigung der Union der Sozialistischen Sowjetrepubliken zur Pflicht *aller Werktätigen* gemacht. In der Roten Armee und in der Roten Flotte als Klassenarmeen konnten aber nur Proletarier und die mit diesen „verbündeten Klassen" der Bauern und Intellektuellen Dienst mit der Waffe leisten. Anderen Klassen, aber auch ganzen, von der Gegenrevolution beeinflußten Völkerschaften (wie z. B. den Kosaken) wurden — nach sowjetischen Autoren — „andere militärische Pflichten auferlegt": in Friedenszeiten hatten sie Sondersteuern und im Falle eines Krieges Arbeitsdienst zu leisten.[18] Die Dienstzeit war schon 1923 geregelt worden: der Rekrut mußte in der Armee zwei Jahre und in der Flotte drei Jahre Wehrdienst leisten.

Kaum hatte M. W. Frunse mit der Militärreform begonnen, als er am 31. Oktober 1925 nach einer — nach gewissen Quellen gar nicht notwendigen — ärztlichen Operation in seinem 40. Lebensjahr plötzlich verstarb.[19] Als sein Nachfolger wurde der 44jährige K. J. Woroschilow zum Volkskommissar für Militär- und Marineangelegenheiten und zum Vorsitzenden des Revolutionären Kriegsrates der Sowjetunion berufen, der diese Schlüsselstellung 15 Jahre lang innehaben sollte. Woroschilow wurde von Leuten, die ihn persönlich kannten, als sehr durchschnittlich beurteilt. Er stand völlig im Schatten von Stalin und war seinem Kameraden aus der Bürgerkriegszeit treu ergeben.[20]

Die prekäre wirtschaftliche Lage des Landes zwang die Verantwortlichen, die Aufwendungen für das Militär zeitweilig auf ein Minimum zu reduzieren. Das stehende Heer, die Kaderarmee, verschlang viel zu viel Geld. Notgedrungen wurde die Auffüllung und Ausbildung der Roten Armee zweigleisig d. h. sowohl auf dem Kader- wie auf dem Territorialprinzip aufgebaut.

So wurden in der zweiten Hälfte der zwanziger Jahre viele Verbände der Roten Armee (ausgenommen waren die technischen Truppen und bestimmte Sonderformationen) nach dem Territorialprinzip organisiert. Das bedeutete, daß diesen Verbänden Rekruten zugewiesen wurden, die im Gebiet der Divisions-Standorte ansässig waren. Während fünf Jahren wurden die Wehrpflichtigen jährlich für eine gewisse Zeit zum Dienst in den so gebildeten Territorialverbänden einberufen. Auf diese Weise konnte man eine große Anzahl Jugendlicher im Einberufungsalter militärisch ausbilden, ohne sie längere Zeit aus der Produktion herausnehmen zu müssen. Für die Friedenszeit genügte als ständig einsatzbereite Truppe eine relativ kleine Kaderarmee von 500000 bis 600000 Mann. Die Bestände der Territorialtruppen waren ungefähr gleich groß. (Zum Vergleich: die größten stehenden Heere im damaligen Europa unterhielten Frankreich mit 800000 und Polen mit 500000 Mann.)

Am 1. Oktober 1925 gab es in der Roten Armee 36 Territorialdivisionen und 26 Kaderdivisionen. Bis 1928 wurden 26 Prozent aller Schützendivisionen auf das Territorialprinzip umgestellt, bis 1930 sogar 58 Prozent.[21] Die territorialen Verbände boten jedoch viele Probleme. Ihre Aufstellung und ihr Fortbestand wurde gleichwohl forciert, weil sie in der gegebenen Situation politisch „richtig" waren. Die Milizformation galt als ideale Verbindung zwischen Armee und Volk.[22] Dazu kam, daß die damalige Rote Armee weiterreichende organisatorische Aufgaben weder ökonomisch noch militärtechnisch bewältigen konnte. (Trotzki hat später in der Emigration das System der Territorialdivision eingehend untersucht. In einem heute wenig bekannten Aufsatz kam er zu dem — unserer Ansicht nach zutreffendem Schluß —, daß dieses System, das er 1919 noch selbst befürwortet hatte, Ende der zwanziger und zu Beginn der dreißiger Jahre völlig ungeeignet gewesen sei für eine wirkungsvolle Verteidigung der UdSSR.[23])

Die Partei wachte scharf, daß in der Roten Arbeiter- und Bauernarmee die Erziehung und die politische Indoktrination der Rotarmisten nach den Grundsätzen des Marxismus-Leninismus und nach dem Konzept des Internationalismus erfolgte. Alle wichtigen Posten wurden mit Parteimitgliedern besetzt. Deren Zahl belief sich am 1. Juli 1926 auf 49951, was 6,1 % des Armeebestandes ausmachte. (Gesamtzahl der Mitglieder der KPdSU(B): 730662.) Wenn zu den Parteimitgliedern in der ganzen Roten Armee und Roten Flotte noch die Kandidaten der Partei (34222) und die Mitglieder der Kommunistischen Jugendbewegung „Komsomol" (84312) gezählt werden, ergibt das 162525 eingeschriebene und zukünftige Kommunisten, also etwa 30 % der Gesamtstärke der Roten Armee.[24]

Bei dieser Sachlage ist es verständlich, daß der XIV. Parteikongreß (18. bis 31. Dezember 1925) den Beschluß faßte, in der Roten Armee Parteiorganisationen (Zellen) einzurichten. Diese sollten nicht nur die Kommunisten innerhalb der Armee organisatorisch zusammenfassen, sondern auch durch vermehrte politische Aufklärungsarbeit und mit gutem Beispiel den übrigen Teil der Mannschaft und die Kommandeure für die Sache der Kommunistischen Partei und des Sowjetstaates mobilisieren.

Aufgrund der Leninschen Prinzipien der Gleichberechtigung aller Völker der Sowjetunion sah die Militärreform auch die Aufstellung von nationalen Truppenteilen und Verbänden innerhalb der Roten Armee vor. Die ersten derartigen Einheiten waren schon 1923 entstanden, als neben russischen und bjelorussischen Truppenteilen auch aserbajdschanische, georgische, armenische, tatarische und andere nationale Formationen aufgestellt wurden. Je nach der zahlenmäßigen Stärke der betreffenden Nationalitäten wurden nationale Einheiten oder Verbände gebildet. In diesen ging die militärische Ausbildung der Rotarmisten in der Muttersprache der betreffenden Nationalität vor sich.[25]

Im Frühjahr 1930 machten die nationalen Formationen, die nunmehr in allen Unionsrepubliken geschaffen worden waren, zehn Prozent der Gesamtstärke der Roten Armee aus. Das bis 1936 beibehaltene System der nationalen Militärformationen der Roten Armee hatte eine bestimmte militärpolitische Bedeutung. Diese sollten nämlich bei der angestrebten Weltrevolution als Muster für die Schaffung nationaler roter Armeen dienen. Aus der gleichen Überlegung war es in der Sowjetunion in der zweiten Hälfte der zwanziger Jahre auch gestattet, ja sogar gern gesehen, daß ausländische Kommunisten für kürzere oder längere Zeit in der Roten Armee Dienst taten. In diesem Zusammehang ist der Bericht des ehemaligen Schweizer Kommunisten Paul Thalmann über seine Erlebnisse in der Roten Armee aufschlußreich:

„Im Sommer 1928, es war unser letztes Jahr an der Universität (in Moskau), beschloß ich, zwei Monate ‚Ferien' in der Roten Armee als Rotarmist zu verbringen. Nur drei Studenten der deutschen Abteilung hatten sich dazu gemeldet. Wir wurden ganz in der Nähe von Moskau in einem riesigen Waldlager empfangen, eingekleidet und einer Einheit zugeteilt. Warum wir in eine koreanische Einheit kamen, weiß der Teufel. In den herrlichen Kiefern- und Buchenwäldern besaß die Rote Armee ein Ausbildungslager. Die Rotarmisten waren teils in geräumigen Blockhäusern, teils in großen Zelten untergebracht. Das Camp entpuppte sich als eine Art Universität: Tausende von Rotarmisten, meist Bauern, lernten hier lesen und schreiben, erhielten ihren ersten politischen Unterricht. Zahlreiche Abendschulen lehrten allgemeine und Spezialfächer, es gab eine Menge Freiluftkinos und Sportanlagen.
Die ersten zwei Wochen im Waldlager dienten der militärischen Instruktion: Geländeausnützung, Marschübungen, Bajonettfechten und Waffenkunde. Offiziere und Unteroffiziere waren von den gemeinen Soldaten kaum zu unterscheiden. Die übliche Anrede lautete ‚Genosse Kommandant', es gab schon Offiziersabzeichen, doch nur an der Ausgangsuniform. Militärisches Grüßen war unbekannt, man stand etwas stramm vor dem Vorgesetzten.
In der zweiten Woche vernichtete ein Waldbrand mit rasender Schnelligkeit einige Blockhäuser und Zelte. Die Löscharbeiten wurden rasch organisiert, doch es waren keine Schläuche, keine Leitungen, keine Spritzen vorhanden. Vom kleinen Fluß her reichten sich Soldaten in langer Kette Eimer um Eimer zu, während eine Abteilung Rotarmisten fieberhaft eine breite Waldschneise auszuhauen begann, um dem Feuer Einhalt zu gebieten. Einige Schritte neben mir, mitten in der Kette, stand Klim Woroschilow, der populäre Oberbefehlshaber der Roten Armee. Auch er reichte emsig die gefüllten Eimer weiter.
Für uns Studenten war der Dienst mit dem koreanischen Marschbataillon sehr anstrengend. Die meist kleinen oder mittelgroßen Koreaner marschierten wie die Teufel, legten in kurzen, schnellen Schritten ein unheimliches Tempo vor und waren von einer zähen Ausdauer. Ende der dritten Woche begannen die großen Manöver: es gab tagelange Märsche mit Sack und Pack in sengender Hitze. Jeder zweite hatte neben Sack und Gewehr ein kleines Zweimannzelt auf dem Rücken. Am Abend waren diese kleinen Zelte im Handumdrehen aufgebaut und dienten als Schlafstelle. Decken gab es nicht, dafür in der Nähe von Dörfern manchmal Stroh, aber meist schliefen wir auf dem nackten Boden... Zwischen Offizieren und Mannschaft herrschte ein kameradschaftliches Verhältnis. Oft kam es bei den schweren Märschen vor, daß ein Soldat den Sack nicht tragen konnte, und dann erschien garantiert ein Offizier, um ihm die Last abzunehmen. Wenn es sich aber um ein Parteimitglied handelte, hieß es dann gewöhnlich: ‚Aber Genosse, du bist doch Parteimitglied, du mußt dem parteilosen Rotarmisten ein gutes Beispiel geben, reiß dich zusammen!' Stundenlang konnte ein Offizier neben einem schwach gewordenen Rotarmisten herlaufen und ihn ermuntern. Meist wurde ein russisches Volkslied oder Marschlied angestimmt.

Die Manöver hatten kriegsähnlichen Charakter... Wir biwakierten häufig in der Nähe von Dörfern, ohne dort einquartiert zu werden. Am Abend, bevor wir in unsere Kleinzelte krochen, gingen wir gerne ins Dorf, meist aber kam die Dorfbevölkerung in unser Zeltlager zum Tanzen und Singen, bis um elf Uhr der Zapfenstreich erklang. In dieser ganzen Zeit wurde nie Alkohol ausgeschenkt, es gab keine Betrunkenen, die Kommandeure hielten da streng auf Ordnung. Eine Erholung waren die zwei Monate für uns Studenten nicht, wenn wir auch gesundheitlich profitierten. Vor allem vermittelten sie uns neue Gesichtspunkte über die Beziehung zwischen der Armee und der Bevölkerung. Zu jener Zeit war die Armee zweifellos eine echte Volksarmee!"[26]

4. Die sowjetisch-deutsche militärische Zusammenarbeit der zwanziger Jahre

Von den Verlierern des Ersten Weltkrieges war Österreich-Ungarn als Großmacht völlig zerschlagen worden. Deutschland und Rußland blieben große Reiche, wenn auch geschwächt und von Feinden umgeben. So fanden sie sich trotz großer politischer Unterschiede verhältnismäßig rasch zusammen. Die seit November 1918 abgebrochenen diplomatischen Beziehungen wurden nach verschiedenen geheimen Besprechungen de facto im März 1921 wieder aufgenommen. Im April verhandelte Trotzki im Einvernehmen mit Lenin mit deutschen Wirtschaftsführern, wobei er vor allem auf den Aufbau einer sowjetischen Rüstungsindustrie zielte.[27] Im Mai 1921 schloß die Sowjetregierung mit der deutschen Reichsregierung einen Handelsvertrag, nach welchem beide Länder staatliche Vertretungen mit konsularischen Rechten austauschten. Während der Genua-Konferenz im Frühjahr 1922 nahm dann in Rapallo das Deutsche Reich und die Sowjetunion die diplomatischen Beziehungen auch de jure wieder auf.

Die Interessenlage war allerdings völlig verschieden. Das Deutsche Reich sah im Osten vielversprechende Absatzmärkte für seine Industrie, während Sowjetrußland hoffte, durch ein Fußfassen in Deutschland die Revolutionierung Europas vorantreiben zu können. Dazu kam aber auch ein großes Interesse an deutschen Industrie-Erzeugnissen, wie Maschinen, Lokomotiven, Elektrotechnik usw. Verbindend wirkte auch der „gemeinsame Haß" auf die, aus ehemals deutschen und russischen Gebieten geschaffene Polnische Republik, diese „Mißgeburt des Versailles Vertrags" (wie W. M. Molotow im Herbst 1939 Polen in aller Öffentlichkeit nannte[28]). Beide Staaten hatten insgeheim territoriale Forderungen gegenüber Polen.

Schon im Frühjahr 1921 hatte die deutsche Reichswehr erste Kontakte zu Sowjetrußland aufgenommen. Generaloberst Hans von Seeckt, seit dem 5. Juni 1920 Chef der deutschen Heeresleitung (eigentlich Oberbefehlshaber der deutschen Friedensarmee), war an der Zusammenarbeit mit Rußland auf militärischem Gebiet interessiert. Er wollte die dem Deutschen Reich auferlegten Rüstungs-Einschränkungen durch die Zusammenarbeit mit der Roten Armee und auf russischem Boden umgehen.

Sowjetischerseits erwartete man von dieser Kooperation viel Positives für die Rote Armee, insbesondere bezüglich Technisierung und der neuen Waffengattungen wie Flieger- und Panzertruppen.[29] In der Folgezeit errichteten die Deutschen in Rußland geheime Militärbasen: vorerst Trainingslager für die künftige deutsche Luftwaffe in Lipezk, nördlich von Woronesch, das 1924 zu einem deutschen Flugzentrum ausgebaut wurde. Im Jahre 1927 wurde in der Nähe von Saratow an der unteren Wolga eine Schule für Ausbildung und Technik im Gaskampf mit dem Tarnnamen „Objekt Tomka“ eröffnet. Schließlich entstand 1930 in Kasan an der mittleren Wolga ein Panzerausbildungszentrum.[30] Diese drei Basen bildeten die Zentren der deutschen militärischen Schulung und der technischen Erprobung der Reichswehr in der Sowjetunion. Sie bestanden bis 1933, als Hitler mit seiner Machtergreifung der deutsch-sowjetischen militärischen Zusammenarbeit ein Ende bereitete.

Selbstverständlich profitierte auch die Rote Armee von der Zusammenarbeit mit der Reichswehr. Die deutsche Militärwissenschaft und die deutsche Technik waren in Rußland schon immer hoch eingeschätzt worden. Jetzt, Mitte der zwanziger Jahre, entstand in Kasan nach deutsch-sowjetischen Bauplänen das erste sowjetische Werk zum Bau von Panzern. Professor Junkers, der damals schon bekannte Flugzeugkonstrukteur, begann in Fili bei Moskau und in Charkow mit deutschem Betriebskapital Kampfflugzeuge zu bauen. Deutsche Firmen halfen den Sowjets, Munitionsfabriken in Slatoust, Tula und Leningrad (so hieß seit 1924 Petrograd) zu errichten, wobei vereinbart worden war, daß ein Teil der Munition heimlich nach Deutschland zu liefern sei. Es wurde auch der Bau von Unterseebooten erwogen, doch konnte dieser Plan wegen technischer Schwierigkeiten der sowjetischen Werften nicht verwirklicht werden.[31]

Die Ausbildung deutscher Offiziere in der Sowjetunion an Waffen, die für Deutschland selbst verboten waren, und die Schulung von einigen Kommandeuren der Roten Armee in Deutschland begann 1926 und wurde bis 1931 praktiziert. Etliche der im Zweiten Weltkrieg berühmt gewordenen sowjetischen Generäle hatten in den zwanziger Jahren die (getarnten) Generalstabslehrgänge des Reichswehr-Truppenamtes absolviert, wobei sie ihre künftigen Gegner kennenlernten und sich mit deren Militärwissenschaft und Kriegstechnik vertraut machten. Deutsche Offiziere halfen, die verschiedenen Reglements der Roten Armee auszuarbeiten. So war die 1925 herausgegebene „Provisorische Felddienstordnung der Roten Arbeiter- und Bauernarmee“ nichts anderes als eine Variante der deutschen Felddienstordnung.

Deutsche Offiziere, die zu derartigen Sonderdiensten nach Rußland abkommandiert waren, berichteten nur Gutes über die Zusammenarbeit. Der spätere deutsche General der Flieger Helm Speidel schrieb zum Beispiel 1953:

„Trotz des systematischen Bestrebens der Sowjetrussen, Ausländern Einblick in die Verhältnisse des Landes zu verwehren, gab die Rote Luftflotte uns weitgehende Bewegungsfreiheit auf der Erde wie in der Luft... Auch im inneren Leben der deutschen Kolonie herrschte weitgehende Freiheit. Der russische Verbindungsoffizier erfüllte in jeder Phase seine Aufgabe in verständnisvoller Weise und enthielt sich jeder Einmischung... Trotz der Schwierigkeiten... in der Lebensmittelversorgung der Bevölkerung hatte die deutsche Kolonie niemals Mangel zu verspüren. So unterlagen Arbeit und tägliches Leben in Lipezk keinerlei Einschränkungen. Die Russen gewährten eine großzügige Gastfreundschaft...: die Haltung der einzelnen russischen Offiziere blieb stets reserviert und korrekt...“[32]

Die geheime deutsch-sowjetische militärische Zusammenarbeit der zwanziger Jahre brachte also beiden „Vertragspartnern“ viele Vorteile. Einiges sickerte bereits damals in den Westen durch. Die Presse nahm sich der Sache an, übertrieb jedoch maßlos, wenn sie behauptete, die Rote Armee sei von deutschen Offizieren trainiert und der gesamte sowjetische Generalstab in Deutschland ausgebildet worden. Festzuhalten ist jedoch die Tatsache, daß die deutsche militärische und technische Hilfe der jungen Roten Armee zugutekam und zweifelsohne maßgeblich beitrug, den Tiefpunkt der mitzwanziger Jahre zu überwinden.

5. Die Angst vor der kapitalistischen Einkreisung

Nach Trotzkis Ausscheiden aus der Parteiführung war die Idee der schnellen Revolutionierung der Welt durch Stalins These vom Aufbau des Sozialismus in *einem* Land ersetzt worden. Aber weiterhin projezierte man die eigenen Ideen der ideologischen und machtmäßigen Ausdehnung auf das kapitalistische Ausland und sah sich demgemäß von „imperialistischen Mächten“ umgeben, deren einziges politisches Ziel die Vernichtung der Arbeiter- und Bauernmacht in der Sowjetunion war.

Woroschilow als Volkskommissar für Militär- und Marineangelegenheiten und gleichzeitig als Vorsitzender des Revolutionären Militärrats trug schwer an seiner Bürde. Vor seinem geistigen Auge sah er das vereinte Militärpotential der europäischen Großmächte, die für einen gemeinsamen Überfall auf das Sowjetland Millionen und Abermillionen Soldaten unter die Waffen rufen konnten. Sein Freund Bodjonny, führendes Mitglied im Revolutionären Militärrat, sah die Lage um 1924 nicht minder pessimistisch: „Unsere Situation scheint noch schlimmer zu sein, als in der Zeit des Bürgerkriegs“, sagte er zu Woroschilow. „Die Kapitalisten, die haben Panzer und Flugzeuge in Überzahl. Und wir? Wir besitzen nicht einmal die Möglichkeit, eine größere Armee aufrechtzuerhalten..."[33] Dabei wies er auf die Tatsache hin, daß für die territorialen Verbände keinesfalls genügend Männer einberufen werden konnten, weil für diese einfach die Ausrüstung fehlte.

In seinem sehr offen gehaltenen Bericht über „Acht Jahre Rote Armee" entwarf Woroschilow am 13. Dezember 1925 vor dem Moskauer Parteiaktiv ein ziemlich düsteres Bild von der sowjetischen Streitmacht. Der Kommandobestand sei dürftig, die Ausbildung der neuen Kader mangelhaft, der Lehrkörper in den Akademien und Militärschulen immer noch derselbe, der schon in der Zarenzeit gewirkt habe; es fehlen ausgebildete Kommandeure der Reserve, die Stabsarbeit bei der Truppe sei auf einem niedrigen Niveau, und wenn der Rotarmist auch keinen Hunger erleide, so sei seine Ernährung doch auch nicht ideal. (Laut Woroschilows Angaben entsprach die Tagesration des Rotarmisten Ende Dezember 1925 bloß 3136 Kalorien. Nach wissenschaftlicher Erkenntnis sollte ein Arbeiter bei leichter achtstündiger physischer Arbeit täglich 2900 Kalorien, bei schwerer Arbeit aber 6000 bis 7000 Kalorien erhalten). Woroschilow betonte, daß man auf allen Gebieten sparen müssen und daß deshalb die Ausrüstung der Armee mit Waffen und Geräten „äußerst mangelhaft" sei. Auch die Qualität der Gewehre, der Geschütze und der Munition lasse viele Wünsche offen.[34]

Diese Mängel sollten und mußten beseitigt werden.

Im Dezember 1925 faßte das Politbüro des Zentralkomitees der KPdSU(B) den Beschluß, die Rote Armee schleunigst zu modernisieren und militärtechnisch auf den neuesten Stand der Entwicklung zu bringen. Sie war nämlich in dieser Zeit bloß ein Heer von Infanteristen. Ihre Waffen stammten noch aus der Zarenzeit. Sie verfügte lediglich über etwa 200 veraltete Panzer und gepanzerte Fahrzeuge sowie über 1000 größtenteils noch aus dem Ersten Weltkrieg stammende Flugzeuge.[35]

Zwei Jahre später, am XV. Parteikongreß der KPdSU(B) (2. bis 19. Dezember 1927) wiederholte J. W. Stalin seine Vorstellung von den Absichten der kapitalistischen Staaten gegenüber der Sowjetunion wie folgt: sie wollen Krieg, sie rüsten gegen den Sowjetstaat, alle Beteuerungen über friedliche Absichten des Westens sind Ablenkungsmanöver, denn „die Stabilisierung des Kapitalismus wird immer fauler und unsicherer... Die Verstärkung der Interventionstendenzen im Lager der Imperialisten und die Gefahr eines Krieges gegen die UdSSR ist einer der Hauptfaktoren der jetzigen Lage..."[36] Budjonny beurteilte die Lage genau gleich: „Die Imperialisten bedrohen ununterbrochen unser Land. Eine Provokation folgt der anderen. In Peking griffen britische Agenten unsere diplomatische Vertretung an. In Warschau wurde mit der Unterstützung des britischen Geheimdienstes der sowjetischen Botschafter P. L. Woikow ermordet. Im Baltikum, auf der Balkan-Halbinsel und in Skandinavien schmiedete man antisowjetische Blöcke. 1927 brach Großbritannien die diplomatischen Beziehungen zu uns ab und annullierte die bestehenden Handelsverträge. Der Führer der britischen Imperialisten, der berüchtigte Chamberlain, rief die kapitalistischen Länder zu einem neuen Kreuzzug gegen die Sowjetunion auf! Die Gefahr eines neuen Krieges wurde so groß, daß das Zentralkommitee der KPdSU(B) einen Sonderaufruf an die Parteimitglieder... erließ, in dem ein baldiger neuer Krieg vorausgesagt wurde..."[37]

Tatsächlich bedrohte der „kapitalistische Westen" die Sowjetunion in keiner Weise. Die europäischen Staaten und die USA hatten mit ihren eigenen Problemen und mit der beginnenden schweren Wirtschaftskrise mehr als genug zu tun. Zudem hatten etwa 60 Staaten mit dem Briand-Kellogg-Pakt vom 7. August 1928 vertraglich und in aller Öffentlichkeit den Krieg als politisches Instrument für die Zukunft geächtet, was Moskau völlig außer Acht ließ.[38] Mit ihrer vom Marxismus-Leninismus geprägten Weltanschauung und infolge ihrer egozentrischen Betrachtungsweise der Weltpolitik deutete die politische Führung der UdSSR die Ereignisse des Weltgeschehens völlig falsch; denn sie sah in *allem* eine „großangelegte imperialistische Verschwörung" gegen die Sowjetunion. (Die politischen Archive der westlichen Großmächte der zwanziger und dreißiger Jahre stehen der historischen Forschung seit längerer Zeit offen. In Paris, London und Washington können nicht nur westliche, sondern auch sowjetische Politologen und Historiker ihrer Forschungstätigkeit nachgehen. Unseres Wissens ist es bisher noch nicht gelungen, Staatsdokumente zu finden, welche die Befürchtungen Stalins, Woroschilows, Budjonnys und der anderen Sowjetführer als einigermaßen begründet erschienen ließen.) Von der fixen Idee verfolgt, daß die „Kapitalisten" niemals die Existenz eines Sowjetstaates dulden und daß sie deshalb auf die Vernichtung der Sowjetunion hinarbeiten würden, glaubte Stalin das Militärpotential der UdSSR so schnell wie möglich verstärken zu müssen, um diese tödliche Gefahr zu bannen.

6. Die Aufrüstung zu Beginn der dreißiger Jahre

Das Mittel zur Aufrüstung der Roten Armee sollte der Erste Fünfjahrplan der Sowjetunion (1929—1932) bieten. Die vom Politbüro des Zentralkomitees der KPdSU bereits Ende 1925 geforderte Steigerung der staatlichen Verteidigungsfähigkeit verlangte die Schaffung einer modernen Schwerindustrie. Eine Resolution, wonach die allgemeine Kampfkraft der Roten Arbeiter- und Bauernarmee dem Niveau *einer* erstklassigen europäischen Armee erreichen sollte, wurde am 12. Dezember 1928 erlassen.[39] Die Rüstungsanstrengungen liefen parallel mit der 1925 begonnenen Militärreform. Die Rote Armee wurde in drei Teile gegliedert: in Landstreitkräfte, in Seestreitkräfte und in die Luftwaffe. Zu den „bewaffneten Kräften der Sowjetunion" gehörten außerdem die Truppen der Vereinigten Staatlichen Politischen Verwaltung (OGPU-Einheiten) und der Staatliche Begleitschutz (eine Art Leibwache-Brigade für Spitzenfunktionäre der Partei und der Regierung). Die Grenztruppen waren damals noch Teil der Landstreitkräfte. Sie wurden erst 1937 dem Volkskommissariat für Innere Angelegenheiten unterstellt.

Die gesteigerte Rüstungsproduktion erlaubte erhebliche Verbesserungen. Nun erhielten die Landstreitkräfte (das Heer) der Roten Armee zu den Schützen- und Kavallerie-Verbänden auch Artillerie-, Panzer-, Pionier-, Eisenbahn-, Chemische- und Nachrichtenübermittlungsformationen. Höchster taktischer Verband war das Armeekorps mit 2—3 Divisionen. Die *Schützendivision* zählte 12800 Mann, was im Vergleich zu früher eine Verringerung bedeutete. Durch die Verbesserung der Bewaffnung blieb die Kampfkraft des Verbandes jedoch unverändert. So hatte eine Schützendivision 54 Geschütze, 189 schwere und 81 leichte Maschinengewehre sowie 243 Granatwerfer.[40] Die Brigade als solche wurde abgeschafft.

Die Kavallerie wurde ausgebaut und gefördert, weil Budjonny seinen persönlichen Ehrgeiz darein legte. (Trotzki wollte noch in den letzten Jahren seiner Amtszeit die Kavallerie als unzeitgemäß abschaffen. Vom militärischen Standpunkt aus hatte er, wie sich später herausstellte, recht. Budjonny mußte bis zu Lenin gehen, um Trotzkis Absicht zu vereiteln.[41]) Der größte Verband der Kavallerie sollte das Kavalleriekorps sein. Die Reiterei erreichte jedoch erst 1934/35 die vorgesehene Stärke. Sie verfügte über Maschinengewehre, die man in leichten Karren („Tatschanka") transportierte, und über Artillerie.

Bei der *Artillerie* wurde neben der Truppenartillerie die Artillerie zur besonderen Verwendung aufgestellt, d. h. als eine Reserve des Oberkommandos. Zwischen 1927 und 1930 wurden die Batterien mit älteren, aber aufgefrischten Geschützen ausgerüstet. Zu den leistungsfähigeren Geschützen gehörten die 76-mm-Kanone 02/30, die 107-mm-Kanone und die 122-mm-Haubitze Baujahr 1928. Dazu gab es die überschweren 152-mm-Haubitzen und die 152-mm-Kanonen. Zu den ersten Neukonstruktionen gehörten — nach einer 76-mm- Kanone für die Infanterie-Regimenter von 1927 — die 37-mm-Pak sowie die 76-mm-Flak und die 203-mm-Haubitze von 1931.[42]

Die *Panzer* gehörten in dieser Zeit zur Reserve des Oberkommandos. Wie bereits erwähnt, wurden Panzereinheiten schon unter den äußerst schwierigen Bedingungen des Bürgerkriegs aufgestellt. Die 1922 in der Roten Armee vorhandenen Panzer und Panzerwagen, ca. 200 Stück, waren meist französische und englische Modelle, die bei der Vernichtung von Denikins und Wrangels Armeen erbeutet worden waren. Den sowjetischen Eigenkonstruktionen der zwanziger Jahre war kein Erfolg beschieden. Ihr erstes Modell, das den stolzen Namen „Kämpfer für die Freiheit, Genosse Lenin" trug, ähnelte stark dem Renault Panzer des Typs M 17/18. Bis Ende 1922 wurden davon ganze 14 Stück produziert.[43]

Erst ab 1927, als unter Mitwirkung ausländischer Spezialisten die sowjetische Rüstungsindustrie energisch und zielbewußt aufgebaut wurde, konnten im Panzerbau Fortschritte erzielt werden.[44] Verschiedene Typen und Modelle wurden entworfen und teilweise als Prototypen gebaut. Der erste brauchbare Panzer sowjetischer Konstruktion war der leichte Panzer vom Typ MS-1. Er wog 5,5 Tonnen, war 2,12 Meter hoch und 4,38 Meter lang. Die Besatzung bestand aus zwei Rotarmisten, die eine 37-mm-Kanone und ein Maschinengewehr bedienten. Der MS-1 konnte auf guten Straßen 20 km/h erzielen. Zwischen 1927 und 1931 wurden davon etwa 300 Stück gebaut. Im militärischen Konflikt um die Ostchinabahn gegen die chinesisch-mandschurischen Truppen (1929) bestand der MS-1 seine Bewährungsprobe. Der MS-1 wurde später weiterentwickelt und erhielt die neue Bezeichnung T-18.

In den Jahren 1929—1930 entstanden die Panzer T-19 und T-20. Sie unterschieden sich nur unwesentlich vom Typ T-18. Außerdem baute man den für die damalige Zeit „riesigen" (nach heutigen Begriffen mittleren) Panzer T-24, der 18,5 Tonnen wog, 2,81 Meter hoch und 6,50 Meter lang war. Seine Besatzung bestand aus fünf Mann, die Bewaffnung aus einer Kanone vom Kaliber 45-mm und 4 Maschinengewehren. Der Panzer T-24 wurde von einem 300-PS-Motor angetrieben und konnte eine Höchstgeschwindigkeit von 22 km/h erreichen. Bemerkenswert war die Anordnung der Waffen auf drei Etagen und das Planetengetriebe. Von diesem Panzertyp erhielt die Rote Armee aber lediglich 24 Stück.

Relativ früh wurde die strategische Bedeutung der Panzer in einem kommenden Krieg in der Sowjetunion erkannt. Die Werke von Huntziger, Guderian und De Gaulle wurden dort eher und besser verstanden als in den eigenen Ländern. So schrieb der stellvertretende Chef des Stabes der Roten Armee, W. K. Trendafillow über die Rolle der Panzerkräfte in einem künftigen Krieg schon 1929: „An der gewaltigen taktischen Bedeutung der Panzer in einem künftigen Krieg zweifelt heute niemand mehr. Der in der heutigen Zeit vorhandene Entwicklungsstand der automatischen Waffen, ihre quantitative und qualitative Verbesserung, die große Verbreitung künstlicher Hindernisse innerhalb der Verteidigung und das Zurückbleiben der Mittel, die den Gegner niederhalten (Artillerie) hinter den Verteidigungsmitteln, machen die Panzer zu einem der mächtigsten Angriffsmittel in einem künftigen Krieg..."[45]

Um die Entwicklung der modernen Kriegstechnik — wie in der sowjetischen Terminologie das mechanische Kriegsmaterial genannt wird — weiter zu beschleunigen, hatte der Revolutionäre Kriegsrat im Juli 1929 u. a. beschlossen, daß der Aufbau der Panzerwaffe mit *allen Kräften* vorangetrieben werden müsse. Für die Ausrüstung der Roten Armee mit Panzern wurde am 18. Juli 1929 eine eigene Verwaltung geschaffen, zu deren Chef I. P. Uborewitsch berufen wurde. Ihm folgte 1931 bis 1937 M. N. Tuchatschewski, der gleichzeitig Stellvertreter des Volkskommissars für Militär- und Marineangelegenheiten war.

In den ersten Monaten des Jahres 1930 hatte das Zentralkomitee der KPdSU(B) erneut die Planziele des Militäraufbaus der UdSSR überprüft und höher gesetzt. Nun sollte die Rote Armee in „absehbarer Zeit" so stark sein, daß sie „mit den wahrscheinlichen Gegnern auf dem Hauptkriegsschauplatz" *gleichgestellt* sei. Im Januar 1931 ließ Stalin die Planziele wieder ändern: nunmehr sollte die Rote Armee den mutmaßlichen Gegnern auf dem Hauptkriegsschauplatz sowohl zahlen- als auch kampfkraftmäßig *überlegen* sein.[46] Diese ehrgeizigen Zielsetzungen verlangten eine weitere Intensivierung der Rüstung, wobei besonders Wert auf die neuen Waffengattungen (Panzer und Flieger) gelegt wurde.

Der Erste Fünfjahrplan der Sowjetunion war mit enormen Schwierigkeiten verbunden. Die Kollektivierung der Landwirtschaft hatte die Sowjetunion erneut an den Rand des wirtschaftlichen Ruins gebracht. Die vollständige Verstaatlichung von Industrie und Handel (bzw. die Beendigung der NEP) trug ebenfalls zur Verschlechterung der wirtschaftlichen Lage bei. Wie nach dem Bürgerkrieg brach anfangs der dreißiger Jahre in vielen Gebieten der Sowjetunion eine Hungersnot aus: die Lebensmittel wurden rationiert, das Verteilen von Gütern des täglichen Bedarfs wurde zum ernsten Problem.[47]

Ungeachtet dieses Elends wurde aber die Aufrüstung der Roten Armee mit allen Mitteln vorangetrieben. Die Ergebnisse sind imponierend. So weiß man zum Beispiel, daß die Rote Armee Ende 1932 etwa 1000 leichte Panzer des Typs T-26 und 400 BT-Panzer (leichte, in der UdSSR nach dem Grundmodell des amerikanischen Christie M 31 entwickelte Panzer) hatte.[48] Bis 1935 wuchs die Zahl der Panzer in der Roten Armee auf insgesamt *10180 Stück.*[49] Obwohl in dieser Zahl auch 2547 sogenannte Zwergpanzer von zweifelhaftem Kampfwert eingeschlossen waren, kann mit Bestimmtheit behauptet werden, daß in der damaligen Welt keine andere Armee einen so großen und schlagkräftigen Panzerpark besaß.

Zur selben Zeit wurden die Truppen auch mit Kraftfahrzeugen aller Art ausgerüstet. Hatte die Rote Armee 1928 bloß 1051 Kfz und 301 Zugmaschinen besessen, so verfügte sie 1935 über 35303 Kfz und 5550 Zugmaschinen.[50] In der Rüstung war die technologische Hilfe des Westens von entscheidender Bedeutung. Als Beispiel diene die Entstehung der Stalingrader Traktorenfabrik:

Das gesamte Werk wurde 1930 in den USA geplant, hergestellt und in die Sowjetunion verfrachtet. In Stalingrad überwachten amerikanische Ingenieure den Aufbau. Die Zeitschrift „Za industrialisaziju" — nach dem Krieg umbenannt in „Ekonomitscheskaja gaseta" — schrieb am 5. Juli 1930: „Es ist wichtig festzuhalten, daß die amerikanischen Spezialisten... nicht Beraterdienste versehen, sondern die eigentliche Leitung und Überwachung des ganzen Baus und der damit verbundenen Arbeiten" innehaben.[51] In der heutigen sowjetischen Geschichtsschreibung wird die Mithilfe des Westens bei der Schaffung des militärindustriellen Komplexes der UdSSR in den dreißiger Jahren nicht mehr erwähnt.

Stürmisch verlief die Entwicklung der sowjetischen Luftwaffe. Am 1. Januar 1921 verfügte die Rote Armee über insgesamt 752 Flugzeuge, von denen aber nur 291 einsatzbereit waren. Aber auch diese waren überaltert und praktisch schrottreif.[52] Am 26. Januar 1921 hatte daher die Sowjetregierung beschlossen, ausländische Flugzeuge zu kaufen. Sie erstand in den nächsten Jahren 290 Flugzeuge, nämlich 60 „Fokker S 4", 125 „Fokker D XI", 30 „de Havilland SA", 21 „Martinsyde F-4 Buzzard" und 54 „Hanriot HD-9".[53] Eine eigene Flugindustrie fehlte. Die Mittel reichten dazu nicht aus. Am 8. März 1923 wurde daher die „Gesellschaft der Freunde der Luftwaffe" gegründet. Innerhalb Jahresfrist brachte diese gesellschaftliche Organisation drei Millionen Goldrubel zusammen. Damit und mit weiteren staatlichen Mitteln konnten 1925 weitere 125 Flugzeuge im Ausland beschafft werden.

Stalin nahm in der Folge den Ausbau der Luftwaffe energisch in die Hand, die bald zu seiner Lieblings-Truppe wurde und den (damals) ehrenvollen Beinamen „Stalins Falken" erhielt. Mit westlicher technischer Hilfe entstanden in der Sowjetunion mehrere Flugzeugfabriken, in denen bereits 1925 264 Flugzeuge gebaut wurden, in den meisten Fällen geschickte Nachahmungen westlicher Prototypen.[54] Das Prunkstück der sowjetischen Flugzeugindustrie war damals der Bomber TB-1, ein vom Tupolew-Ingenieur-Kollektiv entwickelter zweimotoriger Ganzmetall-Eindecker, der am 26. November 1925 zu seinem Jungfernflug startete. Von 1928 bis 1932 wurde er in Serie hergestellt und bildete mit 216 Exemplaren den Kern der sowjetischen Bomberflotte. Im gleichen Tempo wurden auch andere Flugzeuge (wie leichte Bomber, Aufklärungs- und Schlachtflugzeuge, bzw. Jäger) gebaut.

Am 1. Oktober 1926 verfügte die sowjetische Luftwaffe über insgesamt 749 Maschinen, wobei die größten Stückzahlen auf das sowjetische Aufklärungsflugzeug „R-1" (240 Stück) und auf die „Fokker S 4" entfiel. Dieser Stand genügte der Sowjetregierung jedoch nicht. Sie wollte bis Ende 1927 1200 und bis 1930 über 2000 Flugzeuge haben. Großangelegte Reorganisationen folgten. J. I. Alksnis, der am 26. August 1926 stellvertretender Chef und am 28. Juni 1931 Chef der sowjetischen Luftwaffe und gleichzeitig Mitglied des Revolutionären Kriegsrates der Sowjetunion geworden war, wurde zum Schöpfer der roten Luftstreitkräfte.[55] In den frühen dreißiger Jahren entstanden mehr und mehr sowjetische Modelle von Schlacht- und Aufklärungsflugzeugen, die nach und nach die ausländischen Maschinen ersetzten. Das Schwergewicht lag jedoch bei den Bombern. Bis 1933 entstanden im Raum Moskau sechs große Flugzeugzellenfabriken und vier Flugmotorenwerke. Hier begann eine neue Generation sowjetischer Flugzeugkonstrukteure die Arbeit.

Neben den Panzer- und Fliegertruppen der Roten Armee wurde aber auch die *Seekriegsflotte* nicht vernachlässigt. Der eigentliche Ausbau der Kriegsmarine begann bereits in den zwanziger Jahren, unmittelbar nach Beendigung des Bürgerkriegs. Zwischen 1921 und 1928 wurden die aus der Zarenzeit übernommenen Schiffe instandgesetzt und modernisiert. Es waren allerdings nur noch kümmerliche Reste der einstigen Flotte: 3 Schlachtschiffe, 2 Kreuzer, 10 Torpedoschnellboote, 11 U-Boote und einige Dutzend Hilfsschiffe.

1926 setzte eine neue Entwicklung ein. Ein Sechsjahrprogramm (1928—1933) sah folgende Planziele vor: die Modernisierung der 3 Schlachtschiffe und der 2 Kreuzer sowie den Neubau von 2 Zerstörern, 6 U-Booten, 3 Küstenschutzschiffen und 36 Torpedoschnellbooten. Weitere 6 Zerstörer, 28 U-Boote, 18 Küstenschutzschiffe, 60 Torpedoschnellboote und 10 Minensuchboote sollten auf Kiel gelegt werden.[56] Wahrlich, ein gigantisches Flottenbauprogramm, besonders wenn bedacht wird, daß damals die wirtschaftliche Lage der Sowjetunion alles andere als rosig war. Großzügige Investitionen ermöglichten das Entstehen neuer Schiffbauzentren im Süden und im Fernen Osten der Union. 1930 liefen die ersten Unterseeboote vom Stapel. Sie waren Eigenkonstruktionen und trugen die Typenbezeichnung „D"; später folgten die Typen „L" und „Schtsch". Ab 1932 wurde in Wladiwostok die Pazifikflotte und in Archangelsk die Nordmeerflotte aufgebaut. Die Flußflotillen (Dnjepr-, Amur- usw.) wurden zahlenmäßig verstärkt. 14 Seegebiete und 12 Luftabwehrbereiche wurden organisiert und die ersten Ansätze für die Aufstellung einer Marine-Luftwaffe wurden sichtbar. Seit Peter dem Großen hatte niemand so viel für die russische Kriegsmarine getan wie J. W. Stalin in den ersten zehn Jahren seiner Herrschaft.

Die Leistungen im Gebiet der Panzer- und Luftwaffe sowie der Seekriegsflotte gingen keineswegs zulasten der anderen „traditionellen" Truppengattungen. In den frühen dreißiger Jahren begann die Aufstellung der Truppen der Heimat-Luftverteidigung, und auch andere, der Landesverteidigung dienenden Sektoren wurden nicht vernachlässigt.

Obwohl die großen Anstrengungen zur Erfüllung des Ersten Fünfjahrplanes der allgemeinen Volkswirtschaft innerhalb von vier Jahren auch auf dem Gebiet der Kriegsindustrie ansehnliche Erfolge brachten, wurden die Planziele doch nicht überall erreicht, wie Woroschilows Bericht an die Regierung vom 8. Juli 1932 zeigte. Der Volkskommissar klagte darin über die Rückstände in der Mechanisierung der Armee, über die nicht ausreichenden Zugfahrzeuge bei der Artillerie und über das weitgehende Fehlen von ausgebildeten Reserve-Kadern. Er forderte von der Regierung die Vermehrung der Panzer, denn „ohne ausreichende Zahl von Panzern kann man keine ununterbrochenen und tiefen Operationen auf dem Schlachtfeld durchführen..."[57] Die Antwort ließ nicht lange auf sich warten.

7. Die Früchte der Anstrengungen

Zwischen dem 26. Januar und 10. Februar 1934 tagte der XVII. Parteikongreß der KPdSU(B) in Moskau. Er verabschiedete den Zweiten Fünfjahrplan der Sowjetunion, durch den das Land ökonomisch unabhängig und zu einem technisch führenden Staat Europas gemacht werden sollte. In dieser Planperiode (1933—1937) sollte auch die Kriegsindustrie weiterentwickelt und die technische Umrüstung der Roten Arbeiter- und Bauernarmee und der Roten Flotte abgeschlossen werden. Die wesentlichsten militärischen Planziele waren:

1. Die forcierte Mechanisierung der Armee: die Panzer- bzw. die Mechanisierten Truppen sollten das ausschlaggebende Element der Landstreitkräfte bilden. Dafür wurde eine Vermehrung der mittleren und schweren Panzer geplant.

2. Die Verdreifachung der Stärke der Luftwaffe: Schaffung einer strategischen

Bomberflotte und Modernisierung der Jagdfliegerkräfte. Bis Ende 1938 sollte die Rote Luftwaffe eine selbständige Teilstreitkraft der Roten Armee werden.

3. Die Modernisierung der Artillerie, Ausbau der Flak- und Pak-Verbände, Motorisation.

4. Die Reorganisation und Motorisierung der Schützenverbände und Erhöhung ihrer Kampfkraft, besonders durch Verstärkung der Artillerie. Es wurde erwogen, den Schützendivisionen ein zweites Artillerieregiment zuzuteilen.

5. Die Weiterentwicklung der Nachrichtenübermittlung: Bis 1938 sollten in allen Waffengattungen Geräte zur drahtlosen Nachrichtenübermittlung bis hinunter zu Kompanie, Schwadron und Batterie zugeteilt werden. (Dieser Teil des Rüstungsplanes konnte am wenigsten verwirklicht werden, was 1941 verheerende Folgen haben sollte.)

6. Die Schaffung einer offensiven U-Boot-Flotille, Aufbau von Küstenbatterien zur Sicherung der wichtigen Flottenbasen am Pazifik, am Schwarzen Meer, an der Ostsee, der Barentssee und am Weißen Meer.[58]

Mit diesem gigantischen Militärprogramm sollte die Rote Armee und Rote Flotte bis Ende 1938 soweit verstärkt werden, daß sie „im Falle einer imperialistischen Aggression in der Lage (sein sollte), gleichzeitig an *mehreren Fronten* zu handeln und die Armeen der imperialistischen Aggressoren vernichtend zu schlagen.“[59]

Die folgende Tabelle zeigt das Ergebnis der Auf- und Umrüstungsanstrengungen der Sowjetregierung zwischen 1928 und 1935:[60]

Art der Waffen und Kampftechnik	Ausrüstung der Truppen in Stück		
	1928	1932	1935
Gewehre (in Tausend)	1596	2292	3050
leichte MGs	8811	22553	83922
schwere MGs	24230	33118	53492
Geschütze (76 mm und mehr)	6645	10684	13837
Panzer (vorwiegend leichte)	92	1053	7633
Kleinpanzer	keine	348	2547
Panzerwagen	7	213	464
Panzerzüge	72	46	42
Kraftfahrzeuge	1050	5669	35303
Traktoren	301	1387	5550
Flugzeuge	1394	3285	6672

Das gewaltige Ausrüstungsprogramm zog naturgemäß auch eine zahlenmäßige Verstärkung der Streitkräfte nach sich. Hatte die Rote Armee 1928 in den Kaderdivisionen 617000 Mann unter den Waffen, so stieg diese Zahl bis Ende 1935 auf 930000 Mann.[61] Inoffizielle Schätzungen, welche die Territorial-Divisionen einbezogen, gingen sogar auf zwei Millionen Mann.[62]

Der Glaube an die Notwendigkeit einer ununterbrochenen Gefechtsbereitschaft zwang die Sowjetregierung, vom territorialen Milizsystem immer mehr zum Kaderprinzip überzugehen. 1932 hatte die Rote Armee 56 Prozent Kader- und 44 Prozent Territorial-Schützendivisionen. Bis Ende 1935 wurde dieses Verhältnis radikal verändert. Nunmehr bestand die Rote Armee aus 65 Prozent Kader- und 35 Prozent Territorial-Schützendivisionen, deren Anteil in den folgenden Jahren weiterhin abnahm. (Die Panzer-, Artillerie- und Fliegerverbände wurden von Anfang an als Kadertruppen aufgestellt.)

Die folgende Tabelle zeigt die wachsende Bedeutung der „modernen" Waffen und Teilstreitkräfte:[63]

Teilstreitkräfte	Anteil in Prozent 1928	1932	1935
Landstreitkräfte	92,6	84,4	79,5
Luftstreitkräfte	2,0	9,1	9,6
Seestreitkräfte	5,4	4,7	8,9
Luftverteidigung	0,0	1,8	2,2

Bei der Roten Flotte hatte sich das Flottenbauprogramm von 1926 ausgewirkt. Während der Bestand an Schlachtschiffen, Kreuzern und Zerstörern praktisch unverändert blieb, war die Zahl der U-Boote von 1928 bis 1935 enorm gestiegen, nämlich von 11 auf 103 Einheiten, und diejenigen der Torpedoschnellboote von 36 auf 205 Einheiten.[64]

Nach zehn Jahren Ausbau, Entwicklung und Aufrüstung war das Jahr 1935 ein Meilenstein in der Neuorganisierung und technischen Umrüstung der Roten Arbeiter- und Bauernarmee und der Roten Flotte. Diese war nun eine völlige moderne Streitmacht geworden, die sowohl strategisch als auch militärpolitisch ein neuer Faktor war. J. W. Stalin konnte stolz auf seine bewaffneten Kräfte blicken. Sie waren für die damalige Zeit eine bedeutende Streitmacht: 86 Schützendivisionen, 19 Kavalleriedivisionen, 4 mechanisierte Korps, 14 mechanisierte Brigaden, 22 Artillerieregimenter als Reserve des Oberkommandos, 5 Fliegerkorpskommandos, 19 Fliegerbrigaden sowie 2 Divisionen und 4 Brigaden der Luftverteidigung.[65]

8. Die Manöver der Roten Armee

Die Manöver in Friedenszeiten geben den Streitkräften die Möglichkeit, das Erlernte und ihr Können im Rahmen einer fiktiven Kriegsoperation unter Beweis zu stellen. Für die Veranstalter ist ein solches Manöver zudem eine Gelegenheit, neben der Truppenführung auch die taktischen und organisatorischen Vorbereitungen für den Krieg zu prüfen.

Die ersten größeren Manöver der Roten Armee fanden 1927 statt. Sogar Reservisten nahmen an diesen teil. Die Organisatoren hatten jedoch Mühe, selbst das einfachste Material bereitzustellen. Budjonny: „Wir hatten nicht genügend Zelte und Decken und es fehlten uns auch die Geräte zum Kochen und zum Essen!"[66]

In den dreißiger Jahren war es bereits besser. Tuchatschewski, der Motor und die Seele der Modernisierung der Roten Armee, hatte auch hier für den Erfolg — nicht ohne Reibereien mit seinem Vorgesetzten Woroschilow, ja sogar mit Stalin selbst[67] — vorgesorgt. Der deutsche Militärattaché in Moskau, Oberst (später General) Ernst Köstring, der in jener Zeit eine bevorzugte Stellung in der Sowjetunion innehatte, gibt uns einen eindrucksvollen Bericht von den Manövern von 1931. Daraus nur eine kleine Episode, die zugleich Zeugnis dafür ist, wie auch in der Roten Armee trotz allen Modernisierungstendenzen an alten und überholten Traditionen festgehalten wurde.

In Tschkalow, dem früheren Orenburg, wurde Köstring von Budjonny persönlich aufgefordert, beim Angriff von zwei Kavalleriedivisionen mitzumachen. „Diese Tausende von dahinjagenden Pferden boten ein herrliches Reiterbild aus vergangenen Zeiten, das letzte, das ich erlebte. Den neben mir zu Pferd haltenden... Budjonny riß das Schauspiel hin. Er zog seinen krummen Kosakensäbel und rief mir zu: ‚Vorwärts, Oberst, wir attakieren mit!' In der Begeisterung zog auch ich meinen Pallasch; so ritten wir beide hurrarufend die Attacke mit..."[68] Das Manöver war einem modernen Krieg insofern angepaßt, als die Kavallerie bei ihrem Angriff von Panzern und Tieffliegern („Schturmowiki", Schlachtflieger nach sowjetischer Terminologie) unterstützt wurde.

Bei den sowjetischen Manövern von 1932 wurden — zum ersten Mal in der Militärgeschichte — Fallschirmjäger in geschlossenen Verbänden eingesetzt. Sie hatten die Aufgabe, bei der fiktiven Zerschlagung des „Gegners" den zurückgehenden Truppen den Rückzug in die Berge abzuschneiden.

Ein sehr eindrucksvolles Kriegsspiel demonstrierte im September 1935 der Kiewer Militärbezirk (Wehrkreis) unter Leitung von dessen Kommandeur I. E. Jakir. An diesem Manöver nahmen alle Waffengattungen der Landstreitkräfte wie Schützen, Kavallerie, Luftlandetruppen (Fallschirmjäger), Artillerie und Panzer teil. Sie zeigten im Sinne der sowjetischen Militärdoktrin den Angriff und den Durchbruch durch eine befestigte Verteidigung und sie wurden dabei durch 600 (!) Flugzeuge der „Stalinschen Falken" unterstützt. Mehr als 100000 Rotarmisten und über 1000 (!) Panzer nahmen an diesen Manövern teil. Die Leistung der Panzertruppen, die während der Übung im Durchschnitt einige 100 Kilometer, in Einzelfällen bis 600 Kilometer zurücklegten (und das ohne nennenswerte Ausfälle), sowie der Einsatz der Luftlandetruppen (2953 Mann mit 29 schweren Maschinengewehren, 10 Geschützen, 1 Panzer und 6 Kfz), die in den vorgesehenen Zielgebieten niedergingen, erregten das Staunen und die Bewunderung der Militärattachés aus den bürgerlichen Staaten.

Noch besser gelangen die Manöver vom Herbst 1936 in Weißrußland unter I.

P. Uborewitsch. Die Vertreter der Regierung, der Partei und des Oberkommandos inspizierten die Sommergefechtsübung großer kombinierter Truppenteile der Roten Armee und präsentierten sie einzelnen ausländischen Militärattachés. Mit dem gleichzeitigen „Schlag" der Schützen- und Panzertruppen sowie der Artillerie und Flieger begann der Angriff gegen den fiktiven Feind. Damit sollte die gegnerische Front auf einer Breite von 20 bis 30 km durchbrochen werden. Nach dem Durchbruch sollte auf eine Breite von 50 bis 80 km tief vorgestoßen werden. Die für diese Operation vorgesehenen Kräfte gliederten sich in die „vorderste Luftstaffel" (Fliegerkräfte und Luftlandetruppen), die „Angriffsstaffel" (Schützenkorps der Stoßarmee), die „Staffel zur Entwicklung des Erfolges" (mechanisierte- bzw. Kavalleriekorps) und in die Reserve. Eine Stoßarmee sollte für einen solchen Angriff 14 bis 18 Divisionen, 10 bis 12 Artillerieregimenter, 6 bis 8 Panzerbrigaden, 2 bis 3 Fliegerdivisionen und ein mechanisiertes Korps umfassen. Damit verfügte sie an sogenannten technischen Kampfmitteln über 27000 Geschütze und Granatwerfer, 1400 Panzer und 780 Flugzeuge.[69] Für den damaligen Stand der technischen Entwicklung war das eine enorme Kräfteballung!

Die ausländischen Militärattachés waren von dem Gezeigten sehr beeindruckt. Der britische Oberst Martel sagte: „Die Tatsache, daß nur sehr wenige Panzer wegen mechanischen Defekts ausfallen mußten und daß es keine Flugzeugunfälle gab, flößt uns Achtung für Ihre Panzer und Flugzeuge ein. Die Führung der Panzertruppen, die ich an den Manövern sah, kann nur als brillant bezeichnet werden..."[70] Der französische General Loizeau erklärte: „Das technische Niveau der Roten Armee scheint außerordentlich hoch zu sein. Es besteht kein Zweifel, daß im nächsten Krieg die Sowjetsoldaten zu den besten gehören werden. Sie sind fraglos besser darauf vorbereitet, die Prüfungen des kommenden Krieges durchzustehen als andere, und Durchhaltevermögen wird (im kommenden Krieg) zweifellos einer der wichtigsten Faktoren für einen Sieg sein!"[71]

Ein anderer ausländischer Beobachter, der französische General Schweissguth, stellte fest: „Wir sahen kühne und mobile Infanterie, die fähig ist, lange und rasche Märsche durchzuführen, über schwierigstes Gelände im Laufschritt anzugreifen und binnen kurzer Zeit Gräben auszuheben. Wir sahen die russischen Panzer in einer Art und Weise Hindernisse nehmen, welche die Qualität ihrer materiellen Konstruktion und die Leichtigkeit ihres Betriebes demonstrierte."[72]

9. „Die Kader entscheiden alles!"

Innerhalb eines knappen Jahrzehntes hatte die Rote Armee das Niveau der meisten großen europäischen Armeen erreicht, ja diese in manchem Gebiet sogar übertroffen. Das war nur möglich, weil auch für das Heranziehen des sowjetischen Kommandeurkorps enormes geleistet worden ist.

Bereits 1929 hatte J. W. Stalin in einer Sitzung des Revolutionären Militärrates der Sowjetunion erklärt: „Das allgemeine Bildungsniveau unserer Jugend hat sich zwar in den letzten Jahren erhöht, aber noch nicht genügend. Es gibt noch immer viele Halbanalphabeten und auch solche, die überhaupt nicht lesen und schreiben können! ... Der russische Bauer war in seiner Vergangenheit noch nie mit Maschinen konfrontiert worden. Die neuen, von uns im Lande eingeführten Maschinen werden daher nicht nur die bestehenden ökonomischen Verhältnisse von Grund auf verändern, sondern auch das Denken der Menschen... Die Hauptaufgabe der Partei in der nächsten Zeit muß es sein, das Volk für die technische Entwicklung reif zu machen. Unsere bisherige Parole, wonach die Erneuerung des Landes durch die Technik erfolgen muß, ist durch eine neue Losung zu ersetzen: der weitere Aufbau kann nur durch Kader bewältigt werden, welche die Technik beherrschen!“[73]

Diese Forderung wurde auch auf das bereits bestehende Ausbildungssystem der Roten Armee übertragen. Von 1929 bis 1932 wurde die Zahl der Militärakademien, an denen die höheren Führungskader (nach herkömmlichen Begriffen Generäle und Generalstabsoffiziere) ihre Aus- und Weiterbildung erhielten, von sieben auf zehn erhöht. Im gleichen Zeitraum stieg die Hörerzahl von 3198 auf 16550. Die Militärakademien wurden also auch als solche vergrößert. Die Fachschulen, an denen die mittleren Führungskader (nach herkömmlichen Begriffen Leutnant bis Major) aller Waffengattungen ihre Aus- und Fortentwicklung erhielten, wurden von 48 auf 73 vermehrt.

Aber nicht nur die fachliche und technische Ausbildung wurde intensiviert. Auf direkte Weisung des ZK der KPdSU(B) begann 1932 in allen Truppenteilen die planmäßige marxistisch-leninistische Politschulung der Kader. Das Studium der politischen Wissenschaften und der Grundlagen der kommunistischen Ideologie war fortan für jeden Kommandeur Pflicht. An regelmäßigen Prüfungen wurden nicht nur das militärische und technische Können, sondern auch die politische Bildung der Kommandeure geprüft.

In dieser Zeit trat anstelle der kommunistischen Gleichheitstheorien die Einsicht, daß höheres Können und größere Verantwortung ein Minimum an Achtung erfordern. So verfügte die Partei für die Führungskader bessere Lebensbedingungen und einige Privilegien, um ihre Stellung in der neuen sowjetischen Gesellschaft zu heben. Die Uniformen der Kommandeure erhielten einen neuen, eleganteren Schnitt. Für angehende Kommandeure wurde das Erlernen von Gesellschaftstänzen Pflicht. Entscheidend war aber der Beschluß über die Einführung *persönlicher Dienstgrade* und von Gradabzeichen in der Roten Armee und Flotte, den das ZK der KPdSU(B) und der Rat der Volkskommissare der UdSSR (Ministerrat) am 22. September 1935 faßten. Damit wurden die „Dienststellungsabzeichen“ (Ränge), die bereits 1920 bei einzelnen Einheiten eingeführt und ab 1924 ohne gesetzliche Grundlage allgemein praktiziert worden waren, durch eigentliche Dienstgradabzeichen ersetzt. Als höchster Dienstgrad wurde der Rang eines Marschalls der Sowjetunion geschaffen. Diesem folgten die Armeebefehlshaber 1. und 2. Ranges und die Armeekommissare. Die Bezeichnung „General" wurde für diese Ränge erst 1940 eingeführt; vorerst behalf man sich mit Abkürzungen „Komkor" (Korpskommandeur), „Komdiv" (Divisionskommandeur), „Kombrig" (Brigadekommandeur). In der Roten Flotte hießen die obersten Ränge „Flottenflaggman 1. und 2. Ranges" und „Flaggman 1. und 2. Ranges".

Die mittleren Führungskader der Landstreitkräfte erhielten die Dienstgrade „Oberst", „Major", „Hauptmann", „Oberleutnant" und „Leutnant". Der Dienstgrad „Oberstleutnant" wurde interessanterweise in der Roten Armee erst am 1. September 1939 eingeführt. (Dies hatte einen politisch-psychologischen Grund: in allen Filmen und Theaterstücken, die bis 1936 entstanden und welche die Auseinandersetzung zwischen den weißen und roten Truppen zum Thema hatten, war der Antiheld bzw. der Bösewicht im Lager der Weißen stets ein Offizier im Range eines Oberstleutnants. So wurde dieser Rang in den Augen der sowjetischen Öffentlichkeit die Personifizierung der Konterrevolution.) Auch den sogenannten Militärtechnikern, dem Intendatur-, Sanitäts- und Veterinär-Personal wurden die „persönlichen Dienstgradabzeichen" der Führungskader verliehen.

Für die „Führungskader unterer Ebene", wie sie offiziell genannt wurden, wurden die *Dienststellungsbezeichnungen* „Gruppenführer", „Zugführer" und „Stabsfeldwebel" (Starschina) eingeführt.[74]

Damit war in der Roten Armee die traditionelle Militärhierarchie wieder hergestellt. Mit diesen Maßnahmen wurden auch die Machtbefugnisse des Kommandeurs vermehrt: alles diente der Hebung seiner Autorität. Die praktischen Erfordernisse des Militärwesens waren also stärker, als die revolutionäre Theorie. Von der Oktoberrevolution bis in die Zeit des Bürgerkrieges hatten nämlich die Sozialisten aller Schattierungen die Schaffung einer neuen Offizierskaste mit besonderen Uniformen, eigenen Privilegien und mit Autoritäts-Befugnissen abgelehnt. Die Revolution war jedoch, so schien es, abgeschlossen. In der Innenpolitik der Sowjetunion kam ein neuer Wind auf.

10. Die Inhaber der höchsten militärischen Ränge

Am 20. Februar 1935 wurden fünf Persönlichkeiten der Roten Armee zu Marschällen der Sowjetunion ernannt:

W. K. Blücher, 45, Held des Bürgerkrieges, 1924—1927 militärischer Chefberater der Revolutionären Regierung Chinas, 1927—1929 stellvertretender Chef des Ukrainischen Militärbezirks, seit 1929 Befehlshaber der Besonderen, mit dem Rotbannerorden ausgezeichneten Fernostarmee, einer Armeegruppierung von mehr als zwanzig Divisionen. (Blücher war der meist dekorierte sowjetische Kommandeur: fünf Rotbannerorden konnte er sein eigen nennen.)

S. M. Budjonny, 52, Unteroffizier in der zaristischen Armee, Held des Bürgerkrieges, Befehlshaber der legendären 1. Reiterarmee, Mitglied des Revolutionären Militärrates der Sowjetunion, ab 1924 Inspekteur der Kavallerie der Roten Armee.

A. I. Jegorow, 52, ehemaliger zaristischer Oberstleutnant, Armeeführer im Bürgerkrieg und Vorsitzender der Obersten Attestierungskommission zur Aufnahme ehemaliger Offiziere in die Rote Armee. Nach dem Bürgerkrieg Chef des Petrograder Militärbezirks, Befehlshaber der Kaukasischen Rotbannerarmee, Oberbefehlshaber der Roten Armee in der Ukraine, Mitglied des Revolutionären Kriegsrates der Sowjetunion, seit 1931 Chef des Stabes der Roten Arbeiter- und Bauernarmee (seit dem 22. September 1935: Generalstab) und Stellvertreter des Volkskommissars für Verteidigung — wie ab 15. März 1934 das Volkskommissariat für Militär- und Marineangelegenheiten genannt wurde.

M. N. Tuchatschewski, 42, ehemaliger Gardeoffizier, verdienter Armeeführer und Kriegskommissar des Bürgerkrieges, der Bezwinger des Kronstädter Aufstandes 1921, wurde im Frühjahr 1924 zum Stellvertreter des Chefs des Stabs der Roten Arbeiter- und Bauernarmee ernannt. 1925 Chef des Westlichen Militärbezirks und Mitglied des Revolutionären Kriegsrats der Sowjetunion. 1925—1928 Chef des Stabs der Roten Arbeiter- und Bauernarmee, danach Chef des Leningrader Militärbezirks. Ab 1931 Stellvertreter des Volkskommissars für Militär- und Marineangelegenheiten und Stellvertreter des Vorsitzenden des Revolutionären Kriegsrats der Sowjetunion. Leiter des Rüstungswesens der Roten Armee.

Kliment J. Woroschilow, 54, Altbolschewik, Bürgerkriegsheld, von 1925 bis 1934 Volkskommissar für Militär- und Marineangelegenheiten und Vorsitzender des Revolutionären Kriegsrats der Sowjetunion. Seit 1934 Volkskommissar für Verteidigung der Sowjetunion.

Mit der Einführung der neuen Dienstgrade wurden *Armeebefehlshaber 1. Ranges:* I. P. Bjelow, I. E. Jakir, S. S. Kamenew, B. M. Schaposchnikow und I. P. Uborewitsch. *Armeebefehlshaber 2. Ranges* wurden: J. A. Alksnis, I. N. Dubowy, P. J. Dybenko, I. A. Chalepski, I. F. Fedko, N. D. Kaschirin, A. I. Kork, M. K. Lewandowski, A. I. Sedjakin und J. J. Vazetis. Der Chef der Politischen Hauptverwaltung der Roten Arbeiter- und Bauernarmee (seit 1931), J. B. Gamarnik, erhielt den Dienstgrad *Armeekommissar 1. Ranges. Flottenflaggman 1. Ranges* wurden der Oberbefehlshaber der Seestreitkräfte der Roten Arbeiter- und Bauernarmee, W. M. Orlow, sowie der Befehlshaber der Pazifikflotte, M. W. Wiktorow. *Flottenflaggman 2. Ranges* wurden der Befehlshaber der Baltischen Rotbannerflotte, L. M. Galler und der Befehlshaber der Schwarzmeerflotte, I. K. Koschanow.

11. Die Geburt des Sowjetpatriotismus

Nachdem Stalin anfangs der dreißiger Jahre die Parole vom „Aufbau des Sozialismus in *einem* Land“ ausgegeben hatte, war es in der UdSSR wieder möglich geworden, nicht nur an den proletarischen Internationalismus, sondern auch an das russische Nationalgefühl zu appellieren, wenn vom Volke neue Leistungen gefordert wurden. Bereits 1931 war im Zusammenhang mit dem Aufbau der sozialistischen Industrie der Begriff „Vaterland“ offiziell wieder aufgetaucht, wahrscheinlich zum ersten Mal wieder seit Lenins pathetischem Aufruf zur Verteidigung der jungen Sowjetmacht vom Februar 1918.

Am 23. September 1936 schrieb die „Prawda“, das Zentralorgan der KPdSU(B) unter dem bezeichnenden Titel „Die Kommandeure unserer vaterländischen Armee“: „Dem Kommandeurbestand gehört das Interesse der Partei, die Fürsorge des Staates, die heiße Liebe des Volkes. Er ist die Macht, die nicht nur jeden Feind abwehren wird, sondern auch eine feindliche Armee auf deren Gebiet vernichten kann...“ — „Vaterländisch“ also, und nicht mehr proletarisch, sozialistisch oder internationalistisch, wie das bisher üblich war, wenn das Parteiblatt solche — richtungweisende — Artikel veröffentlichte. Von da an tauchte in der sowjetischen Presse immer öfter der Begriff „Sowjetpatriotismus“ auf. In Filmen, Theaterstücken und Romanen wurde die heroische Vergangenheit Rußlands heraufbeschworen. Zar Peter der Große oder Zar Iwan der Schreckliche wurden wieder Helden und die Zarenfeldherren Suworow und Kutuzow wurden verherrlicht.

Das Wort „graschdanin“ — „Bürger“ — kam wieder in Gebrauch. In den Schulen wurde im Geschichtsunterricht wieder vermehrt die zaristische Vergangenheit behandelt, freilich in marxistischer Betrachtungsweise. Ja, selbst die seit 1928 sehr eingeschränkte und praktisch nur noch im Untergrund wirkende russisch-orthodoxe Kirche erhielt wieder etwas mehr Freiheiten. Die vom VIII. Allrussischen Sowjetkongreß im Dezember 1936 angenommene sogenannte Stalinsche Verfassung machte in den Artikeln 132 und 133 die Verteidigung des *Vaterlandes* zur *heiligen* Pflicht eines jeden Bürgers der Sowjetunion, und der Militärdienst in den Reihen der Roten Arbeiter- und Bauernarmee wurde zur Ehrenpflicht der Bürger der Sowjetunion — und zwar aller, ohne politische Diskrimination.[75] Im neuen, 1936 formulierten Fahneneid stand keine Silbe von einer Verpflichtung des Rotarmisten für das Weltproletariat. Es hieß nun einfach: „...Ich bin immer bereit, auf Befehl der Arbeiter- und Bauernregierung für die Verteidigung meiner Heimat, der Union der Sozialistischen Sowjetrepubliken, einzutreten und schwöre als Soldat der Roten Armee der Arbeiter und Bauern, sie tapfer, umsichtig, mit Ehre und Würde zu verteidigen...“[76]

Die Verfassung von 1936 erklärte die Sowjetunion zu einem *sozialistischen Staat* der Arbeiter und Bauern und bestimmte ihren Staatsaufbau als Bundesstaat von (damals) 11 Unionsrepubliken. Sie verkündete ferner, daß „alle Ausbeuterklassen" in den vergangenen Jahren „liquidiert" worden seien. Damit konnten Partei und Regierung ihre Beziehungen zu den bisher verfemten Gruppen, Nationalitäten und Völkerschaften neu regeln. Mit dem Kosakentum wurde eine Aussöhnung herbeigeführt, und Budjonny konnte seine Reiterei mit „roten Kosaken" verstärken.

Wie intensiv die Anknüpfung der Roten Armee an die Traditionen der zaristischen Armee erfolgt war, zeigt folgendes: Als am 1. Mai 1937 die große Militärparade vor den Spitzen der Partei und Regierung auf dem Roten Platz in Moskau durchgeführt wurde, befand sich auf der Gästetribüne „für den höchsten Führungsstab" auch der ehemalige zaristische Generalmajor Graf A. A. Ignatjew, während des Ersten Weltkrieges russischer Militärattaché in Paris. Dieser hatte erst im April 1937 von der Sowjetregierung die Erlaubnis zur Rückkehr nach Rußland erhalten, ungeachtet der Tatsache, daß er ihr in den Nachkriegsjahren bei der Regelung schwieriger finanzieller Fragen in Frankreich gute Dienste geleistet hatte. Durch und durch alter zaristischer Offizier, aber auch „Patriot, der viel Verständnis für die neue Entwicklung in Rußland" hatte (Ignatjew über sich), berichtet er über seine erste Begegnung mit den Paradeformationen der Roten Armee wie folgt:

„...Noch hatte der Uhrzeiger auf dem Spasskiturm die Zehn nicht erreicht, als auf den Tribünen ein lautes, nicht enden wollendes Händeklatschen ertönte. Tausende von Augenpaaren wandten sich dem Mausoleum zu. Dort schritt mit langsamem, gemessenem und damals leichtem Schritt Josef Wissarionowitsch Stalin die Stufen zum Mausoleum hinauf.
Ich blickte gebannt auf die leicht erhobene Hand des großen Führers. (...)
Als Punkt zehn Uhr morgens, auf dem rötlichen, weißfüßigen Pferd Kliment Jefremowitsch Woroschilow aus dem Spasskitor zu den in tadellosen Quadraten aufgestellten Truppen in kurzem Galopp heraustritt, dachte ich: Solche Paraden gab es bei uns in der alten Armee nicht! Früher ritt man die Front im Schritt ab, was allein schon die Truppen unnötig ermüdete und eintönig wirkte.
Und da drangen auch schon die Worte des Kommandeurs an das Ohr:

‚Schul...tert das Gewehr! Erstes Bataillon marsch, folgende rechts um!'
Wie viele Jahre hatte ich diese Worte nicht gehört! Und es erklangen die Trommeln, und es setzte das mächtige Musikkorps des Zuges ein, das minutenlang den Schritt der hintereinander vorbeiziehenden Infanterieabteilungen übertönte.
Ich entblößte das Haupt vor den blutroten Fahnen, die an die heroischen Tage des Bürgerkrieges mahnten. Aber was war das? Der soeben erklingende Marsch trug die Gedanken zu den fernen Feldern der Mandschurei: das war doch der Marsch der sibirischen Schützen! Ach, wenn sie gewußt hätten, daß die ihnen angetane Schmach der unverschuldeten Niederlage (im russisch-japanischen Krieg 1904 — P. G.) *einst von diesen jungen Burschen mit dem geschulterten Gewehr, die hier zwei Schritt vor mir vorbeizogen, gerächt werden würde!*

Aber was war das für eine unbegreifliche Erscheinung, ein Wunder, das die Welt noch nicht gesehen hatte? Hinter den tadellos vorbeimarschierenden Kolonnen der Infanterie in Tarnhelmen erschienen dunkle Reihen von Zivilisten, die in der gleichen vorbildlichen Ordnung marschierten, das Gewehr an Feldriemen über die Schulter gehängt. Stolz trägt ein Alter mit grauem Bart die Fahne voran, und in den Gesichtern der vorüberziehenden nicht mehr jungen Männer stand das Bewußtsein, einst eine hohe Ehrenpflicht erfüllt zu haben. Es war kein Zweifel, das waren Arbeiter, ehemalige Rotgardisten, und ihr Blick wie auch der Blick aller, die sich auf den Tribünen befanden, war auf einen Punkt gerichtet: auf denjenigen, der die unter großen Mühen erkämpfte Einheit der Arbeiter und Bauern grüßte. Sie, die Arbeiter, ließen mich an jene Tage zurückdenken, da so wenig Menschen in der Welt an den Triumph der Großen Sozialistischen Oktoberrevolution geglaubt hatten.
Und nun waren die Infanterie- und die Arbeiterbataillone vorbeigezogen, die Musik war verstummt, das Herz schlug aber schneller.
‚Trat-tra — ta-ta-ta…‘ Das ist ja unser altes bekanntes Kavalleriesignal ‚Trab‘. Ging etwa die Kavallerie, die am Historischen Museum aufgetaucht war, zum Trab über? Sie ging zum Trab über, und die Augen weideten sich an dem Anblick der prächtigen Pferde und der vorbildlichen Haltung der Offiziere.
Sie trabten vorbei, und es folgte die bespannte Artillerie: die erste Batterie mit Füchsen. Kommt die zweite etwa mit Rappen? Tatsächlich! Und die dritte mit Braunen? Das kann doch nicht sein, dachte ich. Und Freude erfüllte mein Herz darüber, daß die russischen Militärtraditionen gewahrt bleiben.
Ein langes, nicht enden wollendes Gedröhne der Artillerie und Panzerdivisionen und das Brausen der Flugzeuge riefen mich wieder in die Wirklichkeit zurück, und man mußte nicht nur den Hut ziehen vor den im Kampf bewährten Fahnen, sondern auch vor den Arbeitern und Technikern, die meine Heimat aus einem hörigen in ein gewaltiges und stolzes, vom Ausland unabhängiges Land umgewandelt haben…“[77]

Anmerkungen:

1 Diese Räumung des nördlichen Teils von Adscharian durch die türkischen Truppen war nicht ohne eine großzügige Kompensation der Sowjetregierung erfolgt. Trotz der eigenen wirtschaftlichen Schwierigkeiten stellte Sowjetrußland der Türkei in den Jahren 1920 bis 1922 zehn Millionen Goldrubel, 220,6 Kilogramm Gold und große Mengen Waffen und Munition zur Verfügung, um damit den Befreiungskampf und Revolution der jungen türkischen Republik zu unterstützen. Zugleich entsandte Lenin unter der Leitung von M. W. Frunse eine Gruppe militärischer Berater nach Ankara, die an der Erarbeitung von Offensivplänen für den Generalangriff der türkischen Armee gegen ihre Feinde Anteil hatten.

Vgl.: Zur Rolle der KPdSU und der Sowjetunion im revolutionären Weltprozeß, Berlin/DDR 1975, S. 92.

2 *Lenin,* Werke, Bd. 32, S. 227.

3 *Agnoli,* Johannes, *Brendel*, Cajo, *Mett,* Ida: Die revolutionären Aktionen der russischen Arbeiter und Bauern: die Kommune von Kronstadt, Berlin 1974, S. 32ff.

4 Einzelheiten siehe *Olberg*, Paul: Die Bauernrevolution in Rußland. Die alte und die neue Politik Sowjetrußlands, Leipzig 1922, S. 62.

5 *Tuhacsevszkij* vàlogatott müvei, Budapest 1975. Die biographischen Angaben stammen von Marschall der Sowjetunion *Birjuzow,* der die Edition (ursprünglich in Moskau im Jahre 1964 erschienen) betreute. Die zitierte Stelle findet sich auf Seite 14.

6 Zitiert bei *Nikulin*, a.a.O., S. 68.

7 Ebd., S. 70.

8 Ebd., S. 71.

9 *Korabljow, Anfilow, Mazulenko,* a.a.O., S. 95.

10 Zitiert bei *Frunse*, a.a.O., Bd. 1, S. 14.

11 *Smirnow, W.:* Die Rote Armee und ihre Aufgaben, in: „Russische Korrespondenz", Berlin, Nr. 4—5/1922, S. 311.

12 *Frunse,* M. W.: Die einheitliche Militärdoktrin und die Rote Armee, in *Frunse*, Bd. 1, S. 136ff.

13 Zitiert nach *Korabljow, Anfilow, Mazulenko,* a.a.O., S. 96.

14 Ebd., S. 97.

15 *Bugyonnij*, Uj utakon, S. 282.

16 *Trotzki,* Mein Leben, S. 502.

17 Boris Baschanow, der in den zwanziger Jahren Stalins Sekretär war, schreibt in seinen 1977 im Westen veröffentlichten Memoiren über den Fall Skljanski: „Stalin haßte Skljanski, der ihn während des ganzen Bürgerkriegs verfolgt und angeschnauzt hatte, mehr als Trotzki. ... Skljanski fuhr nach Amerika. Als bald darauf ein Telegramm eintraf, daß er während einer Motorbootfahrt das Opfer eines unglücklichen Zufalls geworden und ertrunken sei, fielen mir die außerordentlich vagen Umstände dieses unglücklichen Zufalls auf. Er war zu einer Spazierfahrt auf irgendeinem See aufgebrochen, lange nicht zurückgekehrt, man hatte sich auf die Suche gemacht, das Boot mit dem Kiel nach oben und ihn ertrunken vorgefunden. Zeugen des unglücklichen Zufalls gab es nicht..."

Vgl. *Baschanow*, Boris: Ich war Stalins Sekretär, Frankfurt a. M. 1977, S. 77.

18 *Korabljow, Anfilow, Mazulenko,* a.a.O., S. 109. — In einem vom Verlag der Jugendinternationale in Berlin 1930 herausgegebenen Buch mit dem Titel „Rotarmisten" können wir zu diesem Thema folgendes lesen: „Die Militärdienstpflichtigen, die keinen Zutritt zum Dienst mit der Waffe haben, werden registriert, um sie im Kriegsfalle zu Arbeitsformationen zusammenzustellen. Dafür, daß sie keine Dienstzeit durchmachen, müssen sie nach einem erst neuerdings erlassenen Gesetz bis zum 25. Lebensjahre 50—100 % ihrer Einkommensteuer als besondere Militärsteuer an den Staat abgeben, vom 25. bis zum 40. Lebensjahr etwa 25 %. Damit sind diese Elemente an ihrer empfindlichsten Stelle getroffen..." (*Strelok:* Rotarmisten, Berlin 1930, S. 14).

19 Über Frunses plötzlichen Tod und dessen Hintergründe berichten sowohl *Baschanow*, a.a.O., S. 118, als auch Roy *Medwedew*: Die Wahrheit ist unsere Stärke — Geschichte und Folgen des Stalinismus, Frankfurt a. M. 1973, S. 62ff. Beide neigen zur Annahme, daß Stalin, der früher Frunse gefördert hatte, zu befürchten begann, daß er hier einen russischen Bonaparte heranziehe, der ihm mit der Zeit gefährlich werden könnte, und daß er ihn deshalb durch einen Kunstfehler bei der — wahrscheinlich unnötigen — Operation sterben ließ.

20 *Baschanow*, a.a.O., S. 118.

21 *Korabljow, Anfilow, Mazulenko,* a.a.O., S. 102.

22 „Aufgrund der allgemeinen Militärdienstpflicht steht jeder Sowjetbürger von seinem 21. bis 40. Lebensjahre dem Staat im Bedarfsfalle zur Verfügung. Aber nur Arbeiter, arme Bauern, sowie Angestellte von Behörden und sonstigen Sowjetinstitutionen haben das Recht zum Dienst mit der Waffe. Sie machen vom 19. Lebensjahre an einen militärischen Vorbereitungskursus durch, der von roten Kommandeuren der Territorialformationen an den Arbeitsstellen bzw. am Wohnort durchgeführt wird. Mit 21 Jahren treten die Militärdienstpflichtigen... zum zweijährigen Dienst in die Kaderarmee ein. Die übrigen machen 3—4monatige Ausbildungslager mit. Im Laufe von fünf Jahren dienen sie auf diese Weise insgesamt 8—12 Monate. Während der Zeit ihrer Einberufung garantiert ihnen der Staat die Arbeitsstelle und zwei Drittel des Lohnes bzw. die sozialen Unterstützungen, die sie vorher bekommen haben." (*Strelok,* a.a.O., S. 14).

23 *Trotzki*, Leon: The Red Army, in „The Saturday Evening Post" vom 26. Mai 1934.

24 Die Zahlen stammen aus der Moskauer militärhistorischen Zeitschrift „Wojenno'istoritscheskij Shurnal", Nr. 2/1972, S. 115.

25 Einzelheiten vgl. *Nerus*, S.: Nationale Formationen in der Roten Armee, in: „Das neue Rußland", Nr. 1—2/1930, S. 34ff.

26 *Thalmann,* Paul: Wo die Freiheit stirbt. Stationen eines politischen Kampfes, Olten und Freiburg i. Br. 1974, S. 85ff.

27 *Abosch*, Trotzki Chronik, S. 55.

28 „Iswestija", Moskau, vom 1. November 1939.

29 Interessanterweise ist die Zusammenarbeit der Roten Armee mit der Deutschen Reichswehr, die immerhin fast ein Jahrzehnt dauerte, in der sowjetischen Geschichtsschreibung nach wie vor „tabu". Kein Geschichtswerk, keine der zahlreichen Memoiren sowjetischer Generäle behandeln das Thema in der UdSSR und auch die hochstehende Militärliteratur der DDR, die Gründe hätte, auf die frühere deutsch-sowjetische militärische Zusammenarbeit stolz zu sein, hüllt sich in dieser Angelegenheit in Schwei gen.

30 Für Einzelheiten über die Ausbildung deutscher Offiziere, Unteroffiziere und Techniker in Rußland vgl. den ausgezeichneten Bericht von Helm *Speidel:* Reichswehr und Rote Armee, in: „Vierteljahrshefte für Zeitgeschichte", Stuttgart, Nr. 1/1953, S. 9—45. General der Flieger a. D. Speidel, der Verfasser des Berichtes, gehörte in den zwanziger Jahren zu jenem sehr begrenzten Kreis von deutschen Offizieren, die in die geheime Mission deutscher Soldaten in Rußland 1922—1932 eingeweiht waren.

31 Einzelheiten vgl. *Hilger*, Gustav: Wir und der Kreml. Deutsch-sowjetische Beziehungen 1918—1941, Frankfurt a. M. 1955, S. 185—196.

32 *Speidel*, a.a.O., S. 39ff.

33 *Bugyonnij,* Uj utakon, S. 329.

34 *Vorosilov,* K. J.: Cikkek és beszédek, Budapest 1954, S. 11ff. — Der Band enthält eine Sammlung von Reden und Aufsätze des späteren Marschalls der Sowjetunion. Ich benütze die ungarische Ausgabe des Werkes.

35 *Bugyonnij,* Uj utakon, S. 332.

36 *Stalin,* J. W.: Werke, Berlin/DDR 1953, Bd. 10, S. 249.

37 *Bugyonnij,* Uj utakon, S. 327ff.

38 Briand-Kellogg-Pakt, auch Kriegsächtungspakt genannt, wurde am 27. August 1928 zwischen dem Deutschen Reich, den USA, Belgien, Frankreich, Großbritannien, Italien, Japan, Polen und der Tschechoslowakei geschlossen. Die Vertragsschließenden verzichteten auf den Krieg als politisches Instrument und erstrebten die Lösung aller Konflikte mit friedlichen Mitteln. Die Sowjetunion schloß sich 1929 dem Pakt an.

39 KPSS i resoljucijach, Moskau 1970, Bd. 4, S. 440.

40 *Korabljow, Anfilow, Mazulenko,* a.a.O., S. 109.

41 *Bugyonnij,* Uj utakon, S. 283.

42 *Stenzel,* Ernst: Die Entwicklung der sowjetischen Artillerie bis zum Ende des Zweiten Weltkrieges, in: „Militärgeschichte", Berlin-Ost, Nr. 4/1977, S. 479.
43 *Förster*, Gerhard, *Paulus,* Nikolaus: Abriß der Geschichte der Panzerwaffe, Berlin-Ost 1977, S. 81.
44 Einzelheiten siehe *Sutton*, Antony C.: Der leise Selbstmord. Amerikas Militärhilfe an Moskau, Bern 1976; ferner *Keller*, Werner: Ost minus West gleich Null. Der Aufbau Rußlands durch den Westen, Stuttgart-Zürich-Salzburg o. J.
45 Zitiert bei *Förster, Paulus,* a.a.O., S. 93.
46 *Gretschko*, A. A. (Red.): Geschichte des Zweite Weltkrieges 1939—1945 in zwölf Bänden, Berlin-Ost 1976, Bd. 2, S. 341. Fortan als Gretschko, Zweiter Weltkrieg zitiert. Das Werk beruht auf den neuesten sowjetischen Untersuchungen und stellt einen repräsentativen Forschungsbericht der sowjetischen Geschichtsschreibung der Breschnew-Aera über den Zweiten Weltkrieg, insbesondere in Osteuropa dar.
47 Ein erschütterndes Bild zu dieser Zeit vermitteln uns die Memoiren des ungarischen kommunistischen Dichters Antal Hidas, der in diesen Jahren in der Sowjetunion weilte und öfters Dichterlesungen in verschiedenen Teilen des Landes abhielt: *Hidas*, Antal: Világotjárt sorok, Budapest 1973, S. 274ff.
48 *Rotmisztrov,* P. A.: Az idö és a harckocsik, Budapest 1975, S. 53. Marschall der Sowjetunion Rotmistrow war längere Zeit der Hauptmarschall der sowjetischen Panzertruppen und sein Buch, 1972 in Moskau veröffentlicht, ist eine wahre Fundgrube in bezug auf die Geschichte der sowjetischen Panzertruppen.
49 *Förster, Paulus,* a.a.O., S. 89.
50 Ebd.
51 Andere Beispiele bringt *Sutton*, a.a.O., S. 72—163.
52 *Groehler,* Olaf: Geschichte des Luftkriegs 1910 bis 1970, Berlin/DDR 1975, S. 110.
53 *Groehler*, a.a.O., S. 111.
54 *Sutton,* a.a.O., S. 205.
55 Alksnis ging sogar anfangs 1930 persönlich nach Deutschland, um an Ort und Stelle geeignete Flugzeuge für die sowjetische Luftwaffe einzukaufen. Seine Begegnung mit dem berühmten deutschen Flugzeugkonstrukteur Ernst Heinkel und den „Großeinkauf" bei Heinkel schildert Ernst *Heinkel* mit vielen Einzelheiten in seinen Memoiren, Stürmisches Leben, Stuttgart 1953, S. 205ff.
56 *Gretschko,* Geschichte, Bd.d 1, S. 345.
57 *Woroschilow,* K. J.: Über die Hauptelemente des Plans für den Aufbau der Roten Armee im zweiten Fünfjahrplan, zit. bei Gretschko, Geschichte, Bd. 1, S. 353.
58 Ebd.
59 *Gretschko*, Geschichte, Bd. 1, S. 354.
60 Nach *Gretschko*, Geschichte, Bd. 1, S. 355.
61 Ebd. Zum Vergleich: Frankreich hatte in der selben Zeit im Mutterland 395000 Mann und das Deutsche Reiche hielt im März 1935 über 21 Divisionen mit 280000 Mann unter den Waffen.
62 *Garder*, Michel: Die Geschichte der Sowjetarmee, Frankfurt a. M. 1968, S. 101.
63 Nach *Gretschko,* Geschichte, Bd. 1, S. 356.
64 Für Einzelheiten wird auf das offizielle sowjetische Werk aus dem Jahr 1974 verwiesen, das 1976 unter dem Titel „Der Kampfweg der sowjetischen Seekriegsflotte" im DDR-Militärverlag in Berlin/DDR publiziert worden ist.
65 *Gretschko,* Geschichte, Bd. 1, S. 358.
66 *Bugyonnij*, Uj utakon, S. 331.
67 Einzelheiten siehe in der von Marschall der Sowjetunion S. S. *Birjuzow* verfaßten Tuchatschewskij-Biographie aus dem Jahr 1964. Veröffentlicht in *Tuhacsevszkij,* a.a.O., S. 18ff.

68 Vgl. *Teske*, Hermann: General Ernst Köstring. Der militärische Mittler zwischen dem Deutschen Reich und der Sowjetunion 1921—1941, Frankfurt a. M., o. J., S. 62ff.
69 Obschtschewojskowaja armija w nastuplenii, Moskau 1966, S. 12.
70 „Prawda" vom 14. September 1936.
71 „Le Temps" vom 19. September 1936.
72 „Prawda" vom 14. September 1936.
73 *Bugyonnij*, Uj utakon, S. 335.
74 *Korabljow, Anfilow, Mazulenko*, a.a.O., s. Anhang, o. p.
75 *Stalin*, J. W.: Werke, Dortmund 1976, Bd. 14, S. 116.
76 Zitiert bei *Woroschilow,* K. J.: Stalin und die Streitkräfte der UdSSR, Berlin/DDR 1953, S. 60ff.
77 *Ignatjew,* A. A.: Fünfzig Jahre in Reih und Glied, Berlin/DDR 1956, S. 606ff.

V. In Erwartung des neuen Weltkrieges

Im Jahre 1935 machte die sowjetische Innen- und Außenpolitik eine merkbare Wendung. Hitlers außenpolitische Erfolge ließen im Kreml die Meinung aufkommen, daß die zunehmende Erstarkung des Deutschen Reiches mit Duldung, ja sogar mit geheimer Unterstützung des „Weltimperialismus" geschehe und einen neuen Krieg gegen die Sowjetunion bezwecke. Den Westmächten wurde unterstellt, daß sie im Wissen um Hitlers Parteiprogramm, in dem unter anderem Rußland als „deutscher Lebensraum" beansprucht wurde, den Plan verfolgten, die deutsche Wehrmacht zum Rammbock gegen die UdSSR zu machen. Der Verdacht der Sowjetregierung wuchs, als London und Paris die einseitige Aufhebung der im Versailler Vertrag festgelegten Rüstungsbeschränkungen und die Einführung der allgemeinen Wehrpflicht im Deutschen Reich (16. März 1935) geschehen ließen.

Die neue sowjetische Politik gestaltete sich vielgleisig.

Nach dem Beitritt der Sowjetunion zum Völkerbund (18. September 1934), hatte Stalin die Politik der Kommunistischen Internationale, des „Generalstabs" der kommunistischen Weltbewegung überprüfen lassen. Diese hatte bis dahin die Sozialdemokraten als „Spalter der Arbeiterbewegung" weltweit diffamiert. An ihrem VII. Weltkongreß (1935) verkündete sie nun in Moskau den Burgfrieden mit den Sozialdemokraten und mit den bürgerlichen demokratischen Parteien, und sie schlug zwecks Eindämmung der europäischen rechtsradikalen („faschistischen") Bewegungen vor, in den Demokratien alle „antifaschistischen" Parteien zu „Volksfronten" zusammenzufassen.

Auch im Führungsgremium der Roten Armee wuchs die Gewißheit, daß der nächste Krieg, der die Sowjetunion bedrohen würde, seinen Ursprung in Hitler-Deutschland haben werde. Tuchatschewski legte dies in seiner militärpolitischen Eingabe an die Regierung von Ende 1935 eindeutig dar, versicherte aber gleichzeitig, daß die Rote Arbeiter- und Bauern-Armee stark genug sei, um zu jedem beliebigen Zeitpunkt dem Feind der Sowjetunion einen mächtigen Schlag zu versetzen und ihn vernichten zu können![1]

1. Der Spanische Bürgerkrieg

Am 18. Juli 1936 brach der spanische Bürgerkrieg aus, der rasch „internatinalisiert“ wurde. General Francisco Franco und seine Putschisten wurden von Deutschland und später auch von Italien militärisch unterstützt. Die spanische republikanische Regierung dagegen erhielt von den westlichen Demokratien nur spärliche Hilfe und diese wurde infolge der Neutralitätspolitik bereits im Herbst 1936 gänzlich eingestellt.

Anders gestaltete sich die sowjetische Unterstützung. Diese war in der Annahme begründet, daß nach der Unterdrückung des Putsches den Sowjets eine politische Einflußnahme in diesem Teil Europas möglich werde. Als dann in der spanischen republikanischen Regierung die Kommunistische Partei immer mehr Einfluß gewann, reihte sich „das Sowjetvolk getreu den Prinzipien des proletarischen Internationalismus in die vorderste Front der Kämpfer für die Rettung der spanischen Demokratie ein.“[2] Die sowjetische Hilfe bestand in erster Linie aus umfangreichen Materiallieferungen. So erhielt die spanische republikanische Armee zwischen dem 1. Oktober 1936 und dem Januar 1939 aus der UdSSR beinahe 500000 Gewehre, über 20000 Maschinengewehre, 648 Flugzeuge, 347 Panzer und 60 gepanzerte Fahrzeuge sowie 1186 Geschütze verschiedener Kaliber.[3]

Neben den Materialsendungen kamen aus der Sowjetunion aber auch über 3000 „Freiwillige“ nach Spanien. Das waren von der Roten Armee entsandte Spezialisten, die als militärische Berater, aber auch als aktive Flieger, Panzerfahrer, Techniker, Seeleute usw. für kürzere oder längere Zeit in spanischen Uniformen und unter sogenannten „Kriegsnamen“ in der spanischen republikanischen Armee Dienst taten. Darunter waren viele namhafte Führungskader der Roten Armee. So bekleidete J. K. Bersin, der elf Jahre lang den militärischen Nachrichtendienst der Roten Armee geleitet hatte, den Posten eines Ersten Militärischen Chefberaters bei der republikanischen Armee. G. M. Schtern, eine markante Persönlichkeit der Roten Armee, leistete als „Genosse Grigorowitsch“ einige Monate Dienst in Spanien. Das gleiche tat Stalins „Favorit“ G. I. Kulik, der später Sowjetmarschall wurde, der aber nach Erinnerungsberichten völlig unfähig war, die ihm in Spanien gestellten Aufgaben zu erfüllen.[4] Gute Arbeit sowohl für die spanische Armee als auch für die Rote Armee leisteten dagegen J. W. Schmuschkewitsch („Genosse Douglas“), der Panzerspezialist D. G. Pawlow („Genosse Fritz“) und eine ganze Reihe weiterer, damals noch unbekannter sowjetischer Militärspezialisten, die dann im Zweiten Weltkrieg zu Ruhm gelangten. Dazu gehörten P. I. Batow, S. P. Iwanow, W. J. Kolpaktschi, N. G. Ljaschtschenko, R. Ja. Malinowski, K. A. Merezkow, M. I. Nedelin, A. I. Rodimzew und N. N. Woronow. Auch die Militärattachés der sowjetischen Botschaft in Madrid waren erstrangige Kader, z. B. W. J. Gorjew, ein Panzerfachmann, oder später N. G. Kusnezow, ein Marinespezialist, der im Zweiten Weltkrieg Oberkommandierender der sowjetischen Seestreitkräfte wurde. Als sowjetischer Generalkonsul in Barcelona wirkte von 1936 bis 1937 jener W. A. Antonow-Owsejenko, der am 7. November 1917 den Winterpalast in Petrograd besetzt und die Minister der Kerenski-Regierung verhaftet hatte.

Mit der Lieferung von Kriegsmaterial und der Abkommandierung von Militärberatern und Spezialisten zur republikanischen Armee verfolgte Stalin nicht nur den Zweck, in Spanien politisch Fuß zu fassen; er wollte auf diese Weise auch neue Waffentypen und neue Kampfmethoden unter Kampfbedingungen erproben. (Das gleiche machte übrigens auch Hitler, der dem putschenden General Franco die Luftwaffen-„Legion Condor“ sandte, damit diese in Spanien ernstfallmäßige Einsätze fliegen konnte.)

In Spanien erhielten die sowjetischen Panzer „T-26“, „T-27“ und „T-28“ ihre Feuertaufe. Sie wurden dabei fast ausschließlich zur unmittelbaren Unterstützung der Infanterie eingesetzt. An Angriffsoperationen nahmen selten mehr als 100 Panzer teil; in der Regel waren es erheblich weniger. Die sowjetische Panzertaktik im spanischen Bürgerkrieg entsprach also im wesentlichen den Einsatzmethoden des Ersten Weltkrieges — ein Vorgehen, das später weittragende Folgen für die sowjetische Panzerwaffe haben sollte.

Sowjetische Flugzeuge errangen in Spanien in manchen Fällen Erfolge. Das 1932 von N. N. Polikarpow entworfene Jagdflugzeug vom Typ „I-16“, das seinerzeit als das schnellste Jagdflugzeug der Welt galt, bewährte sich bei den Kämpfen um Madrid und in Guadalajara und erhielt von den Spaniern rasch den Kosenamen „Moschka“ (Fliege). Den Jagdflugzeugen vom Typ „I-15“ und „I-16“ und den Bombenflugzeugen vom Typ „SB“ gelang es in manchen Fällen, das Kräfteverhältnis in der Luft zugunsten der republikanischen Armee zu verändern — wenn ihre Gegner italienische oder alte spanische Flugzeuge flogen. Gegenüber den Kampfflugzeugen der „Legion Condor“ waren die sowjetischen Maschinen jedoch technisch eindeutig unterlegen.

2. Die Säuberungen... in der KPdSU

Am 1. Dezember 1934 hatte ein russischer Student unter noch heute rätselhaften Begleitumständen den Leningrader Parteisekretär (und Rivalen Stalins), S. M. Kirow, in seinem Amtszimmer in Smolny ermordet. Dieses politische Attentat löste in der Sowjetunion eine mehrere Jahre dauernde Säuberungskampagne aus. Säuberung, in diesem Zusammenhang, bedeutet: verhaftet, hingerichtet oder in ein Lager gesperrt werden, was praktisch gleichbedeutend mit Tod war. J. W. Stalin hielt dabei blutige Abrechnung mit der einstigen bolschewistischen Opposition der Endzwanziger Jahre. Er schonte aber in noch heute unverständlicher

Weise auch solche Partei- und Staatsfunktionäre nicht, die mit seiner Politk einverstanden waren.

Mit einer zentralen Verordnung vom 18. Januar 1935 wurde die Hexenjagd eröffnet. Mit der Behauptung, die kapitalistische Welt beneide die Sowjetunion um ihre großen Erfolge und setze nun alles daran, die führende Kraft im Lande, die KPdSU(B) von innen her durch gekaufte Verräter zu zersetzen, wurde von jedem Parteimitglied Wachsamkeit und Selbstkritik verlangt. Im Mai 1935 schuf Stalin beim NKWD (der Nachfolgeorganisation von Tscheka und OGPU) die „Kommission zur Bekämpfung der Volksfeinde“, die ihm direkt unterstellt war. „Alle Kräfte“ waren zu mobilisieren, um die in die Partei „eingedrungenen“ Feinde zu entlarven und zu liquidieren. Von nun an konnte jeder beliebige Bürger der UdSSR als „Volksfeind“ angeklagt und verurteilt werden, denn mit diesem Begriff — von Stalin selbst erfunden — konnte für jeden Tatbestand Anklage erhoben werden.

Nachdem Stalin am 1. Januar 1935 die endlich möglich gewordene Abschaffung der Mehl- und Brotrationierung mit der Parole gefeiert hatte „Das Leben ist besser geworden, Genossen, das Leben ist fröhlicher geworden“, kam es in der Sowjetunion zu einer in diesem Ausmaß bisher kaum gekannten Terrorwelle. „Allein in den Jahren 1936—39 wurden mehr als 1,2 Millionen Mitglieder der Partei, die Hälfte der gesamten Partei, verhaftet. Nur 50000 kamen wieder frei, die anderen wurden bei Verhören totgequält, erschossen oder sind in Lagern umgekommen...“ Mit diesen erschütternden Angaben zog 1968 der auch im Westen gut bekannte sowjetische Atomwissenschaftler Andrej D. Sacharow Bilanz über die grausamen Massenrepressalien Stalins, die jeder Rechtfertigung entbehrten und der UdSSR in jeder Hinsicht unermäßlich geschadet haben.[5]

Die erste Welle der Abrechnung mit den „Volksfeinden“ galt der ehemaligen Parteiopposition. Von 19. bis 24. August 1936 wurde in Moskau der erste große Schauprozeß duchgeführt. Sinowjew, Kamenew und weitere 14 Personen wurden der Verschwörung gegen den Staat und der Vorbereitung der Ermordung Stalins und seiner engsten Mitarbeiter angeklagt. Als Beweise vor dem Obersten Gericht dienten die „Geständnisse“ der Beschuldigten, erpreßt in den Folterkammern der NKWD. Die Urteile standen von vornherein fest: Tod durch Genickschuß. Im Januar 1937 kam es zum zweiten Prozeß. Siebzehn ehemals führende Bolschewiken, unter ihnen Radek, mußten ihre „Schädlingstätigkeit gegenüber der UdSSR“ bekennen. Zudem wurde ihnen die politische Verschwörung mit Trotzki zur Last gelegt. Dies alles war jedoch nur der Anfang.

3. ...und in der Roten Armee

Während Radek vor Gericht mit einem (einstudierten) Geständnis seinen Genossen Bucharin belastete, erwähnte er — genau nach dem Prozeß-Drehbuch des Generalstaatsanwaltes Wyschinski — bei der Schilderung von Trotzkis Tätigkeit im Ausland wie zufällig zwei neue Namen: Marschall M. N. Tuchatschewski und Korpskommandeur W. K. Putna (zwischen 1934—36 sowjetischer Militärattaché in London).

Dies genügte vollauf, um einen Verdacht auf die Spitzen der Roten Armee zu werfen und den bereits begonnen Säuberungsfeldzug gegen die Kommandeure zu „begründen". Schon im Winter 1936/37 waren nämlich die ersten „Entlarvungen" von „Volksfeinden in Uniform" erfolgt. Bekannte Bürgerkriegshelden verschwanden von einem Tag auf den anderen. Nun kam nach Radeks „Geständnis" der Beste der Besten, der tatkräftige 44jährige Marschall Tuchatschewski an die Reihe. Stalin hatte wahrscheinlich weder den Zwist während des polnischen Feldzuges 1920 noch die zehn Jahre später bei der Modernisierung der Roten Armee entstandenen Reiberein vergessen. Die Entlarvung Tuchatschewskis als „Volksfeind" wurde gründlich vorbereitet. Schützenhilfe dazu erhielt der sowjetische Diktator aus dem nationalsozialistischen Deutschland, und zwar aus der Hexenküche der „psychologischen Kriegsführung" (wie wir es heute nennen würden), des Himmlerischen SD, des Sicherheitsdienstes der SS.

Die Geschichte dieses Coups ist phantastisch. Mit Wissen Hitlers hatte SD-Chef Heydrich gefälschte Dokumente anfertigen und anfangs 1937 durch seine Mittelsmänner dem tschechoslowakischen Präsidenten Benesch zuspielen lassen, der sie seinerseits den sowjetischen Sicherheitsorganen zukommen ließ. So verhalfen die Deutschen Stalin zu den „dokumentarischen Beweisen", daß Tuchatschewski nicht nur während der Weimarer Republik, sondern auch nach Hitlers Machtergreifung mit Berlin in Verbindung geblieben war, um zusammen mit den Nazis eine Verschwörung in der Sowjetunion vorzubereiten zum Sturze von Stalin und zur Einführung einer kapitalistisch-faschistischen Ordnung in der UdSSR. Hitler wollte mit diesem Unternehmen Stalins sprichwörtlichen Argwohn ausnützen, um die Führung der Roten Armee physisch zu vernichten und somit deren Einsatzbereitschaft und Schlagkraft zu lähmen. Dies ist ihm auch gelungen, wie dann der Kriegsverlauf 1941 zeigte...[6]

Die Liquidierung Tuchatschewskis erfolgte schrittweise. Als er Ende April 1937, als offizieller Vertreter der Sowjetregierung zur Krönung Georgs VI. nach London hätte reisen sollen, wurde er plötzlich von diesem Auftrag entbunden und durch W. M. Orlow, den Oberkommandierenden der Roten Flotte ersetzt. Tuchatschewski erhielt im Mai 1937 ein Kommando nach Kuibyschew an der Wolga, wo er P. E. Dybenko als Befehlshaber des Militärbezirks Wolga ablösen sollte — was für einen Marschall einer Degradierung gleichkam.

Am 31. Mai 1937 beging Ja. B. Gamarnik Selbstmord. Dieser war seit 1929 als

Armeekommissar 1. Ranges Chef der Politischen Hauptverwaltung der Roten Armee, seit Juni 1930 auch stellvertretender Vorsitzender des Revolutionären Kriegsrates der UdSSR gewesen. Er wählte den Freitod, um einer bevorstehenden Verhaftung durch Stalins Schergen zu entgehen. Gamarniks Selbstmord löste anfangs Juni 1937 die erste große Verhaftungswelle gegen verdiente Kommandeure der Roten Armee und Flotte aus. Dabei wurden verhaftet:

M. N. Tuchatschewski, bis Ende Mai 1937 der „zweite Mann" in der Roten Armee und nach Frunse der bedeutendste sowjetische Stratege; I. E. Jakir, Befehlshaber des Kiewer Militärbezirks, Held des Bürgerkrieges, Mitglied des Zentralkommitees der KPdSU(B); I. P. Uborewitsch, einer der Bezwinger Denikins und der Eroberer von Wladiwostok, Befehlshaber des Bjelorussischen Militärbezirks; W. M. Primakow, berühmter Reiter-Kommandeur im Bürgerkrieg, Kommandeur eines Armeekorps; R. P. Eideman, Chef der Zivilverteidigung; B. M. Feldman, Chef der Personal-Hauptverwaltung der Roten Armee; A. I. Kork, Chef der Militärakademie „Frunse"; W. K. Putna, sowjetischer Militärattaché in London und andere.

Mit einem kurzen Kommunique wurden am 11. Juni 1937 in der sowjetischen Presse nicht nur diese Verhaftungen sondern auch die Anklage, die Verhandlung hinter geschlossenen Türen und das Urteil bekanntgegeben. Die Verurteilten wurden ohne nähere Angaben als Spione, Verräter und Schädlinge vom Schlage eines Trotzki und Konsorten bezeichnet. (Die vorgetäuschte Verbindung Tuchatschewskis zur deutschen Wehrmacht wurde nicht erwähnt.) Der Oberste Militärgerichtshof stand unter der Leitung von W. W. Ulrich. Beisitzer waren Alksnis, Budjonny, Bjelow, Blücher und Schaposchnikow — alles ehemalige Kameraden der Angeklagten. Über den Prozeßverlauf wurde nie etwas bekannt. Erst in den sechziger Jahren vernahm man, daß Tuchatschewski nach Anhörung der Anklageschrift gesagt haben soll: „ Mir scheint, ich träume!"[7] Beisitzer Bjelow äußerte sich kurz nach dem Prozeß gegenüber dem sowjetischen Literaten Ilja Ehrenburg wie folgt: „Sie saßen so da — uns gegenüber. Uborewitsch schaute mir in die Augen..." dann brach Bjelow den Satz müde ab und sagte, das Thema abschließend:„Und morgen setzt man mich an ihren Platz!"[8] Das Urteil der Angeklagten lautete auf Tod durch Erschießen. Noch am selben Abend wurden die Hinrichtungen vollzogen, und es gingen Befehle aus, auch die Verwandten der „Volksfeinde" zu liquidieren.[9]

All dies war jedoch nur der Anfang.

Armeebefehlshaber 1. Ranges I. P. Bjelow, der neue Befehlshaber des Bjelorussischen Militärbezirkes und seit 1937 Deputierter im Obersten Sowjet, hatte sich mit seiner Prophezeiung nicht geirrt. Alksnis, Chef der Roten Luftwaffe, wurde anfangs 1938 verhaftet und verschwand danach spurlos, ohne Prozeß. Bjelow selbst endete ohne Gerichtsurteil am 29. Juli 1938 in einem der Hinrichtungskeller des NKWD.

Marschall W. K. Blücher, Held des Bürgerkrieges und seit 1929 Befehlshaber der mit dem Rotbannerorden ausgezeichneten Besonderen Fernostarmee, dem man nachsagte, seine Anwesenheit im sowjetischen Fernen Osten wirke wie ein ganzes Armeekorps, wurde nach Moskau beordert und stillschweigend am 9. November 1938 im Gefängnis Ljubljanka erschossen. Sein Stabschef L. Aronschtam war schon vorher umgebracht worden.

Tausende und Abertausende von Kommandeuren und Kommissaren gingen in den nächsten Monaten den selben Weg. Stalin wütete derart unter der Elite der Roten Armee und der Roten Flotte, daß diese nun wirklich „rot" wurden — rot vom Blut ihrer Kommandeure und politischen Funktionäre.

Prominente Vertreter der einstigen Bürgerkriegsarmee wurden verhaftet und hingerichtet: so der ehemalige Matrose und Vorsteher des Zentrobalt, P. J. Dybenko; der Altbolschewik und erste Höchstkommandierende der Russischen Armee nach Lenins Machtübernahme, der ehemalige Fähnrich N. W. Krylenko (der übrigens seit 1918 gar nicht mehr in der Roten Armee tätig war). Antonow-Owsejenko wurde aus Spanien nach Hause beordert und bereits am Bahnhof verhaftet. Er starb 1939 im Gefängnis. J. J. Vazentis, langjähriger Höchstkommandierender der Roten Armee und seit 1922 Dozent an der Moskauer Militärakademie wurde in einer Vorlesungspause verhaftet und am 28. Juli 1938 als „Volksfeind" erschossen. Nicht einmal vor Toten machte der NKWD Halt. Der ehemals zaristische Oberst, seit 1918 als Freiwilliger in der Roten Armee, S. S. Kamenew, zwischen 1919 und 1924 Höchstkommandierender und ab 1927 Stellvertreter des Volkskommissars für Militär- und Marineangelegenheiten verstarb infolge einer Herzattacke am 25. August 1936. Mit militärischer Ehre wurde die Urne nach der Kremation in der Kremlmauer beigesetzt. Im Herbst 1937 hatte man aber die Urne bereits entfernt und Kamenews Name aus der Geschichte der Roten Armee getilgt.

1939 wurde nach Tuchatschewski und Blücher der dritte Sowjetmarschall als „Volksfeind" entlarvt und hingerichtet: A. I. Jegorow, ehemaliger Kampfgefährte Stalins im Polenfeldzug, seit 1931 Chef des Generalstabes der Roten Armee und seit 1937 Erster Stellvertreter des Volkskommissars für Verteidigung. Er wurde Anfang 1938 verhaftet und am 22. Februar 1939 erschossen.

Etliche Kommandeure, die im Spanischen Bürgerkrieg für die Sache der Republikaner kämpften, mußten auf Stalins Befehl 1937/38 nach Moskau zurückkehren — und wurden früher oder später liquidiert. So Ja. K. Bersin, G. M. Schtern sowie der legendäre Fliegerkommandeur Ja. W. Schmuschkewitsch alias „Douglas" und spätere Stabschef der Besonderen Fernöstlichen Armee, um nur einige zu nennen.

Viele führende Marinekommandeure fielen der Säuberung ebenfalls zum Opfer. Beinahe alle Flotten-Befehlshaber wurden als „Volksfeinde" erschossen oder gingen in den Lagern zugrunde. Einmal erfaßte die Säuberungswelle den Kommandobestand der einzelnen Militärbezirke, dann kam sie wieder zum obersten Führungsstab zurück, wälzte sich darauf durch das Vokskommissariat für Verteidigung, durchlief den Apparat der Politischen Hauptverwaltung, forderte zahlreiche Opfer bei den Truppen und verschonte auch das Personal der Rüstungsindustrie nicht. Niemand war vor Stalins Schergen sicher — und keinerlei Verdienste um Partei, Staat oder Armee konnten vor einer Verhaftung und Aburteilung mit oder ohne Prozeß schützen. Niemand wagte aufzumucken. Später schrieb N. G. Kusnezow, Chef der Roten Flotte rückblickend in seinen Memoiren: „Selbstverständlich überraschte es uns, daß der eine oder andere bekannte Genosse plötzlich ein ‚Volksfeind' war, doch an der Rechtsmäßigkeit der Verhaftungen zweifelten wir damals noch nicht..."[10] (Eine von L. Berija nach dem Sturz des NKWD-Chefs Jeschow eingesetzte Rehabilitierungskommission hat etwa 3000 höhere Kommandeure überprüft, entlastet und wieder in die Armee eingestellt. Dazu gehörten unter anderem bedeutende Heerführer des Zweiten Weltkrieges wie Rokossowski, Jakowlew oder Gorbatow.[11])

Einer der wenigen überlebenden Augenzeugen, ein polnischer Ingenieur, der 1937 selbst Pofer dieser Säuberungen war, schilderte später seine Begegnung mit einem verhafteten höheren Kommandeur (General) der Roten Armee im Gefängnis von Kiew und die Vernehmungsmethode des NKWDs wie folgt:

„In der Nacht meiner Ankunft wechselte ich noch zweimal die Zelle. Schließlich kam ich in eine mit 6 Betten. 3 davon waren besetzt. Ich stellte mich den Genossen vor.
Der interessanteste von den dreien war Bogutzkij.
Er war General der Roten Armee, ein Held des Bürgerkriegs, der Führer des Aufstandes von Kiew. Seine Frau und sein Kind waren damals in die Hand der Weißen gefallen. Sie schlugen die Frau zum Krüppel und stachen dem Kind die Augen aus. Schließlich fingen sie Bogutzkij selber. Sie stellten ihn an die Wand und gaben in aller Eile eine Salve ab, denn die Roten waren ihnen auf den Fersen. Bogutzkij wurde bei dieser eiligen Hinrichtung von 16 Kugeln getroffen. Wie durch ein Wunder blieb er am Leben. Gleich nach seiner Wiederherstellung übernahm er wieder ein Kommando in der Roten Armee. Bei einem Angriff wurde ihm der rechte Arm zerschmettert. Er mußte amputiert werden. Der Anblick der verkrüpelten Frau und des geblendeten Sohnes war für den Mann, der keine weiteren Kinder mehr bekam, ein ewiger Schmerz. Da schlug knapp vor seiner Verhaftung ein berühmter russischer Ophtalmologe eine neue Methode vor, Blinde sehend zu machen. Augen Lebender oder gerade Gestorbener könnten unter bestimmten Bedingungen Blinden eingepflanzt werden und dann ihre Funktionen wieder ausüben. Bogutzkij meldete sich, er wolle ein Auge seinem blinden Sohne opfern. Aber es kam nicht zu der waghalsigen Operation. Vorher wurde der General verhaftet.
Man klagte ihn des Terrors an. Er hätte im Auftrage einer konterrevolutionären trotzkischen Organisation seinen Oberbefehlshaber Marschall Woroschilow mit dem Revolver töten wollen. Außerdem sei er ein Spion und Diversant gewesen. Überdies hätten er und seine Offiziersgenossen in den Kreml einbrechen und dort die ganze Regierung der UdSSR verhaften wollen. Der Kernpunkt der Anklage war das Attentat gegen Woroschilow. Bogutzkij ließ sich nicht einschüchtern. Er

Versammlung der Arbeiter- und Soldaten-Deputierten der Petrograder Sowjet im ehemaligen Plenarsaal der Duma. Frühjahr 1917

Frontsoldaten verlassen nach der Brussilow-Offensive im Juli 1917 eigenmächtig ihre Einheit und wollen nach Hause gehen

„Macht Ende mit dem imperialistischen Krieg!" Verbrüderung russischer und österreich-ungarischer Soldaten an der Front 1917

„Es lebe die Russische Republik".
Die Armee der provisorischen Regierung im September 1917

Militärdemonstrationen in Petrograd im April 1917 für die Weiterführung des Krieges

Wladimir Iljitsch Lenin im Sommer 1918

Leo Dawidowitsch Trotzki unter Rotarmisten (1920)

Die erste Parade der Roten Armee in Moskau 1918

F. M. Dybenko (rechts), Vorsitzender des Zentralkomitees der Baltischen Front verhandelt mit den Matrosen vor dem Aufmarsch gegen Kerenski im November 1917

Admiral Alexander Wassilewitsch Koltschak (Reichsverweser von Rußland 1919—1921)

Petrograder Freiwillige schließen sich 1919 der Roten Armee an, um gegen Judenitsch kämpfen zu können

Die Rote Armee in der schwersten Zeit des Bürgerkrieges (Sommer 1918)

Wladimir A. Antonow-Owsejenko

Roter Kommandeur mit „Militärspezialist" (früherer zaristischer Offizier), 1920 während des Polenfeldzuges der Roten Armee

Staatspräsident Kalinin mit dem Oberbefehlshaber der 1. Reiterarmee Budjonny an der „Wrangel-Front" (1920)

Der Stab der 1. Reiterarmee mit der Armeefahne vor dem Abmarsch zur Polenfront (1920)

Die Fronten des Bürgerkrieges (Zeitgenössisches Plakat 1919)

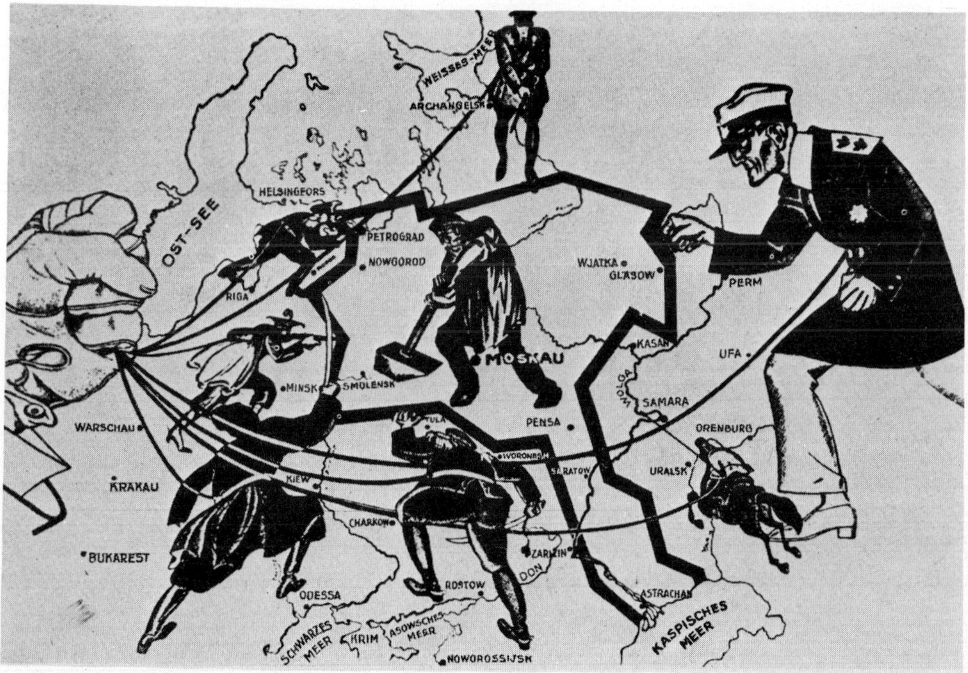

J. P. Smilga

Lagebesprechung 1920. Von l. n. r.: Béla Kun, ein englischer Sozialist, Trotzki, Frunse und Gussew in Moskau vor dem Feldzug gegen Wrangel (Krim)

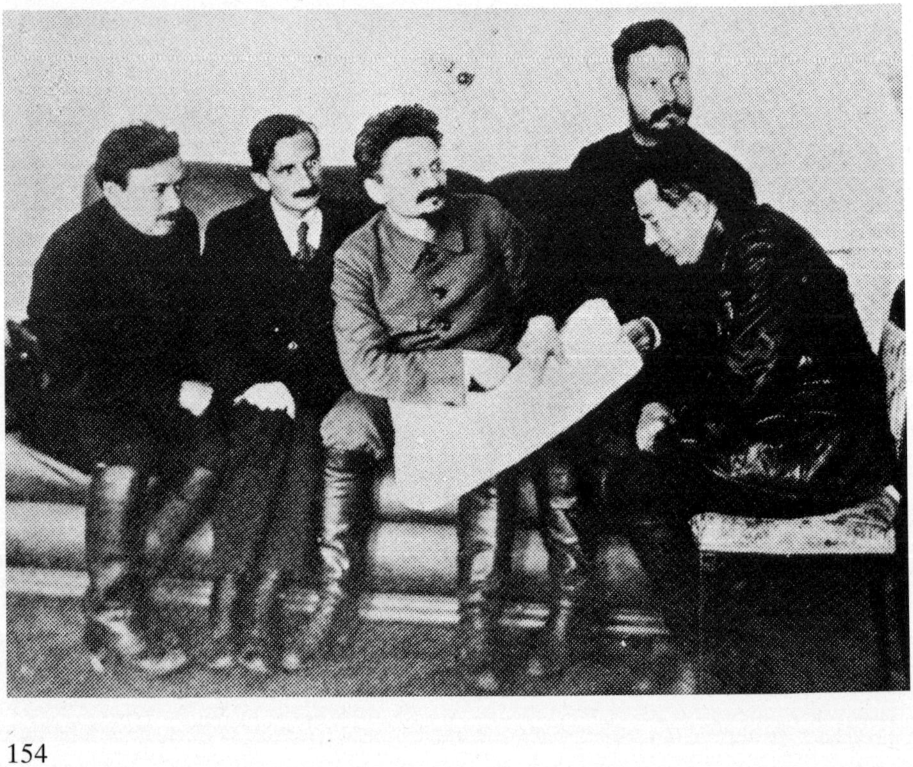

Panzer „T-35“. Als schwere „Durchbruchspanzer“ von 1933 bis 1939 produziert

Ein Rotarmist 1928

TB-3 der roten Luftflotte. 1929 als schweres Bombenflugzeug entworfen. Erstflug 1930, 1932 in Serienproduktion. Insgesamt wurden im Verlauf der Vorkriegsfünfjahrespläne 818 „TB-3“-Flugzeuge gebaut

Infanterie-Geschütz, eine 37-mm-Kanone mit einer Schußweite von 3200 m

Große Manöver mit Masseneinsatz von Fallschirmjägern in der Ukraine 1935

Die ersten Marschälle der Roten Armee (v. l. n. r.) M. N. Tuchatschewskij, K. J. Woroschilow, A. I. Jegorow, stehend: S. M. Budjonny, W. K. Blücher (1935)

Große Truppenparade mit mechanisierten Verbänden in Moskau am 1. Mai 1937

Freundschaftliche Begegnung Stalins mit J. v. Ribbentrop im Moskauer Kreml im August 1939 beim Abschluß des deutsch-sowjetischen Paktes (Nichtangriffsvertrag). In der Mitte B. M. Schaposchnikow, Generalstabschef der Roten Armee (hinter Ribbentrop der deutsche Dolmetscher)

Sowjetisches Plakat beim Feldzug gegen Polen 1939 über die Befreiung der westbjelorussischen und westukrainischen Bevölkerung

Die Bevölkerung Rigas begrüßt die Rote Armee im Sommer 1940

Panzerautos der Roten Armee für die 1. Mai-Parade in Moskau 1940

Panzerabwehrrakete RS-65, 6,5 cm, bereits 1931 entwickelt, jedoch nie für die Truppe in großer Menge zur Verfügung gestellt

schrie dem Freunde, einem Kameraden aus dem Bürgerkrieg, zu: ‚Als die Weißen dich gefoltert haben, hast du dich gehalten wie ein Held, jetzt lügst du mir ins Gesicht, nur weil sie dich schlagen, du Hure.‘
Der Freund antwortete:
‚Gegen die Weißen habe ich gekämpft, gegen die Sowjetmacht will ich nicht kämpfen.‘
Bogutzkij wehrte sich lange. Er war ehrgeizig und hitzig, aber er war 60 Jahre alt. Seine durch die Anstrengungen der Revolution und des Bürgerkrieges geschwächten Nerven waren dieser neuen Belastung nicht gewachsen, die ihn an der Schwelle des Greisenalters traf. Der Untersuchungsrichter erforschte sehr bald den wunden Punkt des alten Generals. Er wollte seinen Stolz und sein Selbstgefühl zertreten. Er unterwarf ihn den schlimmsten Demütigungen. Sie setzten ihm Hakenkreuze auf und verhöhnten ihn dann im Chor. Einmal nahm der Untersuchungsrichter einen vollen Spucknapf und leerte ihn über dem grauen Haupte des ehemaligen Helden von Kiew aus. Sein Genosse Wujcik erzählte mir später leise, Bogutzkij sei nach diesem Verhör in die Zelle zurückgekommen und hätte fassungslos geweint. Man konnte ihn nicht beruhigen. Stundenlang wiederholte er: ‚Und dafür hat mein Sohn die Augen verloren. Und dafür bin ich ein Krüppel geworden. Und meine Frau auch!‘
Am Morgen nach dieser Nacht meldete sich Bogutzkij freiwillig zum Verhör. Er verlangte nach Papier und Feder. Er schrieb ein seitenlanges Geständnis, in dem er den Anschlag gegen Woroschilow eingestand, mit Einzelheiten, die die Forderungen des Untersuchungsrichters weit übertrafen. Er nannte ihn einen Feigling und einen schmutzigen Kriecher. Natürlich wurde dieser Teil des Geständnisses nicht angenommen…“[12]

Das blutige Fazit von Stalins Armee-Säuberungen war entsetzlich. Ihr sind zum Opfer gefallen:

Etwa die Hälfte aller Regimentskommandeure und etwa ein Drittel der Regimentskommissare, fast alle Brigade- und Divisionskommandeure und beinahe alle Chefs der Militärbezirke, die Mehrzahl der Korpskommandeure und der Kommissare der Korps, Divisionen und Brigaden sowie zahlreiche Lehrkräfte der höheren und mittleren militärischen Lehranstalten. Diese Angaben, so schrecklich sie auch sind, erfassen nur einen Teil der Säuberungsopfer, nämlich die in der Zeit vom Juni 1937 bis September 1938 „liquidierten“. Sie wurden als *offizielle Angaben* in der Chruschtschow-Ära veröffentlicht.[13] (In der Breschnew-Ära wurde dieser Blutzoll der Roten Armee nirgends mehr erwähnt.[14]) Nach westlichen Schätzungen verlor die Rote Armee zwischen 1937 und 1939 durch die Säuberungen mehr als 35 000 Kommandeure und Kommissare.[15] Von den fünf Sowjetmarschällen blieben bis Ende 1939 nur zwei übrig: Woroschilow und Budjonny. *Keine Armee hat bisher je in einem Kriege so viele höhere Kommandeure verloren wie die Rote Armee in dieser Periode des Friedens!*

Die Folgen der „Säuberungen“ waren verheerend: lange Jahre der Kaderausbildung und viele praktische Erfahrungen gingen verloren. Anfang 1940 hatten 33 % der Divisionskommandeure, etwa 70 % der Regimentskommandeure und 60 % der Kommissare und Leiter der Politischen Abteilungen ihre Funktion erst ein *einziges* Jahr ausgeübt. Im Herbstbericht 1940 des Generalinspekteurs der Schützentruppen steht, daß von 225 Regimentskommandeuren, die im Sommer Dienst leisteten, kein einziger eine Militärakademie absolviert hatte und nur 25 eine Kriegsschule besucht hatten, während die übrigen 200 bloß an einem „Lehrgang" teilgenommen hatten.[16] Und all dies am Vorabend eines auch von der Sowjetregierung erwarteten europäischen Krieges!

Hitler hatte klar den Nutzen erkannt, den er aus Stalins neronischem Verfolgungswahn ziehen konnte. In dieser Beziehung ist seine Rechnung aufgegangen. Wie Generalfeldmarschall Wilhelm Keitel 1946 vor dem Internationalen Militärgerichtshof in Nürnberg aussagte, hatte Hitler die Warnung seiner Generäle vor einem Angriff auf Rußland mit der Bemerkung zerstreut: „Stalin hat 1937 die erste Garnitur seiner Offiziere liquidiert. Die neue Generation verfügt noch nicht über die Hirne, die gebraucht werden!" Und am 9. Januar 1941 ermutigte Hitler seine Generalstabsoffiziere, die mit der Planung des Feldzuges gegen die Sowjetunion beauftragt waren, mit dem Hinweis, daß die Rote Armee nicht von großem Wert sei, denn: „Sie haben keine guten Kommandeure!"[17]

4. Krieg mit Japan?

Bereits 1929 zeigte sich in der sowjetischen Asienpolitk eine Wendung. Stalins Kalkulation mit Marschall Tschiang Kai-schek und dem Kuomintang hatte sich als falsch erwiesen, das neue China ließ sich nicht als Marionette verwenden. Ein Zwischenfall an der Ostchinesischen Bahn führte im Sommer 1929 zu einem mehrmonatigen militärischen Konflikt. Es ging in erster Linie um die Hoheitsrechte über diese Bahn. Diese war von den Russen um die Jahrhundertwende gebaut und seither (da sie chinesische Gebiete durchfuhr) als gemeinsame russisch-chinesische Gesellschaft betrieben worden. Die russischen Rechte waren 1924 erneuert worden. Tschiang Kai-schek trachtete jedoch danach, den sowjetischen Einfluß auf chinesischem Hoheitsgebiet einzudämmen, während die Sowjets im Bereich der Eisenbahn unter den Chinesen bolschewistische Agitation trieben. Im Sommer 1929 häuften sich die Zwischenfälle: russisches Bahnpersonal wurde von den Chinesen verhaftet, und es kam zu Sabotageakten gegen Einrichtungen der Ostchina-Bahn.

Stalins Argwohn wuchs. In seiner Einbildung standen hinter den Chinesen die japanischen Militaristen und vielleicht auch die britischen Imperialisten und schürten das Feuer gegen die Sowjetunion?[18] Die Sowjets begannen, sich in der

Mandschurei (zu China gehörend) „stark zu machen“. Ultimativ forderten sie die Einberufung einer Konferenz, Einstellung der antisowjetischen Maßnahmen und Garantien für die sowjetischen Bürger und deren Eigentum im Bereich der Ostchina-Bahn. Als Peking es ablehnte, unter ultimativem Druck zu handeln, griff Moskau zu den Waffen. Am 6. August 1929 verfügte der Revolutionäre Kriegsrat der UdSSR die Aufstellung einer *Besonderen Fernöstlichen Armee.* Zu ihrem Oberbefehlshaber wurde W. K. Blücher ernannt, dem man auch die Fernost-Amur-Flotille unterstellte (der dann 1938 der „Säuberung“ zum Opfer fiel). Der Bürgerkriegsheld Blücher war 1921 und 1922 Kriegsminister der Fernöstlichen Republik und nachher während Jahren militärischer Chefberater bei Sun Yat-sen in Peking gewesen. Er galt, mit Recht, als Kenner der chinesischen Militärstrategie. Die sowjetischen Truppen waren im Vergleich mit den Chinesen zahlenmäßig schwächer, diesen jedoch technisch eindeutig überlegen.

Bereits am 12. August 1939 überschritten einige Einheiten der Besonderen Fernöstlichen Armee die Grenze und besetzten drei nordmandschurische Städte, woraufhin der mandschurische „Warlord“ Marschall Tschang Hsue-lian „mobilisieren“ ließ.[19] Am 23. August nahmen Blüchers Truppen Miskan und am 28. August Wanching. Dann folgte eine längere Kampfpause. Als aber weitere Verhandlungen mit Peking keinen Erfolg zeitigten, lösten die Sowjets am 12. Oktober 1929 eine Großoffensive aus. Bis Ende November 1929 gelang es Blücher, die gegnerische Mukdenarmee, die nach sowjetischen Quellen 370000, nach japanischen Schätzungen sogar 440000 Soldaten zählte, zu zerschlagen.[20] Nun mußte Peking einlenken; im Dezember 1929 begannen in Chabarowsk sowjetisch-chinesische Verhandlungen. Die russischen Rechte an der Ostchinesischen Bahn wurden wiederhergestellt, und sowjetische Chefbeamte durften ihre Plätze bei der Bahnhofsdirektion in Mukden wieder einnehmen.[21] Zudem mußte China Kriegstribut zahlen.

Die ganze Sowjetunion feierte den Sieg im Fernen Osten. Die Besondere Fernöstliche Armee erhielt den Rotbannerorden, und aus dem Provisorium, das eigentlich nur wegen des Bodenkonflikts geschaffen worden war, entstand nunmehr im Raume Baikalsee — Nordsachalin — Wladiwostok, mit Hauptquartier in Chabarowsk ein stehendes Heer in der Größenordnung einer gut ausgerüsteten Heeresgruppe. Bald zeigte es sich, daß diese Lösung richtig und notwendig war. Ende September 1931 besetzten nämlich die an den mandschurischen Bahnlinien stationierten japanischen Truppen die zum chinesischen Hoheitsgebiet gehörende Mandschurei und erklärten sie unter der Bezeichnung Mandschukuo zu einem „unabhängigen Staat“, der 1934 sogar zum Kaiserreich ausgerufen wurde, in Wirklichkeit aber ein japanischer Satellitenstaat blieb. In den folgenden Jahren baute Japan Mandschukuo als Operationsbasis aus. Die hier stationierte japanische Kwantung-Armee konnte aber nicht nur gegen China, sondern auch gegen die Sowjetunion vorrücken und Ostsibirien bis zum Baikalsee besetzen.

Dieser Gefahr war sich die Sowjetregierung bewußt. Vorerst versuchte Stalin, Japans Expansion in Richtung auf die Sowjetunion auf friedlichem Wege einzudämmen: mit dem neuen Staat Mandschukuo wurden gutnachbarliche Beziehungen gepflegt und anfangs 1935 die Ostchina-Bahn den Japanern verkauft. Gleichzeitig wurde jedoch auch das sowjetische Militärpotential im Fernen Osten erhöht! Blücher erhielt weitgehende Vollmachten; er wurde nicht nur Oberbefehlshaber der Besonderen Fernöstlichen Armee, sondern auch Organisator und „Militärgouverneur“ des gesamten Grenzgebietes. Seine Armee richtete sich weitgehend auf Selbstversorgung ein. Von ausgemusterten Soldaten geführte Kollektivwirtschaften und Traktorenstationen hatten für die Verpflegung der Truppe zu sorgen; im neugeschaffenen Industriezentrum der Stadt Komsomolsk, etwa 500 km nordöstlich von Chabarowsk, entstanden Waffen- und Flugzeugfabriken und sogar eine Werft für U-Boot-Montage. Die Eisenbahnbauten der Region wurden intensiviert. Zwangsarbeiter begannen 1932 mit dem Bau der Baikal-Amur-Bahn, die zur Entlastung der im Kriegsfalle sehr gefährdeten Amur-Bahn dienen sollte. Schon 1936 konnte davon der erste Teilabschnitt zwischen Chabarowsk und Komsomolsk eröffnet werden.

Langsam nahm jedoch die Spannung zu. Der Erste Stellvertreter des Befehlshabers der sowjetischen Pazifik-Flotte, N. G. Kusnezow beschrieb später in seinen Memoiren die gespannte Lage an der sowjetisch-japanischen Grenze wie folgt: „ Der Winter 1937/38 war unruhig. Die japanische Militärclique wurde frech, verletzte hier und da die Land- und Seegrenzen und klärte auf. Die Fliegerkräfte und die Küstenbatterien mußten ständig in erhöhter Gefechtsbereitschaft gehalten werden. Auf See und an den Zugängen zum Hauptstützpunkt operierten ständig unsere U-Boote...“[22]

Hitlers diplomatische Erfolge in Europa scheinen die Japaner zur Aktivierung ihrer eigenen imperialistischen Politik in Asien bewogen zu haben. Im Juni 1937, nach einem Zwischenfall bei der Marco-Polo-Brücke in Peking, kam es zum offenen Krieg zwischen Japan und China. In Erwartung eines raschen Sieges brachen die Japaner mit 16 Divisionen aus Mandschukuo in China ein. Der Vormarsch verzögerte sich aber, und es mußten laufend weitere Truppen nachgezogen werden, so daß die japanischen Sicherheitskräfte entlang der sowjetischen Fernostgrenze erheblich geschwächt wurden, was den Sowjets nicht verborgen blieb. Als dann im Sommer 1938 die japanischen Truppen ihre Operationen bis zu den mittelchinesischen Handelszentren Hankan und Wuhan ausdehnten und dafür weitere Verbände aus Mandschukuo abzogen, ereignete sich südlich Wladiwostok, in der Nähe der koreanisch-sowjetisch-mandschurischen Dreiländerecke ein Grenzzwischenfall, der für Japan böse Folgen hatte.

Am 28. Juli 1938 besetzten kleine sowjetische Einheiten überraschend die im Niemandsland am Chassan-See gelegenen Changkufeng-Höhen, russisch Saosernaja und Besymjannaja genannt. Die japanische militärische Reaktion war heftig und rasch (vielleicht um nicht vorhandene Stärke vorzutäuschen?). Es kam zum Schußwechsel: immer mehr Truppen wurden beiderseits eingesetzt, und der Grenzzwischenfall wurde zu einem, allerdings begrenzten, militärischen Konflikt zwischen Japan und der Sowjetunion.[23] Nach sowjetischen Quellen zogen die Japaner im Raume des Chassan-Sees mehrere Divisionen und Panzereinheiten zusammen und drangen am 29. Juli in sowjetisches Gebiet ein, wo sie die Höhen am Chassan-See nahmen. Marschall Blücher bot darufhin sofort die Besondere Fernostarmee auf. Diese war seit 1937 noch mehr verstärkt worden und verfügte im Sommer 1938 über 199550 Soldaten und Kommandeure sowie über 946 Geschütze, 890 Panzer und 766 Flugzeuge.[24]

Innerhalb weniger Tage wurden drei Schützendivisionen und eine mechanisierte Brigade gegen die Japaner auf die zwei ominösen Hügel angesetzt. Der Marschall persönlich hatte den Oberbefehl über die sich anbahnende Schlacht übernommen, während sein neuer Stabschef G. M. Schtern (der vorherige, L. Aronschtam war als „Volksfeind" im Spätherbst 1937 hingerichtet worden; Schtern teilte Ende 1938 sein Schicksal) das sowjetische Schützenkorps mit den drei Divisionen befehligte. Am 2. August 1938 begann der sowjetische Angriff, der jedoch vorerst erfolglos blieb. Erst als neue Truppen und insbesondere mehr Artillerie- und Fliegerunterstützung eingetroffen waren, gelang Schtern am 6. August der entscheidende Durchbruch. In dreitägigen schweren Kämpfen entrissen die Rotarmisten den Japanern die zwei Hügel, und bis zum Abend des 9. August konnten sie die alte Lage an der Grenze wiederherstellen. Nun trat die Sowjetregierung auf die diplomatischen Vorstöße Japans ein, das eine Offensive auf Hankow (China) plante und deshalb die Einstellung der Kampfhandlungen am Chassan-See vorschlug. So wurde der Friede an der sowjetisch-mandschurischen Grenze wieder hergestellt.

Während die sowjetische Presse die Beilegung des fernöstlichen Konflikts als einen großen Sieg der Roten Armee über Japan feierte und zahlreiche Soldaten und Kommandeure Auszeichnungen erhielten, wurde Marschall Blücher in aller Heimlichkeit nach Moskau beordert. Dort wurde er verhaftet und, wie schon erwähnt, ohne Gerichtsverfahren am 9. November 1938 durch Genickschuß umgebracht. Die Gründe der Hinrichtung sind heute noch ein Geheimnis. Blüchers Verschwinden war so auffällig und so grundlos, daß noch während des deutsch-sowjetischen Krieges 1941—1945 Gerüchte umgingen, der Marschall sei in der Reserve und bereite die entscheidende Großoffensive gegen die deutsche Wehrmacht vor.

5. Die europäische Krise und die sowjetischen Absichten

Die rasche Beruhigung der Lage im sowjetischen Fernen Osten im Spätsommer 1938 lag auch im Interesse Stalins. In Europa hatte sich nämlich die Situation arg zugespitzt. Ein Krieg drohte die seit 1919 bestehende „Versailler Ordnung" auf dem Kontinent zunichte zu machen. Wie war es dazu gekommen?

Am 30. Januar 1933 war im Deutschen Reich die „nationalsozialistische

Machtergreifung" vor sich gegangen. Hitler begann darauf seine aggressive Politik, um Europa „neu zu ordnen". Das Deutsche Reich verließ den Völkerbund und rüstete wieder auf. Frankreich, (wo eine Volksfront-Regierung unter Léon Blum herrschte) und Großbritannien (das immer noch unter einer Wirtschaftskrise litt) waren weder politisch noch militärisch imstande, der offenen Verletzung des Versailler Friedensvertrages entgegenzutreten.

Italien, wo seit 1922 Mussolinis Faschisten an der Macht waren, hatte im Herbst 1936 Abessinien kriegerisch unterworfen, was seine „Ächtung" durch den Völkerbund bewirkte. Das trieb den „Duce" an die Seite des „Führers" und hatte die „Achse Berlin-Rom" zur Folge. Fortan unterstützten sich die Diktatoren gegenseitig. Damit hatte Hitler die Tschechoslowakei militärisch in der Zange. Im Sommer 1938 forderte er die „Sudetendeutschen heim ins Reich". Es handelte sich um etwa 3 Millionen Volksdeutsche, die im nördlichen Teil der ČSR lebten, einem Landstrich, der zwar zur Krone Böhmens, aber nie zum Deutschen Reich gehört hatte. Prag lehnte die Abtretung von (militärisch befestigen) Teilen seines Staatsgebietes ab und verfügte eine Teilmobilmachung. Frankreich und Großbritannien waren weder fähig noch willens, ihren Verpflichtungen gegenüber der ČSR nachzukommen und suchten nach einer „Lösung" ohne Krieg. Einzig die Sowjetunion zeigte sich bereit, auf Grund des am 16. Mai 1934 geschlossenen sowjetisch-tschechoslowakischen Beistandspakts, Prag militärische Hilfe zu gewähren.

Zwischen der UdSSR und der ČSR bestanden seit längerer Zeit gute militärische Beziehungen. Im August 1935 hatte Armeekommandeur 2. Ranges B. M. Schaposchnikow an der Spitze einer Militärdelegation die Tschechoslowakei besucht und einige Abkommen über gegenseitige Konsultationen und insbesondere über Waffenlieferungen abgeschlossen. Die UdSSR lieferte daraufhin Flugzeuge, Geschütze und Minenwerfer im Austausch gegen Produkte der berühmten Škoda-Rüstungswerke. Einen Monat später besuchte der tschechische Generalstabchef die Sowjetunion, und es wurden regelmäßige militärische Konsultationen zwischen Moskau und Prag vereinbart. 1937 erwog man sogar die Möglichkeit, ständige militärische Missionen auszutauschen. Im Westen sah man diese Entwicklung ungern, man fürchtete, die ČSR könnte zum „sowjetischen Flugzeugträger" im Herzen Europas werden...

Als dann 1938 Hitler gegen die ČSR aggressiv wurde, war Stalin als einziger sofort bereit, der Tschechoslowakei militärischen Beistand zu leisten. Prag sollte nur klar seinen Verteidigungswillen zeigen und Präsident Benesch Moskau offiziell um militärischen Beistand bitten.

Wie ernst es der Sowjetregierung mit ihrer Kriegsbereitschaft war, zeigten ihre militärischen Vorkehrungen. Der spätere Marschall der Sowjetunion A. M. Wasilewski berichtet darüber sehr eindrucksvoll in seinen Memoiren:

„Im Westen wie im Osten roch es nach Pulver. Angesichts dieser Situation wurde den grenznahen Militärbezirken befohlen, zum sofortigen Handeln bereit zu

sein. Ihnen wurden schwierigste Aufgaben gestellt, auch wurden operativ-strategische Stabsspiele durchgeführt. An einem nahm ich im Sommer 1938 teil. Es war ein sehr schweres Spiel mit den führenden Militärs des Kiewer Militärbezirkes, der in Kiewer Besonderer Militärbezirk unbenannt worden war. Im Militärbezirk waren vier Armeegruppen aufgestellt: eine Kavalleriegruppe sowie die Odessaer, die Winnizaer und die Schitomirer Armeegruppe. Die erste war eine, für die damaligen Verhältnisse recht bewegliche Gruppierung von zwei Kavalleriekorps mit Artillerie-, Panzer- und anderen Truppenteilen. Sie sollte Stöße bzw. Gegenstöße führen und konnte an jedem beliebigen Ort im Militärbezirk eingesetzt werden. Die übrigen drei Gruppen waren aus Schützendivisionen, Panzerbrigaden sowie verschiedenen Truppenteilen und Sicherheitseinheiten zusammengestellt.
Geleitet wurde dieses Manöver vom Chef des Kiewer Besonderen Militärbezirks, Armeekommandeur 2. Ranges S. K. Timoschenko, und vom Chef seines Stabes, Brigadekommandeur N. F. Watutin.
Im September 1938, als der Tschechoslowakei Gefahr drohte, und wir vom Verrat von München noch nichts wußten, bereiteten wir uns gemeinsam mit Frankreich darauf vor, diesem Land Beistand zu leisten. In diesem Zusammenhang erhielt der Stab des Kiewer Besonderen Militärbezirks die Direktive des Volkskommissars, die Winnizaer Armeegruppe in Gefechtsbereitschaft zu versetzen und sie an die Staatsgrenze der UdSSR heranzuführen. In die Gebiete Kamenez-Podolski und Winniza wurden das 4. Kavallerie-, das 25. Panzer- und das 17. Schützenkorps, zwei selbständige Panzerbrigaden und sieben Fliegerregimenter verlegt. Zur gleichen Zeit konzentrierte sich die Schitomirer Armeegruppe mit dem 2. Kavallerie-, dem 15. und 8. Schützenkorps in den Gebieten Kiew, Tschernigow und Schepetowka. Die operative Gruppe des Stabes des Kiewer Besonderen Militärbezirks wurde in Proskurow untergebracht...“[25]

Eine mächtige Streitmacht (30 Schützen-, 10 Kavallerie-, 7 Panzer- und 1 mechanisierte Division sowie Sondertruppen und Fliegerkräfte beinahe eine dreiviertel Million Soldaten[26]) wurden also sowjetischerseits für einen Feldzug nach Westen bereitgestellt. Panzermannschaften und Flugzeugbesatzungen schliefen in diesen Tagen in ihren Kampfanzügen, denn der Einsatzbefehl konnte jede Stunde ausgegeben werden.

Doch es kam nicht zum Krieg. Weder Bukarest noch Warschau zeigten sich geneigt, der Roten Armee den Durchmarsch durch ihr Staatsgebiet zu gestatten. Zu groß war das Mißtrauen gegenüber Moskau. Man war keineswegs sicher, ob Stalin später auch bereit sein würde, die provisorisch in Anspruch genommenen Gebiete zu räumen. Viel zu viele Fragezeichen verbanden sich mit einem Einsatz sowjetischer Truppen im Herzen von Europa. Präsident Benesch selbst wagte es nicht, offiziell von Moskau Militärhilfe anzufordern und so das Odium auf sich zu nehmen, der Roten Armee das Tor nach Europa geöffnet zu haben.

Die tschechoslowakische Regierung vertraute weiter ihren westlichen Freunden, die ihrerseits alles unternahmen, um auf Kosten der ČSR einen Krieg mit Hitler zu vermeiden. Die Besprechungen des britischen Ministerpräsidenten Chamberlain mit dem deutschen Reichskanzler Hitler in Berchtesgaden und Bad Godesberg am 15. bzw. 22/23. September 1938 führten zu der berühmt-berüchtigt gewordenen Münchner Konferenz. Obwohl die Briten und die Franzosen noch unmittelbar vorher regen diplomatischen Gedankenaustausch mit Moskau gehabt hatten, „vergaßen" sie die Sowjetregierung zur „Rettung des europäischen Friedens" nach München einzuladen. Auch die ČSR-Regierung war nicht vertreten. Chamberlain und sein französischer Kollege Daladier unterzeichneten allein den Vertrag mit Hitler und dessen Bundesgenossen Mussolini. Dadurch wurde das sogenannte Sudetenland von der ČSR abgetrennt und dem Deutschen Reich angegliedert.

Der britische Premier glaubte, mit dem Zurückweichen vor Hitlers Forderungen und der damit verbundenen Preisgabe der Integrität der ČSR „den Frieden für unsere Zeit" gerettet zu haben. Eine verhängnisvolle Illusion! Keine sechs Monate später machte Hitler die militärisch geschwächte ČSR zum „Reichsprotektorat Böhmen und Mähren". Und kein ganzes Jahr später brach der europäische Krieg doch aus, aber unter viel ungünstigeren Bedingungen: Hitlers Münchner Erfolg hatte die innerdeutsche Opposition gelähmt, und die ČSR war als militärischer Bündnispartner und vorgeschobene Flugplatz für die sowjetische Luftwaffe ausgefallen.

Die verhängnisvolle Verzichtpolitik der Westmächte einerseits und die Ausdehnung des deutsch-japanischen Antikominternpaktes im März 1939 auf Spanien andererseits verstärkten in der Sowjetunion (namentlich bei Stalin) den Verdacht, die „Kapitalisten" wollten durch ihr Apeasement die Aggressivität der Nationalsozialisten stärken und sie für die von ihnen erstrebte Vernichtung des „ersten sozialistischen Landes der Welt" ausnützen.

6. Die Entwicklung des sowjetischen Wehrwesens 1936—1939

Ungeachtet der innenpolitischen Säuberung und der außenpolitischen Verwicklungen trieb Stalin die Reorganisation und die Aufrüstung der sowjetischen Streitkräfte energisch voran. Nicht nur eine qualitative sondern auch eine quantitative Vermehrung der Streitkräfte war das Ziel. Mit der Reorganisation wurde bei den obersten Behörden des sowjetischen Wehrwesens begonnen.

Auf Beschluß des VIII. Allrussischen Sowjetkongresses wurde im Dezember 1936 ein neues Volkskommissariat (Ministerium) ins Leben gerufen; das Volkskommissariat für die Verteidigungsindustrie, das für die Rüstung zuständig wurde. Ein Jahr später erhielt die Seekriegsflotte ein eigenes Volkskommissariat. Zur

Koordinierung aller Maßnahmen des Militärwesens wurde am 27. April 1937 der noch von Lenin gegründete Rat der Arbeit und Verteidigung zu einem Verteidigungskomitee ausgebaut. Dieses war ein Organ des Rates der Volkskommissare (Ministerrat) und für alle Fragen der Landesverteidigung sowohl im Frieden als auch im Krieg auf höchster Ebene zuständig.

Von 1937 an begann die schrittweise Umwandlung der Territorialdivisionen in Kader-Divisionen. Diese Maßnahme wurde erst nachträglich mit dem Gesetz über die allgemeine Wehrpflicht vom 1. September 1939 legalisiert, als die Rote Armee nur noch aus Kader-Divisionen bestand. Dadurch hatte sich ihr Bestand — nach offiziellen Angaben — fast auf das Doppelte vergrößert. Am 31. August 1939 zählte die Rote Armee über 2 Millionen Soldaten.[27]

Im Zuge seiner zentralistischen Politik löste Stalin 1938 die nationalen Truppenformationen sowie die nationalen Kommandeur- und Militärschulen auf. Ein Partei- und Regierungsbeschluß vom 7. März 1938 legte fest, daß die Rote Arbeiter- und Bauern-Armee sowie die Seekriegsflotte, als die einheitlichen Streitkräfte der UdSSR, dazu berufen seien, den *gesamten* Staat in seinen Grenzen zu schützen und zu verteidigen. Die sowjetischen Streitkräfte waren zwar multinational, aber bei sämtlichen Truppenteilen wurde die russische Sprache als Kommandosprache obligatorisch.

Die politische Indoktrination der Streitkräfte wurde intensiviert. Die Massenrepressalien im Kommandeurkorps und die mit den begonnenen Säuberungen zusammenhängenden Probleme warfen begreiflicherweise bei den Truppen und Kommandostäben unzählige Fragen auf. Um diese im Sinne der Stalinschen Politik zu erklären und die politische Kontrolle über die Kommandeure noch mehr zu verstärken, beschloß das Zentralkomitee der KPdSU(B) am 10. Mai 1937, in der Roten Armee erneut die Institution der *Kommissare* einzuführen. In der Entwicklung der Sowjetarmee zu einem schlagkräftigen Instrument bedeutete die dadurch bewirkte Beeinträchtigung der Stellung des Kommandeurs einen Schritt zurück. Obwohl — wenigstens formell — die Einzelleitung in der Armee nicht aufgehoben wurde, entstanden mit der Wiedereinführung der Kommissare in den Truppenteilen, Militärschulen und -verwaltungen unvermeidlicherweise Kompetenzkonflikte und Rivalitäten. Die Verordnung über die Kommissare legte fest, daß der Kommissar, ebenso wie der Kommandeur, für die Ausbildung, Erziehung und den politisch-moralischen Zustand der Truppe, Militärschulen usw. verantwortlich sei.[28] Der Kommandeur blieb zwar weiterhin der höchste Vorgesetzte des ihm unterstellten Truppenteils: alle Befehle mußten von ihm kommen, aber er konnte sie nur mit dem schriftlichen Einverständnis des Kommissars erteilen.

Der Kommissar war also wieder Auge und Ohr der Partei beim Truppenteil. Er leitete die Tätigkeit der politischen Organe — Parteiorganisation, kommunistischer Jugendverband — er trug Sorge für die politische Erziehung der Kommandeure und der Mannschaft und er unterhielt ständige Verbindung zu den örtlichen (zivilen) Parteiorganisationen. Parallel mit der Institution der Kommissare wurden bei den Militärbezirken, Flotten und Armeen sogenannte Militärräte gebildet, in denen hohe Parteifunktionäre gemeinsam mit den örtlichen Parteikomitees die Tätigkeit der Streitkräfte überwachten.

Die Politische Hauptverwaltung der Roten Armee, an deren Spitze Stalin nach dem Selbstmord Gamarniks (1937) vorerst für kürzere Zeit A. P. Smirnow, danach jedoch einen seiner Vertrauten, L. S. Mechlis stellte (bisher Mitglied des Redaktionskollegiums des zentralen Parteiorgans „Prawda"), wurde im Sommer 1937 umbenannt in „Hauptverwaltung für politische Propaganda". Auf Beschluß des XVIII. Parteikongresses der KPdSU(B) vom März 1939 wurden auf allen Stufen des Parteiapparates von den Bezirkskomitees bis zu den Zentralkomitees der Kommunistischen Parteien der Sowjetrepubliken Militärabteilungen (Verwaltungen) eingerichtet, die den Auftrag hatten, den weiteren Auf- und Ausbau der Streitkräfte auf der ganzen Linie zu unterstützen.

Mit dem Dritten Fünfjahrplan (1938—1942) wollte die Sowjetunion die hochentwickelten kapitalistischen Industriestaaten produktionsmäßig überholen. Gleichzeitig sollte die Rüstungsindustrie so ausgebaut werden, daß die Rote Armee noch mächtiger und technisch noch besser ausgerüstet werden konnte. Mit riesigen Investitionen sollte ihre technische Fortentwicklung vorangebracht und dabei alle Waffengattungen gleichmäßig berücksichtig werden.

Bei den *Landstreitkräften* (Heer) lag das Gewicht eindeutig auf der *Infanterie* bzw. den *Schützenverbänden.* Die Division sollte sowohl zahlenmäßig als auch in ihrer Feuerkraft verstärkt werden. Anfang 1939 bildeten 25 Schützenkorps das Gros des Heeres. Die einzelnen Divisionen zeigten zwei Strukturen: eine aus 5000 bis 6000 Rotarmisten bestehende Friedensstruktur und eine Kriegsstruktur mit 16797 Mann. Der Division waren *zwei* Artillerieregimenter sowie 1 Abteilung Pak und Flak bzw. 1 Zug überschwerer Flab MG angegliedert worden. Das bisherige Panzerbataillon mit 54 Panzern und Panzerfahrzeugen wurde auf eine Panzerkompanie mit 17 Panzern und Panzerfahrzeugen reduziert. Die auf diese Weise frei gewordenen Panzer wurden der Reserve des Oberkommandos zugeführt. Aber auch mit verminderter Panzerzahl war die sowjetische Schützendivision des Typs 1939 nach Bestand und Feuerkraft den ähnlichen Formationen der bürgerlichen Staaten überlegen — genau wie es die Organisatoren der Roten Armee angestrebt hatten.

Das gleiche traf auch auf die *Artillerie* zu. Deren oberster Chef G. I. Kulik war ein besonderer Protegé Stalins, da er mit ihm noch im Bürgerkrieg in Zaryzin zusammen gekämpft hatte. Neben der vergleichsweise schon sehr starken Divisions-Artillerie wurde noch eine besondere Korpartillerie gebildet. Im weiteren stand dem Oberkommando 1939 eine Artillerie-Reserve mit beinahe 1000 Geschützen (24 Regimenter) mit (teilweise) motorisierten Zugmitteln zur Verfügung.

Aufgrund der im Spanischen Bürgerkrieg gemachten Erfahrungen begannen die Sowjets, den Schutz größerer Städte vor feindlichen Luftangriffen vorzubereiten. Ab 1937 wurden für Moskau, Leningrad und — wegen der Ölfelder — für

Baku sogenannte Luftverteidigungskorps aufgestellt. Andere, militärisch und wehrwirtschaftlich wichtige Städte erhielten Luftverteidigungsdivisionen und Brigaden.

Im Jahr 1938 begann ebenfalls die Reorganisation der *Panzer- und Mechanisierten Truppen.* Danach bestand ein Panzerkorps aus 2 leichten Panzerbrigaden und 1 motorisierten Schützen- bzw. Maschinengewehrbrigade. Anfang 1939 verfügte die Rote Armee über insgesamt 4 Panzerkorps sowie über 24 selbständige leichte Panzerbrigaden mit den (veralteten) Panzern vom Typ BT und T-26. Ferner bestanden 4 schwere Panzerbrigaden mit den Panzern vom Typ T-28 und T-35 („Straßenkreuzer") und 3 Brigaden Flammenwerferpanzer. Die leichte Panzerbrigade hatte 295 Panzer; die schwere Panzerbrigade 139 Panzer. Auch eine Anzahl von Schwimmpanzern gehörten schon damals zur Ausstattung der Roten Armee. Obwohl genaue Zahlen über den sowjetischen Panzerbestand in dieser Zeit nicht zu finden sind, kann man diesen — gestützt auf mehrere sowjetische Quellen — insgesamt auf 20000 Kampfwagen veranschlagen.[28] (Zum Vergleich: am 1. September 1939 besaß die deutsche Wehrmacht 3200 Panzer und gepanzerte Fahrzeuge.)

Den *Luftstreitkräften* galt die besondere Sorge der sowjetischen Partei- und Staatsführung. Die Lehren des Spanischen Bürgerkrieges waren auch hier wegleitend. Entgegen den landesweiten Propagandabehauptungen der Partei hatten sich die sowjetischen Flugzeuge als den deutschen Maschinen unterlegen erwiesen. Diese waren schneller, wendiger, und ihre Bewaffnung in mancher Hinsicht besser. Aus den Memoiren des sowjetischen Flugzeugkonstrukteurs A. S. Jakowlew wissen wir, daß Stalin deswegen gegen die Konstrukteure der Flugzeugindustrie wetterte und diese für die Schwäche der sowjetischen Flugzeuge verantwortlich machte. Einige wurden darauf verhaftet und als „Volksfeinde" abgeurteilt.

Die Kapazität der sowjetischen Flugzeugindustrie, die jährlich mehrere tausend Maschinen produzierte, wurde für den wachsenden Bedarf an Kampfflugzeugen als unzureichend betrachtet. Ab 1939 entstanden daher neue Flugzeug- und Flugzeugmotoren-Werke. Gleich wie anfangs der dreißiger Jahre, gingen wieder sowjetische „Einkäufer" in die westlichen Industrieländer, vornehmlich nach Amerika, um neue Prototypen von Flugzeugen käuflich zu erwerben.

Anfang 1939 bestand die sowjetische Luftwaffe aus 3 Armeen, 38 Brigaden und 115 Regimentern.[30] Insgesamt verfügte die UdSSR über 6000 Kampfflugzeuge.[31] (Zum Vergleich: die deutsche Luftwaffe hatte am 1. September 1939 einen Ist-Bestand von 4093 Flugzeugen.) Die Luftlandetruppen wurden 1938 in sechs Brigaden zusammengefaßt und in den Bestand der Landstreitkräfte integriert.

Noch 1936 verfügte die Rote Armee über 32 *Kavalleriedivisionen.* Obwohl die damals gültige sowjetische Militärdoktrin die Nützlichkeit der Kavallerieverbände nicht verneinte, wurde ihre Zahl bis 1939 doch soweit verringert, daß Marschall Budjonnys Lieblingstruppe noch 26 Divisionen zählte, die in 5 Kavalleriekorps zusammengefaßt waren.

Die *Seestreitkräfte* erfreuten sich in all diesen Jahren einer ansehnlichen Entwicklung. Von 1927 bis Juni 1941 wurden 533 Kriegsschiffe auf Kiel gelegt, von denen 312 in Dienst gestellt wurden, darunter 4 Kreuzer, 8 Monitore, 7 Großzerstörer, 30 Zerstörer, 18 Wachschiffe, 38 Minensuchschiffe und -boote sowie 206 U-Boote. Außerdem erhielten die Seestreitkräfte weitere 477 Kampfboote und zahlreiche Hilfsschiffe.[32]

Stalin zeigte für die Flotte großes Interesse. Er setzte sich insbesondere für den Bau von schweren Kreuzern ein. Selbst der Bau eines Flugzeugträgers war geplant, doch sollte mit den Arbeiten an diesem Paradeschiff jeder Seegroßmacht erst 1942 begonnen werden. Die Sowjetregierung verfolgte also energisch ihr Ziel, „die stärkste" und die „größte" Flotte der Welt zu besitzen. „Acht bis zehn Jahre müssen wir noch warten, dann sind wir auch auf See stark!" sagte Stalin am 19. Dezember 1938 im Kreml den Vertretern des Volkskommissariats für die Seekriegsflotte der UdSSR.

Die Erziehung und Ausbildung einer neuen Führungselite der Roten Armee wurde auf breiter Basis vorangetrieben. Der Übergang zum Kaderprinzip in der Roten Armee, die Aufstellung neuer Truppenteile und Verbände erforderte eine große Zahl ausgebildeter Militärfachleute. Überall fehlte es an qualifizierten Menschen, nicht zuletzt wegen der blutigen Säuberungen. Es half nicht viel, daß man zwischen 1936 und 1939 eine ganze Reihe neuer Militärfachschulen aufstellte und daß die Ausbildungszeit verringert wurde. Spezialschulen mußten ins Leben gerufen werden, um für die Truppen die nötige Zahl Kommandeure und Kommissare mittlerer Stufe bereitzustellen. So kam es, daß viele Kommandeure und Kommissare ihre militärische Bildung nur in Truppenlehrgängen erhielten.[33]

7. Der Pakt mit Hitler

Im Rechenschaftsbericht vor den Delegierten des XVIII. Parteikongresses entwarf J. W. Stalin in Moskau im März 1939 ein düsteres Bild jener Ereignisse, die — wie er sagte — „den neuen imperialistischen Krieg (in der Welt) einleiteten."[34] In Europa hatten Deutschland und Italien 1937 in Spanien interveniert und hatte 1938 der „Anschluß" Österreichs an Deutschland und die Annexion des Sudetenlandes durch das Deutsche Reich stattgefunden. Im fernen Osten hatte Japan 1931 die Mandschurei besetzt und von da aus Vorstöße nach Nord- und Zentralchina unternommen, wobei 1938 Kanton und Anfang 1939 die Insel Hainan besetzt worden sind. „Somit zog der Krieg, der sich so unmerklich an die Völker herangeschlichten hat, mehr als 500 Millionen Menschen in seinen Bannkreis; der Krieg hat seine Aktionsphäre auf ein gewaltiges Gebiet ausgedehnt: von Tientsin, Schanghai und Kanton über Abessinien bis Gibraltar!" sagte Stalin.[35]

Die weltpolitische Lage und die Verschärfung der Krise in Europa beunruhigten die Sowjetregierung ernstlich. Die Möglichkeit einer erneuten Isolierung oder gar einer Einkreisung durch die kapitalistischen Mächte begann sich abzuzeichnen. Hitlers Truppen zogen am 15. März 1939 in Prag ein. Die Tschechoslowakei hörte auf, ein Staat zu sein. Im Frühjahr 1939 sprach man in den europäischen Hauptstädten bereits von einem bevorstehenden deutschen Angriff auf Rumänien. Dieses Land besaß britische Garantien. Hier trafen aber auch die Interessen Moskaus mit London zusammen. Denn was mit Rumänien geschehen sollte, ging auch das Nachbarland, die Sowjetunion an!

Unter diesen Umständen begannen die Sowjets diplomatische Besprechungen in London und später in Paris für eine gemeinsame sowjetisch-britisch-französische Front gegen Hitler. Getrieben von abgrundtiefem Mißtrauen gegen die bürgerlichen Staaten knüpfte Stalin — ungeachtet der politischen und gesellschaftlichen Gegensätze zwischen der UdSSR und dem Deutschen Reich — Mitte April 1939 aber auch die ersten geheimen Kontakte mit Berlin an.[36] Mit den Westmächten beabsichtigte Stalin ein Militärbündnis gegen Hitler abzuschließen. Durch die Sondierung in Berlin wollte er für alle Eventualitäten eine Rückendekkung schaffen. Denn es dürfe in Europa zu keinem neuen „München" mehr kommen, ohne daß die Sowjetunion als Großmacht daran beteiligt war.

Die diplomatischen Verhandlungen in London und Paris brachten am 23. Juli 1939 eine erste Übereinkunft. Westliche Militärmissionen reisten nach Moskau, um die Modalitäten eines Militärbündnisses gegen Hitler auszuhandeln. Am 11. August 1939 nahmen die Besprechungen im ehemaligen Spiridowka Palast ihren Anfang. Sowjetischerseits waren daran der Volkskommissar Marschall Woroschilow, der Generalstabschef Armeekommandeur 1. Ranges B. M. Schaposchnikow und N. G. Kusnezow, der Volkskommissar für Seestreitkräfte beteiligt.

Die britische Delegation wurde von dem greisen und wenig bekannten Admiral Sir Reginald P. E. Drax angeführt, die französische von Korpskommandant Doumenc. Die Sowjets, die erwartet hatten, daß für eine so wichtige Angelegenheit wie dieses Militärbündnis *erstrangige* Vertreter der britischen und der französischen Streitkräfte entsandt würden, waren brüskiert. Zu Beginn der Verhandlungen stellte Woroschilow in Aussicht, daß die UdSSR im Kriegsfall in kürzester Zeit 136 Divisionen, 5000 mittlere und schwere Geschütze und 10 000 Panzer sowie etwa 5500 Bomben- und Jagdflugzeuge gegen Hitler ins Feld führen können.

Was Briten und Franzosen zur gemeinsamen Kriegsanstrengung beitragen konnten, nahm sich im Vergleich mit den sowjetischen Zahlen eher armselig aus — was bei den Sowjets weiteren Argwohn weckte. Moskau hatte kein Verständnis dafür, daß sich die Westmächte in dieser Zeit noch mitten im Frieden befanden und daß ihnen ein militärisches Aufgebot einfach nicht möglich war. Die Sowjetregierung forderte für ihre Truppen, wenn sie gegen Deutschland vorgehen sollten, freien Durchmarsch durch Polen und Rumänien. Diese beiden Staaten lehnten das jedoch ab, denn sie fürchteten sich vor der Roten Armee mehr als vor einem eventuellen Angriff der Deutschen. Auch die britische und die französische Armeeführung hatte 1939 kein großes Vertrauen in die Rote Armee, wenn auch aus anderem Grunde. Infolge der Dezimierung der Armeeführung durch die Säuberungen seit 1936, die auch vor den fähigsten Köpfen nicht Halt gemacht hatte, war das Ende 1936 gewonnene relativ günstige Urteil über die Rote Armee geschwunden; die Westmächte zweifelten an deren Einsatzfähigkeit. Zwar trauten sie den Russen Verteidigungsanstrengungen zu, doch waren sie überzeugt, daß die UdSSR weder zu einem längeren Krieg noch zu langatmigen Offensivhandlungen fähig wäre.[37]

Unter diesen Umständen wurden die Verhandlungen am 17. August unterbrochen. Drax und Doumenc wandten sich für neue Instruktionen an ihre Regierungen. Diese sollten erneut in Bukarest und Warschau wegen der Durchmarschrechte der Roten Armee vorstellig werden. Die Antworten waren wiederum ablehnend, weil die Westmächte weder Rumänien noch Polen Garantien bieten konnten, daß die Rote Armee das Aufmarschgebiet nur *vorübergehend* benützen werde. Da sich aber unterdessen die Lage in Europa weiter zugespitzt hatte, ließ Ministerpräsident Daladier Korpskommandant Doumenc wissen, er solle die Militärkonvention mit der Sowjetunion unter allen Umständen abschließen und erforderlichenfalls sogar die sowjetischen Bedingungen akzeptieren.[38] Ähnliche Instruktionen erteilte London der britischen Militärdelegation. So schlugen die militärischen Vertreter der Westmächte am 21. August der sowjetischen Delegation den sofortigen Abschluß des Militärbündnisses vor. Sie gingen dabei der Sowjetunion soweit entgegen, daß diese bei einem deutschen Überfall auf Polen dem Deutschen Reich nur den Krieg erklären sollte. Militärisch sollte sie erst dann eingreifen, wenn die Deutschen die sowjetische Grenze überschreiten würden.[39]

Aber all diese Vorschläge kamen schon zu spät. Marschall Woroschilow, der naturgemäß für jeden seiner Schritte Stalins Instruktionen einholen mußte, bezeichnete plötzlich ein Militärbündnis mit den Westmächten als überholt und brach am 21. August 1939 die Verhandlungen ab.

In dieser Zeit hatte nämlich Stalin bereits die Zusage der deutschen Reichsregierung für einen Nichtangriffspakt in Händen. Die seit April 1939 in größter Heimlichkeit geführten sowjetisch-deutschen Verhandlungen, die vorerst nur wirtschaftliche Fragen betrafen und erst nach und nach auch auf politische Probleme ausgedehnt worden waren, hatten Früchte getragen. Am 23. August traf der deutsche Außenminister Joachim v. Ribbentrop mit einer Delegation in der sowjetischen Hauptstadt ein. „Moscou — las ich in französischer Sprache, und ich sah erstmals das Hakenkreuzbanner und die Sowjetflagge mit Hammer und Sichel im trauten Verein zu beiden Seiten des Namens im Winde flattern…“[40] Ribbentrop brachte alle Vollmachten mit. Ein deutsch-sowjetischer Nichtangriffspakt, der — wie sich später herausstellte auch einige Geheimklauseln über die Aufteilung der Interessensphären in Osteuropa enthielt — wurde innerhalb von *wenigen Stunden* abgeschlossen. Am anschließenden Festakt im Kreml nahm auch Stalin teil, der sein Glas zum Wohle Hitlers erhob und dabei in seinem Trinkspruch spontan erklärte: „Ich weiß, wie sehr das deutsche Volk seinen Führer liebt, ich möchte deshalb auf seine Gesundheit trinken!“[41] (Admiral Kusnezow notierte Jahrzehnte später in seinen Erinnerungen, gleichsam als Entschuldigung: „Natürlich fiel es unserer Regierung nicht leicht, ein Abkommen mit dem faschistischen Staat zu schließen. Aber die Interessen des Landes verlangten, daß ein Ausweg gefunden wurde, und wir hatten keine Wahl!“[42])

Die Nachricht über den Abschluß des deutsch-sowjetischen Nichtangriffspaktes löste in der ganzen Welt einen Schock aus. In der Sowjetunion war ihre Wirkung jedoch geradezu verheerend. Seit 1933 hatte das Politbüro der KPdSU den deutschen Nationalsozialismus als Feind Nr. 1 der Sowjetregierung und des Sowjetvolkes dargestellt. Unzählige Schriften und Bühnenstücke riefen den Werktätigen Tag um Tag die Untaten der Faschisten“ (d. h. Nationalsozialisten) in Erinnerung. Den jungen Rotarmisten war Jahr um Jahr eingetrichtert worden, daß in einem zukünftigen Krieg aller Wahrscheinlichkeit nach die Faschisten — die übelsten Vertreter der Kapitalisten — ihre ersten Gegner sein werden. Und nun schloß Stalin mit Hitler einen Pakt ab! „Es ist aus mit der Welt! Denn wenn Feuer mit Wasser sich menget, kann nur noch Rauch entstehen“, kommentierte ein ungarischer KP-Emigrant in Moskau das Ereignis gegenüber Endre Sik, der später ungarischer Außenminister werden sollte. Sik verstand die Welt auch nicht mehr. Nur wenige Tage vorher, am 17. August hatte er in einem Moskauer Kulturpark einen Propagandavortrag über den „heutigen deutschen Imperialismus“ gehalten, in dem er Hitler und die NS-Partei angegriffen hatte, aber anscheinend nicht scharf genug. Denn ein Oberst der Roten Armee drohte, den Vortragenden als „Helfershelfer der Deutschen“ anzuzeigen, weil er die Faschisten viel zu wenig verurteilt habe. Und jetzt der Pakt? Frau Sik — gebürtige Russin — sprach an diesem Augustabend 1939 für viele Millionen ihrer Landsleute das Verdikt aus, als sie ihrem Mann unter vier Augen sagte: „Daß Stalin sich mit den Faschisten verbündete, ist auf alle Fälle ein Übel, selbst dann, wenn dieser Pakt der Sowjetunion vorübergehend Vorteile bringt. Denn die europäischen Arbeiter werden Stalin diesen Schritt niemals verzeihen!“[43]

Stalins politischer Entscheid für den Pakt mit Deutschland war zweifellos ein Verrat am kommunistischen Internationalismus, eine offene Absage an den kämpfenden Antifaschismus und ein schwerer Schlag gegen den europäischen Frieden. *Aber er brachte Zeitgewinn für die Sowjetunion.* Wie es sich später zeigte, war die UdSSR 1939 für einen großen Krieg keineswegs gerüstet. Auf allen Gebieten des Militärwesens bestanden große Mängel.

Der Hitler-Stalin-Pakt gab Hoffnung auf einige Jahre Ruhe und vielleicht sogar noch auf territorialen Gewinn. In dieser Dimension steht nun — Jahrzehnte nach dem ominösen 23. August 1939 — die Bedeutung des deutsch-sowjetischen Nichtangriffspaktes vor uns. Kusnezow, der wie alle anderen führenden Männer der Roten Armee und Flotte von Stalins Pakt mit Hitler vor den Kopf gestoßen war, zitiert in seinen Memoiren die Worte des Volkskommissars für Auswärtige

Angelegenheiten Molotow am 31. August 1939 vor dem Obersten Sowjet der UdSSR: „Selbst wenn es nicht gelingt, militärische Auseinandersetzungen in Europa zu vermeiden, wird das Ausmaß dieser militärischen Handlungen jetzt beschränkt sein... Wir orientieren uns nur nach uns selbst und sorgen vor allem für die Sicherheit unserer Heimat!"[44]

Im Obersten Sowjet gab es übrigens keine Diskussion über den Pakt. Die Deputierten — unter ihnen Vertreter der Armee und der Flotte — stimmten „einmütig" für die Ratifizierung des Vertrags.

8. Der nichterklärte Krieg im Raum von Chalchin-Gol

Während Stalin im Juli und August 1939 in Europa über einen Nichtangriffspakt verhandelte, mußte er im Fernen Orient zum Schutz des sowjetischen Machtbereichs Krieg führen.

Was war geschehen?

Trotz Abbruch der Kämpfe im Raum von Wladiwostok im August 1938 war es im fernöstlichen Grenzgebiet der UdSSR unruhig geblieben. Innerhalb eines Jahres verzeichneten die Sowjets nicht weniger als 2400 Grenzzwischenfälle, für die in der sowjetischen Presse die „japanische Soldateska" verantwortlich gemacht wurde. Im Sommer 1939 verschärfte sich die Lage um die Mongolische Volksrepublik, einem Verbündeten der UdSSR. Diese hatte 1936 mit der Sowjetregierung einen Beistandspakt geschlossen, demzufolge sowjetische Truppen auf ihrem Gebiet stationierten. Am 11. Mai 1939 überschritten etwa 300 Japaner der am Fluß Chalchin-Gol stehenden 6. japanischen Armee die — angeblich unklare — Grenze und drangen 15 Kilometer tief in das flache, steppenartige Land ein. Zudem marschierte eine Abteilung (Bataillon) japanischer Kavallerie am Fluß auf. Die schwache mongolische Grenzwache konnte die japanische Grenzverletzung nicht bereinigen, und die Regierung der Volksrepublik bat Moskau um Hilfe. Daraufhin wurde aus dem Inneren der Mongolei das 57. selbständige Korps der Roten Armee in Marsch gesetzt. Als dieses in die Kämpfe am Chalchin-Gol eingriff, schickten die Japaner ihren Truppen Flugzeugunterstützung.

Der Konflikt begann sich auszuweiten.

Bis Ende Mai zogen sowohl die Sowjets als auch die Japaner im Raum Chalchin-Gol immer mehr Truppen und Kriegsmaterial zusammen. Am 2. Juni übertrug Volkskommissar Woroschilow dem jungen Korpskommandeur G. K. Schukow, bis dahin Stellvertreter des Befehlshabers des Weißrussischen Militärbezirkes das Kommando in der Mongolei. Schukow flog zum Stab des 57. selbständigen Korps im Tamzak-Bulak, wo er am 6. Juni eintraf. Die Lage war nicht gerade rosig. Mit Erstaunen stellte er fest, daß der Stab des 57. Korps 120 km von der

Front entfernt war und daß außer dem Regimentskommissar noch niemand sich die Mühe genommen hatte, im Einsatzraum zu rekognoszieren.[45] Schukow begab sich sofort dorthin und fordete darauf von Moskau weitere Truppen und Kriegsmaterial. „Innerhalb eines Tages erhielten wir die Mitteilung, daß der Generalstab unsere Vorschläge akzeptiert hätte. Uns wurden zusätzliche Flugzeuge zur Verfügung gestellt und als Piloten 21 ‚Helden der Sowjetunion' unter der Führung des berühmten J. W. Schmuschkewitsch... Zugleich erhielten wir die modernisierten Maschinen ‚I-16' und ‚Tschaika'."[46] Mehrere Schützendivisionen, eine Luftlandedivision und eine Panzerbrigade wurden Schukow zugeführt.

Die Kämpfe in der Äußeren Mongolei dauerten den ganzen Sommer 1939. Im Juni wurde ausschließlich in der Luft gekämpft, wobei jede Seite bis zu 100 Flugzeuge zum Einsatz brachte. Im Juli lösten die Japaner eine — begrenzte — Bodenoperation aus, um ihre Positionen gegenüber der Roten Armee zu verbessern. Ihre Panzervorstöße drohten sogar, sowjetisch-mongolische Truppenversammlungen einzuschließen. Mongolische Kavallerie wiederum attackierte japanische Reitertruppen. Während dieser Sommerschlachten in der mongolischen Wüste gelangten alle Waffengattungen der beiden Armeen zum Einsatz. Am 15. Juli 1939 trafen die ersten sowjetischen Verstärkungen ein; das bisherige 57. Korps wurde zu einer Armeegruppe. Jetzt warf Schukow im Gegenangriff das Gros der japanischen Truppen hinter den Chalchin-Gol zurück. Nach sorgfältiger Vorbereitung löste er am 20. August eine weitere Offensive aus, bei der die sowjetisch-mongolischen Truppen auf einer Frontbreite von 50 Kilometern vorrückten. Artillerie und mehr als 300 Flugzeuge unterstützten den Angriff. Die Panzer-Brigaden mit insgesamt 498 Panzern und 346 Panzerwagen — hatte Schukow an den Flanken eingesetzt; sie sollten durch konzentrisches Vorgehen den Gegner einkreisen. Täuschung und Tarnung waren vollkommen; die Überraschung des Gegners gelang!

Trotzdem zogen sich die Kämpfe über eine Woche hin. Hartnäckig verteidigten die Japaner ihre Stellungen. „Es gab keine Überläufer unter ihnen", schrieb später Schukow. „Sie schlugen sich bis zum letzten Mann..."[47] Am 28. August 1939 erhielt Oberst I. I. Fedjuninski (später Armeegeneral), Kommandeur des 24. mot. Schützenregiments den Befehl, die letzten Japaner auf der Remisow-Höhe zu vernichten. In der Nacht stürmten die Rotarmisten, unterstützt von Flammenwerfer-Panzern, dieses letzte japanische Widerstandsnest. Am 31. August war das Territorium der Mongolischen Volksrepublik völlig vom Gegner gesäubert. Schukow meldete den stolzen Erfolg sofort nach Moskau. Die Anerkennung blieb nicht aus: sowohl ihm als auch seinen Soldaten wurden viele Ehren und Auszeichnungen zuteil. (Die Verluste der sowjetisch-mongolischen Truppen am Chalchin-Gol betrugen nach russischen Angaben 9824 Mann an Toten und Verwundeten. Die Fliegerkräfte hatten 207 Maschinen eingebüßt.[48])

Der „Konflikt am Chalchin-Gol" wurde am 15. September 1939 auf diplomatischem Wege beigelegt. Vom 16. September war an der Front Waffenstillstand. Die Truppen verblieben auf denjenigen Linien, die sie am Vortag besetzt hielten.

Eine gemischte Kommission wurde mit der Aufgabe betraut, die genaue Grenze zwischen der Mongolischen Volksrepublik und dem Kaiserreich Mandschukuo festzulegen, was sie auch tat. So kehrte für einige Zeit Ruhe in dieser Region ein.

9. Der Feldzug in Polen

Am 1. September 1939 griff die deutsche Wehrmacht Polen an. Innerhalb weniger Tage hatten sowohl Großbritannien als auch Frankreich — gemäß ihren Verpflichtungen gegenüber Polen — dem Deutschen Reich den Krieg erklärt. Der europäische Krieg war ausgebrochen. Vorläufig wurde jedoch nur im Osten des Kontinents gekämpft. Im Westen standen sich die Armeen tatenlos in einer „drôle de guerre" gegenüber. Der deutsche Angriff in Polen machte rasche Fortschritte. Die polnischen Truppen mit ihrer teilweise veralteten Ausrüstung und Organisation mußten überall weichen. Das bewirkte in der sowjetischen Öffentlichkeit zwiespältige Gefühle.[49] Trotz dem vor wenigen Tagen abgeschlossenen Hitler-Stalin-Pakt beunruhigten Hitlers Erfolge die selbständig denkenden Einwohner der UdSSR. Wie wird es weitergehen?

Am gleichen 1. September 1939 hatte der Oberste Sowjet (das sowjetische Parlament) der UdSSR ein Gesetz über die allgemeine Wehrpflicht angenommen. *Damit wurde ein einheitliches und auf alle Bevölkerungsschichten des Landes ausgedehntes Rekrutierungssystem eingeführt.* Die Dienstzeit bei der Roten Armee dauerte fortan *drei* Jahre bei den Land- und Luftstreitkräften und *fünf* Jahre bei der Flotte. Gleichzeitig wurde in sechs westlichen Militärbezirken der UdSSR eine Teilmobilmachung verfügt. Der Kiewer Besondere Militärbezirk und der Weißrussische Besondere Militärbezirk wurden in der ersten Septemberwoche sogar in Gefechtsbereitschaft versetzt und dort zwei „Fronten" (Heeresgruppen) mit mehreren Schützendivisionen, sowie Kavallerie-, Panzer- und mechanisierten Verbänden gebildet: die „Bjelorussische Front" und die „Ukrainische Front". Deren Chefs wurden der Armeekommandeur 2. Ranges M. P. Kowaljow und der Armeekommandeur 1. Ranges S. K. Timoschenko.

Mitte September 1939 zeichnete sich die Niederlage der polnischen Streitkräfte ab: am 17. September verließ die polnische Regierung mit dem Oberkommando das Land. Die deutschen Truppen standen am Bug und am San, den sie sogar stellenweise überschritten hatten. In Warschau, Modlin und Hela dauerte der polnische Widerstand jedoch fort. In dem von den Deutschen nicht besetzten Ost-Polen versuchten einzelne Generäle die vorhandenen Einheiten zusammenzufassen und eine neue Verteidigungslinie aufzubauen. Man hoffte immer noch auf westliche Hilfe und wollte Zeit gewinnen.

In dieser Situation wollte sich die Sowjetregierung den in einem geheimen Zusatzprotokoll am 23. August 1939 beanspruchten Teil Polens sichern. Von diesem — im Osten — noch heute völlig totgeschwiegenen Dokument — ist nach dem Zusammenbruch des Deutschen Reiches ein Exemplar den West-Alliierten in die Hände gefallen. Danach hatte Stalin mit Hitler vereinbart: „Für den Fall einer territorial-politischen Umgestaltung der zum polnischen Staate gehörenden Gebiete werden die Interessensphären Deutschlands und der UdSSR ungefähr durch die Linie der Flüsse Narew, Weichsel und San abgegrenzt."[50] Wie die Ereignisse zeigten, wußte die Sowjetregierung genau, was sie nach einem Überfall der deutschen Wehrmacht auf Polen vorzukehren hatte. Allerdings wandte Stalin besondere Vorsicht auf und er wollte offensichtlich den Schein wahren. So gab er — trotz mehrfacher Aufforderung aus Berlin — den Angriffsbefehl erst, als die polnische Regierung das Land verließ.

In der Nacht vom 16. auf dem 17. September ließ dann Molotow den polnischen Botschafter in Moskau zu sich kommen und eröffnete ihm, daß nach sowjetischer Auffassung der polnische Staat aufgehört habe zu existieren. Damit seien auch die Verträge hinfällig geworden. Das Sowjetvolk indessen könne die blutsverwandte ukrainische und bjelorussische Bevölkerung in dem bisher polnischen Staatsgebiet nicht schutzlos lassen. Die Rote Armee habe deshalb Befehl erhalten, die sowjetisch-polnische Grenze von 1921 zu überschreiten und das Leben und Eigentum der Ukrainer und Bjelorussen zu schützen.

Das Vorrücken der kaum gebildeten Ukrainischen und bjelorussischen Fronten war — was heute verschwiegen wird — mit den Deutschen abgesprochen worden. In den Frühmorgenstunden des 17. Septembers überschritten sie die westliche Grenze der UdSSR und stießen auf den Bug vor. Die Operation wurde und wird noch heute als Befreiungsfeldzug bezeichnet. „Dieser hatte das Ziel, die Bevölkerung der Westukraine und Westbjelorußlands zu befreien und zu verhindern, daß die Faschisten weiter nach Osten vordrangen... Diszipliniert, organisiert und bereit, dem Feind gebührend entgegenzutreten, befreite die Rote Arme die Werktätigen der bjelorussischen und ukrainischen Westgebiete vom Joch der polnischen Gutsbesitzer und der drohenden faschistischen Gefahr."[51]

Zu Zusammenstößen mit „faschistischen Truppen" kam es indessen kaum. Vielmehr zogen sich die deutschen Trupppen absprachegemäß aus all jenen Gebieten östlich des Bug zurück, in die sie durch Kampfhandlungen geraten waren, und die nach dem Geheimprotokoll vom 23. August der Sowjetunion zugedacht waren. Dagegen hatte die Rote Armee mit polnischen Einheiten zu kämpfen, die auch in aussichtsloser Lage nicht gewillt waren, ihre Waffen zu strecken. Erst am 22. September kapitulierte General Langner in Lemberg (Lwow) vor den Truppen Timoschenkos. Ende September war die polnische Tragödie zu Ende, der organisierte Widerstand hörte anfangs Oktober überall auf. Sowjetische und deutsche Truppen feierten als *Waffenbrüder* gemeinsam in Brest-Litowsk den Sieg.

Nach dem Zusammenbruch Polens begab sich Ribbentrop nach Moskau und schloß am 28. September mit Stalin einen neuen Vertrag. In diesem wurde die „vierte Teilung Polens" vollzogen und die neue Grenze zwischen den Teilungsmächten vereinbart (sie folgte im wesentlichen der sogenannten Curzon-Linie). Gleichzeitig wurde in der Hochstimmung des gemeinsamen Sieges ein *Freundschaftspakt* zwischen der UdSSR und dem Deutschen Reich geschlossen.

Mit dem 12tägigen Polenfeldzug der Roten Armee verschob die Sowjetunion ihre Westgrenze um 250 bis 300 km und annektierte noch ein Gebiet von 190 000 km^2 mit 12 Millionen Einwohnern (6 Millionen Ukrainer, 3 Millionen Bjelorussen und 3 Millionen Polen und Juden). Die Verluste der beiden sowjetischen „Fronten" beliefen sich auf 737 Tote und 1859 Verwundete.[52] 230 670 polnische Soldaten, darunter über 15 000 Offiziere, gerieten in sowjetische Gefangenschaft.[53] Diese Zahl erhöhte sich um die bereits demobilisierten polnischen Reserveoffiziere, die nachträglich als Kriegsgefangene nach Rußland abgeführt wurden.[54]

10. Der sowjetisch-finnische Krieg

Nach der Besetzung Ost-Polens strebte Stalin danach, auch im Baltikum die alten Grenzen des Zarenreiches wieder herzustellen, wo seit 1918 die drei demokratischen Nationalstaaten Estland, Lettland und Litauen bestanden. Deutscherseits hatte er freie Hand, denn auch dieses Gebiet gehörte nach dem Geheimprotokoll vom 23. August 1939 zum Interessenbereich der UdSSR. Als ersten Schritt schloß Moskau im Spätherbst 1939 mit den baltischen Staaten Verträge über den „gegenseitigen Beistand" im Falle eines gegnerischen Überfalls. Damit erzwang sich die UdSSR das Recht, in diesen Ländern bereits im Frieden strategisch wichtige Punkte durch die Rote Armee militärisch zu besetzen.[55]

Aber auch im Norden wollte Stalin die sowjetische Grenze verschieben. Finnland, das am 6. Dezember 1917 seine völlige Unabhängigkeit vom Russischen Reich erlangt hatte, galt als potentielles Aufmarschgebiet gegen die UdSSR. In den finnischen Befestigungen an der Karelischen Landenge sah Moskau Angriffsvorbereitungen gegen Leningrad. „Der Sowjetunion konnte dieses Komplott an ihren Grenzen angesichts der verschärften militärpolitischen Lage in Europa nicht gleichgültig sein. Ein Blick auf eine Karte mit den nordwestlichen Zugängen Leningrads genügt, um festzustellen, wie leicht es von Land und See her anzugreifen war. Dieses große Industrie- und Kulturzentrum, ... dessen Einwohnerzahl der Bevölkerungszahl Finnlands entsprach, war nicht mehr als 32 Kilometer von der finnischen Grenze entfernt. Die Einfahrt in den finnischen Meerbusen war ungeschützt, die dort stationierte sowjetische Flotte bedroht. Auch Murmansk, der einzige eisfreie Hafen der Sowjetunion im Norden, war ungeschützt, denn die Fischer- und die Sredni-Halbinsel, die ihm vorgelagert waren, gehörten zum Teil zu Finnland..."[56]

Daß die sowjetischen Angriffspläne gegenüber Finnland seit langem bestanden und nicht erst im Herbst 1939 aufgrund der „verschärften militärischen Lage in Europa“ aufgestellt worden sind, geht schon daraus hervor, daß Stalin bereits im Frühsommer 1939 die Garnisonen in Leningrad und Murmansk verstärken ließ. Gleichzeitig besprach Stalin mit dem Chef des Leningrader Wehrkreises, Armeekommandeur 2. Ranges K. A. Merezkow Kriegsoperationen gegen Finnland.[57] Zu diesen Beratungen war auch Otto W. Kuusinen, ein aus Finnland stammender Spitzenfunktionär der KPdSU und der Komintern beigezogen worden. Er sollte im gegebenen Zeitpunkt auf sowjetischem Boden eine „Freie Finnische Volksregierung“ bilden und die Rote Armee zu Hilfe rufen.

Anfangs Oktober 1939 begannen auf sowjetische Einladung in Moskau sowjetisch-finnische Verhandlungen. Ungeachtet der Tatsache, daß zwischen den beiden Ländern seit 1932 ein Nichtangriffspakt bestand, schlug Molotow den Finnen einen neuen Beistands- und Nichtangriffspakt vor. Zugleich meldete er sowjetische Gebietsansprüche an: die finnische Staatsgrenze sollte einige Dutzend Kilometer von Leningrad zurückverlegt und andere Gebiete — vor allem Inseln — sollten auf die Dauer von 30 Jahren pachtweise der UdSSR überlassen werden. Als Gegenleistung boten die Sowjets Gebiete nördlich des Ladogasees an — und dazu ihren Beistandspakt. Die Finnen, die einen Krieg mit dem mächtigen Nachbarn vermeiden wollten, waren zu Kompromissen bereit. Als aber die sowjetische Führung immer neue Ansprüche stellte, verschärfte sich die Situation so, daß die Verhandlungen am 8. November 1939 abgebrochen wurden und die finnischen Unterhändler Moskau verließen. Finnland wollte Stärke und Standhaftigkeit zeigen und mobilisierte seine Armee — 15 Divisionen — die an den Grenzen ein Verteidigungsdispositiv bezog.

Stalin rüstete nun offen zu einem Feldzug gegen Finnland. In der sowjetischen Presse mehrten sich die Ausfälle gegen den kleinen Nachbarn. Merezkow hatte schon seit Juli 1939 geheime Vorkehrungen getroffen und bis zum Herbst 20 bis 25 große Verbände, darunter 10 Panzerbrigaden, gegen Finnland bereit gestellt.[58]

Die Sowjets gedachten, mit Finnland kurzen Prozeß zu machen. Die Meldungen der KP Finnlands, die einen raschen Zusammenbruch der bürgerlichen Ordnung prophezeiten, waren nicht ohne Wirkung geblieben.[59] Für die Eroberung Helsinkis und der wichtigsten Gebiete des Landes waren drei Wochen, für ganz Finnland vier bis fünf Wochen vorgesehen. Den Finnen gab man wenig Chancen: ihre Kampfkraft und Kampfmoral wurden niedrig eingeschätzt. Merezkow gibt selber zu, daß manche Kommandeure in seinem Stab die finnischen Befestigungsanlagen an der Karelischen Landenge, die später zur Berühmtheit gelangte „Mannerheim-Linie“, als reine Propaganda betrachtet hatten.[60]

Am 28. November 1939 beschuldigte die Sowjetregierung die finnische Regierung, sie lasse zu, daß auf sowjetisches Gebiet geschossen wurde. Sie kündigte den Nichtangriffspakt von 1932 und brach am darauffolgenden Tag die diplomatischen Beziehungen mit Finnland ab. Gleichzeitig erließ sie die Weisung, „unverzüglich alle möglichen neuen Ausfälle des finnischen Militärklüngels zu unterbinden..."[61] Damit wurde die Offensive der Roten Armee im Norden ausgelöst. Der „Konflikt mit Finnland", wie die sowjetische Heerführer den Feldzug in ihren Memoiren mit Vorliebe bezeichnen, nahm seinen Anfang.

Am 30. November 1939 ließ Merezkow seine Truppen an der Karelischen Landenge angreifen. Nach sowjetischen Pressemeldungen waren allerdings die Finnen, die mit ihrem Angriff losschlugen. Die Sowjets leisteten vorerst lediglich „entschlossenen Widerstand" und gingen nur „später" zur Offensive über...[62]

Der sowjetische Aufmarsch gegen Finnland bestand aus zwei Kräftegruppierungen. Auf der Karelischen Landenge operierte die 7. Armee unter dem Befehl von Armeekommandeur 2. Ranges N. D. Jakowlew. Sie hatte die Aufgabe, die „Mannerheim-Linie" zu überwinden. Die 7. Armee konnte hier 2 Schützenkorps, 3 Panzerbrigaden, 1 Panzerbataillon und 20 Artillerieregimenter einsetzen. Die Operation wurde vom Finnischen Meerbusen her durch die Baltische Rotbannerflotte unterstützt.

Zwischen Ladogasee und Weißem Meer hatte Merezkow auf einer Front von 1500 Kilometer drei Armeen (die 8., 9. und 14.) mit 10 Schützendivisionen und Verstärkungstruppen eingesetzt. Hier unterstützte die sowjetische Nordflotte die Operationen.

Am 1. Dezember 1939 — 24 Stunden nach dem Beginn der militärischen Operationen — meldete sich Kuusinen mit seiner „Finnischen Volksregierung" in der sowjetischen Presse. Er schloß mit der Sowjetregierung einen Beistandspakt, proklamierte die Aufstellung eines finnischen Freiheitskorps und rief die Bevölkerung Finnlands zum Aufstand gegen die kapitalistischen Unterdrücker auf. Die Wirkung dieser politischen Operation war für die Sowjets enttäuschend, hatte sie doch nicht eine Spaltung, sondern ein noch festeres Zusammenstehen der Finnen zur Folge. Selbst ehemalige Rotgardisten (aus der Zeit des Bürgerkrieges in Finnland) meldeten sich zum Waffendienst in der finnischen Armee. Dem politischen Fiasko folgte bald ein militärisches.

Im hohen Norden war es der sowjetischen 14. Armee unter großen Schwierigkeiten und empfindlichen Verlusten gelungen, bis Mitte Dezember Petsamo und die Fischer- und Sredni-Halbinsel einzunehmen. Im Mittelabschnitt dagegen blieb die Offensive der sowjetischen 8. und 9. Armee stecken; eine ganze Division (die 163. Division) wurde bei Suomussalmi eingekesselt und vernichtet. Gretschko berichtet: „Starke und gut bewaffnete Skibataillone wurden eingesetzt, die erbitterten Widerstand leisteten. Gegen diese Einheiten konnten wegen des unwegsamen Geländes keine starken (sowjetischen) Kräfte eingesetzt werden. Die sowjetischen Truppen waren gezwungen, die Offensive abzubrechen und sich in den erreichten Abschnitten festzusetzen."[63]

Schlimm wurde es für die 7. Armee auf der Karelischen Landenge. Der finnische Widerstand vor und in der „Mannerheim-Linie" überraschte die sowjetische Führung sehr unangenehm. Mit fortdauernden Kampfhandlungen traten bei der Roten Armee zahlreiche Mängel zutage: schlechte Organisation, den geographischen und meteorologischen Verhältnissen nicht angepaßte Waffen, stockender Nachschub, fehlendes Können des Kommandeurkorps und eine völlig falsche Einschätzung des Gegners.[64] Ende Dezember 1939 sah sich Merezkow gezwungen, an allen finnischen Frontabschnitten die Kampfhandlungen einzustellen.

Stalin ließ den Truppen nunmehr Verstärkungen in großer Zahl zukommen. Auf der Karelischen Landenge wurden nicht nur der 7. Armee frische Divisionen zugeführt, sondern auch eine ganze neue Armee, die 13., eingesetzt. Damit waren mehr als 25 Divisionen im Krieg gegen Finnland. Auch das Oberkommando wurde gewechselt. Merezkow wurde abgelöst und mußte sich fortan mit dem Kommando der 7. Armee begnügen. Der Armeekommandeur 1. Ranges, der 44jährige S. K. Timoschenko wurde Oberbefehlshaber der Nordwestfront, d. h. des Finnischen Kriegsschauplatzes. L. S. Mechlis, der Chef der Politischen Hauptverwaltung der Roten Armee, erschien an allen Frontabschnitten und ließ Kommandeure absetzen, degradieren und in Strafbataillone umverteilen.

Erst nach einer sechswöchigen Reorganisation und Erholungsspanne konnten die Sowjets am 11. Februar 1940 die Offensive wieder aufnehmen. Nach wie vor lag der Schwerpunkt ihrer Operationen auf der Karelischen Landenge. Auf einer Frontbreite von 60 Kilometer ließ Timoschenko 15 Divisionen und das Gros seiner Artillerie konzentrieren.[65]Bei Angriffsbeginn feuerten tausende von sowjetischen Geschützen auf die „Mannerheim-Linie" und vernichteten oder beschädigten eine Vielzahl von Befestigungen.

Auch im Norden, in Karelien, ließ Timoschenko angreifen: er wollte gegnerische Kräfte binden und verhindern, daß das finnische Oberkommando Truppen auf die Karelische Landenge verschiebe.

Erst am dritten Tag der Großoffensive gelang der Roten Armee an der Karelischen Landenge der Durchbruch. Die Finnen mußten der Übermacht weichen; sie waren am Ende ihrer Kräfte. Zehn Wochen Krieg hatten ihre materiellen Reserven erschöpft. Die Sowjets gewannen immer mehr Boden, aber um welchen Preis? *„Die Haupttaktik der Roten Armee in diesem Krieg bestand darin, den Feind durch Infanteriemassen zu zerschmettern, in Befolgung des Grundsatzes ‚Sie können doch nicht* alle *töten!' Ich habe diese ‚Strategie' unserer militärischen Führung am eigenen Leib erfahren!"* schrieb Jahre später ein russischer Kriegsveteran im amerikanischen Exil und fährt fort:

„Nach einem erfolglosen Angriff rief der Bataillonskommandeur Popow alle Unterführer zusammen und gab den folgenden Befehl: ‚Der Angriff wird wiederholt! Laßt uns nicht im Schnee liegen und von warmen Betten träumen. Das Dorf muß genommen werden! Die Kompanieführer werden nach hinten gehen und auf jeden schießen, der zurückbleibt oder herumläuft!' Man braucht kein großer Taktiker zu sein, um zu wissen, daß der neue Angriff, bei dem die Soldaten über die Körper ihrer gefallenen und verwundeten Kameraden klettern mußten, fehlschlagen würde.

Von mehr als hundert Leuten meiner Kompanie, die angegriffen hatten, kehrten nur 38 zurück. Wir alle fragten uns: Was wird jetzt kommen? Da rief der Bataillonskommissar, der nach Popows Verwundung die Führung übernommen hatte, alle Unterführer zu sich. Er hielt einen Feldfernsprecher in der Hand. ‚Genossen, unser Angriff war erfolglos. Der Divisionskommandeur gab mir persönlich den Befehl — in sieben Minuten werden wir erneut angreifen. Jeder von Euch ist mit seinem Leben für den Erfolg dieses Angriffs verantwortlich. In wenigen Minuten werden wir durch zwei Maschinengewehr-Gruppen verstärkt...‘ An das Folgende erinnere ich mich nur wie durch einen Nebel. Einer der Verwundeten, über die hinweg wir vorgingen, faßte mein Bein; ich stieß ihn weg. Als ich bemerkte, daß ich an der Spitze meiner Leute war, warf ich mich in den Schnee und wartete, bis die Welle mich erreicht hatte. Ich hatte keine Angst. In dumpfer Apathie und Gleichgültigkeit gegenüber dem Schicksal stießen wir nach vorn. Dieses Mal ließen uns die Finnen bis auf hundert Meter an ihre Stellung heran kommen: um so tödlicher war ihr Feuer, als es einsetzte...“[66]

Nach dem Verlust der „Mannerheim-Linie“ versuchte das finnische Oberkommando, vor der Stadt Wyborg eine Auffangsstellung zu errichten. Ende Februar 1940 gelang es aber Merezkows 7. Armee, mit frischen Truppen und mit überschwerer Artillerie auch diese Stellung zu durchbrechen. Wyborg selbst wurde am 4. März von der 70. Schützendivision unter Divisionskommandeur M. P. Kirponos erstürmt. Die Karelische Landenge war damit überwunden: die sowjetischen Panzer (darunter die ersten hundert des überschweren „Klim Woroschilow“) konnten sich nun auf breiter Front entfalten.

Angesichts der verzweifelten Lage beführwortete der finnische Oberkommandierende, Marschall Mannerheim im Kriegsrat einen baldigen Friedensschluß mit den Sowjets. Die finnische Armee hatte bereits große Ausfälle: 24923 Tote und 43557 Verwundete, d. h. 20 Prozent ihres Bestandes. Aber auch die sowjetische Regierung war an einer Beilegung des ihrem Prestige so abträglichen „Konfliktes“ interessiert. So konnte innerhalb weniger Tage eine finnische Waffenstillstandsdelegation nach Moskau reisen. Wie erst nach dem Zweiten Weltkrieg bekannt wurde, dürfte die sowjetische Verhandlungsbereitschaft noch einen anderen Grund gehabt haben: der sowjetische Nachrichtendienst hatte nämlich von Geheimplänen erfahren, wonach Frankreich und Großbritannien in der zweiten Hälfte März 1940 neben umfangreichem Kriegsmaterial auch Truppen nach Finnland entsenden wollten. Es ist heute unverständlich, daß sich die Sowjets von dieser Meldung beeindrucken ließen. Die westlichen Armeen standen damals seit über sechs Monaten völlig untätig vor der deutschen Westgrenze. Sie hatten in dieser „drôle de guerre“ keinerlei Angriff gewagt, nicht einmal, als die deutsche Wehrmacht größtenteils in Polen engagiert war. Stalin schien aber das Risiko, wegen eines westlichen Expeditionskorps vorzeitig und an der Seite des Deutschen Reiches in den „imperialistischen Krieg“ verwickelt zu werden, offenbar so schwerwiegend, da er den — im wesentlichen bereits entschiedenen — „Konflikt mit Finnland“ schleunigst verhandlungsweise beilegen wollte.[67]

Am 12. März 1940 kam es zu einem Waffenstillstand und tags darauf zum Friedensschluß. Die UdSSR erhielt einige der gewünschten Gebiete: Wyborg sowie die Fischer- und Sredni-Halbinsel; die den Finnischen Meerbusen beherrschende Halbinsel Hangö (Hanko) wurde ihr auf 30 Jahre verpachtet. Die Grenze, die früher 32 Kilometer von Leningrad entfernt verlief, war nunmehr 150 Kilometer entfernt, die Sicherheit von Murmansk und der Murmanskbahn („Kirowbahn") waren nun nach sowjetischer Auffassung gewährleistet.

Das finnische Abenteuer hat Stalin viel Kriegsmaterial und noch mehr Menschenleben gekostet. Der Volkskommissar für Auswärtige Angelegenheiten, W. M. Molotow, bezifferte am 29. März 1940 vor dem Obersten Sowjet die Verluste auf 48923 Tote und 158863 Verwundete und Vermißte. Zuverlässige finnische Quellen nennen noch größere Zahlen. Nicht zufällig ging in diesen Frühlingstagen 1940 in Moskau die bitter-ironische Bemerkung um, daß „die Gebiete, die wir den Finnen abgenommen haben, gerade dazu ausreichen, um unsere gefallenen Soldaten zu begraben..."[68]

Der „Konflikt" mit Finnland ist kein Ruhmesblatt in der Geschichte der Roten Armee. Zeitgenössische sowjetische Werke erwähnen ihn nur nebenbei, als wäre er lediglich eine unbedeutende Episode. Im Winterkrieg 1939/40 wurde aber der Welt die Schwäche des sowjetischen Militärwesens offenbart. Stalins Streitmacht galt nunmehr als ein „Riese auf tönernen Füßen". Es ist unbekannt, ob und wie weit Hitler dadurch veranlaßt worden ist, die Sowjetunion militärisch anzugreifen.

11. Ein Wettlauf mit der Zeit?

Im März 1939 hatte L. S. Mechlis auf dem XVIII. Parteitag der KPdSU erklärt, daß die UdSSR im damals schon voraussehbaren „Zweiten imperialistischen Krieg" ihre Kriegsoperationen auf das Territorium des Gegners tragen, ihre internationalistischen Verpflichtungen erfüllen und die Zahl der Sowjetrepubliken vervielfachen würde.[69] Spätestens um diese Zeit wurde man sich im Kreml bewußt, daß die Rote Armee infolge zunehmender Verstärkung der deutschen Wehrmacht den entstandenen neuen Anforderungen weder politisch noch materiell genügte. Es galt, Zeit zu gewinnen! Deshalb strebte Stalin nach dem Bündnis mit Hitler und übte Verrat an den Ideen der internationalistischen Solidarität. Er nahm an, mit dem Pakt eine Frist von zwei bis drei Jahren gewonnen zu haben: vor dem Sommer 1942 rechnete er keineswegs mit einem Einsatz der Roten Armee.[70]

Im August 1939 wurden Tausende von Parteifunktionären der Armee zugeteilt, um die politische Indoktrination zu intensivieren. Die Zivilbevölkerung wurde noch stärker in die vormilitärische Ausbildung einbezogen, und das Politbüro beschloß, die Rote Armee in kürzester Frist mit modernem Kriegsmaterial auszurüsten.

Mit dem Kriegsausbruch in Europa hatten sich die Fronten geklärt. Die Sowjets erwarteten, daß die kapitalistischen Mächte — d. h. die Westmächte einerseits und Hitler-Deutschland andererseits — sich gegenseitig bis zur völligen Erschöpfung bekämpfen würden. Danach würde die Stunde der Roten Armee schlagen, die dann in einem Triumphzug die Befreiung der Werktätigen in Europa vollziehen könnte. Die Erfahrung im Krieg mit Finnland zeigten dann jedoch, daß die Modernisierung der sowjetischen Streitkräfte dringend notwendig war. Diese wurde fortan mit aller Energie vorangetrieben.

12. Rumänisches Zwischenspiel

Hitlers Erfolge in Belgien, Frankreich, Dänemark und Norwegen ließen Stalin keine Ruhe. So erhob er am 26. Juni 1940 territoriale Forderungen gegenüber dem Rumänischen Königreich. Es sollte der UdSSR Bessarabien und die Bukowina abtreten. Bessarabien gehörte im Verlauf der Geschichte einmal Rußland, einmal Rumänien. Die Bukowina war seit 1774 Teil des Habsburg-Reiches gewesen und wurde nach 1918 Rumänien angegliedert. Von Großbritannien und Frankreich konnte Rumänien keine Hilfe erwarten, da diese mit dem Krieg gegen Hitler beschäftigt waren. Von Berlin erhielt es lediglich den „freundschaftlichen Rat", Moskaus Forderungen nachzugeben. So nahmen die Rumänen das sowjetische Ultimatum vom 26. Juni 1940 an.

Am 28. Juni 1940 überschritten Verbände der Roten Armee unter dem Befehl von Georgi K. Schukow den Dnjester und besetzten Bessarabien und die Nordbukowina. Die Südbukowina blieb dank einer Intervention der deutschen Reichsregierung in Moskau bei Rumänien. Im Aufruf des sowjetischen Kommandos an die einheimische Bevölkerung hieß es: „Moldauische, russische und ukrainische Brüder! Die große Stunde Eurer Befreiung vom Joch der rumänischen Bojaren, Gutsbesitzer, Kapitalisten und Geheimdienstleute ist gekommen. Die geraubte sowjetische Erde — Bessarabien — kehrt zu ihrer Mutter-Heimat zurück!"[71] Zu Kampfhandlungen kam es nirgends. Obwohl das sowjetische Ultimatum den Rumänen bloß 48 Stunden eingeräumt hatte, war es der königlichen Armee gelungen, das Gebiet, wenn auch zähneknirschend und erbittert, aber doch fristgerecht zu übergeben.[72]

13. Schlußakt des Baltischen Dramas

Entscheidendes spielte sich in diesem Sommer 1940 auch in den drei baltischen Republiken ab. Bereits im Mai mußten in Estland, Lettland und Litauen auf sowjetisches Drängen Regierungsbildungen vorgenommen werden. „Volksfeinde", d. h. bürgerliche Minister, wurden durch „fortschrittliche" d. h. prosowjetische ersetzt. Dann wurden Parlamentswahlen mit Einheitslisten ausgeschrieben. Zu deren Vorbereitung demonstrierten die einheimischen Kommunisten mit gut organisierten Kundgebungen gegen die bisherigen Regierungen. Diese waren praktisch machtlos, denn — wie ein sowjetisches Standardwerk festhält — „die Anwesenheit der Garnisonen der Roten Armee hielt die einheimische Bourgeoisie von umfassenden bewaffneten Aktionen gegen die Volksmassen zurück und machte eine Intervention imperialistischer Mächte unmöglich."[73] Die „Wahlen" auf eine Einheitsliste vom 14. und 15. Juli 1940 brachten, wie vorgesehen, den „Sieg" der „im Block des werktätigen Volkes vereinten progressiven Kräfte". Die so „gewählten" Parlamente äußerten an ihren ersten Tagungen am 21. und 22. Juli 1940 den „sehnlichen Wunsch", ihre „sozialistische Revolution" dadurch zu krönen, daß man Estland, Lettland und Litauen als *Sowjetrepubliken* in den Staatenbund der Sowjetunion aufnehme. An seiner Tagung vom 2. August 1940 konnte der Oberste Sowjet nicht umhin, diesem Wunsch zu entsprechen.[74]

Insgesamt hat die UdSSR 1939/40 im Einvernehmen mit dem Deutschen Reich ihre Westgrenze um etliche Hundert Kilometer vorverlegt und dabei 23 Millionen neue Staatsbürger und erhebliche materielle Ressourcen gewonnen. Zudem hatte sie ihre strategische Position — so dachte man wenigstens im Kreml — erheblich verbessert.

14. Reorganisation der Führung der Roten Armee

In der zweiten Hälfte 1939 begann die Reorganisation der gesamten Führung der Roten Armee und der Militärverwaltung. Das Unternehmen wurde erst durch den Ausbruch des deutschen Angriffs im Juni 1941 unterbrochen.

Die erste Reorganisationsmaßnahme bestand in einer bedeutenden Erhöhung der Gehälter des Kommandeurkorps (durchschnittlich um 286 Prozent[75]). Am 7. Mai 1940 brachte die „Prawda" die überraschende Mitteilung, daß die bisher verpönten Generalsränge in der Roten Arbeiter- und Bauern-Armee wieder eingeführt werden. Von nun an sollte es bei den Landstreitkräften wieder Generalmajore, Generalleutnante, Generaloberste und auch Armeegeneräle geben, und in den Seestreitkräften Konter-Admirale, Vice-Admirale, Admirale und Flotten-Admirale.

Am selben Tag wurden auch wichtige personelle Änderungen in der Führung der Roten Armee und Flotte bekanntgegeben. Woroschilow mußte wegen des Mißerfolgs in Finnland (was freilich nicht gesagt wurde) als Volkskommissar für Verteidigung zurücktreten. Er behielt jedoch den Vorsitz im Verteidigungskomitee beim Rat der Volkskommissare (Ministerrat) und hatte damit weiterhin Einfluß auf alle Militärfragen der UdSSR.

L. S. Mechlis, der Chef der Politischen Hauptverwaltung, wurde wegen seiner Grobheit und Zügellosigkeit gegenüber dem Kommandeurkorps auf dem finnischen Kriegsschauplatz von seinem Posten entfernt und durch den farblosen Parteifunktionär A. I. Saporoschez ersetzt.[76]

Drei Armeekommandeure wurden Marschälle: S. K. Timoschenko, 45, der Bezwinger der „Mannerheim-Linie", der 58jährige ehemalige Generalstäbler der Zarenarmee B. M. Schaposchnikow, der seit 1937 als Generalstabschef der Roten Armee Stalins volles Vertrauen besaß und G. I. Kulik, 50, der die Hauptverwaltung Artillerie im Volkskommissariat für Verteidigung leitete und — wie schon erwähnt — als Stalins Favorit galt.

Der neuernannte Marschall S. K. Timoschenko wurde Volkskommissar für Verteidigung, womit ihm die unmittelbare Führung der Roten Armee oblag. Die Leitung der Seekriegsflotte, die seit geraumer Zeit ein selbständiges Volkskommissariat hatte, wurde dem fähigen Flotten-Admiral N. G. Kusnezow übertragen. Marschall Schaposchnikow erhielt die wichtige Aufgabe, die neuen West-Gebiete der UdSSR schleunigst zu befestigen und mit der erforderlichen militärischen Infrastruktur (Kasernen, Flugplätze, Magazine usw.) zu versehen. Den Generalstab übernahm vorerst kommissarisch General K. A. Merezkow, und ab Ende Januar 1941 der sehr fähige Armeegeneral Georgi K. Schukow.

In der zweiten Hälfte 1940 begann der Ausbau des Generalstabes, der bis dahin ein Stiefkind des sowjetischen Militärwesens gewesen war. Noch zur Zeit des finnischen Feldzuges gab es in Moskau kein ständig funktionierendes Führungsorgan — Hauptquartier oder Stab —, das die Operationen der Armee, der Flotte und der Luftstreitkräfte geplant, koordiniert und geleitet hätte. (Admiral Kusnezow: „In Stalins Arbeitszimmer trafen sich gewöhnlich der Volkskommissar für Verteidigung und der Chef des Generalstabes. Manchmal zogen sie noch jemanden von unten hinzu. So wurden die großen Entscheidungen getroffen. ... Maßgebend für die Kriegsführung (vor 1941) waren zu jener Zeit Anordnungen, die aus Stalins Arbeitszimmer kamen. Bei einer solchen Ordnung verlernten die Menschen das selbständige Denken und gewöhnten sich daran, Anweisungen von oben abzuwarten. Die Arbeit des Militärapparates verlief in dieser Atmosphäre nicht planmäßig, sondern krampfartig, ruckweise. Man führte eine Anordnung aus und wartete auf die nächste..."[77])

15. „Bereit sein für den Krieg!"

Die Reorganisation der Führung der Roten Armee wurde ergänzt durch erhebliche Anstrengungen zu vermehrter Aufrüstung. Die Rüstungsindustrie wuchs derart, daß sich eine Aufteilung in *vier* Volkskommissariate aufdrängte: für Flugzeugindustrie, für Schiffsbau, für Munition und für Bewaffnung. Ähnliches geschah im Volkskommissariat für Maschinenbau, dessen Aufgaben auf *drei* neue Volkskommissariate aufgeteilt wurden. Aber auch ganz neue Volkskommissariate wurden geschaffen, so zum Beispiel ein Verwaltungszentrum, das die Befestigung der westlichen Grenzgebiete der UdSSR plante und durchführte. Auch der Wirtschaftsrat beim Rat der Volkskommissare wurde reorganisiert und dabei neue Wirtschaftsräte für Rüstungsindustrie, für Metallurgie, für Kraftstoff, für Maschinenbau usw. gebildet. Überall in der UdSSR entstanden neue Rüstungszentren.

Drastische Gesetze sollten die Leistungen der sowjetischen Arbeiter erhöhen. So wurde am 26. Juni 1940 die seit 1927 bestehende siebenstündige Arbeitszeit durch den Achtstundentag ersetzt, und die siebentägige Woche (7 Tage Arbeit + 1 Ruhetag) wurde zur Regel. Den Werktätigen wurde das eigenmächtige Ausscheiden aus Betrieben und Verwaltungen völlig unterbunden. Ein Erlaß des Präsidiums des Obersten Sowjets vom 14. Juli 1940 „Über die Verantwortlichkeit für die Lieferung von minderwertigen Erzeugnissen und für die Nichteinhaltung der obligatorischen Normen durch Industriebetriebe" ermöglichte es, für Produktionsausschuß und für undisziplinierte Arbeit sowohl Arbeiter als Direktoren zur Verantwortung zu ziehen. Selbst Volkskommissare waren davor nicht geschützt, wie das Beispiel von B. L. Wannikow zeigte, der für die Bewaffnung der Roten Armee verantwortlich war und 1940 vorübergehend in Haft genommen wurde. All diese Maßnahmen dienten zur Festigung der Disziplin und zur Vermehrung der Produktivität in der sowjetischen Rüstungsindustrie.

Emsige Arbeit kennzeichnete die letzten Monate 1940 und die erste Hälfte des Jahres 1941. Stalin nützte die gutnachbarlichen Beziehungen zum Deutschen Reich maximal aus. Indem er in manchen politischen Fragen dem nationalsozialistischen Regime großzügige Konzessionen einräumte und Hitlers Rohstoff-Wünsche in jeder Hinsicht erfüllte, konnte er Ingenieure und Techniker nach Deutschland senden zum Einkauf von Waffen und Militärausrüstungen. Ernst Heinkel, einer der Pioniere der deutschen Flugzeugindustrie, schildert in seinen Memoiren, wie die sowjetische Ingenieur-Kommission bei ihm den Jäger He 100 besichtigte und davon Prototypen erwarb.[78] Auch A. S. Jakowlew, der berühmte sowjetische Flugzeugingenieur, beschreibt in seinen Erinnerungen, wie er 1940 von den deutschen Behörden zuvorkommend „bedient" wurde.[79] Für beide Teile sehr fruchtbar erwies sich die deutsch-sowjetische Marine-Zusammenarbeit. Am 11. Februar 1940 erwarb die Rote Flotte den unfertigen schweren Kreuzer „Lützow"; dessen Fertigstellung und die Ausbildung des zukünftigen Fachpersonals sollten mit deutscher Hilfe in Leningrad erfolgen. Im Herbst 1940 lieferte Berlin den Russen Schiffsbaupläne. Die Übergabe von acht (bereits bezahlten) 381-mm-Schiffsgeschützen für die sowjetischen Seestreitkräfte verhinderte dann Hitler allerdings, denn im Herbst 1940 war er schon entschlossen, die Sowjetunion anzugreifen.

Aus all dem geht hervor, daß in der Sowjetunion der Zeitraum zwischen der Beendigung des Finnischen Krieges und dem deutschen Angriff intensiv für den weiteren Aus- und Aufbau der Roten Armee genützt worden ist.

Von 1938 bis 1940 hat sich der Personalbestand der sowjetischen Streitkräfte fast *verdreifacht:* am 1. Januar 1941 betrug er 4207000 Mann. Die Landstreitkräfte zählten 303 Schützen-, Panzer-, motorisierte und Kavalleriedivisionen, von denen sich allerdings 81 noch in Aufstellung befanden.[80]

Von der Reorganisation waren in erster Linie die *Schützenverbände* erfaßt worden, die 50 % der Gesamtzahl der Roten Armee ausmachten. Ihre Kriegsstärke war festgelegt worden auf 14483 Mann, 294 Geschütze und Granatwerfer, 16 Panzer, 13 Panzerwagen, 558 Kraftfahrzeuge und 99 Traktoren. Sie umfaßten drei Schützen- und *zwei* Artillerieregimenter, eine Flak- und eine Pak-Abteilung sowie ein Pionier- und ein Nachrichtenbataillon. Mit dieser Organisation und Ausrüstung sollte die sowjetische Schützendivision der Infanteriedivision der bürgerlichen Staaten zahlen- und waffenmäßig überlegen sein. Aber: bis Mitte 1941 konnten nur wenig Schützendivisionen auf diese Art organisiert werden. In den westlichen Militärbezirken zählten die meisten Schützendivisionen nur 8000 bis 9000 Mann, im Inneren des Landes sogar nur 6000 Mann. Dazu kamen noch konzeptionelle Probleme. Lange Monate wurde zum Beispiel darüber debattiert, ob die Truppe auch mit Maschinenpistolen auszurüsten sei. Marschall Kulik betrachtete diese als eine Polizeiwaffe und bezeichnete sie als ungeeignet für eine Feldtruppe. Als die Erfahrungen der deutschen Wehrmacht mit der MPi im Frankreichfeldzug die Sowjets eines Besseren belehrten — war es für die Umstellung der Produktion zu spät. Bloß 85000 MPi konnten bis Juni 1941 erzeugt und an die Truppe abgegeben werden.[81]

Noch schlimmer stand es mit den Panzerabwehrwaffen.

Bereits 1931 hatten sowjetische Konstrukteure eine Panzerabwehrrakete entwickelt, die „RS-65", die aus einem mit Schutzschild versehenem Rohr abgefeuert wurde. Das Kaliber des Geschosses betrug 6,5 cm, zum Antrieb diente Pyroxilin. Diese „RS-65" wäre in der Hand der Rotarmisten eine tödliche Waffe gegen die deutschen Panzer gewesen. Aber die Rüstungschefs verkannten die Bedeutung dieser handlichen Panzerabwehrrakete. 1938 wurde die Produktion eingestellt. Noch unverständlicher sind die Entscheide der sowjetischen Führung bezüglich des 45-mm-Panzerabwehrgeschützes. Diese war bereits Bestandteil der Truppenausrüstung und wäre ebenfalls eine erfolgversprechende Waffe gegen die deutschen Panzer gewesen. Aber sie wurde noch vor Ausbruch des deutsch-sowjetischen Krieges zurückgezogen, da ihr „Fachleute" keine Chancen einräumten. Generalmajor Grigorenko: „Die 45-mm-Kanone war eine gefährliche

Waffe gegen alle Panzertypen des Gegners, über die er zu Beginn des Krieges verfügte. Nachdem schon im Verlauf des Krieges dieses Geschütz in der Armee wieder eingeführt worden war, gehörte es bis zu Kriegsende zu unserer Ausrüstung und war sogar gegen die erst 1943 auf den Schlachtfeldern aufgetauchten ‚Tiger' und ‚Panther' wirkungsvoll…"[82]

Nach den Schützendivisionen nahmen bei den Landstreitkräften die *Panzertruppen* zahlenmäßig den zweiten Platz ein. Die Kriegsstärke der Panzerdivision war festgelegt mit 10940 Mann, 375 (!) Panzern, 95 Panzerwagen sowie 85 Geschützen und Granatwerfern. Für die mechanisierte Division waren 11600 Mann mit 275 leichten Panzern, 51 Panzerwagen sowie 158 Geschützen und Granatwerfern vorgesehen. Von Januar 1939 bis zum Juni 1941 erhielt die Rote Armee zwar über 7000 Panzer, größtenteils jedoch veraltete Modelle. Von den neuen, seit Mitte 1940 produzierten sowjetischen Panzern „T-34" (28,5 Tonnen, 76,2-mm-Kanone, 2 MG: Panzerung 45 bis 80 mm: Höchstgeschwindigkeit 55 Stundenkilometer) und „Klim Woroschilow 1" (48 Tonnen, 76,2-mm-Kanone, 3—4 MG, Panzerung 30 bis 90 mm: Höchstgeschwindigkeit: 37 Stundenkilometer) sind bis Kriegsausbruch lediglich 1861 Stück an die Truppe abgeliefert worden.

Mit den Panzertruppen hatte die sowjetische Führung ein besonderes Problem. Infolge falscher Beurteilung der Kampferfahrungen in Spanien hatte sie die seit 1933 bestehenden Mechanisierten Korps Ende 1939 aufgelöst. Doch bereits Mitte 1940 war mit dem deutschen Westfeldzug deutlich geworden, daß dieser Schritt falsch war. Deshalb wurde beschlossen, im Jahre 1940 vorerst 9 und 1941 weitere 20 Mechanisierte Korps zu bilden. Jedes Korps sollte aus zwei Panzer- und einer mechanisierten Division bestehen. Dafür fehlten aber nicht nur die Führungs- und die technischen Kader, sondern auch die materiellen Grundlagen. Die Rüstungsindustrie war nicht imstande, rechtzeitig die erforderlichen 15000 Panzer der Typen T-34 und „Klim Woroschilow 1" zu erzeugen. So waren dann 1941 bei Ausbruch der Feindseligkeiten von den 20 Mechanisierten Korps, die in der Ukraine bzw. in Bjelorußland versammelt waren, lediglich 7 einsatzfähig. Aber auch diese waren vornehmlich mit den veralteten Panzern BT-5, BT-7, T-26, T-37 und T-38 ausgerüstet.[83]

Die *Artillerie* der Roten Armee (Landstreitkräfte) verfügte 1941 über insgesamt 67335 Geschütze und schwere Granatwerfer.[84] Davon waren über 92 Prozent bei der Truppenartillerie. Die Artillerie-Reserve des Oberkommandos machte 8 Prozent der gesamten Artillerie aus und umfaßte 60 Haubitz- und 14 Kanonen-Regimenter. Diesen fehlten aber ausreichende Flieger- und Panzerabwehr-Artillerie. Erst im April 1941 wurde beschlossen, 10 Panzerabwehrartillerie-Brigaden aufzustellen. Aber weder die Zeit noch die Kapazität der Rüstungsindustrie erlaubten es, diesen Beschluß in die Wirklichkeit umzusetzen. Der schwache Punkt der sowjetischen Artillerie lag jedoch zweifelsohne bei den Transportmitteln. Der Großteil der Truppenartillerie hatte nur Pferdebespannung. Es fehlte an Zugmaschinen.

Die deutschen Feldzüge in Polen und in Frankreich hatten den Glauben der sowjetischen militärischen Führung an die Einsatzmöglichkeiten der *Kavallerie* erschüttert. Trotz der Einwände von Marschall Budjonny wurden die 32 Kavalleriedivisionen von 1939 bis 1941 auf 13 Divisionen abgebaut, wovon 4 Divisionen als Gebirgs-Kavalleriedivisionen organisiert waren. Die Kavalleriedivisionen bestanden aus 4 Kavallerieregimentern, einem Panzerregiment (!), einer berittenen Artillerieabteilung und einer leichten motorisierten Flak-Abteilung sowie aus Versorgungseinheiten.

Interessant war die Entwicklung der *Luftlandetruppen* der Roten Armee, in der sich die sowjetische Militärdoktrin dieser Jahre widerspiegelt, auf die noch zurückzukommen ist. 1940 wurde die Zahl der Luftlandedivisionen von 6 auf 12 *verdoppelt*. Im April 1941 begann die Aufstellung von 5 Luftlande*korps* (!) mit je drei Brigaden.[85] Diese Korps hatten höchste Priorität für die personelle und materielle Ausstattung. Doch konnte bis zum 1. Juni 1941 nur die personelle Auffüllung abgeschlossen werden; für die Ausrüstung mit Waffen und Geräten fehlte wieder die Zeit. Im Juni 1941 erhielt diese neue Waffengattung innerhalb des Volkskommissariat für Verteidigung einen eigenen Kommandostab: die Verwaltung für Luftlandetruppen.

Nach dem Finnischen Krieg wurden 1940 auch die sowjetischen *Fliegertruppen* reorganisiert. Die bisherigen Brigaden wurden zu Divisionen mit 3 Fliegerregimentern à 60 bis 63 Flugzeuge.[86] Organisatorisch gliederte sich die Rote Luftwaffe in Fliegerkräfte des Oberkommandos, Frontfliegerkräfte der Wehrkreise, Armeefliegerkräfte und Truppenfliegerkräfte. Hinzu kamen noch die Seefliegerkräfte und die Fliegerkräfte der Heimat-Luftverteidigung; diese waren den Wehrkreisen unterstellt. Typenmäßig bestand der Flugzeugpark zu 45 Prozent aus Bombern, 42 Prozent aus Jägern und 13 Prozent aus Schlachtfliegern und Aufklärungsflugzeugen. Transportflugzeuge waren nur in sehr geringer Zahl vorhanden. Obwohl die Fliegerverbände der Roten Armee bereits einigermaßen mit modernen Maschinen ausgerüstet waren, überwogen 1941 dennoch die veralteten Modelle. Sogar sowjetische Historiker räumen ein, daß „neue Flugzeuge fehlten, deren taktisch-technische Daten denen der Kampfflugzeuge der faschistischen Luftwaffe nicht nachgestanden hätten!“[87]

Der Beschluß des Rates der Volkskommissare der UdSSR über die Reorganisation der Fliegerkräfte der Roten Armee vom 25. Februar 1941 kam viel zu *spät*. Von den beschlossenen 106 neuen Fliegergeschwadern wurden bis zum Kriegsbeginn lediglich 19 aufgestellt.

Sowjetische Quellen schwiegen sich lange Zeit über die Gesamtzahl der Flugzeuge der Roten Armee am Vorabend des 22. Juni 1941 aus. Seit den Schukow-Memoiren (1969) wissen wir jedoch, daß Stalins Luftwaffe vom 1. Januar 1939 bis zum 21. Juni 1941 von der Industrie 17745 Kampfflugzeuge erhalten hat, darunter aber nur 3719 Flugzeuge neuerer Typen.[88] Westliche Untersuchungen zu dieser Frage kommen zum Ergebnis, daß die Rote Armee bei Kriegsausbruch im europäischen Teil der UdSSR über 8700 Kampfflugzeuge verfügte.

Weitere 7500 Flugzeuge aller Art werden bei Ausbildungseinheiten und Fliegerschulen vermutet.[89]

Auch die *Seekriegsflotte* wurde 1940/41 energisch weiterentwickelt. Mit den neuen Flottenbasen im Baltikum und in Hangö wuchsen ihre strategischen Aufgaben in diesem Raum; dementsprechend erhielt die Baltische Flotte zu ihren 2 Schlachtschiffen und 12 Zerstörern eine ganze Anzahl neuer Schiffe wie Torpedoschnellboote und U-Boote.

Im Herbst 1940, nach der Besetzung Bessarabiens und nach dem Fußfassen an der Donau, bildete das Volkskommissariat für die Seekriegsflotte Flußflotillen für die Donau und den Dnjester mit Panzerbooten, Kanonenbooten und verschiedenen Sicherungsbooten.

Im Juni 1941 besaß die sowjetische Seekriegsflotte insgesamt: 3 Schlachtschiffe, 7 Kreuzer, 59 Großzerstörer und Zerstörer, 218 U-Boote, 269 Torpedoschnellboote und 2581 Marineflugzeuge. Über 1000 Geschütze verschiedener Kaliber gehörten zur Küstenartillerie der Seekriegsflotte.

Die schwachen Stellen der Flotte waren ihre Luftverteidigung und ihre Ausrüstung (besser gesagt: Nichtausrüstung) mit Minen und Torpedos in genügender Menge.

Einige Worte noch zur Kaderausbildung.

Die 4 Millionen Mann Armee, die Moskau bis Sommer 1941 aufgestellt hatte, erforderte eine große Anzahl von Kommandeuren. Obwohl zwischen 1939 und 1941 die Zahl der militärischen Lehranstalten der Roten Armee und der Seekriegsflotte auf 203 erhöht wurde (mit insgesamt 238 900 Ausbildungsplätzen), konnte der Bedarf an Führungskräften nicht gedeckt werden. Weder war es möglich, alle Verbände ausreichend mit Kadern zu versehen, noch gelang es, alle Kader auf den erforderlichen Ausbildungsstand zu bringen.

Im Januar 1939 gab es 14 Akademien und 6 Militärfakultäten an zivilen Hochschulen, an denen 20300 Kommandeure, Kommissare und Militäringenieure studierten. Im Sommer 1941 wirkten 19 Akademien 10 Militärfakultäten an zivilen Hochschulen und 7 Hochschulen der Seestreitkräfte mit insgesamt 31700 Hörern. Trotzdem konnten die — nicht zuletzt durch die „Säuberungen" verursachten — Lücken in den höheren Führungskadern nicht geschlossen werden. Die „Kader-Lage" entsprach weder quantitativ noch qualitativ den Anforderungen eines modernen Krieges.

In der zweiten Hälfte des Jahres 1940 hatte die Regierung Reformen verabschiedet, die alle der Festigung der Disziplin in der Truppe und der Hebung des Ansehens der Kommandeure dienen sollten. So wurde am 12. August 1940 die 1937 wieder eingeführte Institution der Kriegskommissare erneut abgeschafft und alle Rechte und die alleinige Verantwortung für die Gefechtsbereitschaft der Truppen dem Kommandeur übertragen. Weiter wurden nun auch im untersten Bereich der Truppe Dienstränge eingeführt: Korporale, Zugführer und Feldwebel. Die Grußpflicht der Rotarmisten gegenüber Kommandeuren — auch außerhalb der Kasernen — wurde den Soldaten mit besonderer Strenge „ans Herz gelegt“ und gleichzeitig wurde das Strafmaß für Fahnenflucht und eigenmächtiges Verlassen des Dienstes erheblich verschärft.

16. Die Militärdoktrin der Roten Armee im Jahre 1941

In den Vorschriften und Anweisungen sowie in den Ideen der operativ-strategischen Kriegsspiele vor dem deutsch-sowjetischen Krieg kam stets der Gedanke des *Angriffs* als aktive Methode der Kriegsführung der Sowjetunion zum Ausdruck. Im Entwurf der Felddienstordnung der Roten Armee aus dem Jahr 1939 lesen wir:

> *„Die Union der Sozialistischen Sowjetrepubliken wird jeden feindlichen Angriff mit einem vernichtenden Schlag der ganzen Macht ihrer Streitkräfte beantworten... Zwingt uns der Feind einen Krieg auf, dann wird die Rote Arbeiter- und Bauern-Armee die offensivste aller jemals kämpfenden Armeen sein. Die Gefechtshandlungen der Roten Armee werden vernichtend sein und das Ziel verfolgen, den Gegner vollständig zu zerschlagen...“*[90]

Als *kurzen* Krieg, und auch dieser in das Territorium des Gegners getragen, stellte man sich in Moskau einen Feldzug gegen die „kapitalistischen Staaten“ vor, wenn deren Führung es wagen würde, die Hand gegen die Sowjetunion zu erheben. Man nahm dabei als selbstverständlich an, daß die Rote Armee bei ihrem Vormarsch von den unterdrückten Werktätigen stürmisch begrüßt und tatkräftig unterstützt würde. Man glaubte sogar, daß hinter den feindlichen Linien Revolutionen ausbrechen würden, die dazu beitragen würden, den Triumph der Roten Armee zu beschleunigen.[91] Obschon sowohl die Erfahrungen in Polen von 1920 wie das Verhalten der Werktätigen in den von den Sowjets besetzten baltischen Staaten und der finnischen Arbeiter, die sich wie ein Mann hinter den „Junker Mannerheim“ gestellt hatten, die Sowjets eines besseren hätte lehren können, wollte (oder konnte) man von den eigenen Thesen und Illusionen nicht abweichen. So wurde weiterhin der *Angriff* als Hauptkampfart der Roten Armee angesehen. Die Verteidigung und die damit verbundenen Probleme wie Nachschub, Reserven, Zerstörungen usw. wurde vor 1941 nur am Rande und als Nebensächlichkeit behandelt.

Die Folgen dieser schier einseitigen Militärdoktrin zeigten sich dann in sehr schwerwiegender Weise im Juni 1941.

17. Die Sorge des Generalstabes

Im Verlauf des Jahres 1940 hatte die deutsche Wehrmacht Dänemark, Norwegen, Belgien, Holland und Frankreich unterworfen und — mit Ausnahme Südfrankreichs — besetzt. Hitlers Wehrmacht und die Rote Armee waren nun die einzigen ins Gewicht fallenden militärischen Kräfte auf dem europäischen Kontinent nördlich der Alpen. In dieser Lage begab sich Wjatscheslaw M. Molotow, Vorsitzender des Rates der Volkskommissare (Ministerpräsident) mit einer großen Delegation am 9. November 1940 nach Berlin. Während mehrerer Tage führte er in der Reichshauptstadt intensiv Gespräche mit Hitler und Ribbentrop. Es ging um die weltweite Abgrenzung der Interessensphären nach dem (erwarteten) Zusammenbruch Großbritanniens, um den Beitritt der UdSSR zum Dreimächtepakt und um weitere sowjetische Forderungen gegenüber Finnland, Rumänien und Bulgarien. Die Besprechungen zeitigten keine Ergebnisse. Molotow verabschiedete sich von seinem Gastgeber mit der Versicherung, daß der weitere Gedankenaustausch schriftlich fortgesetzt werde. Die Beziehungen der beiden Großmächte schienen etwas abgekühlt.

Was war geschehen?

Seit dem Sommer 1940 hatte sich Hitler mit dem Plan eines Feldzugs gegen die Sowjetunion beschäftigt. Zu Beginn des Winters faßte er den Entschluß und am 18. Dezember 1940 unterzeichnete er die „Weisung Nr. 21" (Fall „Barbarossa"). Diese begann mit den Worten: „Die deutsche Wehrmacht muß darauf vorbereitet sein, auch vor Beendigung des Krieges gegen England die UdSSR in einem schnellen Feldzug niederzuwerfen." Die militärischen Vorbereitungen für den Ostfeldzug sollten bis zum 15. Mai 1941 abgeschlossen sein.

Moskau hielt auch nach dem offenkundigen Scheitern der Molotow-Mission weiterhin an der Freundschaft mit dem Deutschen Reich fest. Ja, die wirtschaftliche Zusammenarbeit wurde sogar noch intensiviert. Gleichwohl mußte Stalin spätestens im Dezember 1940 erkannt haben, daß ein offener Bruch zwischen den beiden ideologisch entgegengesetzten anthoritoren Staaten sich nicht mehr lange hinausschieben ließ. Die sowjetischen militärischen Vorkehrungen der ersten sechs Monate des Jahres 1941 zeugen eindeutig davon, daß die sowjetische oberste Führung gegenüber der politischen und militärischen Entwicklung in Europa keineswegs blind war.

Im Dezember 1940 versammelte Stalin die höchsten Führungskader der Roten Armee im Kreml. Der Gegenstand der Besprechungen ist bis heute unbekannt. Aus den Memoiren verschiedener sowjetischer Generäle geht lediglich hervor, daß nach dieser Beratung eine ganze Reihe von operativ-strategischen Kriegsspielen auf Truppen- und Führungsebene durchgeführt worden sind. In allen wurde das Problem eines plötzlichen deutschen Überfalls auf die Sowjetunion behandelt und die Möglichkeit einer raschen Abwehr und Gegenoffensive erwogen. A. M. Wassilewski, von 1942—1944 Generalstabschef der Roten Armee, schrieb 1976 in seinen Erinnerungen: „Hier muß jedoch gesagt werden, daß die an sich richtige Orientierung darauf, bei einem Überfall auf die UdSSR die sowjetischen Truppen entschlossen handeln zu lassen und den Krieg auf dem Territorium des Gegners zu führen, mancherorts zum Dogma erhoben wurde. Dies nährte die Illusion von einem leichten Sieg…“[92]

Im Februar 1941 begannen die deutschen Truppenverlegungen in den Osten. Dies und andere Zeichen über die kriegerischen Absichten Hitlers gegenüber der Sowjetunion blieben dem ausgezeichnet arbeitenden sowjetischen Abwehrdienst natürlich nicht verborgen. Mitte März 1941 wandte sich deswegen der Volkskommissar für Verteidigung Marschall Timoschenko zusammen mit Armeegeneral Schukow (seit dem 1. Februar 1941 Generalstabschef der Roten Armee) an Stalin mit der Bitte, Reservisten der Schützenverbände einzuberufen, um diese nach den neuesten Ausbildungsrichtlinien umzuschulen. „Anfangs wurde unserem Ersuchen nicht stattgegeben mit der Begründung, die Einberufung von Reservisten in solchem Ausmaß könne die Deutschen zum Krieg herausfordern.“[93] Aber dann besann sich Stalin anders und entsprach Timoschenkos Ersuchen. Im Mai 1941 wurden 500 000 Reservisten zu den Fahnen gerufen. Mehrere Armeen — insgesamt 28 Divisionen — wurden aus den zentralen Militärbezirken in die westlichen Militärbezirke verlegt und erhielten absolute Priorität für die Ausrüstung mit neueren Waffen und Gerät. Der Generalstab trieb die Befestigung der neuen Grenzen und den Bau neuer Feldflugplätze energisch voran. Ein ganzes Heer von dienstverpflichteten jungen Leuten aus den neugewonnenen Gebieten, die politisch noch für unwürdig befunden wurden, eine Waffe zu erhalten, schuftete Tag und Nacht unter NKWD-Bewachung an militärischen Bauten und Einrichtungen.

Emsige Arbeit herrschte auch in den Kommandostäben des Baltischen, Westlichen, Leningrader und des Kiewer Besonderen Militärbezirks. Der Generalstab konferierte mit den Befehlshabern und den Chefs der Stäbe dieser Bezirke über die neue Grenzsicherungsordnung, die Bereitstellung der dazu notwendigen Kräfte und ihre Einsatzmöglichkeit. Vorgesehen war, bei Beginn eines gegnerischen Angriffs die (auf volle Kriegsstärke gebrachten) Deckungstruppen entlang der neuen Grenze in vorbereiteten Verteidigungsabschnitten einzusetzen. Diese sollten zusammen mit den Grenztruppen während 24 Stunden die Mobilmachung der zweiten Staffeln der Grenzmilitärbezirke decken.

Diese Konzeption beruhte auf der schon erwähnten, den Realitäten nicht entsprechenden Militärdoktrin der Roten Armee. Anträge aus dem Generalstab, z. B. von Marschall Schaposchnikow, dem alten zaristischen Generalstäbler, die dahin gingen, das Gros der Kräfte innerhalb der alten Staatsgrenze (von 1939) zu versammeln und in der Westukraine, im westlichen Bjelorußland und im Baltikum lediglich Deckungstruppen zu halten, blieben wirkungslos. Als im Generalstab der Vorschlag gemacht wurde, die Magazine und Nachschubbasen für die Truppen an der Westgrenze hinter den Dnjepr zu verlegen, wurde der Antragsteller von Marschall Kulik als Defätist beschimpft.[94]

Mitte Mai 1941 betrug die Gesamtstärke der Roten Armee und der Flotte über 5 Millionen Mann. Das war 2,8 mal mehr als 1939.[95] Nach Schukow standen davon am Vorabend des 22. Juni 1941 in den westlichen Militärbezirken unter Einbeziehung der aus dem Nordkaukasischen, Wolgaer und Uraler Militärbezirke zugeführten Armeen, insgesamt 170 Divisionen und 2 Brigaden. (17 Divisionen zählten allerdings nur 5000—6000 Mann und die 7 Kavalleriedivisionen durchschnittlich 6000 Mann. Das Gros der Divisionen hatte Bestände von 8000—9000 Mann.)[96]

18. Stalins Dilemma

Wie schon erwähnt, war sowohl die sowjetische militärische als auch die politische Führung über die deutschen Vorkehrungen gegen die Sowjetunion und über den Aufmarsch der Wehrmacht im Osten informiert. Der Kreml erhielt auch zahlreiche Warnungen aus dem westlichen Ausland.[97] Stalin, der am 1. Mai 1941 überraschenderweise das Amt des Vorsitzenden des Rates der Volkskommissare (Ministerpräsident) übernommen hatte und nun sowohl Parteichef als auch Regierungschef war, schwieg, obwohl Regierung und Armee von *ihm* einen Entscheid erwarteten.

Stalin befand sich zweifellos in einem großen Dilemma. Was war von den Nachrichten über die deutsche Armee an den Grenzen der UdSSR zu halten? Sollte Hitler, der bisher so erfolgreich operiert hatte, ein solcher Tor sein, daß er Deutschland in einen Zweifrontenkrieg stürzen würde? England ist noch nicht besiegt, beherrscht weiterhin die Meere und wird von Amerika rüstungsmäßig zunehmend unterstützt. Sollte Hitler seinen Wirtschaftspartner im Osten, der ihm seit 1939 ehrlich und pünktlich die für eine lange Kriegsführung unerläßlichen Rohstoffe lieferte, überfallen und damit die Quelle verstopfen? Oder ist alles eine perfide Verschwörung der Kapitalisten, um die sozialistische UdSSR zu einem präventiven Angriff auf Deutschland zu hetzen, um sie dann mit vereinten Kräften zu vernichten? Deutete der geheimnisvolle Flug Rudolf Hess', des „Stellvertreters des Führers“ nach England (11. Mai 1941) und das sehr wortkarge Communiqué der britischen Regierung dazu nicht auf so etwas hin?!

Wenn auch Stalin in Berlin als „der Eckpfeiler der deutsch-sowjetischen Verständigung“[98] bezeichnet worden ist, so war er doch sicher nicht so naiv, daß er an einen dauerhaften Frieden mit Hitler-Deutschland glaubte. In seiner Rede beim Empfang der Militärakademie-Absolventen am 5. Mai 1941 im Kreml zu Moskau gab er eindeutig zu verstehen, daß ein militärischer Zusammenstoß mit Deutschland unausweichlich sein wird. Die deutsche Wehrmacht werde mit größter Wahrscheinlichkeit der kommende Gegner der Roten Armee sein. Da

Deutschland durch seine Eroberungen in Europa seit 1938 sein militärisches Potential bedeutend verstärkt habe, müsse um jeden Preis Zeit gewonnen werden, damit die im Frühjahr 1940 eingeleitete Reorganisation und Umrüstung der Roten Armee und Flotte vorangetrieben und abgeschlossen werden könne. Deswegen muß *alles* getan werden, Hitler nicht zu provozieren und den bewaffneten Konflikt mit Deutschland bis zum Herbst 1941 hinauszuzögern. Dann wird es für einen deutschen Angriff — wetterbedingt — zu spät sein. Aber der Krieg mit Deutschland wird im Jahre 1942 „fast unvermeidlich" sein. Nur: die Rote Armee würde dann unter viel günstigeren Bedingungen und besser bewaffnet den Kampf aufnehmen können.[99]

Stalin ließ im Mai 1940 in Moskau die Botschaften aller Länder schließen, die in den vergangenen Monaten ihre Unabhängigkeit durch Hitlers Truppen verloren hatten. Er wies die Wirtschafts-Volkskommissariate an, allen Verpflichtungen gegenüber Berlin pünktlich nachzukommen. Das Volkskommissariat für Verteidigung erhielt Befehl, deutsche Aufklärungsflugzeuge (die seit Frühjahr 1941 vermehrt sowjetisches Gebiet überflogen) nicht zu beschießen. Bei eventuellen Notlandungen sollten die Deutschen als Verbündete und Gäste empfangen und ihnen die Kontaktnahme mit der deutschen Botschaft in Moskau ermöglicht werden.

Bei den führenden Militärs der Roten Armee, welche die Lage mehr militärisch als politisch beurteilten, stieg die Spannung von Tag zu Tag. Der Volkskommissar für Verteidigung, Timoschenko, arbeitete oft 18 bis 19 Stunden am Tag, und mit ihm der ganze Generalstab. Fieberhaft wurden neue Maßnahmen zur Erhöhung der Kampfkraft der Verbände in den westlichen Militärbezirken getroffen. Am 27. Mai wies der Generalstab deren Befehlshaber an, unverzüglich Frontgefechtsstände einzurichten. Mitte Juni wurden den bereits zu Frontstäben (Heeresgruppenbefehlsstand) umorganisierten Militärbezirken im Westen befohlen, ihre Divisionen näher an die Staatsgrenze heranzuführen. Am 13. Juni bat Timoschenko Stalin in einer dramatischen Unterredung um die Erlaubnis, für die Grenzmilitärbezirke Kampfbereitschaft anzuordnen. Stalins Antwort war ablehnend: „Wir werden uns das überlegen!" Am nächsten Tag drängte der Volkskommissar, jetzt mit dem Generalstabschef Schukow zusammen, erneut auf erhöhte Vorsichtsmaßnahmen im Westen. „Sie schlagen die Mobilmachung vor, sie wollen die Truppen in Marsch setzen und an die Westgrenze führen? Das bedeutet doch Krieg! Begreifen Sie das denn nicht?!" sagte ihm Stalin ärgerlich. Doch dann fragte er: „Über wieviel Divisionen verfügen wir im Baltischen, im Westlichen, im Kiewer und im Odessaer Militärbezirk?" Timoschenko meldete, daß in diesen Militärbezirken insgesamt 149 Divisionen und eine selbständige Schützenbrigade lägen, und zwar 88 Schützen-, 36 Panzer-, 18 Mechanisierte- und 7 Kavalleriedivisionen. Stalin: „Nun, ist das denn nicht genug? Die Deutschen haben nach unseren Informationen nicht so viel Truppen!" Schukow meldete sich jetzt zu Wort und berichtete, daß die deutschen Divisionen nach Meldung des Nachrichtendienstes bereits kriegsmäßig organisiert seien und 14000—16000

Mann zählten, während die sowjetischen Divisionen nur halb so stark seien. Stalin: „Man kann dem Geheimdienst nicht alles glauben!“[100]

In diesen Junitagen machte Stalin noch eine verzweifelte Anstrengung, um Hitler in aller Öffentlichkeit klarzumachen, daß die Sowjetunion keine Feindseligkeiten gegenüber Deutschland hegt und alles daran setzt, sowohl ihre politischen als auch ihre wirtschaftlichen Verpflichtungen gegenüber dem Deutschen Reich weiterhin pünktlich zu erfüllen. Das geschah mit dem berühmt-berüchtigten TASS-Kommuniqué vom 14. Juni 1941, das in der „Prawda“ und anderen sowjetischen Zeitungen abgedruckt wurde und dessen wichtigster Passus wie folgt lautete:

„... in der britischen und überhaupt ausländischen Presse werden Gerüchte von einem ‚nahe bevorstehenden Krieg zwischen der UdSSR und Deutschland‘ hochgespielt... Trotz der offensichtlichen Absurdität dieser Gerüchte erachten es verantwortliche Kreise in Moskau für notwendig, ... TASS zu der Erklärung zu ermächtigen, daß diese Gerüchte die plump zusammengebraute Propaganda von der UdSSR und Deutschland feindlich gesinnten Kräften sind, die an einer weiteren Ausdehnung und Entfesselung des Krieges interessiert sind.
TASS erklärt 1., daß Deutschland gegenüber der UdSSR keinerlei Ansprüche erhoben hat und deshalb auch keine Verhandlungen über dieses Thema stattgefunden haben; 2., daß Deutschland die Bedingungen des sowjetisch-deutschen Nichtangriffspakts ebenso unverbrüchlich einhält, wie die Sowjetunion, infolgedessen entbehren die Gerüchte über die Absicht Deutschlands, den Pakt zu brechen und die UdSSR zu überfallen, nach Meinung sowjetischer Kreise jeglicher Grundlage. Die in letzter Zeit erfolgte Verlegung der nach den Operationen auf dem Balkan frei gewordenen deutschen Truppen in die östlichen und nordöstlichen Bezirke Deutschlands dürfte mit anderen Motiven zusammenhängen, die mit den sowjetisch-deutschen Beziehungen nichts zu tun haben...“[101]

Dieses Kommuniqué hatte kein Echo in Berlin; in keiner deutschen Zeitung wurde es abgedruckt, niemand kommentierte es. Das bedeutete eindeutig, daß Hitler „etwas“ vorbereitete. Stalin aber gab sich weiterhin falschen Hoffnungen hin und wartete auf ein freundschaftliches Zeichen aus Berlin.

Indessen hatte das TASS-Kommuniqué einen verheerenden Einfluß auf die Kampfmoral der Roten Armee. General L. M. Sandalow aus dem Westlichen Militärbezirk schrieb später: „Die Alarmstimmung, die gegen Monatsmitte ihren Höhepunkt erreicht hatte, wurde durch die TASS-Erklärung gewissermaßen gedämpft. Diese Stellungnahme einer so maßgeblichen Autorität stumpfte die Wachsamkeit der Truppen ab. Unter den Kommandeuren entstand die Überzeugung, bestimmte, ihnen unbekannte Umstände gestatten es unserer Regierung, so ruhig zu bleiben und der Sicherheit der sowjetischen Grenzen gewiß zu sein. Die Kommandeure hörten auf, in den Kasernen zu übernachten, die Soldaten begannen wieder, sich in der Nacht auszukleiden...“[102] General I. Ch. Bagramjan aus dem Kiewer Besonderen Militärbezirk schreibt in seinem Buch „Schwieriger Sommer": „Die organisierte Passivität, zu der Stalin und die Leitung des Volkskommissariats für Verteidigung die Truppen der Militärbezirke an den Grenzen verurteilte, wurde durch eine oft nicht sehr kluge Propaganda verstärkt, die die Soldaten desorientierte und ihre Wachsamkeit abstumpfte. Dazu trug auch die am 14. Juni 1941 veröffentlichte TASS-Erklärung bei…"[103]

Das Volkskommissariat für Verteidigung und der Generalstab versuchten gleichwohl, die Verstärkung der westlichen Landesgrenzen voranzutreiben, doch ihre Bemühungen konnten keinen nachhaltigen Erfolg mehr bringen. In den vier westlichen Grenzmilitärbezirken lagen am 21. Juni 1941 die erste Staffel der Deckungsarmeen 56 Schützen- und Kavalleriedivisionen sowie zwei Brigaden, viele davon in Zeltunterkünften oder Sommerlagern. Die zweite Staffel und die Reserven, insgesamt 114 Divisionen, lagen 300—400 Kilometer von der Grenze entfernt, für Fußtruppen eine sehr große Distanz. An der Staatsgrenze selbst standen nur Grenztruppen und NKWD-Verbände, zusammen etwa 100000 Mann.

Unter diesen politisch, militärisch und moralisch ungünstigen Voraussetzungen hatte die Rote Armee in den Frühmorgenstunden des 22. Juni 1941 dem deutschen Überfall auf die Sowjetunion entgegenzutreten.

Anmerkungen:

1 *Nikulin,* a.a.O., S. 78.
2 *Gretschko,* a.a.O., Bd. 2, S. 65.
3 Ebd., S. 68.
4 *Kusnezow,* N. G.: Am Vorabend, Berlin/DDR 1973, S. 164ff.
5 *Sacharow*, Andrej D.: Memorandum. Gedanken über Fortschritt, friedliche Koexistenz und geistige Freiheit, Frankfurt a. M. 1968, S. 30.
6 Näheres über Vorbereitung und Durchführung des Hitlerschen Planes siehe die Memoiren von Walter *Schellenberg,* des damaligen deutschen Geheimdienstchefs, Köln 1959, S. 47ff. und *Beneš*, Eduard: Memoires, London 1954, S. 19ff.
7 *Nikulin*, a.a.O., S. 87.
8 *Ehrenburg*, Ilja: Menschen, Jahre, Leben. Autobiographie, München 1965, Bd. 2, S. 214.
9 Auf Stalins Befehl wurden später auch Tuchatschewskis Frau, Nina Jewgenjewna, und seine Brüder Alexej und Nikolai umgebracht; seine drei Schwestern wurden in Konzentrationslager verschickt, seine Tochter bei Erreichen der Volljährigkeit verhaftet, seine Mutter in die sibirische Verbannung geschickt (*Nikulin*, a.a.O., S. 88).
10 *Kusnezow,* a.a.O., S. 182.
11 *Gorbatow,* A.: Gody i wojny, Moskau 1964.
12 *Weissberg-Cybulski,* A.: Hexensabbat. Rußland im Schmelztiegel der Säuberungen, Frankfurt a. M. 1954, S. 609ff.
13 Geschichte…, Bd. 6, S. 150.

14 *Sacharow,* M. W., a. a. O. (Es handelt sich hier um die offizielle Geschichte der Roten Armee.)
15 *Erickson,* J.: The Military Purge. In: „The Twentieth Century", London, July 1957, S. 39.
16 *Anfilow,* W. A.: Natschalo Welikoj Otetschestwennoj Wojny, Moskau 1962, S. 28.
17 *Poltorak,* A. J.: Njurnbergskij epilog, Moskau 1968, S. 324ff.
18 Kampfweg der Sowjetischen Seestreitkräfte, a. a. O., S. 16.
19 *Meister,* Jürg: Die Amur-Flotille und der Chinesisch-Sowjetrussische Konflikt von 1929, in: „Marine-Rundschau", 1960, Nr. 3, S. 163.
20 *Sacharow,* M. W., a. a. O., S. 240 bzw. „Neue Zürcher Zeitung" vom 18. Juli 1929, Nr. 1399.
21 „Neue Zürcher Zeitung" vom 5. Dezember 1929, Nr. 2368.
22 *Kusnezow,* a. a. O., S. 204.
23 Das Urteil im Tokioter Hauptkriegsverbrecherprozeß nach dem Zweiten Weltkrieg schrieb die Schuld an dem bewaffneten Zwischenfall im Raum Chassansee im Sommer 1938 den Japanern zu. Heute liegt jedoch genügend Material vor, das diese vom Sieger diktierte Version in Frage stellt. So nannte ein gewiß nicht japanfreundlicher chinesischer Diplomat, der im Jahre 1938 Generalkonsul in Wladiwostok war, den Zwischenfall eine „direkte sowjetische Herausforderung an Japan-Mandschukuo" (Vgl. *Wu*, K., China and the Soviet Union. A Study of Sino-Soviet Relations, London 1950, S. 273). Ein später desertierter sowjetischer Stabsoffizier behauptete, der Oberbefehlshaber der Besonderen Fernöstlichen Armee, Marschall Blücher, habe einen Krieg mit Japan als unvermeidlich angesehen und deshalb, als ihm die strategisch-politische Situation günstig schien (die Japaner waren vollauf mit ihrer Offensive in Mittel-China beschäftigt), den „Zwei-Hügel-Zwischenfall" provoziert (*Krylov,* Ivan: Soviet Staff Officer, London 1951, S. 9). Der gleichen Ansicht war G. S. Ljuschkow, ein hoher NKWD-Beamter, der für die „Säuberungen" in der Besonderen Fernöstlichen Armee verantwortlich war, aber am 13. Juni 1938 zu den Japanern überlief und für den japanischen Generalstab einen Geheimbericht verfaßte, in dem er die Verantwortung für den Ausbruch der Feindseligkeiten Stalin zuschrieb (*Kunert*, Dirk, Hrsg.: General Ljuschkows Geheimbericht. Über die Stalinsche Fernostpolitik 1937/38, Bern 1977, S. 20). Offizielle sowjetische Publikationen führen den Ausbruch der Feindseligkeiten neuerdings vage auf „militärische Provokationen" der Japaner zurück, „die darauf zielten, die Kraft der Roten Armee auf die Probe zu stellen". So auch *Sacharow,* M. W., a. a. O., S. 277.
24 *Gretschko,* a. a. O., Bd. 2, S. 257.
25 *Wassilewski,* A. M.: Sache des ganzen Lebens, Berlin/DDR 1977, S. 83.
26 Nawetschnyje wremena, Moskau 1975, S. 188ff.
27 *Gretschko*, a. a. O., Bd. 2, S. 244.
28 Sakonodatelstwo ob oborone SSSR, Moskau 1939, S. 15.
29 *Jakovlev*, A. Sz.: Szárnyak, emberek. Egy repülögéptervezö feljegyzései, Budapest 1968, S. 196.
30 *Gretschko,* a. a. O., Bd. 2, S. 246.
31 *Groehler,* Olaf: Geschichte des Luftkrieges, Berlin/DDR 1975, S. 288.
32 *Sacharow*, M. W., a. a. O., S. 285.
33 *Gretschko,* a. a. O., Bd. 2, S. 250.
34 *Stalin,* J. W.: Werke, Bd. 14, Dortmund 1976, S. 185.
35 Ebd.
36 *Weizsäcker,* Ernst von: Erinnerungen, München-Leipzig-Freiburg i. Br. 1950, S. 230.
37 Einzelheiten siehe bei *Niedhart,* Gottfried: Der Bündniswert der Sowjetunion im Urteil Großbritanniens 1936—1939, in: „Militärgeschichtliche Mitteilungen", Freiburg in Br., Nr. 2/1971, S. 55ff.

38 „Le Monde“, Paris, vom 29. Februar 1964.
39 *Shukow,* J. M. (Red.): Weltgeschichte in zehn Bänden, Berlin/DDR 1967, Bd. 9, S. 559.
40 Chefdolmetscher Paul *Schmidt,* zitiert bei *Bruegel,* J. W.: Stalin und Hitler. Pakt gegen Europa, Wien 1973, S. 83.
41 Ebd., S. 90.
42 *Kusnezow,* a. a. O., S. 250.
43 *Sik,* Endre: Vihar a levelet... Budapest 1970, S. 183. Die Memoiren des ungarischen Außenministers der sechziger Jahre wurden unmittelbar nach ihrer Veröffentlichung aus dem Buchhandel zurückgezogen und verboten. Grund dafür waren angebliche antisowjetische Tendenzen des Memoirenschreibers. In Wirklichkeit enthielt das Buch lediglich offene Kritik an den Auswüchsen des Stalinismus der späteren dreißiger und frühen vierziger Jahre.
44 *Kusnezow,* a. a. O., S. 250.
45 *Schukow,* G. K.: Erinnerungen und Gedanken, Stuttgart 1969, S. 151.
46 Ebd., S. 152.
47 Ebd., S. 160 und 162.
48 Geschichte, a. a. O., Bd. 1, S. 289.
49 *Sik,* a. a. O., S. 185.
50 Zitiert bei *Bruegel,* a. a. O., S. 93.
51 Geschichte, a. a. O., Bd. 1, S. 293.
52 *Hillgruber,* Andreas, *Hümmelchen,* Gerhard: Chronik des Zweiten Weltkrieges, Frankfurt am Main 1966, S. 3.
53 *Zawodny,* J. K.: Zum Beispiel Katyn. Klärung eines Kriegsverbrechens, München 1971, S. 18.
54 *Karelin,* Viktor: Der längste Marsch. Ein Kampf um Freiheit 1939—1945, Freiburg-Basel-Wien, 1976.
55 Wie es dabei in Tallinn zu- und herging, beschreibt sehr eingehend der Augenzeuge Robert Raid in seinem Buch „Wenn die Russen kommen...“, Freiburg i. Br. 1953.
56 Geschichte, a. a. O., Bd. 1, S. 308.
57 Einzelheiten vgl. *Merezkow,* K. A.: Im Dienste des Volkes, Berlin/DDR 1972, S. 184.
58 Ebd., S. 185.
59 Einzelheiten siehe in der Studie vom Major der Schweizer Armee H. von *Dach:* Ein kleines Volk wehrt sich... Der russisch-finnische Winterkrieg 1939/40, in: „Der Schweizer Soldat“, Basel, Nr. 2/1977, S. 21 ff.
60 *Merezkow,* a. a. O., S. 185.
61 Wneschnjaja Politika SSSR. Sbornik dokumentow, Moskau o. J., S. 463.
62 *Gretschko,* a. a. O., Bd. 3, S. 435.
63 Ebd., S. 436.
64 Über die mangelhafte Ausrüstung der Roten Armee im Feldzug gegen Finnland vgl. zum Beispiel die Memoiren des Stalingrader Parteisekretärs A. Sz. *Csujanov:* Sztalingrad 162, Budapest 1977, S. 87.
65 *Gretschko,* a. a. O., Bd. 3, S. 437.
66 Zitiert bei *Fischer,* Louis, *Jakovlev,* Boris: Thirteen Who Fled, New York 1949, S. 118.
67 Einzelheiten bei *Lorbeer,* Hans-Joachim: Westmächte gegen die Sowjetunion 1939—1941, Freiburg i. Br. 1975.
68 Mitteilung Tibor Szamuely's, eines ehemaligen Moskauer Bürgers, an den Verfasser in London im August 1968.
69 „Iswestija“, Moskau vom 23. März 1939.

70 *Gretschko*, a.a.O., Bd. 3, S. 532.

71 Ebd., S. 446.

72 Zur rumänischen Haltung vgl. *Emilian*, I. V.: Der phantastische Ritt. Rumäniens Kavallerie an der Seite der Deutschen Wehrmacht im Kampf gegen den Bolschewismus, Preußisch Oldendorf 1977.

73 *Gretschko*, a.a.O., Bd. 3, S. 444.

74 Einzelheiten bei *Olberg*, Paul: Die Tragödie des Baltikums, Zürich-New York 1941.

75 Das Gehalt eines Unterführers, der einen Zug kommandierte, stieg um 240 Prozent; ein Korpskommandeur erhielt 364 Prozent Gehalt mehr. Vgl. XVIII. Parteitag der Kommunistischen Partei der Sowjetunion/Bolschewiki/, Paris 1939, S. 101.

76 Einzelheiten bei *Kusnezow*, a.a.O., S. 260.

77 Ebd.

78 *Heinkel*, Ernst: Ein stürmisches Leben, Stuttgart 1953, S. 417ff.

79 *Jakovlev*, a.a.O., S. 246.

80 *Korabljow, Anfilow, Mazulenko*, a.a.O., S. 166.

81 *Schukow*, a.a.O., S. 195.

82 *Grigorenko*, Pjotr: Der sowjetische Zusammenbruch 1941, Frankfurt a. M. 1969, S. 27—28.

83 Einzelheiten vgl. bei *Rokossowski*, K. K.: Soldatenpflicht. Erinnerungen eines Front-Oberbefehlshabers, Berlin/DDR 1971, S. 17. Der spätere Marschall der Sowjetunion befehligte im Juni 1941 das 9. Mechanisierte Korps der Roten Armee.

84 *Sacharow*, M. W., a.a.O., S. 300.

85 Ebd., S. 301.

86 Ein Jagdfliegerregiment zählte 4 Staffeln (60 Flugzeuge), ein Schlachtfliegerregiment 5 Staffeln und eine Kommandeurkette (63 Flugzeuge) und ein Bombenfliegerregiment 5 Staffeln (60 Flugzeuge). Vgl. *Sacharow*, M. W., a.a.O., S. 301.

87 *Korabljow, Anfilow, Mazulenko*, a.a.O., S. 172.

88 *Schukow*, a.a.O., S. 201.

89 *Hümmelchen*, Gerhard: Die Luftstreitkräfte der UdSSR am 22. Juni 1941 im Spiegel der sowjetischen Kriegsliteratur. In: „Wehrwissenschaftliche Rundschau", Frankfurt a. M., Nr. 6/1970, S. 331.

90 Zit. bei *Sokolowski*, W. D.: Militärstrategie, Berlin/DDR 1965, S. 17.

91 Vgl. in dieser Hinsicht das Buch des sowjetischen Autors *Spanow*, N.: Perwyj udar, Moskau 1939, erschienen in der „Bibliothek der Kommandeure".

92 *Wassilewski*, a.a.O., S. 100.

93 *Schukow*, a.a.O., S. 195.

94 *Birjuzov*, S. S.: A vörös nyil a Krimre mutat, Budapest 1962, S. 14. Dieses Memoirenwerk, von einem der fähigsten Militär der Roten Armee, Marschall der Sowjetunion Birjuzow, verfaßt, erschien in der Glanzzeit der Chruschtschow-Aera und rechnete mutig mit den Mythen im sowjetischen Militärwesen über den Zweiten Weltkrieg ab.

95 *Wassilewski*, a.a.O., S. 101.

96 *Schukow*, a.a.O., S. 196.

97 Eine ausgezeichnete Zusammenstellung von *Whaley*, Barton: Codeword Barbarossa, Cambridge, Mass. and London, England 1973 erwähnt und beurteilt nicht weniger als 84 derartige Warnungen vor dem bevorstehenden deutschen Angriff!

98 So der deutsche Marineattaché in einem Bericht aus Moskau. Zitiert bei *Churchill*, Winston S.: Memoiren, Bd. 3, Buch 1, S. 434, Stuttgart 1951.

99 *Werth*, Alexander: Rußland im Krieg 1941—1945, München/Zürich 1965, S. 107. Werth, ein Brite russischer Abstammung war während des Zweiten Weltkrieges als westlicher Kriegsberichterstatter in der Sowjetunion und konnte sich an Ort und Stelle ausge-

zeichnete Informationen beschaffen. Sein Buch ist in dieser Hinsicht eine wahre Fundgrube für den Historiker.

100 *Schukow*, a.a.O., S. 228ff.

101 Zitiert bei *Gretschko,* a.a.O., Bd. 3, S. 531.

102 *Sandalow,* L. M.: Pereschitoje, Moskau 1961, S. 78ff.

103 *Bagramijan,* I. Ch.: Trudnoje leto, Moskau 1962, S. 37.

VI. Der Große Vaterländische Krieg der Sowjetunion

In dieser Nacht vom 21. auf den 22. Juni 1941 schlief man im großen Gebäudekomplex des Volkskommissariats für Verteidigung nicht. Um 0.30 Uhr des neuen Tages (22. Juni) ging der von Marschall Timoschenko unterzeichnete Befehl Nr. 1 an die westlichen Militärbezirke, der die volle *Gefechtsbereitschaft* der Truppe anordnete, mit der Begründung, daß allen Anzeichen nach ein deutscher Angriff unmittelbar bevorstehe. Vielerorts kam der Befehl des Volkskommissars jedoch zu spät, und der um 3.05 Uhr ausgelöste deutsche Angriff traf die Grenztruppen und die NKWD-Verbände unvorbereitet. Diese leisteten gleichwohl heftigen Widerstand, mußten aber schließlich der Übermacht weichen. Deutscherseits standen zwischen Ostsee und Karpaten 140 Divisionen mit 3550 Panzern im Angriff. Die deutsche Luftwaffe flog pausenlos Angriffe mit über 2000 Flugzeugen, darunter 800 Jägern. Bis zum Mittag des 22. Juni bombardierten sie mehr als 60 Flugzeuge der Roten Armee und vernichteten dabei über 880 Flugzeuge, teilweise am Boden, bei einem eigenen Verlust von nur 10 Maschinen.[1] Hunderte von Diversanten und Saboteuren, zum größten Teil Litauer und Ukrainer, wurden mit Fallschirmen hinter den sowjetischen Linien abgesetzt, um Telephonleitungen und Nachrichtenzentralen zu zerstören und Stäbe der Roten Armee zu überfallen. Bei den sowjetischen Truppen in den westlichen Grenzgebieten und teilweise in den Stäben herrschte das Chaos.

1. Stalins großer Irrtum

Stalin war von Schukow am 22. Juni um 4 Uhr morgens geweckt worden mit der Nachricht vom deutschen Angriff und von der Bombardierung ukrainischer und weißrussischer Städte. Eine halbe Stunde später versammelte sich das Politbüro der KPdSU im Kreml. Timoschenko und Schukow waren beigezogen worden. Stalin saß blaß am Tisch: „Man muß schnellstens mit der deutschen Botschaft Verbindung aufnehmen!" Anscheinend wollte er noch immer nicht an einen deutschen Angriff glauben. Gegen 6 Uhr kehrte Molotow vom deutschen Botschafter Friedrich Werner Graf von der Schulenburg zurück mit der niederschmetternden Nachricht: „Die deutsche Regierung hat uns den Krieg erklärt!"

Stalin sank auf seinem Stuhl zusammen und schwieg. Endlich unterbrachen die Militärs die „lange, beklemmende Pause“, indem sie um klare Anweisungen baten.[2] Was sie erhielten und als Befehl Nr. 2 den westlichen Militärbezirken weitergeben mußten, war — laut Generalstabschef Schukow — in höchstem Maße unrealistisch. Stalins Anordnungen entsprachen weder den Kräfteverhältnissen noch der militärischen Lage und konnten somit auch nicht befolgt werden. Stalin ließ nämlich der Roten Armee am 22. Juni 7.15 Uhr befehlen, den Gegner überall, wo er die sowjetische Grenze überschritten hatte, mit allen Kräften anzugreifen und zu vernichten. Die Landesgrenze dürfte jedoch nicht nach Westen überschritten werden.

Stalin begriff die wahre Lage nicht. Er sah im deutschen Angriff lediglich eine Provokation der Generäle, dieser preußischen Junker, die ohne Wissen ihres Führers den Krieg gegen die Sowjetunion begonnen hatten, um das nationalsozialistische Regime vor vollendete Tatsachen zu stellen. Stalin betrachtete die Lage gleich wie 1931, als die japanische Soldateska die Mandschurei besetzte und damit Tokio zum offenen Krieg gegen China zwang. So ließ er den ganzen 22. Juni die Funkverbindung zum Deutschen Auswärtigen Amt aufrecht halten, und ersuchte auch Japan, in diesem „Konflikt“, mit Deutschland zu vermitteln.[3]

Anstelle von Stalin sprach Molotow um 12 Uhr mittags im sowjetischen Rundfunk. Er gab der Bevölkerung der Sowjetunion die erste Orientierung darüber, daß das Land seit über 8 Stunden im Kriege stehe. „Dieser unerhörte Überfall auf unsere Heimat ist ein in der Geschichte der zivilisierten Völker beispielloser Wortbruch. Der Überfall auf unser Land erfolgte, obwohl zwischen der UdSSR und Deutschland ein Nichtangriffspakt besteht und die Sowjetregierung alle Bedingungen dieses Vertrages gewissenhaft erfüllt hat...“ Die Verantwortung für diesen Krieg lastete er voll und ganz den „faschistischen Machthabern“ an. Seine Erklärung schloß Molotow mit den Worten: „Unsere Sache ist gerecht. Der Feind wird geschlagen. Der Sieg wird unser sein!“[4]

Während Molotow sprach, prüfte Stalin die (erst einige Monate vorher erstellten) Mobilmachungspläne. Er zögerte noch immer, die Mobilmachung in dem vom Generalstab vorgesehenen Ausmaß zu genehmigen. So ließ er vorerst lediglich in 14 Militärbezirken die Jahrgänge von 1905 bis 1918 zu den Fahnen rufen und nur im europäischen Teil der Sowjetunion den Kriegszustand anordnen. Damit wurden alle Funktionen des öffentlichen Lebens Sache der Militärbehörden. Am ersten Kriegstag erhielten der Baltische, der Westliche und der Kiewer Besondere Militärbezirk einen neuen Status und hießen fortan *Nordwestfront, Westfront* und *Südwestfront.* Schukow, Kulik und Schaposchnikow begaben sich eiligst in die Hauptquartiere dieser „Fronten“ (eigentlich Heeresgruppen), da Stalin plötzlich Zweifel gekommen waren, ob die Front-Oberbefehlshaber wohl genügend Erfahrungen besäßen zur Meisterung der komplizierten Lage, und ob sie bei der stürmischen Entwicklung der Ereignisse genügend klaren Kopf behielten?

Dabei war Stalin selber unschlüssig. Er hoffte weiterhin auf ein Friedenszeichen aus Berlin. „Erst am Abend des 22. Juni," — schrieb später ein maßgebender sowjetischer Militär in seinen Erinnerungen — „als an den Flanken der Westfront durch die weit vorangetriebenen feindlichen Panzerkeile eine sehr bedrohliche Lage entstanden war, erhielten die Oberbefehlshaber der Fronten den Befehl, Gegenoffensiven in die Tiefe zu führen, um die Hauptkräfte des Gegners zu vernichten und die Kampfhandlungen auf sein Gebiet zu verlegen..."[5] Sowjetischen Flugzeugen blieb es aber weiterhin verboten, mehr als 100 bis 150 Kilometer in feindliches Gebiet einzudringen und dort Kampfhandlungen auszuführen.

Am 23. Juni wurde in Moskau das Hauptquartier des Oberkommandos (Stawka) gebildet. Zu diesem Zeitpunkt war Stalin noch nicht bereit, sich zum Obersten Befehlshaber der Roten Armee zu erklären. So übernahm Timoschenko diese Funktion, aber nur formell, denn tatsächlich konnte er keinen Entscheid ohne Stalins Einwilligung treffen. Die Stawka bestand aus folgenden Persönlichkeiten: S. K. Timoschenko als Vorsitzender, G. K. Schukow als Generalstabschef, J. W. Stalin als Partei- und Regierungschef, W. M. Molotow, Volkskommissar für Auswärtige Angelegenheiten, die Marschälle K. J. Woroschilow und S. M. Budjonny sowie der Volkskommissar für die Seestreitkräfte, Admiral N. G. Kusnezow. Das Hauptquartier blieb während der ganzen Kriegsdauer in Moskau. Vorerst war es im Kreml untergebracht. Anfangs Juli wurde es in einen speziell gebauten unterirdischen Gang bei der Metrostation „Kirowskije worota" verlegt. Als kurz darauf deutsche Bombenangriffe auf Moskau erfolgten, zog auch der Generalstab in diese Metrostation. Diese Unterkünfte waren behelfsmäßig eingerichtet: zweckdienlich, aber unbequem und primitiv. Im Frieden hatte nämlich niemand an die bombensichere Unterbringung solch wichtiger Führungsorgane gedacht.

Die Nachrichtenverbindung vom Hauptquartier des Oberkommandos bzw. des Generalstabes zu den Frontoberbefehlshabern war in diesem Sommer sehr schlecht und vor allem schwerfällig. Die Entwicklung der elektrischen Befehlsübermittlung steckte noch in den Kinderschuhen. Es kam öfters vor, daß der Generalstab, um Nachrichten über die Lage eines Frontabschnittes zu erhalten, auf das öffentliche Telephonnetz zurückgriff und einfach die Gemeindeverwaltung eines Ortes anrief, um sich dort über die militärischen Lage in einem Rayon zu informieren.

2. Die Lage an den Fronten

In den ersten Kriegswochen charakterisierten Überraschung, Erbitterung und Enttäuschung die Tätigkeit der Roten Armee. Obwohl die Rotarmisten fast überall starken Widerstand leisteten, blieb ihnen der Erfolg versagt. Die deutsche Wehrmacht konnte ihren Angriff planmäßig und ohne besondere Schwierigkeiten durchführen. Die *Heeresgruppe Nord* des Generalfeldmarschalls Ritter von Leeb entfaltete ihre Offensive aus Ostpreußen in Richtung Baltikum mit Fernziel Leningrad. Aus dem südlichen Ostpreußen und dem nördlichen Generalgouvernement stieß Generalfeldmarschall Fedor von Bock mit der *Heeresgruppe Mitte* über Minsk und Smolensk auf Moskau vor. Diese Kräftegruppierung war mit zwei Armeen und zwei Panzerarmeen (damals noch Panzergruppe genannt) das stärkste und beweglichste Element von Hitlers Ostheer. Die *Heeresgruppe Süd*, Generalfeldmarschall Gert von Rundstedt, griff aus den ehemaligen polnischen Gebieten in Richtung Kiew-Dnjepr-Bogen an.

Die deutschen Panzerverbände drangen in den ersten drei bis vier Operationstagen 150 bis 200 Kilometer ins Feindesland vor. Im gleichen Zeitraum wurden über 10000 Kriegsgefangene eingebracht.

Die eindeutige Beherrschung des Luftraumes, die guten Waffen, die straffe, zielbewußte Führung und nicht zuletzt die auf den Schlachtfeldern Europas gewonnenen Kampferfahrungen ließen die deutschen Soldaten über die vom plötzlichen Überfall noch immer benommenen sowjetischen Truppen und ihre Führung triumphieren.

Auf der Seite der Roten Armee herrschten manchenorts chaotische Zustände. Die ohnehin unzureichenden Nachrichtenverbindungen wurden auf mannigfaltige Weise gestört und brachen bereits in den ersten Tagen zusammen. Aus Moskau kamen völlig unrealistische Befehle, die immer noch Gegenoffensiven anordneten, als schon keine einigermaßen geordnete *Verteidigung* und oft nicht einmal mehr ein Rückzug möglich war. Bei den zurückgehenden Truppen, die sich aus der Einkreisung zu retten versuchten, aber überall durchgebrochene deutsche Panzer witterten, kam Panikstimmung auf. Die unzureichenden Lageberichte verwirrten sowohl die militärische Führung als auch die Zivilbevölkerung und ließen die Gerüchteflut anschwellen. Das war aber nur die eine Seite der Medaille. Die andere Seite zeigte die Ohnmacht der Rotarmisten über die Unzulänglichkeit ihrer Ausrüstung und Waffen gegenüber dem Angreifer. Gegen die vorrückenden deutschen Panzer hatte der sowjetische Soldat keine wirksame Abwehrwaffe. Weil Panzerabwehrkanonen in größerer Zahl fehlten, mußte er sich mit Brandflaschen, „Molotow-Cocktails" behelfen, wie sie die finnischen Soldaten im „Winterkrieg 1939/40" gebraucht hatten. Eine heroische, aber verlustreiche Methode! Die sowjetischen Flugzeuge, die bisher als die besten der Welt gepriesen worden waren, erwiesen sich im Kampf gegen Görings Luftwaffe als unzureichend. Sie waren den deutschen an Geschwindigkeit und Wendigkeit unterlegen und hatten weder Funkverbindung noch Panzerverglasung der Kabine.[6] Die kämpfende Truppe hatte weder eigene Luftabwehrmittel noch Raumschutz seitens der eigenen Flieger; so mußten die Kommandeure zähneknirschend und in ohnmächtiger Wut zusehen, wie ihre Verbände von deutschen Bombern und Jagdmaschinen vernichtet wurden. General Birjuzow beschreibt in seinen Memoiren als Augenzeuge eine solche Szene: die Vernichtung der 21. Kavalleriedivision aus der Luft.[7]

Die aus der Tiefe des Hinterlandes in den Kampf geführten Verbände brachten keineswegs die ersehnte Wende. Die meisten Divisionen gingen eigentlich direkt ihrer Vernichtung entgegen, wurden sie doch in kürzester Zeit vom Gegner aufgerieben.

Am Ende der dritten Kriegswoche standen die Truppen der Heeresgruppe Mitte halbwegs Moskau, vor Smolensk, das am 16. Juli fiel. Im Kessel von Minsk waren große Teile der sowjetischen Westfront eingeschlossen. Bis zum 1. August gerieten allein in diesem Frontbereich mehr als 755 000 Rotarmisten in Gefangenschaft. Die Deutschen vernichteten oder erbeuteten 6000 Panzer und über 5000 Geschütze.

In ähnlichem Tempo ging auch die Offensive der Heeresgruppe Nord vor sich. Nach der Einnahme von Pskow am 9. Juli drangen die Panzer des Generals Reinhardt auf altrussischem Gebiet in Richtung Leningrad vor. In kürzester Zeit wurde das ganze Baltikum erobert; um Tallinn entbrannten heftige Kämpfe. Matrosen und ihre Kommandeure verteidigten diesen Flottenstützpunkt infanteristisch. Am 26. August erst evakuierte das sowjetische Hauptquartier die heißumkämpfte Stadt. Die Baltische Flotte gab den Finnischen Meerbusen auf und zog sich nach Kronstadt zurück.

Ende Juni 1941 — nachdem sowjetische Flugzeuge ohne Kriegserklärung am 25. Juni Helsinki und andere finnische Städte bombardiert hatten — trat Finnland in den Krieg gegen die UdSSR. Die finnische Führung bewahrte aber kühlen Kopf: sie betrachtete den neuen Waffengang lediglich als eine *Fortsetzung* des Winterkrieges 1939/40 und ging mit den Deutschen keinerlei militärisches Bündnis ein. Sie begnügte sich im Großen mit der Wiedergewinnung der an die Sowjets 1940 verlorenen Gebiete und sahen von einem weiteren Engagement zugunsten der Deutschen ab. (Die Regierung konnte aber nicht verhindern, daß 1941 ein deutsches Gebirgskorps aus Norwegen über finnisches Gebiet gegen Murmansk vorstieß.)

Die deutsche Heeresgruppe Süd hatte indessen Galizien durchstoßen und die sowjetische Grenze von 1939 an mehreren Stelle überschritten; in den ersten Juliwochen kämpfte sie bereits um Berditschew und Schitomir. Ihr wurde ein ungarisches Armeekorps unterstellt, nachdem das Königreich Ungarn am 27. Juni 1941 den Kriegszustand mit der Sowjetunion proklamiert hatte.[8]

Am 1. Juli trat auch das Königreich Rumänien in den Krieg. Im Südabschnitt der Heeresgruppe Süd stießen zwei rumänische Armeen (16 Divisionen) von einer deutschen Armee unterstützt aus der Moldau vor, um Bessarabien und die Nordbukowina zurückzuerobern.

Die Rote Armee befand sich auf der ganzen Linie in der Defensive und sah sich zum Rückzug gezwungen, soweit ihr das noch möglich war. Innerhalb von vier bis fünf Wochen hatte sie eine Reihe von schweren Niederlagen erlitten. Von den ursprünglich 170 Divisionen waren Ende Juli/Anfang August 1941 nur noch *70* übrig. Die anderen waren zerschlagen, in riesigen Kesseln gefangen oder aufgerieben, bzw. hatten solche Verluste erlitten, daß sie als Verband ausfielen.[9] Am schlimmsten war die Lage an der sowjetischen Westfront, die den Weg nach Moskau deckte. Stalin wurde zum Opfer seiner eigenen Propaganda und konnte es einfach nicht begreifen, daß seine Armee, die größte und stärkste Streitmacht der Welt, der deutschen Wehrmacht unterlegen sein sollte. Er suchte dafür Sündenböcke und ließ am 1. Juli den Oberbefehlshaber der Westfront, den verdienten Armeegeneral D. G. Pawlow sowie dessen Stabschef ablösen und verhaften. Sie wurden vor ein Militärgericht gestellt und zusammen mit anderen Kommandeuren des Stabes als „Verräter“ und „Volksfeinde“ noch im Juli hingerichtet. Der Volkskommissar für Verteidigung, Marschall Timoschenko übernahm persönlich die Führung der Westfront. Ihm war aber auch kein Erfolg beschieden. In der sogenannten Doppelschlacht von Bialystok und Minsk büßte er am 9. Juli das Gros seiner Heeresgruppe ein. Zwei sowjetische Armeen, die 3. und die 10. wurden völlig vernichtet. Die Deutschen machten mehr als 300000 Rotarmisten zu Gefangenen (darunter zahlreiche Korps- und Divisionskommandeure) und erbeuteten 3332 Panzer und 1809 Geschütze.[10]

Mitte Juli 1941 kontrollierten die Deutschen und ihre Verbündeten bereits 175000 km^2 sowjetischen Gebietes. Ein Monat später waren es 300000 km^2. Und die Offensive ging weiter.

3. Die Lage in Moskau

Am 3. Juli 1941 — nach einem mehr als peinlich langen Schweigen — sprach Stalin endlich im Rundfunk zu seinen Landsleuten, die er jetzt erstmals als „Brüder“ und „Schwestern“ ansprach. Er verkündete den *totalen Krieg* gegen die „deutsch-faschistischen Eindringlinge“, der ein „vaterländischer Volkskrieg“ sein sollte. Nicht nur aus der Sowjetunion müsse Hitler vertrieben werden, sondern es müsse auch allen Völkern Europas geholfen werden, sich vom *deutschen Joch* zu befreien. „In diesem Krieg werden wir treue Verbündete an den Völkern Europas und Amerikas haben, darunter auch am deutschen Volk, das von den faschistischen Machthabern versklavt ist!“[11] Stalin schilderte schonungslos die mißliche Lage an den Fronten. Er verkündete aber auch die Politik der „verbrannten Erde“ in den „vorübergehend“ aufzugebenden Gebieten. Dem Feind dürfe nichts wertvolles in die Hände fallen; was nicht rechtzeitig evakuiert werden könne, müsse vernichtet werden. Er befahl den Partisanenkrieg im Rücken des Feindes und drohte den Panikmachern und Deserteuren mit Kriegsgericht. Schließlich bekräftigte er den unbeugsamen Willen der sowjetischen Führung, den Kampf gegen Hitler mit allen Mitteln bis zum Sieg fortzusetzen.

Eine Welle patriotischer Begeisterung ergriff daraufhin die sowjetische Bevölkerung. In diesen schrecklichen Sommermonaten waren nicht mehr Internationalismus, Sozialismus und Parteiideologie das Thema, sondern die großen Gestalten der russischen Nationalgeschichte: Alexander Newskij, der den deutschen Ritterorden geschlagen hatte, Suworow und Kutuzow, die Napoleons Große Armee vernichtet hatten. (Ein Lied von W. I. Lebedew-Kumatsch und A. W. Alexandrow, das der patriotischen Stimmung entsprach, wurde zu einer wahren Volkshymne: „Daß edler Zorn den Feind zerrauf', / sich gleich der Sturmflut wieg! / Ein Krieg des Volks nimmt seinen Lauf, / ein wahrhaft heil'ger Krieg!")

Der totale Krieg wurde in die Tat umgesetzt. „Alles für die Front, alles für den Sieg!" hieß die Neuauflage der Leninschen Parole aus der Zeit des Bürgerkrieges. Innerhalb weniger Wochen wurden über fünf Millionen Wehrfähige zu den Fahnen gerufen. Sogenannte Volkswehrdivisionen entstanden, die man jedoch nur notdürftig ausrüsten konnte.

Stalin schien sich von seiner schrecklichen Lethargie nach dem 22. Juni einigermaßen erholt zu haben. Wenn er — nach Chruschtschows späteren Aussagen — anfänglich noch daran glaubte, daß „alles, was Lenin geschaffen hat, nun verloren geht"[12], — stellte er sich nun energisch an die Spitze des Kampfes. Am 19. Juli übernahm er die Leitung des Volkskommissariats für Verteidigung und am 8. August ließ er sich zum Obersten Befehlshaber der Roten Armee ausrufen, unter gleichzeitiger Beibehaltung seiner Posten als Generalsekretär der KPdSU(B) und als Vorsitzender des Rates der Volkskommissare. Dieser war Ende Juni 1941 zu einer Notstandsregierung umgestaltet worden und hieß fortan *„Staatliches Verteidigungskomitee"*. Unter dem Vorsitz von Stalin wirkten darin Wjatscheslaw M. Molotow, Kliment J. Woroschilow, Georgi M. Malenkow, zu denen etwas später noch Lawrentij P. Berija, Nikolaj A. Bulganin, N. A. Wosnessenski, Lazar M. Kaganowitsch und Anastas I. Mikojan kamen, alles erstklassige Fachleute.

Die Konzentration von Machtbefugnissen bei Stalin war ohnegleichen in der ganzen modernen Welt; sie war angesichts der sowjetischen Verhältnisse wohl notwendig und wirkte sich durchaus positiv aus. Die durch das militärische Desaster schwer erschütterte Sowjetunion bedurfte der straffen Führung durch eine Persönlichkeit, wie sie eben Stalin — mit seinen schlechten und guten Eigenschaften — war. Seine unerschütterliche Zielstrebigkeit, sein zäher Wille und die brutale Härte, mit der er sich durchsetzte, sein Organisationstalent und sein Geschick bei Verhandlungen mit westlichen Staatsmännern, all das konzentrierte er nun darauf, die deutschen Eindringlinge aufzuhalten, wieder zurückzutreiben und zu zerschmettern. *In Stalin personifizierte sich der Selbstbehauptungswille der sowjetischen Völker,* eine wichtige Voraussetzung für den Sieg.

Der deutsche Angriff löste die Sowjetunion aus ihrer Isolation. Bereits am 22. Juni 1941 bot ihr Winston S. Churchill im Namen Großbritanniens ein Kriegsbündnis an. Ohne etwas von seinen Vorbehalten gegenüber dem Kommunismus zurückzunehmen, ließ der britische Premier in einer großartigen Rede Moskau wissen, daß sein Land auf Seiten Rußlands stehe: „Wer, Mensch oder Staat, gegen den Nazismus marschiert, wird unseren Beistand haben... Daraus folgt, daß wir Rußland und dem russischen Volk jedemögliche Hilfe gewähren... Die Gefährdung Rußlands ist unsere eigene Gefährdung!"[13] Am 12. Juli 1941 kam es zu einem britisch-sowjetischen Bündnis. Am 30. Juli 1941 traf Harry Hopkins, der Sonderbotschafter des USA-Präsidenten Franklin D. Roosevelt in Moskau ein. Er bot der UdSSR für ihren Kampf gegen die „Nazi-Barbarei" wirtschaftliche Hilfe an nach der „Lend and Lease-Bill", die bereits Großbritannien zugute kam. Gleichzeitig führte er erfolgreiche politische Gespräche für die Normalisierung der Beziehungen der UdSSR zu den polnischen, tschechoslowakischen und französischen Exilregierungen. Die West-Verträge brachten der Sowjetunion bedeutende Vorteile, die insbesondere in der ersten Phase des deutsch-sowjetischen Krieges nicht unwesentlich zu ihrem Durchhalten beitrugen. Noch wichtiger war jedoch der *moralische Faktor* des Bündnisses: Stalins Rußland gehörte nun zum Lager der Anti-Hitler-Koalition, die Isolation gegenüber den westlichen demokratischen Staaten schien durchbrochen zu sein, und die einfachen Menschen in der Sowjetunion konnten hoffen, daß diese „Öffnung nach Westen" dauerhaft sein werde.

Die britisch-sowjetische Allianz bestand im August 1941 ihre erste Bewährungsprobe. Angeblich um einem deutschfreundlichen Staatsstreich zuvorzukommen, tatsächlich um eine gesicherte Landverbindung zu erhalten, marschierten am 25. August britische und sowjetische Truppen in Iran ein. In wenigen Tagen wurde das Land besetzt, und nach einer Regierungsumbildung unter Mohammed Ali Furughi, stellten am 28. August auch die letzten persischen Einheiten ihren Widerstand ein. Iran wurde in Besatzungszonen aufgeteilt (Norden sowjetisch, Süden britisch, die Mitte des Landes mit Teheran neutral).

4. Die Krise im sowjetischen Westen

Trotz enormer Anstrengungen gelang es dem Staatlichen Verteidigungskomitee im August und September 1941 nicht, die Lage an den Fronten zu stabilisieren. Die Finnen nahmen am 29. August Wiborg und erreichten einige Tage später die alte finnisch-sowjetische Grenze von 1939 nördlich Leningrad. Ende August war das ganze Baltikum in deutscher Hand und die Heeresgruppe Nord kam Leningrad gefährlich nahe. Hier organisierten zuerst zwei Marschälle, Kulik und Woroschilow, die Verteidigung. Am 5. September überschritten die Deutschen die strategisch bedeutsame Eisenbahnlinie Moskau — Leningrad und erreichten am 10. September das Südufer des Ladogasees. Damit war die Millionenstadt Leningrad vom Hinterland praktisch abgeschnitten. Stalin gab Kulik bzw. Woroschilow die Schuld. Beide wurden von ihren Posten abberufen. Schukow, der bereits am 29. Juli als Generalstabschef abgelöst und durch B. M. Schaposchnikow ersetzt worden war, flog um den 10. September nach Leningrad, um die Verteidigung zu führen. Er schrieb später zutreffenderweise: „Die Lage war für die Truppe und ebenso für die Einwohner so schwer, daß wohl kaum andere als sowjetische Menschen eine derartige Belastung ertragen hätten..."[14]

In der Tat war die Situation in und um Leningrad katastrophal. Die Stadt war für eine Belagerung überhaupt nicht vorbereitet. Im Sommer 1941 waren nur 773 590 Menschen evakuiert worden. In der belagerten Stadt blieben — neben den Soldaten — beinahe 2,5 Millionen Menschen zurück, die unter äußerst schwierigen Verhältnissen und Entbehrungen bis Mitte Januar 1943 auszuharren hatten.[15]

In Bjelorußland wurde indessen hartnäckig gekämpft. Ende Juli noch wurde zwischen der Westfront und der Südwestfront eine neue sowjetische Heeresgruppe, die Zentralfront, eingeschoben, die Kiew, und insbesondere Moskau vor einem Frontangriff schützen sollte. Im Süden kam es zu dramatischen Ereignissen. Bei Uman (in der Ukraine) hatte die Rote Armee erneut empfindliche Verluste hinnehmen müssen. In einer Kesselschlacht vom 2. bis 8. August wurden zweiundeinhalb sowjetische Armeen völlig aufgerieben. Am 13. August schloß die 4. rumänische Armee die von Generalleutnant G. P. Safronow verteidigte Hafenstadt Odessa ein. Die Deutschen eroberten Nikolajew am südlichen Bug und erbeuteten in den dortigen Werften einen Kreuzer, vier Zerstörer und den Rumpf eines im Bau befindlichen Schlachtschiffes.

Die Lage für die schwer ringende Rote Armee in der Ukraine spitzte sich immer mehr zu. Anfangs September wurde bereits um Kiew gekämpft. Generaloberst M. P. Kirponos, Oberbefehlshaber der Südwestfront, ein wenig geübter Stratege und unerfahren in der Führung großer und kombinierter Verbände (im finnischen Feldzug 1940 befehligte er erst eine Division), versuchte wiederholt, das Hauptquartier zur rechtzeitigen Aufgabe der ukrainischen Metropole zu bewegen, um seine Truppen aus der deutschen Umklammerung zu retten. Stalin wollte jedoch von einem Rückzug nichts wissen. Er befürchtete — wohl mit Recht — schwerwiegende außenpolitische Folgen, besonders bei den Westalliierten, wenn nun auch noch Kiew verlorenginge. Er versprach Kirponos eine Entlastungsoffensive, welche die nördliche Umklammerung der Deutschen, die Panzergruppe 2, zurückdrängen sollte. Anfang September versuchte eine am 16. August aufgestellte neue sowjetische Heeresgruppe, die Brjansker Front, diesen Angriff, der aber mangels Panzer und Flieger fehlschlug. Das Ende für Kiew kam dann rasch. Am 14. September vereinigten sich bei Lochwiza die aus Norden vorstoßende Panzergruppe 2 der Heeresgruppe Mitte mit der von Krementschug nach Norden vorstürmenden Panzergruppe 1 der Heeresgruppe Süd, womit Kiew und die gesamte sowjetische Südwestfront eingekesselt war.

Am 19. September fiel Kiew. Von den fünf Armeen der sowjetischen Südwestfront konnten nur unbedeutende Teile den deutschen Ring nach Osten durchbrechen und die eigenen Linien im Raum Charkow erreichen. 665 000 Gefangene, 3718 Geschütze und 884 Panzer fielen den Siegern in die Hand. Zu diesen Verlusten sind noch die im Kessel gefallenen Rotarmisten zu rechnen. Kirponos selbst fiel mit dem Gros seines Stabes im Wald von Schumeiki, 15 Kilometer südwestlich von Lochwiza.[16] Mit den eingekreisten Armeen ging auch die Pinsker Kriegsflottille unter.

Nach der Vernichtung der Südwestfront klaffte im Raum Charkow eine große Lücke in der sowjetischen Verteidigung. Das Hauptquartier mußte seine letzten Reserven zusammenraffen (aus Arbeitern zusammengestellte sogenannte Volkswehrdivisionen und teilweise noch unausgebildete Verbände), um im Abschnitt Belopolje — Lebedin — Krasnograd — Stalinogorsk eine neue Front zu organisieren, die am 30. September von Marschall S. K. Timoschenko übernommen wurde. Nach und nach konnten frische Truppen zugeführt werden, und Mitte Oktober verfügte der Marschall bereits über vier Armeen. Aber bis es so weit war, mußte der linke Nachbar, die Südfront bis Dnjepropetrowsk — Saporschje — Melitopol zurückgehen. Das wiederum ermöglichte den Deutschen, zur Landenge von Perekop vorzustoßen und die Brücke von Tschongar zu nehmen, so daß die Krim in Gefahr kam.

Erst jetzt, Anfang Oktober, verzichtete das Hauptquartier darauf, immer wieder Gegenschläge zu fordern, und es begnügte sich „standhafte Verteidigung" zu befehlen.[17] Aber auch dazu war es bereits zu spät. Die Deutschen schienen unaufhaltbar zu sein; am 29. September überschritten sie den unteren Dnjepr, ab 30. September wurden sie im Mittelabschnitt aktiv und am 16. Oktober stießen sie im Norden gegen Tichwin vor. An der riesigen Front vom Ladogasee bis zum Asowschen Meer entbrannten nun wieder neue Schlachten. Die deutsche Heeresgruppe Mitte schickte sich an, mit sechs Armeen das „Unternehmen Taifun" auszulösen, dessen Ziel die Einnahme Moskaus war.

Für die Sowjetunion brachen die dunkelsten Stunden an.

5. Die innere Lage der Roten Armee 1941

Der rasche Vormarsch der deutschen Wehrmacht und ihre großen Siege hatten die sowjetischen Streitkräfte bis in ihre Grundfesten erschüttert. Wie ein Kartenhaus brach der von der Propaganda jahrelang gepflegte Glaube an die turmhohe moralische und technische Überlegenheit und Unbesiegbarkeit der Roten Armee gegenüber jeder kapitalistischen Streitmacht zusammen. Die meisten Vorschriften und die zum Dogma erhobenen militärischen Richtlinien der Vorkriegszeit erwiesen sich auf dem Schlachtfeld als unbrauchbar und kosteten enorme Verluste an Menschen und Material.[18] Die Waffen, mit denen der Rotarmist kämpfen mußte, waren in den meisten Fällen denen der Deutschen weit unterlegen. Die einstige große Panzerarmada der Roten Armee war bis zum Herbst 1941 auf wenige tausend, vornehmlich veraltete Kampfwagen zusammengeschmolzen. Schon

Ende Juli hatten die motorisierten Korps als Verband aufgelöst werden müssen, weil sowohl Fachkräfte als auch Panzer fehlten. An deren Stelle sollten zehn neue Panzerdivisionen mit je 217 Panzer gebildet werden — aber auch dies konnte nicht bewerkstelligt werden. In der ersten Septemberhälfte war die Lage an den Fronten so kritisch, daß einige dieser Verbände als Schützendivisionen eingesetzt werden mußten, während man versuchte, aus dem Rest wenigstens fünf Panzerbrigaden aufzustellen.[19]

Mit den am 29. Juli bestätigten neuen Stellenplätzen wurden der Personalbestand einer Schützendivision um 30 Prozent, ihr Artilleriepark um 52 Prozent und ihre Kraftfahrzeuge um 64 Prozent reduziert. Entsprechend gingen die Kampfmöglichkeiten sowohl hinsichtlich Feuerkraft als auch Beweglichkeit zurück. Verglichen mit einer deutschen Infanteriedivision hatte die sowjetische Schützendivision jetzt 33,3 Prozent weniger Menschen, 28,6 Prozent weniger Schützenwaffen und 52,4 Prozent weniger Geschütze und Granatwerfer![20]

Als Panzerbekämpfungsmittel verfügten die Rotarmisten praktisch nur über die Brandflasche, den „Molotow-Cocktail". Was an Panzerabwehrartillerie übrig geblieben und durch eine bescheidene Zahl von 76,2-mm-Pak ergänzt worden war, wurde in Pak-Regimenter mit 16 Geschützen zusammengefaßt.

Besonders schlimm stand es mit den „Stalinschen Falken", den sowjetischen Fliegern. Ihre Flugzeuge erwiesen sich zu schwerfällig und ihre Bewaffnung und Ausrüstung als ungenügend.[21] In ihrer Verzweiflung griffen die sowjetischen Piloten zur selbstmörderischen Taktik des „Rammstoßes". „Wenn es keine Möglichkeit zur Rettung mehr gab, haben sich sowjetische Flugzeugbesatzungen in zahlreichen Fällen geopfert und ihr Flugzeug in gegnerische Kolonnen, Flugzeuge oder Fahrzeuge gestürzt, um soviel Feinde wie möglich zu vernichten!"[22] *Bis in die zweite Hälfte des Jahres 1942* haben mutige und patriotisch gesinnte sowjetische Piloten auf diese Weise die technisch überlegene deutsche Luftwaffe zu bekämpfen versucht.

Anfangs September 1941 wurde die Lage bei den sowjetischen Luftstreitkräften so prekär, daß man von den noch vorhandenen Jagdmaschinen das zweite schwere MG abmontierte, um die neuen Maschinen damit zu armieren. „Also, stehen wir schon so schlecht... Nicht einmal genügend MGs besitzt unsere Armee..." so kommentierten die erbitterten Kampfpiloten diese Maßnahme des Oberkommandos, die natürlich nicht ohne psychologische Wirkung auf die Truppe blieb.[23] Von allen Waffengattungen der Roten Armee mußten gerade die Luftstreitkräfte die empfindlichsten Verluste hinnehmen — sowohl an Kader als auch an Maschinen. Nach der Evakuierung der Flugzeug- und der Flugmotoren-Werke hinter den Ural dauerte es lange Monate, bis die neue Produktion anlief und bis wieder Kampf- und Bomberflugzeuge zur Truppe gelangten. So wurden die Fliegerdivisionen von 3 auf 2 Regimenter abgebaut und die Anzahl der Flugzeuge in den Regimentern von 60 auf 30 und dann sogar auf 22 reduziert.[24]

Um die bei den Rückzugskämpfen erlittenen ungewöhnlich hohen Personalverluste auszugleichen und um neue Verbände aufzustellen, mußten immer neue

Jahrgänge einberufen werden. So wurde im August 1941 die Mobilmachung der Jahrgänge 1890 bis 1904 verfügt, die teilweise noch in der Zarenarmee gedient hatten; später wurden alle Jahrgänge bis 1923 eingezogen.

Die stetigen Mißerfolge und Rückzüge belasteten die Rotarmisten moralisch äußerst schwer. „Genosse Kommandeur... Sie gehen fort und lassen uns im Stich. Haben wir nicht der Roten Armee unser Letztes gegeben? Selbst um das letzte Hemd würde es uns nicht leid sein. Ich bin ein Veteran und habe gegen den Deutschen bereits gekämpft. Wir haben aber keinen Fuß russischen Boden betreten lassen. Und was tut Ihr?!“ An diese Frage eines graubärtigen alten Bauern erinnert sich General Rokossowski, als er wieder einmal einen Rückzugsbefehl geben mußte. „Heute noch muß ich an diese Worte denken. Sie wirkten wie eine Ohrfeige. Auch die anderen Genossen waren niedergeschlagen...“[25] schrieb er 1968 in seinen Memoiren.

Stalin setzte alles ein, um die Disziplin und die Kampfmoral der Roten Armee zu wahren. Noch im Juli ließ er die politische Propagandaarbeit intensivieren und wiederum in der Roten Armee (und später in der Seekriegsflotte) Kriegskommissare (genannt Politkommissare) einführen. Tausende, ja Zehntausende von Parteifunktionären sollten in Uniform den Kommandeuren beistehen und die Kampfmoral der Truppe haben. Die Desertion hatte schlimme Formen angenommen; nicht selten liefen ganze Einheiten zum Feind über. Um dem entgegenzuwirken, wurde den Rotarmisten eingehämmert, daß die freiwillige Übergabe Vaterlandsverrat sei und daß alle, die in deutsche Gefangenschaft gerieten, von den Sowjetbehörden als Verräter und Volksfeinde angesehen würden und daß ihre Familien mit Verfolgung zu rechnen hätten. Nur wer den sowjetischen Alltag in der Stalin-Ära am eigenen Leib erlebt hat, kann die Wirkung derartiger Drohungen ermessen.

Um der Truppe das Verlassen des Schlachtfeldes zu verunmöglichen, hatte das sowjetische Oberkommando bereits in der zweiten Hälfte Juli 1941 sogenannte Sperr-Einheiten („Sagraditel'nyje otrjady“) aufgestellt. Diese rekrutierten sich aus NKWD-Soldaten und aus vertrauenswürdigen Kommunisten der Truppe, die nach Möglichkeit mit MPs bewaffnet wurden. Auf dem Schlachtfeld wurden sie so aufgestellt, daß sie die eigenen Soldaten stets überwachen konnten. Bei Panik oder bei eigenmächtigem Rückzug hatten die Kommandeure dieser Sperr-Einheiten das Recht und die Pflicht, auf ihre eigenen Landsleute zu schießen. Diese Formationen wurden in der Roten Armee bis 1943 beibehalten.

Und dennoch! Trotz ungenügender Bewaffnung und Versorgung, Führungsfehlern, Niederlagen, Entbehrungen und schwerer moralischer Belastung, kämpften die Rotarmisten in der Regel zähe und verbissen für ihr Heimatland. Es kam nirgends zur Auflösung ganzer Frontabschnitte, und Panikausbrüche konnten fast immer überwunden werden — wenn auch oft nur in letzter Minute. Der Patriotismus der Russen und teilweise anderen Völkerschaften, von der Kommunistischen Partei mit eiserner Energie auf die Kriegsanstrengungen konzentriert, bewirkte in diesen schweren Sommer- und Herbstmonaten Wunder. Die Hoffnung der Menschen richtete sich auf Stalin, den nun vorbehaltlos anerkannten großen Führer der Sowjetunion. Die Not der Zeit ließ auch diejenigen Zorn und Haß auf den Diktator vergessen, die seine Herrschaft ablehnten. So wurde Stalin, der nicht wenig Schuld an der verzweifelten Lage des Landes hatte, zum *Symbol* des Vertrauens in eine bessere Zukunft des ganzen Sowjetvolkes.

6. Moskau in Gefahr

Am 2. Oktober 1941 begann die deutsche Heeresgruppe Mitte aus dem Raum Welikije-Luki — Smolensk — Orjol mit *sechs* Armeen (darunter drei Panzerarmeen) den Angriff auf die sowjetische Hauptstadt. Gleichzeitig eröffnete die Heeresgruppe Süd von Poltawa eine Offensive in Richtung Charkow und Donezbecken, die rasch an Boden gewann und später auf Kursk ausgedehnt wurde. Die sowjetische Front wurde an mehreren Stellen aufgerissen, und da nennenswerte Reserven fehlten, konnten die Deutschen ihre Operationen plänmäßig vorantreiben.

Zwischen dem 2. und 20. Oktober erlitt die Rote Armee in der großen Doppelschlacht bei Wjasma und Brjansk erneut eine schwere Niederlage: acht ihrer Armeen wurden eingeschlossen und teilweise aufgerieben. 673000 Gefangene, 1242 Panzer und 5412 Geschütze aller Art fielen in die Hände der Deutschen. In derselben Zeit wurde in der Schlacht am Asowschen Meer das Gros der sowjetischen 18. Armee vernichtet. Diese Siege machten Hitler so zuversichtlich, daß er Mitte Oktober anordnete, daß Moskau baldmöglichst eng eingeschlossen und danach *ausgehungert* werden sollte. Eine frühzeitige Kapitulation der Verteidiger müßte (wie im Falle Leningrad) energisch abgewiesen werden.

Stalin sah die Gefahr für Moskau. Schukow wurde am 5. Oktober aus Leningrad zurückgerufen, um die Verteidigung der sowjetischen Hauptstadt in die Hand zu nehmen. Reserven waren kaum mehr zu finden. Bis Mitte Oktober konnten mit größter Mühe 11 Schützendivisionen (jede mit etwa 3000—4000 Mann) und einige Panzerbrigaden zusammengezogen werden, hauptsächlich aus „ruhigeren" Frontabschnitten. Die auf diese Weise neu aufgestellten vier Armeen reichten nicht aus, um die Stellungen vor Moskau (die von der Moskauer Bevölkerung in Tag- und Nachtarbeit ausgehoben worden waren) durchgehend zu besetzen. In der höchsten Not wurden Truppen aus dem Fernen Osten herangeführt. Stalin hatte nämlich am 15. September aus Tokio von einem der besten sowjetischen Agenten, Dr. Richard Sorge, zuverlässige Nachrichten erhalten, wonach das mit Hitler verbündete Japan für die nächsten sechs Monate keine Kampfhandlungen gegen die Sowjetunion plane.[26] Mit den ersten herangeführten sibirischen Verbänden bildete Schukow Schwerpunkte bei Wolokolamsk, Moschaisk, Malojaroslawez und Kaluga.

Immer größer wurde die Gefahr, daß die Deutschen von Norden oder von Süden bis Moskau vorstoßen konnten. Mitte Oktober verließ die Sowjetregierung — nicht aber das Verteidigungskomitee — gemeinsam mit dem diplomatischen Korps die Metropole und übersiedelte nach Kujbischew an der Wolga. Über Moskau wurde der Belagerungszustand verhängt. Es kam zu sehr ernstzunehmenden Panikerscheinungen mit Plünderungen, die erst um den 20. Oktober überwunden werden konnten.[27]

Am 17. Oktober bildete Schukow im Norden von Moskau die Kalininfront und unterstellte sie Generaloberst I. S. Konjew. Zur Bildung der Brjansker-Front im Süden der Hauptstadt mußte Generalleutnant A. I. Jeremenko mit seinen Verbänden noch aus einem deutschen Kessel ausbrechen, um den Abschnitt Kaluga — Tula zu besetzen. Insbesondere um Tula spitzte sich die Lage Mitte November dramatisch zu. Die drei Schützendivisionen, welche die Stadt und ihre Umgebung hielten, waren am Ende ihrer Kraft. Sie zählten *zusammen* nur noch dreitausend Mann, ihre Artillerieregimenter verfügten insgesamt noch über 4 Geschütze.[28] Ähnliche Verhältnisse herrschten auch an anderen Frontabschnitten des Verteidigungsringes um Moskau.

Der 7. November, der Jahrestag der Großen Sozialistischen Oktoberrevolution, ist der höchste Feiertag der Sowjetunion. Stalin, der die Hauptstadt nicht verlassen hatte, entschloß sich, auch in diesem Jahr die üblichen Feierlichkeiten durchzuführen, als moralisch-politische Hilfe für Rotarmisten und Bevölkerung. Die Festsitzung der Moskauer Parteiführung wurde in der Metrostation „Majakowskij" abgehalten. Die traditionelle Parade fand auf dem Roten Platz statt. Der Oberste Befehlshaber J. W. Stalin rief den Truppen zu:

> *„Auf euch blickt die ganze Welt, als auf die Macht, die fähig ist, die räuberischen Heerhaufen der deutschen Eindringlinge zu vernichten... Der Krieg, den ihr führt, ist ein Befreiungskrieg, ein gerechter Krieg. Möge euch in diesem Krieg das heldenmütige Vorbild eurer großen Vorfahren beseelen — Alexander Newskis, Dmitri Donskojs, Kuzma Minins, Dmitri Poscharskis, Alexander Suworows, Michail Kutusows! Möge euch das siegreiche Banner des großen Lenin Kraft verleihen!"*

Stalin schloß mit dem Aufruf:

> *„Für die völlige Zerschmetterung der deutschen Eindringlinge! Tod den deutschen Okkupanten! Es lebe unsere ruhmreiche Heimat, ihre Freiheit, ihre Unabhängigkeit! Unter dem Banner Lenins vorwärts zum Sieg!"*[29]

Der Oberste Befehlshaber sprach somit erneut die patriotischen Gefühle der Rotarmisten an, wie er auch die Eindringlinge als „Deutsche" bezeichnete und dafür nicht die sowjetischen Kategorien „Faschisten", „Kapitalisten" oder „Imperialisten" benützte.[30] Es war die Zeit der Besinnung. Das „heilige Rußland" mußte verteidigt werden und die Tagesparole der Roten Armee war der Bibel entnommen: „wer mit dem Schwert in der Hand zu uns kommt, wird auch durch das Schwert umkommen...“

Nach der Parade auf dem Roten Platz zogen die Divisionen sofort an die Front, die um diese Zeit schon gefährlich nahe bei Moskau war. Allmählich besserte sich jedoch die Lage um die Hauptstadt. In der ersten Novemberhälfte trafen aus dem asiatischen Teil des Reiches das Gros der erwarteten frischen Verbände ein, insgesamt 100000 Mann, fast 300 Panzer und 2000 Geschütze. Um den Deutschen die Möglichkeit zu nehmen, ihre Angriffsspitzen vor Moskau aus anderen Frontabschnitten zu verstärken, mußte die Rote Armee im Raum Tichwin (Leningrader Front) und im Raum Rostow (Südfront) Angriffe auslösen. Diese mit großen Blutopfern erkauften Ablenkungsmanöver zeitigten jedoch nur im Süden Erfolg: am 28. November gab die deutsche 1. Panzerarmee Rostow auf und zog sich auf den Mius-Abschnitt zurück. Die Heeresgruppe Mitte war vor Moskau am Ende ihrer Kraft, hatte sie doch seit dem 1. Oktober mehr als 200 Kilometer kämpfend zurückgelegt. Ihr Oberbefehlshaber, Generalfeldmarschall v. Bock, konnte am 1. Dezember nur noch kleinere örtliche Erfolge vor Moskau erzielen. Er meldete Hitler, daß der Zeitpunkt sehr nahe gerückt sei, in dem die Kraft der eigenen Truppe infolge der Wetterverhältnisse, des Verschleißes der Ausrüstung und nicht zuletzt wegen des heftigen Widerstands des Gegners zu erlahmen drohe.

In der Tat kämpften die Rotarmisten, die Matrosen der Baltischen Flotte und die aus Moskau herbeigeholten Arbeiterabteilungen verbissen und heldenhaft um jeden Meter Boden — ihrer schlechten Bewaffnung, Ausrüstung und Ernährung zum Trotz. Der ungewöhnlich strenge Winter machte nicht nur den Deutschen, sondern auch ihnen zu schaffen. Aber sie wußten, daß 20 bis 25 Kilometer zurück die Hauptstadt lag. „Rußland ist groß, aber ein Zurück gibt es nicht mehr — hinter uns liegt Moskau!“ Diese damals von einem Politkommissar geprägte Losung verbreitete sich Ende November 1941 wie ein Lauffeuer an der Moskauer Front.

Wieder und wieder griffen die Deutschen an, um den entscheidenden Durchbruch nach Moskau doch noch zu erzwingen. Als am 1. Dezember ihre 3. und 4. Panzerarmee im Norden Wolokolamsk und Klin einnahmen und den Moskwa-Wolga Kanal erreichten, wurde die Lage um die sowjetische Metropole erneut kritisch. Die 1. Stoß- und die 20. Armee, die am 30. November aus der „sibirischen Reserve“ dem bedrängten Frontabschnitt zugeführt worden waren, wehrten jedoch jeden weiteren deutschen Vorstoß ab. Am linken Flügel der Moskauer Verteidigung, im Raum Kaschira, brachte ein aus dem Fernen Osten eingetroffenes Kavalleriekorps mit Panzereinheiten Guderians Truppen zum stehen. Am 2. Dezember gelang es noch einer deutschen Aufklärungstruppe, unter Panzerschutz den Moskauer Vorort Chimki zu erreichen — dann aber war es aus. Am 5. Dezember „erfror“ der deutsche Angriff auf die sowjetische Hauptstadt im eigentlichen Sinne des Wortes; zeigte doch das Thermometer Minus 36 Grad Celsius!

7. Die ersten Erfolge...

Bereits am 27. November 1941 hatte der Leitartikel der „Prawda“ gefordert: „Vor Moskau muß die Zerschlagung des Feindes beginnen!“ Damals trafen auf den Bahnhöfen der Hauptstadt und der Umgebung stündlich Militärzüge aus dem Fernen Osten und aus dem Kaukasus ein. Division um Division zog an die Front: frische, ausgeruhte Soldaten, in guter Winterbekleidung, gut genährt, gut bewaffnet und gut ausgerüstet. Stalin hatte für einmal sein Mißtrauen gegen den Nachrichtendienst überwunden und nach Dr. Sorges Meldung große Teile der Truppen aus dem Fernen Osten abgezogen. Diese brachten der schwer bedrängten Hauptstadt in der letzten Stunde die so heiß ersehnte Entlastung.

Anfangs Dezember 1941 verfügte Schukow vor Moskau über insgesamt 750000 Soldaten mit 5900 Geschützen und Minenwerfern, 415 Raketenwerfern (die berühmt gewordene „Kat'juscha“), 670 Panzer und 760 Flugzeuge.[31]

Kaum hatten sich die Verhältnisse etwas stabilisiert, als Stalin bereits eine großangelegte Gegenoffensive plante. Auf der gesamten Front von Leningrad bis Rostow sollten den deutschen Truppen Niederlagen beigebracht werden. Schon am 6. Dezember löste Schukow nördlich und südlich von Moskau eine Offensive aus. Bald zeigten sich die ersten Erfolge. Am 13. Dezember mußte Guderian den Frontbogen östlich Tula räumen; am darauffolgenden Tag gaben die Deutschen die Stadt Kalinin auf. Unter dem ständigen Druck von Schukows sibirischen Divisionen fielen die Deutschen auf die Linie Tim — Mzensk (südlich Bjelew) zurück. Wertvolles Kriegsmaterial blieb dabei im Schnee zurück; erstmals in diesem Krieg vermochte die Rote Armee Beute und Kriegsgefangene in größerer Zahl einzubringen. Die Lage bei der Heeresgruppe Mitte wurde kritisch. Ihr Oberbefehlshaber von Bock wurde am 20. Dezember durch Generalfeldmarschall von Kluge ersetzt.

Die Erfolge beflügelten die Sowjets, und Stalin selbst glaubte an eine entscheidende Wende. In einer Direktive an die Kriegsräte[32] der „Fronten“ vom 17. Dezember 1941 forderte er:

„... *Wir dürfen die Deutschen nicht zur Ruhe kommen lassen, wir müssen sie pausenlos weiter nach Westen drängen und sie zwingen, ihre Reserven bis zum Frühjahr aufzubrauchen. Bis dahin werden wir neue, starke Reserven haben, und es wird möglich sein, daß die Hitlertruppen 1942 vollständig zerschlagen werden können. Um diese Aufgabe aber erfüllen zu können, müssen wir es lernen, die gegnerische Verteidigung auf ihre gesamte Tiefe zu durchbrechen... Die Deutschen haben nicht nur eine Verteidigungslinie, sondern sie bauen eine zweite und eine dritte Verteidigungslinie. Wenn unsere Truppen nicht lernen, die gegnerischen Verteidigungslinien schnell und wirksam zu durchbrechen, werden wir unmöglich weiter vorstoßen können...*“[33]

Im Januar 1942 führte die Rote Armee ihre Offensive weiter und sie konnte dabei neue Erfolge erzielen. Mitte des Monats mußte Hitler die Heeresgruppe Mitte 150 Kilometer zurücknehmen. Eine Reihe von Städten, darunter Kaluga und Wolokolamsk, wurden von den Sowjets befreit. Die Erfolge bestärkten Stalin im Glauben, den Krieg in der Sowjetunion bis Ende 1942 beenden zu können. Die Realitäten waren jedoch härter. Georgi K. Schukow schreibt:

„Überhaupt waren die Hilfsquellen unseres Landes zu jener Zeit äußerst beschränkt. Die Bedürfnisse der Truppe konnten nicht so befriedigt werden, wie es die Lage und unsere Aufgaben erfordert hätten. Es kam soweit (im Januar 1942), daß wir jedesmal, wenn man uns ins Hauptquartier bestellt, beim Obersten Befehlshaber Panzerbüchsen, Maschinenpistolen, 10 bis 15 Pak und Geschosse und Granaten buchstäblich erbettelten. Was wir auf diese Weise erhielten, wurde sofort auf Lastwagen verladen und den Armeen zugestellt, die es am nötigsten brauchten. Besonders schlimm stand es mit der Munition. So erhielt die Front von den für die ersten zehn Januartage angeforderten Munitionsmengen an 82-mm-Wurfgranaten nur 1 Prozent, an Artilleriegeschossen 20 bis 30 Prozent… Im Februar lief alles noch schlechter. Von den geplanten 316 Eisenbahnwaggons traf in der ersten Dekade kein einziger ein. Wegen fehlender Munition mußte unsere Raketenartillerie teilweise ins Hinterland zurückgezogen werden. Man wird es uns heute kaum glauben, daß wir pro Geschütz und Tag eine Norm von ein bis zwei Schüssen festlegen mußten. Und das bei einer Offensive! Im Bericht der Front an den Obersten Befehlshaber vom 14. Februar 1942 hieß es: Wie die Gefechtserfahrungen zeigen, macht es der Mangel an Geschossen unmöglich, einen Artillerieangriff durchzuführen. Infolgedessen wird das Feuersystem des Gegners nicht vernichtet und unsere Truppen erleiden beim Vorstoß auf die fast intakten Stellungen des Gegners sehr große Verluste, ohne entsprechende Erfolge zu erzielen…“[34]

Trotz dieser prekären Verhältnisse wollte Stalin noch im Frühjahr 1942 mit einer Offensive gegen die deutsche Heeresgruppe Nord das eingeschlossene Leningrad aus seiner mißlichen Lage befreien. Die Leningrader Front (Oberbefehlshaber Generalleutnant M. S. Chosin) sollte gemeinsam mit der am 17. Dezember 1941 aus vier Schützenarmeen gebildeten Wolchowfront (Oberbefehlshaber Armeegeneral K. A. Merezkow) südlich des Ladogasees den Belagerungsring der Deutschen sprengen. Die Truppen in Leningrad waren aber physisch und bewaffnungsmäßig nicht mehr in der Lage, offensiv zu werden. So sollten die 54. Armee und die 2. Stoßarmee an den Flügeln der Wolchowfront den Fluß Wolchow forcieren und bei Ljuban (an der Eisenbahnlinie Moskau — Leningrad) den Kessel sprengen.

Die Hauptrolle der Operationen fiel der 2. Stoßarmee (9 Divisionen und 7 Brigaden) zu, deren Befehlshaber Generalleutnant A. A. Wlassow war, einer der Verteidiger Moskaus. Diesem gelang es auch anfangs März 1942 die deutschen

Stellungen zu durchbrechen und auf dem westlichen Wolchow-Ufer „durch sumpfige Waldgebiete, ohne Wege, oft bis zum Gürtel im Schnee oder bis zum Knie im Wasser“ den Angriff zur Befreiung Leningrads fortzusetzen.[35] Aber Ljuban konnte er nicht erreichen. Der deutsche Widerstand nahm zu, die gesamte 2. Stoßarmee blieb in den Wäldern und Sümpfen stecken. Die Gefahr einer „Abschnürung“ von der Hauptfront drohte. Wlassow bat um Rückzugsgenehmigung. Stalin befahl, weiter auszuharren. Am 19. März 1942 wurde die 2. Stoßarmee eingekesselt. Anfangs Mai waren auch die letzten Reserven an Lebensmitteln und Munition aufgezehrt. Aber erst am 14. Mai genehmigte schließlich Stalin den Rückzug. Wlassows Schicksal war jedoch bereits besiegelt. Seine Armee ging im Sumpfgebiet elend zugrunde. Allein im Raum Botezkaja — Mjasni — Bor — Tschudowo fielen im Mai 14000 Soldaten. Weitere Tausende lagen ertrunken, verblutet, verhungert im Urwald des Wolchows. Lediglich 32000 Mann überlebten und wurden von den Deutschen, verwahrlost und ausgemergelt, gefangengenommen. General Wlassow, der sich anfänglich verstecken konnte, fiel am 11. Juli im kleinen Walddorf Tuchowetschi den Deutschen in die Hand. Er wurde später, nicht zuletzt unter dem Eindruck der unnützen Aufopferung seiner Soldaten, ein entscheidender Gegner Stalins und nahm 1944 das Angebot Berlins an, eine sogenannte „Russische Befreiungsarmee“ gegen das Sowjetregime aufzustellen.

8. ... und neue Rückschläge

Die in jeder Hinsicht beachtenswerten Erfolge der Roten Armee im Winter 1941/42 im Raum von Moskau wurden im Frühjahr 1942 durch neue Mißerfolge überschattet.

Mitte Januar 1942 war es einem sowjetischen Kavalleriekorps am linken Flügel der Westfront gelungen, die deutschen Linien südwestlich von Juchnow zu durchbrechen und bis nach Semljowo an der Rollbahn Smolensk — Wjasma vorzustoßen. In der zweiten Hälfte des Januars wurden dort noch 1640 Mann Luftlandetruppen abgesetzt. (Dies war die erste große Luftlandeoperation der Roten Armee in diesem Krieg.) Nördlich Juchnow gelang es der 33. Armee, in den Raum südlich Wjasma vorzustoßen. Später wurden dort wiederum Luftlandetruppen eingesetzt, diesmal eine ganze Brigade. Das Ziel all dieser Operationen war die Einnahme von Wjasma, die aber nicht gelang. Die Deutschen riegelten die Einbruchstellen ab und gingen im Februar gegen die durchgestoßenen Sowjets vor. Bei diesen entstanden rasch Nachschubschwierigkeiten; sogar der Hafer für die Pferde der Kavallerieeinheiten mußte auf dem Luftweg in den Kessel transportiert werden. Ende April 1942 waren die sowjetischen Truppen westlich

Wjasma praktisch aufgerieben. Lediglich General Bjelow gelang es, mit einigen hundert Reitern nach mehrwöchigem Herumirren die eigenen Linien zu erreichen; der schwerverwundete Generalleutnant M. G. Jefremow, Befehlshaber der 33. Armee, erschoß sich am 19. April, um nicht in deutsche Gefangenschaft zu fallen.

Mit einem ähnlichen Desaster endete im März 1942 ein Großangriff der Roten Armee auf der Halbinsel Kertsch. Noch Ende Dezember 1941 war es den Sowjets gelungen, bei Kertsch und Feodosija zwei Armeen, die 44. und die 51. zu landen. Damit wollten sie die Krim zurückerobern und Sewastopol, das damals noch in sowjetischer Hand war, entsetzen. Generaloberst v. Manstein, der die 11. deutsche Armee auf der Krim befehligte, unterbrach anfangs Januar 1942 die Bestürmung der Seefestung und wandte sich mit dem Gros seiner Armee gegen den Angreifer. Schon am 18. Januar 1942 konnte er Feodosija wieder nehmen. Dann aber mußte er Teile seiner Luftwaffe einem anderen Frontabschnitt abgeben und die weiteren Angriffe einstellen. Die Sowjets lösten daraufhin am 27. Februar einen neuen Großangriff aus, der aber am 19. März zum Stehen kam.

Mitte April 1942 erhielt v. Manstein Verstärkungen und konnte seinerseits zum Angriff übergehen. Anfangs Mai begannen die Sowjets zu weichen. Am 14. Mai mußten sie Kertsch aufgeben und die Halbinsel evakuieren. „Unsere Truppen zogen sich nach Osten zurück und setzten über die Straße von Kertsch auf die Tamanhalbinsel über. Sie erlitten hohe Verluste", schrieb später Generaloberst A. M. Wassilewski, der am 24. April 1942 den schwer erkrankten Marschall Schaposchnikow als Generalstabschef der Roten Armee abgelöst hatte.[36] Die Rote Armee ließ bei Kertsch 200 Panzer und 1397 teilweise beschädigte Geschütze zurück. 169 198 Rotarmisten mußten den Weg in die Gefangenschaft antreten. „Ich war 1942 auf der Halbinsel Kertsch und ich weiß genau, warum wir dort so beschämend geschlagen wurden", schrieb später, nach dem Krieg, ein sowjetischer Frontberichterstatter in einem unveröffentlichten Bericht. „Die Truppen und ihre Kommandeure litten unter dem Argwohn von Mechlis, diesem stupiden Tyrannen, diesem militärischen Stümper... Um den Angriffsgeist der Truppen nicht zu schwächen, durfte sich niemand eingraben. Schwere Artillerie und höchste Stäbe mußten ganz nach vorne und so weiter. Ein 16 km langer Frontabschnitt wurde von zwei Armeen besetzt, der Abschnitt einer Division betrug nicht mehr als 600 bis 700 Meter. Nie und nirgendwo habe ich eine solche Massierung von Truppen gesehen. Und allesamt wurden sie (in der Folge) zu einem blutigen Brei zerstampft und ins Meer gefegt... Sie gingen zugrunde, weil nicht ein Befehlshaber das Kommando führte, sondern ein Irrer!"[37]

Der nominelle Oberbefehlshaber der Krimfront, Generalleutnant D. T. Koslow, war in der Tat dem Vertreter des Hauptquartiers, Mechlis, völlig ergeben und handelte danach was dieser befahl. Mechlis jedoch schob die Schuld für das Versagen auf General Koslow. Er verlangte vom Hauptquartier dessen sofortige Ablösung. Doch Stalin blieb diesmal hart. „Sie verlangen, daß wir Koslow durch einen Hindenburg ersetzen. Sie müßten eigentlich wissen, daß wir keine Hindenburgs haben!“[38] war die Antwort. Am 1. Juli mußte Sewastopol und am 4. Juli die Halbinsel Chersones aufgegeben werden. Über 90000 Gefangene, 26 Panzer und 621 Geschütze fielen in die Hände v. Mansteins 11. Armee, die nun die ganze Krim beherrschte.

Die schwerste Niederlage im Frühjahr 1942 erlitt die Rote Armee jedoch im Raum Charkow.

Am 12. Mai begann Marschall Timoschenko mit der neuorganisierten Südwestfront vom Donez-Brückenkopf bei Isjum aus einen Großangriff zur Rückeroberung von Charkow. Fünf Armeen mit annähernd 60 Verbänden traten den Kampf an. Den Deutschen gelang, die Wucht des Angriffs erst dicht vor Charkow aufzufangen. Da die Wehrmacht gerade eine eigene Großoffensive im Südabschnitt vorbereitet hatte, konnte der Oberbefehlshaber der Heeresgruppe Süd Verstärkungen in die Schlacht werfen. Die aus der 17. Armee und der 1. Panzerarmee gebildete „Gruppe Kleist“ begann am 17. Mai bei Kramatorsk den Gegenangriff. Der Südflanke der sowjetischen Armeen drohte die Abschneidung von der Hauptfront. Generalstabschef Wassilewski erkannte die Gefahr und beantragte, die eigene Offensive abzubrechen. Stalin verwarf jedoch den Vorschlag. Timoschenko mußte wieter angreifen. Die Flanken der sowjetischen Südwestfront wurden dadurch immer gedehnter. Vergeblich warf Timoschenko seine bisher in Reserve gehaltenen Panzerbrigaden in die Schlacht, den Durchbruch nach Charkow konnte er nicht erzielen. Am 18. Mai abends schaltete sich Nikita S. Chruschtschow, der ukrainische KP-Chef, der in dieser Zeit Mitglied des Kriegsrates der Südwestfront war, in das Geschehen ein. Er versuchte Stalin telefonisch für das Abbrechen der Offensive zu gewinnen. Auf dem XX. Parteikongreß der KPdSU in Moskau schilderte er im Februar 1956 diese Episode wie folgt:

> *„(Als ich Stalin anrief) antwortete mir Wassilewski, Stalin habe das Problem bereits studiert und er, Wassilewski, werde ihm die Sache nicht noch einmal vortragen, da Stalin bezüglich dieser Operation nicht mehr mit sich reden lasse!“*

Chruschtschow versuchte darauf, Stalin in seinem Wochenendhaus in Kunzewo zu erreichen. Umsonst. Dieser kam nicht einmal ans Telefon, sondern ließ durch Malenkow ausrichten, man solle bei Timoschenko alles so lassen, wie es ist. Chruschtschow:

> *„Und was war das Resultat? Das Schlimmste was wir befürchteten. Die Deutschen schlossen unsere Truppenmassierungen ein, und wir verloren so Hunderttausende unserer Soldaten!“*[39]

In der Tat konnte die „Gruppe Kleist“ die Flanke der sowjetischen 9. Armee am 22. Mai vom Süden her durchbrechen und mit der von Norden herrückenden 6. Armee des Generals Paulus im Raum Balakleja Verbindung herstellen. Damit waren Timoschenkos Angriffsverbände abgeschnitten. Ende Mai ging die Kesselschlacht südlich von Charkow zu Ende. Zwei sowjetische Armeen und das Gros einer dritten wurden vernichtet. Zwei Armeebefehlshaber erschossen sich und 239306 Rotarmisten traten den Weg in deutsche Gefangenschaft an. General Walther von Seydlitz beschrieb dieses Desaster als Augenzeuge:

„...22 Schützendivisionen, 7 Kavalleriedivisionen und 15 Panzerbrigaden wurden völlig aufgerieben... Riesige Materialmengen waren die Beute (u. a. 1249 Panzer! — P. G.). Die alte Front am Donez zwischen Slawjansk und Balakleja war wieder hergestellt... Bei einer kurzen Fahrt über das Schlachtfeld des Kessels traf ich riesige Gefangenenkolonnen. Die russischen Soldaten machten einen guten Eindruck, viele große, kräftige, gut gewachsene Männer slawischen Typs. Innerhalb der Kolonne sah ich zum ersten Male auch Frauen in Uniformen des Sanitätsdienstes. Besonders auffallend war das Bild einiger erbeuteter russischer Batterien. In den Feuerstellungen neben den Geschützen lagen sämtliche Offiziere tot auf dem Boden. Sie hatten sich selbst erschossen, anscheinend, um die Schande einer Gefangennahme nicht auf sich nehmen zu müssen. Die Batterien schienen einem Eliteregiment angehört zu haben...“[40]

9. Die Probleme der Kriegführung

Auch nach dem Abwehrerfolg vor Moskau 1941 bedrängten mannigfaltige Probleme das Staatliche Verteidigungskomitee der Sowjetunion. Nicht nur die Front, auch die Wirtschaft stellte Probleme und verlangte Entscheide. Auf dem Ende 1941 vom Feind okkupierten Territorium der UdSSR lebten vor dem Krieg etwa 40 Prozent der Bevölkerung, wurden 63 Prozent der Kohle gefördert, 68 Prozent des Roheisens und 58 Prozent des Stahls erzeugt bzw. 60 Prozent des Aluminiums gewonnen. Die Landwirtschaft erbrachte 38 Prozent der Getreideproduktion und umfaßte 38 Prozent des Rinderbestandes. Die Gesamtproduktion der sowjetischen Industrie ging von Juni bis November 1941 auf weniger als die Hälfte zurück und bei Walzeisen (das für die Rüstungsindustrie bitter nötig war), schrumpfte sie im Dezember 1941 auf unter ein Drittel.[41]

Noch schlimmer waren die personellen Verluste. In den ersten Kriegsmonaten waren Hunderttausende von Soldaten gefallen (zuverlässige Zahlen liegen heute noch nicht vor), Millionen waren verwundet, und die Zahl der Kriegsgefangenen in deutscher Hand betrug Ende 1941 nach westlichen Schätzungen über drei Millionen Mann.[42]

Durch die energischen Maßnahmen der Partei und des Staatlichen Verteidigungskomitees wurden diese Verluste so weit ausgeglichen, daß die Rote Armee am 1. Dezember 1941 über 4,2 Millionen Soldaten, 22000 Geschütze und Granatwerfer, 583 Salvengeschütze, 1731 Panzer (davon allerdings nur 510 Panzer der brauchbaren Typen T-34 und „Klim Woroschilow") und rund 2500 Kampfflugzeuge verfügte. Dem Oberkommando stand eine Reservearmee von 58 Schützen- und 7 Kavallerie-Divisionen zur Verfügung, die allerdings größtenteils in der Frühjahrsoffensive 1942 verloren gingen.[43]

Das Staatliche Verteidigungskomitee mußte erneut entscheidende Maßnahmen treffen, um die Reihen der Roten Armee im Frühjahr 1942 aufzufüllen. Die Altersgrenze für die Militärdienstpflicht wurde von 36 auf 40 Jahre erhöht. Neben den auf allgemeiner Grundlage Einzuberufenden Militärdienstpflichtigen wurden mehr als 100000 Parteifunktionäre und 200000 Jungkommunisten mobilisiert. Die sogenannten Jägerabteilungen („Istrebitelnye otrjady"), die im Sommer 1941 als eine Art Bürgermiliz gegen Diversanten im Hinterland aufgestellt worden waren, wurden in die Armee eingegliedert. Die Seekriegsflotte mußte von 1941 bis 1942 etwa 339000 Matrosen abgeben. Diese wurden als Marineschützenbrigaden organisiert und nahmen an den Kämpfen bei Moskau, Sewastopol und später bei Stalingrad teil. Der Kreis der bisher vom Militärdienst dispensierten Spezialisten und Facharbeiter wurde immer wieder eingeengt. Aber all das reichte nicht aus, um den dringenden Bedarf der Streitkräfte zu dekken. Deshalb faßte das Staatliche Verteidigungskomitee im März und April 1942 Beschlüsse, nach denen 170000 Frauen einberufen wurden, die bei der Luftabwehr des Landes, bei den Nachrichtentruppen, im Sanitätsdienst und in rückwärtigen Truppenteilen der Land- und Luftstreitkräfte Männer ersetzen sollten. Später wurde diese Zahl noch erhöht.

Großer Mangel herrschte an Kommandeuren und Unterführern in der Armee. Die vorhandenen Ausbildungsstätten vermochten den durch Ausfällen und Neuaufstellung von Verbänden entstandenen Bedarf nicht zu decken. Deshalb wurden 1942 zusätzlich 16 Infanterie und 8 Maschinengewehr- und Granatwerfer-Schulen eröffnet. In 10 Militärbezirken (Wehrkreisen) und bei zwei nicht kämpfenden Fronten (Sibirien und südlicher Kaukasus) wurden Lehrgänge zur Ausbildung von Zugführern durchgeführt. Zeitweise war es sogar gestattet, geeignete Rotarmisten und Sergeanten ohne besondere Ausbildung zu Kommandeuren zu ernennen. Im Verlauf des Jahres 1942 verließen über 564000 Kommandeure die diversen Ausbildungsstätten der Roten Armee: 180000 verwundete und wieder genesende Kommandeure wurden erneut in die Truppe eingegliedert. Man griff sogar auf Reserve-Offiziere der Zarenarmee zurück, von denen 42000 aktiviert wurden.

Der deutsche Angriff auf die Sowjetunion weckte den Patriotismus der Russen in der ganzen Welt. Davon nur wenige Beispiele: Bei der sowjetischen diplomatischen Vertretung in Washington meldete sich im Sommer 1941 der 60jährige General Wiktor Jachontow, der 1917 in der Kerenski-Regierung stellvertretender Verteidigungsminister gewesen war und der seit 1925 in den USA lebte. Er bat um Verwendung in der Roten Armee gegen die Deutschen.[44] Fürst Kirill Obolenski, ehemaliger Gardeoberst des Zaren, bot am 22. Juni 1941 dem sowjetischen Botschafter in Vichy (Frankreich) seine Dienste an. Obwohl er kein Bolschewik sei, sagte er, wolle er in der Roten Armee für seine geliebte Heimat kämpfen. Weiteres Beispiel: „In Paris erschien ein russischer Emigrant, der bei den Deutschen als Fahrer diente, am 22. Juni nicht zur Arbeit. Die Deutschen stellten ihn zur Rede. Er erklärte, er sei kein Kommunist, da aber die Deuschen sein Vaterland überfallen hätten, könne er nicht länger bei ihnen arbeiten. Er blieb bei seiner Meinung, so sehr ihm die Deutschen auch zusetzten, seinen Beschluß zu ändern." Noch ein weiteres Schicksal: „In der Nacht zum 23. Juni erschoß sich der russische Emigrant Krylow, der als Fahrer arbeitete, früher jedoch Oberst gewesen war, mit einem alten russischen Revolver. Er hinterließ einen Brief, in dem er erklärte, das Leben habe für ihn keinen Sinn mehr. Wenn das alte Rußland nicht in der Lage gewesen sei, allein gegen Deutschland zu kämpfen, werde Sowjetrußland dem Druck erst recht nicht standhalten. Deshalb sei für ihn alles aus: die Wehrmacht werde die Rote Armee zerschlagen, Rußland als Staat vernichten und das russische Volk versklaven..."[45]

Der Verwendung russischer Patrioten aus dem Ausland in der Roten Armee stand die Angst vor einer eventuellen Unterwanderung durch ehemalige „weiße" Offiziere sowie Stalins krankhaftes Mißtrauen gegen alles, was von „außen" kam, entgegen. Dieses Mißtrauen äußerte sich auch noch anderweitig. Wenn zum Beispiel sowjetische Kommandeure aus einem Kessel oder aus deutscher Gefangenschaft entfliehen konnten, wurden sie von ihren eigenen Landsleuten mit äußerster Zurückhaltung empfangen. Sie hätten ja in deutschem Sold stehende Spione oder Diversanten sein können! So wurden sie zuerst durch die „Smersch"-Abteilungen (Smer-sch = Smert Schpionam! Tod den Spionen! = Abwehrdienst) peinlich verhört und dann in der Etappe beschäftigt, wobei ihnen kein Sold und nur Verpflegung aus der Mannschaftsküche zustand. Erst nach 3 bis 5 monatiger Bewährung durften diese „Okruschenzy" („Eingekreisten"), wieder ein Kommando übernehmen.

Und wie empfand der einfache Rotarmist an der Front die Lage?

Ilja Ehrenburg, der während der Kriegsjahre auch als Front-Korrespondent arbeitete, schrieb darüber später in seinen sehr offenherzigen Memoiren folgendes:

„... Unsere Leute lebten in so enger Nachbarschaft, nicht nur mit den Deutschen, sondern auch mit dem Tod, daß ihnen das Toben der Schlacht gar nicht mehr auffiel. Es gehörte allmählich zu den Lebensgewohnheiten, man wartete auf die nächste Wodkaration, man beriet darüber, wofür die in den Unterstand des Bataillonskommandeurs umgezogene Warja wohl ihre Verdienstmedaille erhalten hatte. Im Dämmerschein der Funzeln wurde geflucht, wurden Briefe geschrieben und Läuse gefangen, es gab lange Gespräche über das Leben nach dem Krieg. Den Tod nahm niemand in den Mund — lieber tauschte man Erinnerungen aus oder rätselte an der Zukunft herum. Wenn eine Leuchtrakete hochging, fluchte irgend jemand ruhig vor sich hin: ‚Da hängt schon wieder eine! Gleich geht's los!'

Zwei Stunden später hörte man aus einer anderen Ecke: ‚Dieser Parasit! Das ist ein Tiefflieger!' Im Stab wurden Orden verteilt und die Vermißtenlisten aufgestellt. In den Sanitätsabteilungen wurde Blut übertragen, Arme und Beine abgeschnitten. Ein Sanitäter klagte: ‚Nicht eine Stunde pennen lassen die einen!' Die Nachrichtenhelferinnen Marussja, Katja und Natascha, diese ständigen Heldinnen aller Kriegsgeschichten, wiederholten: ‚Oka, gib mir Stella!" Die naiven Regeln der Konspiration wollten es, daß die Regimenter und Bataillone in den Ferngesprächen ‚Wirtschaften' genannt wurden. Der Kommandeur schrie irgendeine Olja oder Wera an: ‚Na ihr da, was steht ihr herum, Eure Mutter soll...' Die Mädchen dachten an die Abiturfeier, an die erste Liebe. Fast alle waren sie direkt von der Schulbank an die Front gekommen. Sie zuckten manchmal ängstlich zusammen — ringsherum waren so viele gierige Männeraugen. In der Redaktion der Divisionszeitung diktierte ein Major: ‚Heldentat des Stabsfeldwebels Kusmitschow. Auf Befehl seines Kommandeurs...' Anschließend tauschte er mit seinem Freund, dem Parteiinstrukteur, die neuesten Nachrichten aus: ‚Es wird gemunkelt, daß Mechlis fliegen soll. Das wird eine Geschichte!'
Das alles zeugte indessen nicht von Gleichgültigkeit oder Banalität, sondern von Erbitterung. Der Krieg ging schon ins zweite Jahr, den Schrecken der Überraschung hatte er verloren. Er war gleichsam gereift... Man lebte in der Gewißheit eines langen Krieges, der die einen töten wird, in einem Jahr oder in einer Stunde. Jene anderen aber, die durch ein Wunder überleben, wird er zum Sieg führen. Jeder glaubte, gerade er würde bestimmt überleben, und bemühte sich abergläubisch, nicht nur nicht davon zu sprechen, sondern überhaupt nicht daran zu denken..."[46]

10. „Die Zweite Front"

Bereits im September 1941 drängte Stalin seinen westlichen Bündnispartner Großbritannien, so bald wie möglich in Europa eine *zweite Front* gegen Deutschland zu eröffnen. Stalin rechnete damit, daß Hitler gezwungen wäre, 30 bis 40 Divisionen aus Rußland abzuziehen, wenn die Briten „irgendwo" in Frankreich einen Großangriff (Invasion) durchführten. Dadurch wäre die deutsche Offensivkraft an der Ostfront entscheidend geschwächt worden. Ungeachtet der harten Tatsache, daß Großbritannien 1942 weder militärisch noch rüstungsmäßig in der Lage war, eine „Invasionsfront" in Europa zu bilden, hatte Churchill den Sowjets doch für die zweite Hälfte des Jahres 1942 eine „zweite Front" *versprochen* — ein Versprechen, dessen Verwirklichung von vornherein sehr in Frage stand. Denn im Herbst 1941 wurde die britische Armee auf dem nordafrikanischen Kriegsschauplatz von den deutsch-italienischen Truppen stark bedrängt und die

Vereinigten Staaten von Amerika waren noch nicht im Krieg mit den Achsenmächten.

Ganz anders stand es mit der materiellen Hilfe des Westens an Rußland, von den Sowjets — nicht ohne Spott — als eine Art „Zweite-Front-Ersatz“ bezeichnet. Großbritannien und die Vereinigten Staaten von Amerika waren von Anfang an bereit, ihrem sowjetischen Partner Hilfe in Form von militärischen Ausrüstungen, Rohstoffen, Lebensmitteln und Industrieprodukten zu gewähren. In einem am 1. Oktober 1941 unterzeichneten „Moskauer Protokoll“ hatten sich London und Washington verpflichtet, der Sowjetunion monatlich 400 Flugzeuge, 500 Panzer, 8000 t Aluminium und 1250 t Explosivstoffe und anderes Kriegsmaterial zu liefern.[47] Damals — wohl zum ersten und letzten mal — äußerte Stalin sogar den Wunsch nach britischen Truppen, die er im Rahmen der Roten Armee, aber unter englischem Kommando an der sowjetisch-deutschen Front verwenden wollte. (Die Deutschen gingen in dieser Zeit zügig in Richtung Moskau vor.)

Im „Moskauer Protokoll“ hatten die USA einen Kredit von 1 015 000 000 Dollar eingeräumt. Als sie im Dezember 1941 selbst in den Krieg eintraten, wurde ein endgültiger Pacht- und Leihvertrag abgeschlossen, der eine weitere Milliarde Dollar als zinsfreien Kredit für die Sowjetregierung vorsah.

Obwohl sich Briten und Amerikaner der mißlichen russischen Lage bewußt waren, vermochten sie ihre im „Moskauer Protokoll“ eingegangenen Verpflichtungen vorerst nicht zu erfüllen. General John R. Deane, der ab 1943 die US-Militärmission in Moskau leitete, gibt in seinen Erinnerungen dafür folgende Gründe an: *„Ende 1941 und Anfang 1942 gingen die Lieferungen nach Rußland entmutigend langsam vonstatten, da die russischen Bedürfnisse (Stalin hatte eine sehr umfangreiche Wunschliste zusammenstellen lassen! — P. G.) sich in manchen Belangen mit denen der amerikanischen und englischen Streitkräfte überschnitten, die Möglichkeiten der Verschiffung begrenzt waren und die Zusammenstellung von Geleitzügen große Schwierigkeiten bot. Das veranlaßte den Präsidenten (F. D. Roosevelt — P. G.), am 7. März 1942 an alle Kriegsagenturen der Vereinigten Staaten Briefe zu richten, in denen er die Weisung gab, daß alles aufgrund des ‚Moskauer Protokolls‘ der Sowjetunion zugesagte Material zur Verschiffung freigegeben und auch tatsächlich so bald wie irgendmöglich verschifft werden sollte, gleichgültig, welche Folgen diese Verschiffung auf das übrige Kriegsprogramm haben mochte…“*[48]

Infolge dieser Schwierigkeiten gelangten im Jahr 1941 aus den USA nur 204 Flugzeuge und 162 Panzer in die Sowjetunion und aus Großbritannien trafen vom Oktober bis Dezember 1941 anstatt 800 nur 669 Flugzeuge und anstatt 1000 Panzer lediglich 487 ein.

Im folgenden Jahr wurden die westlichen Lieferungen an die Sowjetunion schon erheblich besser. Die Rote Armee erhielt von den USA und Großbritannien 2505 Flugzeuge, 3023 Panzer und — was in der gegebenen Lage vielleicht das allerwichtigste war — 78 964 Lkw's und Pkw's, durch welche die Beweglichkeit der Truppen und die Manövrierfähigkeit der Verbände erheblich verbessert wurde. Diese Tatsache wird sogar von der gegenwärtigen Historiographie, die sonst die Bedeutung der westlichen Hilfsleistungen gerne ignoriert, anerkannt.[49]

Die westliche Hilfe mit Kriegsmaterial, Industrieprodukten, Rohstoffen und Konsumgütern scheint im Vergleich mit den späteren Leistungen der sowjetischen Kriegswirtschaft in der Tat nicht überwältigend. Aber in der ersten Hälfte des Krieges kam ihr doch erhebliche Bedeutung zu. Sie wirkte sich sowohl auf die späteren Operationen der Roten Armee aus als auch auf deren allgemeine Kampfmoral („Wir sind nicht allein!"), weshalb ihnen gewiß ein ganz bestimmter Stellenwert zukommt.

11. Der schreckliche Sommer 1942

Die schwere Niederlage bei Charkow im Mai 1942 war noch nicht verwunden, und schon drohte der Roten Armee eine neue Katastrophe. Am 28. Juni 1942 begann am Südabschnitt der Ostfront Hitlers große Sommeroffensive mit dem Ziel, Stalin an der „ökonomischen Front" zu treffen: die Wolga sollte erreicht und damit diese Lebensader Rußlands unterbunden werden und die Ölfelder des Kaukasus sollten erobert werden. Sogar die iranische Grenze wollte Hitler in der Endphase der „Operation Blau" erreichen und eventuell überschreiten.

Bei der Ausarbeitung der Operationspläne für diese Operation setzte Hitler in größtem Ausmaße verbündete Truppen mit ein, so eine ungarische, eine italienische und zwei rumänische Armeen.

Das sowjetische Oberkommando hatte indessen reichtzeitig Kunde von der bevorstehenden deutschen Großoffensive erhalten — nicht zuletzt infolge eines für die Deutschen sehr ungünstigen Zwischenfalls. Am 19. Juni 1942, also genau neun Tage vor Beginn der ersten Phase der „Operation Blau", geriet der deutsche Major im Generalstab G. Reichel, Ia der 23. Panzerdivision, mit seinem „Fieseler Storch" hinter die sowjetischen Linien und mußte dort notlanden. Teile der Befehle und Karten der geplanten deutschen Offensive fielen in sowjetische Hand. Der ganze Feldzug stand danach auf des Messers Schneide. Schließlich traf Hitler den Entscheid, die Pläne nicht zu ändern und sogar den Angriffstermin beizuhalten. Es war ein „Vabanque-Spiel" — das Hitler gewann. Denn das sowjetische Hauptquartier und insbesondere Stalin wollten nicht an einen deutschen Angriff in Richtung Wolga bzw. Kaukasus glauben; vermuteten vielmehr ein Täuschungsmanöver. Der Oberste Befehlshaber der Roten Armee ließ weiterhin den Mittelabschnitt der Front (die Westfront) verstärken, insbesondere an den Flanken, um einen erneuten Vorstoß der Deutschen auf Moskau, diesmal aus Süden, verhindern zu können.

Als dann am 28. Juni 1942 die Armeegruppe v. Weichs die Offensive gegen die sowjetische Brjansker Front auslöste und in den folgenden Tagen auch die anderen Armeen der Heeresgruppe Süd zum Angriff übergingen, geriet die gesamte sowjetische Südfront ins Wanken. „So gelaufen sind wir noch nie ...!“ sagte nach diesen heißen Julitagen ein Oberst der Roten Armee erbittert zu Ilja Ehrenburg in der Redaktion der Armeezeitung „Krasnaja Swesda“.[50] Zwar fielen beim Vorstoß zwischen Donez und Don lange nicht so viele Gefangene in deutsche Hand wie bei den großen Operationen des Vorjahres, dennoch erlitt die Rote Armee empfindliche Verluste an Menschen und Material. Schlimmer war, daß die *Kampfmoral* der Rotarmisten erneut schwer angeschlagen wurde; die Panik ergriff sogar einen Teil des Kommandeurkorps.[51] Rostow, Nowotscherkassk und andere Orte wurden ohne Befehl dem Gegner preisgegeben, ja nicht einmal verteidigt. Die Angst vor einer Einkesselung befiel ganze Einheiten, die nun ohne Rücksicht auf die Nachbartruppen ihre Stellungen verließen, um sich ins Innere des Landes abzusetzen. Stalin selbst mußte eingreifen. Am 28. Juli 1942 erließ er einen Tagesbefehl, in dem er eine Reihe von Befehlshabern absetzte und die Soldaten und Kommandeure beschwor, mit Feigheit, Panikmacherei und vor allem mit weiteren Rückzügen Schluß zu machen. *„Die Feigen und Kleinmütigen müssen auf der Stelle erschossen werden! ... Die Kompanie-, Bataillons- und Divisionskommandeure, die entsprechenden Kommissare und politische Funktionäre, die ohne Befehl von oben sich aus ihren Stellungen zurückziehen, sind Vaterlandsverräter und müssen als solche behandelt werden!“* Stalin befahl die sofortige Aufstellung von Strafeinheiten, in denen die Feigen sich *„durch Blut von der Schuld gegenüber der Heimat loskaufen“* sollten. Auch der vermehrte Einsatz von Sperr-Einheiten wurde den Kommandeuren zur Pflicht gemacht. Diese waren hinter den nicht „zuverlässigen“ Divisionen anzustellen *„mit dem Befehl, die Männer auf der Stelle zu erschießen, die versuchen, Panik zu stiften“* oder *„in ungeordnetem Rückzug zu fliehen ...“*[52] Gleichzeitig wurde die parteipolitische Arbeit innerhalb der Roten Armee intensiviert. Mechlis, wieder Chef der Politischen Hauptverwaltung, mußte gehen und wurde durch den bisherigen Moskauer Parteisekretär A. S. Schtscherbakow ersetzt. Die Parole des Spätsommers 1942 hieß „Keinen Schritt zurück!“ Sie sollte nicht nur mit Gewalt, sondern auch durch politische Erziehung durchgesetzt werden, bei der man wiederum an den Patriotismus der Rotarmisten appellierte.

Aber erst anfangs September 1942 kam es am Südabschnitt der Front zu einer Beruhigung der Lage, als die Deutschen und ihre Verbündeten bereits am Don standen und Paulus‘ 6. Armee bei Stalingrad die Wolga erreicht hatte. Die deutsche Heeresgruppe A setzte jedoch ihren Angriff im Kaukasus und im Kuban fort, so daß Stalin gezwungen war, eine neue Transkaukasusfront zur Verteidigung Grusiens aufzubauen. Besonders die großen Erdölzentren von Baku und Grosny durften nicht in die Hand der Wehrmacht fallen. Ende September kam der deutsche Vormarsch aber auch am Kaukasus zum Stehen.

Im August und September 1942 mußte die Rote Armee an weiteren Frontabschnitten Niederlagen und Verluste hinnehmen. Im westlichen Kaukasus eroberten die Rumänen den Schwarzmeerhafen Anapa und schlossen damit eine ganze sowjetische Armee auf der Taman-Halbinsel ein. Im Norden und in Mittel-Rußland wurden sowjetische Vorstöße in Richtung Woronesch und zur Entlastung Leningrads zurückgeschlagen.

Am 12. August kam Churchill nach Moskau, um mitzuteilen, daß die von Stalin so sehnlich erwartete „zweite Front" in Europa in diesem Jahr nicht mehr zustande komme. Dafür versprach er eine baldige Landung in Nordamerika (Operation Torch). Die Schlappe des britischen Raids vom 19. August bei Dieppe (Frankreich), die mit dem Verlust von mehr als 5000 Mann endete, verstärkte den Verdacht der Sowjets, daß die Westmächte nur mit halbem Herzen den Krieg führen und an einer ernsthaften Entlastung der Ostfront kein Interesse haben.

12. Vor der großen Wende

Im Mai 1942 hatten die Rote und Armee und Flotte an der deutsch-sowjetischen Front 5,5 Millionen Menschen im Einsatz. Sie verfügten über 43642 Geschütze und Granatwerfer, 1223 reaktive Geschoßwerfer, 2070 schwere und mittlere Panzer (darunter der sich ausgezeichnet bewährende Typ T-34) sowie 2115 Flugzeuge neuer Konstruktion.[53]

Seit der Jahreswende 1941/42 hatten die meisten hinter dem Ural und an anderen Orten neuerstandenen Rüstungszentren die Produktion aufnehmen können. Die Front bzw. die Reserve des Oberkommandos erhielt Kriegsmaterial aller Art, wenn auch anfänglich nur in kleinerem Umfang. Auch die westliche Militärhilfe kam um die Jahresmitte 1942 in verstärktem Maße bei der Roten Armee zum Tragen. Es waren weniger die Panzer und Kampfflugzeuge, als die anderen Industrie- und Versorgungsgüter. Insbesondere die *Zehntausende* von Lkw's und Pkw's aus Großbritannien, Kanada und den USA, welche die Rote Armee erst richtig beweglich machten; Bekleidungsstücke, insbesondere Lederwaren und Stiefel, und Nahrungsmittel (Weizen und Konserven), die den Rotarmisten das Kämpfen ermöglichten. Ein britischer Kriegshistoriker errechnete an Hand von amtlichen Zahlen, daß die westlichen Lieferungen eine Tagesration von ½ Kilo konzentrierter Lebensmittel für 6 Millionen Mann während der ganzen Dauer des Krieges ausmachten.[54] Die Rotarmisten geben den US-Konserven den Kosename „Ulybka Ruzvel'ta" — Roosevelts Lächeln.

Alle diese Fakten zusammen, gepaart mit den enormen Anstrengungen der gesamten Zivilbevölkerung der UdSSR für die Kriegführung, ermöglichte den verstärkten Ausbau der sowjetischen Streitkräfte.

Stalin und seine Generäle hatten aus den schrecklichen Erfahrungen des Jahres 1941 ihre Lehren gezogen. In erster Linie wurde die Panzerabwehr bei den

Schützenverbänden ausgebaut. Die Truppe erhielt neuartige Panzerbüchsen; den Regimentern wurden Panzerabwehrkanonen vom Kaliber 45 mm zugeteilt, und ganz allgemein wurde die Zahl der Geschütze bei den Feldtruppen erhöht. Im Frühjahr 1942 begann das sowjetische Oberkommando, Pläne für neue Angriffoperationen zu machen. Zu diesem Zwecke mußte die Panzerwaffe verstärkt und vermehrt werden. Im April und Mai 1942 wurden die ersten drei selbständigen *Panzerkorps* aufgestellt, bestehend aus zwei Panzerbrigaden und einer motorisierten Schützenbrigade. Im September 1942 entstanden die *mechanisierten Korps* mit einer Panzerbrigade, drei mechanisierten Brigaden, einem Flak- und einem Panzerabwehrregiment. Im Mai 1942 wurden die 3. und 5. Panzerarmee gebildet, denen im Juli die 1. und 4. folgten. Diese waren zusammengesetzt aus zwei Panzerkorps, einer selbständigen Panzerbrigade, einer Schützendivision, einem leichten Artillerieregiment, einem Regiment reaktiver Geschoßwerfer und einer Flakabteilung. Sie waren in erster Linie für zwei Aufgaben vorgesehen: für einen selbständigen Durchbruch durch die gegnerische Verteidigung und zur Ausweitung eines Erfolges in der Tiefe.

Die Niederlagen im Südabschnitt der Front hatten Stalins Panzerreserven stark angegriffen. Anfang Juli wurde auf Drängen Schukows die 5. Panzerarmee im Raum Woronesch gegen die Truppen der Heeresgruppe B (Generaloberst v. Weichs) eingesetzt. Infolge unsachmäßiger Führung brach diese Angriffsoperation jedoch bald zusammen. Entgegen dem Grundsatz für Panzeroperationen (Guderian: „Nicht Kleckern — Klotzen!") verzettelten die Russen ihre Kräfte. Die Deutschen zogen ihre Reserven zusammen und schlugen im Raum von Suchaja Werejka der Reihe nach die einzelnen Panzerkorps.[55]

Im September 1942 hatte sich die deutsche „Operation Blau" sowohl an der Wolga bei Stalingrad, als auch im Kaukasus totgelaufen. Deutsche und Verbündete waren am Ende ihrer Kräfte. Doch der sowjetische Zusammenbruch, wie man ihn sich vorgestellt hatte, war nicht eingetreten. Im Spätherbst 1942 hatte der deutsche Führer bei einer Lagebesprechung im Führerhauptquartier triumphiert: „Nun schicken die Russen ihre Kadetten in den Kampf! Der sicherste Beweis dafür, daß sie am Ende sind. Seinen Offiziersnachwuchs opfert man nur, wenn man nichts mehr hat!"[56]

Tatsächlich war die Lage der Roten Armee im Herbst 1942 alles andere als rosig. Drei neue Fronten (Heeresgruppen) hatten seit dem Juli 1942 gebildet werden müssen, aber nur notdürftig mit Truppen und Material versehen werden können. Die Stalingrader Front z. B. hatte zwar auf dem Papier 38 Divisionen; davon waren aber nur 18 „komplett", 6 zählten 2500 bis 4000 und 14 hatten nur 300 bis 1000 Mann.[57] Stalin erwog, die Wolgastadt Stalingrad aufzugeben und die Truppen hinter den Strom zurückzunehmen.[58] In diesen schweren Stunden wurde Ende August 1942 Armeegeneral Schukow zum Stellvertreter des Obersten Befehlshabers Stalin ernannt und in den Raum Stalingrad entsandt. Er sollte, wie schon bei Leningrad und Moskau, nun auch hier die Lage konsolidieren. Zu diesem Zweck trat ihm Stalin aus der streng gehüteten Reserve des Hauptquartiers einige Divisionen, ja sogar Armeen ab. Damit, und mit Unterstützung von einigen bewährten Armeeführern, gelang es Schukow, die Deutschen ab September 1942 in Stalingrad in Straßenkämpfen aufzuhalten.

Zu gleicher Zeit arbeiteten einige ausgewählte Männer im sowjetischen Generalstab an den Plänen für eine großangelegte und kühne Angriffsoperation, die den Decknamen „Uranus" trug. Größte Geheimhaltung war befohlen. Auf Befehl Stalins durften nicht einmal die Mitglieder des Staatlichen Verteidigungskomitees eingeweiht werden. Für die „Operation Uranus" stellte das Oberkommando *zehn* Armeen und eine Reihe von selbständigen Verbänden zur Verfügung, die man in den vergangenen Monaten aus Neuaufstellungen mühsam gehortet hatte.[59] Das waren 800000 Mann mit etwa 900 Panzern.[60] Diese Armeen sollten noch erheblich mit Artillerie und Fliegern verstärkt werden.

Der Generalstabschef der Roten Armee, Generaloberst Wassilewski, erinnert sich:

„Das Hauptquartier des Oberkommandos wußte, daß die 6. deutsche Armee und die 4. Panzerarmee unmittelbar in der Stadt (Stalingrad) an einem schmalen Frontabschnitt konzentriert waren und ihre Flanken von rumänischen Truppen gesichert wurden. Fest stand auch, daß der Gegner die gewaltigen Verluste auf sich nahm, weil er hoffte, die Stadt doch noch nehmen zu können. Vor allem mangelte es ihm an nennenswerten Reserven, was seine Verteidigungsmöglichkeiten begrenzte. Hierdurch wuchsen unsere Möglichkeiten zu einer Gegenoffensive, die zum Ziel haben mußte, die Lage in diesem Raum radikal zu verändern und den noch immer offensiven Südflügel der gegnerischen Front zu zerschlagen. Der Entschluß hierzu wurde Mitte September nach einem Meinungsaustausch zwischen Stalin, Schukow und mir gefaßt. Die strategische Idee sah vor, aus dem Raum Serafimowitsch, also nordwestlich von Stalingrad, in allgemeiner Richtung Kalatsch wuchtige konzentrierte Stöße in die Flanken der gegnerischen Gruppierungen zu führen… Anschließend sollten ihre Hauptkräfte — die 6. Armee und 4. Panzerarmee — eingeschlossen und vernichtet werden. Bis zum Beginn der Großoffensive mußte der Gegner durch Verteidigungshandlungen in der Stadt zermürbt und auf jeden Fall mußte verhindert werden, daß er längs der Wolga nach Norden in Richtung Kamyschin vorstoßen konnte…"[61]

Stalin beabsichtigte aber mit der „Operation Uranus" nicht nur die Zerschlagung der 6. Armee und der 4. Panzerarmee. In einer zweiten Phase, genannt „Operation Saturnus", wollte er nach Rostow am Don durchstoßen und so auch die Heeresgruppe A im Kaukasus abschneiden und vernichten.[62]

Die Vorbereitungen für die sowjetische Großoffensive liefen planmäßig. Am 25. Oktober 1942 wurde eine neue Heeresgruppe, die Südwestfront geschaffen und zwischen die Woronescher Front und die Don-Front (bis 27. September Stalingrader Front) hineingeschoben. Ihr Befehlshaber wurde Generaloberst N. F. Watutin, während K. K. Rokossowski die Don-Front und A. I. Jeremenko (einer der Verteidiger Moskaus im November 1941) die alte Südostfront, jetzt ab 1. Oktober 1942 Stalingrader Front kommandierte. Schukow, Wassilewski und weitere wichtige Persönlichkeiten des Generalstabes befanden sich ab November 1942 bei den Stäben der drei sowjetischen Heeresgruppen, die zu welthistorischem Ruhm kommen sollten. Der Angriffstermin wurde auf die zweite Hälfte November 1942 festgelegt.

Stalin weilte den ganzen November in Moskau. Am 6. November, in seinem Bericht zum 25. Jahrestag der Oktoberrevolution, zeigte er sich äußerst zuversichtlich. Mit Genugtuung hob er hervor, daß kein anderes Land und keine andere Armee einem derartigen Ansturm feindlicher Kräfte hätte standhalten können, außer dem Sowjetland und der Roten Armee. Am Tag darauf, bei der traditionellen Militärparade auf dem Roten Platz, sagte der Oberste Befehlshaber sehr ernst und überzeugend: „Der Feind hat bereits an seinem eigenen Leibe die Widerstandskraft der Roten Armee zu spüren bekommen. Die Stärke der vernichtenden Schläge der Roten Armee wird er jedoch noch kennenlernen...“[63] — Nur sehr wenige der Anwesenden wußten genau, warum Stalin diese Andeutungen machen konnte.

13. Der große Sieg bei Stalingrad

Am 19. November 1942 begann die sowjetische Großoffensive. Die Überraschung gelang vollständig. Nach einem konzentrierten Feuerschlag der Artillerie lösten die Truppen der Südwestfront am Don und die Verbände der Stalingrader Front an der unteren Wolga den Angriff aus. Die nur notdürftig ausgebauten Stellungen der 3. und 4. rumänischen Armee (welche die Flanken der deutschen Stalingrader-Truppen im Norden und Süden deckten) wurden verhältnismäßig rasch durchbrochen.[64] Bereits am 23. November stellten die Panzereinheiten der Südwestfront im Raum Kalatsch, weit westlich von Stalingrad, die Verbindung mit der Spitze der Stalingrader Front her. Damit kam diese großangelegte *Zangenoperation* zum Abschluß. Fünf deutsche Armeekorps mit 22 Divisionen zusammen über 300000 Mann waren zwischen Wolga und Don eingekesselt. *Es war ein glänzender Erfolg der Roten Armee — sowohl der Truppen als auch des Generalstabes!* Nun mußte das Erreichte gefestigt und ausgenützt werden. Wassilewski wollte die eingeschlossene Gruppierung so schnell wie möglich vernichten. Schon am 24. November erhielten die Oberbefehlshaber der Südwest-, der Don- und der Stalingrader Front entsprechende Befehle. Der Angriff lief zwar an, brachte aber keinen Erfolg. „Bei unseren Berechnungen war uns ein schwerwiegender Fehler unterlaufen“, schrieb Jahrzehnte später General Wassilewski. „Die Aufklärungsorgane der Fronten und der Generalstab hatten die Gesamtstärke der Gruppierung unter Generaloberst Paulus mit 85000—90000 Mann angegeben..."[65] So verzögerte sich die Vernichtung der Armee Paulus. Die Sowjets zogen um ihren Einschließungsring noch einen äußeren Ring, um alle Entsatzversuche der Deutschen zu vereiteln.

Ein solcher begann am 12. Dezember. Generalfeldmarschall von Manstein, der Bezwinger der Krim, griff aus dem Raum Kotelnikowo in Richtung Nordosten an, allerdings mit unzureichenden Kräften. Er sollte die Verbindung zur 6. Armee in Stalingrad herstellen, die sich am 22. November auf Befehl des Führers „eingeigelt" hatte.

Manstein kam vorerst recht gut voran. Am 22. Dezember hatten sich seine Panzerspitzen den Eingeschlossenen bis auf 48 Kilometer genähert. Dann aber stießen sie am Fluß Myschkowa auf den hartnäckigen Widerstand der sowjetischen 51. Armee, die gerade noch rechtzeitig mit der frisch eingetroffenen 2. Gardearmee verstärkt worden war. Deren Befehlshaber, Generalleutnant Rodion J. Malinowski (der spätere Marschall und Verteidigungsminister der UdSSR) holte sich hier im Vorgelände von Stalingrad seine ersten Meriten. Am 24. Dezember mußte Manstein den Rückzug antreten.

Mansteins Entsatzversuch vereitelte jedoch ungewollt Stalins zweite Operationsphase: den Vorstoß auf Rostow am Don und die Abschnürung der gesamten deutschen Heeresgruppe A (mehr als 500000 Mann) im Kaukasus. Um dieses Zieles willen war man im sowjetischen Oberkommando anfangs Dezember sogar bereit gewesen, den Ausbruch von Paulus' Truppen aus dem Kessel stillschweigend hinzunehmen, ja sogar durch List zu fördern. Denn, schreibt Wassilewski, „die geistigen Väter dieses Vorschlags waren der Meinung, (daß) durch die Bildung eines zweiten großen ‚Kessels' im Nordkaukasus mehr „herausspringen' würde..."[66] Stalin aber wollte sowohl die 6. Armee, als auch die Heeresgruppe A einkesseln. Am 18. Dezember begann die „Operation Saturnus" auf Rostow. Mansteins Eingreifen und Paulus' Ausharren machten jedoch eine Änderung der sowjetischen Pläne notwendig. Es gelang Generalleutnant Golikow mit seiner Woronescher Front, die Stellungen der 8. italienischen Armee am Don zu durchbrechen und bis zum 24. Dezember die Linie Millerowo — Tazinskaja — Morosowsk zu erreichen. Aber bis Rostow vermochte er nicht durchzustoßen, trotzdem er die 8. italienische Armee praktisch außer Gefecht gesetzt hatte.

Am 24. Dezember 1942 gingen südlich Stalingrad die 2. Gardearmee und die 51 Armee zum Angriff über und drängten Manstein nach Kotelnikowo zurück. Am 29. Dezember nahm das sowjetische 7. Panzerkorps die wichtige Stadt, wofür Stalin dem Kommandeur in einer Sonderbotschaft seinen persönlichen Dank ausdrückte.

In der Woche vom 24. bis 31. Dezember zerschlug die Stalingrader Front die Reste der 4. rumänischen Armee und warf Mansteins Elitetruppe, das 17. Panzerkorps, unter hohen Verlusten 150 Kilometer zurück. Auf diese Weise wurde der äußere Ring um Stalingrad auf 200 bis 250 km verbreitert. Die Lage der eingeschlossenen deutschen und rumänischen Truppen verschlechterte sich zunehmend. Die Don-Front, der die Vernichtung der Eingeschlossenen oblag, umfaßte 5 Armeen mit 212000 „aktiven Kämpfern" sowie etwa 6500 Geschützen und Granatwerfern und mehr als 250 Panzern.[67] Ihr Oberbefehlshaber, Generaloberst K. K. Rokossowski wollte mit den Eingeschlossenen kurzen Prozeß machen. Doch die Deutschen leisteten weiterhin harten Widerstand. Ein Ulitmatum zur Übergabe vom 8. Januar 1943 wurde von General Paulus brüsk zurückgewiesen. Dabei hätten die Sowjets die um Stalingrad gebundenen fünf Armeen dringend benötigt, um Rostow am Don doch noch zu erreichen.

Am 10. Januar 1943 löste Rokossowski einen neuen Angriff aus. Sein Ziel war, den deutschen Kessel aufzuspalten und dann die Teile einzeln aufzureiben. Aber Paulus' Truppen leisteten Widerstand. Erst *zwölf* Tage später, als die Versorgung aus der Luft völlig aufhörte und die Soldaten am Ende ihrer Kraft waren, kamen die Russen ihrem Ziel näher. Am 31. Januar 1943 wurde der Kessel geteilt. Gleichentags kapitulierte der inzwischen zum Generalfeldmarschall ernannte Friedrich Paulus in seinem Feldhauptquartier, dem Keller eines ehemaligen Warenhauses. Am 2. Februar streckte auch der zweite Kessel die Waffen. 91000 Überlebende (von 300000) traten den Marsch in sowjetische Kriegsgefangenschaft an. In der neueren Geschichte Deutschlands gab es noch nie eine militärische Niederlage solchen Ausmaßes auf dem Schlachtfeld! An der Wolga ging nicht nur eine Armee zugrunde, sondern auch der bisherige Nymbus des deutschen Soldatentums.

Für die Rote Armee war der Sieg von Stalingrad in mehrfacher Hinsicht von erstrangiger Bedeutung. *Er war eindeutig der Wendepunkt im Zweiten Weltkrieg.* Er kennzeichnete aber auch den Beginn einer neuen Epoche. So wie Rußland 1709 mit dem Sieg bei Poltawa eine Stellung als europäische Großmacht errungen hat, so hat die Sowjetunion mit dem Sieg von Stalingrad den Aufstieg zur Supermacht begonnen.

14. Die Militärreformen

Alexander Werth, ein britischer Journalist russischer Abstammung, der während des ganzen Krieges als westlicher Frontberichterstatter in der Sowjetunion war, schrieb treffend:

„Die Rote Armee von 1943 war nicht mehr die Rote Armee von 1941 oder 1942. Nach Stalingrad war ihre Moral besser als je zuvor in diesem Krieg. Zwar gab es noch viele Augenblicke der Verzweiflung, viele ernsthafte Rückschläge... Doch daß Deutschland schließlich unterliegen würde, das stand außer Zweifel. Auch die Qualität der Truppen war weit besser, als in den beiden vorangegangenen

Jahren. ... Denn im Jahr 1942 wurde der Typ des harten Soldaten, des Frontowik *geboren...*“[68]

Eine Reihe struktureller und politischer Reformen trug dazu bei, die Kampfmoral dieser *Frontowiks* zu heben. So wurden schon im Sommer 1942 mehrere Tapferkeitsorden gestiftet und nach Helden der russischen Geschichte benannt. Es gab nunmehr Suworow-, Kutusow- und Alexander Newski-Orden, und alle in mehreren Klassen. Am 9. Oktober 1942 erschien der wichtige Erlaß des Präsidiums des Obersten Sowjets der UdSSR „Über die uneingeschränkte Alleinführung und die Abschaffung der Institution der Kriegskommissare in der Roten Armee“. Zwar blieb die politische Erziehungsarbeit in Armee und Flotte weiterhin wichtig und die dafür Verantwortlichen hatten nach wie vor ihren festen Platz im Kommandeurkorps, aber in strategisch-taktischer Hinsicht wurde der Kommandeur tatsächlich der „Führer“ seiner Einheit oder seines Verbandes. Der bisherige Kriegskommissar wurde zum „Stellvertreter des Kommandeurs für politische Angelegenheiten“. Er erhielt militärischen Dienstrang und wurde als Offizier in die Armee-Hierarchie eingegliedert. Im Dezember 1942 wurden 142 Kommissare sogar zu Generalen der Roten Armee ernannt.

Am 21. Dezember 1942 erhielten die Verbände der Roten Armee wieder Truppenfahnen; damit wurde eine Tradition der zaristischen Armee übernommen. Und diese Entwicklung ging weiter. Am 6. Januar 1943, als der Kampf um Stalingrad seinem Höhepunkt zustrebte, überraschte das Präsidium des Obersten Sowjets der UdSSR Armee und Bevölkerung mit einem in jeder Hinsicht neuartigen Erlaß: zur Einführung von neuen Dienstgradabzeichen in der Roten Armee. Darin wurde — erstmals in der Geschichte der sowjetischen Streitkräfte — das Kommandeurkorps als *Offizierskorps* bezeichnet und damit dieser alte zaristische, seit 1917 im bolschewistischen Rußland verpönte Begriff erneut „salonfähig“ gemacht. Die Uniformen erhielten einen neuen Schnitt. Die roten Offiziere, die erstmals in den Straßen Moskaus auftauchten, erregten ungeahntes (und ungewolltes) Aufsehen. Insbesondere die breiten goldenen Epauletten, die Schulterstücke der Offiziere, die denen der einstigen Zarenarmee glichen, wirkten auf die Altkommunisten gespenstisch.

Endre Sik, ein Altbolschewik, schreibt in seinen Memoiren, er hätte beim Anblick dieser neu uniformierten Offiziere vorerst gedacht, es seien Kriegsgefangene, die, wer weiß warum, ohne Bewachung in Moskau spazierten. „Als ich besser hinsah, merkte ich, daß es sich hier um keine Gefangenen handelt. Es sind unsere Leute, nur ihre Uniform ist fremd!“ Und er fährt fort: „Wäre ich selber nicht auf die Lösung gekommen, hätte es genügt, in die Gesichter meiner Mitfahrer (in der Metro) zu sehen, die eine Mischung von Staunen und Schrecken ausdrückten. Man sah es, daß es ihnen nicht leicht fiel, die Schatten der schrecklichen Vergangenheit zu verjagen, die an diesen glänzenden Uniformstücken hafteten! ‚Es mag sein, daß *dies* jetzt nötig ist‘, sagte mir ein älterer Mann. ‚Aber mir fällt es sehr schwer, diesen Anblick zu verkraften. Ich habe *sie* mehr als 50 Jahre gehaßt, alle, vom General bis zum Sergeanten...'" Und Sik selbst gibt zu, daß ihm in diesem Moment auch nicht geheuer war. „Mich erfaßte ein Gefühl, als ob ich etwas verloren hätte. Etwas, das ich schön und nützlich fand — und auf das ich vor allem auch stolz sein konnte..."[69] Es mag sein, daß die alten Kämpfer, die Überlebenden der bolschewistischen Revolution und des Bürgerkrieges, Stalins Offiziers- und Uniform-Erlaß als eine Art „Verrat" an den Ideen der proletarischen Armee betrachteten. Für die jungen Offiziere der Roten Armee von 1943 war das keineswegs der Fall. Sie erblickten in den neuen Anordnungen mit Recht eine Aufwertung ihrer Rolle, und das erfüllte sie mit Genugtuung.

Dies war auch die Zeit, in der das Präsidium des Obersten Sowjets eine Reihe von Beförderungen vornahm. Am 18. Januar 1943 erhielt Schukow und am 16. Februar 1943 Wassilewski den Marschallstern. Nach dem Sieg an der Wolga trat Stalin immer mehr als militärischer Führer an die Öffentlichkeit. Von nun an trugen die Tagesbefehle und Siegesmeldungen seine Unterschrift, und am 7. März 1943 erhielt auch er den Rang eines Marschalls der Sowjetunion. Sein militärischer Nymbus wurde nun mit allen Mitteln gefördert. Als guter Taktiker und schlauer Politiker verstand es Stalin in der Folge ausgezeichnet, die nationale russische Militärtradition mit dem sozialistischen Ideengut zu mischen. Der Bevölkerung wurde klargemacht, daß ein Sieg wie der bei Stalingrad, nicht nur mit russischer Tapferkeit und Ausdauer errungen werden kann. Diese Eigenschaften allein hätten, wie der Krieg 1914—1917 gezeigt habe, wenig genützt, wenn sie nicht durch das Organisationstalent der Kommunistischen Partei angeleitet und vom gesamten Sowjetsystem gefördert worden wären. In dieser Behauptung steckt eine harte Wahrheit. Die Erfolge der Roten Armee, das Durchstehvermögen der Zivilbevölkerung (z. B. in Leningrad, aber auch an anderen Orten) sind in der Tat zu einem wesentlichen Teil auf die Härte zurückzuführen, mit der die Partei- und Staatsführung ihren Selbstbehauptungswillen durchsetzte. Diese belastete die Trag- und Leidensfähigkeit des Volkes in einem Ausmaß, wie es keine demokratisch gewählte Regierung je hätte wagen können.

15. Neue Erfolge

Die ersten Monate des Jahres 1943 brachten der Roten Armee eine Reihe von Siegen und Erfolgen. Neben der Armee Paulus in Stalingrad wurden auch die Verbündeten des Großdeutschen Reiches an der Ostfront entscheidend geschlagen. Nach der Vernichtung der beiden rumänischen Armeen und der 8. italienischen Armee im November und Dezember 1942 wurde Mitte Januar 1943 auch die 2. ungarische Armee am mittleren Don angegriffen und bis Monatsende mit ihren zehn Divisionen aufgerieben.

Im Januar 1943 gelang es endlich, die schreckliche Blockade von Leningrad zu brechen. Der neuen sowjetischen 2. Stoßarmee (Wolchow-Front) gelang es mit beträchtlicher Luftunterstützung, den langersehnten Durchbruch zu erzielen. Am 18. Januar 1943 wurde Schlüsselburg am Ladogasee genommen und damit eine acht bis elf Kilometer breite Landverbindung zur belagerten Stadt freigekämpft. Die Deutschen konnten sich aber noch auf den die Stadt beherrschenden Sinjawino-Höhen halten. So war zwar für die Leningrader die Hungerblockade zu Ende — der Krieg jedoch dauerte für sie noch ein weiteres Jahr.

Stalin, beflügelt von den Erfolgen, ließ an allen Fronten angreifen. Von Januar bis Ende März 1943 vermochte die Rote Armee den gesamten Nord-Kaukasus wiederzugewinnen und den östlichen Teil des Donezbeckens zu befreien. Rostow und Woroschilowgrad fielen am 14. Februar 1943 an die Sowjets. Generalfeldmarschall v. Manstein zog sich mit der deutschen Heeresgruppe Süd — die vorherige Heeresgruppe Don — nach Westen zurück.

Auch im Mittelabschnitt gab es wichtige Veränderungen. Die Wehrmacht mußte die im Winter 1941/42 gebildeten „Brückenköpfe" (Frontvorsprünge) bei Rschew, Wjasma und Demjansk — von denen aus Hitler Moskau erneut angreifen wollte — im Februar 1943 aufgeben.

Im Zuge der Winteroffensive 1942/43 hat die Rote Armee die deutschen Linien 600 bis 700 Kilometer westwärts getrieben und ein Gebiet von über 490 000 km^2 vom Feind befreit.

16. Fortschritte bei Rüstung und Organisation

Von Woche zu Woche wurde die Rote Armee stärker. Die zentrale Losung der Partei und des Staatlichen Verteidigungskomitees „Alles für die Front — Alles für den Sieg!" wurde im Hinterland äußerst rigoros durchgesetzt. Die Rüstungsindustrie genoß in jeder Hinsicht Priorität und konnte — trotz Schwierigkeiten und Rückschlägen — den Truppen im zweiten Kriegsjahr 29 561 Artilleriegeschütze, 24 668 Panzer und 25 436 Kampfflugzeuge liefern.[70] Die neuen Waffen waren zudem den deutschen mindestens ebenbürtig, wenn nicht überlegen.

Beim Panzerbau hatten die Sowjets große Erfolge erzielt. Der T-34 wurde verbessert und in immer größeren Mengen produziert. Die durchschnittliche Monatsproduktion betrug 1943 mehr als 2000 Panzer. Der T-34 war der hervorragendste Panzer des gesamten Krieges. Die Kombination von günstiger Formgebung, guter Bewaffnung, hoher Beweglichkeit und ausgezeichneter Geländegängigkeit (dank breiter Ketten und günstigem Leistungsgewicht) gab ihm die Überlegenheit über die deutschen Panzer III und IV. Neben dem T-34 wurden 1943 noch die verbesserten Typen des „Klim Woroschilow", jedoch keine leichten Panzer mehr produziert. Im selben Jahr erhielt die Truppe neuartige schwere

Waffen: die Selbstfahrlafetten SU-76, SU-122 und SU-152. Bereits Ende 1942 waren die ersten Selbstfahrlafetten-Artillerie-Regimenter (Abgekürzt: SFL-Art.Rgt.) entstanden, die — zuerst gemischt — im April 1943 zu typenreinen Regimentern mit 4 oder 5 Batterien zu je 5 SFL umgebildet wurden.

1943 war auch das Jahr, in dem die die selbständigen Panzerbrigaden- und bataillone immer mehr zu Panzerkorps, mechanisierte Korps und Panzerarmeen zusammengefaßt wurden, deren Stoß- und Feuerkraft durch weitere Verstärkungsmittel erhöht wurde. Ende 1943 verfügte ein Panzerkorps (Divisionen gab es bei dieser Waffengattung nicht) über 11000 Soldaten, 209 Panzer T-34, 49 SFL, 152 Geschütze und Granatwerfer und mehr als 1200 Fahrzeuge verschiedener Art. Ein mechanisiertes Korps umfaßte in der gleichen Zeit 16369 Mann, 197 Panzer (176 T-34 und 21 T-70), 49 SFL, 252 Geschütze und Granatwerfer, 1800 Fahrzeuge verschiedener Art.[71] Der Trend ging zur Aufstellung ganzer Panzerarmeen, die in den kommenden Jahren die entscheidende Offensivkraft der Roten Armee wurden. Im Frühjahr 1943 waren zwei neue Panzerarmeen aufgestellt, während sich drei weitere in Aufstellung beziehungsweise in Reorganisation befanden. Eine sechste Panzerarmee entstand 1944. In der Regel hatten die Panzerarmeen 2 Panzerkorps und ein mechanisiertes Korps.

Die Schützendivisionen wurden um die Jahreswende 1942/43 einheitlich gegliedert. Es gab davon zwei Arten: eine in der Stärke von 9435 und eine andere in der Stärke von 10670 Mann. Sie erhielten mehr leichte Maschinengewehre, Maschinenpistolen, 45-mm-Geschütze und 120-mm-Granatwerfer. In der ersten Hälfte des Jahres 1943 wurden ihnen zusätzlich schwere Maschinengewehre und die handliche Maschinenpistole des Typs „PPS" zugeführt.

Die Zahl der Kavallerieverbände wurde stark verringert. Von den 82 Kavallerie-Divisionen des Jahres 1941 bestanden Ende 1943 nur noch 26.

Ebenfalls im Jahr 1943 fällt eine Reorganisation der Luftstreitkräfte, die dann die neue Struktur bis zum Kriegsende beibehielten. Die bei allen Fronten aufgestellten Luftarmeen wurden vollwärtige operative Verbände. Sie umfaßten in der Regel 2 bis 3 Jagdfliegerdivisionen, 1 bis 2 Bombenfliegerdivisionen und eine Schlachtfliegerdivision. Im Juli 1943 hatte dazu das Oberkommando eine Reserve von 22 Fliegerkorps. Neue Jagdflugzeuge (La-5fn, Jak-9d), Bombenflugzeuge (Pe-2, Tu-2) und Schlachtflugzeuge (I1-2, „Sturmowik" genannt) wurden nun gefährliche Gegner für Görings Luftwaffe.

Wie schon im Jahre 1942 war auch im Jahre 1943 das sowjetische Oberkommando auf genügend strategische Reserven bedacht. Diese wurden in der Regel aus taktischen und operativen Verbänden gebildet, die zur Auffrischung in das rückwärtige Gebiet gebracht worden waren. Am 1. November 1942 bestand die Reserve aus 2 Millionen Mann, vornehmlich in Ausbildungszentren. Am 1. Juli 1943 umfaßte sie 8 Schützenarmeen, 2 Panzerarmeen und 22 Fliegerkorps. Davon gehörten 7 Schützenarmeen zu einer neu aufgestellten „Front" (Reservefront, ab 10. Juli 1943: Steppenfront), die insgesamt 47 Schützen- und Kavalleriedivisionen, 5 Panzerkorps und 4 mechanisierte Korps umfaßte.

Anfangs Juli 1943 zählte die Feldarmee der Roten Armee über 6,4 Millionen Mann und verfügte über 98790 Geschütze und Granatwerfer, 2172 reaktive Salvengeschütze, 9590 Panzer und Selbstfahrlafetten (davon 6232 schwere und mittlere bzw. 3348 leichten Typs), 8293 Kampfflugzeuge (davon nur 467 veraltete Maschinen) und 314 Kriegsschiffe. „Die sowjetischen Truppen waren dem Gegner an Menschen nur unbedeutend überlegen, hatten aber ein fast doppeltes Übergewicht an technischen Kampfmitteln“ vermerkt ein sowjetisches Standardwerk über den Krieg.[72]

17. Erfolge der Rüstungsindustrie

Marschall Schukow schreibt in seinen Memoiren, daß die sowjetische Rüstungsindustrie in der zweiten Hälfte des Jahres 1943 — also nach zwei Jahren Auf- und Ausbau — die Fronten bereits mit allem Notwendigen beliefern konnte. „Der beschleunigte Aufbau des ‚Zweiten Baku‘, der Einsatz der Hüttenwerke von Kusnezk und Magnitogorsk, der Ausbau von Hochöfen, Kraftwerken und Minen in den befreiten Gebieten, die Entwicklung der Buntmetall- und der Eisenhüttenindustrie im Ural, in Sibirien und Kazachstan, die Einführung der Fließbandarbeit in den Rüstungsbetrieben, die riesige schöpferische Arbeit zur Modernisierung unserer Waffen und Produktionstechniken — all das schuf neue Mittel zur Zerschmetterung des Feindes!“[73]

Zur Verbesserung der Versorgungslage an der Front trug nicht unwesentlich bei, daß die Bedürfnisse der Zivilbevölkerung während des Krieges nur zu einem — für westliche Verhältnisse kaum vorstellbaren — Minimum gedeckt wurden, und daß drastische Arbeitsgesetze tägliche Arbeitszeiten von 10 bis 12 Stunden vorschrieben. Zur Vollendung des von Marschall Schukow gezeichneten Bildes der wehrhaften Sowjetunion muß noch erwähnt werden, daß Mitglieder und Organisationen der KPdSU(B) überall das gute Beispiel gaben, und keine Mühe scheuten, wenn es um den Kampf gegen Deutschland ging.

Dementsprechend waren auch die sowjetischen Produktionszahlen eindrücklich: 1943 wurden 35000 Flugzeuge verschiedener Art und 24000 Panzer und Selbstfahrlafetten (SFL) gebaut. Bei der Motorisierung der Landstreitkräfte allerdings waren die Sowjets weiterhin auf westliche Lieferungen angewiesen. Von den 665000 Lkw und Pkw, über welche die Rote Armee am Ende des Krieges verfügte, stammten 427000 Fahrzeuge aus westlicher Produktion, hauptsächlich aus den USA.[74]

18. Die Schlacht im Kursker Bogen

Im Frühjahr 1943 herrschte an den Fronten relative Ruhe. Zwar hatten die Deutschen am 6. März im Südabschnitt einen Großangriff ausgelöst und am 16. März Charkow und am 21. März Bjelgorod wiedergenommen, wo sie jedoch zum Stehen kamen. Die Sowjets vermochten sich in einem weiten Bogen westlich Kursk zu halten.

Hitler, der „so bald wie möglich" im Osten das „Gesetz des Handelns" wieder an sich reißen wollte, beschloß im März 1943 mit dem großangelegten Unternehmen „Zitadelle" diesen Bogen abzuschneiden und die dort gruppierten sowjetischen Kräfte zu vernichten. Der Wehrmacht waren inzwischen durch den von Göbbels im Februar 1943 verkündeten „totalen Krieg" 800000 Mann, die bisher in Betrieben, Büros und in der Landwirtschaft gearbeitet hatten, zugeführt worden. Guderian hatte die deutsche Panzerwaffe reorganisiert. Damit sollte die Wehrmacht zu neuen großen Operationen befähigt werden.

Der Angriffstermin für „Zitadelle" mußte aber immer wieder verschoben werden und wurde schließlich auf den 4. Juli 1943 festgesetzt. Die Bereitstellung einer Streitmacht von über 50 Divisionen, davon 10 Panzerdivisionen mit rund 2000 Panzern und Sturmgeschützen, blieb selbstverständlich dem sowjetischen Nachrichtendienst nicht verborgen. Zudem war Moskau schon relativ früh durch seinen Auslandsspionagedienst von den deutschen Absichten informiert worden.[75] „Zitadelle" gab den Vorbereitungen für einen sowjetischen Großangriff, der für den Sommer 1943 im Südwestabschnitt geplant wurde, einen neuen Aspekt. Am 8. April entwickelte Marschall Schukow dem Obersten Befehlshaber die Idee, die angreifenden Deutschen zuerst durch *aktive Verteidigung* zu zermürben und ihre Panzer zu vernichten, und sie dann mit frischen Reserven in einem *Großangriff* zu zerschlagen.[76] Stalin billigte den Plan. Frische Truppen wurden in den Raum Kursk verschoben, darunter die bereits erwähnte Steppenfront, unter Generaloberst I. S. Konjew. Diese war „die stärkste strategische Reserve des Hauptquartiers, die es in den Jahren des Großen Vaterländischen Krieges je gegeben hat!"[77] Die Steppenfront wurde *östlich* von Kursk aufgestellt und sollte sich sowohl zur Verteidigung als auch zum Angriff bereit halten.

Der eigentliche „Kursker Bogen" wurde von der Zentralfront (Oberbefehlshaber Generaloberst K. K. Rokossowski) und der Woronescher Front (Oberbefehlshaber Generaloberst N. F. Watutin) gehalten. Die beiden Sieger von Stalingrad verfügten über etwa 100 Divisionen mit insgesamt 1,3 Millionen Mann, fast 20000 Geschützen und Granatwerfern, 3600 Panzer und Selbstfahrlafetten sowie 2600 Flugzeugen.[78] Sie waren damit ihren Gegnern personell und materiell eindeutig überlegen. Während des ganzen Monats Juni konnten sich die zwei Fronten auf einer Tiefe von 100 bis 150 Kilometer zur Verteidigung einrichten. Dabei wurden allein im Raum der Zentralfront — unter Mithilfe der Zivilbevölkerung — 500 Kilometer Schützen- und Panzergräben ausgehoben!

Am 4. Juli griffen die Deutschen unterstützt von 1800 Flugzeugen von Orjol und Bjelgorod in Richtung Kursk an. Zweitausend Panzer, darunter die neuen Typen „Tiger“ und „Panther“ sowie die Sturmgeschütze „Ferdinand“, auf die Hitler große Hoffnungen setzte, sollten den Durchbruch erzwingen und die sowjetischen Armeen einkesseln. Auf relativ engem Raum stießen große Truppen- und Panzermassen aufeinander. Es kam zu äußerst erbitterten Kämpfen. Die Deutschen vermochten in den ersten Angriffstagen sowohl im Süden (Heeresgruppe Süd) als auch im Norden (Heeresgruppe Mitte) 10 bis 18 Kilometer vorzustoßen — der Durchbruch nach Kursk gelang ihnen jedoch nicht. Bei Prochorowka, im Abschnitt der Woronescher Front, kam es am 12. Juli zu einer der größten Panzerschlachten des Zweiten Weltkrieges. Auf kleinstem Raum stießen hier etwa 1200 Panzer, Sturmgeschütze bzw. Selbstfahrlafetten aufeinander. Gegen zehn Stunden dauerte die harte Material-Schlacht: Hunderte von ausgebrannten Kampfwagen blieben auf dem Schlachtfeld liegen, dicke Staub- und Qualmwolken verfinsterten den Julihimmel. Obwohl aus den Kämpfen bei Prochorowka keine Seite als klarer Sieger hervorging, so bedeutete diese Panzerschlacht doch das Ende des Unternehmens „Zitadelle“. Die Angreifer mußten überall in die Verteidigung übergehen. Am 13. Juli gab selbst Hitler das Scheitern der Sommeroffensive 1943 zu. Er mußte zudem von den Heeresgruppen Mitte und Süd einige Großverbände, darunter ein SS-Panzerkorps abziehen und schleunigst nach Italien verlegen. Am 10. Juli 1943 waren nämlich in Sizilien die Anglo-Amerikaner gelandet, wo ihnen die Italiener kaum Widerstand boten. Aber nicht nur das. Am 12. Juli hatte das sowjetische Oberkommando die Operation „Kutusow“ ausgelöst mit dem Ziel, die deutsche 9. Armee im Raum Orjol zu umfassen und zu vernichten. So mußte auch das Zentrum der Heeresgruppe Mitte im Raum Orjol beschleunigt verstärkt werden. Die sowjetische Westfront (Oberbefehlshaber Generaloberst W. D. Sokolowski, Sowjetbürger adliger polnischer Abstammung mit Offizierspatent der k.u.k. Armee vor 1914) trieb die Operation „Kutusow“ energisch voran, unterstützt durch die Brjansker Front des Generaloberst Popow. Schon am ersten Tag konnten die beiden Fronten die deutsche Verteidigung durchstoßen und 25 Kilometer vordringen. Am 1. August nahm Hitler auf Drängen seiner Generäle die Front auf die Sehnenstellung östlich Brjansk zurück. Die Kräfte jedoch reichten zum Aufbau einer festen Verteidigung nicht mehr aus. Die Brjansker Front nahm am 5. August Orjol, und bis zum 18. August konnte der deutsche Frontvorsprung in diesem Raum bereinigt werden.

Inzwischen waren auch die Woronescher und die Steppenfront in Aktion getreten. Am 3. August gelang ihnen die Einnahme von Bjelgorod. Das wurde von Stalin so hoch bewertet, daß er befahl, in Moskau für die tapferen Truppen aus 224 Geschützen 20 Salven Salut zu schießen. Dies wurde zu einer Tradition in der Roten Armee. Fortan verkündeten Artilleriesalven den Moskauern wichtige Siege der sowjetischen Truppen.

In der zweiten Hälfte August lösten die Süd- und Südwestfront Offensiven aus und drängten damit die deutsche Heeresgruppe Süd nach Westen zurück. Mit der Operation „Rumjanzew“ gelang es ihnen, am 22. August die zweitgrößte Stadt der Ukraine, das bedeutende Industriezentrum Charkow einzukreisen und am 23. August zu nehmen. Hitler befahl die sofortige Befestigung des Dnjeprs und der Djesna und bezeichnete diese Stellungen als „Ostwall“, der unbedingt gehalten werden sollte.

Mit den Schlachten von Kursk und Orjol ging die Initiative endgültig an die Rote Armee über. Die deutsche Wehrmacht, insbesondere ihre Panzertruppen, konnten sich nicht mehr erholen. Die Rote Armee hatte der Welt gezeigt, daß sie fähig war, auch im Sommer großangelegte Operationen durchzuführen. Die Rote Armee war nicht nur materialmäßig besser und stärker geworden — auch ihr Selbstvertrauen und damit ihre Kampfmoral hatten sich erheblich gefestigt.

19. Auf breiter Front nach Westen!

Kaum waren die Kämpfe um Charkow beendet, als Stalin schon neue Offensiven erwog. Er und der Generalstab nahmen an, daß nach dem Zerschlagen der deutschen Sommeroffensive in Rußland und mit dem Entstehen einer neuen Front in Italien, Hitler im Osten keine Großoffensive mehr unternehmen könne.[79] Dies bedeutete jedoch noch nicht, daß die Deutschen am Ende ihrer Kräfte waren. Gleichwohl schien die Gelegenheit günstig, weiter nach Westen zu drängen.

So erhielten zuerst die Fronten des Südabschnitts und dann die des Zentralabschnitts neue Offensiv-Befehle. Auf einer Frontbreite von fast 2000 Kilometern, von Welikije Luki bis zum Schwarzen Meer entbrannten Kämpfe. Vom September bis zum Dezember 1943 befreite die Rote Armee die gesamte Ukraine östlich des Dnjeprs und einen Teil Bjelorußlands, sie überwand sogar stellenweise den Dnjepr (und damit den Hitler'schen „Ostwall“). Am 6. November war Kiew, die Hauptstadt der Ukraine befreit worden.

Am 10. Oktober 1943 zog Hitler seine letzten Soldaten aus dem Kuban-Brükkenkopf zurück. Ende Oktober nahm die Rote Armee Melitopol und Saporoschje im Südosten der Ukraine. Anfangs November kämpfte sie sich bis zur Dnjepr-Mündung vor, womit sie die deutsche 17. Armee auf der Krim (bestehend aus einer deutschen und sieben rumänischen Divisionen) von allen Landverbindungen abschnitt. Der von Generaloberst I. F. Petrow befehligten Nordkaukasischen Front gelang es dann, nördlich und südlich von Kertsch zu landen, während Generaloberst Tolbuchin mit der 4. Ukrainischen Front einen Brückenkopf auf dem Siwasch errichtete. Damit war die 17. Armee im Osten und im Norden bedroht. Beim Forcieren des Siwasch leisteten zwei Veteranen der Roten Armee aus dem Jahr 1920 den angreifenden Truppen Hilfe. Es gelang ihnen die ungefährlichsten Furten ausfindig zu machen und genau wie vor 23 Jahren, beim Angriff unter Frunse, wurde die schwache, diesmal deutsche, Verteidigung überrannt.

Auch im Norden kam die Front in Bewegung. Auf Stalins Befehl lösten hier die Kalinin, die West- und die Zentralfront (ab 20. Oktober Bjelorussische Front) einen Angriff aus, der erst Ende November — nach der Einnahme von Gomel — auf der Linie Mosyr-Mogiljow und am Westufer der Beresina zum Stehen kam.

In den Herbst-Feldzügen von 1943 hatte die Rote Armee neue Verbündete. Nachdem bereits im Frühjahr 1943 ein selbständiges tschechoslowakisches Feldbataillon unter Führung von Oberstleutnant Ludvik Svoboda (dem späteren Staatspräsidenten der ČSSR) im Raum Sokolowo (bei Charkow) die Feuertaufe erhalten hatte, war bis im Herbst 1943 aus Tschechen und Slowaken eine ganze Brigade gebildet worden, die im Rahmen der 1. Ukrainischen Front bei Kiew eingesetzt wurde. Eine aus polnischen Kommunisten bzw. Zwangsumgesiedelten gebildete Infanterie-Division „Tadeusz Koŝciuszko" kämpfte erstmals im Oktober 1943 bei Lenino im Raum Mogiljow. Um die gleiche Zeit stellte das sowjetische Oberkommando im Kriegsgefangenenlager von Selzy (bei Rjasan) bereits eine rumänische Infanterie-Division auf. Es ist unbekannt, ob Stalin schon damals Pläne für eine spätere Eingliederung der osteuropäischen Staaten in einen zukünftigen Sowjetblock hatte. Es fällt nur auf, daß die Einsätze nationaler osteuropäischer Truppenverbände auf sowjetischer Seite heute im Warschauer Pakt groß herausgestellt werden.[80]

Die Erfolge der Roten Armee im Herbst 1943 waren bedeutend. Allein bei der deutschen Heeresgruppe Mitte wurden 40 Divisionen zerschlagen, 7 völlig, die übrigen zu 50 bis 75 Prozent. Mehr als 395 000 km², in denen vor dem Krieg über 25 Millionen Menschen gelebt hatten, wurden von den deutschen Okkupanten befreit.[81] Die Pläne Hitlers für einen „Ostwall" wurden vereitelt und dieser sogar gezwungen, aus Westeuropa frische Truppen nach Rußland zu verlegen, um hier eine einigermaßen stabile Front vorbereiten zu können.

20. Reformen und Pläne des sowjetischen Oberkommandos an der Jahreswende 1943/44

Das Fazit des Jahres 1943 war für die Rote Armee in mancher Hinsicht positiv. Sie konnte sich qualitativ und quantitativ erheblich verbessern und erwies sich als der deutschen Wehrmacht ebenbürtig, ja in einigen Sparten sogar überlegen. Die erzielten Siege (und die Niederlagen der Deutschen auf anderen Kriegsschauplätzen) bestärkten die Menschen in ihrer Zuversicht, daß das Kriegsende nicht mehr weit sei und diese die vollständige Zerschlagung des „Faschismus" (d. h. des

Großdeutschen Reiches) bringen würde. Das volkstümlichste Abschiedswort in der Sowjetunion — sowohl im Hinterland als auch an den Fronten — lautete: „... also, auf Wiedersehen, abends um sechs, nach dem Krieg!" Dieses erschien nun immer „realistischer", was den Durchhaltewillen der Massen günstig beeinflußte.

Am 4. September 1943 empfing Stalin im Kreml — erstmals in der Geschichte des Sowjetstaates — die Vertreter der russisch-orthodoxen Kirche und erklärte ihnen wohlwollend sein Einverständnis, daß der Metropolit von Nischnij-Nowgorod (Gorkij), Sergius, zum Patriarchen der Kirche gewählt würde. Mit diesem Schaustück machte die sowjetische Wochenschau sowohl im Ausland als auch im Inland Propaganda — und so vernahmen auch die Rotarmisten an der Front von der Wende in der bisherigen heimatlichen atheistischen Politik. Feldgeistliche erhielt die Rote Armee allerdings keine — wohl aber die in der Sowjetunion aufgestellten rumänischen, polnischen und tschechoslowakischen Verbände, in denen diese neben den Kommissaren („Erziehungsoffizieren") Dienst leisteten.

Um die Jahreswende 1943/44 hieß die zentrale Parole: die Faschisten schlagen, sie vom „heiligen Boden" der Sowjetunion vollständig vertreiben! Die Rückgewinnung der von den Deutschen besetzten Gebiete war aber für die Rote Armee nicht nur ein militärisches, sondern ein politisches Problem. Es stand die ideologische Konfrontation mit solchen Bevölkerungsteilen bevor, die jahrelang unter „kapitalistischer" Herrschaft gelebt hatten. Der Einfluß der Partei in der Roten Armee mußte intensiviert und dazu ihre Mitgliederzahl erhöht werden. Der Zugang zur Parteimitgliedschaft wurde erleichtert. Ende 1943 zählten die Parteiorganisationen von Armee und Flotte 2702000 Kommunisten und 2379500 Jungkommunisten, sogenannte Komsomolzen.[82] Somit gehörten annähernd 65 % der Rotarmisten und der roten Matrosen der KPdSU bzw. ihrer Jugendorganisation an.

Das Jahr 1943 hatte einige grundlegende Änderungen in der Organisationsstruktur der sowjetischen Streitkräfte gebracht. Die sogenannten „geographischen Richtungs- Abschnitte", die das Staatliche Verteidigungskomitee noch im Sommer 1941 als Bindeglied zwischen Hauptquartier (Stawka) und mehreren Fronten (Heeresgruppen) ins Leben gerufen hatte, waren nach und nach wieder verschwunden. Seither war das Hauptquartier gezwungen, direkt die Operationen einer großen Anzahl von Fronten (Heeresgruppen) zu leiten, die auf einem riesigen Raum verteilt waren. Größere operative Selbständigkeit wurde diesen aber nicht eingeräumt. Ohne Zustimmung des Oberkommandos bzw. des Obersten Befehlshabers Stalin durfte keine Operation durchgeführt werden. Die Fronten hatten auch keine strategischen Reserven; über eine solche verfügte nur das Oberkommando bzw. das Hauptquartier. Das alles war sehr schwerfällig. So begann das Hauptquartier (Stalin) 1942/43 eine neue Führungsmethode, indem es Vertreter direkt in die wichtigsten Frontabschnitte sandte. Diese waren über die „große Lage" bestens informiert, hatten sie doch in der Regel an der Ausarbeitung der bevorstehenden Operationen teilgenommen. Für diesen Einsatz kamen nur Heerführer mit der höchsten Qualifikation in Frage, die fähig waren, zwei oder drei Fronten (Heeresgruppen) mit Unterstützungskräften zu führen. Ihre Rolle in den Feldzügen 1944/45 war in jeder Hinsicht maßgebend und sowohl militärisch als auch politisch von Bedeutung.

Ab Mai 1943 waren die Schützenarmeen wiederum in Korps gegliedert worden. Diese waren im Sommer 1941 aufgelöst worden, weil es an geeigneten Kommandeuren und an Stabspersonal fehlte und weil man „von oben her" eine zu selbständige Führung befürchtete. Nun, wo man vermehrt auf neue Offizierskader greifen konnte, kehrte man zum Altbewährten zurück. Eine Direktive des Obersten Befehlshabers regelte im Mai 1943 die zukünftige Aufgabe der Korps in allen Einzelheiten: „Die Truppen eines Korps müssen stabil zusammengesetzt sein... Einzelne Divisionen dürfen nur in außergewöhnlichen Fällen ausgewechselt werden, weil eine solche Maßnahme die Grundlage für das soldatische Zusammengehörigkeitsgefühl innerhalb des Korps schwächt und die Festigung der Kampftradition beeinträchtigt."[83] Die Wiedereinführung des Korpssystems bewirkte eine verbesserte Ausrüstung der Armee mit Kampftechnik — mit Artillerie, Panzern, Pioniermitteln — und vor allem mit technischen Führungsmitteln.

Mit der Wiederbelebung einzelner Traditionen der zaristischen Armee entstanden nach und nach Garde-Truppen. Diese Bezeichnung erhielten Verbände, die sich durch besondere Tapferkeit vor dem Feind ausgezeichnet hatten. Die Angehörigen dieser Elitetruppen hatten bessere Verpflegung und Uniformen und auch bessere Waffen. Die ersten Garde-Divisionen waren schon am 18. September 1941 in der Verteidigungsschlacht um Moskau entstanden, als vier Schützen-Divisionen zu Gardeverbänden umbenannt wurden. Bereits im nächsten Jahr begann die Bildung von insgesamt zehn Gardeschützenkorps, die neben Schützendivisionen und -brigaden auch Panzer-, Artillerie- und Pioniertruppenteile besaßen und somit insbesondere für Angriffsoperationen geeignet waren. Diese wurden in Garde-Armeen zusammengefaßt, die stärker waren als die sogenannten „allgemeinen" Armeen. Die 1. Gardearmee entstand im August 1942. Im folgenden Jahr erlangten die Gardetruppen an den Fronten besondere Bedeutung, indem gerade durch den Einsatz von operativen Gardeverbänden an einzelnen Frontabschnitten ein Schwergewicht gebildet werden konnte.

Die Vielfalt der „neuen" Roten Armee wurde ab Februar 1944 bereichert durch die Wiedereinführung *nationaler* Truppenteile. Mit einer Verfassungsänderung (die auf dem „Papier" bis 1977 gültig war) wurden in den Teilrepubliken der Sowjetunion, gleich wie anfangs der dreißiger Jahre, *nationale* Verteidigungs-Volkskommissariate eingerichtet, denen die Aufstellung und Ausbildung von Ersatz-Formationen oblag. Von den geplanten nationalen Verbänden wurden in der Tat allerdings nur eine lettische und eine litauische Division aufgestellt, die später zu Korps erweitert wurden.[84]

Mit der qualitativen und quantitativen Verbesserung gelang es den roten Flugzeugverbänden nach der Schlacht im Kursker Bogen allmählich an allen Fronten die Luftüberlegenheit über die ca. 3000 Flugzeuge der deutschen Luftwaffe in

Rußland zu erkämpfen. Dabei hatte allerdings auch die Verschiebung des Schwergewichts der deutschen Luftwaffe eine Rolle gespielt. Hatte diese im Juni 1941 mehr als zwei Drittel ihrer Flugzeuge im Osten konzentriert, so war es Mitte 1943 infolge der Zunahme der Bombardierung Deutschlands durch anglo-amerikanische Fliegerverbände — die der Rüstungsminister Hitlers, Albert Speer in seinen Memoiren als die eigentliche „zweite Front" gegen Deutschland bezeichnete[85] — und wegen der Landung der westlichen Alliierten in Italien nur noch 50 Prozent.

1943 wurde übrigens die Reorganisation und Umrüstung der sowjetischen Luftstreitkräfte praktisch beendet. Die einzelnen Fronten erhielten Luftarmeen, die zu selbständigen Operationen befähigt waren. Eine Luftarmee bestand in der Regel aus zwei bis drei Jäger-, ein bis zwei Bomber- und einer Schlachtfliegerdivision. Ein Jägerregiment verfügte zum Beispiel in der zweiten Hälfte des Jahres 1943 über 40 Maschinen.

Die steigende Bedeutung der sowjetischen Panzertruppen führte Ende 1942 zur Schaffung einer besonderen „Verwaltung des Chefs der Panzer- und mechanisierten Truppen" unter der Leitung des tatkräftigen Generals J. N. Fedorenko. Im April 1943 wurde diesem auch die Ende 1942 geschaffenen SFL-Artillerie-Regimenter unterstellt, die weiter stark vermehrt wurden. Die sowjetischen Panzerverbände waren nun vorwiegend mit den T-34/85 ausgerüstet, einem mittleren Panzer mit ausgezeichneten Fahr- und Kampfeigenschaften. Er war stärker gepanzert als sein Vorgänger und hatte eine 85-mm-Kanone. Als schwere Panzer der dritten Generation diente der „Josif Stalin", ein völlig umgearbeiteter „Klim Woroschilow — 85" mit einer Kanone von 122-mm. Ab 1944 gab es davon immer bessere Modelle, die sich in den Feldzügen in der Ukraine, in Bjelorußland und in Ostpolen bewährten.

Aber auch westliche Panzer kamen in der Sowjetunion zum Einsatz, vor allem der mittlere US-Panzer „M-72", der „Sherman" und die britischen „Valentine" und „Matilde". Freilich entsprachen diese den sowjetischen Verhältnissen bei weitem nicht so gut wie der T-34/85, aber sie bewährten sich doch viel besser, als die alten leichten sowjetischen Panzer, die zu Beginn des Krieges in der Roten Armee noch in großer Zahl vorhanden waren. Das sowjetische Oberkommando hatte die „Panzer „ausländischer Herkunft" (wie sie offiziell hießen) in Sonder-Verbänden zusammengefaßt: insgesamt hat die Rote Armee aus Großbritannien, USA und Kanada während des Krieges über 10000 Panzer erhalten.[86]

21. Spannungen in der Anti-Hitler-Koalition und die Konferenz von Teheran

Stalin betrieb gegenüber seinen westlichen Bündnispartnern in der zweiten Hälfte des Jahres 1943 eine recht seltsame Politik. Um den Schein einer zukünftigen Bolschewisierung Ost- und Mittel-Europas zu vermeiden, ließ er am 22. Mai 1943 die Kommunistische Internationale (Komintern) auflösen, ein Lieblingskind Lenins und bisher der „Generalstab" der Weltrevolution. Es war zweifelsohne eine Geste an die Adresse der Westalliierten, die jedoch anscheinend nicht genügend honoriert wurde. Denn die „zweite Front" in Europa, die nach sowjetischer Meinung als Beendigung des Krieges beschleunigt bzw. der sowjetischen Front die ersehnte Erleichterung gebracht hätte, ließ immer noch auf sich warten. Im August 1943 hatten sich Churchill und Roosevelt in Quebec darauf geeinigt, daß die *Invasion* in Frankreich erst im nächsten Jahr, und zwar am 1. Mai 1944 erfolgen sollte. Die Gründe dafür waren mannigfalig. Keinesfalls lag diesem Entschluß jedoch die Absicht zugrunde, die Rote Armee weiterhin allein gegen die deutsche Wehrmacht kämpfen und so verbluten lassen — wie sowjetische offizielle Stellen behaupteten und behaupten.[87]

Die Moskauer Konferenz der drei Außenminister vom 19. bis 30. Oktober 1943 offenbarte ernste Meinungsverschiedenheiten zwischen der UdSSR und ihren westlichen Verbündeten. Diese waren aber nicht nur auf die Verschiebung der Eröffnung der „zweiten Front" zurückzuführen. Es tauchten vielmehr andere Probleme auf, wie zum Beispiel die zukünftige Stellung Polens im neuen Europa oder die Behandlung Deutschlands nach dem Sieg.

Das zeitweilige Beharren der westlichen Alliierten bei ihren Ansichten bestärkte Stalin in seinem nie ganz erloschenen Verdacht, die „Kapitalisten" wollten den Sieg über Deutschland mit „russischem Blut" erringen; wenn sie auch an einer Niederlage Hitler-Deutschlands interessiert sind, so wollen sie es nach dem Krieg mit einer schwachen Sowjetunion zu tun haben. Stalin hatte das Schicksal des zaristischen Rußlands im Ersten Weltkrieg vor Augen: hatten damals die Verbündeten von Nikolaus II. nicht genau gleich mit russischem Blut spekuliert und Rußland für ihre eigenen Ziele ausgenützt? Aufgrund derartiger Überlegungen muß man jene, auch heute noch geheimnisumwitterte Fühlungnahme sowjetischer Abgesandter bei deutschen Diplomaten in Stockholm (und dann in Sofia) vom Herbst 1943 betrachten, durch die Hitler zu einem Separatenfrieden mit Stalin bewogen werden sollte.[88] Daß es dann schlußendlich zu keinerlei offiziellen sowjetisch-deutschen Geheimgesprächen kam, lag in erster Linie an Hitler, der mit den Sowjets keinerlei Verhandlungen wünschte.

So standen die Dinge, als die Regierungschefs der drei Großmächte der Anti-Hitler-Koalition erstmals zusammentrafen. Am 28. November 1943 begann die Konferenz von Teheran. Die drei Delegationsleiter, wie Josef W. Stalin, Franklin D. Roosevelt und Winston S. Churchill gaben als Ergebnis ihrer Beratungen in einer gemeinsamen Erklärung vom 1. Dezember 1943 bekannt, daß sie ihre Pläne zur Vernichtung der deutschen Streitkräfte abgestimmt und „völlige Übereinstimmung über Ausmaß und Zeit der Operationen, die von Osten, Westen und Süden angesetzt werden sollten", erreicht haben. „Keine Macht der Erde", erklärten sie, „kann uns daran hindern, die deutschen Heere zu Lande, ihre U-Boote zur See und ihre Rüstungsanlagen aus der Luft zu zerstören!"[89]

Stalin kehrte am 6. Dezember 1943 mit gemischten Gefühlen von Teheran nach Moskau zurück. Er konnte zwar mit den Ergebnissen zufrieden sein, denn einige der dort behandelten Probleme waren zugunsten der UdSSR entschieden worden. Aber die Rote Armee mußte weiterhin die Hauptlast des Krieges gegen die Deutschen tragen und, wenn es sein mußte, auch *allein* mit der deutschen Wehrmacht fertig werden. General S. M. Schtemenko, Leiter der Operativen Abteilung des Generalstabes, einer der Begleiter Stalins in Teheran, faßte die Lage in seinen Memoiren wie folgt zusammen: „Wir waren uns über die Widersprüche in der Anti-Hitler-Koalititon im klaren und auf Überraschungen gefaßt. Besonders unsicher erschien der auf der Konferenz vereinbarte Termin für die Eröffnung der *zweiten Front*, zu dem die Alliierten schon dort allerlei Vorbehalte gemacht hatten. Deshalb handelten Hauptquartier (Stawka) und Generalstab nach der Devise: auf die Alliierten hoffen und selbst sehen, wie man weiterkommt!"[90]

22. Das Jahr 1944 — das Jahr der zehn „Stalinschen Schläge"

Stalin und sein Oberkommando waren gewillt, die strategische Initiative zu behalten. Unter allen Umständen mußte verhindert werden, daß sich die deutsche Wehrmacht in den ihr noch verbliebenen sowjetischen Gebieten festsetzen und damit einen Stellungskrieg erzwingen konnte. Zu diesem Zwecke wurden für das Jahr 1944 Operationen an der *gesamten Front* von Leningrad bis zum Schwarzen Meer vorgesehen. Da aber die sowjetischen Kräfte zu mehreren gleichzeitigen Großoffensiven nicht ausreichten, wurden diese als eine Reihe strategischer Operationen geplant, die nacheinander an verschiedenen Frontabschnitten durchgeführt werden sollten. Mit zehn „Schlägen" („Udar") sollte die Wehrmacht aus der Sowjetunion vertrieben und nach Ost-Mittel-Europa verfolgt werden. Da inzwischen Stalins Ruf als Feldherr gefestigt war, wurden diese Großangriffe auch offiziell als die „zehn Stalinschen Schläge" bezeichnet.

Ende 1943 zählte die Rote Armee 6 Millionen Soldaten und Offiziere. 78 neue Divisionen waren aufgestellt worden. 91000 Geschütze und Granatwerfer, 4900 Panzer und SFL sowie 8500 Flugzeuge befanden sich im Einsatz. Die deutsche Wehrmacht blieb aber für die Sowjets weiterhin ein ernsthafter Gegner. „Durch die ununterbrochene Mobilmachung und die materiellen Hilfsquellen gelang es der faschistischen Führung immer wieder, die Stärke und die technische Ausrüstung der Truppen auf hohem Niveau zu halten", schreibt ein sowjetisches Standardwerk und beziffert die Zahl der deutschen und verbündeten Truppen an der „Ostfront" mit 4,9 Millionen Mann, mit 54000 Geschützen und Granatwerfern, 5400 Panzern und Sturmgeschützen und 3000 Flugzeugen.[91]

Nach den Plänen des Generalstabes sollte mit dem *„ersten Stalinschen Schlag"* Leningrad endgültig befreit und die deutsche Heeresgruppe Nord zum Rückzug gezwungen werden. Im Januar 1944 warfen die Leningrader Front und die Wolchow Front den Feind auf die Luga-Narwa-Linie zurück, wo sie die alte Vorkriegsgrenze Rußlands erreichten.

Schon vorher war im Dezember 1943 ein Angriff zur Befreiung der Ukraine westlich des Dnjeprs und der Krim ausgelöst worden, als Vorbereitung des *„zweiten und dritten Stalinschen Schlages"*. Auf einer 1400 Kilometer breiten Front, vom Polessje-Gebiet bis zum Schwarzen Meer hatten vier Ukrainische Fronten (die bisherigen Zentral-, Woronescher-, Südwest- und Südfront) und die 2. Bjelorussische Front (vormals Brjansker Front) angegriffen. Das Schwergewicht bildeten *vier* Panzerarmeen mit über 3200 Panzern und SFL. In sieben Phasen wurden örtlich und zeitlich gestaffelt die strategischen Ideen des Generalstabes in die Tat umgesetzt: Schitomir — Berditschew (24. Dezember 1943 bis 14. Januar 1944); Kirowograd (5. bis 10. Januar 1944); Korsum-Schewtschenkowski (24. Januar bis 17. Februar 1944); Rowno — Luzk (27. Januar bis 11. Februar 1944); Nikopol — Kriwoi Rog (30. Januar bis 29. Februar 1944); Uman — Botosani (5. März bis 16. April 1944) und Beresnegowatoje — Snegirjow (6. bis 18. März 1944). Durch die pausenlosen Angriffe der Roten Armee hatten die deutschen Truppen hohe Verluste erlitten und beträchtliche Gebiete aufgeben müssen. Im Frühjahr 1944 fiel im Süden die deutsche Ostfront praktisch auf das Karpaten-Vorfeld zurück: in den Kriegsberichten figurierten wieder die gleichen Ortsnamen wie 1941.

Am 26. März 1944 begann Armeegeneral Malinowskis 3. Ukainische Front mit dem Angriff auf Odessa den *„zweiten Stalinschen Schlag!"* Die vornehmlich von rumänischen Truppen gehaltene Stadt fiel nach 18tägiger Belagerung. Am 8. April unternahm Armeegeneral Tolbuchin mit der 4. Ukrainischen Front den *„dritten Stalinschen Schlag"* gegen die Krim, wodurch Hitler gezwungen wurde, die Halbinsel aufzugeben. Zwar konnte die deutsch-rumänische Besatzung noch auf dem Seeweg evakuiert werden, das Kriegsmaterial von fast 12 Divisionen fiel jedoch den Russen in die Hände. Die Krim-Operation war in jeder Hinsicht ein voller militärpolitischer Erfolg für Moskau. Mit dem Fall dieser, dem Königreich Rumänien „vorgelagerten Bastion" wuchsen in Bukarest die oppositionellen Kräfte gegen die Fortsetzung des Krieges. Der König begann, sich Sorgen um die Zukunft des Landes im deutschen Bündnis zu machen.

Die größte Offensive, die für die deutsche Wehrmacht auch die verlustreichste werden sollte, war dann der *„fünfte Stalinsche Schlag"*, der zur Zertrümmerung der deutschen Heeresgruppe Mitte und zur vollständigen Befreiung Bjelorußlands führen sollte. Er war zeitlich auf die anglo-amerikanische Invasion in Frankreich abgestimmt, die inzwischen von Mai auf Juni verschoben worden war. Stalin hoffte, daß die Landung der Alliierten in der Normandie Hitlers Aufmerksamkeit von der Ostfront ablenken würde. Er hatte am 30. Mai 1944 die Pläne genehmigt und der Operation den Decknamen „Bagration“ gegeben. (Graf Bagration war ein berühmter General des Zaren im napoleonischen Krieg).

Gleichzeitig erhielten auch die höchsten Führungskader der Roten Armee Decknamen zur besseren Geheimhaltung. Danach nannte sich Stalin — Semjonow; Schukow wurde zu Sacharow; Wassilewski hieß Wladimirow. Bei den Oberbefehlshabern der Fronten wurde Rokossowski zu Rumjanzew, Konjew zu Kiewsk usw.

Für die „Operation Bagration“ wurden vier Fronten aufgeboten, die insgesamt über 120 Schützendivisionen, 40 Panzerbrigaden, 16 mechanisierte Brigaden und 6 Kavalleriedivisionen verfügten. Die Bodentruppen wurden durch vier Front-Luftarmeen mit ca. 4000 Flugzeugen unterstützt. Die Sowjets schätzten ihre Gegner, die deutsche Heeresgruppe Mitte, auf 66 Divisionen mit etwa einer Million Mann. In Wirklichkeit wurde der Frontbogen in Bjelorußland von vier Armeen mit etwa 40 Divisionen gehalten und war — wie später deutsche Militärhistoriker feststellten — viel zu schwach.[92] Da Hitler den sowjetischen Großangriff in Galizien erwartete, hatte er die Eingreifverbände der Wehrmacht zur Heeresgruppe Nordukraine verlegen lassen.

Am 6. Juni 1944 begann in der Normandie die von den Sowjets sehnlichst erwartete anglo-amerikanische Invasion. Sie hatte nach einigen Anfangsschwierigkeiten Erfolg, und die alliierten Truppen konnten die gewonnenen Brückenköpfe erweitern. Die sowjetische Öffentlichkeit feierte nun vorbehaltlos die Verbündeten. Stalin gab der „Prawda“ am 13. Juni ein Interview, in dem er unter anderem erklärte: „... Man muß anerkennen, daß die Kriegsgeschichte kein Unternehmen kennt, das diesem in der Gewaltigkeit des Planes, der Großartigkeit der Maßstäbe und der Meisterschaft der Durchführung gleichkäme... Die Geschichte wird diese Tat als einen Erfolg größten Formats buchen!“ Eine Welle des Wohlwollens für die Verbündeten ging daraufhin eine Zeitlang durch die sowjetische Presse. Auf Initiative des Volkskommissariats für den Außenhandel wurden sogar — wohl zum ersten und zum letzten Mal in der UdSSR — in einer langen Liste die Waffen und Materialien aufgezählt, welche die Sowjetunion seit Beginn des Krieges bis und mit dem 30. April 1944 von Großbritannien, den USA und Kanada erhalten hatte. (Siehe diese Liste aus den offiziellen Mitteilungen der Sowjetbotschaft in London als Faksimile auf Seite 254 und 255.)

Inzwischen wurden die Vorbereitungen zur „Operation Bagration“ abgeschlossen. Der *„fünfte Stalinsche Schlag“* begann am 23. Juni 1944 auf einer Frontbreite von über 1000 Kilometern von der westlichen Dwina bis zum Pripjet. Nicht zu Unrecht bezeichnet die sowjetische Geschichtsschreibung diese Angriffshandlung der Roten Armee als „eine der hervorragendsten und in ihren ter-

— SOVIET WAR NEWS —

PUBLISHED BY THE PRESS DEPARTMENT OF THE SOVIET EMBASSY IN LONDON

Phone : ABBEY 1470
Grams : SOVNEWS, LONDON

519-521, GRAND BUILDINGS
TRAFALGAR SQUARE, W.C.2

No. 881 Monday, June 12, 1944

Deliveries of Armaments, Strategical Raw Materials, Industrial Equipment and Foodstuffs to the Soviet Union by the United States of America, Great Britain and Canada

The following statement was issued by the Tass Agency on June 11:—

THE United States of America and Great Britain, united with the Soviet Union in the common great aim of the earliest defeat of Hitlerite Germany and her associates in Europe, soon after the invasion of the Soviet Union by the German-Fascist hordes began to supply the U.S.S.R. with armaments, industrial equipment and materials, and foodstuffs. In this supply there also participates Canada, which before July 1, 1943, made deliveries to the U.S.S.R. as part of the British undertakings and then began to effect them independently.

In supplying the Soviet Union with the above-mentioned valuable materials, the United States of America, Great Britain and Canada contribute to the successes of the Red Army in the liberation of our native soil from the Fascist invaders and in hastening the common victory of the Allies over Hitlerite Germany and her satellites.

The deliveries are effected by the United States on the basis of the Lend-Lease Act, by Great Britain chiefly on the basis of the Agreement on Mutual Deliveries, Credit and Procedure of Payments of August 16, 1941, and also on the basis of the Agreement on Financing War Deliveries and other Military Aid of June 27, 1942, and by Canada in conformity with the United Nations Mutual Aid Act of Canada, 1943.

There follow data of the People's Commissariat of Foreign Trade on deliveries to the Soviet Union by the United States of America, Great Britain and Canada.

1. Deliveries by the United States of America to the Soviet Union, made during the period from October 1, 1941, to April 30, 1944, on the basis of the Lend-Lease Act

During the period from October 1, 1941, to April 30, 1944, the United States of America, on the basis of the Lend-Lease Act, has dispatched to the Soviet Union 8,500,000 tons of armaments, strategical raw materials, food and equipment, to the total value of 5,357,000,000 dollars.

Of the amount dispatched, there arrived in the Soviet Union 7,400,000 tons worth 4,612,000,000 dollars, including 1,200,000 tons in 1941 and 1942, 4,100,000 tons in 1943 and 2,100,000 tons in four months of 1944. On May 1, 1944, 684,000 tons were in transit.

During this period the following most important articles of armament and war equipment were delivered to the Soviet Union from the United States:—

- 6,430 aircraft, and in addition,
- 2,442 aircraft received from the United States as part of the undertakings of Great Britain.
- 3,734 tanks,
- 10 minesweepers,
- 12 big submarine-chasers,
- 82 torpedo-cutters and small submarine-chasers,
- 206,771 trucks,
- 5,397 units of other means of military mechanised transport,
- 17,017 motor-cycles,
- 3,168 anti-aircraft guns,
- 1,111 Oerlikon guns,
- 22,400,000 shells,
- 991,400,000 cartridges,
- 87,900 tons of gunpowder,
- 130,000 tons of toluol, trinitrotoluol and ammonite,
- 1,229,000 kilometres of field telephone wire,
- 245,000 telephones,
- 5,500,000 pairs of army footwear,
- 22,800,000 yards of army cloth,
- 2,073,000 automobile tyres.

Among the strategical raw materials delivered were:—

- 476,000 tons of high-octane aviation fuel (avio-petrol and iso-octane),
- 99,000 tons of aluminium and duraluminium,
- 184,000 tons of copper and copper articles,
- 42,000 tons of zinc,
- 6,500 tons of nickel,
- 1,160,000 tons of steel and steel articles, including 246,000 tons of rails with railclips.

For the needs of the defence industry there were delivered:—

- 20,380 metal-cutting lathes,
- 257,200,000 dollars' worth of various industrial equipment—including power-plant equipment of a total capacity of 288,000 kilowatts among which were
  - 263 travelling power-stations of a total capacity of 39,000 kilowatts, equipment for four oil-refineries and an aluminium rolling-mill.
- 4,138 ship engines with a total capacity of 1,768,700 horse-power,
- 2,718 presses and hammers,
- 524 cranes,
- 209 excavators,

For the needs of railways there were delivered:—

- 241 locomotives,
- 1,154 platform-cars,
- 80 tank cars for transportation of acids.

Food deliveries amounted to 2,199,000 tons.

2. Deliveries by Great Britain to the Soviet Union, made in the period from June 22, 1941, to April 30, 1944

During the period from June 22, 1941, to April 30 of the current year, Great Britain has dispatched to the Soviet Union 1,150,000 tons of armaments, strategical raw materials, industrial equipment and food. Of this quantity, 319,000 tons of armaments were dispatched without payment as military aid; 815,000 tons of raw materials, industrial equipment and food worth £83,700,000 sterling were dispatched on the basis of the Agreement between the U.S.S.R. and Great Britain on Mutual Deliveries, Credit and Procedure of Payments of August 16, 1941 (partly on credit, partly for cash payment); a small quantity of supplies (2,000 tons, worth £500,000 sterling) was dispatched at the very beginning of the war for cash payment.

Of the quantity dispatched, 1,041,000 tons of supplies arrived in the Soviet Union, including 158,000 tons in 1941, 375,000 tons in 1942, 304,000 tons in 1943, and 144,000 tons in four months of this year. On May 1 this year 44,000 tons of supplies were on the way to the Soviet Union.

The following are the most important articles of armament and war equipment delivered to the Soviet Union from Great Britain:

3,384 planes and, in addition,
2,442 aircraft delivered from the United States as part of the undertakings of Great Britain;
4,292 tanks,
12 minesweepers,
5,239 trucks and armoured troop-carriers,
562 anti-aircraft guns,
548 anti-tank guns,
17,000,000 shells,
290,000,000 cartridges,
17,300 tons of gunpowder,
214 wireless installations for direction of artillery fire,
116 devices for detection of submarines.

Among strategical raw materials delivered were:

103,500 tons of rubber,
35,400 tons of aluminium,
33,400 tons of copper,
29,400 tons of tin,
47,700 tons of lead,
7,400 tons of zinc,
2,700 tons of nickel,
245 tons of cobalt,
93,000 tons of jute, sisal and articles made from these materials.

Among the equipment for the needs of the defence industry there were delivered:

6,491 metal-cutting lathes,
£14,400,000 sterling worth of various industrial equipment including: power-plant equipment of a total capacity of 374,000 kilowatts,
15,084 electric motors,
104 presses and hammers,
24 portal cranes,
£1,206,000 sterling worth of diamond points.

Food deliveries amounted to 138,200 tons.

3. Canadian Deliveries to the Soviet Union

From the beginning of the war until July 1, 1943, deliveries to the Soviet Union from Canada were effected as part of the undertakings of Great Britain and in conformity with the Agreement on Credit between the U.S.S.R. and Canada of September 8, 1942. Since July 1. 1943, Canada has been effecting deliveries to the Soviet Union independently on the basis of the Agreement between the U.S.S.R. and Canada on War Supplies from Canada to the Soviet Union in conformity with the United Nations Mutual Aid Act of Canada, 1943.

Since the beginning of deliveries until April 30 of this year Canada has dispatched to the Soviet Union 450,000 tons of armaments, strategical materials and food (wheat and flour) to the total value of 187,600,000 Canadian dollars. Of this amount there were dispatched: as part of the British undertakings (before July 1, 1943) 93,000 tons of supplies worth 116,600,000 Canadian dollars, under the Agreement on Credit between the U.S.S.R. and Canada 182,000 tons of wheat and flour worth 10,000,000 Canadian dollars, and in conformity with the United Nations Mutual Aid Act of Canada, 1943, in the period from July 1, 1943, to April 30 of the current year—175,000 tons of supplies worth 61,000,000 Canadian dollars.

Of the supplies dispatched by Canada 355,000 tons arrived in the Soviet Union, including 125,000 tons in 1942, 124,000 tons in 1943, and 106,000 tons in four months of the current year.

There were delivered from Canada to the Soviet Union:

1,188 tanks,
842 armoured troop-carriers,
2,568 trucks,
827,000 shells,
34,800,000 cartridges,
5,000 tons of gunpowder,
36,300 tons of aluminium,
9,100 tons of lead,
23,500 tons of copper,
6,700 tons of zinc,
1,324 tons of nickel,
13,300 tons of rails,
208,600 tons of wheat and flour.

On May 1 this year 60,000 tons of supplies were on the way from Canada to the Soviet Union.

NO CHANGE

The Soviet Information Bureau communiqué states that on June 10 there were no important changes at the front.

During June 9, 14 enemy planes were brought down in air combat or by A.A. fire.

SECOND ANNIVERSARY OF SOVIET-AMERICAN AGREEMENT

V. M. Molotov's Luncheon

On June 10 the People's Commissar for Foreign Affairs of the U.S.S.R., Molotov, gave a luncheon on the occasion of the second anniversary of the conclusion of the agreement between the Soviet Union and the United States of America on the principles applying to mutual aid in the conduct of the war against aggression.

The luncheon was attended by the Ambassador of the United States, Mr. Harriman, the Ambassador of Great Britain, Sir Archibald Clark-Kerr, the Chief of the U.S. Military Mission, Maj.-Gen. Deane, the Chief of the Army Section of the U.S. Military Mission, Brigadier General Crist, the Chairman of the U.S. Chamber of Commerce, Mr. Johnston, the Chief of the British Military Mission, Lieut.-Gen. Burrows, Rear Admiral Archer and diplomatic personnel of the United States Embassy.

On the Soviet side there were present MM. Mikoyan, Vyshinský, Dekanozov and Litvinov, Admiral Galler, MM. Krutikov, Sergeyev and Stepanov, Col.-Gen. of Aviation Nikitin, and responsible officials of the People's Commissariat for Foreign Affairs of the U.S.S.R. and the People's Commissariat for Foreign Trade.

M. Molotov and Mr. Harriman exchanged brief speeches.

BRITAIN SENDS BOOKS FOR LIBERATED AREAS

"Voks," the Soviet Society for Cultural Relations with Foreign Countries, has received a large number of English books from Britain for libraries in liberated areas. They include English classical and modern works, as well as books showing Britain at war and scientific journals.

The books have been handed to the State Literature Fund at the People's Commissariat for Education of the Russian S.F.S.R., and will be distributed among libraries and educational institutions in liberated towns and districts.

ritorialen Ausmaßen größten Operation des Großen Vaterländischen Krieges".[93] Mit dem Angriff der sowjetischen Truppen an der Front wurden die Aktionen der Partisanengruppen im deutschen Hinterland generalstabsmäßig von Moskau aus koordiniert. Schukow und Wassilewski waren bei „Bagration" an Ort und Stelle und stimmten die Operationen der Fronten aufeinander ab.

Die deutschen Verteidigungslinien wurden rasch durchbrochen, denn der Angriff der sowjetischen Truppen traf die Heeresgruppe Mitte mit „einer Wucht, die alle Befürchtungen übertraf und alle wagen Hoffnungen zerstörte".[94] Durch die weit aufgerissenen Lücken in der deutschen Front stießen die sowjetischen Panzer- und Kavallerie-Verbände in allgemeiner Richtung Minsk vor und bedrohten Flanken und Rücken der deutschen 4. Armee (Heeresgruppe Mitte). In sechs Tagen konnte die Rote Armee 120 bis 150 Kilometer nach Westen vorrücken. Beträchtliche deutsche Kräfte wurden in den Räumen Witebsk (zwei Armeekorps) und Bobruisk (das Gros der 9. Armee) eingeschlossen. Marschall Schukow praktizierte dieselbe Taktik, mit der Hitlers Generäle 1941 die Rote Armee überrascht hatten. Am 3. Juli 1944 fiel Minsk, die Hauptstadt der Bjelorussischen Sozialistischen Sowjetrepublik den sowjetischen Truppen in die Hand. Wassilewski berichtet von seinem ersten Besuch der Stadt:

„Der Anblick war erschütternd. Die Faschisten hatten Minsk stark zerstört. Von den größeren Gebäuden waren lediglich das Regierungsgebäude, das neue Gebäude des Zentralkomitees der Kommunistischen Partei Bjelorußlands, das Rundfunkgerätehaus und das Haus der Roten Armee unversehrt geblieben. Das Elektrizitätswerk, den Bahnhof, die meisten Industriebetriebe und Institutionen hatte der Gegner gesprengt. Hatte ich etwas Zeit, sah ich aufmerksam den Pionieren zu, die bemüht waren, die Stadt so schnell wie möglich zu entminen. Die Schienenwege und Straßen, vor allem von Minsk nach Rakow… waren vollgestopft mit Kriegsmaterial, das der Gegner zurückgelassen hatte…[95]

Am 4. Juli ging die sowjetische Offensive von Minsk weiter, über Molodetschnoko in Richtung Wilna und über Baranowitschi in Richtung Brest-Litowsk. Ende Juni hatten die eingeschlossenen Deutschen in Witebsk und Bobruisk kapituliert und am 8. Juli hatte General Vincenz Müller mit den Resten der 4. Armee im Kessel südöstlich von Minsk die Waffen gestreckt. Damit waren seit den 23. Juni 28 Divisionen mit rund 350000 Man vernichtet worden. Die Heeresgruppe Mitte hatte als operativer Großverband aufgehört zu bestehen.

Die sowjetische Großoffensive entfaltete sich weiter. Ganz Bjelorußland wurde in den nächsten Wochen befreit, ja auch ein Teil Litauens sowie einige Gebiete Polens (westlich der Curzon-Linie), wo in dieser Zeit Partisanen verschiedener politischer Richtungen auf die Stunde „X" warteten, um gegen die verhaßten deutschen Okkupanten loszuschlagen. Am 17. August 1944 — fortan ein historischer Tag — erreichten die Panzer der sowjetischen 5. Armee des Generals N. I. Krylow die Grenzen Ostpreußens. Die 8. Gardearmee unter General W. I.

Tschuikow und die 69. Armee unter General W. J. Kolpaktschi forcierten am 20. August bei Magnuszew und Pulawy die Weichsel und bildeten am westlichen Ufer Brückenköpfe.

Am 13. Juli, als die „Operation Bagration" um Bjelorußland auf ihrem Höhepunkt war, begannen südlich des Polessje-Gebietes die Truppen der 1. Ukrainischen Front des Marschalls I. S. Konjew den *„sechsten Stalinschen-Schlag"*. Neben einer Anzahl von Schützen- und Kavallerie-Verbänden kamen hier drei Panzerarmeen zum Einsatz. Die deutsche Heeresgruppe Nordukraine in Galizien wurde zerschlagen und auch ihrer Divisionen im Raum Brody eingeschlossen. Lwow (Lemberg) fiel am 27. Juli und bald war die gesamte Ukraine befreit.

Konjew stieß weiter zur Weichsel vor, wo er bei Baranow Brückenköpfe errichtete. Die Deutschen versuchten, wenigstens diese zu eliminieren und setzten dazu erstmals ihre „Königstiger"-Panzer ein; diese waren jedoch ohne ausreichende Infanteriebegleitung und konnten so nichts erreichen. Konjew schlug zurück, nahm die Stadt Sandomierz und weitete den Brückenkopf auf fast 75 Kilometer Breite und 50 Kilometer Tiefe aus.

Mit diesen sechs „Stalinschen Schlägen" erlitten Hitlers Truppen im Sommer 1944 ein „Stalingrad im Quadrat". Nach sowjetischen Angaben fielen vom 23. Juni bis zum 23. Juli 1944 mehr als 150000 Deutsche in Gefangenschaft, darunter 22 Generäle. Die Verluste der Wehrmacht betrugen laut den Sowjets: 381000 Gefallene, 631 Flugzeuge, 2735 Panzer und Sturmgeschütze, 8702 Geschütze verschiedener Kaliber, 5695 Minenwerfer, 23071 MG und 57152 Maschinenpistolen.[96] Diese Angaben werden allerdings von der deutschen wehrhistorischen Forschung der Nachkriegszeit angezweifelt.[97]

Die weiteren „Stalinschen Schläge" (siehe folgende Kapitel) verliefen nicht mehr chronologisch. Durch sie wurden die Armeen der mit dem Deutschen Reich verbündeten oder befreundeten Staaten zerschlagen und diese zum Waffenstillstand oder gar zum Bündniswechsel gezwungen, während die Wehrmacht auf das Reichsgebiet zurückgedrängt wurde.

23. Die Rote Armee in Osteuropa

Eine sowjetische Großoffensive wurde am 10. Juni 1944 von der Leningrader Front (Oberbefehlshaber: Armeegeneral L. A. Goworow) ausgelöst, der sich später auch die reorganisierte Karelische Front (Oberbefehlshaber: Armeegeneral K. A. Merezkow) anschloß. Dies wurde *der „vierte Stalinsche Schlag"*. Nach wochenlangen schweren Kämpfen, welche die finnischen Truppen an den Rand des Zusammenbruchs brachten, sah sich die finnische Regierung am 25. August gezwungen, in Moskau um einen Waffenstillstand nachzusuchen. Ein solcher lag auch im Interesse der Sowjetunion, so daß ab 4. September 1944 die Waffen an der finnisch-sowjetischen Front schwiegen. Es folgte ein Separatfrieden mit relativ günstigen Bedingungen für die Finnen.

Die Deutschen waren aber nicht gewillt, sich aus Finnland zurückzuziehen. Als sie sogar die finnischen Truppen angriffen, war die finnische Regierung gezwungen, Deutschland am 19. September 1944 den Krieg zu erklären. Es kam zum sogenannten Lappland-Feldzug, an dem auf finnischer Seite auch sowjetische Truppen teilnahmen, allerdings nur in beschränkter Zahl (der *„zehnte Stalinsche Schlag“).*

Inzwischen war die 1. Baltische Front (vorher Kalinin-Front) Ende Juni nördlich von Witebsk in die Flanke der vom „fünften Stalinschen Schlag“ erschütterten Heeresgruppe Nord gestoßen. Nicht zuletzt dank seiner 3. Panzerarmee (etwa 600 Panzer und SFL) gelang es Armeegeneral I. Ch. Bagramjan, Ende Juli 1944 Tukkums an der Rigaer Bucht zu nehmen. Damit wurde die deutsche Heeresgruppe Nord in Kurland (Estland und Lettland) abgeschnitten.

Noch dramatischere Ereignisse spielten sich im August und September 1944 am Südabschnitt der sowjetischen Front ab.

Zwischen Ostkarpaten und Schwarzem Meer, ungefähr an der alten rumänisch-sowjetischen Grenze (1940), waren drei sowjetische Heeresgruppen (Fronten) aufmarschiert: im Norden die 4. Ukrainische Front (Generaloberst Petrow), in der Mitte die 2. Ukrainische Front (Armeegeneral Malinowski) und im Süden Armeegeneral Tolbuchin mit der 3. Ukrainischen Front, zusammen beinahe eine Million Mann mit 16000 Geschützen und Granatwerfern, 1900 Panzern und SFL sowie 1760 Kampfflugzeugen. Am 6. August nahm Petrow das polnische Ölzentrum von Drogobytsch in Galizien. In den folgenden Wochen versuchte er wiederholt, aber ohne Erfolg; die Karpaten frontal zu nehmen. Die beiden anderen Fronten wurden von Marschall Timoschenko für den *„siebenten Stalinschen Schlag“* koordiniert — zur Vernichtung der deutschen Heeresgruppe Südukraine in Rumänien, das für Hitler von großer wehrwirtschaftlicher Bedeutung war. Der deutsche Oberbefehlshaber, Generaloberst Hans Friessner, verfügte über zwei deutsche Armeen (360000 Mann) und zwei rumänische (440000 Mann).[98] Ursprünglich verhältnismäßig gut mit Kampfmitteln dotiert, hatte er bis Anfang August von seinen 9 Panzerdivisionen 8 an andere Frontabschnitte abgeben müssen. Auch Luftwaffeneinheiten waren aus Rumänien im Sommer 1944 abgezogen worden.

Die deutsch-rumänische Waffenbrüderschaft war bereits in und um Stalingrad schwer erschüttert worden. Als dann im April 1944 die Krim und Odessa aufgegeben werden mußten und die sowjetischen Truppen an der rumänischen Grenze standen, war es sowohl der politischen Opposition im Lande als auch dem Hof mit dem jungen König Mihai klargeworden, daß der Krieg verloren war. In geheimen Verhandlungen mit den Sowjets wurde vereinbart, daß bis Ende August an die Spitze der rumänischen Feldtruppen solche Befehlshaber berufen würden, die im gegebenen Zeitpunkt den angreifenden sowjetischen Truppen die Front öffnen würden, um so die Deutschen zu zwingen, das Land raschestens zu verlassen und mit den Sowjets einen Waffenstillstand abzuschließen.

Dieser Plan konnte aber nur teilweise verwirklicht werden. Die großen Erfolge der Roten Armee im baltischen Raum bewogen den sowjetischen Generalstab, den *„siebenten Stalinschen Schlag"*, die Operation von Jasi-Kischinjow auf den 20. August vorzuverlegen. Der Angriff traf die Deutschen und insbesondere die Rumänen überraschend, die für den Frontwechsel noch nicht vorbereitet waren.

Malinowski und Tolbuchin nutzten die Lage: in zwei mächtigen Keilen stießen sie zum Pruth und schlossen innerhalb von fünf Tagen bei Leovo den Kessel mit etwa 300000 Mann. Am 23. August hatte König Mihai die Absetzung der bisherigen prodeutschen Regierung des Marschalls Antonescu proklamiert und ein neues Kabinett unter General der Kavallerie Sanatescu ernannt, in dem auch die bisher in der Illegalität verdrängte rumänische Kommunistische Partei vertreten war. Er verkündete den sofortigen Abschluß eines Waffenstillstandes mit den Alliierten (d. h. in diesem Falle mit den Sowjets) und er forderte das deutsche Oberkommando auf, das Land innerhalb von zwei Wochen zu verlassen. Die rumänische Armee erhielt jenen Geheimbefehl, wonach an der Front alle Feindseligkeiten gegen die Rote Armee einzustellen und gegen das Vorgehen der sowjetischen Truppen nichts mehr zu unternehmen sei.

Die königlich-rumänische Armee befolgte ohne Ausnahme den Befehl ihres Königs. Die Rote Armee konnte ab 24. August beinahe ungehindert in Rumänien operieren. In einem großen Kessel zwischen Dnjestr und Pruth erlitt die nach Stalingrad neu aufgestellte 6. Armee des Generals Fretter-Pico das gleiche Schicksal wie ihre Vorgängerin, während die 8. Armee auf die Ostkarpaten zurückgedrängt wurde.

In Rumänien entstand ein Chaos. Hitler, in völliger Unkenntnis der Lage, ließ Bukarest am 24. August durch die deutsche Luftwaffe bombardieren und wies General Friessner an, die „verräterische Königsclique" durch eine neue Regierung unter Führung eines prodeutschen rumänischen Generals zu ersetzen. Doch die Rumänen hatten genug vom deutschen Bündnis. Der Luftangriff auf ihre Hauptstadt weckte ihren Zorn und veranlaßte rumänische Einheiten, auch dort der deutschen Wehrmacht entgegenzutreten, wo ihr Rückzug bisher noch stillschweigend geduldet worden war. Am 25. August schließlich erklärte Rumänien dem Deutschen Reich den Krieg und wies die Armee an, die Wehrmacht anzugreifen.

Während in Bukarest die Kämpfe zwischen den Waffenbrüdern von gestern tobten, besetzte die Rote Armee große Teile Rumäniens südlich der Karpaten. Obwohl die königliche Armee — gemäß dem Befehl des Monarchen — den Kampf gegen die Sowjets eingestellt hatte, nahmen diese zwischen dem 23. August und dem 12. September 1944 (dem Tag der offiziellen Unterzeichnung des Waffenstillstandsvertrages in Moskau) noch mehr als 130000 rumänische Soldaten gefangen.[99] Sie wurden wie die Deutschen als Kriegsgefangene behandelt und außer Land transportiert. Der neue Chef des Großen Rumänischen Generalstabes, General Gh. Mihail versuchte vergeblich die 3. und 4. rumänische Armee nach Foçsani — Nămoloasa Sat — Brăila — Donaumündung zurückzunehmen und so der Gefangennahme zu entziehen. Malinowski und Tolbuchin erhielten ihre Befehle aus Moskau, und sie lauteten: weiter nach Westen. So zog am 31. August die Rote Armee in Bukarest ein, von wo sich die Deutschen inzwischen abgesetzt hatten. Mit den Sowjets kam auch die 1. rumänische Freiwilligendivision „Tudor Vladimirescu“ — ein Verband, der 1943 in der Sowjetunion aus rumänischen Kriegsgefangenen aufgestellt worden war und der nun von den Bukarestern jubelnd empfangen wurde. W. A. Mazulenko schreibt:

> *„Am 31. August marschierte die Sowjetarmee in die Hauptstadt Rumäniens, Bukarest, ein. Es war ein ungewöhnlicher Morgen. Über die Stadt wehten Fahnen: die dreifarbigen rumänischen Nationalflaggen und die roten Fahnen der Sowjetunion. Sie waren zu Ehren der Befreiung Bukarests von den deutschen Okkupanten gehißt worden. Zuerst brausten sowjetische Flugzeuge im Tiefflug über Bukarest. Dann war weit vor der Stadt ein Geräusch zu hören, das an Donnergrollen erinnerte. Es wuchs von Minute zu Minute an, kam immer näher, und bald zeigten sich auf der Chaussee, die von der Stadt aus gut zu übersehen war, schnelle Fahrzeuge. Gigantische Selbstfahrlafetten, schwere Panzer, staubbedeckte Panzermannschaftswagen sowie Motorräder ergossen sich gleich einem breiten Strom in die Straßen der rumänischen Hauptstadt. Es schien, als sollte dieser gewaltige Zug technischer Kampfmittel nie enden. Kein sowjetischer Soldat passierte an diesem Tag die Stadt zu Fuß. Ein unaufhörliches breites Band von Fahrzeugen brauste mit der motorisierten Infanterie heran...“*[100]

Inzwischen hatte die sowjetische Regierung verkündet, die Rote Armee käme als Befreierin nach Rumänien, um den Rumänen zu helfen, die deutschen Unterdrücker abzuschütteln. Die Sowjetunion denke nicht daran, die bestehende gesellschaftliche Ordnung im Lande zu ändern; sie betrachte ihre Aufgabe nur vom rein militärischen Standpunkt mit dem einzigen Ziel, die deutsche Wehrmacht zu schlagen. (Daß diese Erklärung lediglich ein taktischer Schachzug Stalins war, bewiesen die späteren Ereignisse. Zwar hatten sich die sowjetischen Streitkräfte nirgendwo *direkt* in die inneren Angelegenheiten der besetzten Staaten eingemischt. Aber ihr „politischer Apparat“ — Partei- und NKWD-Organe — förderte die lokalen kommunistischen Parteien so, daß diese die betreffenden Länder „gesellschaftlich umgestalten“ und schließlich zu „Volksdemokratien“ machen konnten. Nicht umsonst sagte Stalin im Herbst 1944 dem jugoslawischen Kommunisten Milovan Djilas: „Dieser Krieg ist nicht wie in der Vergangenheit; wer immer ein Gebiet besetzt, auferlegt ihm auch sein eigenes gesellschaftliches System. Jeder führt sein eigenes System ein, so weit seine Armee vordringen kann. Es kann gar nicht anders sein!“[101])

Kehren wir jedoch zu den militärischen Ereignissen auf dem Balkan zurück. Während Malinowskis 2. Ukrainische Front in Gewaltmärschen das rumänische Tiefland durchquerte und sowohl nach Siebenbürgen als auch in Richtung Jugoslawien vorrückte, kam Tolbuchins 3. Ukrainische Front Anfang September bei Silistra an der Donau an die rumänisch-bulgarische Grenze. Zu einem militärischen Eingreifen in Bulgarien fehlte den Sowjets jeglicher Vorwand. Das Königreich stand nur mit den Anglo-Amerikanern, nicht aber mit der Sowjetunion im Krieg, mit der es die diplomatischen Beziehungen nie abgebrochen hatte. Das gute Verhältnis Bulgariens mit der Sowjetunion war und blieb konstant und beruhte in erster Linie auf der nationalen Geschichte der Bulgaren, die russophil waren.

Die Ereignisse in Rumänien brachten auch die Sofioter Politiker zum Handeln. Bulgarische Emissäre ersuchten die Amerikaner und Engländer um einen Waffenstillstand. Am 2. September 1944 wurde die bulgarische Regierung umgebildet. Der neue Ministerpräsident, Konstantin Murawieff, brach die diplomatischen Beziehungen mit Deutschland ab. Die deutschen Stäbe und die kleinen Versorgungseinheiten im Lande wurden interniert. Um die Gunst der Alliierten zu gewinnen, erklärte die Murawieff-Regierung am 8. September dem Deutschen Reich sogar den Krieg. Aber es war alles umsonst. Die sowjetischen Pläne für die militärische Besetzung — nach Moskauer Sprachgebrauch „Befreiung" — Bulgariens waren längst bereit. Schon in der zweiten Hälfte August 1944 war Marschall Schukow zur 3. Ukrainischen Front gereist, um die bevorstehende Operation südlich der Donau zu leiten. Der politische Vorwand war rasch gefunden. Schukow: „Da die pro-faschistische Regierung Bulgariens trotz wiederholter Warnung von seiten der Sowjetregierung ihre Neutralität verletzte und Hitler-Deutschland aktiv unterstützte, erklärte die Sowjetregierung am 5. September Bulgarien den Krieg, und am 6. September wies das Hauptquartier das Oberkommando der 3. Ukrainischen Front an, die Kampfhandlungen gegen Bulgarien aufzunehmen..."[102]

Die vom bulgarischen Kommunisten Georgij Dimitrow, dem ehemaligen Generalsekretär der Komintern, von Moskau aus dirigierten Partisanengruppen in Bulgarien (die im Zweno-Bund, einer Art republikanischer Armee-Liga einen starken Verbündeten hatten), lösten in der Nacht vom 8. zum 9. September eine Offensive aus. Da weder Regierung noch Armeeführung Widerstandswillen zeigten, gelang es den Kommunisten innerhalb von *wenigen Stunden,* die Regierungsgewalt zu übernehmen. Die bulgarischen Truppen an der Grenze erhielten den Befehl, nicht auf sowjetische Soldaten zu schießen. So verlief der Einmarsch der 3. Ukrainischen Front unter der Führung des am 12. September 1944 zum Marschall avancierten F. I. Tolbuchin friedlich: kein Schuß wurde abgefeuert. Unter diesen Umständen gab Stalin die Weisung, den Bulgaren die Waffen zu belassen und sie nicht als Kriegsgefangene zu behandeln. In wenigen Tagen war Bulgarien von der Roten Armee besetzt. Die Sowjets bildeten drei Schwerpunkte: in Sofia, um die Hauptstadt vor einem eventuellen Gegenputsch zu schützen, entlang der bulgarisch-türkischen Grenze, um einen türkischen Vorstoß (!) nach Bulgarien zu vereiteln, und in Richtung Niš, weil Schukow einen deutschen Gegenstoß aus

Serbien erwartete. Keine der befürchteten Eventualitäten traf ein. In Bulgarien wurde rasch eine Volksfront-Regierung mit starker kommunistischer Beteiligung gebildet, die sich sofort anschickte, die bulgarische Armee (immerhin 410000 Mann) zu reorganisieren und auf der Seite der Roten Armee gegen Deutschland zu aktivieren. Die Sowjets konnten auf ihre militärischen und politischen Erfolge in Bulgarien stolz sein. Schukow: „Auf Befehl des Oberkommandos beendeten wir am 9. September um 21 Uhr den Kriegszustand (mit Bulgarien) und bezogen in den vorgeschriebenen Räumen Quartier. Der Gedanke, daß dieser ‚Krieg' weder auf der einen noch auf der anderen Seite Opfer gefordert hatte, machte uns froh. Alle diese Ereignisse zeigten, auf welche Weise die Sowjetarmee ihre Befreiungsmission ausübte…"[103]

24. Der Kampf im Donauraum

In Jugoslawien war die Lage im Herbst 1944 politisch und militärisch ziemlich verwirrt. Deutsche Truppen und ihre einheimischen Helfershelfer kontrollierten das seit 1941 besetzte und teilweise zerstückelte Land — allerdings nur auf dem Papier. In den Bergen und Schluchten hielten sich Partisaneneinheiten, die ihrerseits in zwei Lager gespalten waren. Die eine und erfolgreiche Partisanenarmee wurde von Josip Broz Tito kommandiert, dem Generalsekretär der jugoslawischen Kommunistischen Partei, der den Widerstand gegen die Deutschen nicht nur als Befreiungskrieg, sondern auch als Revolution gegen die Vorkriegsgesellschaft des Landes führte. Die anderen Partisanengruppen wurden vom königlichen Oberst (später General) Draža Mihailovič geführt und gerieten mit den Jahren in die Minderheit; als sie dann noch von den West-Alliierten fallen gelassen wurden, mußten sie, um zu überleben, mit der deutschen Wehrmacht eine Art „Burgfrieden" schließen. Seit 1943 anerkannten die Briten und Amerikaner Titos Partisanenarmee als Verbündete. Die Sowjets, die gegenüber den West-Alliierten sehr darauf achteten, ihre Absichten zur Sowjetisierung Osteuropas nicht erkennen zu lassen, nahmen erst im Februar 1944 Verbindung mit Tito auf und versorgten diesen mit Waffen und Munition.

Ende August 1944 zog Hitler seine Truppen aus Griechenland ab, um an der Donau und in Kroatien eine neue Verteidigungslinie aufbauen zu können. Neutrale Beobachter nahmen an, Stalin würde in Bulgarien gegen die Türkei Front machen und in Griechenland einmarschieren, um das nach dem Abzug der deutschen Truppen entstandene Vakuum aufzufüllen. Das schien um so näher liegend, als in Griechenland eine ziemlich starke kommunistische Partisanenbewegung existierte und als Vorwand für eine „bulgarische Lösung" hätte dienen können.

Nichts davon traf ein. Stalin hielt sich streng an jenes interalliierte Abkommen von 12. Juni 1944, durch das Südosteuropa für die Dauer von drei Monaten in eine „Ost-West-Operationszone“ aufgeteilt wurde. Griechenland und Jugoslawien waren danach den Briten und Amerikanern zugeteilt, während die Sowjets freie Hand in Bulgarien und Rumänien hatten.[104] Am 21. September 1944 flog Tito ungeachtet dieses Abkommens (von dem er wahrscheinlich damals gar nichts wußte) nach Moskau, um dort die militärische Zusammenarbeit mit den Sowjets zu besprechen. Stalin nahm in sehr freundlich auf. Es wurde ein Abkommen abgeschlossen, das der 3. Ukrainischen Front erlaubte, das an Ungarn grenzende Jugoslawische Gebiet zu betreten und dort zu operieren. Auch der spätere Abzug der sowjetischen Truppen aus jugoslawischen Gebieten wurde geregelt. Das Abkommen sicherte ferner den Jugoslawen Waffen und Ausrüstung für 12 Infanteriedivisionen und 2 Fliegerverbände zu.[105] Um Belgrad so rasch wie möglich von den Deutschen zu befreien, bat Tito um 80 bis 100 Panzer, worauf ihm Stalin ein ganzes mechanisiertes Korps mit 200 Panzern zur Verfügung stellte.

Am 28. September 1944 rückte die 3. Ukrainische Front von Bulgarien aus mit zwei Armeen südlich der Donau nach Westen vor, während eine andere Armee, die 37., weiterhin in Bulgarien blieb. Mit sowjetischer Unterstützung konnte Belgrad am 21. Oktober, nach einwöchiger Belagerung, von den jugoslawischen Kräften befreit werden. In den darauffolgenden Tagen zog Marschall Tito in die Hauptstadt ein und organisierte von hier aus die weiteren Operationen der Jugoslawischen Volksbefreiungsarmee, wie von nun an die Partisanenarmee hieß.

In Rumänien hatte Malinowski, seit dem 13. September 1944 Marschall, seine Truppen über die nach dem Ausscheiden des Königreichs aus der Hitler-Koalition freigewordenen Pässe der Südkarpaten geführt, und bis Ende September seinen deutsch-ungarischen Gegner aus ganz Siebenbürgen vertrieben. Am Rande der Großen Ungarischen Tiefebene (Nagy-Alföld) bereitete er sich zum *„neunten Stalinschen Schlag“*, zur Eroberung von Ungarn, vor.

Für den Feldzug nach Ungarn verfügte der Marschall in seiner 2. Ukrainischen Front über 40 Schützendivisionen, 2 Befestigte Räume (Sondertruppen), 3 Panzer-, 2 mechanisierte und 3 Kavalleriekorps, sowie aus einer Panzerbrigade; zudem waren ihr zwei rumänische Armeen mit 22 Divisionen unterstellt worden. Im Süden Ungarns war Tolbuchins 3. Ukrainische Front mit mehr als 20 Divisionen aufmarschiert. Sowohl in Moskau bei der Stawka als auch in den Hauptquartieren der beiden Marschälle nahm man als sicher an, daß die in Rumänien geschlagene und praktisch aufgeriebene deutsche Heeresgruppe Südukraine (ab 24. September 1944: Heeresgruppe Süd) nicht mehr imstande wäre, der Roten Armee in Ungarn ernsthaften Widerstand zu leisten. Man glaubte um so mehr an eine rasche „Befreiung“ Ungarns, als anfangs Oktober Abgesandte des Reichsverwesers Miklòs von Horthy in Moskau um einen Sonderfrieden für Ungarn nach finnischem Beispiel gebeten hatten. Unter diesen Umständen rechneten die Sowjets damit, bis zum 7. November 1944 Budapest einzunehmen, um bis Jahresende Wien zu erreichen und im Frühjahr 1945 in Süddeutschland zu stehen![106]

Die Eroberung Ungarns wurde jedoch für die Rote Armee zu einer schweren Belastung. Hitler war es trotz aller Verluste gelungen, in Ostungarn eine starke Front aufzubauen. Der ungarische Reichsverweser wurde nach dem Mißlingen seines Friedensplanes am 15. Oktober durch einen Putsch in Budapest abgesetzt. Neuer Staatschef des Königreiches wurde der rechtsradikale Major i. G. a. D. Ferenc Szálasi, der mit der ungarischen Armee den Kampf auf der Seite der deutschen Wehrmacht weiterführte.

Der sowjetische Plan, die in den Ostkarpaten haltende deutsch-ungarische Armeegruppe mit Hilfe der 4. Ukrainischen Front Petrows von Norden her einzukesseln, mißlang. Diese erlitt bei der Bezwingung der Karpaten ein verlustreiches Fiasko. In der großen Panzerschlacht von Debrecen mußten Malinowskis Truppen sogar zeitweise zur Verteidigung übergehen. Erst Ende Oktober 1944 konnten die Sowjets die Schlacht in Ostungarn zu ihren Gunsten entscheiden, womit auch der 4. Ukrainischen Front der Karpatenübergang gelang. Der spätere Marschall und sowjetischer Verteidigungsminister A. A. Gretschko, der diesen als Befehlshaber einer Armee miterlebte, bezifferte die dabei von der 4. Ukrainischen Front erlittenen Verluste auf 360000 Gefallene und Verwundete![107]

Unter all diesen Umständen konnten Malinowskis und Tolbuchins Truppen Budapest erst am 24. Dezember 1944 einkreisen. Die Belagerung der Stadt mit einer deutsch-ungarischen Garnison von annähernd 70000 Mann, dauerte bis zum 13. Februar 1945. In diesen sieben Wochen versuchte Hitler dreimal die ungarische Metropole zu entsetzen, was aber am heftigen Widerstand der Sowjets scheiterte. Nachdem Budapest gefallen und der größte Teil Ungarns sich in der Gewalt der Roten Armee befand, stabilisierte sich die Lage im Raum vom Plattensee (Balaton). Die Sowjets sammelten neue Kräfte und bereiteten sich zum Angriff auf Wien vor, der für den 16. März 1945 vorgesehen wurde.[108]

25. „In der Hauptrichtung!"

Milovan Djilas, der jugoslawische Partisanengeneral, schildert in seinen Memoiren, wie er auf einer Balkanstraße bei Novi Sad mit einem einsamen sowjetischen Soldaten zusammentraf, der auf einem Pferdewagen einige Säcke, Kochkessel und Wolldecken transportierte. Dieser hatte offenbar seine Einheit verloren und fragte den Jugoslawen verwirrt: „Ist das die Straße nach Berlin?"[109] Es war die einzige Richtung, die er kannte, seit dem er mit der Roten Armee im Feld war, um — wie der sowjetische Propagadaslogan verkündete — „in Berlin, in seiner eigenen Höhle das faschistische Untier (Hitler) zu erschlagen!"

Diese Episode beleuchtet in charakteristischer Weise, daß 1944 die *„Hauptfront"* der sowjetischen Streitkräfte zwischen Ostsee und Karpaten lag, wo im Juli durch den *„fünften Stalinschen Schlag"* die deutsche Heeresgruppe Mitte praktisch vernichtet und der Weg ins Innere Polens und weiter nach Berlin geöffnet worden war.

Ende Juli 1944, als die Rote Armee gegen die mittlere Weichsel vorrückte, erteilte die polnische Exilregierung in London der im Untergrund organisierten polnischen Heimatarmee (Armija Krajowa) den Befehl zum offenen Kampf. Mit der Aktion „Burza" (Gewittersturm) sollte den deutschen Okkupanten die Hauptstadt Polens entrissen und dort ein Nukleus der polnischen Staatsmacht errichtet werden. Am 1. August 1944 brach in Warschau der sorgfältig vorbereitete Aufstand aus. Unter Leitung von General Bor-Komorowski konnte die Heimatarmee einige Stadtteile an der Weichsel in ihre Gewalt bringen. Die Polen hofften, diese behaupten zu können, bis die kaum 20 Kilometer entfernten Spitzen der 1. Bjelorussischen Front von Marschall Rokossowski — eines gebürtigen Polen — zu ihnen stoßen würden.

Es kam jedoch ganz anders. Stalin hatte die politische Bedeutung des Warschauer Aufstandes erkannt. Es lag keineswegs im sowjetischen Interesse, wenn die in der Exilregierung wirkenden, traditionell antisowjetischen Kräfte in Polen wieder zur Macht kamen. Deshalb hatte er 21. Juli 1944 im befreiten Lublin — der ersten polnischen Stadt *westlich* der Curzon-Linie — aus polnischen Kommunisten und Sympathisanten ein „Polnisches Komitee der Nationalen Befreiung" gründen lassen. Mit diesem pflegten fortan die Sowjets Beziehungen, wie wenn keine legitime polnische Regierung bestanden hätte.

So geschah es, daß die 1. Bjelorussische Front nach dem 1. August 1944 „Nachschubschwierigkeiten" bekam und ihren weiteren Vorstoß auf Warschau einstellen mußte.[110] Die Aufständischen in Warschau blieben auf sich allein gestellt. Stalin verbot sogar den anglo-amerikanischen Flugzeugen, die Nachschub nach Warschau bringen sollten, die zum Auftanken erforderliche Zwischenlandung auf sowjetischem Gebiet. Erst als die Empörung im Westen über die Preisgabe der Warschauer Aufständischen sich als antisowjetische Stimmung manifestierte, und erst nachdem Roosevelt und Churchill sich energisch dafür eingesetzt hatten, wurden die „Schwierigkeiten" der 1. Bjelorussischen Front überwunden. Am 12. September begann Rokossowski, in Richtung Warschau vorzustoßen. Drei Tage später waren seine Truppen an der Weichsel. Die Einheiten der (1943 in der Sowjetunion aufgestellten), 1. polnischen Infanterie-Division „Tadeusz Kościuszko" ließen sich nicht mehr halten und eilten ihren Landsleuten zu Hilfe. Am 23. September wurden sie jedoch aus dem Brückenkopf gegenüber Warschau zurückgezogen und an einen anderen Frontabschnitt verlegt. Ihr Befehlshaber, General Zygmunt Berling, wurde abgelöst.

Völlig verlassen und erschöpft mußte die Heimatarmee in Warschau am 2. Oktober — nach zweimonatigem heldenhaftem Kampf — vor den Deutschen kapitulieren. Damit ging eine Episode des Zweiten Weltkrieges zu Ende, die in ihrer Zwiespältigkeit die künftige Entwicklung der Beziehungen zwischen den West-Alliierten und der Sowjetunion ankündigte.

Während die 1. Bjelorussische Front im Herbst 1944 mit Warschau direkt oder indirekt beschäftigt war, brachte die 3. Baltische Front des jungen und tatkräftigen Armeegenerals I. D. Tschernachowski mit dem *„achten Stalinschen Schlag“* das Baltikum — mit Ausnahme Kurlands — in sowjetische Hand. Danach wandte sie sich nach Westen, und stieß mit der Operation von Gumbinnen nach Ostpreußen vor, um die Kampfhandlungen auf deutsches Territorium zu tragen.

Am 7. Oktober setzte die Karelische Front unter Marschall K. A. Merezkow den *„zehnten Stalinschen Schlag“* im Hohen Norden fort. Sie vertrieb die 20. deutsche Gebirgsarmee aus dem sowjetischen Polargebiet und überschritt Anfang November 1944 die norwegische Grenze.

26. Hinein nach Deutschland!

Unterdessen waren in Moskau die Pläne für den Winterfeldzug 1944/45 ausgearbeitet worden, der zur Einnahme Berlins und damit zur endgültigen Niederwerfung des Großdeutschen Reiches führen sollte. Vier Fronten waren dafür vorgesehen: die 1. Ukrainische Front und die 1., 2., und 3. Bjelorussische Front. Stalin übernahm persönlich die Koordination ihrer Operationen. Am 16. November gab er seinem Stellvertreter, Marschall Schukow, als Ehrenauftrag den Oberbefehl über die 1. Bjelorussische Front, die den Hauptschlag gegen die deutsche Verteidigung an der Weichsel führen und damit den Weg durch Polen nach Berlin öffnen sollte. Rechts von Schukows Heeresgruppe befand sich die 2. Bjelorussische Front von Rokossowski; nördlich davon stand die 3. Bjelorussische Front des Armeegenerals Tschernachowski (ehemals 3. Baltische Front). Schukows linker Nachbar war die 1. Ukrainische Front, die weiterhin dem kahlköpfigen Marschall Konjew unterstand, der bereits bei Moskau 1941 Schukows Kampfgefährte gewesen war.

Die Rekrutierung der Roten Armee hatte 1944 Rekordzahlen erreicht. Nicht weniger als *vier Millionen* Mann kamen frisch zur kämpfenden Truppe; viele aus den soeben befreiten Gebieten. Die rigoros durchgeführte Zwangsaushebung erfaßte alle Männer von 17 bis 55 Jahren. Das Ersatzheer unterstand praktisch in dieser Zeit Generalmajor G. I. Kulik — jenem Kulik, der 1940 Marschall wurde und der nach seinem Versagen an der Front 1941 und 1942 schlußendlich zum Generalmajor degradiert und mit heeresadministrativen Aufgaben betreut worden war.[111]

Ende 1944 zählte die sowjetische Feldarmee etwa 6 Millionen Mann mit 91400 Geschützen und Granatwerfern, 2993 reaktiven Geschoßwerfern, rund 11000 Panzern und Sebstfahrlafetten sowie 14500 Kampfflugzeugen. (Ohne die Leningrader Front, die 37. selbständige Armee und die Sicherungskräfte im Fernen Osten.) Die Reserve des Hauptquartiers umfaßte 4 allgemeine Armeen und 2 Luftarmeen sowie eine Anzahl von selbständigen Verbänden der Schützen-, Panzer- und Artillerietruppen.[112] Das Kräfteverhältnis an der deutsch-sowjetischen Front war eindeutig zugunsten der Roten Armee.

Der Zeitplan des Winterfeldzuges 1944/45 des Hauptquartiers war sehr optimistisch. Bis zum Frühjahr 1945 sollten Bromberg, Posen und Breslau fallen. Die zweite Phase galt Berlin selbst, wo Hitler sein Hauptquartier hatte. Den vier Fronten in der „Hauptrichtung" wurden frische Truppen und vor allem Kriegsmaterial und Technik zugeführt, als Ersatz für die äußerst hohen Verluste, welche die Rote Armee in den Sommer- und Herbstfeldzügen erlitten hatte. Es hatte sich nämlich herausgestellt, daß die deutsche Wehrmacht, obwohl schwer angeschlagen, keineswegs am Ende ihrer Kräfte war. In erstaunlich kurzer Zeit gelang es ihr, in Polen und Ostpreußen neue Verteidigungsstellungen einzurichten, wenn auch auf Kosten der Westfront.

Doch nicht allein die Deutschen boten Probleme. Schwierigkeiten machten den Sowjets auch die verschiedenen Guerilla-Bewegungen in ihrem Rücken. In der Ukraine waren es Nationalisten, die eine unabhängige Ukraine anstrebten. Die UPA (Ukrainische Aufständische Armee) kämpfte sowohl gegen die Sowjets als auch gegen die Deutschen. Am 29. Februar 1944 hatten UPA-Einheiten zum Beispiel sogar den Oberbefehlshaber der (damaligen) 1. Ukrainischen Front, Armeegeneral N. F. Watutin überfallen und tödlich verwundet. In Polen traf die Rote Armee auf eine bürgerliche (antisowjetische) Widerstandsbewegung, weil die Heimatarmee (Armija Krajowa) auch nach der Niederwerfung des Warschauer Aufstandes in allen Landesteilen als Organisation weiter bestand. Wenn sie sich auch gegenüber der Roten Armee und der polnischen Volksarmee des Lubliner Komitees neutral verhielt, kam es trotzdem hie und da zu bewaffneten Zusammenstößen zwischen ihr und den Sowjets — bis das Überfallkommando der Roten Armee die polnischen Führer in eine Falle lockte und verhaftete.

In der Ukraine und in Bjelorußland wurden indessen die rote Strafkompanien mit „Drückebergern" aufgefüllt und ihre Zahl vermehrt. Generaloberst Batow: „Drückeberger waren für uns Soldaten, die in den ersten Kriegstagen eingeschlossen worden waren und sich nicht zur kämpfenden Truppe durchgeschlagen, sondern sich in den Dörfern des besetzten Gebietes herumgedrückt hatten..."[113]

Partisanengruppen, die mit dem Vormarsch der Roten Armee aus dem Untergrund auftauchten, wurden in die reguläre Armee eingereiht. Sie mußten sich der Disziplin der Truppe fügen — was nach den langen Jahren des ungebundenen Waldlebens gar nicht so leicht war.

27. Die Weichsel-Operation

Den ersten Schlag gegen die deutsche Gruppierung zwischen Weichsel und Oder sollte Konjews 1. Ukrainische Front führen, unmittelbar gefolgt von einem Großangriff von Schukows 1. Bjelorussischer Front gegen Zentral-Polen. Diese beiden sowjetischen Heeresgruppen verfügten über 2,2 Millionen Soldaten und hatten 34 500 Geschütze und Granatwerfer, 6500 Panzer und Selbstfahrlafetten sowie rund 4800 Flugzeuge. Der Angriffsbeginn war ursprünglich auf den 20. Januar 1945 festgelegt. Da jedoch die anglo-amerikanische Armee an der Westfront durch Hitlers Weihnachts-Offensive (Ardennen-Schlacht) in arge Bedrängnis geraten war, hatte Churchill Stalin brieflich gebeten, den sowjetischen Angriff *früher* auszulösen, um dadurch die Westfront der Alliierten zu entlasten. Stalin fühlte sich durch diese Bitte geschmeichelt und gab ihr gerne nach. So eröffnete Konjew bereits am 12. Januar 1945 den Angriff. Zwei Tage später folgte Schukow. Auf breiter Front entwickelte sich eine Materialschlacht, der die Deutschen nicht mehr gewachsen waren. (Hitler hatte die letzten Reserven des Reiches in die Ardennen-Schlacht gegen die Anglo-Amerikaner geworfen.) In sechs Angriffstagen zerschlugen die sowjetischen Truppen drei deutsche Armeen und stießen auf 500 Kilometer Frontbreite (!) 120 bis 160 Kilometer vor.

Warschau, „die tote Stadt“ (so Rokossowski) wurde von Schukows Truppen am 17. Januar 1945 befreit. Am 30. Januar erreichte die 2. Garde-Panzerarmee des Generals G. I. Bogdanow und die 5. Stoßarmee des Generals N. E. Bersarin zwischen Frankfurt a. d. O. und Küstrin die Oder, wo es ihnen sogar gelang einige Brückenköpfe auf dem Westufer des Flusses zu bilden. Damit standen Schukows Truppen knapp 60 Kilometer vor Berlin! Unterdessen stieß Konjew mit starken Panzerkeilen gegen das oberschlesische Industrierevier vor, dem einzigen von Luftangriffen verschont gebliebenen Rüstungszentrum Deutschlands. Am 19. Januar erreichte er das unversehrte Krakau und am 27. Januar gelangten seine Rotarmisten nach Auschwitz, wo sie im Konzentrationslager mit Entsetzen und Zorn die Todesfabrik des deutschen nationalsozialistischen Regimes entdeckten.

Nördlich von Warschau stieß Rokossowski mit der 2. Bjelorussischen Front zur Danziger Bucht vor. Bereits am 26. Januar erreichte er das Frische Haff, womit Ostpreußen von seiner Landverbindung abgeschnitten war.

Panik erfaßte die Deutschen. Reichsverteidigungskommissar Dr. Joseph Goebbels sah bereits das Ende der nationalsozialistischen Herrschaft. Die zum Schutze von Berlin bestimmte Heeresgruppe Mitte existierte nicht mehr. Ihre Reste waren größtenteils nach Norden abgedrängt und in Ostpreußen eingekesselt worden; sie wurden fortan Heeresgruppe Nord genannt. Mit den allerletzten Reserven, darunter halbgenesene Verwundete, Etappenleute, Volkssturm-Männer, Offiziersschüler, ja Polizisten und Feuerwehrmänner, versuchten nun die Deutschen, an der Oder eine neue Front aufzubauen. Sie erhielt die — unpassende — Bezeichnung Heeresgruppe Weichsel. Deren Kommando übertrug Hitler — der anscheinend zu seinen Generälen kein Vertrauen mehr hatte — dem Reichsführer-SS Heinrich Himmler — einem „nationalsozialistischen politischen Kommissar". Himmler sollte Berlin verteidigen und das Reich vor dem Ansturm der Roten Armee retten!

Aber der Vorstoß der Roten Armee aus den Oder-Brückenköpfen blieb zunächst aus. Später, in den sechziger Jahren, als Marschall Schukow politisch kaltgestellt worden war, hatten einige sowjetische Militärs die Frage aufgeworfen, ob der Marschall mit seinem Zögern an der Oder nicht den Krieg verlängert habe? Zu Unrecht. Schukow konnte sich anfangs 1945 wegen Berlin nicht in ein Abenteuer stürzen. Denn sowohl die Lehren der Geschichte, als auch der innere Zustand der sowjetischen Truppen mußten einen verantwortungsvollen Feldherrn, wie eben Schukow einer war, von einem solchen Risiko abhalten. Schukow kannte das Schicksal des zaristischen Generals Pawel Rennenkampf, der im August 1914 wegen ungenügender Flankensicherung bei Tannenberg von Hindenburg entscheidend geschlagen worden war. Und er erinnerte sich auch des sowjetischen Vorstoßes nach Polen im Sommer 1920, wo Tuchatschewskis Truppen vor Warschau in der Flanke angegriffen und in die Flucht geschlagen worden waren. Im Januar oder Februar 1945 stand nördlich des sowjetischen Keils zur Oder noch eine starke deutsche Gruppierung in Ostpreußen, während im Süden, Schlesien und das Protektorat (Böhmen und Mähren) immer noch in deutscher Hand waren. Britische und amerikanische Geheimdienste hatten gerade in dieser Zeit Moskau auf deutsche Truppenverschiebungen von der Westfront zur Oder aufmerksam gemacht (die 6. SS-Panzerarmee ging von Süddeutschland nach Ungarn). Solche Bewegungen konnten durchaus einer großangelegten Zangenoperation gegen die bis zur Oder vorgedrungenen sowjetischen Truppen dienen. So mußte sich Schukow vorerst um die Sicherung seiner Flanken kümmern, und er tat dies unter Verzicht auf eine sofortige Fortsetzung des Angriffs auf Berlin.[114]

Ein anderes Problem, das dem Marschall ernste Sorge bereitete, betraf den inneren Zustand seiner Truppen. Zwar hatten die vorstürmenden Rotarmisten innerhalb von wenigen Wochen etwa 45 feindliche Divisionen zerschlagen und ca. 100000 Mann Gefangene eingebracht — aber sie selbst hatten auch Verluste erlitten. Zudem wurden sie von vielen, nicht vorhergesehenen Faktoren in ihrem Vormarsch gehemmt. Über die Lage an der 1. Bjelorussischen Front Ende Januar 1945 schrieb General Tschuikow, der Held von Stalingrad, dessen 8. Gardearmee im Raum Meseritz kämpfte:

„Der Mangel an Munition, Treibstoff und Lebensmitteln wurde immer mehr spürbar. Meine Armee hatte in pausenlosen Schlachten 350 Kilometer zurückgelegt. Je weiter wir nach Westen vordrangen, desto größere Schwierigkeiten traten bei uns auf. Es klappte einfach nicht mit dem Nachschub, weder bei meiner Armee noch an der Front überhaupt... Außerdem hatten wir eine weitere Schwierigkeit zu bewältigen, nämlich die Sicherstellung des in den Kämpfen erbeuteten Kriegsmaterials. Die Deutschen ließen große Mengen ihres eigenen und des aus

der Sowjetunion mitgenommenen Gutes auf dem Rückzug liegen. Die habgierigen Augen unserer Etappenhengste glitzerten beim Anblick der erbeuteten Depots von Lebensmitteln, Marketenderware, Uniformen und Ausrüstungsgegenständen. Still und leise füllten sich die Stabsfahrzeuge, Panzer, Tausende von Pferdefuhrwerken, Planwagen, Werkstattwagen und Zugmaschinen mit allerhand Sachen, die durchaus nicht zu den im Kampf unentbehrlichen Gegenständen gehörten...“[115]

Dieses Bild wird ergänzt durch eine Schilderung von Schukows südlichem Nachbarn, Marschall Konjew:

„Ich muß bekennen, daß wir unsere Erfolge nur unter äußerst schwierigen Bedingungen erzielen konnten. Unsere Soldaten, vom Gemeinen bis zum General, haben bis zur äußersten Erschöpfung ihre Pflicht getan. Die ununterbrochenen Kämpfe, die mit dem 12. Januar an der Weichsel ihren Anfang nahmen, dauerten ohne Pause bis zum 15. Februar. In dieser Zeit hatte eine Schützendivision durchschnittlich nicht mehr als 4000 bis 4500 Soldaten. Die Panzer und motorisierten Truppen verloren mehr als die Hälfte ihrer Ausrüstung (nicht nur bei den Kämpfen, sondern auch durch natürlichen Verschleiß).
Wir konnten auch die Eisenbahnlinien nicht so rasch instand setzen, wie wir vordrangen. Die Entfernung von der vordersten Linie zu den Depots wurde ständig größer. Der Munition- und Treibstoffvorrat der Truppen verminderte sich rapid. Obwohl die Versorgungseinheiten sich voll einsetzten, konnten sie doch nicht so viel Güter an die Front schaffen, wie die Truppe für ihre Offensive benötigte. Die Straßen waren verschneit, und später, als das Tauwetter kam, verwandelten sie sich in wahre Kotfelder...
Die ungünstige Wetterlage beeinflußte auch die Aktionen unserer Luftwaffe. Nahezu alle Feldflugplätze fielen durch Regenwetter aus. Der Boden war durchnäßt, die Flugzeuge konnten nicht starten. Die Plätze mit Betonpisten lagen weit hinter uns, so daß der Aktionsradius der dort befindlichen Flugzeuge nicht ausreichte. Meine Front hatte zwar 2380 Kampfflugzeuge, aber sie konnte pro Tag durchschnittlich nur 546 Flüge bewältigen. Da die Frontlinie 520 Kilometer lang war, konnte die Luftwaffe nur Aufklärungsflüge durchführen.
Links von uns stand die 4. Ukrainische Front. Sie blieb auch weiterhin erfolglos. Die 1. Bjelorussische Front, unser rechter Nachbar, kämpte erbittert in Pommern, und bei der Oder mußte sie sogar vorübergehend in die Verteidigung übergehen...“[116]

28. „Deutschland eine Hexe"

Die Rotarmisten, die Ende Januar 1945 deutschen Boden betraten, bewegten die unterschiedlichsten Gefühle. *Kämpfen* und *siegen* war nur eine Seite der Medaille, die ihnen die Propagandaabteilungen der Roten Armee tagtäglich eingehämmert hatten. Die andere war die *Rache* an den Deutschen. Rache dafür, daß sie vor vier Jahren die Sowjetunion überfallen, Städte und Dörfer zerstört, die Einwohner als „Untermenschen" behandelt, die Jugend als Arbeitssklaven ins Reich deportiert hatten. Rache dafür, daß sie dann, als sie durch die Rote Armee aus der Sowjetunion herausgedrängt wurden, die Taktik der „verbrannten Erde" anwandten. „Deutschland — eine Hexe" hatte Ilja Ehrenburg einen Leitartikel in der Armeezeitung überschrieben. Jetzt, im Frühjahr 1945, schien die Stunde der Vergeltung gekommen. Nach der Grenze stellte man vor deutschen Ortschaften große Schilder auf mit der Aufschrift: „Rotarmist! Du stehst jetzt auf deutschem Boden. Die Stunde der Rache hat geschlagen!" Diese Vergeltung in Form von Plünderung, Raub und Mißhandlung traf die Deutschen ungeachtet ihres Status, Alters oder Geschlechts sehr hart!

Wir erachten es nicht als angebracht, hier auf Einzelheiten einzugehen. Es sind schreckliche Dinge passiert. Lew Kopelew, ein sowjetischer Offizier, der dies im Frühjahr 1945 in Deutschland miterlebte, schrieb Jahrzehnte später, noch immer empört:

> *Haben wir uns den Sieg so erträumt? Ist das die Rote Armee? Das ist sinnloses Wüten wie von Machno-Banden! In meiner Tasche habe ich ein deutsches Buch, vor zwanzig Jahren in Königsberg erschienen. Es heißt: Russischer Einmarsch in Ostpreußen im August 1914. Ein deutscher Historiker hat es geschrieben, ein höherer Beamter, Nationalist. Er notierte sorgfältig alles, was er Schlechtes an den Russen feststellen konnte. Und was war das?* Ein *Fall von Vergewaltigung, die schuldigen Kosaken wurden erschossen.* Einige *Fälle von Totschlag. Und* jedesmal *hatten russische Offiziere eingegriffen, haben die Schuldigen bestraft. Der deutsche Verfasser zählt alle geschlachteten Hühner, alle ramponierten Obstbäume, jede Ohrfeige… wo es irgend geht, spricht er von Kulturlosigkeit, Barbarei… Das heute zu lesen, ist schrecklich! Schrecklich und schmachvoll — denn damals, das waren Zarenheere!"*

Und dann sprach er von seiner Einstellung zu Deutschland:

> *„Wir sind doch eine sozialistische Armee! Wir sind Internationalisten! Wie darf man von Rache an den Deutschen sprechen? Das ist nicht unsere Ideologie — sich an einem Volk zu rächen!"* [117]

Daß es unter den Soldaten Stalins im Frühjahr 1945 in Deutschland — aber auch in anderen befreiten Gebieten — zu Ausschreitungen und unwürdigen Szenen kam, lag in erster Linie an der verfehlten Politik der Polit- und Propagandaorgane der Roten Armee. Diese hatten in unzähligen Schriften, Flugblättern und Versammlungen die Rotarmisten zur Rache aufgerufen. In Ostdeutschland ließen sich die Rotarmisten dann völlig von diesem Gefühl hinreißen. Sie plünderten und brandschatzten und vergaßen dabei, wofür sie eigentlich da waren: zu kämpfen. Die Folge war, daß ganze Einheiten den Vormarschbefehl verweigerten. Die Soldaten liefen auseinander, und die Offiziere waren unfähig, des massenhaften Marodierens Herr zu werden!

Am 15. Februar 1945 fand beim Stab der 1. Bjelorussischen Front eine Sitzung des Militärrates (Kriegssowjet) unter dem Vorsitz von Marschall Schukow statt. Einige Regimentskommandeure hatten Selbstmord begangen wegen den von Schukow befohlenen Massenrepressalien bei der Truppe, welche die Lage noch mehr verschärft hätten. In Gegenwart von Vertretern des Hauptquartiers wurde beschlossen, nicht über die Oder vorzustoßen und die Offensive gegen Berlin erst im Frühjahr zu beginnen. Gleichzeitig wurden aber auch die Maßnahmen zur Wiederherstellung der Disziplin und der Kampfbereitschaft der Truppe verschärft. General Nikolaj Bersarin, der Oberbefehlshaber der 5. Stoßarmee zu seinem Stab: „Man kann nicht zwei Hasen gleichzeitig fangen — rächen und kämpfen. Denn in diesem Falle löst sich die Armee auf!“[118]

29. „Wperjod na Berlin!“

Nie, auch nicht in den dunkelsten Stunden des Großen Vaterländischen Krieges hatten die Sowjets die Hoffnung aufgegeben, Hitler zu schlagen und nach Deutschland vorzudringen. In Berlin, auf dem Reichstagsgebäude, das für die Russen das *Sinnbild* der Reichshauptstadt war, sollte die rote Siegesfahne gehißt werden! Jeder von Stalins Soldaten war überzeugt, daß damit auch der Krieg zu Ende sein wird. „Vorwärts nach Berlin!“ so lautete im Frühjahr die Parole der Roten Armee.

Berlin zu erobern war aber auch Ziel der Westalliierten. Feldmarschall Montgomery hatte schon im Spätherbst 1944 eine solche Operation geplant, und auch die Amerikaner erwogen schon früh einen ähnlichen operativen Gedanken („Operation Eclipse“). Doch die deutsche Ardennen-Offensive im Dezember 1944 warf diese Berlin-Pläne über den Haufen. Im Frühjahr 1945 bezeichnete Eisenhower für die anglo-amerikanischen Streitkräfte die Einnahme der deutschen Hauptstadt als eine zweitrangige Aufgabe. Er teilte dies am 28. März 1945 telegraphisch Stalin mit. In seinem grenzenlosen Mißtrauen vermutete dieser jedoch hinter Eisenhowers Mitteilung eine Kriegslist. Er zog nun gleich und teilte seinerseits den Westalliierten mit, die Rote Armee plane auch keinen Hauptstoß

Die Sieger in Berlin 1945. Sowjetische Offiziere vor dem Reichstagsgebäude am 5. Mai 1945

Armeegeneral I. D. Tschernachowski (3. v. links) verhört deutsche Generäle 1944

Der Einzug der Roten Armee in Odessa (1944)

Marschall Stalin trifft Harry Hopkins, Roosevelts persönlichen Botschafter, in Teheran. Rechts: Marschall Woroschilow

Angriff...! Sommer 1942. (Im Hintergrund ein vernichteter deutscher Panzer, Mark IV)

Der gefangengenommene deutsche Generalfeldmarschall Paulus in Beketowka bei Stalingrad im Februar 1943

Kampf um die Ruinenstadt Stalingrad, Herbst 1942

Die Bevölkerung errichtet Panzergräben vor Moskau im Oktober 1941

Rotarmist mit US-Konserven (1942/43)

Ein Frauenbataillon im Kaukasus 1942 im Angriff

Schützenfeuer auf deutsche Flugzeuge an der Südwestfront, Mai 1942

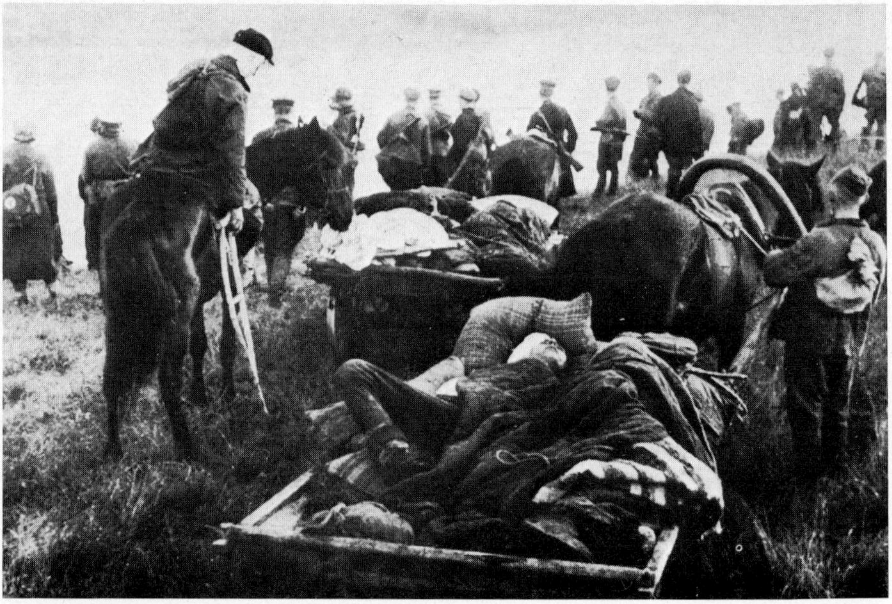

Rückzug 1941

Mutter Heimat ruft! Wehrplakat, Juni 1941

Verlassenes Schützenloch an der Südwestfront, August 1941

„Klim Woroschilow — 2A“. Ein 52-t-Panzer mit 76-mm-Kanone

Allgemeine Mobilmachung in der Sowjetunion im Herbst 1941

Die ersten sowjetischen Kriegsgefangenen an der Südfront im Juni 1941

Marschall der Sowjetunion
Iwan Grigorjewitsch Kulik

Generaloberst Lew Sacharowitsch Mechlis, Chef der Politischen Hauptverwaltung der Roten Armee 1937 bis 1940 und 1942

Generaloberst
Michail Petrowitsch Kirponos

J. W. Stalin,
Vorsitzender des Staatsverteidigungskomitees der UdSSR

Marschall K. J. Woroschilow,
Oberkommandierender der Nordwestrichtung

Marschall S. M. Budjonny,
Oberkommandierender der Südwestrichtung

Marschall S. K. Timoschenko,
Oberkommandierender der Westrichtung

Generalmajor L. I. Breschnew und seine Frontgenossen vor Beginn der Siegesparade der Roten Armee in Moskau im Juni 1945

Die japanische Kwantung Armee streckt die Waffen vor der Roten Armee. Mukden, Sept. 1945

Moskau feiert den Sieg über Hitler-Deutschland, Juni 1945. Der Rote Platz in Festbeleuchtung

Die deutsche V-2-Waffe im Herbst 1944

Sowjetische Rakete R-1 anfangs der Fünfziger Jahre

General Patton und Marschall Schukow bei der Siegesparade der Alliierten in Berlin im Sept. 1945

Kadetten der Roten Armee 1945

Der Kommandant der sowjetischen Truppen in Ost-Berlin, General Dybrowa, versucht die Menge zu beschwichtigen (17. Juni 1953)

Ungarische Jugendliche versuchen, einen sowjetischen Offizier über die wahre Lage in Ungarn zu informieren (Budapest, 25. Oktober 1956)

Der Oberbefehlshaber der Sowjetarmee, Generalleutnant N. S. Chruschtschow, links: L. I. Breschnew

nach Berlin. Die Eroberung der Reichshauptstadt sei eine Aufgabe für Truppen der zweiten Linie, da „Berlin seine strategische Bedeutung verloren habe...“[119]

Zwei Tage später machte Stalin in Moskau den Marschällen Schukow und Konjew die Einnahme Berlins dringlich mit dem Hinweis, Eisenhower wolle dasselbe. „Nun, wer wird zuerst Berlin einnehmen? Wir oder die Alliierten?“ fragte Stalin. Konjew beeilte sich mit der Antwort: „Berlin werden wir einnehmen. Wir werden früher dort sein, als die Alliierten!“ — Am 3. April waren die Angriffspläne im Generalstab bereinigt: Schukow sollte die deutsche Hauptstadt frontal nehmen und Konjew und Rokossowski südlich und nördlich von ihm zur Elbe vorstoßen. Der Angriff sollte am 16. April beginnen und innerhalb *fünf* Tagen den Fall von Berlin herbeiführen. Für diese Operationen standen den drei Fronten beträchtliche Kräfte zur Verfügung: 2,5 Millionen Mann, 41600 Geschütze und Granatwerfer, 6250 Panzer und SFL sowie 7500 Kampfflugzeuge.[120]

Politische Motive bewogen Stalin und seinen Generalstab, zu dieser Offensive gegen Berlin. Seit der Jalta-Konferenz (4.—11. Februar 1945), die noch in gutem Einvernehmen aller Mitglieder der Anti-Hitler-Koalition vor sich gegangen war, schien sich das Verhältnis unter den Verbündeten zu verschlechtern. Sowjetischerseits wuchs der Verdacht, daß die Westmächte „etwas“ im Schilde führen, und zwar aus den verschiedensten Gründen: die von der deutschen Propaganda mehrmals verkündete Parole, den Krieg auf „politischem Wege“ zu beenden; Himmlers Verhandlungen mit dem schwedischen Grafen Bernadotte; die Sondierungen für eine Teilkapitulation der deutschen Wehrmacht in Italien, die sich zwischen Allan Dulles und dem SS-Obergruppenführer Karl Wolff in der Schweiz abspielten. Diese und weitere Ereignisse oder auch nur Gerüchte, die in Moskau sehr ernst genommen wurden, bestärkten Stalin in seinem Verdacht, Hitler könnte in diesen allerletzten Stunden des Krieges mit den Westmächten einen Separatfrieden, ja sogar ein Militärbündnis schließen mit dem Ziel, die Rote Armee (und den Kommunismus) von Mittel-Europa fernzuhalten. Schukow, Konjew und Rokossowski, aber auch die Oberbefehlshaber der im Donauraum operierenden Fronten der Roten Armee erhielten die Anweisung „auf der Hut“ zu sein und ihre Truppen so aufzustellen, daß sie nötigenfalls auch eine *Verteidigungsdisposition* einnehmen könnten.[121]

Marschall Konjew schrieb diesbezüglich 1965 in seinen Memoiren: „*Heute ist es eine historische Tatsache, daß es Hitler und seinen Mitarbeitern nicht gelang, die Westalliierten zu einem Separatfrieden zu bewegen. Wir wollten auch damals [Ende März/Anfang April 1945 — P. G.] nicht glauben, daß unsere Verbündeten mit der deutschen Heeresführung ein Abkommen schließen würden. Aber in jener Situation, da wir nicht nur mit zahlreichen Tatsachen konfrontiert waren, sondern auch die verschiedensten Gerüchte zirkulierten, durften wir solche Möglichkeiten nicht außer acht lassen. Der Stand der Dinge ließ die Operation Berlin äußerst dringlich erscheinen...*“[122]

Am 4. April hatte Malinowski die slowakische Hauptstadt Bratislava erobert. Tolbuchins 3. Ukrainische Front stand vor Wien. In Kurland wurde schwer gekämpft. Am 16. April 1945 begann an der Oder der „Sturm auf Berlin". Schukow eröffnete die Offensive mit einem mächtigen Feuerschlag, um die Oder zu überschreiten und (vorerst) die Seelower Höhen zu nehmen. Die Deutschen wehrten sich jedoch verbissen. Der Kampf um die Seelower Höhen dauerte mehrere Tage und kostete 32000 Rotarmisten das Leben.

Mehr Glück hatte Marschall Konjew, Schukows linker Nachbar. Die 1. Ukrainische Front konnte relativ rasch ihre Brückenköpfe bei Forst und Muskau an der Neiße erweitern und die deutsche Verteidigung durchbrechen. Bei dieser Frontlage gab Stalin — als „oberster Koordinator" — Marschall Konjew den Auftrag, mit der 3. Panzerarmee über Zossen nach Berlin vorzustoßen und die 4. Garde-Panzerarmee in Richtung Potsdam einzusetzen.

Am 18. April endlich konnte Schukow die blutgetränkten Seelower Höhen nehmen und mit seinen beiden Panzerarmeen nach Berlin vorstoßen. Die Flieger der 16. Luftarmee warfen den vorrückenden Truppen vier Schlüssel ab. Diese waren den Berliner Stadtschlüsseln von 1760 nachgebildet, die von russischen Truppen während des Siebenjährigen Krieges erbeutet worden waren. Jeder Schlüssel trug für die stürmenden Soldaten der 8. Gardearmee den Aufruf: „Gardesoldaten! Freunde! Vorwärts zum Sieg! Wir schicken euch die Schlüssel zu den Toren Berlins!"

Am 20. April begann nördlich von Schwedt an der Oder die Offensive der 2. Bjelorussischen Front unter der Führung von Marschall Rokossowski in Richtung Elbe. Die deutsche Heeresgruppe Weichsel, die seit einigen Wochen nunmehr von Generaloberst Heinrici befehligt wurde, vermochte nicht, diesen Vorstoß zu stoppen.

Am 21. April kämpften Schukows und Konjews Truppen bereits in den östlichen und südlichen Vororten der Reichshauptstadt. Zwischen den beiden Marschällen entbrannte ein Wettkampf, wer von ihnen als erster die Stadt einnehmen werde, denn — nach alter *russischer* Militärtradition — konnte dieser den ersten Stadtkommandanten Berlins ernennen und sich als Sieger des Endkampfes betrachten. Am 25. April war der sowjetische Ring um Berlin geschlossen. Die Reichshauptstadt wurde vom General der Artillerie Helmuth Weidling mit zusammengewürfelten Einheiten verteidigt: 44630 Soldaten, 42531 Mann Volkssturm, 3532 Hitlerjungen, Arbeitsdienstmänner und Angehörige der Organisation Todt.[123] Ironie des Schicksals: ihnen wurden die Verteidiger von Moskau und Stalingrad als Vorbild hingestellt — und sie kämpften auch hart und erbittert. Die in Berlin eindringenden Sowjets erlitten äußerst hohe Verluste. Allein Konjews Panzertruppen büßten in Straßenkämpfen über 1000 Panzer und SFL ein.

Am 25. April trafen bei Torgau an der Elbe die sowjetischen und amerikanischen Spitzen zusammen. Hitlers Rest-Deutschland war zweigeteilt. Die im Raum Lübben — Guben eingeschlossene deutsche 9. Armee versuchte mit Teilen der 4. Panzerarmee nach Westen durchzubrechen, ohne Hitlers Befehl für eine Entlastungsoffensive auf Berlin nachkommen zu wollen — besser gesagt, zu können. Auch die deutsche 12. Armee, die von Westen her Berlin befreien sollte und deswegen ihren Kampf gegen die Westalliierten an der Elbe eingestellt hatte, konnte der Reichshauptstadt keine Hilfe mehr bringen. Sie stieß bei Ferch auf Konjews Truppen und mußte zurückweichen. Am 29. April sah Hitler, der sich hartnäckig geweigert hatte, Berlin zu verlassen, das Ende für sich und sein Großdeutsches Reich kommen. Im tiefen Bunker unter der Reichskanzlei schrieb er sein Testament, ernannte Großadmiral Karl Dönitz zu seinem Nachfolger und — als sein letzter Akt — heiratete er seine langjährige Freundin Eva Braun. Am 30. April beging er mit ihr zusammen Selbstmord. Am gleichen Tag hißten die beiden sowjetischen Gardesoldaten Jegorow und Kantarija auf der Ruine des Reichstagsgebäudes die Siegesfahne. Unmittelbar nach Hitlers Tod, noch in der Nacht zum 1. Mai versuchten die Deutschen — namentlich Goebbels — einen Waffenstillstand mit General Tschuikow zu erreichen. Die Antwort: es könne sich nur um eine bedingungslose Kapitulation handeln! Der größte Teil Berlins war bereits in der Hand der Roten Armee.

Am 2. Mai 1945 verübte Joseph Goebbels mit seiner ganzen Familie Selbstmord. Nun endlich unterzeichnete General Weidling in Tschuikows Gefechtsstand die bedingungslose Kapitulation der deutschen Garnison in Berlin.

Am nächsten Tag mußte eine kleine Gruppe sowjetischer Soldaten — mit Jegorow und Kantarija — den Sturm auf die Reichstagsruine vor Armee-Kameraleuten wiederholen und dort nochmals die rote Fahne aufpflanzen. Das Sowjetvolk und die Nachwelt sollte sehen können, wie die beiden Gardesoldaten die Fahne des Sieges über Berlin gehißt hatten.

30. Der Sieg über das Großdeutsche Reich

Bereits am 2. Mai hatte Großadmiral Karl Dönitz, als Nachfolger Hitlers (und Reichspräsident) dem britischen Feldmarschall Montgomery die Teilkapitulation der deutschen Wehrmacht angeboten. Während darüber verhandelt wurde, stießen Verbände der Westalliierten und der Roten Armee in breiter Front bis zur Elbe, welche die 1944 zwischen den Verbündeten vereinbarten Operationsgebiete begrenzte. In Prag — noch immer unter deutscher Besetzung — erhob sich anfangs Mai die tschechische Widerstandsbewegung. Sie hoffte, sich bis zum Eintreffen der Amerikaner halten zu können. General Pattons 3. Armee mußte aber auf Befehl Eisenhowers ihren Vormarsch am 6. Mai in Pilsen, kaum 80 Kilometer westlich von Prag, einstellen. Östlich dieser Stadt verlief nämlich die interalliierte Grenze der Operationsgebiete. Jetzt erhielt Marschall Konjew von Stalin den Auftrag, Prag zu befreien. Mit seiner 3. und 4. Panzerarmee überwand er erstaunlich schnell das Erzgebirge. Der deutsche Widerstand war unbedeutend, so daß der Marschall Prag schon im Morgengrauen des 9. Mai erreichte, zusammen mit den motorisierten Vorabteilungen der 2. und 4. Ukrainischen Front, die aus Osten und Südosten kamen.

Damit ging mitten durch unseren Kontinent eine gewaltige Front der Roten Armee von der Ostsee durch die Tschechoslowakei zu den österreichischen Alpen und weiter entlang den West- und Südgrenzen von Ungarn, Rumänien und Bulgarien zum Schwarzen Meer. *Europa wurde zweigeteilt...*

(Die Verluste der sowjetischen Streitkräfte in den den Krieg abschließenden Kämpfen waren außerordentlich hoch. Allein in der Zeit vom 16. April bis zum 8. Mai verloren die Truppen der 1. und 2. Bjelorussischen und der 1. Ukrainischen Front an Gefallenen, Verwundeten und Vermißten 304887 Mann. Die meisten Opfer kostete der Durchbruch der Verteidigung an Oder und Neiße und die Kämpfe um Berlin. Von der Kräfteanspannung in diesen Kämpfen zeugt auch, daß die Truppen dieser Fronten 2126 Panzer und SFL, 1220 Geschütze und Granatwerfer und 527 Flugzeuge verloren hatten.[124])

Am 7. Mai unterzeichnete im Hauptquartier von General Dwight Eisenhower in Reims der deutsche Generaloberst Alfred Jodl die Gesamtkapitulation der Wehrmacht und zwar, wie die Verbündeten forderten „ohne Bedingung". Sie sollte am 9. Mai 0.01 Uhr in Kraft treten. Von sowjetischer Seite nahm diesem historischen Akt General Iwan Susloparow teil, der das Dokument im Namen der Sowjetunion signierte. (Susloparow war bei Kriegsbeginn sowjetischer Militärattaché in Paris. Seit 1944 war er Vertreter des sowjetischen Oberkommando bei SHAPE, dem Hauptquartier der westalliierten Streitkräften in Europa.) Stalin kochte vor Wut, als er davon erfuhr. Er hatte eine ganz andere Vorstellung von der deutschen Gesamtkapitulation. Diese sollte dem großen Sieg angemessen sein und in Berlin vor den höchsten militärischen Führern der Anti-Hitler-Koalition vor sich gehen. Wie konnte doch ein simpler General wie Susloparow es wagen, ohne direkten Befehl seines Obersten Befehlshabers ein so wichtiges internationales Dokument zu unterzeichnen? Susloparow wurde sofort „zur strengen Bestrafung" nach Moskau befohlen und ist seither verschwunden.

So ignorierte Stalin, daß der Westen bereits am 8. Mai den Sieg feierte. Für ihn und die Sowjetunion war noch immer Krieg! Ilja Ehrenburg schrieb darüber:

„Am Abend des 7. Mai hörte ich Brazzaville. Der Sender meldete, Vertreter des Regierungschefs Dönitz und des deutschen Oberkommandos hätten in Reims den Kapitulationsakt unterzeichnet... Brazzaville meldete noch, der 8. Mai sei zum Feiertag erklärt worden. Voller Erregung rief ich in der Redaktion (der Armeezeitung) an. Dort hieß es, man dürfe Gerüchten keinen Glauben schenken. Möglicherweise sei das Ganze eine Provokation, der Versuch eines Separatfriedens. Die Kampfhandlungen sowjetischerseits würden jedenfalls weitergehen. Am 8. Mai übertrugen London und Paris das Freudengeschrei der Menge, die Lieder, die Beschreibudngen der Demonstrationen, die Rede von Churchill. Abends gab es (in Moskau) zweimal Salutschüsse: wegen der Einnahme von Dresden und einiger tschechoslowakischer Städte... Der Moskauer Sender er-

zählte von den Kämpfen um Libau, berichtete über die erfolgreiche Zeichnung der neuen Staatsanleihe und über die Konferenz von San Francisco. Spät in der Nacht (vom 8. auf den 9. Mai) meldete er die Unterzeichnung der Kapitulation in Berlin. Es war so gegen zwei Uhr. Ich blickte auf die Straße und sah fast alle Fenster erleuchtet. Die Menschen schliefen nicht..."[125]

Auf Weisung Stalins wiederholten die Deutschen in den frühen Morgenstunden des 9. Mai 1945 die Unterzeichnung der Gesamtkapitulation der deutschen Wehrmacht, diesmal in Schukows Hauptquartier in Berlin-Karlshorst. Stalin hatte dazu einen seiner Vertrauten, A. J. Wyschinski (den ehemaligen Staatsanwalt der berüchtigten Moskauer Prozesse 1936—38; 1945 Vizevolkskommissar für Auswärtige Angelegenheiten), nach Berlin gesandt. In einem minutiös festgelegten Staatsakt wurde die bedingungslose Übergabe der deutschen Wehrmacht von Generalfeldmarschall Keitel, Generaloberst Stumpff und Generaladmiral v. Friedeburg unterzeichnet. Sowjetischerseits unterschrieb Stalins militärischer Stellvertreter, Marschall Schukow. Von Westalliierter Seite waren der britische Luftmarschall Arthur W. Tedder, der Befehlshaber der US-Strategischen Luftwaffe General Spaatz und der Oberbefehlshaber der französischen Armee General Lattre de Tassigny zugegen.

Seither wird der Sieg über den deutschen Nationalsozialismus an zwei Tagen gefeiert. Im Westen am 8. Mai und im Osten am 9. Mai. Ilja Ehrenburg, der diesen 9. Mai 1945 in Moskau erlebte, schrieb später: „Abends übertrug man eine Rede Stalins. Er sprach kurz und selbstsicher, in seiner Stimme war keinerlei Erregung zu spüren. Er redete uns nicht wie am 3. Juli 1945 mit ‚Brüder und Schwestern' an, sondern mit ‚Landsleute'. Draußen krachte ein nie dagewesener Salut, das Feuer von tausend Geschützen ließ die Fensterscheiben erzittern. Ich aber dachte an die Rede von Stalin. Das Fehlen jeder Herzlichkeit stimmte mich traurig..."[126]

Auf dem Roten Platz zu Moskau und überall, wo die Rote Armee in Europa stand, feierten die Sowjetmenschen, ob in Uniform oder in Zivil, den langersehnten und mit viel Entbehrung, Blut und Schweiß erkauften Sieg. Ein Sieg, der in der Tat historisch ist, markiert er doch das Ende und gleichzeitig auch den Beginn einer Epoche in Europa, ja in der ganzen Welt.

Anmerkungen:

1 *Groehler,* Geschichte des Luftkrieges, S. 308.
2 *Schukow,* a.a.O., S. 234.
3 *Seaton,* Albert: Der russisch-deutsche Krieg 1941—1945, Frankfurt a. M. 1973, S. 88.
4 Zit. bei *Sacharow,* M. W., a.a.O., S. 322.

5 *Sacharow,* M. W.: Natschalnyj period Welikoj Otetschestwennoj Wojny i jego uroki. In: „Wojenno-istoritscheskij shurnal“ (fortan zitiert: WIŽ), Moskau, Nr. 7/1961, S. 9.

6 *Pokriskin,* A. I.: Háborus égbolt, Budapest 1972, S. 65.

7 *Birjuzov,* Sz. Sz.: A vörös nyil a Krimre mutat, Budapest 1962, S. 40.

8 Einzelheiten siehe *Gosztony,* Peter: Hitlers fremde Heere. Das Schicksal der nichtdeutschen Armeen im Ostfeldzug, Düsseldorf 1976, S. 103.

9 *Nekritsch,* Alexander, *Grigorenko*, Pjotr: Genickschuß. Die Rote Armee am 22. Juni 1941, Wien-Frankfurt-Zürich 1969, S. 246.

10 *Hillgruber*, Andreas, *Hümmelchen,* Gerhard: Chronik des Zweiten Weltkrieges, Frankfurt a. M. 1966, S. 42.

11 *Stalin,* J. W.: Über den Großen Vaterländischen Krieg der Sowjetunion, Berlin/DDR 1951, S. 13.

12 *Talbott,* Strobe (Hrsg.): Chruschtschow erinnert sich, Reinbek bei Hamburg 1971, S. 560.

13 *Churchill,* a.a.O., S. 442.

14 *Schukow,* a.a.O., S. 308.

15 Einzelheiten siehe *Salisbury*, Harrison E.: 900 Tage. Die Belagerung von Leningrad, Frankfurt a. M. o. J.

16 Einzelheiten siehe: God 1941 jugosapadnyj front. Wospominanija, otscherki, dokumenty, Lwow 1975.

17 *Sacharow,* M. W. a.a.O., S. 362.

18 Vgl. dazu die treffenden Beispiele Marschall *Rokossowskis* in seinen Memoiren „Soldatenpflicht. Erinnerungen eines Frontoberbefehlshabers“ Berlin/DDR 1971, S. 16. und S. 50.

19 *Rotmisztrov*, a.a.O., S. 99.

20 *Gretschko*, Geschichte, Bd. 4, S. 79.

21 *Pokriskin,* a.a.O., S. 65 und S. 70.

22 Der Rammstoß im Großen Vaterländischen Krieg. In: „Luftverteidigung“, Berlin/DDR, Nr. 4/1969.

23 *Pokriskin*, a.a.O., S. 88.

24 *Gretschko,* Geschichte, Bd. 4, S. 79.

25 *Rokossowski*, a.a.O., S. 73.

26 *Korolkow,* Juri: Der Mann, für den es keine Geheimnisse gab. Richard Sorge in Tokio, Berlin/DDR 1967, S. 225.

27 *Gosztony,* Peter: Moskau in der Krise. In: „Österreichische Militärische Zeitschrift“, Wien, Nr. 3/1967.

28 *Schukow*, a.a.O., S. 325.

29 *Stalin,* a.a.O., S. 42.

30 „Wir sagten: *deutsche.* Wir Marxisten meinten, daß das eine zeitweilige Verallgemeinerung war bzw. daß man die Existenz des deutschen Volkes nicht auslöschen darf, was übrigens auch gar nicht möglich ist... Aber es wäre eine lebensfremde Sektiererei gewesen, sich damals auf eine Klassendifferenz zu konzentrieren. Die Welt stand der unbestreitbaren Tatsache gegenüber, daß die Mehrheit des deutschen Volkes nicht gegen die nazistischen Praktiken opponierte und somit dem verhaßten Regime moralischen Kredit gab. In der sowjetischen Publizistik und Literatur jener Zeit wurden in bezug auf Deutschland... nicht die Klassen auseinandergehalten. Konstantin Simonows Gedicht, das mit den Worten beginnt ‚Schlagt die Deutschen!‘, war berühmt... Das Wort ‚Deutscher‘ war damals Synonym für Faschist...“

Naszkowski, Marian: Jahre der Prüfung. Auf dem Weg zum neuen Polen. Berlin/DDR 1968, S. 301. (Naszkowski war während des II. Weltkrieges Politkommissar in führender Stellung in der UdSSR.)

31 *Lotockij*, Sz. Sz.: A háborük és hadmüvészet története, Budapest 1975, S. 162.
32 Der Militärrat einer Front setzte sich zusammen aus dem Oberbefehlshaber als Vorsitzenden, dem Chef der Politischen Abteilung der Front und dem Sekretär des ZK der KP der Sowjetrepublik oder dem Sekretär des Gebietskomitees der KP; dazu kam noch der Erste Stellvertreter des Oberbefehlshabers, der Chef des Stabes der Front und der Vertreter des Hauptquartiers.
33 Zit. bei *Wassilewski,* a.a.O., S. 177.
34 *Schukow,* a.a.O., S. 350ff.
35 Bitwa sa Leningrad, Moskau 1964, S. 146.
36 *Wassilewski,* a.a.O., S. 186.
37 Zit. bei *Medwedew,* a.a.O., S. 512.
38 *Wassilewski,* a.a.O., S. 187.
39 *Talbott,* a.a.O., S. 562.
40 *Seydlitz,* Walther von: Stalingrad. Konflikt und Konsequenz. Erinnerungen, Oldenburg 1977, S. 151.
41 *Wosnessenski*, N.: Die Kriegswirtschaft der UdSSR während des Vaterländischen Krieges, Moskau 1948, S. 37.
42 „Der Spiegel“, Hamburg, Nr. 7/1978, S. 86.
43 Zit. nach *Sacharow,* M. W., a.a.O., S. 371.
44 „Népszabadság“, Budapest, 21. November 1976, S. 6.
45 *Ljubimow*, Lew: Zwischen Petersburg und Paris, Berlin/DDR 1975, S. 314.
46 *Ehrenburg,* a.a.O., Bd. 2, S. 390ff.
47 *Iszraeljan,* Viktor: A Hitler ellenes koalició diplomáciája, Budapest 1973, S. 76.
48 *Deane,* John R.: Ein seltsames Bündnis. Amerikas Bemühungen während des Krieges, mit Rußland zusammenzuarbeiten, Wien 1947, S. 86.
49 WIŽ, Moskau, Nr. 3/1977.
50 *Ehrenburg*, a.a.O., Bd. 2, S. 383.
51 Dazu vgl. *Csujkov*, V. I.: Eröd a Volga partján, Budapest 1960, S. 14.
52 Vgl. Stalins Tagesbefehl vom 28. Juli 1942. In: „Wehrwissenschaftliche Rundschau“, Herford, Nr. 2/1976.
53 *Korabljow, Anfilow, Mazulenko,* a.a.O., S. 215.
54 *Seaton,* a.a.O., S. 460.
55 *Rotmisztrov,* a.a.O., S. 141.
56 *Speer,* Albert: Erinnerungen, Frankfurt a. M., 1969, S. 261.
57 *Schukow,* a.a.O., S. 364.
58 Ebd., S. 368.
59 *Kerr,* Walter: Das Geheimnis Stalingrad. Hintergründe einer Entscheidungsschlacht, Düsseldorf, Wien 1977, S. 54ff.
60 *Wassilewski*, a.a.O., S. 217.
61 Ebd., S. 216.
62 *Csujkov,* V. I.: Az évszázad ütközete, Budapest 1977, S. 442.
63 *Stalin*, a.a.O., S. 90ff.
64 *Gosztony,* Hitlers fremde Heere, S. 302ff.
65 *Wassilewski,* a.a.O., S. 225.
66 Ebd., S. 235.
67 *Schukow*, a.a.O., S. 412.
68 *Werth,* Alexander: Rußland im Krieg, München-Zürich 1965, S. 421.
69 *Sik,* a.a.O., S. 394.
70 Tylowaja slusba Sowjetskich Woorushonnych Sil w Welikoj Otetschestwennoj Wojne 1941—1945, Moskau 1977, S. 106.
71 *Förster, Paulus,* a.a.O., S. 191.

72 *Sacharow,* M. W., a.a.O., S. 457.
73 *Schukow*, a.a.O., S. 472.
74 *Seaton,* a.a.O., S. 460.
75 *Radó*, Sándor: Dóra jelenti... Budapest 1971, S. 258.
76 *Schukow,* a.a.O., S. 418ff.
77 *Sacharow,* M. W., a.a.O., S. 458.
78 *Korablow, Anfilow, Mazulenko,* a.a.O., S. 226.
79 *Schukow*, a.a.O., S. 470.
80 Einzelheiten siehe *Gosztony,* Peter: Über die Entstehung der Nationalkomitees und der nationalen Militärformationen der osteuropäischen Nationen in der Sowjetunion während des Zweiten Weltkrieges. In: „Militärgeschichtliche Mitteilungen", Freiburg i. B., Nr. 2/1973, S. 31ff.
81 *Sacharow,* M. W., a.a.O., S. 480.
82 Ebd., S. 483.
83 Zit. bei *Tschuikow,* W. I.: Gardisten auf dem Weg nach Berlin, Berlin/DDR 1976, S. 40.
84 Einzelheiten siehe *Paleckis,* Justas: In zwei Welten, Berlin/DDR 1976, S. 315 bzw. S. 328.
85 *Speer,* a.a.O., S. 291ff.
86 *Seaton,* a.a.O., S. 459.
87 Z. B. *Szekisztov,* V. A.: Nagy hazugság a háborúról, Budapest 1974, S. 175ff. (Sekistow ist Oberst der Sowjetarmee und Dozent für Militärgeschichte in Moskau.)
88 Einzelheiten siehe bei Vojtech *Mastny:* Stalin and the Prospects of a Separate Peace in World War II. In: „The American Historical Review" vol. 77 (1972), S. 1365ff.
89 Zit. bei *Gromyko*, a.a.O., Bd. 1, S. 502.
90 *Schtemenko,* a.a.O., S. 209.
91 *Korabljow, Afilow, Mazulenko,* a.a.O., S. 229.
92 *Gackenholz,* Hermann: Der Zusammenbruch der Heeresgruppe Mitte. In: Entscheidungsschlachten des Zweiten Weltkrieges, Frankfurt a. M. 1964, S. 441ff.
93 *Korabljow, Anfilow, Mazulenko,* a.a.O., S. 232.
94 *Philippi, Heim:* Der Feldzug gegen Sowjetrußland 1941 bis 1945, ein operativer Überblick, Stuttgart 1962, S. 247.
95 *Wassilewski,* a.a.O., S. 421.
96 *Telpuchowski,* B. S.: Die sowjetische Geschichte des Großen Vaterländischen Krieges 1941—1945, Frankfurt a. M. 1961, S. 370.
97 *Gackenholz*, a.a.O., S. 474.
98 *Friessner,* Hans: Verratene Schlachten, Hamburg 1957, S. 48.
99 *Mazulenko,* W. A.O.: Die Zerschlagung der Heeresgruppe Südukraine, August bis September 1944, Berlin/DDR 1959, S. 92.
100 Ebd., S. 98.
101 *Djilas,* Milovan: Gespräche mit Stalin, Frankfurt a. M. 1962, S. 146.
102 *Schukow,* a.a.O., S. 539.
103 Ebd., S. 540.
104 *Hillgruber, Hümmelchen,* a.a.O., S. 117.
105 *Djilas,* Milovan: Der Krieg der Partisanen. Jugoslawien 1941—1945, Wien-München 1978, S. 522.
106 *Schtemenko*, S. S.: Kak planirowalas' poslednjaja kampanija po rasgromu Gitlerowskoj Germanii. In: WIŽ, Nr. 5/1965.
107 *Gretschko,* A. A.: Über die Karpaten, Berlin/DDR 1972, S. 450.
108 *Gosztony,* Peter: Endkampf an der Donau 1944/45, Wien-München 1969, S. 214ff.
109 *Djilas,* Der Krieg der Partisanen, S. 351.

110 *Rokossowski,* a.a.O., S. 342.
111 Erst nach seinem Tod (1950) wurde Kulik wieder zum Marschall der Sowjetunion ernannt. Man schrieb das Jahr 1957 und Stalin lebte nicht mehr.
112 *Sacharow*, a.a.O., S. 537.
113 *Batow,* P. I.: Von der Wolga zur Oder, Berlin/DDR o. J., S. 228.
114 Einzelheiten siehe *Gosztony*, Peter: Der Kampf um Berlin 1945 in Augenzeugenberichten, München 1975², S. 72ff.
115 *Tschuikow,* Wassilij: Das Ende des Dritten Reiches, München 1966, S. 86ff.
116 *Konjev,* I.: A negyvenötös esztendö, Budapest 1968, S. 68.
117 *Kopelew,* Lew: Aufbewahren für alle Zeiten! Hamburg 1976, S. 128.
118 *Oljschanski,* Boris: My prychodim s wostoka, Buenos Aires 1954, S. 229.
119 *Ehrmann*, John: Grand Strategy. October 1944 — August 1945, London 1956, S. 142.
120 *Gosztony,* Berlin, S. 403.
121 Einzelheiten siehe *Gosztony*, Peter: „Aber Churchill, dem traue ich alles zu!" Stalin fürchtete 1945 ein Bündnis zwischen Hitler und den Westmächten. In: „Der Spiegel", Hamburg, Nr. 47/1969.
122 *Konjev*, a.a.O., S. 98ff.
123 „Der Spiegel", Hamburg, Nr. 2/1966.
124 Zit. nach sowjetischen Quellen bei *Gosztony,* Berlin, S. 392.
125 *Ehrenburg,* a.a.O., Bd. 2, S. 522.
126 Ebd., S. 525.

VII. Die Nachkriegszeit

Am 9. Mai ist mit der bedingungslosen Kapitulation Deutschlands der Zweite Weltkrieg in Europa zu Ende gegangen. Eine der Siegermächte war die Sowjetunion. Wenn auch die westlichen Demokratien einen unbestreitbaren Anteil an diesem Sieg hatten, so war es doch die Rote Armee, die die deutsche Wehrmacht an der „Ostfront" vier Jahre lang zermürbt und in vielen großen Schlachten geschlagen und ihr schlußendlich das Rückgrat gebrochen hatte. Daran änderte wenig, daß die westlichen Demokratien aus Bündnistreue und uneigennützig in den Krieg gegen das Deutsche Reich gezogen waren, während die Sowjetunion dieses zuerst unterstützte und dann bekämpft hatte, nachdem sie von den Deutschen überfallen worden war.

Stalins Rotarmisten standen in diesem Mai 1945 mitten in Europa. Von Norwegen bis zum Balkan, quer durch Deutschland, die Tschechoslowakei und Österreich waren ihre Spitzen an der Trennungslinie zwischen West und Ost. *Seit dem Sieg über Napoleon I. hatte Rußland keinen ähnlichen Triumph mehr erlebt.* Überall in der Sowjetunion versetzte der Sieg die Bevölkerung in einen wahren Freudentaumel. Sogar Stalin zeigte menschliche Schwäche. Beim großen Empfang am 24. Mai 1945 im Kreml zu Ehren der Oberbefehlshaber der siegreichen Roten Armee sagte er unter anderem:

> *„Unsere Regierung hat nicht wenige Fehler gemacht, wir hatten in den Jahren 1941—1942 Augenblicke einer verzweifelten Lage, als unsere Armee zurückwich und die uns lieben und teuren Dörfer und Städte in der Ukraine, Bjelorußlands, der Moldau, des Leningrader Gebiets, der baltischen Länder und der Karelisch-Finnischen Republik aufgab, weil kein anderer Ausweg vorhanden war. Ein anderes Volk hätte zu seiner Regierung sagen können: Ihr habt unsere Erwartungen nicht gerechtfertigt, macht, daß ihr fortkommt, wir werden eine andere Regierung einsetzen, die mit Deutschland Frieden schließt und uns Ruhe sichert. Doch das russische Volk hat nicht so gehandelt, denn es glaubte daran, daß die Poltik seiner Regierung richtig war, und brachte Opfer, um die Niederwerfung Deutschlands zu gewährleisten. Und dieses Vertrauen des russischen Volkes zur Sowjetregierung hat sich als der entscheidende Faktor erwiesen, der den historischen Sieg über den Feind der Menschheit, über den Faschismus, gesichert hat. Dem russischen Volk sei für dieses Vertrauen gedankt! Auf das Wohl des russischen Volkes!"*[1]

Obwohl Stalin auf das Wohl des *russischen* (also nicht des sowjetischen) Volkes getrunken hat, gab es keine weiteren Gesten des Wohlwollens und der Dankbarkeit mehr. Die so sehnsüchtig erwartete Amnestie blieb aus. Dem werktätigen Volk, das im Krieg große Entbehrungen und Opfer ertragen hatte, wurden keine Erleichterungen gewährt. Die Millionen von Rotarmisten, die aus deutscher Gefangenschaft zurückkehrten, in der sie unmenschliches erdulden mußten, wurden weiterhin sehr hart angefaßt. (Von den 5,7 Millionen sowjetischen Staatsangehörigen in deutscher Gefangenschaft sind 3,3 Millionen, d. h. 58 % umgekommen![2]) Weiterhin — und bis 1955 — galt die Stalinsche Weisung: *jeden*, der vor dem Gegner die Waffen streckte, ungeachtet der äußeren Umstände als einen Verräter am Vaterland und somit als Feind des Sowjetvolkes zu behandeln! Der heutige Hauptmarschall der Luftstreitkräfte der Sowjetunion, A. I. Pokryschkin, bei Kriegsende als Gardeoberst einer der berühmtesten Kampfflieger, schildert in seinen Memoiren, wie die aus der Gefangenschaft „befreiten" Rotarmisten im Sommer 1945 unter strenger Bewachung in die „Erziehungslager" in der Sowjetunion marschierten und dabei von ihren Landsleuten nicht gerade kameradschaftlich behandelt wurden.[3]

Und Ilja Ehrenburg schreibt in seinen, während der Aera Chruschtschow veröffentlichten Erinnerungen: „Im Auftrag des ‚Roten Stern' (Armeezeitung) fuhr Irina nach Odessa, wo die von der Roten Armee befreiten Engländer, Franzosen und Belgier eingeschifft wurden. Gleichzeitig traf aus Marseille ein Transport mit unseren Kriegsgefangenen ein. Unter ihnen waren welche, die aus dem Lager geflohen waren und in französischen Partisaneneinheiten mitgekämpft hatten. Irina erzählte mir, man habe sie wie Verbrecher behandelt und sofort isoliert: es hieß, man würde sie in Lagern unterbringen..."[4]

1. Die Rote Armee im Sommer 1945

Stalins Streitkräfte repräsentierten im Sommer 1945 eine äußerst beachtliche Militärmacht. Hatte *Anfang* 1945 das sowjetische Oberkommando über insgesamt 7,1 Millionen Soldaten mit 15815 Kampfflugzeugen (und dazu 975 Flugzeugen des Typs Po-2), 15100 Panzern und Selbstfahrlafetten sowie 115100 Geschützen und Granatwerfern (ohne reaktive Werfer und 50-mm-Granatwerfer)[5] verfügt, so war die Zahl der unter Waffen stehenden Rotarmisten bis *Mitte* 1945 auf 11,3 Millionen Mann unter entsprechender Zunahme des Kriegsmaterials angewachsen.[6]

Am 23. Juli erließ der Oberste Sowjet der UdSSR ein Gesetz zur vorrangigen Demobilisierung der 13 ältesten Jahrgänge der Roten Armee.

Die Arbeitskräfte wurden für den Aufbau in der Heimat dringend benötigt.

Die Stimmung in der siegreichen Roten Armee war unterschiedlich. Die Ehrungen gehörten im Sommer 1945 zur Tagesordnung. Und obwohl die Rotarmisten in überwiegender Mehrzahl den Frieden wünschten, so gab es doch auch solche, die zur *Fortsetzung* des Krieges bereit waren, um den „kapitalistisch-imperialistischen Westen" den Todesstoß zu geben. Jetzt, wo die deutsche Wehrmacht vernichtet war, und die Rote Armee stark wie noch nie mitten in Europa stand, schien die Gelegenheit günstig. Oleg Smirnow, ein Veteran des Großen Vaterländischen Krieges, schrieb 1971 in seinem Buch: „Ein Rotarmist, so ein blutjunger Gardesoldat, eigentlich ein Wirrkopf, hat mich im Mai (1945) mit seinen Fragen nicht in Ruhe gelassen; warum ziehen wir nicht weiter nach Westen? Warum haben wir nicht ganz Deutschland besetzt? Ich sagte ihm: Wir hatten doch eine Vereinbarung mit unseren Verbündeten: jedem wurde schon von vornherein ein Gebiet von Deutschland zugewiesen. Darauf der Gardist: Weswegen hat man mit ihnen Vereinbarungen getroffen? Wieso mußten wir ihnen gegenüber Verpflichtungen eingehen? Wir haben doch ganz Osteuropa befreit, uns gebührt die Aufgabe, auch den Westen zu befreien und diesen nicht den Imperialisten zu überlassen! ... Unsere Armee ist die stärkste der Welt. Niemand kann uns aufhalten, damit müssen sie doch rechnen..."[7]

Am 24. Juni fand auf dem Roten Platz in Moskau eine große Militärparade statt. Marschall Rokossowski — der gleiche, der von 1937 bis 1939 als „Volksfeind" eingekerkert war — meldete dem populärsten Marschall der Sowjetunion, Schukow, die Parade. Wie dieser später in seinen Erinnerungen festhielt, zogen die Truppen zu den Klängen von Glinkas Glorienmarsch, der „jedem Russen so teuer ist", am Lenin-Mausoleum und an Stalin vorbei. „An der Spitze marschierten die in den Schlachten gegen die deutschen Truppen berühmt gewordenen Generäle, Marschälle der Waffengattungen und Marschälle der Sowjetunion. Einmalig war der Augenblick, als 200 Kriegsveteranen unter Trommelwirbel zweihundert Standarten der faschistischen Wehrmacht am Fuße des Lenin-Mausoleums hinwarfen, ein historischer Akt, der Revanchisten jeder Art und den Freunden von Kriegsabenteuern ständig in Erinnerung bleiben sollte!"[8]

Stalin wurde besonders geehrt. Am 26. Juni ließ er sich vom Präsidium des Obersten Sowjets der UdSSR den Leninorden, die Medaille des „Goldenen Sterns" und den Titel „Held der Sowjetunion" verleihen. Eine Woche später zeigte er sich in einer neuen Paradeuniform, nicht mehr als Marschall der Sowjetunion, sondern als Generallissimus — ein Rang, den vor ihm nur drei Personen in Rußland innegehabt hatten: A. D. Menschikow, der Günstling von Peter dem Großen, Anton Ulrich von Braunschweig-Wolfenbüttel, Prinzgemahl der Regentin Anna und der Feldherr A. W. Suworow, der gegen die Franzosen in Italien und in der Schweiz gekämpft hatte.

Ja, Stalin hatte den französischen Kaiser in machem übertroffen! Während Napoleon zum Beispiel „nur" 26 Marschälle ernannt hatte, hatte er es bis zum Kriegsende bereits auf 28 Marschälle gebracht. Die Fahne des Sowjetstaates wehte über *acht* europäischen Hauptstädten. In Berlin herrschte Marschall Schukow an der Spitze der Sowjetischen Militäradministration über den von der Roten Armee besetzten Teil Deutschlands. In Wien hatte Marschall Iwan S. Konjew den Vorsitz in der Alliierten Kontrollkommission inne und Marschall Kliment J. Woroschilow residierte mit ähnlichen Aufgaben in Budapest.

Am 17. Juli begann im Schloß Cäcilienhof die Potsdamer Konferenz der siegreichen Großmächte. Von den Teilnehmern der Jalta-Konferenz war nur noch Stalin dabei. Die USA wurden — anstelle des am 12. April 1945 verstorbenen Franklin D. Roosevelt — von ihrem neuen Präsidenten Harry S. Truman vertreten. Und für Großbritannien sprach Ministerpräsident Attlee, der nach dem Wahlsieg der Labour-Partei vom 30. Juli Churchills Nachfolger im Amt geworden war. An der Potsdamer Konferenz wurden die Weichen für die politische Nachkriegsentwicklung Europas gestellt. Wie die Ergebnisse zeigten, verhandelte Stalin zielbewußter als seine (zum Teil unerfahrenen) Konferenzpartner. Deutschlands Zukunft wurde erörtert und die Einrichtung des Alliierten Kontrollrates in Berlin beschlossen. Bis zum Abschluß eines Friedensvertrages sollte der nördliche Teil von Ostpreußen mit Königsberg von der Sowjetunion und der südliche sowie die Gebiete östlich der Oder-Neiße-Linie von Polen „verwaltet" werden. Die Regelung des *endgültigen Status* der deutschen Ostgebiete wurde einer Friedenskonferenz vorbehalten — die jedoch bis heute (1980) nicht einberufen worden ist.

In Potsdam konkretisierte Stalin die bereits in Jalta gemachte Zusage, daß die Rote Armee bei der „endgültigen Niederwerfung" Japans den Westmächten militärischen Beistand leisten werde. Er bekam ferner — indirekt — Kenntnis davon, daß es den USA gelungen war, in den Wüsten von Nevada eine Atombombe (Uranium) zu zünden. Schukow: „Ich erinnere mich leider nicht genau an den Tag, jedenfalls versuchte Präsident Truman nach irgendeiner Sitzung der Regierungschefs Stalin psychologisch zu beeinflussen und damit politisch zu erpressen (sic! — P. G.). Er teilte ihm mit, die USA besäßen eine Bombe von ungewöhnlicher Sprengkraft. Bewußt vermied er die Bezeichnung Atombombe." Stalin verzog keine Miene und tat so, als würde er den Worten Trumans keine besondere Bedeutung beimessen. Man nahm sogar an, er habe die Bedeutung der Mitteilung gar nicht richtig erfaßt. Schukow: „In Wirklichkeit erzählte Stalin nach der Rückkehr von dieser Sitzung in meinem Beisein W. M. Molotow von dem Gespräch mit Präsident Truman, worauf Molotow prompt erwiderte: ‚Sie wollen im Kurs steigen!' Stalin lachte, „Sollen sie nur. Wir müssen Kurtschatow sagen, er soll die Arbeiten beschleunigen!' Ich begriff, daß es um die Atombombe ging..."[9]

Aber J. W. Kurtschatow, der führende Wissenschaftler der UdSSR auf dem Gebiet der Kernspaltung, konnte nicht vieles beschleunigen. Die Erforschung der Uranium-Spaltung stand in der UdSSR im Sommer 1945 noch in den Anfängen. Es rächte sich jetzt, daß 1941 — infolge des Krieges — alle Arbeiten an diesem Projekt vorerst gänzlich eingestellt und erst wieder 1944 aufgenommen worden waren. Nach seiner Rückkehr von Potsdam ordnete Stalin im August 1945 die sofortige Beschleunigung der Forschung an und befahl die baldmöglichste Herstellung einer sowjetischen Atombombe. Aber Akademiemitglied Frolow und auch Kurtschatow zeigten wenig Verständnis für Stalins Wunsch. Sie hatte sogar den Mut, dem Kremlherrn zu erklären: „Der Krieg ist doch zu Ende... Unsere Energie brauchen wir jetzt für den friedlichen Wiederaufbau unserer Städte und Dörfer... Der Bau einer Atombombe kostet uns soviel wie der ganze Krieg... Wenn man schon tatsächlich eine Atombombe braucht, warum wenden wir uns nicht an unsere Verbündeten? Sie beschäftigen sich selbst mit der Herstellung dieser Waffe. Warum sollten wir jetzt Pionierarbeit leisten?!" Stalin schnitt die Argumentation der hervorragenden, aber politisch wenig begabten Wissenschaftler kurz ab: „Die Verbündeten, die sind mit ihren eigenen Angelegenheiten beschäftigt. Wir können nur auf uns allein zählen!"[10]

Ab September 1945 begann die Arbeit an der sowjetischen Atombombe im großem Stil. Kurtschatow erhielt die nötigen Kredite, ja es wurde ihm sogar ein ganzes Panzerkorps zur Verfügung gestellt, das mit seinen technischen Mitteln in den unwirtlichen sibirischen Wäldern die Planierungsarbeiten für das erste Forschungsinstitut mit zugehörigen Siedlungen für die sowjetischen Atomwissenschaftler, in kürzester Frist erstellte.

2. Der Feldzug in der Mandschurei

Anfang 1945 stand das Japanische Kaiserreich, gleich wie die verbündeten Achsenmächte in Europa, vor der Niederlage. Die Armee — über 5 Millionen Mann, 9400 Flugzeuge und etwa 500 Kriegsschiffe — war nach acht Jahren Krieg zermürbt. Infolge Rohstoffmangels und der immer häufiger einsetzenden anglo-amerikanischen Luftangriffe vermochte die japanische Rüstungsindustrie den Bedarf der Front nicht mehr zu decken. Im Februar 1945 landeten US-Truppen in Iwojima. Die dreimonatigen Kämpfe um Okinawa endeten im Juni mit dem Sieg der Amerikaner. Trotzdem war man in Washington skeptisch. Der US-Generalstab beurteilte die Lage im Pazifik mit äußerster Vorsicht. Es könnte noch Monate, ja sogar bis zum Frühjahr 1946 dauern, bis man — mit großen Blutopfern — Japan auf die Knie zwingen würde.

Bereits im August 1943 hatten sich die amerikanischen Generäle die Frage gestellt, ob die Rote Armee als Kriegspartner gegen Japan verwendet werden sollte. Erst im Februar 1945, auf der Jalta-Konferenz, ersuchten die Amerikaner Stalin offiziell um Beistand im Fernen Osten: Dieser erklärte sich bereit, drei Monate nach dem Sieg über Deutschland an der Seite der Westalliierten in den Krieg gegen Japan einzutreten. Die sowjetisch-japanischen Beziehungen waren damals noch normal. Denn am 13. April 1941 hatte Moskau mit Tokio einen *Nichtangriffspakt* für fünf Jahre abgeschlossen, der unverändert in Kraft blieb, auch nachdem Japan am 7. Dezember 1941 die USA in Pearl Harbour überfallen und so mit den Verbündeten der Sowjetunion einen Krieg begonnen hatte. Am 5. April 1945 — zwei Monate nach Jalta — hatte Molotow den Pakt mit Japan gekündigt, ohne jedoch die diplomatischen Beziehungen abzubrechen. Im Juli 1945 bestätigte dann Stalin in Potsdam den Verbündeten seinen Willen, „in kürzester Zeit" mit der Roten Armee in der Mandschurei offensiv zu werden. Gleichzeitig lehnte es Moskau ab, den japanischen Prinzen Konoe zu empfangen, den der Japanische Kriegsrat, aufgeschreckt von der japanfeindlichen Haltung der Sowjetunion, nach Moskau schicken wollte um zwischen den Sowjets und Japan zu schlichten.

Der Aufmarsch der Roten Armee im Fernen Osten dauerte den ganzen Sommer 1945. Der Generalstab tat alles, ihn bis anfangs August zu beenden.

Am 6. und 9. August 1945 fielen die amerikanischen Atombomben auf Hiroshima und Nagasaki. Die kaiserliche Regierung in Tokio, die bereits in der Schweiz Friedensfühler nach Washington und London ausgestreckt hatte, sah sich dadurch gezwungen, den Krieg schnellstens zu beenden, erforderlichenfalls durch die Annahme der „bedingungslosen Kapitulation".[11] Am 8. August — als die japanischen Kapitulationsverhandlungen bereits eingeleitet waren — teilte Molotow dem japanischen Botschafter in Moskau mit, die UdSSR betrachte sich vom folgenden Tag an als mit Japan im Kriegszustand befindlich. Dieser Entschluß wurde mit einer Deklaration der USA, Großbritanniens und Chinas vom 26. Juli 1945 begründet, der sich nun auch die Sowjetunion anschloß.

Die sowjetischen Truppen im Fernen Osten waren in drei Heeresgruppen gegliedert: die Transbaikalfront mit Marschall Rodion J. Malinowski, die 1. Fernostfront mit Marschall K. A. Merezkow und die 2. Fernostfront mit Generaloberst M. A. Purkajew. Angesichts der großen Entfernung zum fernöstlichen Kriegsschauplatz wurde ein besonderes Oberkommando der Roten Armee im Fernen Osten gebildet und zu dessen Leiter der bestens ausgewiesene Marschall Aleksandr M. Wassilewski ernannt. Alles in allem, eine sehr beachtliche Militärmacht: 76 Divisionen, 4 Panzer- und mechanisierte Korps, 5 Schützenbrigaden sowie 24 selbständige Panzer- und mechanisierte Brigaden. Die Mongolische Volksrepublik stellte einen Teil ihrer Truppen der Roten Armee zur Verfügung: 4 Kavalleriedivisionen und eine motorisierte Brigade. Insgesamt verfügte Marschall Wassilewski über 1,5 Millionen Mann, 26000 Geschütze und Granatwerfer, 5500 Panzer und SFL sowie über 3800 Kampfflugzeuge.[12]

Die japanische Kwantungarmee in der Mandschurei, eigentlich eine Heeresgruppe, bestand nach offiziellen japanischen Quellen aus 24 Divisionen und 8 Brigaden. Aber nur zwei Divisionen hatten vollen Kampfwert. Die anderen Verbände waren unzulänglich aufgefüllte, ausgerüstete und ausgebildete Neuaufstellungen der Jahre 1944/45. Die Luftunterstützung der Kwantungarmee oblag der japanischen Heeresluftflotte, die Ende Juli 1945 über ganze 155 Jäger, 40 Jagdbomber, 20 mittlere Bomber und 15 Verbindungsflugzeuge verfügte.[13] Marschall Wassilewski schätzte die japanischen und verbündeten Truppen (d. h. die Armee des Kaisers von Mandschukuo) in der Mandschurei auf rund 900 000 Mann — eine Zahl, die, wie es sich später herausstellte, viel zu hoch gegriffen war![14]

Am 9. August eröffneten die sowjetischen Truppen im Fernen Osten ihre Offensive. Diese hatte in erster Linie politische Bedeutung, demonstrierte sie doch die Einigkeit der Großmächte über die Zerschlagung des Hitler-Reiches hinaus. Militärisch hatte der sowjetische Angriff auf das bereits kapitulationsreife und -willige Japan bei weitem nicht die Wichtigkeit, die ihm nachträglich in der überaus reichen sowjetischen Historiographie gegeben wird. Das Schicksal Japans war durch den Einsatz der Atombombe am 6. und 9. August bereits besiegelt worden.

Die Sowjetunion zog aus dem Feldzug der Roten Armee im Fernen Osten, dessen Dauer amtlich mit vierundzwanzig Tagen angegeben wird, große politische und militärische Vorteile. Die Japaner leisteten anfänglich einigen Widerstand: die Sowjets jedoch übertrieben, wenn sie von „schweren Kämpfen" berichteten.[15] Die Kwantungarmee war nicht mehr der gefürchtete Elite-Verband von 1939, weil sie ständig zugunsten anderer Kriegsschauplätze geschwächt worden war. So kam es, daß die angreifenden sowjetischen Truppen in einer Woche — trotz des stellenweise schier weglosen Terrains — mehrere hundert Kilometer vordringen konnten. Durch die Vorstöße der 1. Fernostfront und der Transbaikalfront drohte der Kwantungarmee sogar die Einkesselung. Gleichzeitig mit dem Angriff in der Mandschurei stießen sowjetische Truppen gegen Süd-Sachalin und die Kurilen vor.

Unter dem Eindruck der katastrophalen Lage an der Front und im Hinterland nahm am 10. August der japanische Kronrat die „bedingungslose Kapitulation" vor den Alliierten an. Bis aber der entsprechende Befehl das japanische Oberkommando in der Mandschurei erreichte, vergingen wertvolle Tage. Obwohl Stalin bereits am 12. August vom Entscheid Tokios wußte, ließ er seine Truppen im Fernen Osten weiter Krieg führen. Die Japaner setzten darauf ihren Widerstand fort. Am 15. August gelang es Wassilewski, die Kwantungarmee in mehrere Teile zu spalten, am 17. August stellte er sogar im Raum Zhang-jiakon (Kirin) die Verbindung zur Chinesischen Volksbefreiungsarmee her. Geschickt eingesetzte sowjetische Luftlandetruppen nahmen im Rücken der Japaner wichtige Industrieanlagen in Besitz, so bei Changchun, Mukden und Dairen. (In Mukden vermochten 1000 sowjetische Luftlandesoldaten mehr als 50 000 Japaner zu entwaffnen, was von der allgemeinen Auflösung der japanischen Armee zeugte). Am 22. August nahmen Truppen der Transbaikalfront Port Arthur, die schicksalhafte Stadt und Festung des Krieges von 1904/05. Am 19. August streckte das Oberkommando der Kwantungarmee vor der Roten Armee die Waffen. Dessen ungeachtet rückte die sowjetische Fernostarmee weiter vor und brachte bis Ende des Monats die gesamte Mandschurei, die Halbinsel Liadong und Nordkorea bis zum 38. Breitengrad (wie in Potsdam vereinbart) unter sowjetische Kontrolle. Die japanische Garnison auf Süd-Sachalin kapitulierte am 26. August, während die Kämpfe auf den Kurilen erst am 1. September eingestellt wurden.

Nach sowjetischen Angaben verloren die Japaner im Krieg gegen die Sowjetunion 1945 etwa 80000 Gefallene und etwa 600000 Mann gingen in Kriegsgefangenschaft. Die Verluste der Roten Armee im Fernen Osten betrugen 32000 Mann; sie waren also ungefähr gleich groß, wie die, welche die Heeresgruppe Schukow im April 1945 bei der Erstürmung der Seelower Höhen östlich von Berlin an der Oder in einer dreitägigen Schlacht hatte hinnehmen müssen.[16]

Am 2. September 1945 unterzeichneten Japans Vertreter an Bord des US-Schlachtschiffes „Missouri" die Urkunde über die bedingungslose Kapitulation vor dem US-General Douglas MacArthur. Unter den Vertretern der Siegermächte befand sich auch im Auftrag der Roten Armee Generalleutnant K. N. Gerewjenko.

Stalin begrüßte den Sieg seiner Truppen über Japan als eine „Revanche" für die Niederlage der zaristischen Armee von 1905. „Vierzig Jahre haben wir, Menschen der alten Generation, auf diesen Tag gewartet!" sagte er am 2. September in einer Rundfunkrede. „Und nun ist der Tag gekommen. Heute hat sich Japan als besiegt bekannt und die bedingungslose Kapitulation unterzeichnet." Er fügte bei: „Unser Sowjetvolk hat für den Sieg weder Anstrengung noch Mühe gescheut. Wir haben schwere Jahre durchgemacht. Jetzt aber kann jeder von uns sagen: wir haben gesiegt! Von nun an können wir unser Vaterland von der Bedrohung durch eine deutsche Invasion im Westen und durch eine japanische Invasion im Osten befreit ansehen. Der lange erwartete Friede für die Völker der ganzen Welt ist eingetreten..."[17]

3. Die Folgen und die Ergebnisse des Zweiten Weltkrieges für die Sowjetunion

Die Sowjetunion hatte im Zweiten Weltkrieg die schwersten Verluste erlitten. Nach offiziellen Angaben verlor sie über *20 Millionen* Tote, wovon 13 Millionen Angehörige der Roten Armee waren.[18] (Die USA hatten dagegen im Zweiten Weltkrieg 273900, Großbritannien 264400 Gefallene.) Durch den Krieg wurden im europäischen Teil der UdSSR 1710 Städte und größere Ortschaften, mehr als 70000 Dörfer, 32000 Industriebetriebe, 98000 Kolchosen und 1876 Sowchosen zerstört. Die UdSSR hatte etwa 30 Prozent ihres Nationalreichtums verloren.

Trotzdem ist die Sowjetunion aus dem Zweiten Weltkrieg politisch und militärisch gestärkt hervorgegangen. „Noch nie in seiner Geschichte hat unser Vaterland über solch gerechte und günstig gelegene Staatsgrenzen verfügt wie jetzt", schrieb später, in der Chruschtschow-Ära, der sowjetische Gelehrte Professor B. S. Telpuchowski. Er zählte die Gebiete auf, welche die Sowjetunion nach 1945 *„für immer"* ihrem Staatsverband eingegliedert hatte. (Die UdSSR ist— nebenbei bemerkt — die *einzige* Siegermacht des Zweiten Weltkrieges, die sich nach 1945 territorial vergrößert hat.) „Die Ukrainische, Bjelorussische und die Moldau-Sowjetrepublik (das ehemalige Bessarabien — P. G.) sind vollständig und vollkommen als geschichtlich dazugehörige Länder angegliedert... worden. Lettland, Litauen, Estland wurden befreit, und Litauen hat... das Memelgebiet zurückerhalten. Die Sowjetunion hat an der Ostsee den eisfreien Hafen Königsberg (jetzt Kaliningrad) mit Hinterland erhalten. Man hat die Grenze mit Finnland aufgrund des sowjetisch-finnischen Vertrages von 1940 wiederhergestellt. Das frühere russische Gebiet von Petsamo mit seinem eisfreien Hafen ist wieder zurückgekehrt. Im Fernen Osten wurde der Sowjetunion Süd-Sachalin zurückgegeben, ebenso fielen die Kurilen wieder an die Sowjetunion."[19]

Außerdem standen sowjetische Truppen in Polen, Ost-Deutschland, in der Tschechoslowakei, in Ungarn, in den östlichen Teilen von Österreich, in Rumänien und in Bulgarien sowie in Iran, Nord-Korea und der Mandschurei.

4. Die Demobilisierung der Roten Armee

Kaum war der Krieg gegen Japan zu Ende, wurde das Demobilisierungsgesetz vom 23. Juni 1945 auch auf die im Fernen Osten stehenden drei sowjetischen Fronten ausgedehnt. Der Abbau der sowjetischen Streitkräfte währte zwei Jahre. In dieser Zeitspanne wurden etwa 33 Jahrgänge des Mannschafts- und Unteroffiziersstandes entlassen. Den Vorzug erhielten Frauen und solche Rotarmisten, die eine abgeschlossene mittlere und höhere Ausbildung besaßen, denn die zerrüttete Wirtschaft benötigte dringend Fachkräfte. Demobilisiert wurden auch bevorzugt diejenigen jungen Männer, die ihr Lehrerstudium wegen des Krieges nicht abgeschlossen hatten und jetzt das Diplom erwerben wollten. Auch eine Anzahl von Offizieren verließ Armee und Flotte: 287000 davon kehrten als Spezialisten zur Friedensarbeit zurück. (Bei Kriegsende zählte die Rote Armee 28 Marschälle, 2 Flottenadmirale, 5597 Generäle und etwa 2,7 Millionen Offiziere aller Dienstgrade.)

Durch die großangelegte Demobilisierung wurden die sowjetischen Streitkräfte bis Mitte des Jahres 1948 von 11,3 Millionen Mann auf 2,8 Millionen Mann reduziert.[20] (Zum Vergleich: in den Jahren 1946/47 hatten die USA ihre in Europa stationierten Truppen von 3,5 Millionen Mann auf 400000 Mann und Großbritannien von 1,3 Millionen Mann auf 500000 reduziert.) Mit der Demobilisierung erhielt die Volkswirtschaft der UdSSR bis zum 20. September 1946 aus Armeebeständen beinahe 150000 Lkw und Pkw und über eine Million Pferde. Die sowjetische Zivilluftfahrt erhielt mehrere hundert Transportflugzeuge, während den verschiedenen Reedereien und Behörden von der Flotte mehr als 1500 Schiffe und Barkassen zugeführt wurden.

Im Rahmen der Demobilisierung wurde der Auslandsbestand der Roten Armee auch abgebaut. Ende September 1945 zogen die Sowjets ihre Truppen aus Nord-Norwegen, im November 1945 aus der Tschechoslowakei, und im April 1946 von der dänischen Insel Bornholm ab. Im Mai 1946 ließ Stalin seine Truppen aus der Mandschurei zurückziehen, die nunmehr Bestandteil der Republik China wurde. Unter sanftem Druck der Briten zog er ferner die sowjetischen Besatzungstruppen aus Nord-Iran ab. Im Dezember 1946 verließen die Rotarmisten Bulgarien. Auffallend lange hielten die Sowjets Truppen in Nord-Korea; erst Ende 1948 wurde ihre Rückführung angeordnet, nachdem sich dort ein kommunistischer Staat etabliert hatte.

Die in den sowjetischen Besatzungszonen Deutschlands und Österreichs verbliebenen Truppen wurden nach 1945 neu organisiert. Besondere große Sorgfalt wurde auf den Aufbau der „Gruppe der Sowjetischen Besatzungstruppen in Deutschland" gelegt. An deren Spitze stand bis zum Herbst 1946 der erste Mann der sowjetischen Militärhierarchie, Marschall Schukow. Sein Nachfolger wurde Marschall Wassilij D. Sokolowski, der bis 1949 im Amt blieb. Diese „Gruppe" (eigentlich eine Heeresgruppe, denn sie umfaßte nach dem Krieg etwa 40 Divisionen) sicherte einerseits die Demarkationslinie zwischen Ost- und West-Deutschland, andererseits die Aufrechterhaltung der von der Sowjetischen Militäradministration festgelegten Besatzungsordnung. Ihr oblag ferner die Gefangennahme und Entwaffnung der sich noch versteckt haltenden Wehrmachtsangehörigen und die Rückführung der während des Krieges nach Deutschland verschleppten sowjetischen Bürger, von denen — nach amtlichen Angaben — allein bis Ende Juni 1945 eine Million Menschen repatriiert wurden.[21] Unter dem Schutz der sowjetischen Besatzungsmacht begann die Ende April 1945 von Moskau nach Berlin gebrachte „Gruppe Ulbricht" in Ost-Deutschland den Aufbau eines „demokratischen Deutschlands", freilich nach sowjetischem Muster.[22]

Sowjetische Truppen standen noch in Ungarn und in Rumänien. Bis zum Abschluß der Friedensverträge (1947) als Besatzungsmacht, danach als Sicherung der Verbindungswege zu den sowjetischen Besatzungstruppen in Österreich. Auch in Polen befanden sich Sowjettruppen zur Sicherung der Verbindungswege zwischen der UdSSR und der Besatzungsmacht in der deutschen Ostzone, so wie es Moskau im Potsdamer Abkommen zugestanden worden war. Daneben dienten aber die Rotarmisten auch zur Stützung der „neuen Ordnung" in Polen, und sie beteiligten sich zudem an den Kämpfen gegen die von General Cuprynka geleitete „Ukrainische Aufständische-Armee" (UPA), die besonders in den südöstlichen Teilen des Landes den kommunistischen Polen und den Sowjets bis Ende der vierziger Jahre Widerstand leistete.[23]

Sowjetische Truppen waren bis 1956 auf dem Gebiet von Porkkala-Udd (Pachtgebiet von Finnland) stationiert. In Port Arthur hielt die UdSSR eine Besatzungstruppe bis 1950. Erst nach Ausrufung der Volksrepublik China wurde die Stadt der Chinesischen Volksbefreiungsarmee übergeben.

5. Erste Nachkriegsorganisation der Roten Armee

Stalin und die Führung der KPdSU, welche die Welt im Spiegel ihrer eigenen Revolutionspolitik betrachteten, trauten dem Frieden nicht.[24] Der Abzug der Roten Armee aus den erwähnten außersowjetischen Gebieten ging nur langsam und in einzelnen Fällen nicht ohne diplomatischen Nachdruck der Westmächte vor sich. Insbesondere um die Freigabe Nord-Irans bzw. die Wiederherstellung der staatlichen Souveränität dieses im August 1941 aus militärischer Notwendigkeit besetzten mittelasiatischen Landes ergaben sich heftige Debatten gegen die UdSSR in London und Washington. Die Amerikaner hatten nämlich im Januar 1946 ihre Truppen aus Süd-Iran zurückgeholt und die Briten zogen ihre Einheiten am 1. März 1946 ab. Stalin zeigte aber wenig Eile, diesem Beispiel zu folgen. Ja, am 1. März 1946 verkündete die Sowjetregierung, sie werde zwar in „absehbarer Zeit" Nordost-Iran räumen, behielt sich aber das Recht vor, die Provinzen Mazendaran, Gilan und andere iranische Teilgebiete weiterhin militärisch unter Kontrolle zu halten — „bis die Lage endgültig geklärt würde".[25] Am 4. März 1946 hielt daraufhin der ehemalige britische Ministerpräsident Winston S. Churchill in der amerikanischen Stadt Fulton eine stark beachtete Rede, in der er der Sowjetunion vorwarf, daß sie ihre im Krieg gegebenen Versprechen hinsichtlich der freien politischen Entwicklung der von der Roten Armee besetzten Ost- und Mitteleuropäischen Staaten nicht halte und neuerdings auch den Nord-Iran nicht aufgeben wolle.

> *„Ich weise die Idee zurück, daß ein neuer Krieg unvermeidlich sei oder gar schon unmittelbar bevorstehe… Ich glaube nicht, daß Sowjetrußland den Krieg will. Was es will, das sind die Früchte des Krieges und die unbeschränkte Ausdehnung seiner Macht und die Verbreitung seiner Doktrin. Was wir aber heute, solange dazu noch Zeit ist, in Erwägung ziehen müssen, das sind die Mittel zur dauernden Verhütung des Krieges und zur Schaffung von Freiheit und Demokratie in allen Ländern. Nach dem zu schließen, was ich während des Krieges bei unseren russischen Freunden und Verbündeten gesehen habe, bewundern sie nichts so sehr wie Kraft und Macht, und nichts verachten sie so sehr wie militärische Schwäche. Aus diesem Grunde ist die alte Doktrin des Gleichgewichts der Mächte etwas Ungesundes. Wir können es uns nicht leisten, mit einer knappen Überlegenheit an Macht zufrieden zu sein, weil wir auf diese Weise Gefahr laufen, eine andere Macht in Versuchung zu führen, die Kraftprobe bestehen zu wollen…"*

Diese kluge und auch nach Jahrzehnten noch vollumfänglich gültige Feststellung des großen britischen Staatsmannes hatten die Sowjets (und namentlich Stalin) als eine Art Herausforderung, ja als Vorspiel einer „Kriegserklärung" verstanden.[26]

In dieser Lage (und Stimmung) begann 1946 die *Reorganisation* der Roten

Armee. Bereits am 4. September 1945 war das Staatliche Verteidigungskomitee aufgelöst worden. Bis Ende des Jahres hatte auch das Hauptquartier des Obersten Befehlshabers (Stawka) seine Tätigkeit eingestellt. Alle militärischen Geschäfte wurden nunmehr vom Volkskommissariat für Verteidigung der UdSSR wahrgenommen. Im Februar 1946 hatte Stalin verfügt, daß die allzu revolutionär klingenden Volkskommissariate nach westlichem Muster zu *Ministerien* umzubenennen seien. Die Führung von Armee und Flotte oblag fortan dem Ministerium für die Streitkräfte, an dessen Spitze bis März 1947 weiterhin J. W. Stalin stand. Danach übernahm dieses Amt bis März 1949 Marschall Nikolaj A. Bulganin, der im Krieg als Parteifunktionär Generalsrang erhalten hatte. Von April 1949 bis März 1953 war Marschall A. M. Wassilewski Minister für die sowjetischen Streitkräfte — jener ehemalige Zarenoffizier, der als Generalstabschef im Zweiten Weltkrieg die Gunst Stalins genoß.

Die Reorganisationsmaßnahmen der Jahre 1946/47 betrafen das sowjetische Armeewesen sowohl strukturell als auch auf technischem Gebiete. Im Verlaufe des Jahres 1946 wurde die Zahl der Militärbezirke in der UdSSR von 32 auf 21 verringert. Die Truppen, die außerhalb der Sowjetunion im Dienst standen, wurden zu „Armeegruppen" mit eigenem Kommando zusammengefaßt. Die sowjetischen Streitkräfte im Fernen Osten, die Pazifik- und die Amur-Flotte wurden unter dem Oberkommando von Marschall R. J. Malinowski vereinigt, dem Sieger in Rumänien und Ungarn 1944—1945. Diese Maßnahme, die bis zum April 1953 dauerte, war allem Anschein nach die Folge des Mißtrauens der Sowjetregierung bezüglich der politischen Entwicklung im Fernen Osten; in China war gerade der Bürgerkrieg ausgebrochen, in Japan lehnte General MacArthur sowjetische Besatzungstruppen ab und in Moskau wußte man nicht, wie weit die USA Marschall Tschiang Kai-scheck gegenüber Mao Tse-tung unterstützen würden.

Im März 1946 wurde die Rote Arbeiter- und Bauernarmee, die zwar seit 1936 praktisch nur noch als Rote Armee bezeichnet worden war, zur *„Sowjetarmee"* umbenannt. Für diese sicherlich nicht nebensächliche Namensänderung findet sich in den sowjetischen Schriften keine Begründung. Sie ist selbst in den „Daten der wichtigsten Ereignisse aus der Geschichte der Streitkräfte der UdSSR" „vergessen" worden.[27]

Die neue Sowjetarmee umfaßte nun nach dem Krieg folgende Teilstreitkräfte:
— Landstreitkräfte (Heer)
— Luftstreitkräfte (Luftwaffe),
— Seekriegsflotte (Kriegsmarine),
— Die Truppen der Luftverteidigung (Heimatflak),
— Luftlandetruppen.

Als Novum wurden dem Ministerium für die Streitkräfte (für kurze Zeit) auch die Grenztruppen unterstellt. Das Schwergewicht der Sowjetarmee lag nach wie vor bei den Landstreitkräften.

Mit dem Wiederaufbau der vom Krieg stark in Mitleidenschaft gezogenen Volkswirtschaft, der nach offiziellen Angaben 1948 im wesentlichen abgeschlossen war, war auch die Rüstungsindustrie fortentwickelt worden, besonders nach Churchills Fulton-Rede, die bei der Sowjetführung eine eigentliche Kriegspsychose bewirkt hatte.

Bei der Besetzung Deutschlands hatten die Sowjets Hand auf wertvolle deutsche Rüstungsprodukte und Waffen-Prototypen legen können: „Wunderwaffen", wie z. B. der „Strahljäger" (Me-262) und die ballistischen Raketen V-1 bzw. V-2 (mit denen die Deutschen 1944 London beschossen hatten) sowie Entwicklungspläne auf dem Reißbrett. Aber das war noch nicht genug! Sowjetische Spezialeinheiten machten „Jagd" auf deutsche Wissenschaftler, Rüstungsfachleute und Ingenieure und forderten sie höflich aber bestimmt dazu auf, ihre „alte Tätigkeit" vorübergehend in der UdSSR fortzusetzen. Diese Fachleute, die in dem zum Ruinenfeld gewordenen Deutschland, das ohnehin „demilitarisiert" werden sollte, für sich keine Zukunft sahen, zögerten nicht lange, als ihnen die Sowjets nicht nur versprachen, daß sie zusammen mit russischen Kollegen ihre alte Tätigkeit fortsetzen könnten, sondern auch noch bevorzugten Lohn und Prämien in Aussicht stellten und die Mitnahme der Familien ermöglichten. Man schätzt, daß etwa 6000 deutsche Rüstungsfachleute dem Ruf der Sowjets in die UdSSR gefolgt sind, wozu noch etwa 25000 Familienmitglieder zu zählen wären.[28]

Auf diese Weise entstand auf neuen Grundlagen eine neue Sparte der sowjetischen Rüstungsindustrie. Deutsche und sowjetische Wissenschaftler entwickelten im Verlaufe eines Jahrzehntes eine ganze Reihe modernster automatischer Waffen, Panzer, Artilleriegeschütze, Flugzeuge, Radar- und andere Kampfmittel.[29]

Besonders großen Wert legte die Sowjetregierung auf die rascheste Entwicklung eigener Kernwaffen. Westliche Wissenschaftler nahmen an, daß die Sowjetunion zur Entwicklung einer eigenen Kernwaffe (Atombombe) 15 bis 20 Jahre benötigen würde. Groß war daher die Überraschung, als die Sowjetregierung am 25. September 1947 verkündete, daß sie das „Geheimnis" der Kernspaltung besitze, und daß in der UdSSR eine Atombombe gebaut werde. Am 7. November 1947, auf der Festtagung des Moskauer Sowjets, verkündete Außenminister Molotow stolz: „Eine neue Religion ist im Begriff, sich auszubreiten, der Glaube an die Atombombe. Aber das Geheimnis der Atombombe existiert nicht mehr!"[30] Die erste sowjetische Kernexplosion erfolgte am 29. August 1949. Damit war das Kernwaffenmonopol der USA gebrochen — wie weit Spionage daran Anteil hatte, bleibe dahingestellt. Es setzte ein eigentlicher nuklearer Rüstungswettlauf ein. Am 12. August 1953 erprobte die Sowjetunion eine „transportable Kernsynthesewaffe" (Wasserstoffbombe), also nur ein Jahr nach den Amerikanern. Und am 4. Oktober 1957 hatte die UdSSR mit ihrem „Sputnik 1" die USA rüstungswissenschaftlich nicht nur eingeholt, sondern auf dem Gebiet der ballistischen Raketen überholt!

6. Der Ausbau der Sowjetarmee 1948—1953

Im Jahre 1948 verdüsterte sich die politische Lage in Europa: eine zunehmende Spannung charakterisierte das Verhältnis der ehemaligen Verbündeten zueinander. Der bereits erwähnten Fulton-Rede Churchills (4. März 1946) folgte die vom Präsidenten der USA, Harry S. Truman am 12. März 1947 verkündete sogenannte „Truman-Doktrin“, die ein gewaltloses Programm gegen den neuen Totalitarismus verkündete und dem darbenden Nachkriegseuropa großzügige Wirtschaftshilfe brachte („European Recovery Programm“, besser bekannt als „Marshall-Plan“). Mit der Wiederherstellung geordneter wirtschaftlicher Verhältnisse in Europa sollte die Bevölkerung gegenüber totalitären Heilslehren immun gemacht werden. Auf der anderen Seite beschleunigte Moskau die Einordnung der osteuropäischen Staaten in sein eigenes System. Die bürgerlichen Parteien wurden entmachtet, die sozialistischen mit den Kommunisten gewaltsam vereinigt. Nach sowjetischem Modell wurden mit List und Gewalt sogenannte Volksdemokratien gebildet. Der Putsch und die Machtergreifung der Kommunistischen Partei der Tschechoslowakei im Februar 1948 und die darauf im März einsetzenden „Verkehrsschwierigkeiten“ um Berlin-West, die zu einer regelrechten Blockade führten, erschütterten das Vertrauen der Westmächte in die sowjetische Friedensliebe. Unter der Führung der USA wurden Gegenmaßnahmen zur *Verteidigung* des demokratischen Europa unternommen: am 4. April 1949 unterzeichneten 12 „atlantische Staaten“ die Gründungsurkunde der NATO — das Nordatlantische Verteidigungsbündnis.

Mit der Berlin-Blockade (1948) führte die Sowjetregierung Europa in eine gefährliche Krise, die erst dann abklang (im Sommer 1949), als Moskau unter dem Druck einer westlichen Gegenblockade, die Zufahrtswege nach den Westsektoren von Berlin wieder preisgab.

Die wechselseitige Eskalation der Kräfte (und Mächte) hatte selbstverständlich militärpolitische Konsequenzen. Stalins schon mehrmals erwähnter Argwohn gegenüber den „kapitalistischen Staaten“ erhielt neuen Auftrieb. Der „Marshall-Plan“ war für ihn ein Mittel des „US-Imperialismus“ zur Versklavung und Unterwerfung der westlichen Staaten. Die wohlwollende Behandlung der westlichen Besatzungszonen Deutschlands eine Förderung des deutschen Militarismus. Die NATO schließlich betrachtete er als einen militanten Kampfbund, der keineswegs der Verteidigung diente, sondern ausschließlich Angriffsabsichten verfolgte. Bei einer solchen Beurteilung der Lage konnte die sowjetische Reaktion nur der beschleunigte Auf- und Ausbau der Sowjetarmee sein!

Mitte 1948 wurde die Demobilisierung der Sowjetarmee eingestellt. Von nun an erhöhte sich deren Bestand von Jahr zu Jahr, bis er Ende 1954 die Stärke von 5,7 Millionen Mann erreichte.[31] (Landstreitkräfte: 175 Divisionen). Gleichzeitig wurden die Armeen der osteuropäischen Staaten, ungeachtet der Abrüstungsbestimmungen der Pariser Friedensverträge von 1947, reorganisiert, verstärkt und modernisiert.[32] In der sowjetischen Besatzungszone Deutschlands — in der am 7. Oktober 1949 die Deutsche Demokratische Republik ausgerufen wurde — entstanden trotz aller Entmilitarisierungserklärungen mit der Kasernierten Volkspolizei deutsche Militärformationen, die 1956 zur Nationalen Volksarmee der DDR wurden.

Die Reorganisation der Sowjetarmee bezweckte in erster Linie die Erhöhung der Feuer- und Schlagkraft der Schützenverbände. Diese erhielten nunmehr Panzer und SFL in größerer Anzahl, wodurch sie — nach sowjetischer Ansicht — bezüglich Feuerkraft den britischen und französischen Divisionen überlegen und den amerikanischen „beinahe" ebenbürtig wurden.[33] Die Motorisierung wurde vorangetrieben. Die Schützendivision verfügte 1949 über 1488 Kraftfahrzeuge aller Art — gegenüber 419 im Jahre 1944.

Die wesentliche Veränderung bei den Panzer- und mechanisierten Truppen war der Ausbau der Panzer- und mechanisierten Korps zu Panzer-Armeen mit jeweils zwei Panzer- und zwei mechanisierte Divisionen. Bei den Panzermodellen dominierte der verbesserte T-34/85 aus den Kriegsjahren. Mit dem 1944 erprobten Panzer T-44 waren nur einige Gardepanzerbrigaden ausgerüstet. Dieser war das Bindeglied zwischen dem bewährten T-34/85 und dem ersten sowjetischen Nachkriegspanzer T-54.

Neben den T-34/85 und T-44 standen die schweren Panzer vom Typ „Josif Stalin-II" und „Josif Stalin-III" bei den Panzertruppen im Dienst. Der Mitte der fünfziger Jahre modernisierte „Josif Stalin-III" (damals offiziell nur noch „JS-III) erfüllte bis weit in die sechziger Jahre die an ihn gestellten Anforderungen. Mit einer 122-mm-Kanone und einer Panzerung von 220 mm an der Frontseite vereinigte er starke Feuerkraft und Panzerung mit relativ guter Beweglichkeit.

Anfang der fünfziger Jahre brachte der T-54 eine grundlegende Verstärkung der sowjetischen Panzerwaffe. Dieser basierte auf den Erfahrungen der bewährten T-34 und JS-Typen. Er vereinigte in sich hohe Feuerkraft, Beweglichkeit, ausreichende Panzerung und Robustheit. Der T-54 hat sich in langjährigem Dienst bewährt. (Gewicht: 36 t, 100-mm-Kanone, 3 MG, Motorleistung: 580 PS, Besatzung 4 Mann). Mit dem T-54 erhielten die Panzerverbände auch noch Schwimmpanzer und leichte Aufklärungspanzer in größeren Zahlen. „Somit verfügten die Panzer- und mechanisierten Divisionen in ihrer neuen Struktur über mehr Panzer und Artillerie, als die Panzer- und mechanisierten Korps während des Krieges."[34]

Die Artillerie erhielt in den Endvierziger Jahren die 85-mm-Pak D-48, die 122-mm-Kanone D-74, die 130-mm-Kanone M-46, die 152-mm-Kanone M-47 und den 240-mm-Granatwerfer. Die Vermessungsmittel wurden durch Funkmeß-Stationen ergänzt. Neu war eine rückstoßfreie Pak, die Hohlladungs- und Splittergranaten verschießen konnte. Besonderer Wert wurde auf die Fortentwicklung der reaktiven Waffen gelegt: die der Truppe abgegebenen Systeme BM-14 und MB-24 hatten größere Reichweite und höhere Trefferdichte als die legendären M-8 und M-13 der Kriegszeit („Katjuschas").

Um die Jahrhundertmitte dann erhielt die Sowjetarmee ein völlig neues Kampfmittel: die ballistische Rakete, in den Endvierziger Jahren noch als „Langstreckenrakete" bezeichnet. Sie war zweifelsohne die Weiterentwicklung der deutschen „V"-Waffen („V": Vergeltung). Die Sowjets nannten die russifizierte deutsche Rakete R-1 und sie machten keinen Hehl daraus, daß sie mit den Arbeiten daran unmittelbar nach dem Sieg über Deutschland begonnen hatten. In Thüringen hatte nämlich die Rote Armee im Frühjahr 1945 ein intaktes Raketenentwicklungs- und Fabrikationswerk genommen, das in die Sowjetunion verlegt worden war. Gleichzeitig waren der Steuerungsspezialist Helmut Gröttrupp und etwa 200 weitere Raketenspezialisten mit langjährigen Verträgen in die Sowjetunion verpflichtet worden. Am 18. Oktober 1947 erfolgte der erste Start einer R-1 Rakete in der Sowjetunion. Im Jahre 1950 wurde bereits die R-2 gestartet. Die ballistischen Raketen wurden keineswegs als Ergänzungswaffe der Landstreitkräfte angesehen. Für sie wurde vielmehr eine neue Teilstreitkraft geschaffen, die direkt dem Oberkommando unterstellt wurde und später strategische Raketentruppe genannt wurde.

Eine stürmische Entwicklung erlebten die Luftstreitkräfte mit dem Ersatz der Kolbenmotorflugzeuge durch Düsenflugzeuge. (Das letzte mit Kolbenmotoren ausgerüstete Jagdflugzeug der UdSSR war die La-11, die im August 1947 erprobt wurde). Die ersten Versuche mit strahlgetriebenen Flugzeugen hatten bereits 1941 stattgefunden. Am 15. Mai 1942 testete Grigori Baschtschiwandschi den ersten „Raketenjäger" BI-1. Er verunglückte dabei tödlich, worauf die Versuche bis 1943 eingestellt wurden. Zwischen 1943 und 1945 machte Sergej Koroljow Versuchsflüge mit einem zweimotorigen Bomber Pe-2, der einen Raketen-Zusatzantrieb hatte, doch führten diese zu keinem Ergebnis. Erst nach Kriegsende wurden, gestützt auf erbeutete deutsche Unterlagen und mit Hilfe deutscher Fachleute die sowjetischen Strahlflugzeuge Jak-15 und MiG-9 konstruiert, die am 24. April 1946 ihre Erstflüge machten. Ende 1946 wurde die MiG-9 in Serienproduktion genommen. Eine weitere Maschine, die MiG-15, die im Korea-Krieg von 1950 ein äußerst gefährlicher Gegner der US-Luftwaffe werden sollte, machte ihren Erstflug am 2. Juni 1947 und ging im März 1948 in Serienproduktion. Die MiG-15 war längere Zeit *das* erfolgreichste Jagdflugzeug der Sowjetarmee — nach westlicher Beurteilung besser, als die F-86-A „Sabre" der US-Luftwaffe![35] Eines der meistverwendeten Flugzeuge der Sowjetarmee wurde dann die MiG-17, die 1949 als Abfangjäger entworfen wurde und ab 1952 zur Ausrüstung der sowjetischen Luftstreitkräfte gehörte.

Bei den Bombenfliegerkräften löste die mit zwei Stahltriebwerken ausgerüstete I1-28 die bewährte Pe-2 ab. Im Winter 1949/50 wurden davon die ersten 100 Maschinen in Dienst gestellt.[36] Die Fernbomberfliegerkräfte erhielten in den zehn Jahren nach dem Krieg an neuen Maschinen u. a. die Tu-4, die bei einem Gesamtfluggewicht von 65 Tonnen neben zehn 23-mm-Bordkanonen eine Bombenlast von 12 Tonnen zu tragen vermochte.

Die Umschulung der Piloten auf die neuen Maschinen hielt Schritt mit der

Entwicklung. Ende 1947 waren bereits 500 Besatzungen auf modernsten Flugzeugen einsatzbereit. Bis 1952 waren nicht nur alle Kampffliegerverbände vollständig auf strahlgetriebene Maschinen umgerüstet, sondern auch die Heimatluftverteidigung des Marschalls L. A. Goworow.

Im Juni 1946 waren die Luftlandetruppen aus dem Bestand der Luftstreitkräfte herausgelöst und dem Ministerium für die Streitkräfte direkt unterstellt worden. Sie wurden nach dem Vorbild der Schützendivisionen als Fallschirmjäger- und Luftlandedivision organisiert. Als besondere Ausrüstung besaßen sie unter anderen auch leichte Selbstfahrlafetten vom Typ ASU-57 mit 57-mm-Kanone.

Die Seestreitkräfte wurden nach dem Zweiten Weltkrieg ebenfalls reorganisiert. Am 25. Februar 1946 war das Volkskommissariat für die Seekriegsflotte aufgelöst und seine Kompetenzen dem Ministerium für die Steitkräfte übertragen worden. Stalin hielt nicht viel von einer sowjetischen maritimen Macht, und der Korpsgeist der Marine erfüllte ihn mit Mißtrauen. In seinen Augen war die Seekriegsflotte nur der „verlängerte Arm“ der Heeresverbände „auf See“, eine Art „Meeresflanke“ der Bodentruppen. Operative Seekriegführung war ihm fremd. Deshalb hatte die sowjetische Seekriegführung ohne Verschulden im Krieg gegen die Achsenmächte nur eine geringe Rolle gespielt. „Ich erinnere mich“, schrieb Admiral Kusnezow 1965 in einem Aufsatz, „daß ich bei einem Treffen mit Stalin (1940) mehr Fliegerabwehrkanonen für unsere Kriegsschiffe verlangte. Stalin gab mir eine schroffe Abfuhr: ‚Wozu? Wir wollen doch den Krieg nicht an der amerikanischen Küste führen?‘“[37]

Das Flottenbauprogramm nach 1945 war von Stalin geprägt. Die Sowjetunion hatte eine Reihe von Schiffen aus deutschen und italienischen Flottenbeständen als Beute erhalten: eine zentrale und großzügige Konzeption für ihre Weiterverhandlung fehlte. Der schwere Kreuzer „Lützow“, der 1940 halbfertig von den Deutschen gekauft worden war, wurde nach dem Krieg nicht weiter gebaut, sondern mit der Zeit völlig abgewrackt. Der halbfertige deutsche Flugzeugträger „Graf Zeppelin“ wurde nach 1945 nach Lippaja gebracht und diente dort für längere Zeit den Marinefliegern als Ziel. Von den ehemals italienischen Schiffen wurden einige, so das Schlachtschiff „Giulio Cesare“, der den Namen „Noworossijsk“ erhielt, in sowjetischen Werften umgebaut. Die aus dem amerikanischen „Leih- und Pachtvertrag“ stammenden Kriegsschiffe (insgesamt 481 Einheiten verschiedener Typen und Klassen), wurden erst anfangs der fünfziger Jahre — nicht ohne Drängen Washingtons — den USA zurückerstattet.

Weil aber Stalin — bei aller Einseitigkeit seiner maritimen Kozeption — eine „starke“ und „schlagkräftige“ Flotte wünschte, wurde in den Nachkriegsjahren doch vieles für die Weiterentwicklung der roten Kriegsmarine getan. So kam es, daß 1953 bereits mehr als 30 Prozent aller damals im Dienst stehenden Kriegsschiffe Nachkriegsbauten waren.

7. Stalins Geist prägte die Sowjetarmee

Der sogenannte Personenkult um J. W. Stalin, der nach dem Krieg in allen Lebensbereichen des sowjetischen Alltags und selbst in der Wissenschaft grassierte und groteske Auswüchse zeitigte, wirkte sich naturgemäß auch in den Streitkräften aus. Generalissimus Stalin stand bei den Militärs in höchstem Ansehen. Dieses beruhte ursprünglich auf seiner Standhaftigkeit in den Kriegsjahren. Nach dem Sieg über den „Hitlerfaschismus" wurde es mit allen Mitteln der Propaganda gefördert und übersteigert. Stalin wurde zum größten Feldherrn der Geschichte, zum wahren Sieger des Zweiten Weltkriegs und zum Vater der sozialistischen Militärwissenschaft, womit er die gesamte Kriegskunst revolutioniert habe. Die „zeitweiligen Niederlagen" von 1941 und 1942 wurden zur „genialen Strategie" umfunktioniert.[38] Stalin hatte die Deutschen bewußt so weit ins Landesinnere gelockt, um sie um so vernichtender schlagen zu können!

Tatsächlich hat Stalin nach dem Krieg sehr viel für die Sowjetarmee getan — aber das Volk mußte es letzenendes büßen, denn die Rüstungsausgaben hatten auch nach 1945 Priorität vor dem Wiederaufbau. Nach dem Willen des Generalissimus blieb die Sowjetarmee jedoch im Schattten der Macht. Stalin wollte wohl eine starke Armee — aber er wollte keine volkstümliche oder gar viel zu selbständige Militärs. Deswegen wurden die in den letzten Kriegsjahren zu echter Popularität gekommenen Marschälle und Generäle in die Anonymität zurückgestoßen. Sie hatten ihre Pflicht getan und konnten nun „gehen". Den Großen Vaterländischen Krieg der Sowjetunion hat weder die Generalität noch der Frontsoldat, sondern die Kommunistische Partei der Sowjetunion unter ihrem genialen Führer Stalin gewonnen!

So wurde Marschall Schukow — „der Suworow unserer Tage", wie ihn die Rotarmisten liebevoll nannten — am 12. Juli 1946 als Oberbefehlshaber der sowjetischen Besatzungstruppen in Deutschland abberufen und als Chef eines drittrangigen Militärbezirkes nach Odessa verschickt. Marschall Rokossowski wurde 1948 außer Landes kommandiert und — als gebürtiger Pole — zum Stellvertreter des Vorsitzenden des Ministerrates und zum Minister für Nationale Verteidigung in Polen, das inzwischen Volksrepublik geworden war, ernannt.

Aber nicht nur Versetzungen wurden vorgenommen; es kam auch zu einer eigentlichen Säuberungsaktion in Armee und Flotte. Diese hatte zwar keine Massenrepressalien zur Folge wie die Säuberungen der späteren dreißiger Jahre, aber sie forderte gleichwohl Tausende von Opfern. Von denen seien hier nur einige Beispiele erwähnt:

Daß Stalin Generalleutnant Andrej A. Wlassow, seine Unterführer sowie alle ehemals weißgardistischen Offiziere, deren man 1945 in Deutschland und in Lagern der Alliierten habhaft werden konnte, verfolgte und richtete, fügt sich noch in den Rahmen der „Rechte und Bräuche des Krieges". Wlassow und seine Generäle wurden am 19. April 1946 in Moskau durch den Strang hingerichtet. Vom

Leidensweg der aus deutscher Kriegsgefangenschaft heimkehrenden Soldaten, Offiziere und Generale haben wir schon geschrieben. Die gleiche harte Behandlung traf aber auch diejenigen, die aus der Kriegsgefangenschaft entflohen und sich in den von den Deutschen besetzten Gebieten Rußlands oder Westeuropas dem Widerstand angeschlossen und so den Kampf fortgesetzt hatten. Der Moskauer Historiker Roy A. Medwedew erwähnt solche Fälle dutzendweise in seinem Buch![39] Es wurden aber auch solche Personen nach dem Krieg verhaftet, die nicht in Gefangenschaft geraten waren, sondern in der Roten Armee aktiv zum Sieg über den „Faschismus" beigetragen haben, wie zum Beispiel S. A. Chudjakow, Marschall der Fliegerkräfte, der sich besonders bei den Kämpfen gegen die Japaner 1945 bewährt hatte.[40] Oder Admiral L. M. Galler, Stellvertretender Leiter der Politischen Hauptverwaltung der Flotte und Chef der Marineingenieurakademie, Admiral W. A. Alafusow, Chef des Marinestabes und sein Stellvertreter G. A. Stepanow, die unter der Anschuldigung verhaftet wurden, das Geheimnis der Fallschirmtorpedos den Amerikanern verraten zu haben — zu einer Zeit, als man die Konstruktionszeichnungen davon am Zeitungskiosk kaufen konnte![41] Admiral Galler starb am 12. Juli 1950 in der Haft, die beiden anderen wurden 1953 entlassen und rehabilitiert. Admiral Kusnezow wurde auch verhaftet, kam aber mit Degradierung und Strafversetzung in den Fernen Osten davon. Marschall A. A. Nowikow, der während des Krieges die strategischen Bomberverbände der Roten Armee befehligte, wurde durch Stalins Sohn, General Wasilij Stalin denunziert und daraufhin verhaftet, degradiert und strafversetzt. Auch der Chef der Akademie der Luftstreitkräfte Marschall G. A. Woroschejkin wurde gemaßregelt. Ein Schicksalgenosse des Marschalls schrieb später: „Woroschejkin erzählte mir von den Gründen und Umständen seiner Verhaftung im Jahre 1948. Es lag an der Reorganisation der Armee bzw. an den Meinungsverschiedenheiten zwischen kompetenten hohen Militärs und Stalin. Der Diktator setzte seine unsinnigen Ideen, die die Verteidigungsfähigkeit des Landes gefährdeten, mit Methoden physischer Gewalt gegen alle jene durch, die nicht mit ihm übereinstimmten. Eine dieser Besprechungen, auf der nur technische Fragen erörtert wurden, unterbrach Stalin und entließ die Flieger mit den unheilschwangeren, vielsagenden Worten: ‚Es reicht! Denken Sie nach, Sie werden dafür genügend Zeit haben!' Als Woroschejkin auf den Platz vor dem Kreml hinaustrat, war sein Fahrer mitsamt Auto verschwunden. Mitarbeiter des Staatssicherheitsdienstes brachten ihn in die Ljubljanka..."[42] Erst nach Stalins Tod wurde der Marschall freigelassen und rehabilitiert. Ein ähnliches Schicksal, „nur" mit dem Unterschied, daß er hingerichtet wurde, wiederfuhr Generaloberst W. N. Gordow, einer der Befreier von Prag 1945. Nach dem Krieg war er eine Zeitlang Inspektor der sowjetischen Schützentruppen, hatte Meinungsverschiedenheiten mit Stalin und wurde 1948 verhaftet. Er starb am 12. Dezember 1951 im Gefängnis.

Mit besonderer Vorliebe wütete indessen Generalissimus Stalin unter denjenigen Offizieren und Generälen, die 1945 und später in offizieller Mission außerhalb der UdSSR tätig waren und mit Briten und Amerikanern Kontakt gehabt hatten. So sind einige Leiter sowjetischer Kontrollkommissionen in osteuropäischen Ländern verhaftet worden und im Arbeitslager zugrunde gegangen, wie z. B. Generaloberst J. S. Sussajkow aus Rumänien, Generalleutnant Swiridow aus Ungarn. Ja, Stalin bezichtigte in seinem großen Argwohn sogar seinen Bürgerkriegskameraden, den langjährigen Chef der Roten Armee, Marschall K. J. Woroschilow, er sei in Ungarn „ein englischer Agent" geworden![43] Es geschah ihm aber schließlich nichts, außer daß er jahrelang nicht mehr zu den Politbürositzungen eingeladen wurde und daß in seiner Wohnung Abhöranlagen montiert wurden. Die meisten Mitarbeiter seines Stabes aus Budapest jedoch wurden nach ihrer Rückkehr in die UdSSR verfolgt und Repressalien ausgesetzt.[44]

Diese wenigen Beispiele zeigen deutlich, wie die Sowjetarmee in jenen Jahren des „Spätstalinismus" einem seelischen Terror ausgesetzt war. Das Alltagsleben des sowjetischen Offiziers war beherrscht von Unsicherheit, einem krankhaften Mißtrauen, der steten Suche nach dem „Feind" in den eigenen Reihen. Dazu drückende finanzielle Sorgen, besonders bei Offizieren mit größeren Familien. Das ganze in einer gespannten Atmosphäre, in der die Parteipropaganda die politische Lage überdramatisierte und die Welt strikt in zwei Blöcke spaltete: „das demokratische, sozialistische Lager einerseits und das reaktionäre, imperialistische Lager andererseits."[45] Ein dritter Weltkrieg zwischen diesen beiden Lagern wurde als unvermeidlich hingestellt. Stalin, der seinerseits stets den Friedenswillen der Sowjetunion im Mund führte, glaubte fest, an eine „baldige" kriegerische Auseinandersetzung zwischen Ost und West — zwischen „Sozialismus" und „Kapitalismus".

Die politische Entwicklung der Nachkriegszeit indessen brachte Stalin und der Sowjetregierung sowohl positives als auch negatives. In den osteuropäischen Staaten konnte die „volksdemokratische Entwicklung" durchgesetzt und 1948 bzw. 1949 mit der „sozialistischen Revolution" abgeschlossen werden. Die Sowjetische Besatzungszone Deutschlands wurde am 7. Oktober 1949 zur ‚Deutschen Demokratischen Republik'. In China siegte Mao Tse-tung über Tschiang Kai-schek und rief am 1. Oktober 1949 die Volksrepublik China aus.

Ein bitterer Tropfen in Stalins Siegeskelch war Titos eigenwillige Haltung in der kommunistischen Weltbewegung, die im Sommer 1948 zum Bruch zwischen Jugoslawien und dem Ostblock führte. Die Eigenwilligkeit der jugoslawischen Kommunistischen Partei hat Stalin bis an sein Lebensende bedrückt und beunruhigt. In eine sowjetische Haß- und Schmähkampagne wurde Marschall Tito mit Hitler verglichen und der Bund der Kommunisten Jugoslawiens (d. h.: JKP) einer neuen Art faschistischer Partei gleichgesetzt.

Die Schaffung der Bundesrepublik Deutschland im Mai 1949 weckte in Stalin den Verdacht, daß hier mit westlicher Militärhilfe ein erzreaktionärer Staat für einen Revanchekrieg gerüstet werde. *Vor nichts fürchtete sich Stalin mehr, als vor einer modern bewaffneten deutschen Armee mit amerikanischem Nachschub, die nach seiner Auffassung nur zum Zwecke der Rückeroberung der deutschen Ostgebiete geschaffen werden konnte!*[46]

8. Krieg in Korea

Wenn man den im Westen herausgegebenen Memoiren Chruschtschows Glauben schenken will, wurde Stalin, der nach der Berliner Blockade eine offene Konfrontation mit den ehemaligen Verbündeten nach Möglichkeiten zeitlich hinausschieben wollte, von der nordkoreanischen Kommunistischen Partei, namentlich von deren Generalsekretär Kim Il-Sung, irregeführt. Dieser behauptete — ähnlich wie der finnische KP-Chef Otto Kuusinen im Herbst 1939 — der amerikanisch besetzte Süden von Korea warte sehnsüchtig auf die Befreiung aus dem Norden. „Der erste Rippenstoß mit dem aufgepflanzten Bajonett würde in Südkorea eine innenpolitische Explosion auslösen, und die Macht des Volkes werde sich durchsetzen — jene Macht also, die im Norden des Landes herrschte. Dieser Idee konnte Stalin natürlich nicht widersprechen. Hier wurde an seine Überzeugung als Kommunist appelliert, um so mehr, als die Auseinandersetzung eine innere Angelegenheit der Koreaner sein würde, die sie untereinander austragen konnten ...“[47] Er ließ also Kim Il-Sung gewähren. Dieser schlug am 25. Juni 1950 los.

An diesem Tag überschritt die nordkoreanische Armee die Demarkationslinie am 38. Breitengrad und überrannte die schwache südkoreanische Grenzsicherung und die im Lande stationierten amerikanischen Einheiten. Der mit sowjetischen Waffen und Geräten ausgerüstete Angreifer machte schnelle Fortschritte. Auch das Eingreifen General Douglas MacArthurs, des Oberkommandierenden der amerikanischen Besatzungstruppen in Japan, konnte die Situation in Süd-Korea nicht mehr wiederherstellen. Die Nordkoreaner bemächtigten sich in wenigen Wochen eines Großteils des Landes, und die Stunden der südkoreanischen Republik schienen bereits gezählt zu sein. Da gelang es Präsident Harry S. Truman, am 27. Juni 1950, die UNO für die Verteidigung der westlichen Positionen in Korea zu gewinnen. In kürzester Zeit entstand eine UNO-Streitmacht (zusammengestellt aus 15 Nationen), die am 15. September 1950 unter amerikanischer Führung und mit amerikanischer Unterstützung in einer meisterhaft geführten Offensive die Nordkoreaner hinter die Demarkationslinie zurückwarf und sie tief in ihr eigenes Land verfolgte.

Im ganzen Ostblock herrschte Kriegsstimmung. Die „Angelegenheit in Korea“ mußte zur eigenen Angelegenheit des gesamten „Friedenslagers“ werden! Hinter vorgehaltener Hand wurde gesagt, daß Korea Militärhilfe erhalte und daß dem „US-Imperialismus“ im Fernen Osten das Rückgrat gebrochen werden müsse. Im Kreml bedrängten Stalins Genossen ihren Führer, Kim Il-Sung nicht im Stich zu lassen! Marschall Malinowski, der im Fernen Osten der UdSSR auf jenem Posten war, den einst Blücher innehatte, sollte das Oberkommando über die nordkoreanische Armee übernehmen und mit massiver sowjetischer Militärhilfe, die Entwicklung in Korea zugunsten des Sowjetblocks lenken.

Stalin jedoch wollte sich in keine Abenteuer einlassen — die Einigkeit der

UNO hatte ihn peinlich überrascht! — und er lehnte ein offenes Eingreifen sowjetischer Truppen in Nord-Korea ab. Da kamen am 26. November 1950 anstelle der Sowjets die Chinesen mit einer „Freiwilligen-Armee“ von 300000 Mann Kim Il-Sung zur Hilfe und bewahrten ihn vor dem sich schon anbahnenden Untergang. Bis Mitte Dezember 1950 warfen sie die UNO-Truppen bis etwas nördlich des 38. Breitengrades zurück. Doch dauerte es noch lange, bis es in Korea zu einem Waffenstillstandsabkommen kam. Stalin hat diesen nicht mehr erlebt. Er starb — überraschend — am 5. März 1953 an einer Hirnblutung. Ilja Ehrenburg notierte in seinem Tagebuch: „Gott ist gestorben!“ Mit Stalins Tod ging ein wichtiges Kapitel der sowjetischen Geschichte zu Ende, das er mit seiner Persönlichkeit entscheidend geprägt hatte. Ja, sein Geist wirkte noch Jahre über seinen physischen Tod hinaus.

Anmerkungen:

1 *Stalin,* a.a.O., S. 226ff.
2 Vgl. „Der Spiegel“, Hamburg, Nr. 7/1978, S. 96.
3 *Pokryschkin,* A. I.: Himmel des Krieges, Berlin/DDR 1974, S. 329.
4 *Ehrenburg,* a.a.O., S. 527.
5 Geschichte des Großen Vaterländischen Krieges der Sowjetunion, Berlin/DDR 1967, Band 5, S. 36.
6 *Chruschtschow* vor dem Obersten Sowjet. In: „Prawda“, 15. Januar 1960.
7 *Szmirnov*, Oleg: Katonavonat, Budapest 1947, S. 408ff.
8 *Schukow,* a.a.O., S. 634.
9 Ebd., S. 653.
10 „Magyarország“, Budapest, Nr. 39/1975.
11 Einzelheiten vgl. *Craig,* Williams: Als Japans Sonne unterging. Das Ende des Krieges im Pazifik 1945, Wien 1970, S. 38ff.
12 *Sacharow*, M. W., a.a.O., S. 563.
13 *Hattori,* Takushiro: The Complete History of the Greater East Asia War, Tokyo 1952—54, Bd. IV, Kartenblatt 3.
14 *Wassilewski,* a.a.O., S. 499.
15 Vgl. Leserbrief des sowjetischen Generalmajors a. D. Swjatoslaw *Koslow* über die Rolle der Sowjetunion beim Sieg über Japan. In: „Tages-Anzeiger“, Zürich, 19. Juni 1975.
16 *Telpuchowski,* a.a.O., S. 529.
17 *Stalin,* a.a.O., S. 236.
18 *Sacharow,* M. W. a.a.O., S. 572.
19 *Telpuchowski,* a.a.O., S. 556—557.
20 *Chruschtschow* vor dem Obersten Sowjet. In: „Prawda“, 15. Januar 1960.
21 *Iwanowski*, J. F.: Auf Gefechtsposten. Ein Buch über die Gruppe der Sowjetischen Streitkräfte in Deutschland, Berlin/DDR 1977, S. 67.
22 *Leonhard*, Wolfgang: Die Revolution entläßt ihre Kinder, Köln/Berlin 1955, S. 348ff.

23 Einzelheiten siehe *Armstrong*, J. A.: Ukrainian Nationalism 1939—1945, New York 1955.
24 Vgl. dazu die spärlichen, aber aufschlußreichen Bemerkungen in den Büchern von *Spiru*, Basil: Zur Frage der Periodisierung der Geschichte des sozialistischen Weltsystems. In: Jahrbuch der Geschichte der UdSSR und der volksdemokratischen Länder Europas, Berlin/DDR 1963, Bd. 7, S. 19ff. und *Berend,* Iván T.: Gazdaságpolitika az elsö ötéves terv magvalósitáskor 1948—1950, Budapest 1964, S. 30ff.
25 *Steppart,* Fritz: Iran zwischen den Weltmächten 1941—1948. Oberursel 1948, S. 28.
26 Die Rede *Churchills* hat die „Neue Zürcher Zeitung" am 6. März 1946 in deutscher Sprache abgedruckt.
27 *Korablow, Anfilow, Mazulenko,* a.a.O., S. 385ff.
28 *Keller,* a.a.O., S. 356.
29 Einzelheiten siehe *Keller*, a.a.O., und *Barwich*, Heinz und Elfi: Das rote Atom. Als deutscher Wissenschaftler im Geheimkreis der russischen Kernphysik, Bern 1967.
30 „Prawda", Moskau, 8. November 1947.
31 *Chruschtschow* vor dem Obersten Sowjet. In: „Prawda", 15. Januar 1960.
32 Einzelheiten siehe *Gosztony,* Peter (Hrsg.): Zur Geschichte der europäischen Volksarmeen, Bonn-Bad Godesberg 1976.
33 *Sacharow,* M. W., a.a.O., S. 610.
34 Ebd.
35 *Keller,* a.a.O., S. 422.
36 *Groehler,* a.a.O., S. 521.
37 *Kusnezow,* N. G.: Pered wojnoj. In: „Oktjabr'", Moskau 1965, S. 174.
38 „Schon die alten Parther kannten eine solche Gegenoffensive, als sie den römischen Feldherrn Crassus und sein Heer ins Innere ihres Landes lockten, dann zur Gegenoffensive übergingen und ihn mit seinen Truppen vernichteten!" Aus dem Antwortschreiben J. W. Stalins an Oberst Professor Dr. Rasin auf einen Brief vom 30. Januar 1946 über Clausewitz und über Fragen des Krieges und der Kriegskunst. Aus: „Neue Welt", Berlin/DDR, Nr. 7/1947, S. 25.
39 *Medwedew*, a.a.O., S. 518.
40 „Bakinskij Rabotschij", Baku, 2. Oktober 1964.
41 *Kusnezow,* Am Vorabend, S. 219.
42 Mitgeteilt bei *Kolman,* Arnost: Die verirrte Generation. So hätten wir nicht leben sollen, Frankfurt am Main 1979, S. 217.
43 Chruschtschows Geheimreferat am XX. Parteikongreß der KPdSU im Februar 1956. Mitgeteilt bei *Leonhard,* Wolfgang: Der Kreml ohne Stalin, Köln, Berlin 1962, S. 197.
44 Mitteilung des zu Woroschilows Arbeitsstab gehörenden NKWD-Offizieres Tibor Szamuely an den Verfasser, London 1968.
45 Geschichte der Kommunistischen Partei der Sowjetunion, Berlin/DDR 1975, S. 653.
46 Einzelheiten dazu siehe *Gosztony,* Peter: Die Aufrüstungsmaßnahmen in der Bundesrepublik Deutschland und das Echo des Ostblocks. In: Aspekte der deutschen Wiederbewaffnung bis 1955, Boppard am Rhein 1975, S. 39ff.
47 *Talbott,* a.a.O., S. 373.

VIII. Die Sowjetarmee in der Ära Chruschtschow

Wenn irgendwo Stalins Ableben tief und ehrlich betrauert wurde, dann in der Sowjetarmee. Trotz der schicksalhaften Fehlentscheidungen auf dem Gebiet der Militärpolitik und Strategie, trotz aller Repressalien gegen das Offizierskorps, war und blieb Generalissimus Stalin in den Augen der sowjetischen Armeeangehörigen der Held des Großen Vaterländischen Krieges und der geniale Schöpfer der sowjetischen Militärmacht.

Stalins einbalsamierter Leib wurde am 9. März 1953 im Mausoleum auf dem Roten Platz in Moskau feierlich neben Lenin beigesetzt. Die Nachfolge in der Macht war anfänglich unklar. Stalins Befugnisse wurden aufgeteilt: Partei und Staat sollten fortan wieder getrennt geführt werden. Die Schlüsselposition eines „Generalsekretärs der KPdSU" wurde abgeschafft. Neuer Parteisekretär wurde Nikita Sergejewitsch Chruschtschow, ein 59jähriger Russe, zwischen 1949 und 1953 Sekretär des Zentralkomitees der KPdSU(B). Marschall Kliment J. Woroschilow wurde Vorsitzender des Präsidiums des Obersten Sowjets der UdSSR und damit Staatspräsident. Vorsitzender des Ministerrates der UdSSR (Regierungschef) wurde der bisherige stellvertretende Vorsitzende, Georgij M. Malenkow. Wjatscheslaw M. Molotow und Lawrentij P. Berija behielten ihre Posten als Außen- bzw. Innenminister bei. Nikolaj A. Bulganin wurde zum Marschall ernannt und übernahm als Verteidigungsminister die Führung der Streitkräfte. Höchste Entscheidungsinstanz war das „Kollektiv" (Chruschtschow, Malenkow, Molotow, Berija und Kaganowitsch). Primus inter pares war vorerst Malenkow, doch wurde er im Frühjahr 1955 von Chruschtschow verdrängt.

Schon das erste öffentliche Auftreten der neuen Männer ließ verschiedene Auffassungen über die zukünftige politische Linie der UdSSR erkennen. In der Trauerrede für Stalin gebrauchte Malenkow Formulierungen, die den Wunsch nach außenpolitischer Entspannung und Förderung der Konsumgüterindustrie und somit die Hebung des Lebensstandards der Bevölkerung erkennen ließen. Molotow dagegen forderte weiterhin Wachsamkeit und verschärften Kampf gegen die inneren und äußeren Feinde der Sowjetunion.

1. Marschall Schukows Aufstieg

Zu den ersten Verfügungen Marschall Bulganins als Verteidigungsminister gehörte die Rehabilitierung des von Stalin „kaltgestellten" Marschalls Georgij K. Schukow. Er wurde nach Moskau berufen und zum Ersten Stellvertreter des Verteidigungsministers ernannt. Damit wurde er zum tatsächlichen Leiter der Streitkräfte; Bulganin war nämlich nie ein militärischer Führer gewesen. Als Stadtpräsident von Moskau war er im deutsch-sowjetischen Krieg General geworden und hatte dann als Mitglied von Kriegsräten verschiedener Fronten immer nur politische Funktionen innegehabt.

Schukow, kaum im Amt, machte einige von Stalins Entscheiden über die Flotte rückgängig. Das 1950 gegründete (und überflüssige) Ministerium für die Seekriegsflotte wurde am 15. März 1953 aufgelöst. Seine Funktion übernahm das Ministerium für die Streitkräfte, das fortan „Verteidigungsministerium" genannt wurde. Die Zahl der Kriegsflotten wurde von acht auf vier reduziert (Ostsee, Schwarzmeer, Pazifik, Nordmeer). Dann begann Schukow, das Los der subalternen Offiziere aller Waffengattungen zu verbessern. Da er 1945/46 in Berlin rege Kontakte mit Offizieren westlicher Armeen gehabt hatte, besaß er Kenntnisse über die Verhältnisse der Führungskader der „kapitalistischen Streitkräfte". Er forderte eine generelle Gehaltserhöhung und erklärte Chruschtschow gegenüber: „Ich will nicht, daß meine Offiziere Not leiden. Wenn sie schlecht besoldet sind und sich mit finanziellen Problemen herumschlagen müssen, werden sie auch in den Kasernen nicht ihren Mann stellen. Zudem wird sie dann niemand als Offizier respektieren. Ein Offizier muß also entsprechend bezahlt werden und in der Lage sein, seine Familie anständig zu unterhalten!"[1] Während Schukows Amtszeit begann eine spürbare Verbesserung der materiellen Lage der Offiziere, eine Entwicklung, die in den sechziger Jahren konsequent fortgesetzt wurde.

Schukow wollte eine starke Armee haben — sowohl ausrüstungs- als auch personalmäßig. Bis Sommer 1955 wurde die personelle Stärke der Sowjetarmee auf 5,7 Millionen Mann gebracht.[2] Großangelegte Reformen nahmen bei allen Waffengattungen der Sowjetarmee ihren Anfang. Die Technisierung der Truppe wurde zielstrebig fortgesetzt. Am 3. August 1957 wurde die erste interkontinentale ballistische Rakete erprobt, was später zu einer neuen Teilstreitkraft der Sowjetarmee führte, zu den „strategischen Raketentruppen".

Die personelle Verstärkung der Sowjetarmee hing mit der politischen Unsicherheit der neuen sowjetischen Führung bezüglich der außenpolitischen Lage der UdSSR zusammen. Die Befürchtungen, die westlichen Demokratien könnten die mit Stalins Tod eingetretene momentane Schwäche der UdSSR ausnützen, nahmen zu. Insbesondere die Entwicklung in der Bundesrepublik Deutschland beunruhigte die Erben Stalins. Dank Marshallhilfe und sozialer Marktwirtschaft hatte diese innerhalb weniger Jahre die materiellen Kriegsverluste ausgeglichen und sich zur führenden europäischen Wirtschaftsmacht aufgeschwungen. Die

Diskussion um die Einführung der allgemeinen Wehrpflicht und um den Beitritt der Bundesrepublik zur NATO hatte zur Folge, daß die in sich zerstrittene neue sowjetische Führung einig war im Argwohn, es werde in Bonn ein Revanchekrieg zur Wiedergewinnung der verlorenen Ostgebiete geplant.

Marschall Schukow erhielt dementsprechend freie Hand für sein Militärprogramm. Die kommenden Monate brachten auch in politischer Beziehung eine Stärkung seiner Position. Die Fraktionskämpfe in der Kollektivführung der UdSSR begannen sich auszuwirken. Der gefürchtete Innenminister Berija wurde am 9. Juli 1953 aus allen Ämtern entfernt und verhaftet. Ende des Jahres wurde er in einem Geheimprozeß zum Tode verurteilt und am 23. Dezember 1953 erschossen. Im Februar 1955 mußte dann Malenkow öffentlich Selbstkritik üben und von seinem Posten zurücktreten. Chruschtschow riß die Führung an sich, während Bulganin, freilich als Zivilist, das Amt des Vorsitzenden des Ministerrates der UdSSR übernahm. Marschall Schukow wurde sein Nachfolger als Verteidigungsminister, und da er bei Berijas Sturz Chruschtschow nicht unwesentliche Hilfe geleistet hatte, genoß er — wenigstens noch während zweier Jahren — das Vertrauen des Ersten Sekretärs des Zentralkomitees der KPdSU(B), wie nun das höchste Parteiamt in der UdSSR hieß.

Schukow besetzte wichtige Posten mit Kameraden und Freunden aus der Kriegszeit. Marschall Wassilij D. Sokolowski, sein alter Kriegskamerad und Stellvertreter in Deutschland 1945/46 und nachher langjähriger Oberbefehlshaber der dortigen sowjetischen Besatzungstruppen, wurde im März 1953 Generalstabschef der Sowjetarmee. Marschall I. S. Konjew fungierte von 1947 bis 1955 als Oberkommandierender der sowjetischen Landstreitkräfte, Hauptmarschall der Luftstreitkräfte P. F. Schigarew und Flottenadmiral N. G. Kusnezow standen diesen Teilstreitkräften von 1949 bis 1957 bzw. von 1951 bis 1956 vor. P. P. Polubojarow, der spätere Marschall, wurde 1954 Oberkommandierender der sowjetischen Panzertruppen, während die sowjetische Artillerie in der Person des Marschalls S. S. Warenzow 1955 einen neuen Befehlshaber erhielt. Der junge und sehr tatkräftige Armeegeneral S. S. Birjuzow, den Schukow 1944 während der Kämpfe um die Krim kennen und schätzen gelernt hatte, erhielt 1954 das Oberkommando über die sowjetische Heimatluftverteidigung. Er bekleidete dieses Amt bis 1962.

In der sowjetischen Militärhierarchie ist einer der wichtigsten Mitarbeiter des Verteidigungsministers der Chef der Politischen Hauptverwaltung. An diesen einflußreichen Posten berief Schukow im Frühjahr 1954 Generaloberst A. S. Scheltow. Seine Bekanntschaft mit dem einstigen Korpskriegskommissar der Karelischen Front ging auf das Jahr 1941 zurück. Später traf er ihn immer wieder in wichtigen politischen Stellungen an der Front. Nach dem Krieg war Scheltow zuerst im Stabe Konjews in Österreich, dann ‚Stellvertreter für politische Angelegenheiten' des Oberbefehlshabers der sowjetischen Besatzungstruppen in Ungarn. Er hatte also, genau wie Schukow, „Westerfahrung". Die beiden Männer verstanden sich gut und waren sich hinsichtlich der Wichtigkeit einer straffen

Führung der Armee und Flotte einig. Als Generaloberst Scheltow die Leitung der Politischen Hauptverwaltung der Sowjetarmee im Verteidigungsministerium übernahm, begann eine neue Ära in der parteipolitischen Indoktrination der sowjetischen Streitkräfte. *Die militärischen Erfordernisse erhielten in jeder Beziehung absolute Priorität.* Nur Fachwissen und Begabung zählten — und nicht mehr Parteibuch und Parteilaufbahn. Der sowjetische Oberst im Generalstab Oleg Penkowskij schrieb später: „Unter dem Schirm von Schukows persönlichem Einfluß hatte sich die nachstalinistische Sowjetarmee in einem Maße von der Kontrolle durch die Kommunistische Partei freigemacht, wie es bisher nie dagewesen war!“[3]

Marschall Schukow, der als Verteidigungsminister auch Mitglied des Präsidiums des Zentralkomitees der KPdSU geworden war (eine besondere Ehrung, die bis dahin noch keinem Feldherrn der UdSSR zuteil geworden war), hatte sich in seiner viereinhalbjährigen Tätigkeit für die Streitkräfte der UdSSR in jeder Hinsicht verdient gemacht. Sein Fachwissen und sein Organisationstalent wurden selbst von seinen Feinden anerkannt, und seine Popularität war groß und echt.

2. Die militärpolitische Lage der fünfziger Jahre

Nach Stalins Tod strebte die neue sowjetische Führung nach einer Beruhigung der Weltlage. Die Männer im Kreml brauchten Zeit, um die Weichen in der UdSSR neu zu stellen. Gegenüber den kapitalistischen Ländern begann die Politik der „friedlichen Koexistenz“, d. h. des friedlichen Nebeneinanderlebens von Staaten verschiedener Gesellschaftsordnung. Den Worten folgten diesmal auch Taten. Im Juli 1953 mußte Nord-Korea auf Druck der Sowjetregierung ein Waffenstillstandsabkommen mit dem Gegner abschließen. Ende 1953 begann die Sowjetregierung Verhandlungen mit den Regierungen von Großbritannien, der Vereinigten Staaten und Frankreichs mit dem Ziel, die europäische Spannung abzubauen. Im Januar 1954 trafen sich demzufolge — erstmals seit längerer Zeit — die Außenminister der vier Mächte in Berlin, um über die Entspannung in Europa zu beraten. Chruschtschow und Bulganin bemühten sich im weiteren, den seit 1948/49 zwischen Jugoslawien und der UdSSR schwelenden „kalten Krieg“ zu beenden, der zu Stalins Zeiten immer schärfer geworden war und zeitweilig in einen heißen Krieg auszuarten gedroht hatte. Die beiden sowjetischen Staatsmänner unternahmen sogar einen „Canossa-Gang“ nach Belgrad, um ihren guten Willen zu demonstrieren. Am 26. Mai 1955 trafen sie auf dem Belgrader Flughafen ein, wo sie Marschall Josip Broz Tito strahlend in weißer Paradeuniform empfing. In aller Öffentlichkeit wechselten nun die bisher verfeindeten Genossen Bruderküsse. Die Sowjetunion, so verkündete Chruschtschow, anerkenne

Jugoslawiens eigenen Weg zum Kommunismus, und er räumte damit ein, daß ein Land auch ohne sowjetische Hilfe den Sozialismus aufbauen könne.

Im selben Jahr, 1955, wurde auch der Wille zu gutnachbarlichen Beziehungen mit Finnland unter Beweis gestellt. Nachdem Staatspräsident Juho Kusti Paasikivi bei einem Besuch in Moskau sich bereit erklärt hatte, den 1948 mit der Sowjetunion gegen einen deutschen Angriff (!) abgeschlossenen Freundschafts- und Beistandspakt um zwanzig Jahre zu verlängern, verzichtete die UdSSR auf die weitere Pacht der finnischen Halbinsel Porkkala und zog im Januar 1956 auch tatsächlich ihre Truppen ab.

Einen Höhepunkt erreichte die sowjetische Verständigungsbereitschaft im Frühjahr 1955. Nach einer Reihe von internationalen Konferenzen zeigte sich die Sowjetunion plötzlich bereit, besetztes Territorium zu räumen und einem Staatsvertrag mit Österreich zuzustimmen. Das seit Ende des Zweiten Weltkrieges von den vier Mächten besetzte Land erlangte damit am 27. Juli 1955 wieder seine volle staatliche Souveränität mit den Grenzen vom 1. Januar 1938. Es mußte sich allerdings zur „immerwährenden Neutralität" verpflichten mit der Auflage, keiner militärischen Vereinigung anzugehören. Im September 1955 verließen die letzten Besatzer Österreich.

Im Zuge dieser „Ost-West-Entspannungspolitik" kamen am 18. Juli 1955 in Genf die führenden Staatsmänner der vier Großmächte USA, UdSSR, Großbritannien und Frankreich zu einem Gipfeltreffen zusammen. Sie trafen Übereinkommen über die atomare Abrüstung und beiderseitige Truppenreduzierung. Aufgrund dieses Genfer Abkommens, aber auch, weil die Technisierung der Streitkräfte bei gleichbleibender Feuerkraft und Beweglichkeit erhebliche Personaleinsparungen erlaubte, reduzierte Chruschtschow die Bestände der Sowjetarmee in mehreren Etappen von 1955 bis 1958 um 2,1 Millionen Mann. So zählten die sowjetischen Streitkräfte Mitte 1958 noch 3,6 Millionen Soldaten.[4]

3. Das Deutschlandproblem

Die sowjetische Regierung konnte das für die UdSSR so wichtige Problem der zukünftigen Gestaltung Deutschlands trotz großer Anstrengungen nicht in ihrem Sinn lösen. Die Angst, daß von „deutschem Boden" aus ein neuer Krieg gegen die Sowjetunion losbrechen könnte, hielt nach Stalins Tod weiter an, wie die vielen Dokumente und offiziellen Erklärungen erkennen lassen.[5]

Das Verhältnis zwischen der Sowjetunion und der Deutschen Demokratischen Republik konnte relativ rasch geordnet werden. Die Sowjetische Militäradministration als solche wurde am 10. Oktober 1949, drei Tage nach der Ausrufung der DDR, aufgelöst. Vierundeinhalb Jahre später, am 25. März 1954 erhielt die

DDR unter den Bedingungen des Sowjetblocks ihre „volle staatliche Souveränität“, und der sowjetische Hochkommissar stellte seine Tätigkeit ein. Am 25. Januar 1955 erklärte das Präsidium des Obersten Sowjets der UdSSR das Ende des Kriegszustandes zwischen der Sowjetunion und der DDR bzw. Deutschland. Doch wurden die sowjetischen Besatzungstruppen nicht abgezogen, sondern lediglich umbenannt in „Gruppe sowjetischer Streitkräfte in Deutschland“ (GSSD). Diese „Gruppe“ umfaßte etwa 25 mechanisierte und Panzer-Divisionen mit den entsprechenden Ergänzungstruppen. Ihre Oberbefehlshaber — von 1953 bis 1957 Marschall Andrej A. Gretschko, von 1957 bis 1960 Marschall Matwej W. Sacharow — hatte zweierlei Aufgaben: einmal die Sicherheit der volksdemokratischen Ordnung in der DDR und zum anderen als Vorposten der Sowjetunion der Schutz der Grenzen des kommunistischen Machtbereiches vor — immer befürchteten — westlichen Aggressionen. Die sowjetische Regierung schloß 1957 mit der DDR-Regierung einen Truppenstationierungsvertrag. Im Gegensatz zu anderen, ähnlichen Verträgen sieht dieser bezüglich Stärke, Stationierung und Manöverbewegungen der GSSD in der DDR lediglich „Beratungen“ und „Vereinbarungen“, jedoch keinerlei Übereinstimmung mit der ostdeutschen Regierung vor. Im Falle einer „Bedrohung der Sicherheit der GSSD“ kann ihr Oberbefehlshaber ohne Rückfrage bei der DDR-Regierung alle ihm erforderlich scheinenden Maßnahmen ergreifen.[6]

Eine eigene Armee — sonst eines der wesentlichen Elemente der Souveränität — durfte die DDR vorerst nicht halten. Vermutlich wollte die Moskauer Regierung die von den Alliierten beschlossene Demilitarisierung Deutschlands nicht in allzu sichtbarer Weise mißachten, weil dadurch ihre Bemühungen zu Hintertreibung der Wiederbewaffnung der Bundesrepublik Deutschland und ihrer Aufnahme in die NATO im voraus zum Scheitern verurteilt gewesen wäre. So mußte die DDR ihre bewaffneten Einsatzverbände vorerst als „Kasernierte Volkspolizei“ (KVP) bezeichnen. Erst 1956 durften diese als „Nationale Volksarmee“ (NVA) militärischen Anstrich erhalten.

Die Wiederaufrüstung der Bundesrepublik Deutschland und deren Eingliederung in die NATO machte der sowjetischen Führung schwer zu schaffen. Sie war fest davon überzeugt, daß die deutschen Militärs mit der Zeit die NATO völlig in ihre Hand bekommen und zu ihren Revanchezwecken benützen werden. „Es wird die Gefahr geschaffen...“ schrieb die Moskauer „Iswestija“ am 12. Februar 1955 dramatisch in einem Leitartikel, „daß Europa zum Schauplatz eines neuen Krieges werden kann. Ein solcher Krieg wird unvermeidlich zu einem neuen Weltkrieg!“ Als dann am 5. Mai 1955 in Paris die Verträge ratifiziert wurden, welche die Aufnahme der Bundesrepublik Deutschland in die NATO ermöglichten, hatte die Sowjetunion jedoch schon längst ihre Gegenmaßnahme vorbereitet: den „Warschauer Pakt“ — das östliche Militärbündnis.

4. Der Warschauer Pakt

Am 14. Mai 1955 unterzeichneten in Warschau die Regierungschefs Albaniens, Bulgariens, der DDR (vorerst nur als Beobachter), Polens, Rumäniens, der Tschechoslowakei, der UdSSR und Ungarns ein Dokument, das den Titel „Vertrag über Freundschaft, Zusammenarbeit und gegenseitigen Beistand“ trug. Die Signatarstaaten verpflichteten sich darin, „im Interesse der europäischen Sicherheit“ zu einer engen Zusammenarbeit auf militärischem Gebiet. Der Pakt bildete die Grundlage zu einer *multinationalen* Streitmacht unter der absoluten Führung der Sowjetunion.

Daß die UdSSR den Warschauer Pakt als Gegenzug zu den Pariser Verträgen so rasch entstehen ließ, hatte einen besonderen Grund. Am 15. Mai 1955 — einen Tag später! — unterzeichneten nämlich die vier Großmächte in Wien den Österreichischen Staatsvertrag, nach welchem die Besatzungstruppen das souverän und frei gewordene Land verlassen mußten. Die Sowjets hätten danach nicht nur ihre Besatzungszone in Österreich, sondern auch Ungarn und Rumänien räumen müssen. In den Friedensverträgen von 1947 mit diesen Staaten war nämlich die Stationierung sowjetischer Truppen nur „zur Sicherung der Verbindungen zur sowjetischen Besatzungszone in Österreich“ vereinbart worden. Falls Österreich wieder frei würde, hätten die sowjetischen Divisionen innerhalb von 90 Tagen aus Ungarn und Rumänien abgezogen werden müssen. Durch den Warschauer Pakt wurde Moskau dieser Verpflichtung entbunden und erhielt das Recht, weiterhin Truppen in den beiden Donauländern zu stationieren, wie das auch in Polen und in der DDR der Fall war. (In Bulgarien und in der Tschechoslowakei befanden sich 1955 keine sowjetischen Truppen.)

Es wäre ein Irrtum, anzunehmen, daß mit der Schaffung des Warschauer Paktes in Osteuropa etwas grundlegend Neues geschah. Die Mitgliedstaaten dieses östlichen Militärbündnisses hatten ein Regierungssystem, das ihnen nach dem Krieg von den Sowjets aufgezwungen worden war. Dabei lag die eigentliche Entscheidungsgewalt bei der jeweiligen nationalen Kommunistischen Partei. Diese steuerte die Landesregierung und war ihrerseits durch die Parteidisziplin an das Zentralkomitee der KPdSU(B) in Moskau gebunden. Auf diese Weise konnte die sowjetische Regierung die Innen- und Außenpolitik der Volksdemokratien beliebig beeinflussen. Falls es nützlich erschien, konnte die auf Parteiebene getroffene Lösung auch noch auf Regierungsebene mit einem internationalen Vertrag festgelegt werden. Der Warschauer Pakt hatte aber nicht nur deswegen kaum zusätzlichen Wert: die Sowjetunion hatte nämlich mit den sieben Paktmitgliedern bereits *vor* 1955 zweiseitige Beistandsverträge abgeschlossen, die ihr auf militärischem Gebiet verschiedene Sonderrechte einräumten.[7]

Der Warschauer Pakt stützt sich laut seiner Bestimmungen auf drei an sich vernünftige und einsichtige Grundlagen: auf die Koexistenz verschiedener Gesellschaftssysteme im Interesse des europäischen Friedens (und des Status quo), auf die Nichteinmischung in die inneren Angelegenheiten anderer Staaten und auf die volle Anerkennung der souveränen Gleichheit der Vertragspartner.

Der Hauptpunkt des Paktes ist zweifellos die Beistandsklausel. Sollte einer der Mitgliederstaaten angegriffen werden, so müssen alle Mitgliedstaaten sofort „mit allen Mitteln, die ihnen erforderlich scheinen, einschließlich der Anwendung von militärischer Gewalt“ dem Angegriffenen zu Hilfe eilen.[8]

Der Vertrag wurde auf 20 Jahre abgeschlossen: er wird automatisch um weitere 10 Jahre verlängert, wenn er nicht ein Jahr vorher gekündigt wurde.

Im Frühjahr 1956 wurde in der DDR die ‚Kasernierte Volkspolizei‘ zur ‚Nationalen Volksarmee‘ erweitert. Damit wurde die DDR Vollmitglied des Bündnisses.

Für die durch den Warschauer Pakt geschaffene multinationale Streitmacht wurden besondere Führungsorgane bestellt, in denen die Sowjets den Ton angeben. Bereits im Herbst 1955 entstand in Moskau ein militärischer Stab: das Vereinigte Oberkommando. Sein erster Oberbefehlshaber war Marschall I. S. Konjew, der dieses Amt bis April 1960 ausübte. Seine Nachfolger waren Marschall A. A. Gretschko (1960 bis 1967), Marschall Iwan I. Jakubowski (1967 bis 1976) und Marschall Wiktor G. Kulikow (1977—). Daß der Warschauer Pakt nichts anderes als eine Zweig-Organisation der Sowjetarmee ist, beweist die Tatsache, daß der jeweilige Oberbefehlshaber auch als erster stellvertretender Verteidigungsminister der UdSSR fungiert. Die Stabschefs und alle Waffenchefs bzw. Abteilungsleiter des Vereinigten Oberkommandos sind ausnahmslos sowjetische Generäle. Nominell sollten die jeweiligen Verteidigungsminister der Mitgliedstaaten Stellvertreter des Oberbefehlshabers des Warschauer Paktes werden. In praxi haben diese jedoch nur beschränkte Befugnisse. Sie bilden das Komitee der Verteidigungsminister des Paktes und, wenn in ihrem Land ein Militärmanöver der Warschauer-Pakt-Truppen stattfindet, sind sie für dessen Ablauf verantwortlich.

Der Warschauer Pakt unterhält in jedem Mitgliedstaat einen Militärstab, der ausschließlich aus sowjetischen Offizieren und Generälen besteht; seit 1972 haben diese Diplomatenstatus. Sie nehmen die Interessen des Paktes im betreffenden Land wahr und sind sowohl für die militärische, als auch für die politische Erziehung der dortigen Volksarmeen verantwortlich. Im Ernstfall sollen diese Stäbe die Verbindung zwischen dem Vereinigten Oberkommando des Warschauer Paktes und dem Oberkommando der nationalen Volksarmee sicherstellen.

Mit der Schaffung und Fortentwicklung des Warschauer Paktes hat sich die Sowjetunion eine ganze Reihe von Vorteilen sichern können:

1. Politische und wirtschaftliche Vereinheitlichung Osteuropas, sichergestellt durch die kommunistische Ideologie und das Comecon („Rat für gegenseitige Wirtschaftshilfe“ — eine Art östlicher Gemeinsamer Markt).

2. Geographische Vorteile, beruhend auf einem geschlossenen, durch keine natürlichen Hindernisse unterteilten Territorium mit großer Tiefe und guten Möglichkeiten für den Nachschub auf Land-, Luft-, See- und Flußwegen.

3. Die militärischen Vorteile liegen in der einheitlichen, modernsten Bewaffnung der Armeen, einschließlich Raketenbewaffnung (wobei die Atom-, bzw. Kernwaffen ausschließlich der Sowjetarmee vorbehalten sind). Die Großverbände, Divisionen und Einheiten der Warschauer Pakt sind nahezu einheitlich nach sowjetischem Vorbild gegliedert. Einige Waffengattungen (Teilstreitkräfte), wie z. B. Luftverteidigung sind einem zentralen sowjetischen Oberkommando unterstellt. Im Ernstfall sollen die Warschauer-Pakt-Armeen in sowjetische Heeresgruppen eingegliedert werden. Einzig die Tschechoslowaken hatten — bis 1968! — die Ermächtigung, eine eigene „Front" mit eigenem Oberkommando zu bilden.[9]

Obwohl in der offiziellen Propaganda immer wieder die enge Verbundenheit und die Waffenbrüderschaft zwischen den Warschauer-Pakt-Armeen und der Sowjetarmee herausgestellt wird, konnte hier bisher keine echte Freundschaft entstehen. Der österreichische Militärfachmann Dr. Friedrich Wiener, der persönliche Erfahrungen auf diesem Gebiet besaß (er war als neutraler Beobachter öfters zu Warschauer-Pakt-Manövern eingeladen), schieb dazu folgendes:

„Der Warschauer Pakt kennt jene enge Verbindung, die für die Zusammenarbeit der Armeen der NATO-Staaten kennzeichnend ist, bis heute nicht. Kameradschaftliche Beziehungen zwischen den einzelnen Armeen, persönliche Kontakte über längere Zeit oder Freundschaften zwischen den Soldaten sind äußerst selten. Das dienstliche Zusammentreffen verläuft in starren Formen... Die Verbindungen laufen nicht von einer Armee zu anderen, sondern in jedem einzelnen Fall über die Führungsspitze in Moskau. Dieser merkwürdige Zustand wird nicht einmal durch das räumliche Näheverhältnis, durch das Vorhandensein von sowjetischen Garnisonen in vier Staaten des Warschauer Paktes, gemildert... Gruppenaufnahmen von Soldaten mehrerer ‚Bruderarmeen' sind stets von der Propaganda gestellt. Um wenigstens nach außen hin das peinliche Nebeneinander etwas zu verdecken, erhielt das zum 15jährigen Bestehen des Warschauer Paktes im Herbst 1970 in der DDR abgehaltene Manöver den Namen ‚Waffenbrüderschaft'".[10]

5. Die Rückschläge...

Obwohl die Sowjetarmee nach 1945 ausschließlich auf eine militärische Konfrontation mit dem Westen vorbereitet worden ist, so ist sie seither doch nur *innerhalb* des sowjetischen Machtbereiches zum Einsatz gekommen.

Der erste derartige Einsatz fand drei Monate nach Stalins Tod, im Juni 1953 in der DDR statt. Die Heraufsetzung der Arbeitsnormen in der Bauindustrie löste am 16. Juni 1953 in Ostberlin einen spontanen Streik aus, der sich blitzschnell ausbreitete. Die Westberliner Sender meldeten diese Vorfälle. Daraufhin kam es in der ganzen DDR zu spontanen Demonstrationen. Nach einer Bonner Dokumentation wurden vielerorts der DDR die roten Fahnen verbrannt, Parteibüros angegriffen und Zuchthäuser erstürmt.[11] Am 17. Juni zogen riesige Mengen Werktätiger — vor allem Bauarbeiter — in einem Protestmarsch zum „Haus der Ministerien" in der Berliner Stadtmitte. Zu den wirtschaftlichen Forderungen der Menge kamen schnell politische: „Wir wollen leben wie Menschen...", „Freie Wahlen", „Für ein geeinigtes Deutschland" und ähnliches. Die Kasernierte Volkspolizei war unfähig, der Demonstration Herr zu werden. Es kam zum Handgemenge, erste Schüsse fielen. Walter Ulbricht, Chef der SED („Sozialistische Einheitspartei": ostdeutsche Kommunistische Partei) alarmierte die Sowjets.

Armeegeneral W. I. Tschuikow, der Verteidiger von Stalingrad, war damals Oberbefehlshaber der sowjetischen Truppen in der DDR. Er fühlte sich (zutreffenderweise) für die Aufrechterhaltung der Ordnung verantwortlich. Bereits in den Vormittagsstunden des 17. Juni setzte er in Berlin gepanzerte Truppen ein, die in das Menschengewühl vor dem Brandenburger Tor fuhren, ohne jedoch zu schießen. Interessanterweise wurden die sowjetischen Panzer von den Demonstranten vorerst gar nicht angegriffen. Haß und Abscheu richteten sich lediglich gegen Ulbricht und die SED.

In Ostberlin wurde aus der ungesteuerten Demonstration eine Volkserhebung: die rote Fahne wurde vom Brandenburger Tor heruntergeholt, zerrissen und durch eine schwarz-rot-goldene Fahne ersetzt. Nun verkündete der sowjetische Stadtkommandant von Berlin (Ost), Generalmajor Dibrowa, ab 13 Uhr den Ausnahmezustand. „Menschenansammlungen über drei Personen sind verboten. Verstöße werden nach dem Kriegsrecht bestraft..." Da die Massen — man sprach von 100000 Menschen — sich nicht zerstreuen wollten, befahl Dibrowa, gegen sie mit MGs und Karabiner vorzugehen. Die deutschen Manifestanten hatten weder Waffen noch Unterstützung aus dem Westen. (Dieser war nur Zaungast an der Berliner Sektorengrenze.) Junge Arbeiter gingen mit Steinen gegen die Sowjetpanzer vor, doch ohne Erfolg. Bis am Abend des 17. Juni war in Ostberlin die alte Ordnung durch Sowjetpanzer wieder hergestellt. Allmählich kehrte die „Ruhe" auch in der DDR wieder ein.

Der Aufstand in der DDR von 1953 forderte viele Menschenleben. Nach ostdeutschen Angaben wurden 19 Demonstranten getötet und 126 verletzt.[12] Die wirkliche Zahl liegt weit höher. Zu den Opfern des 17. Juni 1953 gehören auch 141 Personen, die später standrechtlich erschossen wurden.[13] Unter ihnen waren 52 Volkspolizisten, die sich geweigert hatten, auf die Menge (auf ihre Brüder und Schwestern) zu schießen. Die Verluste der sowjetischen Truppen wurden nie bekanntgegeben. Es wird aber berichtet, daß nach dem Aufstand mindestens 18 sowjetische Soldaten und Offiziere als „Befehlsverweigerer" und für „Feigheit vor dem Feind" von Militärgerichten zum Tode verurteilt und hingerichtet worden sind. Sie hatten sich geweigert, auf wehrlose Menschen zu schießen. (Zu ihrem Andenken hat der Westberliner Senat später einen Gedenkstein aufgestellt.)

Obwohl sie ihn unterdrücken konnten, war der Volksaufstand in der DDR für die Sowjets eine bittere Erfahrung, die sie in den Mantel des Vergessens hüllten. General Dibrowa wurde von Berlin abberufen, man hat nie mehr etwas von ihm gehört. Ein im Jahre 1977 in Ostberlin verlegtes „Ehrenbuch der Gruppe der Sowjetischen Streitkräfte in Deutschland" (immerhin 334 Seiten) erwähnt mit keiner Silbe den Einsatz sowjetischer Soldaten im Jahre 1953.[14]

Drei Jahre später, im Sommer und Herbst 1956 kam es in der Volksrepublik Polen zu Unruhen. Die Ursachen waren ähnlich wie in der DDR: Spannungen zwischen Partei und Bevölkerung, wirtschaftliche Schwierigkeiten und dazu noch nationalistische Strömungen mit stark antirussischer bzw. antisowjetischer Tendenz. Der Unruhen in der Messestadt Posen im Sommer 1956 konnte die polnische Führung noch mit eigenen Polizei- und Volksarmee-Kräften Herr werden. Als es aber im Oktober 1956 in Warschau zu einer Regierungskrise kam und im Politbüro der Vereinigten Polnischen Arbeiterpartei (KP Polens) offene Machtkämpfe ausbrachen, mobilisierte der Kreml seine in Polen stationierten Truppen. Es sollte verhindert werden, daß der von den Stalinisten eingekerkerte Wladyslaw Gomulka wieder an die Macht komme. Die Fabrikbelegschaften und die Studenten der Hauptstadt wollten jedoch Gomulka an der Spitze der Partei, von dem sie mehr Freiheit, mehr Demokratie und vor allem mehr Distanz von den Sowjets erhofften. Marschall Konjew ließ aus dem Kontingent der Sicherungstruppen zwei verstärkte Regimenter nach Warschau in Marsch setzen. Der „Marschall von Polen" und polnische Verteidigungsminister Rokossowski bot zur Unterstützung vertrauenswürdig scheinende polnische Truppen auf. Warschau geriet in Erregung: „Die Russen wollen uns unterkriegen. Sie wollen Gomulkas Wiederkehr verhindern!" Warschauer Arbeiter bestiegen die Werk-Lastwagen und fuhren in die polnischen Garnisonen. „Wollt Ihr das Ende der jetzt beginnenden Demokratisierung?" General Waclaw Komar, Gomulka-Anhänger, erst 1955 aus dem Gefängnis entlassen, rehabilitiert und seit einigen Monaten oberster Chef der polnischen Sicherheitskräfte, zögerte nicht lange. Er ließ alle strategisch wichtigen Punkte der Stadt besetzen. Der Staatssicherheitsdienst der Volksrepublik Polen war bereit, die demokratische Bewegung der polnischen Werktätigen notfalls mit Waffengewalt gegen die Sowjets zu verteidigen. Was es nicht alles in der Geschichte gibt!

Inzwischen war im Zentralkomitee Gomulka zum Ersten Sekretär der Polnischen Vereinigten Arbeiterpartei gewählt worden. Die Parteispitze wurde neu zusammengesetzt. In dieser Stunde kam die Nachricht, daß Chruschtschow, Mikojan, Molotow und Kaganowitsch — uneingeladen — in Warschau eingetroffen seien. Es entspannte sich eine erregte Diskussion zwischen Sowjets und Polen. In der polnischen Volksarmee kam es zu heller Empörung gegen die Russen. Überall im Lande begann es zu gären. Der sowjetische Botschafter in Warschau erhielt die Nachricht, daß die polnischen Offiziere nicht gewillt seien, Rokossowskis Befehle auszuführen. Als Konjews Truppen die Warschauer Einfallstraßen erreichten und sich General Komars Einheiten gegenüber sahen, mußte Chruschtschow begreifen, daß es zu einem sowjetisch-polnischen Krieg kommen würde — wenn man sich nicht gütlich einigen konnte!

Am 19. Oktober akzeptierte Chruschtschow die Wünsche der Polen. Gomulka blieb Erster Sekretär der Vereinigten Polnischen Arbeiterpartei und durfte mit seinen Reformen — in Grenzen — fortfahren. Die sowjetischen Einheiten wurden in ihre Garnisonen zurückbeordert. Gomulka säuberte die Parteispitze von den Stalinisten und machte seinen Kampfgefährten, den Altkommunisten Marian Spychalski (der unter falschen Anschuldigungen mehrere Jahre in kommunistischen Gefängnissen eingesperrt war) zum Armeegeneral und Verteidigungsminister. Dieser ließ am 5. November durch die Presse verkünden, daß 32 hohe sowjetische Offiziere, die bisher Schlüsselstellungen in der Polnischen Volksarmee innehatten, in die Sowjetunion zurückkehren. Ihre Aufgaben wurden von polnischen Offizieren übernommen. Rokossowski kehrte am 12. November nach Moskau zurück, wo man ihn, wohl demonstrativ, zum Stellvertretenden Verteidigungsminister der UdSSR ernannte. Die dramatischen Tage, ja Wochen in Warschau gingen in der Geschichte als „der polnische Oktober" ein. Wenn auch in diesem „polnischen Oktober" 1956 in Warschau und Umgebung kein Schuß gefallen war, hatte die sowjetische Politik und damit auch die Sowjetarmee eine Niederlage hinnehmen müssen. Gomulkas Sieg in Polen brachte den Werktätigen einige (allerdings vorübergehende) Erleichterungen und lehrte die sowjetische Führung, in ihrer Politik gegenüber ihren osteuropäischen Verbündeten mehr Toleranz zu üben.

Sind die Ereignisse im Oktober 1956 in Polen noch ohne Blutvergießen abgelaufen, so mußte die Sowjetarmee kurz darauf in Ungarn regelrecht Krieg für die „Befriedung" dieser Volksdemokratie führen.

Am Parteikongreß der Komunistischen Partei der Sowjetunion (Februar 1956) hatte Chruschtschow in einer Geheimrede massive Kritik an Stalin und seinen Methoden der Staats- und Parteiführung geübt, was in den osteuropäischen Volksdemokratien und insbesondere in Ungarn Widerhall fand. Die einheimische Kommunistische Partei, die seit 1949 im Lande allein die Macht ausübte und genau nach dem stalinistischen Sowjetmodell den „Sozialismus" errichtete, hatte Ungarn wirtschaftlich und politisch an den Rand des Bankrotts geführt. Jede Gesellschaftsschicht war mit der Lage unzufrieden und strebte nach Änderung. Die ungarische Parteiführung war jedoch unfähig, der Lage Rechnung zu tragen. Zwar wurde der allgemein verhaßte ungarische KP-Führer Mátyás Rákosi („der beste ungarische Schüler des großen Stalin" wie er sich zu nennen pflegte) im Juni 1956 von seinem Posten abgelöst und für eine „Gesundheitskur" in die Sowjetunion geschickt. Sein Nachfolger, der Altkommunist und Spanienkämpfer Ernő Gerő, konnte und wollte aber keine Reformen im gewünschten Ausmaß verwirklichen. So kam es am 23. Oktober 1956 in Budapest zu einer Studentendemonstration, der sich innerhalb weniger Stunden die Arbeiter und Bürger der Hauptstadt anschlossen. Die von der Regierung aufgebotenen ungarischen Truppen gingen, ohne einen Schuß abzufeuern, zu den Demonstranten über. Ernő Gerő rief daraufhin die im Lande stationierten sowjetischen Truppen zu Hilfe.

Das kam für die Sowjets nicht überraschend. Ihr Nachrichtendienst war über die Lage in Ungarn besser orientiert als Ernő Gerő. Jedenfalls waren sowjetische Divisionen in der Karpato-Ukraine und in Rumänien schon um den 20. Oktober bereit, die ungarische Grenze zu überschreiten. Die Garnisonen der Sowjetarmee in Ungarn (eine Panzer- und zwei mechanisierte Divisionen mit verschiedenen Spezialtruppen, insgesamt etwa 50000 Mann) waren schon am Morgen des 23. Oktober in Alarmzustand versetzt und für einen eventuellen Abmarsch vorbereitet worden.[15] Nach Ernő Gerős „offiziellem Ersuchen" wurden sie nun in Richtung Budapest in Marsch gesetzt, während vier sowjetische Divisionen über die östliche Staatsgrenze in Ungarn einzogen.

Die militärischen Operationen in Ungarn lagen in den Händen des Oberbefehlshaber der sowjetischen „Gruppe Süd", Generaloberst M. S. Malinin, der in den Jahren 1945—1948 unter Schukow und Sokolowski Stabschef der „Gruppe sowjetischer Besatzungstruppen in Deutschland" gewesen war. Den Einsatz in Budapest führte Generalmajor Tichonow. Den in den frühen Morgenstunden des 24. Oktober in Budapest einrückenden sowjetischen Truppen war vorerst verboten worden, von der Schußwaffe Gebrauch zu machen. Sie sollten vielmehr — wie im Falle Berlins 1953 — durch ihr bloßes Erscheinen Eindruck auf die Demonstranten machen und diese einschüchtern.

Diese Taktik führte aber nicht zum erhofften Erfolg. Die ungarische Bevölkerung geriet durch das Erscheinen der fremden Panzer in Budapest in äußerste Erregung. Bisher hatte sie die Geschehnisse als eine „innere Angelegenheit" betrachtet, als eine Auseinandersetzung zwischen dem ungarischen Volk und der kommunistischen Parteiführung. Mit einer militärischen Intervention der Sowjetunion hatte niemand gerechnet. Das 16-Punkte-Programm der Studentenschaft (das schließlich das Programm der Revolution wurde) enthielt ja keine antisowjetischen oder antikommunistischen Forderungen, sondern strebte — im Rahmen der Volksrepublik — nach mehr Demokratie. Die Studenten verlangten von Moskau einzig, daß die Beziehungen zwischen Ungarn und der UdSSR in Zukunft auf „der Basis voller Gleichberechtigung und der Nichteinmischung in die inneren Angelegenheiten" beruhen sollten.[16] Den Abzug der sowjetischen Truppen aus Ungarn forderte man als Erfüllung des Friedensvertrages von 1947.

Das militärische Eingreifen der Sowjetunion in Budapest gab der erst wenige Stunden dauernden Revolution nicht nur neuen Auftrieb, sondern auch einen anderen Charakter. Die nationalen Gefühle loderten plötzlich auf und erwiesen sich stärker als die seit zehn Jahren verkündeten Lehren vom proletarischen Internationalismus. So wurde die Revolution zu einem Volksaufstand und gleichzeitig zu einem Freiheitskampf gegen die fremden Eindringlinge.

In den nächsten Tagen kam es sowohl in Budapest (wo die Bevölkerung Barrikaden errichtete), als auch vielerorts in der Provinz zu regelrechten Gefechten zwischen Ungarn und Sowjets. Die Ungarn erhielten Waffen und Munition von der eigenen Volksarmee (viele Offiziere und Soldaten schlossen sich den aufständischen Jugendlichen an, die meistens aus der Arbeiterschaft stammten) oder erbeuteten diese von sowjetischen Einheiten, die ab 25. Oktober mit einem generellen Schießbefehl eingriffen. In diesen Kämpfen erlitten die sowjetischen Truppen, insbesondere in Budapest, nicht unbedeutende Verluste: mindestens 2000 Soldaten und Offiziere fielen, und über 100 Panzer und gepanzerte Fahrzeuge wurden außer Gefecht gesetzt oder vernichtet.[17]

Am 29. Oktober stabilisierte sich die politische Lage in Ungarn ein wenig. Die neue, von den Aufständischen und auch von den Sowjets anerkannte ungarische nationale Regierung, mit dem auch von den parteilosen geschätzten Kommunisten Imre Nagy an der Spitze, konnte die meisten Forderungen der Bevölkerung annehmen. Ungarn war auf dem besten Wege, etwas „Neues" im Donauraum zu verwirklichen: einen Sozialismus mit Mehrparteiensystem und (im Rahmen der gegebenen Umstände) mit mehr Freiheit und Unabhängigkeit von der Sowjetunion. Die Regierungserklärung des sowjetischen Ministerrates vom 30. Oktober 1956, welche eine bis dahin geheime Übereinkunft mit Nagy offiziell bestätigte, deutete in die gleiche Reichtung (veröffentlicht in der Moskauer „Prawda" vom 31. Oktober 1956). Die Sowjettruppen in Budapest erhielten den Befehl, die Stadt innerhalb von 24 Stunden zu räumen. Es wurden Verhandlungen angekündigt, mit dem Ziel, *alle* sowjetischen Truppen bis zum 15. Januar 1957 aus Ungarn abzuziehen.

„Sowjetische Panzer und Truppenverbände zogen heute aus der vom Kriege gezeichneten Hauptstadt ab: sie nahmen ihre Toten mit. Sie verließen eine schwer angeschlagene Stadt... Ich kam hierher aus Warschau — mit dem Flugzeug, dem Wagen, zu Fuß —, die letzten fünf Kilometer mußte ich laufen.
Während wir uns Budapest näherten, sah ich die ersten nach Süden fahrenden sowjetischen Truppenkolonnen. An der Spitze fuhren zwei Panzerspähwagen, gefolgt von zehn T-34 Panzern, und dahinter zahlreiche Motorräder und Lastwagen. Die Panzer waren vom Pulverrauch geschwärzt, ölverschmiert und mit Blut besudelt. Auf dem Heck eines Panzers lag ein toter Sowjetsoldat. Auch auf den Armeelastwagen lagen mehrere Tote. Die russischen Soldaten starrten düster und verbittert vor sich hin. Am Straßenrand standen Ungarn, die schweigend den Abmarsch beobachteten. Ein ungarischer Bauer spuckte einen der ihm auf Armlänge vorüberfahrenden sowjetischen Panzer an. Die Sowjetsoldaten taten so, als sähen sie es nicht... Alle Geschütze der dem Konvoi voranfahrenden Panzer waren besetzt, und hinter den MGs, mit denen die Lkws bestückt waren, standen die Schützen schußbereits..."

So beschreibt ein britischer Journalist am 29. Oktober 1956 den Beginn des Abzugs der sowjetischen Truppen aus Budapest.[18]

Doch die Freude der Ungarn, den politischen und militärischen Kampf siegreich bestanden zu haben, war verfrüht. Die Entwicklung der internationalen Lage, das Drängen der Chinesen, Ungarn nicht aus dem Sowjetblock ausbrechen zu lassen, und nicht zuletzt die nach Revanche für die Niederlage in Ungarn rufenden sowjetischen Militärs (mit Marschall Schukow an der Spitze) bewirkten in Chruschtschows Politbüro einen Stimmungswandel.

Da lösten am 29. Oktober 1956 Großbritannien, Frankreich und Israel — die inneren Schwierigkeiten des Sowjetblocks ausnützend — einen militärischen Angriff auf Ägypten aus, mit dem Ziel, Präsident Abdel Nasser zu stürzen und die Verstaatlichung des Suez-Kanals (26. Juli 1956) mit militärischer Gewalt rückgängig zu machen. Die Sowjetregierung forderte daraufhin von der britischen und französischen Regierung, die Intervention in Ägypten sofort einzustellen, ansonst sie gegen London und Paris Raketenwaffen einsetzen würde. Die US-Regierung hatte ihrerseits am 5. November London und Paris zur Kampfeinstellung aufgerufen. Während die westliche Welt im Banne eines ihr drohenden neuen Weltkrieges stand, hatte Chruschtschow Ende Oktober Marschall Schukow „grünes Licht" für eine neue Militärintervention in Ungarn gegeben. Dieser informierte Generaloberst P. I. Batow, Befehlshaber des Karpatischen Militärbezirkes, über den neuen Einsatz: „Wenn da nicht eingegriffen wird, da bekommst Du bald die Amerikaner als Gegner. Deshalb: Handeln!"[19]

Ab 31. Oktober mehrten sich in Ungarn die Nachrichten, daß immer mehr neue sowjetische Truppen über die östlichen Grenzen in das Land kommen. (Die Interventionstruppen kamen im wesentlichen vom Karpatischen und Odessaer Militärbezirk und wurden von Generaloberst Laschtschenko geführt.) Offiziell begründeten die Sowjets diese Truppenbewegung damit, daß sie mit den frischen Divisionen die durch Verluste geschwächten Einheiten in Ungarn auffrischen wollten.[20] Da sie sich dabei auf die Bestimmungen des Warschauer Paktes beriefen, kündigte Imre Nagy dieses Militärbündnis am 1. November 1956 und erklärte für Ungarn die „ewige Neutralität" nach dem Beispiel der österreichischen Neutralitätserklärung. Gleichzeitig wurde gegenüber der Sowjetregierung der Wunsch geäußert, ihre Truppen baldmöglichst aus dem Land abzuziehen.

Die sowjetische Regierung begann darauf ein Doppelspiel. Einerseits willigte sie in einen Truppenabzug ein und begann am 3. November in Budapest diesbezügliche Verhandlungen, andererseits beschleunigte sie den Aufmarsch und die Bereitstellung von Truppen in Ungarn. Am 3. November 1956 standen etwa 12 sowjetische Divisionen im Land. Die Flugplätze und alle strategisch wichtigen Punkte Ungarns wurden besetzt. Ungarischerseits gingen daraufhin die bewaffneten Aufständischen und Einheiten der Ungarischen Volksarmee in Stellung. Imre Nagy hoffte weiterhin auf eine Verständigung mit Moskau, und er betrachtete den sowjetischen Aufmarsch in Ungarn als einen Teil der sowjetischen Militärdrohung gegenüber dem Westen. Er wurde darin bestärkt, als die Verhandlungen mit Generaloberst Malinin über den sowjetischen Truppenabzug am 3. November in bestem Einvernehmen verliefen. Den entsprechenden Vertrag wollten die sowjetischen Generäle noch am selben Abend, jedoch in ihrem Hauptquartier in Tököl, in der Nähe von Budapest, unterzeichnen. Eine ungarische Regierungsdelegation, zu der auf Wunsch der Sowjets auch die Spitze der ungarischen Armeeführung gehörte (General Pál Maléter, General István Kovács und Oberst Szücs d. h. Verteidigungsminister, Generalstabschef und Leiter der Operativen Abteilung im Generalstab), begab sich nach Tököl. In den Morgenstunden des 4. November 1956 wurde sie — ungeachtet ihrer völkerrechtlichen Imunität — vom sowjetischen MWD-Chef, General Serow persönlich verhaftet. Drei Stunden später eröffneten die sowjetischen Truppen in Ungarn das Feuer. Sie kämpften mit besonderer Härte. Schukow wollte diesmal mit Ungarn kurzen Prozeß machen. Trotzdem hielt sich Budapest bis zum 7. November, und in der Provinz kamen die Kämpfe erst Mitte November zum Erlöschen. Mit den Aufständischen kämpften auch Einheiten der Ungarischen Volksarmee, während einige Flugzeuge der Ungarischen Luftwaffe noch Angriffe auf sowjetische Nachschubkolonnen fliegen konnten. Mit Recht bemerkte später der damalige Oberbefehlshaber der Ungarischen Nationalgarde (eigentlich Oberbefehlshaber der aus zivilen Aufständischen gebildeten Truppen) Generalmajor Béla Király, daß das, was sich in Ungarn im November 1956 zwischen Sowjets und Ungarn abgespielt hatte, der „erste Krieg zwischen zwei sozialistischen Staaten" gewesen sei.[21]

Schließlich siegte die Sowjetarmee, zwar nicht dank ihrer Kampfmoral, sondern infolge ihrer Übermacht. Die sowjetischen Soldaten, die in den meisten Fällen gar nicht wußten, wo sie sich befanden und gegen wen sie im Einsatz standen, kämpften schlecht. (General Batow 22 Jahre später: „... weder Infanterie noch die Panzer noch die Ingenieurtruppen wußten, daß für sie so ein Einsatz und Aufgabe bevorstand!".) Es gab unter ihnen sowohl Fahnenflüchtige, aber auch solche, die bewußt zu den Aufständischen überwechselten und diese sogar mit Waffen unterstützten.[22] Die Verluste der sowjetischen Militärintervention in Ungarn sind bis zum heutigen Tag unbekannt. In der sowjetischen militärhistorischen Literatur schweigt man sich über diesen — gewiß nicht ruhmreichen — Feldzug völlig aus. Als Endergebnis soll hier nur festgehalten werden: mit sowjetischer Militärgewalt wurde die Regierung von Imre Nagy verhaftet und János Kádár, Moskaus neuer Mann an die Spitze der ungarischen Kommunistischen Partei und Regierung gestellt.

Der ungarische Volksaufstand von 1956 wurde durch die sowjetischen Truppen niedergeschlagen. Der Einsatz der Panzereinheiten in Budapest — befehligt von Garde-Generalmajor K. S. Grebennik — war gleichzeitig eine öffentliche Vorstellung neuer Typen der sowjetischen Panzerwaffe. Neben den bekannten T-34/85 verwendeten die Intervenienten in großer Zahl auch den schweren Panzer vom Typ „Josip Stalin — III" (jetzt freilich nur noch „JS-III" genannt) sowie den „T-54". Sie hatten alle Eigenschaften moderner Panzer und waren für die westlichen Beobachter eine Überraschung! Gegen *diese* Panzer waren die Brandflaschen und die leichten Pak-Geschütze der Ungarn fast wirkungslos.

Die Einheiten, die am 24. Oktober zu den angreifenden Truppen von General Malinin gehörten oder die schon längere Zeit Besatzungsdienst im Lande geleistet hatten, wurden nach dem 4. November aus Ungarn abgezogen. Nach zuverlässigen Informationen sind gegen zahlreiche dieser Soldaten und Offiziere Untersuchungen durchgeführt worden. Der Großteil der „Verdächtigten" kam in Straflager im Ural. (So hieß z. B. das Lager Nr. 3857 bei Dubrowlak auf dem Gebiet der Mordwinischen Autonomen Republik, 300 km östlich von Moskau allgemein das „Ungarn-Lager". Hier befanden sich im Winter 1956/57 mehrere hundert Soldaten.[23]) Das Fraternisieren der sowjetischen Soldaten mit den Aufständischen hat dem sowjetischen Generalstab als „gefährliche Erscheinung" einige Kopfschmerzen verursacht, und die „Säuberung" der Verdächtigen dauerte längere Zeit.

6. Glanz und Elend von Marschall Schukow

Chruschtschow hielt große Stücke auf die Armee und schenkte ihr sein volles Vertrauen. Im März 1955 veranlaßte er das Präsidium des Obersten Sowjets der Sowjetunion elf „verdiente" Generäle zu Marschällen der Sowjetunion zu befördern. Die neuen Marschälle, die mitten im Frieden diesen Rang erhielten, waren: I. Ch. Bagramjan, Befehlshaber des Militärbezirkes von Bjelorußland, ein Armenier, Held des deutsch-sowjetischen Krieges; S. S. Birjusow, Oberbefehlshaber der sowjetischen Besatzungstruppen in Österreich und ab Mitte 1955 im sowjetischen Fernen Osten tätig; A. A. Gretschko, ein Kriegsveteran und seit 1953 Oberbefehlshaber der „Gruppe der sowjetischen Streitkräfte in Deutschland"; A. I. Jeremenko, ehemals Verteidiger von Stalingrad und seit 1953 Befehlshaber des Rostower Militärbezirkes; K. S. Moskalenko, Befehlshaber des Moskauer Militärbezirkes und im Dezember 1953 Mitglied jenes Militärtribunals, das Berija zum Tode verurteilte; W. I. Tschujkow, Oberbefehlshaber der sowjetischen Besatzungstruppen in Deutschland bis 1953 und nun Befehlshaber des äußerst wichtigen Kiewer Militärbezirkes. Ferner wurden von den Luftstreitkräften zum Marschall befördert: P. F. Schigarew, S. I. Rudenko, W. A. Sudez und von der Artillerie S. S. Warenzow und W. I. Kasakow, N. G. Kusnezow, der unter Stalin gemaßregelte Oberbefehlshaber der Seestreitkräfte wurde zum Flottenadmiral der Sowjetunion ernannt.[24]

Chruschtschow ließ zudem einer ganzen Reihe von Befehlshabern der einstigen Roten Armee, die in den Jahren 1937 bis 1941 der Stalinschen Säuberung zum Opfer gefallen waren, posthum Gerechtigkeit widerfahren. Tuchatschewski, Jegorow, Blücher und viele andere (wenn auch bei weitem nicht alle!) durften wieder als Ehrenmänner angesehen werden, wenn auch ihrer Rehabilitierung

Grenzen gesetzt waren (z. B. durften Straßen, Kasernen, Lehranstalten oder Verbände nicht mit dem Namen von sowjetischen Kommandeuren dieser Kategorie gekennzeichnet werden.)

Bei all diesen Maßnahmen hatte Schukow die Entscheide Chruschtschows voll unterstützt. Der Erste Sekretär des Zentralkomitee der KPdSU(B) vertraute seinem Marschall und behielt in Erinnerung, welche wichtige Rolle er bei der Verhaftung Berijas gespielt hatte. Der Glanz des wohl populärsten Feldherrn der Sowjetunion strahlte auch auf Chruschtschow, den es anfänglich kaum störte, daß um seinen Verteidigungsminister so etwas wie ein neuer Personenkult entstanden war. An den Wänden der Kasernen und anderer militärischer Einrichtungen hingen die Bilder des Marschalls, und in der Vorhalle des „Hauses der Sowjetarmee" prangte sogar ein Monumentalgemälde von Jakowlew, das Schukow als Sieger in Berlin auf einem Schimmel zeigte, mit dem von Flammen umhüllten Reichstagsgebäude im Hintergrund. „Ein schönes Bild! Schukow ist unser Held und hat diese Ehrung verdient!" sagte Chruschtschow dazu noch 1955.[25]

Dann aber kam das Jahr 1956 mit all seinen militärischen Problemen. Schukow strebte weiterhin nach einer strikten Zentralisierung der Befehlsgewalt bei den Kommandeuren in Armee und Flotte. Das Zurückdrängen der parteipolitischen Indoktrination und die Herabsetzung des Wertes der parteipolitischen Bildung der sowjetischen Soldaten rief jedoch Schukows Gegner vermehrt auf den Plan. Das Verhalten der Truppen im Ungarn-Feldzug (Oktober 1956) wurde Schukow angelastet. Wie soll ein Soldat in der Ferne kämpfen, wenn er nicht völlig von seiner politischen Mission überzeugt ist?! Insbesondere Marschall Konjew — ein alter Widersacher Schukows! — wetterte, wenn auch anfänglich nur sachte, gegen seinen Minister. Konjew war zu dieser Zeit Oberbefehlshaber des Warschauer Paktes und damit auch Erster Stellvertreter Schukows.

Anfangs 1957 kam es zu verschiedenen Kontroversen zwischen Konjew und Schukow. Allmählich schlug Chruschtschows Stimmung um. Allzu selbstsichere Äußerungen Schukows, wie „die Armee gehorcht immer mir!" hatten den Parteichef aufhorchen lassen. Nun entdeckte er auch den „Personenkult" um Schukow. Das westliche Ausland tat leider auch einiges dazu, um ihn den Marschall suspekt zu machen. Immer häufiger erschienen Artikel in der Auslandspresse, wo namhafte Sowjetologen von Schukow als dem kommenden „starken Mann in Rußland" schrieben, ja ihn sogar den „roten Napoleon" nannten. Die Ergänzung des Waffenarsenals der sowjetischen Streitkräfte mit der neuen Raketenartillerie und das Umdenken für eine neue Militärdoktrin ließ Konflikte zwischen Chruschtschow und Schukow entstehen, die sich aber alle noch sehr friedlich abwickelten. Nachträglich konnte man jedoch ihre steigende Gefährlichkeit erkennen.

Am 4. Oktober 1957 trat Marschall Schukow eine schon längere Zeit geplante Dienstreise an. An Bord des Kreuzers „Kujbyschew" begab er sich von der Krim aus in Richtung Jugoslawien und wollte auch in Albanien Halt machen. Während seiner Abwesenheit schritt Chruschtschow zur Tat. Er berief auf den 19. Oktober eine Präsidiumssitzung ein, an der Generaloberst A. S. Scheltow, Chef der Politischen Hauptverwaltung, Bericht über die gefährlich vernachlässigte und daher ungenügende parteipolitische Arbeit bei den Streitkräften erstattete. Dann folgte Ende Oktober die Plenarsitzung des Zentralkomitees der KPdSU,* an der 14 Vertreter der Armee und Flotte (u. a. Malinowski, Konjew, Rokossowski, Sokolowski, Timoschenko, Birjuzow, Batow, Gorschkow usw.) und 8 der höchsten Parteiführer teilnahmen. Als Marschall Schukow am 26. Oktober von Tirana mit dem Flugzeug nach Moskau zurückkehrte — war er schon nicht mehr Verteidigungsminister. Am nächsten Tag wurde seine offizielle Absetzung in der „Prawda" angezeigt, versteckt als Nebensächlichkeit auf Seite 6 des Blattes.

Schukows Entlassung als Verteidigungsminister folgte seine Verstoßung aus dem Parteipräsidium und dem Zentralkomitee der KPdSU.[26] Umsonst beugte sich der mehrfache Held der Sowjetunion demütig vor der „Partei"; umsonst bezichtigte er sich selbst der Versäumnisse und Fehler; umsonst schwor er, alles daran setzen, sich in dieser Hinsicht zu bessern — er mußte von allen öffentlichen Ämtern zurücktreten.[27] Niemand nahm für Schukow Partei. Sein Kampfgefährte und gewissermaßen Freund, General Scheltow — dem eigentlich die Verantwortung dafür zufiel, daß der Einfluß der KPdSU bei den Streitkräften zurückgedrängt worden war — hielt sich auffallend zurück. Marschall Konjew ließ schon am 3. November in der „Prawda" einen Artikel erscheinen, in dem er Schukow offen angriff und ihm vorwarf, „neben Stalin" dafür verantwortlich zu sein, daß 1941 die Grenztruppen nicht auf die deutsche Offensive vorbereitet waren. „Er hat die Parteiorganisation in der Armee (später) zu einfachen Erziehungsorganen herabgewürdigt. Er hat sich selbst und seine Fähigkeiten überschätzt... Schukow ist außerordentlich eitel..." (1960 zerwarf sich dann Konjew wegen der einseitigen Raketendoktrin mit Chruschtschow. Er wurde daraufhin Ende April 1960 als Oberbefehlshaber des Warschauer Paktes abberufen und zur Reserve des Generalinspektorats des Verteidigungsministeriums versetzt.)

An Stelle von Marschall Schukow übernahm Marschall Rodion Jakowlewitsch Malinowski die Leitung des Verteidigungsministeriums der Sowjetunion. Der damals 59jährige Ukrainer, der erst 1926 in die Partei eingetreten war, hatte die Frunse-Generalstabsakademie absolviert und sich bei Stalingrad, im November 1942, einen Namen gemacht. In der zweiten Hälfte des Krieges war er Chruschtschows Kampfgefährte bei den großen Schlachten im Süden der Sowjetunion. Später war er lange Jahre im sowjetischen Fernen Osten tätig. Auf dem XIX. Parteikongreß (noch unter Stalin) wurde Malinowski ZK-Kandidat, auf dem XX. Parteikongreß Vollmitglied des Zentralkomitees. Für Konjew war es sicherlich eine Enttäuschung, daß nicht er Schukows Nachfolger geworden ist.

In den kommenden Monaten folgten weitere Umbesetzungen in der Armee. In der Flotte war es schon 1956 zu einem Wechsel gekommen: Flottenadmiral Kus-

* Seit Februar 1956 heißt die sowjetische Staatspartei nur Kommunistische Partei der Sowjetunion, = KPdSU. Das Wort „Bolschewik" wurde getilgt.

nezow trat zurück und an seine Stelle kam der Marinefachmann Flottenadmiral Sergej Georgiewitsch Gorschkow, ein „unpolitischer Soldat" (Parteimitglied erst seit 1942!), der in der Folge alle internen Zwistigkeiten und Säuberungen wohl überstand und noch heute (1980), als 70jähriger, Oberbefehlshaber der sowjetischen Seestreitkräfte ist.[28]

Zweieinhalb Monate nach Schukows Sturz mußte auch Generaloberst Scheltow seinen Posten räumen. Am 15. Januar 1958 übernahm Armeegeneral F. I. Golikow die Leitung der Politischen Hauptverwaltung, ein bewährter Militär mit politischem Hintergrund. Während des Zweiten Weltkrieges war er sowohl in wichtigen militärdiplomatischen Funktionen, als auch als Befehlshaber einer Armee an der Front tätig. (1941 führte er z. B. die sowjetische Militärdelegation in Washington bei der Beschaffung der „Lend-and-Lease" Hilfe). Nach dem Krieg organisierte Golikow die Repatriierung sowjetischer Bürger aus Westeuropa und wurde danach für längere Zeit Kommandeur der Militärakademie der Panzer- und der mechanisierten Truppen. Gegen Schukows Feldherrenruhm schon immer negativ eingestellt, übernahm er mit Freude seinen neuen Posten, den er vier Jahre lang, bis 1962, beibehielt. Während seiner Amtszeit wurde die parteipolitische Erziehung der Streitkräfte wieder „in Ordnung" gebracht und somit der Primat der Partei in Armee und Flotte wieder hergestellt.

Und Schukow?

Nach seiner Absetzung verschwand der Marschall vollständig von der öffentlichen Bühne. Er lebte — auch nach Chruschtschows Sturz — zurückgezogen in seinem Landhaus nicht weit von Moskau und schrieb seine Memoiren, die — nach seiner Teilrehabilitierung durch Breschnew — 1969 in Moskau erschienen sind und zum Welterfolg wurden. Marschall Schukow starb als 78jähriger am 18. Juni 1974 und wurde an der Kremlmauer mit militärischen Ehren beigesetzt.

7. Chruschtschow und die Kriegsmarine

Rußland war nie besonders stark auf den Weltmeeren. Das änderte sich auch nach der Machtübernahme der Bolschewiken nicht, obwohl Stalin in dieser Hinsicht gigantische Pläne hegte. Bis in die fünfziger Jahre hatte die sowjetische Kriegsmarine bzw. die „sowjetischen Seestreitkräfte", wie die Kriegsflotte unter Chruschtschow offiziell hieß, kaum mehr Bedeutung erlangt. Ihr oblag vor allem die Küstenverteidigung — immerhin 40000 Kilometer. Die Seefliegerkräfte wurden erneuert und zahlenmäßig vermehrt. Die im Zweiten Weltkrieg verlorengegangenen großen Schiffe wurden ersetzt, teilweise durch Beuteschiffe. Wegen Umbauten und nicht immer ausreichender Wartung kam es zu teilweise schweren Schäden. So ist der Kreuzer „Stalingrad" im Sommer 1955 im Schwarzen Meer in zwei Teile auseinandergebrochen, doch konnte bei dieser Katastrophe fast die gesamte Mannschaft gerettet werden. Einige Monate später — am 29. Oktober — ist der ehemalige italienische Kreuzer, zur Zeit „Noworossijsk" auf der Reede von Sewastopol nach einer Explosion im Bug plötzlich gesunken, 1500 Mann mit sich in die Tiefe reißend.[29]

Chruschtschow und Schukow sahen ungern den Elitekorpsgeist, den die Marine pflegte. Der Verteidigungsminister mißbilligte auch, daß sich die Marine in verschiedenen Kriegshäfen Prunkbauten für Stabsquartiere bauen ließ, während die Offiziere selbst in Baracken und Lehmhütten hausen mußten. Chruschtschow ärgerte sich über die besonderen Uniformen der sowjetischen Marine und wollte diese abschaffen; die Matrosen sollten dieselbe Kampftenue wie ihre Kameraden bei den Heeresverbänden tragen! Später, bei seinen häufigen Auslandsreisen entdeckte dann Chruschtschow die Elite-Truppengattung der amerikanischen Marineinfanteristen (Marines). Es wird berichtet, deren Wachdienst im Weißen Haus zu Washington habe ihm ganz besonders imponiert. Nun ließ er amerikanische Filme vorführen, in denen Kämpfe und Einsätze der US-Marineinfanteristen im Zweiten Weltkrieg und Koreakrieg gezeigt wurden. Er war besonders beeindruckt von den aufopfernden Kämpfen der US-Marines in Guadalcanal im August 1942.

1959/60 stellte nun die Sowjetarmee Marineinfanterie-Einheiten auf. Dabei wurde an die Tradition des Großen Vaterländischen Krieges angeknüpft, wo Matrosen, denen die Schiffe fehlten, bei Sewastopol, Leningrad, Odessa ja sogar vor Moskau und in Stalingrad, gekämpft hatten. Mitte der fünfziger Jahre fanden die ersten kombinierten Manöver von Heeres- und Marinetruppen statt. Nach Zeugenaussagen ging es dabei oft recht primitiv zu. Die sowjetischen Seestreitkräfte besaßen damals noch keine Landungsboote, und der Transport von Menschen und Kampftechnik erfolgte mit behelfsmäßig umgebauten Frachtern und Lastkähnen. Eine Landungsoperation im Baltischen Meer war recht zeit- und nervenraubend.[30]

Bei den Seestreitkräften erlebte Chruschtschow einmal eine ganz besondere Überraschung über die Auswirkung der noch von Stalin herrührenden, außerordentlich weitgehenden Befehle für die Geheimhaltung. Er schilderte sein Erlebnis wie folgt:

„Ich wohnte einigen Stabsmanövern an Bord eines Kreuzers bei. Einer unserer Kommandanten trug in einem Kriegsspiel auf der Karte vor, wie ‚unsere' Flotte auf ‚den Feind' gestoßen war und ihn in die Flucht geschlagen hatte. Er begann herunterzurasseln, wie ‚unsere' Flotte ‚feindliche' Schiffe zur Rechten und zur Linken versenkte.
‚Wir haben uns bereits den Dardanellen genähert', sagte er, ‚nun stoßen wir in das Mittelmeer vor und leiten eine Angriffslandung an der Nordwestküste Afrikas ein!' Und so weiter und so fort. Er war schrecklich hochmütig.
Mich machte es traurig, ihm zuzuhören. Schließlich konnte ich mich nicht länger

halten. Ich unterbrach ihn und sagte: ‚Halt, warten Sie. Sie reden mit solcher Gewißheit davon, wie Sie kurzen Prozeß mit dem Feind gemacht haben, und jetzt erzählen Sie mir, daß nichts weiter übrigbleibt, als ihm den Rest zu geben. Haben Sie die Lage denn wirklich richtig eingeschätzt? Wenn dies ein echter Krieg wäre und nicht nur eine Übung auf der Karte, lägen ihre Schiffe jetzt schon längst auf dem Meeresboden!' Er guckte mich verdutzt an. Ich fuhr fort: ‚Sie haben völlig die Raketen außer acht gelassen, die der Feind gewiß gegen uns eingesetzt hätte — von seinen Küstenbefestigungen und von seinen raketenbestückten Flugzeugen aus. Wir haben ja selbst ein solches System, also wird die andere Seite es sicher auch haben. Es ist schrecklich gefährlich, die Fähigkeiten des Feindes zu unterschätzen!'

Der Kommandant war augenscheinlich verwirrt. ‚Genosse Chruschtschow', sagte er. ‚Ich habe noch niemals von Flugzeugen gehört, die Raketen abfeuern können. Sie erzählen mir etwas, das für mich völlig neu ist...'

‚Dann ist das unser eigenes Versäumnis', sagte ich ihm. ‚Alle diese Informationen müssen wohl geheim sein.' Ich wandte mich an die anderen Mitglieder des Präsidiums und schlug vor: ‚Genossen, laßt uns die Besprechung unterbrechen und unsere Marineoffiziere mit an Land nehmen, damit sie sich einmal mit unserem Raketensystem vertraut machen können. Es ist wichtig, daß unsere Kommandanten genau wissen, was wir haben und was der Feind hat, sonst werden sie im Kriegsfall groben Fehleinschätzungen erliegen und uns in große Schwierigkeiten bringen!'

Nachdem eine kleine Anzahl hoher Marineoffiziere unsere Raketeninstallationen kennengelernt hatten, führten wir die Stabsbesprechung fort. Dort oder später, bei unserer Rückkehr nach Moskau, entschieden wir uns, damit Schluß zu machen, daß alles sogar vor unseren militärischen Befehlshabern geheimgehalten werde..."[31]

8. Chruschtschow und die Raketentruppen

Noch zu Lebzeiten Stalins war die Entscheidung gefallen, Boden-Luft-Raketen zu entwickeln. In den fünfziger Jahren wurden Moskau und Leningrad damit umgeben. Man nahm an — irrtümlicherweise, wie Chruschtschow später selber zugab — durch diesen Raketen-Ring die beiden Metropolen der Sowjetunion vor jeglichem gegnerischen Luftangriff schützen zu können. Da sie aber leicht verletzlich waren, mußte man später die festen Stellungen der Boden-Luft-Raketen durch fahrbare Raketenabschußrampen ersetzen.

Zu Chruschtschows Regierungszeit wurde sehr viel für die Schaffung und Fortentwicklung der Raketenwaffe getan. Die sowjetischen Wissenschaftler, Ingenieure und Konstrukteure unternahmen größte Anstrengungen, um die *Reichweite* und *Treffsicherheit* der Raketen zu erhöhen. Bis Mitte der fünfziger Jahre entwickelten sie Raketen verschiedener Klassen und Typen, die in die Bewaffnung der Gardeartillerie-Einheiten aufgenommen wurden. Um die gleiche Zeit gelang es ihnen, verschiedene hochwirksame Kernwaffen herzustellen, darunter die mächtigsten der damaligen Welt mit einem Trotyläquivalent von 50 bis 100 Megatonnen. Beides zusammen, treffsichere Raketen von großer Reichweite und gewaltige Kernladungen bildeten die Grundlage für einen neuen Waffentyp: die strategischen Nuklearraketen.

Im August 1957 wurde in der Sowjetunion die erste interkontinentale ballistische Mehrstufenrakete getestet, die dann am 4. Oktober 1957 den ersten künstlichen Erdsatelliten, den „Sputnik" auf eine Erdumlaufbahn brachte.

Die Entwicklung der Interkontinentalrakete bedeutete das Ende der Unverletzbarkeit weit entfernten gegnerischen Territoriums. Mit diesen, in den nächsten Jahren stets weiter entwickelten und verbesserten Nuklearraketen konnte die Sowjetunion jedes gegnerische Objekt überall auf der Welt beschießen.

Im Jahre 1956 wurde als neue, selbständige und wohl auch wichtigste Teilstreitkraft der Sowjetarmee die Strategische Raketentruppe geschaffen. Ihr erster Oberbefehlshaber wurde der Hauptmarschall der Artillerie M. I. Nedelin, der dann im April 1960 bei der mißglückten Erprobung eines neuen Raketentyps „Semjorka" (Nummer 7) ums Leben kam. Sein Nachfolger wurde Marschall K. S. Moskalenko.

Die Raketentruppe wurde mit großem Elan Ende der fünfziger und Anfang der sechziger Jahre ausgebaut. Nach ihrer Bewaffnung und Bestimmung wurde sie in drei Gattungen unterteilt: in die strategischen Raketentruppen, ausgerüstet mit Orbital-, Global- und Interkontinentalraketen; in die Raketentruppen der Landstreitkräfte, und in die Fliegerabwehr-Raketentruppen, die gegnerische Luftziele in allen Höhen erfolgreich bekämpfen können (wie dies das Herunterholen des US-Aufklärungsflugzeuges U-2 am 1. Mai 1960 gezeigt hatte).

Chruschtschow hatte guten Grund, vor der UNO-Vollversammlung im Oktober 1960 zu erklären, daß die Sowjetunion vor keinerlei Bedrohung Angst habe. „Bei uns ist die Erzeugung von Raketen im Fließbandverfahren im Gange" sagte er. „Kürzlich war ich in einem Werk und sah, wie dort die Raketen gleich Würsten automatisch aus der Maschine laufen: Rakete um Rakete verläßt unsere Taktstraßen..."[32] Der Erste Sekretär des Zentralkomitees der KPdSU hielt besonders viel von den Interkontinentalraketen. Die damit in den Jahren 1963/64 durchgeführten Tests erfüllten ihn mit Genugtuung. Bei einer Entfernung von 12000 bis 13000 Kilometer trafen sie genau ins Ziel![33]

Mit der raschen Steigerung der Raketenproduktion und der vermehrten Aufstellung von Raketentruppenteilen mußten neue, speziell ausgebildete Kommandeure und Militäringenieure als Kader ausgebildet werden. Auch dieses Problem bewältigte die Sowjetunion zufriedenstellend.

N. S. Chruschtschow ist mit Recht in die Geschichte der Sowjetarmee eingegangen als derjenige, welcher die Raketenbewaffnung im großen Stil fortentwickeln und bei den Streitkräften einführen ließ.

9. Chruschtschows Militärpolitik

Mit der Einführung der Raketenbewaffnung in der Sowjetarmee begann für Chruschtschow ein Umdenken auf dem Gebiet des sowjetischen Militärwesens. Ende der fünfziger Jahre nahm er noch an, daß mit dem vermehrten Ausbau der strategischen Raketentruppen die Stationierung sowjetischer Truppen außerhalb der Sowjetunion abgebaut werden könne. So wurden aus der Deutschen Demokratischen Republik allmählich einige sowjetische Divisionen abgezogen und teilweise sogar demobilisiert. Im April 1958 kehrten zwei sowjetische Divisionen aus Ungarn zurück, und im selben Jahr erlangte der rumänische Ministerpräsident Chivu Stoica von Moskau, daß alle sowjetischen Truppen aus Rumänien zurückgezogen wurden. Sowjetische Truppen standen danach nur noch in der DDR, in Polen und in Ungarn. Ihre Anwesenheit wurde nunmehr durch zweiseitige Stationierungsabkommen staatsvertraglich geregelt. Danach hatten die sowjetischen Truppen, die lediglich „provisorisch" auf dem Gebiet der betreffenden Staaten Dienst leisteten, die Aufgabe, die Grenzen der sozialistischen Staatengemeinschaft gegen die imperialistische und aggressive NATO und insbesondere gegen die revanchistische Bundeswehr zu schützen.

In diesen Jahren baute Moskau die Luftverteidigung in den ost- und mitteleuropäischen Volksdemokratien einheitlich aus und faßte sie in der Hand des sowjetischen Oberkommandos der Luftverteidigung zusammen. Als am 28. Januar 1964 ein Düsenflugzeug der US-Luftstreitkräfte vom Typ T-39 „Sabreliner" im Raum Diedorf, 25 Kilometer nordwestlich Eisenachs in den Luftraum der Deutschen Demokratischen Republik einflog und — nach sowjetischen Meldungen — 90 Kilometer tief ins Land hineinstieß, waren es sowjetische Kampfflugzeuge, die es südlich von Mühlhausen (Thüringen) — mitten im Frieden — nach einigen Warnschüssen abschossen. Alle drei Insassen fanden dabei den Tod.[34]

Am 25. Mai 1959 begab sich N. S. Chruschtschow nach Albanien. Es war seine erste (und letzte) Reise in diesen kleinen volksdemokratischen Staat. In seiner Begleitung befand sich auch der neue sowjetische Verteidigungsminister R. J. Malinowski. In Tirana hielt Chruschtschow eine große Rede, in der er vorschlug, man möge aus dem Balkan eine „Halbinsel des Friedens" machen. Er wetterte gegen die Westmächte, die Griechenland und Italien zwingen, auf ihrem Staatsgebiet amerikanische Raketenbasen zu dulden. Wie später bekannt wurde, hatten die sowjetischen Besucher in Albanien aber auch noch andere Gedanken. Die UdSSR unterhielt nämlich eine Marinebasis im albanischen Vlora und sie wirkte beim Aufbau der Albanischen Volksarmee tatkräftig mit. Nun wollten Chruschtschow und Malinowski auch noch — Raketenbasen. Viele Jahre später, als der Bruch zwischen der UdSSR und Albanien auf allen Gebieten vollzogen war, gab Enver Hodscha in einer Rede, die er 1972 anläßlich des 60. Jahrestages der Ausrufung der Unabhängigkeit Albaniens hielt, folgendes bekannt:

„... Wir Albaner haben genau erkannt, was sich hinter der sogenannten ‚internationalistischen Hilfe' der sowjetischen Revisionisten (gemeint: Chruschtschow und Genossen) verbirgt... Ihre Absichten sind weitgesteckt — sie wollen unser sozialistisches Land versklaven und in einen ihrer Satelliten verwandeln. Aber dieses heldenhafte Vlora hat auch Chruschtschow gesehen. Als dieser Renegat des Marxismus-Leninismus vor der herrlichen Bucht von Vlora stand, war er begeistert, und auf einmal hörte ich seinen Minister Malinowski, der ihm zuflüsterte: ‚Begreifst Du, Nikita Sergejewitsch? Mit Raketen aus Berlin und Ostdeutschland können wir jetzt Gibraltar treffen: von der Bucht von Vlora aus hingegen haben wir das ganze Mittelmeer in der Hand!' Nun, in der Hand hatten sie den Wind, denn unsere Partei und Regierung haben ihre Pläne durchkreuzt. Und dieser Malinowski sagte in Butrinti erneut zu Chruschtschow: ‚Ein schönes Meer, dies! Wenn man an der Meeresküste Sprengungen durchführt, kann man hier in der Nähe eine wunderschöne Unterseeboot-Basis errichten, und dann ist auch Griechenland unser!' Ein Schauder durchlief meinen Leib und ich erinnerte mich jener dunklen Nacht in Tirana, als ich... an die Mauern Plakate schlug: ‚Nieder mit dem italienischen Faschismus! Es lebe das griechische Brudervolk, das um die Freiheit kämpft!' Nein, unsere Partei und Regierung werden niemals zulassen, daß aus dem Land der Oliven für das griechische Brudervolk ein Übel kommt!"[35]

In der Tat hatte das durch Jugoslawien vom Sowjetblock getrennte Albanien es Chruschtschow versagt, das Land als Raketenstützpunkt zu benutzen. Mit der Zeit wurde auch der sowjetische Flottenstützpunkt von Vlora eingeengt, und schließlich mußte sich die sowjetische Kriegsmarine ganz aus Albanien zurückziehen. Die Beziehungen zwischen Moskau und Tirana kühlten sich auf Staats- und Partei-Ebene ab. Chruschtschow ließ alle Wirtschaftshilfe einstellen. Die Ausrüstung der Albanischen Volksarmee mit Sowjetwaffen unterblieb; die von Tirana bestellten sowjetischen U-Boote wurden nicht geliefert; die Ersatzteile für die Panzer T-34/76 kamen nicht, womit diese allmählich zu Schrott wurden.[36] Im Dezember 1961 brach Albanien die diplomatischen Beziehungen mit allen volksdemokratischen Staaten (mit Ausnahme Bulgariens und Rumäniens) ab. Die Mitwirkung der Albanischen Volksarmee im Warschauer Pakt wurde 1962 suspendiert. Von nun an isolierte sich Tirana immer mehr von den „Bruderparteien", bis es schließlich am 13. September 1968 selbst seine Mitgliedschaft beim Warschauer Pakt kündigte.

Freilich stand Enver Hodscha in seinem Kampf gegen Chruschtschows „revisionistische Politik“ nicht allein; er erhielt Unterstützung aus Asien, von der Volksrepublik China. Während sich Chruschtschow wegen der Bundesrepublik Deutschland als vermeintliche Gefahr Nummer Eins für das Sowjetvolk ernste Sorge gemacht hatte, war ihm, anfänglich noch umbemerkt, in seinem Rücken, im sowjetischen Fernen Osten, ein wirklicher Gegner erwachsen: das Reich Mao Tse-tungs.

10. China ante portas...

Mit der Ausrufung der Volksrepublik am 1. Oktober 1949 begann China auch in der kommunistischen Weltbewegung aktiv zu werden. Vorerst waren Pekings Beziehungen mit Moskau ausgezeichnet. Mao Tse-tung (Mao Zedong) der „Große Vorsitzende“ und Chef der Kommunistischen Partei Chinas schätzte und ehrte Stalin samt seinen Führungsmethoden. Nach dessen Tode, 1953, begann Mao internationale Führungsansprüche zu erheben und sich an die Spitze der unterentwickelten Staaten der Dritten Welt zu stellen. Als Chruschtschow an die Macht gelangte, wollte ihn Mao nicht als alleinigen Führer der kommunistischen Weltbewegung anerkennen: er bezeichnete vielmehr die Chruschtschow'schen Reformen als schädliche und unerwünschte Revision an den Grundlagen des Marxismus-Leninismus. Mao verwarf die sowjetische Konzeption von der „friedlichen Koexistenz“ mit westlichen Staaten und er betrachtete Stalins Verdammung 1956 als Verrat an einer der größten Gestalten der kommunistischen Geschichte nach Marx, Engels und Lenin. Die chinesisch-sowjetischen Beziehungen begannen nach 1957 abzukühlen.

Chruschtschows Versuche, Mao umzustimmen, mißlangen. Daraufhin zogen die Sowjets ihre Techniker und Ingenieure, etwa 12000 Personen, aus China zurück und stellten 1959 ihre Wirtschaftshilfe ein. Auch die Militärhilfe wurde gedrosselt und später eingestellt. Dies alles traf den Chinesen empfindlich, denn Moskau nahm die militärische Unterstützung der Chinesischen Volksbefreiungsarmee bisher ernst. Mehr als 20000 sowjetische Offiziere und Soldaten hatten als Berater gedient. Die Chinesische Volksbefreiungsarmee war nach sowjetischem Modell organisiert worden. Später merkte aber Chruschtschow, daß die rasche Modernisierung der chinesischen Armee ihm noch Schwierigkeiten bereiten könnte. Als Mao 1956 für seine Streitkräfte Atomwaffen verlangte, war Chruschtschow nur bereit, zu verhandeln. Er ließ Mao den sowjetischen Plan vorlegen für eine gemeinsame sowjetisch-chinesische Luftverteidigung in China und für die maritime Verteidigung der Volksrepublik durch sowjetische Kriegsschiffe, denen Flottenbasen einzuräumen wären. (Die Chinesen hatten keine nennenswerte Kriegsmarine). Als dann Mao zurückfragte, ob die Sowjetarmee bei der Zurückeroberung der dem chinesischen Festland vorgelagerten Inseln Quemoy und Matsu (wo unter amerikanischer Obhut nationalchinesische Truppen standen) behilflich sein würde, wich Chruschtschow aus, weil er eine Konfrontation mit den Amerikanern fürchtete. Die ganze Angelegenheit war vermutlich ohnehin eine Farce, denn weder wollte Chruschtschow Atomwaffen liefern, noch wäre Mao bereit gewesen, sowjetisches Militär in China zu dulden.

So wurde 1960 der Großteil der sowjetischen Militärberater zurückgerufen. Armeegeneral P. I. Batow, deren Chef, verließ im Herbst 1961 als letzter der Berater China.

Als sich dann 1962 beim indisch-chinesischen Grenzkonflikt die Sowjetregierung auf die Seite Delhis stellte und den Indern erst noch Militärhilfe gewährte, war die chinesisch-sowjetische Waffenfreundschaft vollends dahin![37]

Bis Ende 1962 wurde der Bruch zwischen der Volksrepublik China mit der Sowjetunion sowohl auf ideologischem als auch auf wirtschaftlichem und selbstverständlich auf politischem Gebiet vollständig. Beide Staaten begannen, die militärische Grenzsicherung gegeneinander zu verstärken. Der militärische Aufmarsch nahm seinen Anfang. Chruschtschow hatte in den sechziger Jahren eine gewisse Abenteuerpolitik begonnen. Weil er in Europa die Lage nicht in seinem Sinne stabilisieren konnte, wollte er in der westlichen Hemisphäre, in Afrika und in Mittelamerika für die sowjetische Armee und Kriegsflotte Stützpunkte einrichten. Nun erhielt er in seinem Rücken, an der chinesisch-sowjetischen Grenze im Fernen Osten eine ungewollte und gefährliche „zweite Front“.

11. Chruschtschow und die Marschälle

Während im Fernen Osten schwarze Wolken die sowjetisch-chinesischen Beziehungen überschatteten, begann Chruschtschow im Westen eine politische Offensive, um die seit Genf (1955) eingefrorenen Verhandlungen für eine „Ost-West-Verständigung“ wieder in Gang zu bringen. Im September 1959 reiste er in die Vereinigten Staaten von Amerika, wo er von Präsident Eisenhower empfangen wurde. Aufgrund der politischen Gespräche der beiden in Camp David, die von der sowjetischen Propaganda als ein „gewaltiger Erfolg“ gefeiert wurden, sollte im Mai 1960 in Paris ein Ost-West-Gipfeltreffen mit Hauptthema Berlin- bzw. Deutschland stattfinden. Die Westmächte verlangten vorgängig handfeste Zugeständnisse, die jedoch Chruschtschow zu geben nicht gewillt war. Da ermöglichte ihm ein Zwischenfall, die Pariser Konferenz zu torpedieren, ohne das Gesicht zu verlieren. Am 1. Mai 1960 hatte nämlich eine sowjetische Luftabwehr-Einheit im Ural bei Swerdlowsk mit einer Boden-Luft-Rakete ein amerikanisches Aufklärungsflugzeug vom Typ U-2 abgeschossen, das eindeutig einen

Spionageauftrag hatte. Chruschtschow, der bereits mit Gromyko und Marschall Malinowski in Paris war, weigerte sich, mit Eisenhower an dem grünen Tisch zu sitzen, wenn sich dieser nicht in aller Form für diesen „Piratenakt" entschuldigte. Da dieser dies nicht tat, „platzte" die Konferenz und die Teilnehmer gingen ohne etwas erreicht zu haben, auseinander. Die Deutschlandfrage wurde für ein ganzes Jahr „auf Eis" gelegt.

In dieser Zeit verschlechterte sich das Verhältnis zwischen Chruschtschow und einigen führenden Militärs. Wie in anderen Lebensbereichen der Sowjetunion hatte der Kremlchef auch in militärischer Beziehung große und viele Pläne. Er glaubte, in den Raketen und thermonuklearen Waffen die Patentlösung für eine zukünftige Streitmacht gefunden zu haben. Ferner spielte er mit dem Gedanken, die Sowjetarmee nach dem territorialen Milizsystem, wie es teilweise in den zwanziger Jahren der Fall gewesen war, umzugestalten. Vor dem Obersten Sowjet der UdSSR sagte er am 14. Januar 1960 wörtlich:

„Bei einem Blick in die Zukunft kann man sich vorstellen, daß es bei uns Truppeneinheiten geben kann, die nach dem territorialen Prinzip aufgestellt sind. Ihr Personal wird die Kriegskunst ohne Unterbrechung der Produktionsarbeit erlernen, und nötigenfalls werden die entsprechenden Transportmittel — Flugzeuge und andere Mittel der Kriegstechnik — die Truppen auf unserem Territorium an der erforderlichen Stelle konzentrieren können… Wir sind der Ansicht, daß es beim territorialen System möglich sein wird, die notwendigen Kader und Kontingente aus der Bevölkerung zu stellen, die im Militärwesen und in der Meisterung der modernen Waffen ausgebildet sind…"[38]

Die meisten Marschälle sahen das Wirken ihres obersten Chefs auf militärischem Gebiet mit wachsendem Unbehagen. Chruschtschow beging aber nicht nur den Fehler, die mit Raketen- und thermonuklearen Waffen ausgerüsteten Truppen zu Lasten der anderen Teilstreitkräfte der Sowjetarmee auszubauen, sondern er begann auch, an den Privilegien der Generäle und Marschälle zu rütteln. Ihre relativ hohen Gehälter wurden gekürzt, die seit 1938 in steigendem Maße eingeführten zusätzlichen, sogenannten „persönlichen Bezüge" wurden abgeschafft, und die Ruhestandsgelder wurden herabgesetzt. Im April 1960 kam es zwischen dem seit 1952 amtierenden Generalstabschef Marschall W. D. Sokolowski und Chruschtschow zu einer heftigen Aussprache. Dieser protestierte gegen den personellen Abbau der Streitkräfte und verlangte mehr Verständnis und mehr Mittel für die Modernisierung der Luft- und der Landstreitkräfte. Er verwies auf die Einkreisung der Sowjetunion durch „imperialistische Militärpakte" (NATO, CENTO, SEATO) und lehnte es unter den gegebenen Umständen ab, die Verantwortung für die Landesverteidigung der UdSSR zu tragen. Chruschtschow ließ sich nicht beeindrucken und bemerkte kühl, es wäre am besten, wenn der Generalstabschef sein Amt zur Verfügung stellte, was denn auch geschah.[39] Sokolowski wurde zum Generalinspektorat des Verteidigungsministeriums der Sowjetunion versetzt, wo er sich in den nächsten Jahren militärwissenschaftlichen Studien widmete und ein Standardwerk verfaßte, das nicht nur mehrere Auflagen erlebte, sondern auch in westliche Sprachen übersetzt worden ist.[40]

Neuer Generalstabschef der Sowjetarmee wurde der 62jährige zweifache „Held der Sowjetunion" Marschall Matwej W. Sacharow der bislang Oberkommandierender der „Gruppe der sowjetischen Streitkräfte in Deutschland" (GSSD) gewesen war. Das Kommando der GSSD übernahm ein verhältnismäßig junger Panzerfachmann, der 48jährige Generaloberst Iwan I. Jakubowski. Da der bisherige Oberkommandierende der sowjetischen Landstreitkräfte Marschall Andrej A. Gretschko gerade in diesem Frühjahr zum Oberbefehlshaber des Warschauer Paktes ernannt worden war, holte Chruschtschow aus Kiew Marschall Tschujkow nach Moskau und ernannte ihn zum Chef der Landstreitkräfte.

12. Die Krise um Berlin 1961

Im Frühjahr 1961 spielten die Sowjets die Deutschlandfrage erneut hoch. Sie kündigten einen Separatfrieden mit der DDR an, bei dem sie die Zufahrtswege nach West-Berlin völlig in die Hände des ostdeutschen Staates legen würden. Dieser hatte bereits im September 1960 mit Schikanen gegen bundesdeutsche Bürger begonnen, indem er ihnen das Betreten von Ost-Berlin verbot. Die angekündigte Regelung weckte daher Unruhe. Im August 1961 spitzte sich die Lage in Berlin zu. Gleichzeitig inszenierte Chruschtschow in der DDR eine sowjetische Machtdemonstration, indem er die GSSD verstärken und deren Verbände auf Kriegsstärke bringen ließ. Ihren Oberkommandierenden, Generaloberst I. I. Jakubowski wollte er durch einen Kriegshelden ersetzen, der im Westen als hart und talentiert bekannt war. Chruschtschow erinnerte sich Marschall Schukows, der jedoch unter Berufung auf seinen angeblich angeschlagenen Gesundheitszustand ablehnte. Mit Marschall Iwan S. Konjew — dem Mit-Eroberer von Berlin — hatte er dann mehr Glück. Nach 15monatiger Untätigkeit im Generalinspektorat des Verteidigungsministeriums war der 63jährige Marschall nur zu gerne bereit, nach Ostdeutschland zu gehen... Gleichzeitig traf auch die DDR Mobilmachungsmaßnahmen.

Ungeachtet des Kennedy-Chruschtschow-Treffens in Wien (Juni 1961) lösten diese militärischen Vorbereitungen Besorgnis aus. Wie es sich dann aber herausstellte, waren diese nicht gegen den Westen, sondern gegen die Bevölkerung der DDR gerichtet. Die Tatsache, daß durch die offene Sektorengrenze in Groß-Berlin täglich *Tausende* von DDR-Bürger, meist qualifizierte Leute in die Bundesrepublik Deutschland abwanderten, bereitete dem Regime seit langem Sorge. (In den ersten 11 Augusttagen 1961 haben sich zum Beispiel nicht weniger als 16 187

Flüchtlinge aus der DDR im West-Berliner Notaufnahmelager Marienfelde gemeldet. Im Vorjahr waren 250000 Ostdeutsche durch Berlin nach Westdeutschland geflohen![41]) Es mußte unbedingt etwas geschehen, um diese „offene Tür nach Westen“ abzuriegeln — wenn nicht die DDR kadermäßig ausbluten sollte! So gab Chruschtschow anfangs August 1961 Walter Ulbricht grünes Licht für die dramatische Spaltung der bisherigen Viersektorenstadt: die Sektorengrenze sollte Staatsgrenze werden![42]

Prompt riegelten am Sonntag den 13. August 1961 Einheiten der Nationalen Volksarmee der DDR zusammen mit ausgewählten Hundertschaften der „Arbeiterkampfgruppe“ des SED die Ost-West-Sektorengrenze in Berlin ab: die ehemalige deutsche Reichshauptstadt wurde gespalten. Unter strenger militärischer Bewachung errichteten Arbeiterkommandos quer durch Berlin eine Mauer. Damit wurde den Bewohnern der DDR die „offene Tür nach dem Westen“ buchstäblich zugemauert. Offiziell wurde diese Abriegelung als eine „antifaschistische Schutzmaßnahme der Regierung der DDR an der Staatsgrenze nach West-Berlin“ bezeichnet um die bisherige „Wühltätigkeit, die von West-Berlin aus gegen die sozialistischen Länder betrieben wurde, in bedeutendem Maße einzuschränken.“[43]

Der Mauerbau in Berlin war für die Westmächte eine völlige Überraschung. Da seine Folgen auf den bisherigen Status der Stadt unklar waren, wurden die Garnisonen in den Westsektoren Berlins in Alarmzustand versetzt, um eine etwaige Überschreitung den Sektorengrenzen von DDR-Soldaten — wenn nötig mit Waffengewalt — zu vereiteln.

Marschall Konjew hatte mit dem Mauerbau und mit der Sicherung der Berliner Sektorengrenze unmittelbar nichts zu tun gehabt. Er hatte aber bereits August 1961 Befehl erhalten, sowjetische Truppen um Berlin herum bereitzustellen, und dementsprechend eine Panzer- und Teile einer mechanisierten Division in den Raum Berlin verlegt. Am 27. August hinderten DDR-Organe an der Friedrichstraße vier Wagen der US-Mission am unkontrollierten Passieren der Sektorengrenze. Nun erschienen britische und amerikanische Panzer an der Sektorengrenze. Konjew mußte „nachziehen“ und seine Panzer ebenfalls auffahren lassen. *Erstmals in der Geschichte standen nun amerikanische und sowjetische Panzer sich direkt gegenüber!* Nachdem die Anglosachsen die Sowjets zu diesem militärischen Aufmarsch und damit zur offenen Übernahme der politischen Verantwortung für die Geschehnisse in Ost-Berlin und der DDR gezwungen hatten, zogen sie ihre Panzer wieder zurück.[44]

Die Krise um Berlin wurde in den nächsten Monaten auf diplomatischem Wege überwunden und Konjew konnte wieder gehen. Im April 1962 übergab er seinen Posten erneut Jakubowski, um in das Generalinspektorat zurückzukehren, wo er bis zu seinem Ableben (21. Mai 1973) offiziell „tätig“ war. Die Mauer in Berlin jedoch blieb…

13. An der Schwelle eines Dritten Weltkriegs?

Im Mai 1962 nahm Chruschtschow in einer der wichtigsten Funktionen der Sowjetarmee eine personelle Umbesetzung vor: Er enthob den Leiter der Politischen Hauptverwaltung der Sowjetarmee, F. I. Golikow seines Amtes und ersetzte ihn durch A. A. Jepischew. Für diese Umbesetzung, die genau ein Jahr nach Golikows Ernennung zum Marschall der Sowjetunion erfolgte, sind keine offiziellen Gründe bekannt. Man vermutet nur, daß Golikow zu jenem Kreis von Spitzenmilitärs gehörte, die Gegner von Chruschtschows einseitiger Militärpolitik waren und ihre Stimme erhoben, daß das Hauptgewicht der sowjetischen Verteidigung allein den Strategischen Raketentruppen zukommen soll.

Alexej Alexejewitsch Jepischew, der neue Chef der Politischen Hauptverwaltung, hatte eine typische Sowjetkarriere hinter sich. Als 21jähriger war er 1929 in die Kommunistische Partei eingetreten. 1930 wurde er Rotarmist und 1938 absolvierte er die Militärakademie für Motorisierung und Mechanisierung der Roten Armee. Danach war er bis 1943 in verschiedenen Formationen als Parteisekretär tätig und avancierte dabei bis zum Generalmajor. Von 1943 bis Kriegsende war Jepischew Mitglied des Kriegsrates der 38. Armee der 4. Ukrainischen Front. Bei der Befreiung der Ukraine kam Jepischew mit Chruschtschow zusammen. Nach dem Krieg legte der Polit-General seine Uniform ab und diente im Odessaer Gebiet wieder der Partei in hoher Funktion. Gegen Ende der Stalin-Ära befand sich Jepischew in Moskau, wo er zweieinhalb Jahre lang den Posten eines Stellvertretenden Ministers für Staatssicherheit der UdSSR innehatte. Nach Berijas Verhaftung und Hinrichtung ging er wieder nach Odessa zurück. 1955 begann Jepischew eine neue Karriere, diesmal im diplomatischen Dienst als Botschafter der UdSSR in Rumänien, später in Jugoslawien. Anfangs Mai 1962 rief ihn Chruschtschow nach Moskau zurück, wo er, zum Armeegeneral befördert, an die Spitze der Politischen Hauptverwaltung gestellt wurde. Er ist heute noch (1980) auf diesem Posten. Diese 18jährige Amtszeit stellt einen Rekord in der Sowjetarmee dar.

Armeegeneral Jepischew hatte sich kaum in seinen neuen Aufgabenbereich eingearbeitet, als Chruschtschow im Oktober 1962 die Sowjetarmee in eine heikle Lage brachte.

Was war geschehen?

Am 15. Oktober 1962 hatten die Amerikaner eindeutige Beweise dafür erhalten, daß in ihrer unmittelbaren Nähe, nämlich auf der seit 1960 kommunistischen „Zuckerinsel" Kuba sowjetische Abschußrampen für Nah- und Mittelstreckenraketen aufgebaut worden waren. Diese waren so angelegt, daß sie Washington, Cape Canaveral und jede beliebige Stadt im südöstlichen Teil der Vereinigten Staaten, in Mittelamerika oder im karibischen Gebiet beschießen konnten. Außerdem waren Vorbereitungen erkennbar für den Einsatz von Langstreckenbombern des Typs Il-28, die fähig waren, Kernwaffen zu tragen. Zwischen Kuba und den Vereinigten Staaten von Amerika waren die diplomatischen Beziehungen seit Januar 1961 unterbrochen und es herrschte „Kalter Krieg“. Die Kennedy-Administration verhängte wirtschaftliche Sanktionen und unterstützte mehr oder weniger offen die antikommunistischen kubanischen Exilgruppen. Fidel Castro, kommunistischer Führer von Kuba, fühlte sich und sein Land durch eine „Yankee-Invasion“ bedroht. Deswegen ließ er im Juli 1962 durch seinen Bruder Raoul, der als Kubas Verteidigungsminister fungierte, in Moskau Marschall Malinowski ein Militärbündnis abschließen. Daraufhin kamen mehrere tausend sowjetische Militärtechniker und Soldaten nach Kuba. Chruschtschow war begeistert von der Möglichkeit, auf der Insel — nur 150 km vom amerikanischen Staatsgebiet entfernt — sowjetische strategische Kernwaffen stationieren zu können. Innerhalb weniger Wochen ließ er Nah- und Mittelstreckenraketen heimlich auf die Zuckerinsel schaffen.

Alle diese Offensiv-Maßnahmen wurden von den Sowjets selbst geleitet. Auch das Personal der strategischen Basen auf Kuba bestand ausschließlich aus Offizieren und Mannschaften der Sowjetarmee.

Die Regierung der Vereinigten Staaten von Amerika sah im Auf- und Ausbau sowjetischer Militärstützpunkte vor der eigenen Küste eine *Bedrohung* der USA und eine noch nie dagewesene Beeinträchtigung ihrer Handlungsfreiheit. Präsident John F. Kennedy entschloß sich daher zu einer Reihe spektakulärer Sofortmaßnahmen:

Er orientierte die UNO und die Organisation der Amerikanischen Staaten und alarmierte die US-Streitkräfte bzw. die NATO. In einer Radio- und Fernsehansprache informierte er am 22. Oktober 1962 seine Mitbürger und die Weltöffentlichkeit über die Lage und verlangte dabei ultimativ den Abbau und die Rückführung aller sowjetischen Raketen und Abschußanlagen aus Kuba. Am 24. Oktober verhängte Kennedy eine Seeblockade um die Insel, um weitere sowjetische Verstärkungen zu verhindern. Washington zeigte sich — für einmal — hart und zum Eingreifen entschlossen.

Die ganze Welt hielt den Atem an. Wie werden die Sowjets reagieren? Was wird Chruschtschow in dieser gefährlichen Situation, an der Schwelle eines thermonuklearischen Krieges, tun? Und zwar so, daß er sein Gesicht nicht verliert!

Nach einigen — vermutlich recht dramatischen — Zwischenspielen hinter diplomatischen Kulissen, deren Einzelheiten heute noch unbekannt sind, lenkte Chruschtschow ein. In einem Brief an Präsident Kennedy vom 28. Oktober 1962, erklärte er sich bereit, alle Raketenbasen abbrechen und die von den Amerikanern als offensiv bezeichneten Waffen (also auch die Fernbomber) nach der Sowjetunion zurückziehen zu lassen.[45] Er räumte außerdem ein, daß Beobachter der Vereinten Nationen die Demontage kontrollieren. Als Gegenleistung verlangte er, daß Kennedy sich an sein Versprechen halte, Kuba nicht anzugreifen und auch von keinem anderen amerikanischen Staat einen Angriff zu dulden.

Chruschtschow hielt Wort: sowjetische Frachter, die mit Raketenwaffen bereits unterwegs nach Kuba waren, wurden zurückbeordert. Später transportierten andere Schiffe die Offensiv-Waffen so offen aus Kuba ab, daß dies von der US-Luftaufklärung photographisch festgehalten werden konnte.

Der sowjetische Vorstoß in die amerikanische Hemisphäre wurde so durch Kennedys energisches Auftreten vereitelt. Die Welt konnte aufatmen — es kam zu keinem Krieg zwischen den beiden Supermächten.

Daß die Sowjetarmee nach der Kennedy-Rede am 23. Oktober in höchste Alarmbereitschaft gesetzt und auch die Streitkräfte der osteuropäischen Volksarmeen mobilisiert wurden, war natürlich Moskaus erste Reaktion auf die Ereignisse gewesen. Dies wurde nun auch rückgängig gemacht. Im Dezember 1962 schilderte Chruschtschow wie heikel die Lage in der zweiten Oktoberhälfte gewesen war:

> *„Es stimmt, daß wir auf Ersuchen der kubanischen Regierung Waffen dorthin brachten. Aber von welchen Beweggründen ließen wir uns leiten, als wir das taten? Von ausschließlich humanitären! Kuba brauchte Waffen, um sich der amerikanischen Aggressoren zu erwehren, und nicht als Mittel zu einem Angriff. War doch Kuba von der realen Gefahr einer Invasion bedroht…*
> *Angesichts der verstärkten militärischen Vorbereitungen (der Amerikaner. Anm. P. G.) waren wir unsererseits genötigt, entsprechende Maßnahmen zu ergreifen. Die Sowjetregierung wies das Verteidigungsministerium der UdSSR an, die gesamte Armee der Sowjetunion in den Zustand voller Kampfbereitschaft zu versetzen, insbesondere die sowjetischen Raketentruppen für den internationalen und strategischen Einsatz, die Flak und Raketenluftabwehr des Landes und die Jagdfliegerkräfte, die strategischen Luftstreitkräfte und die Seekriegsflotte. Unsere Unterseebootflotte, darunter auch die Atom-U-Boote, bezog die ihnen angewiesenen Positionen. Es wurde der Zustand erhöhter Kampfbereitschaft bei den Landstreitkräften erklärt, eine Entlassungssperre für die älteren Jahrgänge… angeordnet. Die Streitkräfte der Länder des Warschauer Paktes wurden ebenfalls in volle Kampfbereitschaft versetzt. Wenn in dieser Situation nicht die eine oder die andere Seite Zurückhaltung gezeigt und alles getan hätte, um die Entwicklung zum Kriege abzuwenden, wäre eine Explosion mit nicht wiedergutzumachenden Folgen eingetreten…“*[46]

Mit der Wiederherstellung des Status quo zwischen den beiden politischen Blökken war der Friede gerettet. (In den sowjetischen Standardwerken über die Geschichte der Sowjetarmee wird die Kuba-Krise lediglich mit einigen belanglosen Zeilen berührt. In Sacharows Buch über „Die Streitkräfte der UdSSR“, das einen sehr ausführlichen Datenanhang besitzt, fehlt jeder Hinweis auf dieses Ereignis. Die DDR-Militärzeitung „Volksarmee“ dagegen erwähnt sie in ihrer Nr. 41/1977 und bezeichnet ihre Lösung als einen Sieg des Weltsozialismus und eine Niederlage des Imperialismus.)

14. Sowjetische Militärpolitik in der ersten Hälfte der sechziger Jahre

Nach 1960 wurde die Modernisierung der Sowjetarmee intensiviert. Gewaltige Mittel wurden der Rüstungsindustrie zugeleitet. Wenn auch Chruschtschow weiterhin den Raketen- und Kernwaffen Priorität gab, so förderte er nun ebenfalls die anderen Teilstreitkräfte, wenn auch in bescheidenerem Umfang. Die Kuba-Krise hatte manche Unzulänglichkeit im sowjetischen Militärwesen aufgedeckt, vor allem bei der Seekriegsflotte. Diese mußte (sowohl zahlen- als auch qualitätsmäßig) ausgebaut werden. So datiert das große Schiffsbauprogramm, das in den siebziger Jahren zum Tragen kam, aus dieser Zeit.

Die Entwicklung in der ersten Hälfte der sechziger Jahre wird mit Recht als ein „neuer qualitativer Sprung" und als eine „echte Revolution" im sowjetischen Militärwesen bezeichnet, wie dies u. a. Marschall Sokolowski und General Lomow taten.[47] Die Raketentruppen erhielten eine Vielfalt neuer strategischer Waffensysteme: Abwehr- und Offensiv-Raketen aller Art, zuerst land- und dann zunehmend seegestützt. Chruschtschow förderte mit Vorliebe die Vermehrung der Interkontinentalraketen. So besaß die Sowjetunion zum Beispiel im Jahre 1963 je 100 „Landgestützte Interkontinentalraketen — ICBM" und „Seegestützte Interkontinentalraketen — SLBM" (USA: 424 bzw. 224); daneben standen ihr noch 800 Mittelstreckenraketen zur Verfügung (USA: keine). Die sowjetische strategische Luftwaffe hatte 1963 200 Langstreckenbomber (USA: 630) und 1400 Mittelstreckenbomber (USA: 780, auf Flugzeugträgern zusätzlich 600).[48]

Bei den Landstreitkräften wurde das Hauptgewicht auf die Panzer- und mechanisierten Truppen verlegt. Schon Ende der fünfziger Jahre war die Sowjetarmee völlig auf den T-54 Panzer umgerüstet worden. Bis Mitte der sechziger Jahre gelang es, den Panzerpark mit dem Typ T-55 in verschiedenen verbesserten Ausführungen zu ergänzen. (Der T-55 ist mit einer modernen ABC-Schutzanlage ausgestattet und kann ohne längere Umstellungsarbeiten von der Land- zur Tiefwat- oder Tauchfahrt übergehen. Er wurde der Öffentlichkeit erstmals an der Militärparade am 7. November 1966 in Moskau vorgestellt.)[49] Gleichzeitig wurden bereits einige Gardepanzer-Verbände mit dem Panzer T-62 ausgestattet, von dem die ersten Exemplare 1973 — aus Beutewaffen aus dem Vierten Nahostkrieg — in die Hände der Westmächte gelangten.

Die sowjetischen taktischen Luftstreitkräfte dagegen wurden in dieser Zeitspanne recht stiefmütterlich behandelt. Nach sowjetischen Angaben wurde der Bestand an Kampfflugzeugen von 1959 bis 1963 um ein Drittel, von 20000 auf 12500 Einheiten reduziert.[50] Der Grund dafür dürfte einerseits in Chruschtschows These liegen, daß die Raketenwaffe eine starke Luftwaffe ersetzen könne, andererseits im Bemühen, die sowjetischen Luftstreitkräfte eher qualitativ als quantitativ weiter zu entwickeln.

Die sowjetische Militärdoktrin jener Jahre erwog sowohl einen lokalen Konflikt als auch einen weltweiten Krieg, und sie sah dabei sowohl Atomwaffen wie herkömmliche Truppen in der Hauptrolle. In seinem Buch „Militärstrategie" beschreibt Marschall Sokolowski den Ausbruch eines Dritten Weltkrieges wie folgt:

„Die herrschenden Kreise der imperialistischen Staaten, insbesondere der USA, sind sich darüber im klaren, daß angesichts der sowjetischen Überlegenheit an strategischen Kernwaffen ein überraschender Kernwaffenschlag immer gefährlicher wird, da er einen vernichtenden Gegenschlag von seiten der Sowjetunion nicht ausschließt. Deshalb suchen die Imperialisten verstärkt nach anderen Methoden zur Entfesselung eines neuen Weltkrieges. Sie stützen sich dabei immer häufiger auf die westdeutschen Revanchisten, in der Absicht, diese zum ersten Schlag zu drängen, und so den Brand eines neuen Krieges zu entfachen und die sozialistischen Länder in diesen Krieg hineinzuziehen. Zu einem ihnen günstigen Zeitpunkt wollen dann die USA mit frischen Kräften in den Krieg eintreten, um ihren Willen nicht nur dem Gegner, sondern auch den Verbündeten zu diktieren. Die Hauptrolle bei der Entfesselung eines neuen Krieges wird der Bundesrepublik Deutschland beigemessen, in der der Revanchismus zur Staatspolitik erhoben wurde. Zu diesem Zweck gestatten es die Imperialisten der USA, Englands und Frankreichs der Bundesrepublik die stärkste Armee innerhalb der NATO aufzustellen. Sie planen, ihr Kernwaffen zu übergeben, und sie begünstigen auf jegliche Art die revanchistischen Bestrebungen des westdeutschen Militarismus…"[51]

Für Sokolowski waren die DDR, die ČSSR und die Volksrepublik Polen das Einfallstor der „westdeutschen Revanchisten" in die Sowjetunion. Der Ausbau und die Koordination der nationalen Streitkräfte dieser Staaten mußte daher verstärkt werden. Dies erfolgte im Rahmen des Warschauer Paktes und wurde nach der Kuba-Krise intensiviert. Eine großangelegte Umrüstung der Warschauer-Pakt-Streitkräfte nahm ihren Anfang. Deren Panzertruppen wurden mit den Modellen T-54 und teilweise T-55 modernisiert. Die Landstreitkräfte erhielten Panzerabwehr-Raketen. Die Luftwaffen bekamen MIG-21 und SU-7 Kampfflugzeuge. Auch in den anderen Bereichen des Militärwesens wurden neue Ausrüstungen und Techniken eingeführt.

Mit der Ernennung des sowjetischen Armeegenerals P. I. Batow zum neuen Generalstabschef der Vereinten Streitkräfte, setzte Chruschtschow am 29. Oktober 1962 ein weiteres Zeichen für die Intensivierung der Zusammenarbeit der Warschauer-Pakt-Streitkräfte mit der Sowjetunion. Anfang 1964 gab dann die Sowjetregierung den nationalen Volksarmeen auch operative (taktische) Raketen mit einer Reichweite von etwa 250 km — ohne ihnen jedoch Zugang zu den Nuklearsprengköpfen zu gewähren. (Bei der Militärparade vom 22. Juli 1964 in Warschau, aus Anlaß des 20. Jahrestag der Gründung der Volksrepublik Polen, wurden diese Raketen erstmals außerhalb der UdSSR gezeigt).

Das Zusammenwirken der Sowjettruppen mit den Streitkräften des Warschauer-Paktes wurde ab 1961 in verschiedenen großangelegten Manövern geprobt und demonstriert. Meist unter Beteiligung der Truppen aus dem „nördlichen eisernen Dreieck" (gemeint DDR, ČSSR, Polen) wurden bis Ende 1964 sieben Truppenübungen durchgeführt, auch solche mit markiertem Einsatz taktischer- und operativer Atomwaffen.

Chruschtschow betrachtete die Streitkräfte als ein „notwendiges Übel", das lediglich „provisorischen" Charakter hatte. Das hatte er im Programm und im Statut der KPdSU 1961 wie folgt festgehalten: „Vom Standpunkt der inneren Verhältnisse braucht die Sowjetunion keine Armee mehr. Da jedoch die vom imperialistischen Lager ausgehende Kriegsgefahr bleibt und die vollständige und allgemeine Abrüstung nicht verwirklicht ist, hält es die KPdSU für notwendig, die Verteidigungsmacht des Sowjetstaates und die Kampfbereitschaft seiner Streitkräfte auf einem Niveau zu halten, das die entschiedene und vollständige Zerschmetterung jedes Feindes sichert, der es wagt, seinen Arm gegen unsere Sowjetheimat zu erheben!"[52]

Das feste Auftreten der USA während der Kuba-Krise hatte eine spürbare *Entspannung* des Ost-West-Verhältnisses zur Folge. Zwischen Moskau und Washington wurde 1963 ein Abkommen über die Einstellung oberirdischer Kernwaffenversuche abgeschlossen. Die gegenseitigen Beziehungen, und insbesondere der Handel wurden gefördert. Auf ideologischem und militärischem Gebiet jedoch machte Chruschtschow — trotz wiederholter Friedensbeteuerungen — keinerlei Zugeständnisse. Mit zunehmender Zahl und Zerstörungskraft der thermonuklearen Raketen entstand bei ihm eine Art Furcht vor diesen schrecklichen Vernichtungswaffen, die im Einsatz weder Feind noch Freund kennen. Nachdem Chruschtschow bei Kuba die Grenzen der sowjetischen Möglichkeiten erkannt hatte, richtete er in seinen letzten Amtsjahren seine Politik weniger auf militärische Expansion, als auf die Festigung des Status quo des sowjetischen Imperiums, wie dies Churchill bereits 1946 in seiner zitierten Fultoner Rede vorausgesehen hatte. Im Januar 1963 erörterte Chruschtschow diese Fragen in einer Rede in Ostberlin sehr offen:

„... Man kann die Frage von Krieg und Frieden nicht ohne Rücksicht auf die realen Verhältnisse lösen. Man muß den Mut haben, die realen Gegebenheiten nüchtern ins Auge zu fassen und mit wissenschaftlicher Exaktheit abzuwägen, wohin ein moderner Krieg führen würde, wenn es nicht gelänge, ihn abzuwenden. Gegenwärtig besitzen die USA nach Berechnung ausländischer Wissenschaftler und Militärspezialisten ungefähr 40 000 Kernbomben und -sprengköpfe. Die Sowjetunion hat von diesem Zeug (sic! — Anm. P. G.) bekanntlich ebenfalls mehr als genug. Was würde geschehen, wollte man all diese Kernwaffen auf die Menschen niederprasseln lassen? Nach Berechnung von Wissenschaftlern würden allein durch den ersten Schlag 700 bis 800 Millionen Menschen ums Leben kommen. Nicht nur in den USA und der UdSSR, den beiden führenden Kernmächten, sondern auch in Frankreich, England, Deutschland, Italien, China, Japan und vielen anderen Ländern würden alle großen Städte vom Erdboden

weggefegt oder zerstört werden. Die Folgen eines Atom- und Wasserstoffkrieges würden sich während der Lebensdauer vieler Generationen geltend machen; sie würden Krankheiten und Tod verursachen und die Entwicklung des menschlichen Geschlechts aufs schwerste verunstalten! ... Zweifellos würde das System des Kapitalismus, das die Kriege hervorbringt, an einem thermonuklearen Weltkrieg, sollten ihn die besessenen Imperialisten vom Zaun brechen, unvermeidlich zugrunde gehen. Wäre aber eine thermonukleare Weltkatastrophe ein Gewinn für die sozialistischen Länder, für den Kampf um den Sozialismus in der ganzen Welt? Nur wer bewußt vor den Tatsachen die Augen verschließt, kann das annehmen. Was die Marxisten-Leninisten betrifft, so können sie sich nicht vorstellen, daß die kommunistische Zivilisation auf den Trümmern von Zentren der Weltkultur, auf verwüstetem und durch thermonukleare Niederschläge verseuchtem Boden aufgebaut werden sollte. Wir sprechen schon gar nicht davon, daß die Frage des Sozialismus für viele Völker überhaupt fortfallen müßte, da sie physisch vom Angesicht unseres Planeten verschwinden würden!“

In der Folge brüstete sich Chruschtschow, daß die Sowjetarmee bereits über eine 100-Megatonnen Bombe verfügt, die man in Europa gar nicht abwerfen könnne. Denn wenn man sie gegen die Bundesrepublik Deutschland einsetzen würde, würde die Explosion eine ganze Anzahl weiterer Länder in Mitleidenschaft ziehen. Und um sicher zu sein, daß er auch in Amerika und China verstanden würde, fügte er bei:

„Eine solche Waffe kann von uns offensichtlich nur außerhalb Westeuropas eingesetzt werden!“

Chruschtschow schloß seine Ostberliner Rede mit den Worten:

„Kurz, Genossen, ... es empfiehlt sich nicht, sich mit dem Schritt ins Jenseits zu beeilen: von dort ist noch niemand zurückgekehrt, und niemand hat berichtet, daß man dort besser leben könne als hier. Wir wollen nicht das Himmelreich, sondern ein irdisches Reich, das Reich der Arbeit! ... Die Sowjetunion, die über Raketen- und Kernwaffen verfügt, kennt die Möglichkeiten dieser Waffen genau. Wir haben sie entwickelt, um unsere Heimat und die anderen Länder des Sozialismus zu verteidigen! Darum wenden wir uns mit Verantwortung zu den Fragen von Krieg und Frieden. Wir wollen keinen Krieg, fürchten ihn aber auch nicht. Wenn man uns einen Krieg aufzwingt, so werden wir die Aggressoren aufs entschiedenste abzuwehren wissen. Das ist auch den Aggressoren klar ...“[53]

15. Chruschtschows Sturz und die Rolle der Militärs

Trotz der ausgemalten Schrecken eines zukünftigen Weltkrieges betrachtete Chruschtschow nach wie vor die Raketen und thermonuklearen Waffen als *das* Mittel, um sowohl den Krieg verhüten als auch die sowjetischen Forderungen (in Grenzen) durchsetzen zu können. Dieser Militärdoktrin folgend lehnte er es nun wieder ab, die konventionellen Waffengattungen der Sowjetarmee nach den Wünschen der Marschälle zu fördern. Ja, er entfernte sogar Generalstabschef M. W. Sacharow, der sich sehr für eine ausgewogene Entwicklung *aller* Teilstreitkräfte einsetzte, im März 1963 von seinem Posten und stellte an seiner Stelle den 59jährigen Marschall Sergej Sergejewitsch Birjuzow. Dieser war ein fähiger Soldat, bewährt im Truppen- und militärdiplomatischen Dienst, technisch begabt und ein guter Stratege. Als Protegé Chruschtschows hatte er zwischen 1955 und 1962 die Heimatluftabwehr auf- und ausgebaut und Mitte 1962 den Oberbefehl über die Raketentruppen der Sowjetarmee erhalten. Er unterstützte Chruschtschow in seiner These, wonach — wenn es tatsächlich einmal zu einem Dritten Weltkrieg käme — Panzer und Schützentruppen nur eine geringe Rolle spielen würden und Raketentruppen bzw. die thermonuklaren Waffen allein kriegsentscheidend seien.

Mit Birjuzows Hilfe verringerte Chruschtschow 1963 die zahlenmäßige Stärke der sowjetischen Streitkräfte um weitere 300000 Mann. Ende Dezember 1963 zählte die Sowjetarmee insgesamt 3,3 Millionen Soldaten, die — nach westlichen Quellen — in 140 Divisionen gegliedert waren.[54] (Zum Vergleich: die USA-Streitkräfte wiesen damals eine Stärke von 2,7 Millionen Mann aus). Chruschtschow wollte den Personalbestand der Sowjetarmee noch weiter abbauen! Vor dem Plenum des ZK der KPdSU kündigte er am 13. Dezember 1963 eine neue Massenentlassung an, und er sprach sogar von einer „gewissen" Herabsetzung des Militärbudgets für das Jahr 1964. Mit den damit erzielten Einsparungen sollte der Lebensstandard der sowjetischen Bevölkerung gehoben werden. Anstelle der Schwerindustrie sollten die Konsumgüterindustrie gefördert und die chemische Industrie ausgebaut werden.[55]

Diese Absichten schreckten die führenden Marschälle der Sowjetarmee auf. Ihre konventionellen Streitkräfte wurden von Jahr zu Jahr personell abgebaut, während die amerikanische Strategie der abgestuften Vergeltung den konventionellen US-Streitkräften neue Bedeutung zumaß und diese dementsprechend umzurüsten begann! (Zum Beispiel: mit der leicht transportablen, fast unverwundbaren Rakete des Typs „Minuteman"). Die Gegner von Chruschtschows Militärdoktrin entfalteten eine emsige publizistische Tätigkeit. Die „Krasnaja Swesda", das zentrale Armeeblatt, veröffentlichte im August 1964 eine Artikelserie von Sokolowski und Tscherednitschenko, in der behauptet wurde, daß „konventionelle Mittel der Kriegsführung auch in einem Atomkrieg unentbehrlich sein werden" und daß oft eine Situation eintreten könnte, „in der Kampfhandlungen und

Kampfaufgaben mit konventionellen Waffen ohne Verwendung von Atomwaffen gelöst werden müßten...". Chruschtschow jedoch bestritt weiterhin energisch, daß Panzer in der Lage seien, einen modernen Krieg zu überstehen oder darin gar Kampfaufträge zu erfüllen.[56] Er verkündete am 19. September 1964 in Moskau das Vorhandensein einer neuen „furchtbaren Waffe", die im Falle eines Krieges geeignet sei, diesen innerhalb von wenigen Stunden zu entscheiden.

Am 1. Oktober begann Chruschtschow in Pizunda (Kaukasus) seinen Urlaub. Da wurde das Zentralkomitee der KPdSU auf den 14. Oktober nach Moskau einberufen. Chruschtschow wurde dazu erst am Vorabend eingeladen. Als er in Moskau erschien, war sein politisches Schicksal bereits besiegelt. Nach 7jähriger Herrschaft hatten ihm von 175 Mitgliedern des ZK nur noch wenige die Treue gehalten. Die große Mehrzahl stellte sich hinter die Kritiker, die Chruschtschows Außen- und Wirtschaftspolitik, sein Wirken in der kommunistischen Weltbewegung (China!) bemängelten. Die Marschälle, vor allem Verteidigungsminister Malinowski, warfen ihm seine verfehlte Militärpolitik vor. 1953 stand das Gros der Generalität hinter Chruschtschow: Moskalenko hatte im Kreml Chruschtschows Gegner Berija verhaftet. Beim Machtkampf Malenkow-Chruschtschow ließ Schukow 1957 die 175 ZK-Mitglieder mit Armeeflugzeugen nach Moskau bringen, wo sie den Kampf zugunsten Chruschtschows entschieden. Jetzt aber, am 14. Oktober 1964, versagten die Marschälle ihrem Obersten Kriegsherren die Gefolgschaft![57] Chruschtschow wurde regelrecht gestürzt.

Das offizielle Communique, das am 15. Oktober 1964 der ganzen Welt N. S. Chruschtschows überraschenden Abgang von der politischen Bühne bekanntgab, war freilich zurückhaltender in der Formulierung. Es erwähnte lediglich die Plenarsitzung des ZK der KPdSU vom Vortrag und gab bekannt, daß dieses „dem Ersuchen des Genossen N. S. Chruschtschow nachgekommen sei, ihn im Hinblick auf sein hohes Alter und die Verschlechterung seines Gesundheitszustandes von den Obliegenheiten des Ersten Sekretärs des ZK der KPdSU und des Vorsitzenden des Ministerrates der UdSSR zu entbinden..."[58]

Es war das letzte Mal, daß Chruschtschow in einem sowjetischen Blatt als „Genosse" bezeichnet worden ist. Der Entfernung des 70jährigen Staatsmannes von der Macht folgte unmittelbar seine Auslöschung aus dem Gedächtnis des sowjetischen Volkes. Chruschtschow wurde in keinem Buch mehr erwähnt; er wurde sowohl für die Vergangenheit als auch für die Gegenwart und sogar über seinen 1971 erfolgten Tod hinaus zur „Unperson".

Anmerkungen:

1 *Gibney*, Frank (Hrsg.): Oleg Penkowskij. Geheime Aufzeichnungen, München Zürich 1966, S. 172.
2 *Sacharow,* M. W., a. a. O., S. 631.
3 *Gibney,* a. a. O., S. 160.
4 *Chruschtschow* vor dem Obersten Sowjet. In: „Prawda", 15. Januar 1960.
5 Vgl. z. B. *Ponomarew, Gromyko, Chwostow,* a. a. O., Bd. 2, insbesondere das Kapitel 9.
6 DDR-Handbuch, Köln 1975, S. 237ff.
7 Einzelheiten über den Warschauer Pakt siehe *Csizmas*, Michael: Der Warschauer Pakt, Bern 1972, und — vom östlichen Standpunkt — *Quilitzsh* und *Krüger:* Sozialistische Staatengemeinschaft. Die Entwicklung der Friedenspolitik der sozialistischen Staaten, Berlin/DDR 1972.
8 Zit. aus *Csizmas*, a. a. O., S. 12.
9 Mitteilung des einstigen Generals der ČSSR-Volksarmee Jan Sejna an den Autor in Washington/USA im Oktober 1976.
10 *Wiener*, Friedrich: Soldaten im Ostblock, München 1972, S. 185.
11 Bundesministerium für gesamtdeutsche Fragen (Hrsg.): Der Volksaufstand vom 17. Juni 1953. Denkschrift über den Juni-Aufstand in der sowjetischen Besatzungszone Deutschlands und in Ost-Berlin, Bonn 1953.
12 Ausschuß für deutsche Einheit (Hrsg.): Wer zog die Drähte? Der Juni-Putsch 1953 und seine Hintergründe, Berlin/DDR o. J. S. 22.
13 Bundesminister für gesamtdeutsche Fragen (Hrsg.): Es geschah im Juni 1953 — Fakten und Daten, Bonn 1963.
14 *Iwanowski,* a. a. O.
15 Einzelheiten siehe *Gosztony,* Peter: Die Sowjetarmee in Ungarn 1956. In: Aus Politik und Zeitgeschichte, Bonn, Nr. 43/1966.
16 Vgl. das „16-Punkt-Programm" in deutscher Sprache bei *Zsolnay,* Vilmos: Ungarn von 1945 bis 1965. In: Aus Politik und Zeitgeschichte, Bonn, Nr. 43/1966, S. 9.
17 *Gosztony,* Peter: The Hungarian Revolution of 1956. Viewed from Two Decades' Distance. In: Canadian-American Review of Hungarian Studies, Fall 1976, S. 152.
18 Mitgeteilt bei *Lasky,* Melvin J.: Die Ungarische Revolution. Ein Weißbuch, Berlin 1958, S. 144ff.
19 Armeegeneral P. I. *Batow* über den Ungarneinsatz der Sowjetarmee 1956. Ein Interview, 18. April 1978 in Moskau. Der Verfasser dankt an dieser Stelle dem britischen Historiker David Irving, der ihm das Protokoll zugänglich gemacht hatte.
20 *Darnóy*, Pál: Die sowjetische Militärintervention in Ungarn. In: „Wehrkunde", München, Nr. 2/1957.
21 Generalmajor a. D. Béla *Király* in „Irodalmi Ujság", Paris, Nr. 3—4/1976.
22 Ausführlich bei *Gosztony:* Die Sowjetarmee... a. a. O., S. 44ff.
23 *Méray,* Tibor: Nagy Imre élete és halála, München 1978, S. 349.
24 „NZZ", 14. März 1955.
25 *Gibney,* a. a. O., S. 173.
26 TASS-Communiqué, 2. November 1957. In: „NZZ", 4. November 1957.
27 Einzelheiten dazu siehe *Petrow*, Ju. P.: Stroitelstwo politorganow, partijnich i komsomolskich organizacij armii i flota, 1918—1968, Moskau 1968. Ferner: *Meissner*, Boris: Rußland unter Chruschtschow, München 1960.
28 Vgl. *Gorschkow,* S. G.: Seemacht Sowjetunion, Hamburg 1978.
29 „NZZ", 22. November 1957.

30 Mitteilung des einstigen Oberleutnants der sowjetischen Seestreitkräfte Lew Predtetschewski an den Verfasser, Mai 1978.
31 Die Erinnerungen Nikita *Chruschtschows* — auf Tonband gesprochen. In: Der Spiegel, Hamburg, Nr. 18/1974, S. 118ff.
32 Zitiert nach der „Welt“, Hamburg, 15. Oktober 1960.
33 *Sacharow,* M. W., a.a.O., S. 637.
34 *Iwanowski,* a.a.O., S. 152.
35 Vgl. „Zeri i Popullit“, Tirana, 29. November 1972.
36 Einzelheiten siehe *Hoxha,* Enver: Der Kampf der Partei der Arbeit Albaniens gegen den Chruschtschow-Revisionismus, Dortmund 1976, S. 193ff.
37 Einzelheiten siehe *Thach*, Joseph E.: Soviet Military Asisstance to the People's Republic of China 1950—60. In: „Military Review“, Ft. Leavenworth, Nr. 1/1978, S. 72ff.
38 *Chruschtschow* vor dem Obersten Sowjet. In: „Prawda“, 15. Januar 1960.
39 *Gibney,* a.a.O., S. 175.
40 *Sokolowski,* W. D., Red.: Militärstrategie, Berlin/DDR 1965.
41 „NZZ“, 12. August 1961, Morgenausgabe.
42 „NZZ“, 15. August 1961, Mittagsausgabe. (Über Konjews Besprechungen mit den französischen, britischen und amerikanischen Offizieren im sowjetischen Hauptquartier in Potsdam.)
43 *Ponomarew, Gromyko, Chwostow,* a.a.O., S. 421, Bd. 2.
44 *Rexin,* Manfred: Die Folgen des 13. August 1961. Chronik und Dokumente zur Berlin-Krise, August 1961 — Dezember 1962, Berlin 1963, S. 31.
45 Einzelheiten siehe *Pächter,* Heinz: Chruschtschow, Kennedy, Castro. Die Oktoberkrise 1962 und ihre Folgen, Köln/Bern 1963.
46 „Prawda“, Moskau, 13. Dezember 1962.
47 „Krasnaja Swesda“, Moskau, 25. und 28. August 1964 bzw. 7. und 10. Januar 1964.
48 *Tiedke,* Stephan: Sowjetisches Rüstungsverhalten Anfang der sechziger Jahre. In: „Wissenschaft und Frieden“, Wien Nr. 1/1976, S. 122ff.
49 *Förster, Paulus,* a.a.O., S. 275.
50 *Tiedke,* a.a.O., S. 123.
51 *Sokolowski,* a.a.O., S. 366.
52 Programm und Statut der Kommunistischen Partei der Sowjetunion, Berlin/DDR 1961, S. 105.
53 *Chruschtschow,* N. S.: Einen Krieg verhüten — die vordringlichste Aufgabe! Moskau 1963, S. 83ff.
54 „NZZ“, 6. Dezember 1963, Morgenausgabe.
55 „NZZ“, 16. Dezember 1963, Mittagsausgabe.
56 „Prawda“, Moskau, 22. September 1964.
57 Laut „Kommunist“, Moskau, vom März 1964 hatte Chruschtschow nämlich seit einiger Zeit auch den Titel „Oberbefehlshaber der Sowjetarmee“ geführt.
58 „Prawda“, Moskau, 16. Oktober 1964.

IX. Die sowjetischen Streitkräfte unter Breschnew

Gleich nach Chruschtschows Entfernung von der Macht stellte sich die neue Führung der Sowjetunion vor. Partei- und Regierungsämter wurden nun wieder getrennt. Das Amt des Regierungschefs übernahm der bisherige Erste Stellvertreter des Präsidenten des Ministerrates, der 60jährige Alexej Nikolajewitsch Kossygin, gelernter Ingenieur, aber seit 1938 in führenden Partei- und Verwaltungsstellen tätig. Das Amt des Ersten Sekretärs des ZK der KPdSU zog der 58jährige Leonid Iljitsch Breschnew an sich, ebenfalls seit 1938 Parteifunktionär und seit 1960 Vorsitzender des Präsidiums des Obersten Sowjets, also Staatspräsident der Sowjetunion. Auf diesen Repräsentationsposten wurde nun Nikolaj W. Podgorny, 61jährig, ein farbloser Parteifunktionär gesetzt. Andere nennenswerte personelle Änderungen wurden weder bei der Partei noch in der Regierung bekannt.

1. Die Spitzen der Sowjetarmee

Im sowjetischen Militärwesen blieb vorerst alles beim alten. Die neue Führung bestätigte die bisherigen Stelleninhaber in ihren Ämtern: Malinowski als Verteidigungsminister, Gretschko als Oberkommandierender des Warschauer Paktes, Jepischew als Oberster Politchef, Gorschkow als Oberkommandierender der Seestreitkräfte und Birjuzow als Generalstabschef. Der Oberbefehlshaber der Landstreitkräfte, Marschall Tschuikow — ein Günstling Chruschtschows — wurde noch vor Jahresende abgelöst und mit der Führung der im Aufbau befindlichen Zivilverteidigungs-Organisation betreut. Der Posten des Oberbefehlshabers der Landstreitkräfte blieb bis 1967 unbesetzt.

Der Machtwechsel im Kreml war so reibungslos vor sich gegangen, daß Marschall Malinowski keine Bedenken hatte, vier Tage nach Chruschtschows Sturz, am 19. Oktober, Marschall Birjuzow an der Spitze einer Militärdelegation nach Belgrad zu senden, wo die Jugoslawen den zwanzigsten Jahrestag der Befreiung der Hauptstadt von den Deutschen feierten. Die sowjetische Delegation bestand aus 17 Offizieren, unter ihnen auch der Panzerfachmann Generaloberst W. I. Schdanow. In der Nähe von Belgrad verlor jedoch das sowjetische Iljuschin-18 Flugzeug an Höhe und prallte gegen den Berg Avala. Alle Insassen verloren ihr

Leben. Obwohl der Unfall aller Wahrscheinlichkeit nach auf menschliches Versagen zurückzuführen ist (das Wetter war an diesem Tag nebelig und trüb), kamen im Westen Gerüchte von einem Attentat auf. Birjuzow war doch Chruschtschows jüngster Protegé gewesen, sozusagen sein Lieblingsmarschall. War es ein Zufall, daß er so schnell nach dessen Sturz starb? Das Ergebnis der amtlichen Unfall-Untersuchung ist nie veröffentlicht worden. Die Sowjetarmee erhielt am 2. November als neuen Generalstabschef, Marschall M. W. Sacharow, der dieses Amt schon vom April 1960 bis März 1963 bekleidet hatte, und in der Zwischenzeit die Generalstabsakademie „Woroschilow" geleitet hatte.

Marschall Malinowski vermochte nur eine erste Etappe der von Breschnew und Kossygin angeordneten großangelegten Militärreform zum ausgewogenen Ausbau der Teilstreitkräfte durchzuführen. Der korpulente Verteidigungsminister litt an einer unheilbaren Krankheit und starb in seinem 70. Lebensjahr am 31. März 1967 in Moskau. Malinowski, der im Zweiten Weltkrieg wohl zu den Spitzen der Roten Armee zählte, jedoch kein Feldherr vom Schlage eines Schukow oder Konjew war, wurde besondere Ehre zuteil: die Moskauer Militärakademie der Panzer- und mechanisierten Truppen erhielt seinen Namen.

Über die Nachfolge im Verteidigungsministerium entbrannte im Politbüro eine heftige Debatte. Breschnews Favorit war Dimitri F. Ustinow, ein Rüstungsfachmann, der während des Krieges in der UdSSR dieselbe Rolle gespielt hatte, wie Albert Speer im Hitlerschen Reich. Kossygin unterstützte den Vorschlag Ustinow. Doch die Marschälle ließen das Politbüro wissen, sie wollten einen echten Soldaten an der Spitze des Ministeriums haben. Schlußendlich einigte man sich auf Marschall der Sowjetunion A. A. Gretschko, der seit November 1957 Erster Stellvertreter des Verteidigungsministers der UdSSR und Oberkommandierender des Warschauer Paktes war. Der 64jährige Berufssoldat hatte 1944 die 1. Gardearmee in den Karpaten befehligt. An der selben Front hatte damals auch Breschnew als Generalmajor Dienst geleistet. So wurde Gretschko zwölf Tage nach Malinowskis Ableben Verteidigungsminister der UdSSR. Er bekleidete dieses Amt bis zu seinem Tod am 26. April 1976.

Gleichzeitig mit Gretschko wurde Armeegeneral S. L. Sokolow zum Ersten Stellvertreter des Verteidigungsministers ernannt, während die Landstreitkräfte mit Armeegeneral I. G. Pawlowski wieder einen Oberbefehlshaber erhielten.[1]

Die Neubesetzung des Postens eines Oberkommandierenden des Warschauer Paktes verursachte der sowjetischen Führung unerwartete Schwierigkeiten. Breschnew hatte für diese Stelle den bisherigen Chef des Kiewer Militärbezirkes, Armeegeneral I. I. Jakubowski vorgesehen. Alle Sowjetmarschälle waren damit einverstanden. Da machten ganz unerwarteter Weise die Vertreter der Warschauer-Pakt-Staaten Opposition. Zehnjährige Erfahrung hatte sie den Inhalt des Bündnissen erkennen lassen, als ein Instrument zur Festigung der sowjetrussischen Vorherrschaft in Ost- und Mitteleuropa. Die formelle Gleichberechtigung innerhalb des Führungs- und Entscheidungssystems des Warschauer Paktes wirkte sich in praxi nicht aus. Die Polen zeigten Unmut gegen die Besetzung aller

Spitzenpositionen im Warschauer-Pakt-Stab mit Sowjetgenerälen: die Tschechoslowaken murrten (ein Jahr später, am 2. Juli 1968 sollte denn Generalleutnant Václáv Prchlik offen die Mängel dieses Führungsstils kritisieren[2]). Die Rumänen (unter Führung von Parteisekretär Nicolae Ceausescu und Regierungschef Ion Maurer) legten gegen Jakubowskis Ernennung ihr Veto ein und forderten offen eine „gesunde Rotation" in den Stäben und im Oberbefehl des Warschauer Paktes. Als neuen Oberkommandierenden des Militärbündnisses schlugen sie den Marschall von Polen, Marian Spychalski vor. Erst auf starken Druck Moskaus, und im Schatten des Sechstage-Krieges im Nahen Osten (Juni 1967), stimmte schließlich Rumänien der Ernennung des 55jährigen I. I. Jakubowski zum Oberkommandierenden des Warschauer Paktes doch zu. Jakubowski wurde vorerst zum Marschall der Sowjetunion befördert und übernahm dann am 12. Juli 1967 den Posten, den er bis zu seinem Tode (30. November 1976) beibehielt.

Mit den Auseinandersetzungen um Jakubowski begann das Ausscheren Rumäniens aus der „gemeinsamen Politik" des Ostblocks insbesondere des Warschauer Paktes. In einem Grundsatzartikel in der Parteizeitung „Scinteia" vom 7. März 1967 erklärte Ceausescu, daß die internationale Solidarität nicht von der Teilnahme an Tagungen des sozialistischen Lagers abhänge, da dort „zu häufig gemeinsame Standpunkte" ohne Berücksichtigung der Meinung der kleineren Parteien in der Form eines Diktats festgelegt worden seien. „Die kleineren und mittleren Staaten weigern sich, den Großmächten weiter als Spielball ihrer Interessen zu dienen. Sie erheben sich gegen jede Art von Herrschaft und führen eine selbständige Politik", betonte er. Auch bei der finanziellen Belastung der Teilnehmerstaaten des Warschauer Paktes versuchte Ceausescu für sein Land Vorteile zu erkämpfen. So verweigerte er z. B. im November 1978 Moskau die geforderte erhöhte Abgabe für das gemeinsame Militärbudget des Warschauer Paktes und konnte sich auch durchsetzen.

2. Das sowjetische Wehrgesetz von 1967

Das noch heute gültige „Gesetz über die allgemeine Wehrpflicht" vom 12. Oktober 1967 war unter Marschall Malinowski vorbereitet worden. Es ergänzte und ersetzte die Vorschriften aus dem Jahre 1939 und brachte auch einige Reformen. Im Gegensatz zu den Bestimmungen aus der Stalin-Zeit wurden die Dienstzeiten erheblich gekürzt, bei den Seestreitkräften von fünf auf drei und bei allen anderen Waffengattungen von drei auf zwei Jahre. Dem Verteidigungsministerium wurde jedoch das Recht eingeräumt, den aktiven Dienst der Rekruten ohne weiteres bis zu zwei Monate zu verlängern oder Soldaten von einer Waffengattung in eine andere zu versetzen, selbst wenn dadurch ihre Dienstzeit verlängert wurde.

Dienstpflichtig sind nunmehr Männer vom 18. bis zum 50. Lebensjahr, Frauen vom 19. bis zum 40 Lebensjahr, diese aber nur, wenn sie eine medizinische oder andere spezielle Ausbildung haben. „Im Kriegszustand können die Frauen aber aufgrund des Entscheides des Ministerrates der Sowjetunion in die Streitkräfte der UdSSR einberufen werden, sei es für Hilfsdienste oder für einen Spezialdienst."[3]

Das Wehrgesetz von 1967 regelt die Dauer der Wiederholungskurse der Reservisten. Die Dienstzeit der Absolventen der Hochschulen und Universitäten wurde neu festgelegt. Bis 1965 hatten diese während ihrer ganzen Studiendauer nur die obligatorischen Wehrkunde-Lektionen zu besuchen. Nach Abschluß des Studiums mußten sie dann eine theoretische Prüfung in den militärwissenschaftlichen Fächern ablegen und ein sogenanntes Offiziersanwärter-Lager von drei Monaten besuchen das mit einer Offiziersprüfung abschloß. Mit deren Bestehen wurden die Hochschulabsolventen Reserveoffiziere der Sowjetarmee. 1965 wurde dieses System dahin abgeändert, daß das dreimonatige Ausbildungslager zu einem einjährigen Militärdienst ausgebaut wurde. Das Gesetz von 1967 (Art. 13c) übernahm diese Lösung. Der einjährige Dienst umfaßt sechs Monate Offiziersschule und sechs Monate praktischer Einsatz in den Einheiten.[4]

Das neue Wehrgesetz war von Marschall Gretschko am 12. Oktober 1967 in der dritten Sitzung des Obersten Sowjets der UdSSR der siebenten Legislaturperiode wie folgt begründet worden:

> *„Die Imperialisten schrecken bei ihren Versuchen, das Kräfteverhältnis in der Welt zu ändern vor keinerlei Provokationen zurück... Die Marxisten-Leninisten sind aufrichtige Friedenskämpfer, waren aber niemals Pazifisten... Die Kommunistische Partei und die Regierung der Sowjetunion unternehmen alle notwendigen Schritte, um die Verteidigungsmacht des Landes zu festigen (und) die Stärke der sowjetischen Streitkräfte zu erhöhen... Die Bedeutung der Ausbildung der gesamten Bevölkerung für die Zurückschlagung einer Aggression ist erkannt worden... Dies verlangt die weitere Vervollkommung der patriotischen und militärischen Ausbildung..."*[5]

Dementsprechend wurde in den nächsten Jahren die paramilitärische Ausbildung der Jugend weiter intensiviert, ein einheitliches Einberufungsalter für alle Bürger der UdSSR festgelegt und die verschiedenen Freistellungen zum Wehrdienst reduziert. Marschall Gretschko betrachtete die Sowjetarmee nicht nur als militärische Ausbildungsstätte sondern auch als ein Mittel der parteipolitischen Erziehung der Jugend: „Der Militärdienst ist bei uns nicht nur eine Schule der militärischen Meisterschaft, sondern auch eine Schule der ideologischen und physischen Stählung, der Disziplin und Organisation. Die Armee spielt bei uns praktisch die Rolle einer Art *Volksuniversität,* die alle jungen Männer und Bürger des Sowjetlandes absolvieren..."[6]

Nach Beendigung des Manövers „Böhmerwald" 1968. Von l. n. r.: Parlamentspräsident Smrkovsky, Staatspräsident Svoboda, Marschall Jakubowski. Generalsekretär Dubček, Ministerpräsident Černik

Ein Prager Student wird von sowjetischen Offizieren verhört (1968)

Der „Vater" der sowjetischen Atombombe,
Akademiemitglied Igor Wassiljewitsch Kurtschatow in einem U-Boot

Sowjetische Kanonen- und Feuerlöschboote am Ussuri 1969

Raketen-Abwehrrakete „Galosh“ bei der Militärparade in Moskau am 7. November 1972

Vierstrahlige Pfeilflügel-Bomber M-4 (NATO-Code „Bison")

Strahlgetriebene Großtransporter Iljuschins und die 20 bis 100 t tragenden PTL-Flugzeuge Antonows

L. I. Breschnew zwischen Podgorny und Suslow im Kreml im Juni 1976

Marschall der Sowjetunion Dimitri F. Ustinow

Marschall der Sowjetunion Nikolai W. Ogarkow

Marschall der Sowjetunion Wiktor G. Kulikow

Armeegeneral Anatolij I. Gribkow

Sowjetische Panzer und Lastwagen in Afghanistan 1980

Sowjetischer Panzer in Kabul 1980

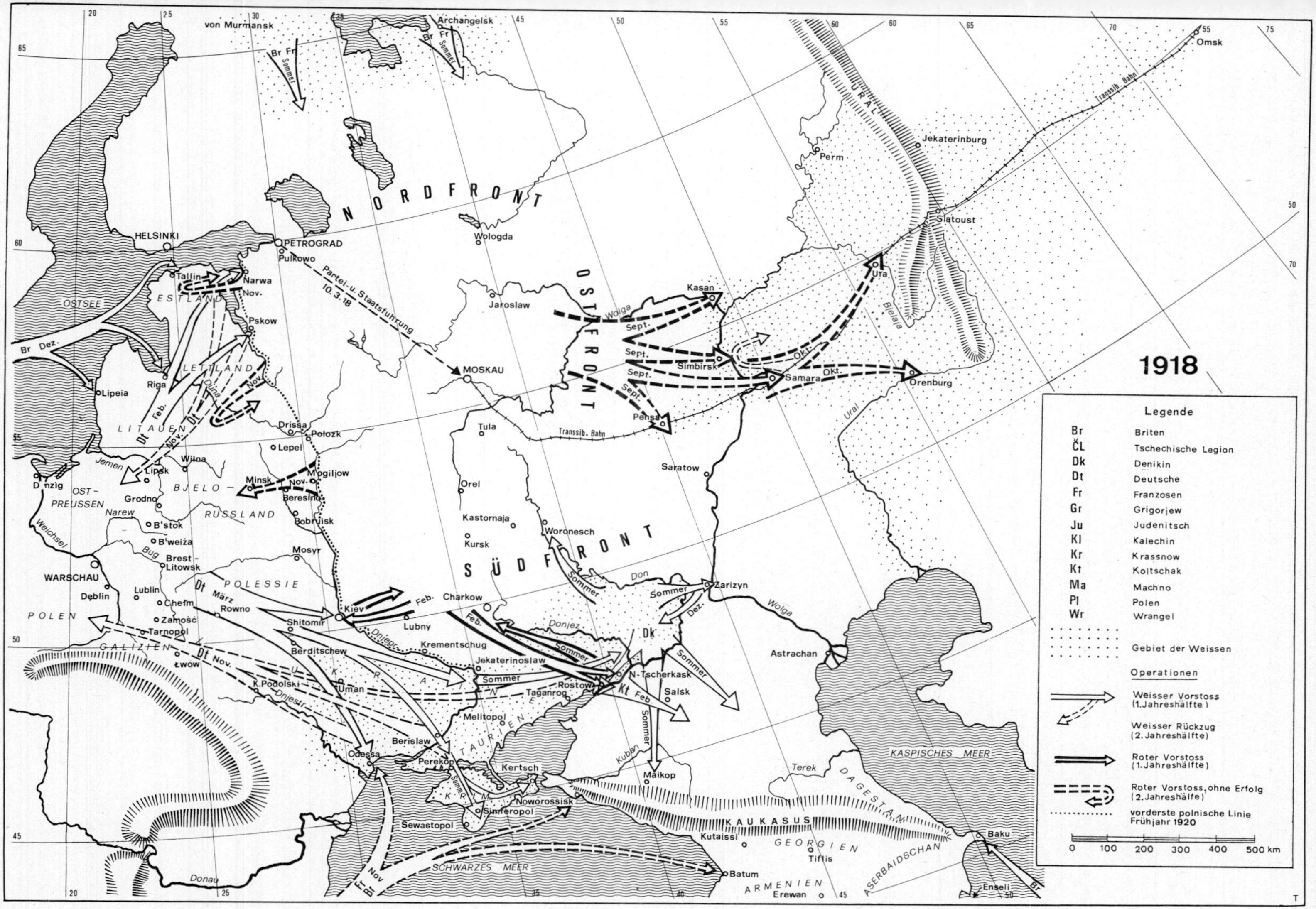
1918
Legende
Br Briten
ČL Tschechische Legion
Dk Denikin
Dt Deutsche
Fr Franzosen
Gr Grigorjew
Ju Judenitsch
Kl Kalechin
Kr Krassnow
Kt Koltschak
Ma Machno
Pl Polen
Wr Wrangel
Gebiet der Weissen
Operationen
Weisser Vorstoss (1.Jahreshälfte)
Weisser Rückzug (2.Jahreshälfte)
Roter Vorstoss (1.Jahreshälfte)
Roter Vorstoss, ohne Erfolg (2.Jahreshälfte)
vorderste polnische Linie Frühjahr 1920
0 100 200 300 400 500 km
NORDFRONT
OSTFRONT
SÜDFRONT
von Murmansk
Archangelsk
HELSINKI
PETROGRAD
Pulkowo
Partei-u. Staatsführung 10.3.18
MOSKAU
Wologda
Jaroslaw
Kasan
Simbirsk
Samara
Orenburg
Pensa
Saratow
Zarizyn
Astrachan
Perm
Jekaterinburg
Slatoust
Ufa
Omsk
Transsib. Bahn
URAL
Tallin
Narwa
Pskow
Riga
Lipeia
ESTLAND
LETTLAND
LITAUEN
OSTSEE
Wilna
Lipsk
Grodno
Danzig
OST-PREUSSEN
BJELO-RUSSLAND
Minsk
Mogiljow
Beresina
Bobruisk
Drissa
Polozk
Lepel
WARSCHAU
Deblin
Lublin
Chełm
Zamość
Tarnopol
Łwow
POLEN
GALIZIEN
POLESSIE
Rowno
Shitomir
Berditschew
Kiev
Mosyr
K.Podolski
Uman
Odessa
UKRAINE
Tula
Orel
Kursk
Kastornaja
Woronesch
Charkow
Lubny
Krementschug
Jekaterinoslaw
Rostow
Taganrog
N-Tscherkask
Salsk
Melitopol
Berislaw
Perekop
TAURIEN
KRIM
Simferopol
Sewastopol
Kertsch
Noworossisk
Maikop
SCHWARZES MEER
KAUKASUS
Kutaissi
Tiflis
Batum
Erewan
ARMENIEN
GEORGIEN
ASERBAIDSCHAN
DAGESTAN
Baku
Enseli
KASPISCHES MEER
Wolga
Don
Donjez
Dnjepr
Dnjestr
Düna
Bug
Narew
Weichsel
Jemen
Donau
Kuban
Terek
Ural
Bjelaja
Sommer
Sept.
Okt.
Nov.
Dez.
Feb.
März

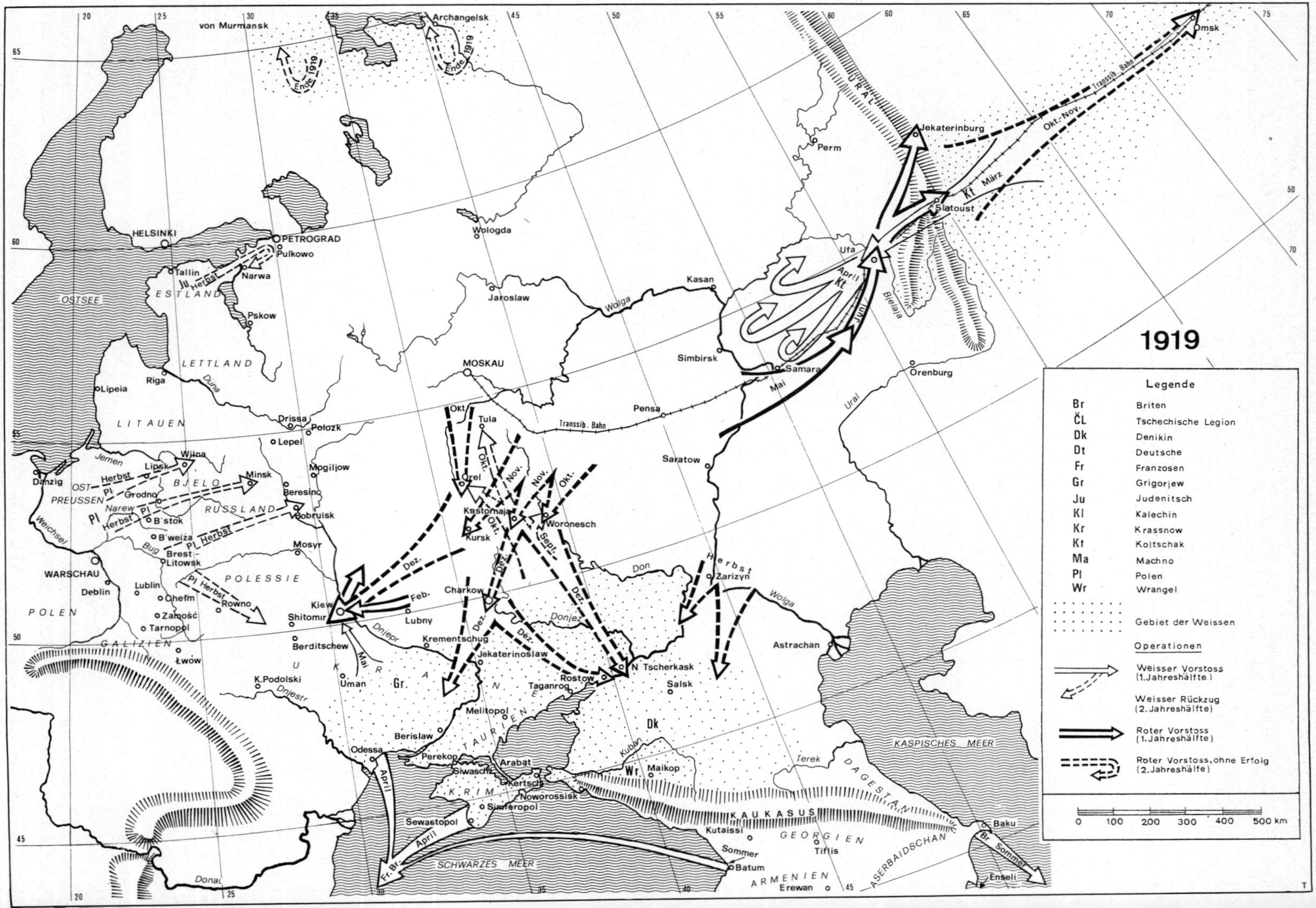
1919
Legende
Br Briten
ČL Tschechische Legion
Dk Denikin
Dt Deutsche
Fr Franzosen
Gr Grigorjew
Ju Judenitsch
Kl Kalechin
Kr Krassnow
Kt Koltschak
Ma Machno
Pl Polen
Wr Wrangel
Gebiet der Weissen
Operationen
Weisser Vorstoss (1. Jahreshälfte)
Weisser Rückzug (2. Jahreshälfte)
Roter Vorstoss (1. Jahreshälfte)
Roter Vorstoss, ohne Erfolg (2. Jahreshälfte)
0 100 200 300 400 500 km
von Murmansk
Archangelsk
Ende 1919
HELSINKI
PETROGRAD
Pulkowo
Tallin
Narwa
ESTLAND
Pskow
OSTSEE
LETTLAND
Riga
Lipeia
LITAUEN
Wologda
Jaroslaw
MOSKAU
Tula
Orel
Kastornaja
Kursk
Woronesch
Charkow
Kiew
Shitomir
Berditschew
Krementschug
Jekaterinoslaw
Rostow
N Tscherkask
Taganrog
Salsk
Melitopol
Berislaw
Odessa
Perekop
Siwasch
Arabat
Kertsch
Noworossisk
Simferopol
Sewastopol
KRIM
TAURIEN
UKRAINE
Uman
K.Podolski
Lubny
Drissa
Polozk
Lepel
Mogiljow
Beresina
Bobruisk
Mosyr
Minsk
Wilna
Lipsk
Grodno
B'stok
B'weiza
Brest-Litowsk
Danzig
OST-PREUSSEN
BJELORUSSLAND
POLESSIE
Rowno
WARSCHAU
Deblin
Lublin
Chełm
Zamość
Tarnopol
Lwów
POLEN
GALIZIEN
Weichsel
Narew
Bug
Jemen
Duna
Dnjepr
Dnjestr
Donau
Don
Donjez
Wolga
Kuban
Terek
Ural
Bjelaja
Herbst
Okt.
Nov.
Sept.
Dez.
Feb.
Mai
April
Juni
März
Okt.-Nov.
Sommer
Kasan
Simbirsk
Samara
Pensa
Saratow
Zarizyn
Astrachan
Ufa
Perm
Slatoust
Jekaterinburg
Omsk
Orenburg
URAL
Transsib. Bahn
Maikop
KAUKASUS
DAGESTAN
GEORGIEN
ARMENIEN
ASERBAIDSCHAN
Kutaissi
Tiflis
Batum
Erewan
Baku
Enseli
KASPISCHES MEER
SCHWARZES MEER
Fr. Br.
Br.

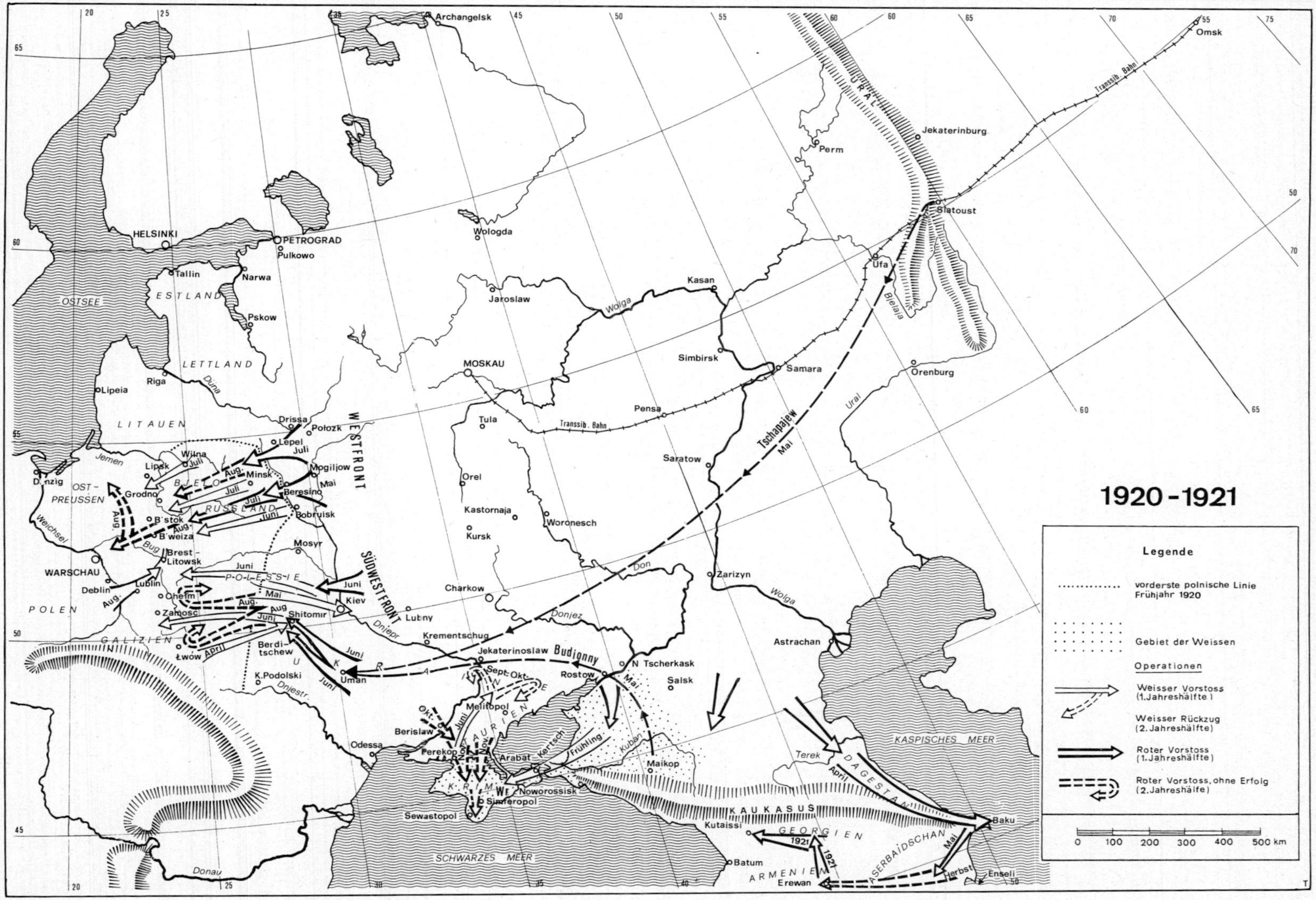
1920 - 1921
Legende
vorderste polnische Linie Frühjahr 1920
Gebiet der Weissen
Operationen
Weisser Vorstoss (1. Jahreshälfte)
Weisser Rückzug (2. Jahreshälfte)
Roter Vorstoss (1. Jahreshälfte)
Roter Vorstoss, ohne Erfolg (2. Jahreshälfe)
0 100 200 300 400 500 km
Archangelsk
Omsk
Jekaterinburg
Perm
Slatoust
Ufa
Bielaja
URAL
HELSINKI
PETROGRAD
Pulkowo
Wologda
Tallin
Narwa
ESTLAND
OSTSEE
Pskow
Jaroslaw
Kasan
Wolga
LETTLAND
Riga
Düna
Lipeia
LITAUEN
MOSKAU
Simbirsk
Samara
Orenburg
Ural
Drissa
Polozk
Lepel
WESTFRONT
Tula
Pensa
Transsib. Bahn
Tschapajew
Mai
Saratow
Orel
Kastornaja
Kursk
Woronesch
Wilna
Lipsk
Minsk
Mogiljow
Beresino
Bobruisk
Grodno
OST-PREUSSEN
B'stok
B'weiza
Brest-Litowsk
Bug
Jemen
Danzig
Weichsel
WARSCHAU
Deblin
Lublin
Chełm
Zamosc
POLEN
GALIZIEN
Lwow
April
Mosyr
POLESSIE
SÜDWESTFRONT
Kiev
Shitomir
Berditschew
K.Podolski
Dnjestr
Uman
UKRAINE
Lubny
Dniepr
Krementschug
Charkow
Donjez
Don
Zarizyn
Astrachan
Jekaterinoslaw
Budjonny
Rostow
N Tscherkask
Salsk
Melitopol
Berislaw
TAURIEN
Odessa
Perekop
Arabat
Kertsch
Frühling
Kuban
Maikop
KRIM
Noworossisk
Simferopol
Sewastopol
SCHWARZES MEER
Donau
KAUKASUS
Kutaissi
Batum
GEORGIEN
ARMENIEN
Erewan
ASERBAIDSCHAN
Baku
Enseli
Herbst
DAGESTAN
Terek
KASPISCHES MEER
Juni
Juli
Aug.
Sept.
Okt.
1921

1941 - 1942
Legende
deutsche Operationen 1941 bzw. 1943
deutsche Operationen 1942 bzw 1944
sowjetische Operationen 1941 bzw 1943
sowjetische Operationen 1942 bzw 1944
Luftlandungen
Oelfelder
deutsche Verteidigung
russische Verteidigung
NW-Fr. Nord-West-Front
SW-Fr. Süd-West-Front
W-Fr. West-Front
Z-Fr. Zentral-Front
0 100 200 300 400 500 km
UdSSR
FINNLAND
SCHWEDEN
OSTSEE
ESTLAND
LETTLAND
LITAUEN
OST-PREUSSEN
SLOWAKEI
UNGARN
RUMÄNIEN
BULGARIEN
SERBIEN
GRIECHENLAND
ALBANIEN
SCHWARZES MEER
KASPISCHES MEER
ASOWSCHES MEER
Kaukasus
MOSKAU
Stalingrad

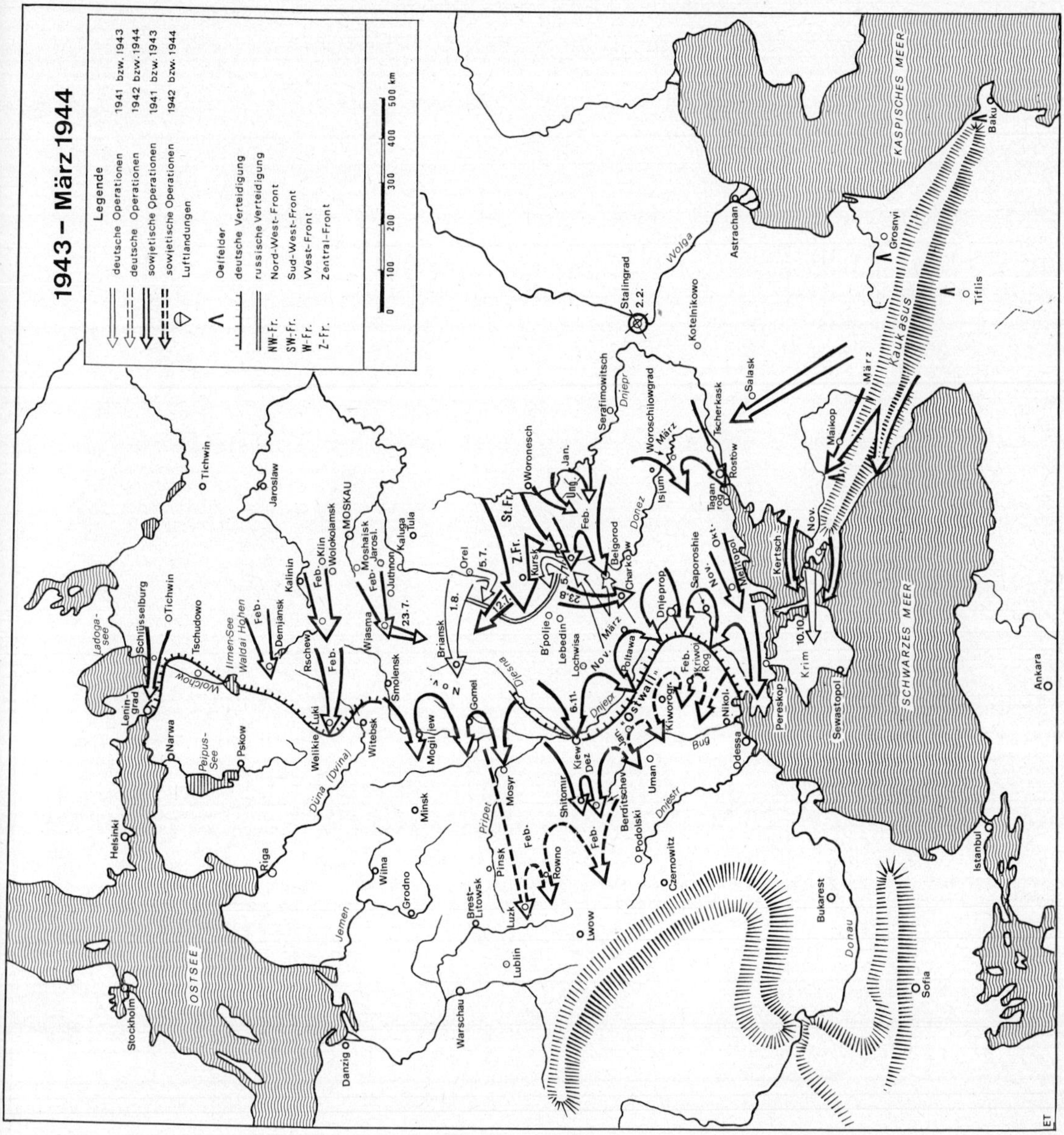

1943 – März 1944
Legende
deutsche Operationen 1941 bzw. 1943
deutsche Operationen 1942 bzw. 1944
sowjetische Operationen 1941 bzw. 1943
sowjetische Operationen 1942 bzw. 1944
Luftlandungen
Oelfelder
deutsche Verteidigung
russische Verteidigung
NW-Fr. Nord-West-Front
SW-Fr. Sud-West-Front
W-Fr. West-Front
Z-Fr. Zentral-Front
0 100 200 300 400 500 km
OSTSEE
SCHWARZES MEER
KASPISCHES MEER
Kaukasus
Stockholm
Helsinki
Danzig
Riga
Narwa
Leningrad
Schlüsselburg
Tichwin
Tschudowo
Ladoga-See
Peipus-See
Pskow
Ilmen-See
Waldai Höhen
Wolchow
Demjansk
Welikie Luki
Witebsk
Düna (Dvina)
Kalinin
Klin
Wolokolamsk
MOSKAU
Jaroslaw
Rschew
Wjasma
Moshaisk
Jarosl.
Juthnow
Kaluga
Tula
Smolensk
Briansk
Orel
Kursk
Woronesch
Belgorod
Charkow
Gomel
Mogiljew
Minsk
Wilna
Grodno
Brest-Litowsk
Pinsk
Pripet
Mosyr
Luzk
Rowno
Lwow
Lublin
Warschau
Jemen
Kiew
Shitomir
Berditschew
Uman
Kiwograd
Krivoi Rog
Nikol.
Odessa
Bug
Dnjestr
Podolski
Czernowitz
Bukarest
Donau
Sofia
Istanbul
Ankara
Poltawa
Lochwisa
Lebedin
Ostwall
Dnjepr
Desna
Dnjeprop
Saporoshie
Melitopol
Isjum
Woroschilowgrad
Donez
Serafimowitsch
Stalingrad
Wolga
Kotelnikowo
Astrachan
Rostow
Taganrog
Tscherkask
Salask
Maikop
Kertsch
Krim
Perekop
Sewastopol
Grosnyi
Tiflis
Baku
St.Fr.
Z.Fr.
Feb.
Jan.
März
Nov.
Okt.
Dez
2.2.
5.7.
12.7.
1.8.
23.7.
23.8.
6.11.
10.10.
ET

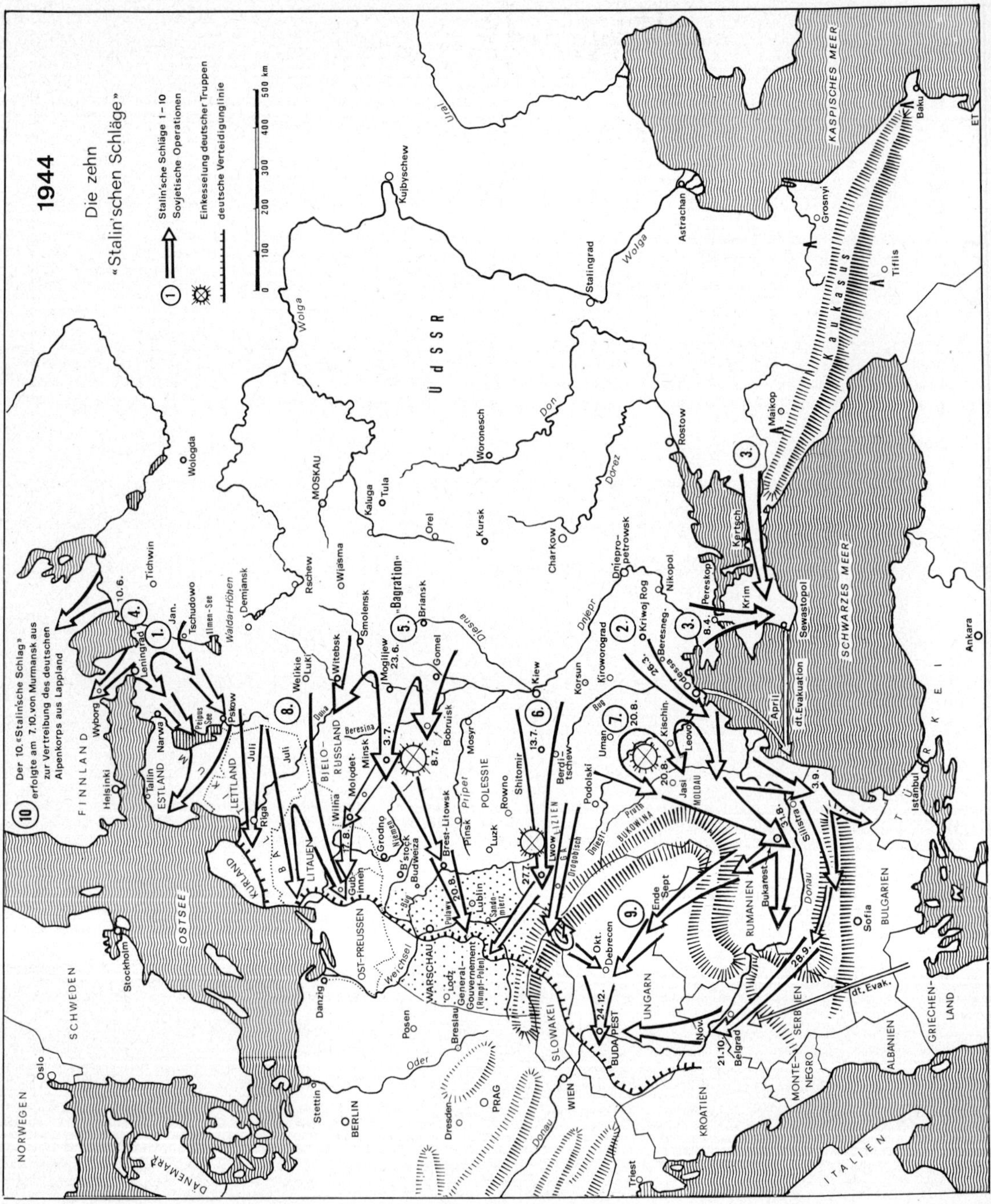
1944
Die zehn
« Stalin'schen Schläge »
Stalin'sche Schläge 1–10
Sowjetische Operationen
Einkesselung deutscher Truppen
deutsche Verteidigungslinie
0 100 200 300 400 500 km
Der 10. « Stalin'sche Schlag » erfolgte am 7.10. von Murmansk aus zur Vertreibung des deutschen Alpenkorps aus Lappland
"Bagration"
UdSSR
NORWEGEN
SCHWEDEN
FINNLAND
ESTLAND
LETTLAND
LITAUEN
KURLAND
OST-PREUSSEN
BJELO-RUSSLAND
POLESSIE
General-Gouvernement (Rumpf-Polen)
SLOWAKEI
UNGARN
RUMÄNIEN
BULGARIEN
SERBIEN
KROATIEN
MONTE-NEGRO
ALBANIEN
GRIECHEN-LAND
ITALIEN
DÄNEMARK
OSTSEE
SCHWARZES MEER
KASPISCHES MEER
Kaukasus
MOSKAU
Leningrad
Stalingrad
Wolga
Don
Donez
Dnjepr
Donau
Weichsel
Oder
BERLIN
WIEN
PRAG
WARSCHAU
Kiew
Krim
Sewastopol
dt. Evakuation
April
Odessa
Bukarest
Sofia
Belgrad
BUDAPEST
Debrecen
Minsk
Bobruisk
Witebsk
Riga
Pskow
Narwa
Tallin
Helsinki
Wyborg
Stockholm
Oslo
Danzig
Stettin
Posen
Breslau
Dresden
Lodz
Lublin
Brest-Litowsk
Grodno
Wilna
Lwow
Shitomir
Rowno
Luzk
Pinsk
Mosyr
Gomel
Mogiljew
Smolensk
Briansk
Orel
Kursk
Charkow
Woronesch
Rostow
Maikop
Grosnyi
Tiflis
Baku
Astrachan
Kujbyschew
Wologda
Tichwin
Nowgorod
Tschudowo
Demjansk
Rschew
Wjasma
Kaluga
Tula
Welikie Luki
Kirowograd
Korsun
Uman
Kischinew
Jasi
MOLDAU
BUKOWINA
Dniepropetrowsk
Kriwoj Rog
Nikopol
Beresneg.
Perekop
Kertsch
Istanbul
Ankara
Triest
Silistra
dt. Evak.

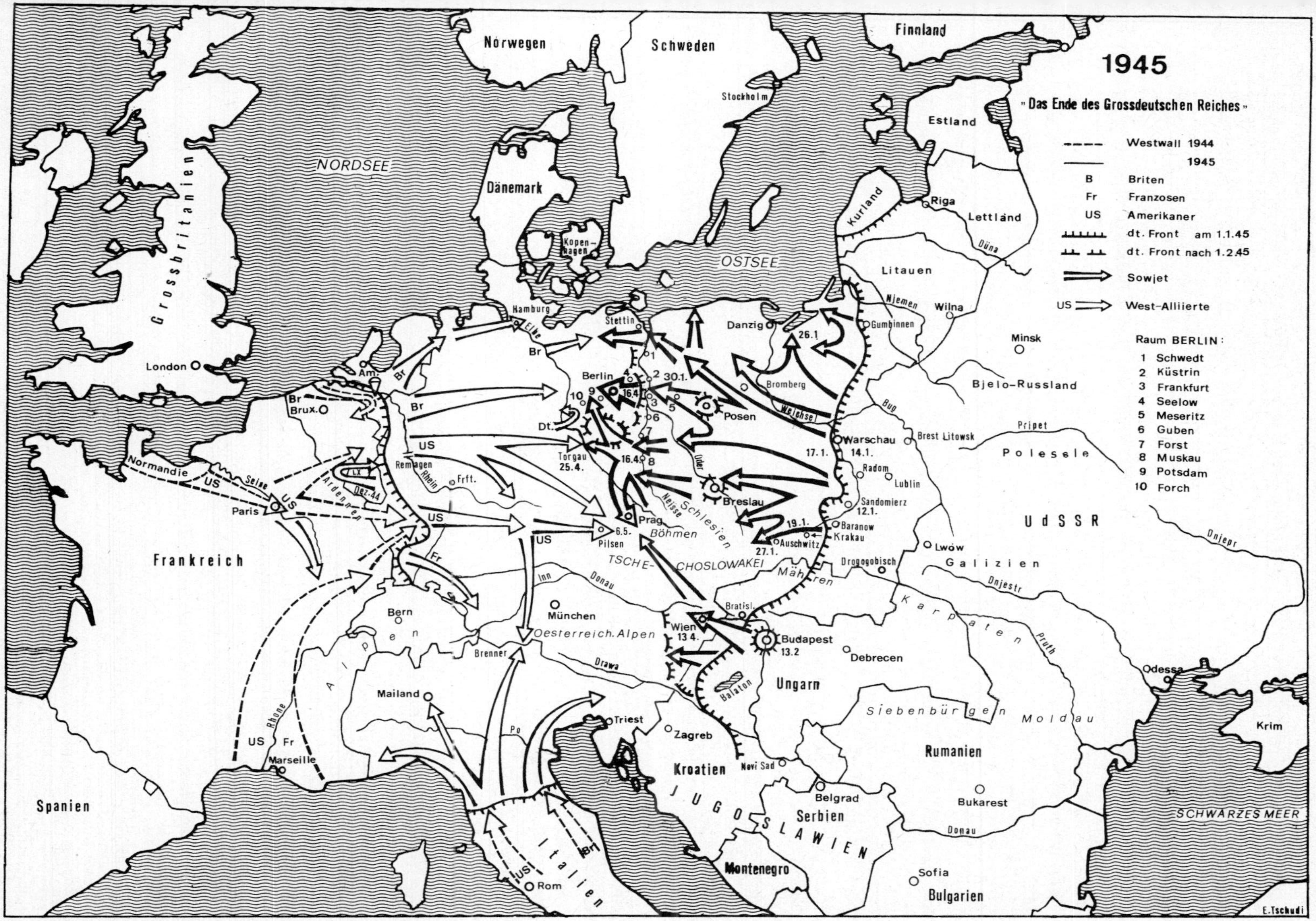
1945
"Das Ende des Grossdeutschen Reiches"
Westwall 1944
1945
B Briten
Fr Franzosen
US Amerikaner
dt. Front am 1.1.45
dt. Front nach 1.2.45
Sowjet
US West-Alliierte
Raum BERLIN:
1 Schwedt
2 Küstrin
3 Frankfurt
4 Seelow
5 Meseritz
6 Guben
7 Forst
8 Muskau
9 Potsdam
10 Forch
Norwegen
Schweden
Finnland
Estland
Lettland
Litauen
Kurland
Riga
Düna
Njemen
Wilna
Gumbinnen
Stockholm
NORDSEE
OSTSEE
Dänemark
Kopen-hagen
Grossbritanien
London
Hamburg
Elbe
Stettin
Danzig
26.1
Bromberg
Weichsel
Minsk
Bjelo-Russland
Bug
Brest Litowsk
Pripet
Polesele
Warschau
14.1.
17.1.
Radom
Lublin
Sandomierz
12.1.
Baranow
Krakau
Auschwitz
19.1.
27.1.
UdSSR
Dnjepr
Lwów
Galizien
Dnjestr
Drogobisch
Berlin
30.1.
16.4.
Posen
Oder
Breslau
Neisse
Schlesien
Böhmen
Prag
6.5.
Pilsen
TSCHE-CHOSLOWAKEI
Mähren
Torgau
25.4.
Dt.
Am.
Br
Brux.
US
Remagen
Rhein
Frft.
LX
Dez.44
Ardennen
Normandie
Seine
Paris
Frankreich
Fr
Bern
Alpen
Inn
Donau
München
Oesterreich. Alpen
Brenner
Drawa
Mailand
Po
Triest
Zagreb
Rhone
Marseille
Spanien
Italien
Rom
Wien
13.4.
Bratisl.
Budapest
13.2
Debrecen
Karpaten
Pruth
Odessa
Ungarn
Balaton
Siebenbürgen
Moldau
Krim
Kroatien
Novi Sad
Belgrad
Serbien
JUGOSLAWIEN
Rumanien
Bukarest
SCHWARZES MEER
Montenegro
Sofia
Bulgarien
E.Tschudi

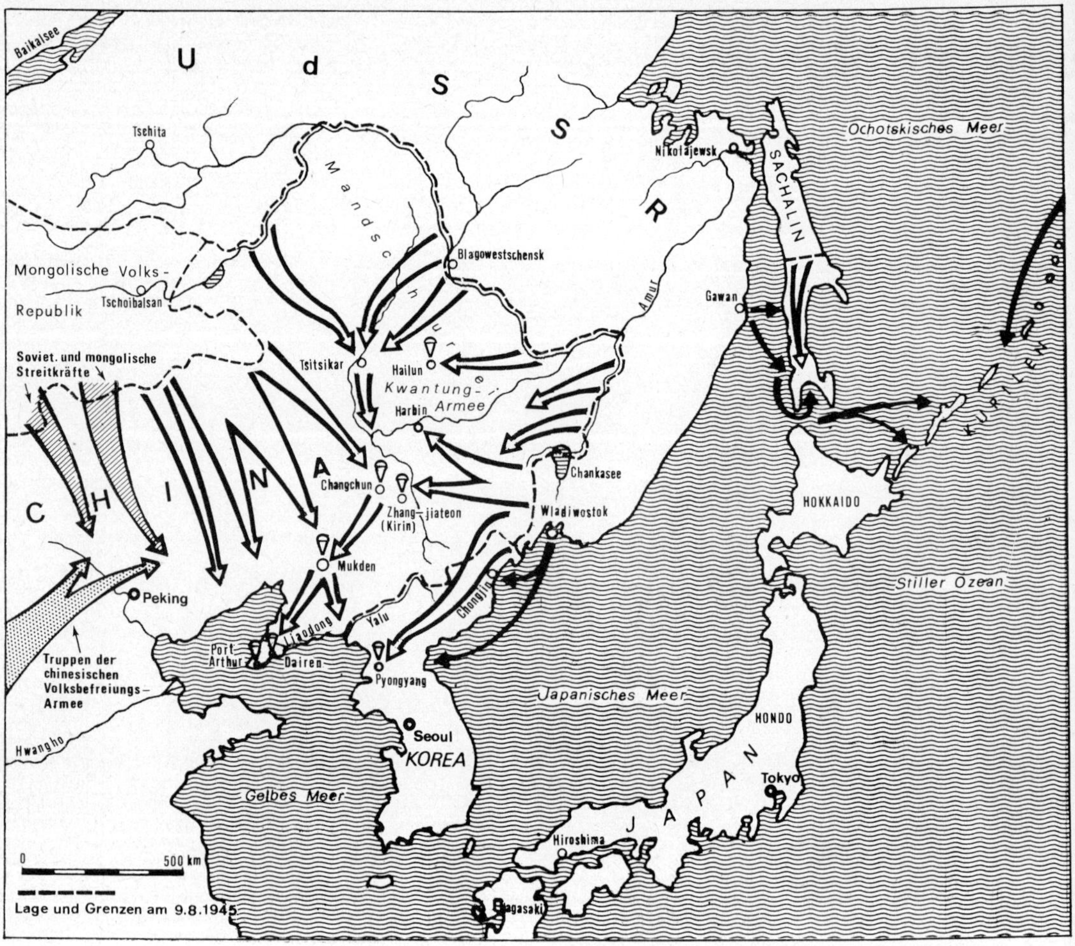

Baikalsee
U d S S R
Tschita
Mandschurei
Nikolajewsk
Ochotskisches Meer
SACHALIN
Blagowestschensk
Mongolische Volks-Republik
Tschoibalsan
Amur
Gawan
Soviet. und mongolische Streitkräfte
Tsitsikar
Hailun
Kwantung-Armee
Harbin
KURILEN
Chankasee
C H I N A
Changchun
Zhang-jiateon (Kirin)
Wladiwostok
HOKKAIDO
Mukden
Peking
Chongjin
Stiller Ozean
Liaodong
Yalu
Port Arthur
Dairen
Pyongyang
Truppen der chinesischen Volksbefreiungs-Armee
Japanisches Meer
HONDO
Seoul
KOREA
Hwangho
JAPAN
Tokyo
Gelbes Meer
Hiroshima
0
500 km
Lage und Grenzen am 9.8.1945
Nagasaki

3. Der Griff nach den Weltmeeren

Im Jahre 1967 bürgerte sich ohne besondere Anordnung ein, die Sowjetarmee als „die sowjetischen Streitkräfte" oder „Die Streitkräfte des sowjetischen Staates" zu bezeichnen. Diese Streitmacht gliedert sich in *fünf* Teilstreitkräfte:

— die Landstreitkräfte,
— die Luftstreitkräfte,
— die Seestreitkräfte,
— die strategischen Raketentruppen und
— die Truppen der Luftverteidigung.

Im Gegensatz zur Ära Chruschtschow, in der die strategischen Raketentruppen zulasten der anderen Teilstreitkräfte gefördert wurden, ging nun die Führung Breschnew-Kossygin daran, *alle* fünf Teilstreitkräfte ausgewogen fortzuentwikkeln. Am meisten zog daraus die sowjetische Seekriegsflotte Nutzen.

Bereits in den fünfziger Jahren hatte sich das Zentralkomitee der KPdSU mit der weiteren Entwicklung der Flotte befaßt.[7] Entgegen dem alten europäischen Vorurteil, daß „La mer n'aime pas le Russe!" (Graf Tocqueville) wurde beschlossen, eine mächtige Seekriegsflotte aufzubauen, ohne Rücksicht auf die Kosten und die (mißliche) Lage der Volkswirtschaft. Damals wurde bereits mit der Entwicklung von Nuklearantrieben für Schiffe begonnen.

Im Jahre 1955 wurde erstmals von einem sowjetischen U-Boot eine ballistische Rakete abgeschossen. Die U-Boot-Flotte der Sowjetarmee erhielt damit neue Aufgaben, konnte sie doch fortan auch strategisch eingesetzt werden. Die U-Boote konnten — insbesondere, wenn sie mit Nuklear-Kraft angetrieben wurden — praktisch jedes beliebige Ziel auf dem Festland vernichten.

Der Aufbau einer modernen raketentragenden und nuklearangetriebenen Seekriegsflotte ging zwar in der Ära Chruschtschow nur langsam voran. Nach seinem Sturz wurde er aber intensiviert. Im Februar und März 1966 zeigte sich das erste Ergebnis, das eine Gruppe sowjetischer Atom-U-Boote unter Führung von Konteradmiral A. I. Sorokin in Tauchfahrt die Welt umrundete und dabei ohne irgendwo aufzutauchen und etwa 25000 Seemeilen (46300 Kilometer) zurücklegte.

Die Überwasserflotte erhielt in den sechziger Jahren Raketen-, U-Boot-Abwehr-, Minenabwehr-, Landungsboote sowie weitere Einheiten. Sie wurde ergänzt durch Seefliegerkräfte und eine hochbewegliche, mit speziellen Waffen ausgerüstete Marineinfanterie. Jetzt nahmen großangelegte Flottenmanöver im Zusammenwirken mit den Landstreitkräften ihren Anfang, wozu auch Landungsunternehmen gehörten.

Die Küstenverteidigung wurde durch eigene Raketentruppenteile verstärkt. Diese waren anfänglich mit ungelenkten Raketen ausgerüstet, verfügen aber heute über modernste lenkbare Raketentypen von hoher Treffgenauigkeit.

Nach westlichen Angaben zählte die sowjetische Seekriegsflotte Ende der sechziger Jahre 460000 Mann; neben Überwasserschiffen verfügte sie über 320 konventionelle und 60 nukleargetriebene U-Boote.[8]

Sowjetische Kriegsschiffe stießen bis dahin selten über die Linie Nordkap — Grönland nach Westen vor. In der zweiten Hälfte der sechziger Jahre wurde das Mittelmeer zum Zentrum der sowjetischen Marineaktivität außerhalb der heimatlichen Gewässer. Dort operierte seit den frühen fünfziger Jahren die 6. US-Flotte. Die sowjetische Regierung sah in diesem Flottenverband, der weit weg von Amerika, aber relativ nahe der Sowjetunion kreuzte, die *Inkarnation* des USA-Imperialismus und maß ihm Aufgaben zu, die keinen Zusammenhang mehr mit der Realität hatten, so z. B. als konterrevolutionäre Gendarmen jede „fortschrittliche" politische Bewegung im Mittelmeerraum zu unterdrücken.

Um dieser 6. US-Flotte einen kampfkräftigen Gegner gegenüberzustellen, wurde im Juni 1964 bei der Schwarzmeer-Flotte der sowjetischen Seekriegsflotte eine Dritte Eskadra gebildet. Diese zeigte noch im selben Sommer ihre Flagge im Mittelmeer, als eine aus Kreuzern und Zerstörern bestehende Vorabteilung den Bosporus und die Dardanellen durchfuhr und Jugoslawien einen Freundschaftsbesuch abstattete. Gleichzeitig begannen sowjetische U-Boote regelmäßig Patrouillenfahrten bis Gibraltar. Allmählich wurde der Bestand der sowjetischen Eskadra im Mittelmeer erhöht, bis er sich 1966 bei 21 Einheiten stabilisierte. Um diese Zeit hatten die Sowjets bereits in Ägypten Fuß gefaßt: ein Militärabkommen hatte ihnen für ihre Schiffe verschiedene ägyptische (und teilweise) syrische Häfen geöffnet.

Im Sommer 1967, als sich der arabisch-israelische Konflikt zuspitzte, um sich schließlich im „Sechstage-Krieg" zu entladen, zeigte die sowjetische Regierung der ganzen Welt, daß sie zu raschem Handeln fähig ist. Innerhalb kürzester Zeit wurde die Dritte Eskadra mit Einheiten der Schwarzmeer-Flotte beträchtlich verstärkt. Im Mai und Juni 1967 passierten Landungsboote und mit Nuklearkraft getriebene U-Boote die türkischen Meerengen, wie auch der Stolz der damaligen sowjetischen Seekriegsflotte, der soeben in Betrieb gestellte Helikopterträger „Moskwa". Bald hatte die Dritte Eskadra etwa 70 Einheiten im östlichen Mittelmeer einsatzbereit — nicht gegen Israel, eher zur Beobachtung der 6. US-Flotte.

4. Der Dritte Nahostkrieg und die Sowjets

Als 1948 der Staat Israel gegründet wurde, waren es die Sowjets, welche die Israelis durch die Tschechoslowakei mit Waffen und Munition versorgten. Selbstredend waren es vornehmlich Beutewaffen aus dem Zweiten Weltkrieg, die Stalin nach Tel Aviv schaffen ließ, um die Gunst Israels zu gewinnen. Die Sowjets hofften damals, Israel im Nahen Osten als ein „sozialistisches Bollwerk" gegenüber dem „britischen Imperialismus" und den „reaktionären arabischen Potentaten" aufbauen zu können.

Ihre Hoffnungen gingen nicht in Erfüllung. Israel ließ sich nicht zu einer nahöstlichen Volksrepublik umgestalten. In den fünfziger Jahren änderte sich dann die militärpolitische Lage im Nahen Osten. Die einstigen europäischen Kolonialmächte zogen sich zurück. Im August 1952 wurde in Ägypten König Faruk durch einen Putsch gestürzt. Die neuen Herren des Landes — an ihrer Spitze die Obersten Mohamed Naguib und Gamal Abdel Nasser — gingen daran Ägypten und Syrien zu einer „Vereinigten Arabischen Republik" zusammenzuschließen, die dann zwischen 1958 und 1961 auch Tatsache wurde. Für sie war Israel der Hauptfeind. Sie betrachteten das einstige Palästina als rein arabischen Besitz, für dessen Zurückeroberung sie alle Araber zu einem „heiligen Krieg" aufriefen. Da hinter Israel die USA und teilweise Großbriannien standen, suchten die Araber Unterstützung bei der Sowjetunion.

Die militärischen Beziehungen Ägyptens zur Sowjetunion hatten 1955 begonnen. Nach Stalins Tod war Moskau bereit, auch an nicht kommunistische Staaten Waffen zu verkaufen, wenn damit politische Vorteile zu erzielen waren. Der Nahe Osten war für eine sowjetische Expansion besonders interessant. Nicht nur wegen der geopolitischen Lage (Suez-Kanal), sondern auch des arabischen Erdöls wegen. Im Herbst 1955 schloß Gamal Abdel Nasser den ersten Waffenlieferungsvertrag mit der Sowjetunion bzw. mit der Tschechoslowakei.[9] Im Zweiten Nahostkrieg (1956) konnten die sowjetischen Waffen allerdings noch nicht zur Geltung kommen: weder waren genügend vorhanden, noch hatte sich die bisher mit britischen Waffen ausgerüstete ägyptische Armee darauf umgestellt.

Anfangs der sechziger Jahre nahmen die sowjetischen Waffenlieferungen an die arabischen Staaten im Nahen Osten zu. Moskau nützte die antiwestlichen Ressentiments dieser Staaten aus, ohne die kommunistische Ideologie in den Vordergrund zu stellen. Moskau und Prag lieferten sogar Waffen an den Irak, der damals eine rechtsextreme Regierung hatte. Syrien und Ägypten wurden mit sowjetischem Kriegsgerät versorgt ungeachtet der Tatsache, daß die kommunistischen Parteien in beiden Ländern verboten waren. Zwischen 1961 und 1971 erhielt Ägypten Waffen im Wert von über zwei Milliarden Dollar. Auf dem Höhepunkt ihres militärischen Engagement hatte die Sowjetunion etwa 200 Piloten, 12—15000 Soldaten als Spezialisten, Techniker, Ausbilder und Raketenartilleristen und weitere 4000 Soldaten als Wachtruppen in Ägypten stationiert. Sie standen unter dem Befehl des Generalobersten W. E. Okunew, der offiziell als Chef der sowjetischen Militärmission in Kairo fungierte. Außerdem befanden sich noch sowjetische Einheiten und Militärberater-Gruppen in Syrien, im Irak und im Süd-Jemen.[10]

Im Dritten Nahostkrieg vom Juni 1967 wurde die sowjetische Regierung sowohl auf militärischem als auch auf politischem Gebiet aktiv. Anfänglich war man in Moskau in bezug auf Ausbildung und Kampfmoral der gegen Israel ins Felde geführten arabischen Armeen zuversichtlich. In Anbetracht der Kräfteverhältnisse sahen die Sowjets dem Krieg ohne besondere Sorge entgegen. Als dieser dann am 5. Juni 1967 losbrach, errang Israel bereits in den ersten Stunden entscheidende Siege. (Die gegnerische Luftwaffe wurde mehrheitlich am Boden zerstört und die Luftherrschaft auf der Sinai-Halbinsel für den „Zahal" — die israelische Verteidigungsarmee — gesichert.) Die Sowjets reagierten sehr rasch und begannen bald, politischen Druck auf Israel und die Westmächte auszuüben. Bereits am dritten Kriegstag drohte die sowjetische Regierung mit dem Abbruch der diplomatischen Beziehungen zu Washington, London und Paris, falls diese die Israelis nicht zu sofortiger Feuereinstellung veranlaßten. Gleichzeitig sicherte sie den arabischen Regierungen und Völkern eine „entscheidende Unterstützung" zu.[11]

Als sich dann die militärische Situation der Ägypter und Syrier weiter verschlechterte, sprach Moskau die stärkste Drohung seit 1962 aus:

> *„Falls die israelische Regierung ihre Aggression nicht abbricht und ihre Truppen nicht hinter die Waffenstillstandslinien zurückzieht, werden die sozialistischen Staaten… alles notwendige unternehmen, um den Völkern der arabischen Länder zu helfen, dem Aggressor einen entscheidenden Schlag zu versetzen, ihre legalen Rechte zu schützen, den Kriegsherd im Nahen Osten aufzulösen und den Frieden in dieser Region wieder herzustellen…"*[12]

Zu dieser Zeit hatten die israelischen Truppen die Sinai-Halbinsel bereits vollständig besetzt und die mit sowjetischen Panzern ausgerüstete ägyptische Armee völlig zerschlagen und große Kriegsbeute gemacht.

Nachdem Israel Ägypten als Gegner ausgeschaltet hatte und nur noch gegen Syrien weiterkämpfte, ließ Ministerpräsident Kossygin am 10. Juni über den zwischen Moskau und Washington bestehenden „heißen Draht" den US-Präsidenten Johnson wissen, daß die Sowjetunion „innerhalb weniger Stunden notwendige, einschließlich militärische Maßnahmen" treffen müßte, falls die Israelis ihre „Aggression" weiter fortsetzten.[13] (Uns ist aus vertraulicher Quelle bekannt, daß damals auch die Warschauer-Pakt-Armeen, mit Ausnahme derjenigen Rumäniens, in Alarmbereitschaft gesetzt worden waren.) Die sowjetische Regierung hoffte, mit diesen kaum verhüllten Drohungen die USA dahin zu bringen, daß sie Israel zur Feuereinstellung zwinge. Der US-Präsident ließ sich aber nicht bluffen. Zu einem tatsächlichen militärischen Eingreifen im Nahen Osten fehlten nämlich der sowjetischen Führung trotz allem die Mittel. Aber Kossygins Drohung bewirkte Gegenmaßnahmen Johnsons. Dieser gab der 6. Flotte den Befehl, Anker zu lichten und Position rund 80 Kilometer vor der syrischen Küste zu beziehen. Johnson später: „Die Bewegung der Flotte war das Zeichen, daß die Vereinigten Staaten und ihre Regierung auf jede Situation vorbereitet waren, der sie gegenüberstehen könnten, falls es zu einer Konfrontation gekommen wäre. Es waren dies sehr gespannte Augenblicke!"[14]

Doch es kam zu keinerlei Konfrontation. Israel beendete am 11. Juni seine Operationen auf den syrischen Golan-Höhen. Die Krise endete auf ihrem Höhepunkt. Die sowjetische Regierung mußte sich mit der im Nahen Osten entstandenen Lage abfinden — und die Aufrüstung der am Krieg beteiligten arabischen Staaten von Neuem beginnen. In der sowjetischen Militärpublikationen, auch in der „Geschichte der Sowjetarmee", wird das sowjetische Engagement im Nahen Osten heute noch mit keiner Silbe erwähnt.

5. Der „Prager Frühling" und die Sowjetarmee

Kaum hatte sich nach 1967 die politische Weltlage wieder einigermaßen beruhigt, als schon neue Probleme für die sowjetische Regierung auftauchten, diesmal in einem sozialistischen Land: die politische Szenerie in der Tschechoslowakei kam 1968 in Bewegung.

In diesem vorwiegend von Tschechen und Slowaken bewohnten Land, das sich von 1958 an „Tschechoslowakische Sozialistische Republik" (ČSSR) nannte, amtierte seit 1953 Antonyn Novotny als Erster Sekretär der Kommunistischen Partei der Tschechoslowakei (KPČ) und auch als Staatspräsident. Er hatte es geschickt vermocht, in der ČSSR die Entstalinisierungskampagne zu bremsen, ja beinahe vollständig zu stoppen. Im Spätherbst 1967 wurde aber zunehmend Kritik gegen ihn laut, und zwar aus den Reihen seiner eigenen Partei. Gleich wie in Ungarn im Frühjahr 1956 waren jetzt in der ČSSR einige Dutzend namhafter kommunistischer Intellektueller mit der dogmatischen Parteiführung unzufrieden und suchten innerhalb der Möglichkeiten für das Land und Volk einen „neuen Weg". Die Reformer erhielten Unterstützung aus der Bevölkerung, die schon lange wegen der Freiheitseinschränkungen und der wirtschaftlichen Misere unzufrieden war. So kam die bisher erstarrte innenpolitische Lage in der ČSSR in Bewegung. Novotny wurde in die Verteidigung gedrängt und mußte schließlich am 4. Januar 1968 von der Spitze der KPČ zurücktreten. Sein Sturz wurde sogar von Breschnew beschleunigt, der ihm nämlich übel nahm, daß er Chruschtschow nahegestanden war, seine Entmachtung bedauerte und sich obendrein noch geweigert hatte, „zum Schutze des Sozialismus" sowjetische Garnisonen auf tschechoslowakischem Gebiet zu dulden. Erster Sekretär des ZK der KPČ wurde nun ein junger slowakischer Kommunist, Alexander Dubček, der lange Jahre in Moskau geschult worden war. Einige Wochen später mußte Novotny ebenfalls von seinem Amt als Staatspräsident zurücktreten. Seine Nachfolge übernahm am 1. April 1968 Armeegeneral Ludvik Svoboda, ein verdienter tschechischer Militär, der seit 1965 auch den Titel eines „Helden der Sowjetunion" trug.

Es war Moskaus Irrtum, anzunehmen, daß mit dem Austausch einiger Spitzenpolitiker die Lage in der Tschechoslowakei gemeistert werden könne. Die neuen

Männer an der Spitze von Partei und Regierung setzten die Suche nach dem „neuen Weg“ zum Sozialismus unter dem Beifall der überwiegenden Mehrheit der Bevölkerung fort. Die Pressezensur wurde abgeschafft. Die Parteiversammlungen wurden aus der geistigen Erstarrung erlöst und mit Leben erfüllt. Verschiedene Bürgerinitiativen begannen sich zu organisieren und die Gewerkschaftsarbeit ging neue Bahnen. Die bisher mißbrauchten Begriffe „Freiheit“ und „Demokratie“ erhielten ihre ursprüngliche Bedeutung zurück. Dieser „neue Weg“, auf dem die ČSSR einem „Sozialismus mit menschlichem Antlitz“ zustrebte, begann allmählich die sowjetische Führung zu beunruhigen. Wohin wird all dies noch führen?

Alexander Dubček geriet immer mehr in eine Situation, der er nicht gewachsen war. Gutmütig und voller Idealismus stand er an der Spitze seines Landes und begriff bis zum Ende nicht, daß die UdSSR infolge des „Prager Frühlings“ nicht nur den Sozialismus sowjetischer Prägung, sondern ihre eigene Großmachtstellung bedroht sah. Aber auch im Landesinneren der ČSSR lösten die Reformen eine Gegenbewegung aus. Schon Ende April — Anfang Mai 1968 begannen zahlenmäßig unbedeutende, aber machthungrige dogmatische „Kräfte“ sich zu organisieren. In der ČSSR-Armee und in der Volksmiliz entstanden einige *Grüppchen,* die sich „zur Rettung des wahren Sozialismus“ zusammenscharten. Sie hofften auf Moskaus Hilfe und wurden nicht enttäuscht. Als im Mai 1968 der sowjetische Generaloberst A. S. Schadow in der Leitmeritzer Kaserne der ČSSR-Armee einen Besuch abstattete, konnte er erklären: „Die guten Kommunisten müssen keine Angst haben. Ein Hilfsgesuch genügt, und die gesamte Sowjetarmee steht mit den befreundeten Armeen zusammen für einen Einsatz bereit!“[15]

Aus dieser Erklärung und anderen Feststellungen geht hervor, daß die sowjetische Regierung schon Anfang Mai 1969 Maßnahmen zur Eindämmung des „Prager Frühlings“ unternahm, wozu Breschnew sowohl von den eigenen Militärs als auch von den „Scharfmachern“ unter den osteuropäischen KP-Chefs gedrängt wurde. Diplomatisch und militärisch wurden erste Schritte unternommen. Am 8. Mai fand in Moskau ein Treffen der Parteichefs der DDR, Bulgariens, Polens, Ungarns und der UdSSR statt. Diese Staaten, die später alle in der ČSSR militärisch intervenierten, befürchteten — und vielleicht mit Recht —, daß der „Prager Frühling“ auf ihre eigenen Länder übergreifen könnte. Um die gleiche Zeit ließ der Oberkommandierende des Warschauer-Paktes Marschall Jakubowski sowjetische Truppen aus Polen an der nördlichen Grenze der ČSSR aufmarschieren. Sie sollten dort angeblich an einem Manöver teilnehmen.

In den nächsten Wochen fanden im Ostblock mehrere Besprechungen statt, zu denen auch die Prager Staats- und Parteiführer eingeladen wurden. Breschnew und Ulbricht (DDR) hörten dabei nicht auf, Dubček vor den „Gefahren“ der Liberalisierung in der ČSSR zu warnen, die nach ihrer Auffassung nur zu einer Restaurierung des Kapitalismus führen konnte. Unterdessen wurde unter der Leitung des Oberbefehlshabers der sowjetischen Landstreitkräfte, Armeegeneral I. G. Pawlowski die militärische Besetzung der ČSSR vorbereitet, in der sich, wie schon erwähnt, seit 1946 keine sowjetischen Garnisonen befanden. Um das Land nach Möglichkeit von innen her in die Gewalt zu bekommen, forderte der Oberkommandierende des Warschauer Paktes Marschall Jakubowski von Prag die schleunigste Abhaltung von Manövern, an denen auch sowjetische Einheiten teilzunehmen hätten. Ein solches Kriegsspiel war vom Stab des Oberkommandos des Warschauer Paktes bereits 1967 geplant worden; die Sowjets mußten nur das ursprüngliche Datum ändern. Dubček, der jede Herausforderung der Sowjetunion vermeiden wollte, gab dazu seine Einwilligung. Darauf ließ Jakubowski Ende Mai sowjetische Truppen in die ČSSR einrücken: Panzereinheiten, Artillerie- und Nachrichtentruppen.[16]

Am 1. Juni 1968 zählten die sowjetischen Truppen in der ČSSR bereits 15000 Mann. Sie konzentrierten sich für ihre „Stabsübung" vornehmlich in den westlichen Provinzen Böhmens und Mährens. Die Prager Führung versuchte vorerst, gute Miene zum bösen Spiel zu machen. Dubček und Svoboda besuchten die sowjetischen Militärlager; sowjetische Generäle machten Visite bei tschechoslowakischen Einheiten. Moskau zeigte jedoch keine Eile, die sowjetischen Truppen aus der ČSSR zurückzuziehen. Die tschechoslowakische Öffentlichkeit war deshalb zunehmend beunruhigt. Ein Nervenkrieg nahm seinen Anfang. Dubček fordete den Abzug der fremden Truppen, aber aus Moskau kamen nur beruhigende Worte. Das Manöver sei bereits beendet, die Truppen ruhen sich aus, die Vorbereitungen für den Rücktransport seien im Gange! Diese „Vorbereitungen" dauerten aber Wochen. Erst am 21. Juli ließ Jakubowski verkünden: die sowjetischen Truppen sind auf dem Weg in die Heimat. Aber am 25. Juli meldete Radio Prag: „in der ČSSR befinden sich noch immer einige Hundert Soldaten ‚in fremden Uniformen'!"

Unterdessen fanden dauernd Manöver der Warschauer-Pakt-Armeen statt: in den westlichen Teilen der Sowjetunion, in der DDR, in Polen und in Ungarn. Sie wurden offiziell als Kommandoübungen, Luftabwehrmanöver und praktische Einsätze der Nachschubtruppen bezeichnet. Sie begannen am 11. Juli, und noch am 14. August bewegten sich Warschauer-Pakt-Truppen in der Nähe der ČSSR.[17] Nach westlichen Informationen konzentrierten dort die Sowjets 18 Divisionen. Die im Westen als Elitearmee geltende sowjetische 11. Armee wurde aus Kaliningrad (Königsberg) in den Süden der DDR umgruppiert. Die Verbündeten stellten 9 Divisionen: $2\frac{1}{2}$ die Ungarn, 2 die DDR und 4 die Polen. Bulgariens Beitrag für die geplante Intervention war eher symbolisch; ein verstärktes Regiment wurde in die Ukraine geflogen und dort bereitgestellt. Rumänien und Albanien erhielten keine „Einladung" zum Mitmachen. Breschnew traute ihnen nicht für den kommenden „Marsch auf Prag"!

Umsonst waren alle Bemühungen Dubčeks, das herannahende Unheil auf diplomatischem Wege abzuwenden. Umsonst enthielten sich die westlichen Staatsmänner jeglicher Äußerung, die Moskau hätte „provozieren" können. Das langgeplante Bundeswehr-Manöver „Schwarzer Löwe" in Bayern wurde sogar abgesagt, um den Sowjets ja keinen Vorwand zum Eingreifen zu liefern. Das

Ende des „Prager Frühlings" war jedoch in Moskau bereits entschieden worden. Er sollte raschest und mit militärischen Mitteln liquidiert werden!

Um den Westen nicht zu beunruhigen, ließ Breschnew das NATO-Oberkommando und (aller Wahrscheinlichkeit nach) auch Washington über die beabsichtigte Intervention in der ČSSR unterrichten: die bevorstehende militärische Operation gelte nur der Tschechoslowakei, es sollte daraus nicht auf weitergehende Absichten der Sowjetunion geschlossen werden. (Konteradmiral Günther Poser, 1968 Leiter des Militärischen Nachrichtenwesens im westdeutschen Bundesministerium für Verteidigung 1978 zum Autor: „Die sowjetische 11. Armee, die aus dem südlichen Raum der DDR operierte, zeigte bei ihrem Aufmarsch uns gegenüber stets eine offene Flanke und war daran interessiert, in keinem Fall in die Nähe der Westgrenze der DDR zu kommen!")

In der Nacht vom 20. zum 21. August 1968 begann dann unter Führung von Armeegeneral I. G. Pawlowski die Intervention der fünf Warschauer-Pakt-Staaten in der ČSSR.[18] Die Truppen des Karpaten-Militärkreises der Sowjetunion unter dem Kommando des Generalobersten W. I. Bissjarin und diejenigen des Transkaukasischen Militärkreises des Generalleutnants S. K. Kurkotkin drangen als erste in die ČSSR ein. Die Luftüberwachung des Unternehmens lag in den Händen von Marschall P. F. Batizki, während der Nachschub von Armeegeneral S. S. Marjachin geleitet wurde. Noch in der gleichen Nacht rückten auch die Truppen der DDR, Polens, Ungarns und Bulgariens in die ČSSR ein. Prag selbst wurde noch vor Mitternacht durch ein sowjetisches Luftunternehmen für die Interventionstruppen gesichert.

Als Vorwand für die militärische Intervention diente ein undatiertes Hilfeersuchen „einer Gruppen von ZK-Mitgliedern der KPČ, der Regierung und der Nationalversammlung der ČSSR", das vom Sowjetbotschafter S. W. Tscherwonenko in Prag entworfen worden war. Dieses wurde am 22. August 1968, zusammen mit der TASS-Meldung über die Aktion, veröffentlicht. Sowjethörige ČSSR-Offiziere sorgten dafür, daß die ČSSR-Volksarmee untätig blieb. Einige ausgewählte Staats- und Parteifunktionäre der ČSSR waren einige Stunden vor der Intervention von den Sowjets eingeweiht worden. Dazu sagte später der frühere Prager Vize-Innenminister und Chef des Staatssicherheitsdienstes Viliam Šalgovič: „Der Vertreter des gemeinsamen Kommandos des Warschauer Vertrages bat uns am 20. August um 21 Uhr zu sich und teilte uns mit, daß verbündete Truppen um Mitternacht unsere Grenzen überschreiten würden. Gleichzeitig bat er darum, daß die ČSSR-Streitkräfte keinen Widerstand leisten sollten!"[19] Das Parteipräsidium der KPČ wurde erst um 23.35 Uhr durch den — eingeweihten — Ministerpräsidenten Černik vom Einmarsch der Warschauer-Pakt-Truppen unterrichtet. Zu dieser Zeit hatten Vorausabteilungen sowjetischer Luftlandetruppen bereits den Prager Flughafen in der Hand und waren nun daran, mit Unterstützung der sowjetischen Botschaft die strategischen Punkte der tschechoslowakischen Hauptstadt zu besetzen.

Parteiführung und Regierung der ČSSR waren unfähig, Widerstand zu leisten.

Sie beugten sich in einer Art politischer Ohnmacht dem Willen der Sowjets und ließen das Land und dessen Bevölkerung führungslos auf sich gestellt. Während Ungarns Imre Nagy 1956 noch im Rundfunk verkündete „Wir wurden angegriffen... Unsere Truppen stehen im Kampf...", hatten Dubček, Svoboda und Černik stillschweigend im ZK-Gebäude gewartet und dem Verhängnis entgegengesehen, bis sie um 4.00 Uhr des 21. August von den sowjetischen Luftlandeeinheiten gefangengenommen wurden.[20]

Die Bevölkerung der ČSSR gab jedoch nicht so ohne weiteres auf. Weil sie nicht zu den Waffen greifen konnte, mußte sie sich mit einer Art moralischem Widerstand begnügen. Junge Tschechen und Slowaken — Parteilose und KP-Mitglieder — errichteten Barrikaden auf den Straßen, riefen den Sowjets Schmähworte zu, versuchten einzelne Okkupanten durch Agitation zu gewinnen und proklamierten den Streik. Damit beeindruckten sie viele Angehörige der Okkupationstruppen, von denen die meisten durch ihre eigenen Offiziere irregeführt, glaubten, die westdeutsche Bundeswehr hätte die ČSSR angegriffen und sie eilten den „bedrängten Brüdern" zu Hilfe!

Die Sowjets befanden sich in einer Zwickmühle: wenn es ihnen auch gelang, das Land mit geringem Blutvergießen zu besetzen (insgesamt gab es ca. 100 Tote, meistens auf seiten der Bevölkerung), so hatten sie doch das Gesicht verloren und ihre eigene Propaganda von der „brüderlichen Solidarität des sozialistischen Lagers" Lügen gestraft. Zudem stellte die militärische Besetzung der ČSSR einen flagranten Bruch des Völkerrechts dar, was nicht nur im „kapitalistischen Westen", sondern auch im „kommunistischen Osten" (China, Rumänien, Jugoslawien, Albanien) scharf verurteilt wurde.

Was die militärische Seite der Okkupation der ČSSR anbetrifft, hatte der Warschauer Pakt (in dessen Namen die gesamte Aktion lief) *keine Glanzleistungen* vollbracht. Viele Pannen und Versäumnisse sind zum Vorschein gekommen, von denen wir hier nur einige der wichtigsten erwähnen wollen:

— *Es gelang der Okkupationsmacht nicht, die ČSSR-Rundfunk- und Fernsehstationen sofort in die Hand zu bekommen. Beide Anstalten konnten (stets ihren Sitz wechselnd) ihre Programme noch einige Tage nach dem 21. August fortsetzen, was wesentlich zur Stärkung der Bevölkerung in ihrem moralischen Widerstand beitrug.*

— *Der Nachschub der sowjetischen Truppen versagte vollkommen. Bereits am 23. August gab es für die meisten sowjetischen Truppen keinen ausreichenden Nachschub mehr. Man kennt Fälle, wo Sowjetsoldaten 48 Stunden oder noch mehr ohne Verpflegung geblieben sind.*

— *Beim Technischen und Verkehrsdienst der Sowjetarmee traten große organisatorische Mängel zu Tage. Bei den Truppenbewegungen entstand vielerorts ein Chaos — unter anderem auch deswegen, weil die aufgebrachte Bevölkerung spontan Verkehrszeichen und Wegweiser entfernte, umstellte oder fälschte. Die Orientierung der Okkupanten wurde dadurch empfindlich gestört.*

— *Die politisch-psychologische Vorbereitung der Invasionstruppen war unzureichend. Insbesondere die sowjetischen Soldaten wurden über Ziel und Aufgabe ihres Einsatzes im Dunkeln gelassen. Da viele Tschechen und Slowaken die russische Sprache beherrschten, konnten sie die Besatzer über den wahren Sachverhalt aufklären. Die Folge war eine Verwirrung bei den meisten Soldaten, die ihre Kampfmoral beeinträchtigte.*
— *Im allgemeinen machten die sowjetischen Okkupationstruppen keinen günstigen Eindruck auf westliche Beobachter. Die Soldaten waren übermüdet und gereizt. Auch wenn sie sich im allgemeinen diszipliniert verhielten, zeigten sie doch keine Spur von jenem Selbstbewußtsein einer sozialistischen Armee, mit dem Moskau innerhalb und außerhalb der Sowjetunion so gern prahlt.*

Am 26. August kehrten die nach Moskau verbrachten Spitzenpolitiker in die ČSSR zurück. Sie hatten abermals vor den Wünschen der sowjetischen Führung kapituliert, und sie riefen die Bevölkerung des Landes im Sinne der sowjetischen Begehren zu Ruhe und Ordnung auf. Ein Regierungskommunique sanktionierte am 28. August das „zeitweilige Verweilen" der Warschauer-Pakt-Truppen auf tschechoslowakischem Territorium. Erst im Oktober 1968 zogen die Truppenkontingente der DDR, Polens, Ungarns und Bulgariens aus der ČSSR ab. Die sowjetischen Truppen blieben. Ihr Status wurde Mitte Oktober mit einem Staatsvertrag „Über die Bedingungen für den zeitweiligen Aufenthalt sowjetischer Truppen auf dem Territorium der ČSSR" geregelt.[21] Der Artikel 1 dieses Vertrages bestimmt, daß sowjetische Truppen in unbestimmter Anzahl und für unbestimmte Zeit „provisorisch" auf tschechoslowakischem Staatsgebiet sich aufhalten können. Dieses Provisorium besteht noch heute (1980) — nur werden jetzt die sowjetischen Truppen (etwa 100000 Mann) offiziell nicht mehr als Stationierungstruppen, sondern als „Armeegruppe Mitte" der Sowjetischen Streitkräfte bezeichnet.

Mit der sukzessiven Entfernung von Černik, Dubček, Smrkovsky, Kriegel, Hajek, Šik und anderen Spitzenpolitikern des „Prager Frühlings" aus Partei, Regierung und Nationalversammlung und mit deren Ersetzung durch Personen, die Moskaus Willen akzeptierten, konnten innerhalb eines Jahres alle Reformen des „Sozialismus mit menschlichem Antlitz" rückgängig gemacht werden. Damit war die Lage in der ČSSR wieder im Sinne Breschnews „normalisiert" — und obendrein waren sowjetische Truppen in der Größenordnung von 4 bis 5 Divisionen im Lande stationiert.

6. Die Breschnew-Doktrin und deren Folgen

Am 12. November 1968 hielt Breschnew — der seit 1966 den Titel eines Generalsekretärs des ZK der KPdSU führte — auf dem V. Parteikongreß der Polnischen Vereinigten Arbeiterpartei (KP) in Warschau eine Rede, in der er u. a. folgendes über die Intervention in der ČSSR sagte:

„*... und wenn innere und äußere, dem Sozialismus feindliche Kräfte die Entwicklung eines sozialistischen Landes zu wenden und auf die Wiederherstellung der kapitalistischen Zustände zu drängen versuchen, wenn also eine ernste Gefahr, für die Sicherheit der ganzen sozialistischen Gemeinschaft entsteht — dann wird dies nicht nur zu einem Problem für das Volk dieses Landes sondern auch zu einem gemeinsamen Problem, zu einem Gegenstand der Sorge aller sozialistischen Länder!*“[22]

Mit anderen Worten: Breschnew machte vor aller Welt deutlich, daß das militärische Eingreifen in der ČSSR durchaus kein „Versehen“ oder ein Ausnahmefall gewesen war, sondern daß dies künftig die Regel sein sollte. Obgleich Moskau später heftig bestritt, daß es eine Theorie der „beschränkten Souveränität“ der europäischen sozialistischen Länder gebe, und obwohl der Fall Tschechoslowakei als „Triumph der Prinzipien des proletarischen Internationalismus“ dargestellt wurde[23], ließ die sowjetische Politik nach 1968 eindeutig erkennen, daß die UdSSR ihre Vorherrschaft und die Befolgung ihres Modells für den Aufbau des Sozialismus in Osteuropa noch nachdrücklicher erzwingen werde. In der sowjetischen Presse wurde mehrfach das Interventionsrecht und die Interventionspflicht des sozialistischen Lagers verteidigt, falls die „revolutionären Errungenschaften“ in einem Land gefährdet und damit seine Souveränität als sozialistischer Staat bedroht sei.[24]

Diese Neuauslegung sowjetrussischer Großmachtpolitik in Europa im August 1968 traf zwei Balkanländer empfindlich: Jugoslawien, wo seit 1948 der Sozialismus nach eigenen Ideen aufgebaut wurde, und Rumänien, das seit 1965 — wie schon erwähnt — in seiner auswärtigen Politik einen eigenen Kurs anstrebte.

Die Belgrader Regierung hatte am schärfsten „die flagrante Verletzung der nationalen Souveränität“ der Tschechen und Slowaken verurteilt. Das jugoslawische Parteiorgan „Kommunist“ sah „keinen Unterschied“ mehr zwischen der Aggression der USA in Vietnam und der sowjetischen in der Tschechoslowakei.[25] Die Gemüter in Jugoslawien wurden noch erregter bei der Kunde, daß in Ungarn sowjetische Truppen konzentriert werden und daß die Dritte Eskadra der Schwarzmeer-Flotte in der Adria zu kreuzen beginne. Es entstand in der jugoslawischen Hauptstadt der Eindruck, Breschnew wolle seine Generalabrechnung mit dem als Urheber aller Unbotmäßigkeiten verdächtigten und verketzerten Tito machen. Tito sah die Gefahr: am 24. August ließ er eine (stille) Teilmobilmachung der Jugoslawischen Volksbefreiungsarmee anordnen und im Parlament stellte er demonstrativ einen Antrag auf Erhöhung der Verteidigungsausgaben im Nachtragshaushalt für 1968.[26] Mit einem am 18. September 1968 bekanntgemachten Gesetz über die Landesverteidigung wurde angeordnet, daß alle Männer zwischen 17 und 50 Jahren und alle Frauen zwischen 19 und 40 Jahren innerhalb einiger Stunden zum Dienst mit der Waffe in der Armee und in der Territorialverteidigung aufgerufen werden können.

Daß Moskau gegenüber Jugoslawien etwas im Schilde führte, ließ auch das Verhalten Bulgariens erkennen, das nach der Intervention des Warschauer Paktes in der ČSSR mehrere Manöver entlang der rumänischen und jugoslawischen Grenze durchführte und obendrein in den Tageszeitungen scharfe Attacken gegen die jugoslawische Nationalitätenpolitik führte (insbesondere bezüglich Mazedoniens). Die sowjetisch-jugoslawischen Beziehungen erreichten in diesem Herbst 1968 einen absoluten Tiefstand seit 1948. Nur allmählich besserte sich die Lage wieder. Noch im Augugst 1971, als der Warschauer Pakt auf ungarischem Staatsgebiet entlang den Grenzen Jugoslawiens und Rumäniens mit dem Großmanöver „OPAL 71" begann und dann die Bulgaren mit ihrem Manöver „PRESLAV 71" nachzogen, wurde in Belgrad ernstlich mit einer sowjetischen Überrumpelung gerechnet. Wie damals die jugoslawische Zeitung „Nin" berichtete, geschah dies, um „bei uns durch eine Abkehr von der Blockfreiheit zur Blockgebundenheit, von der Selbstverwaltung zum bürokratischen Etatismus die Lage zu ändern!"[27]

Noch akuter als das jugoslawische Problem wurde für Moskau im Herbst 1968 die rumänische Frage. Bei der geographischen Lage Rumäniens, das keine Grenzen zu westlichen Staaten hat, und bei seinen politischen Bindungen an den Sowjetblock wäre eine militärische Intervention geopolitisch leicht zu rechtfertigen gewesen. Den Eigenmächtigkeiten eines Nicolae Ceausescu hätte dann ein für allemal ein Ende gemacht werden können. Dieser hatte bereits am 21. August die Aktion seiner Verbündeten gegen die ČSSR verurteilt. Gleichzeitig traf er militärische Vorsichtsmaßnahmen, denn er befürchtete eine sowjetische Invasion. Wie Tito ordnete er die stille Teilmobilmachung der rumänischen Volksarmee an und ließ die so gebildete 2. Armee Verteidigungsstellungen am Pruth beziehen. Die bisher eher vernachlässigte Volksmiliz wurde nun mit größtem Eifer aufgebaut und erweitert. Eine „Allumfassende Landesverteidigung" wurde proklamiert. Die Bevölkerung, welche den Grund dieser Maßnahmen erkannte, zeigte eine enthusiastische Bereitschaft, die Heimat mit der Waffe in der Hand zu verteidigen. Gleichwohl hielt es Ceausescu — nach einem Treffen mit Tito und nach dem Bekanntwerden der sowjetisch-tschechoslowakischen Vereinbarungen — in den letzten Augusttagen 1968 für angebracht, die Kampfbegeisterung zu dämpfen. Er wollte den Kreml nicht unnötig herausfordern. Er wußte am besten, daß die rumänischen Truppen und die Volksmiliz im Fall eines Krieges gegen die Sowjetarmee und deren Verbündete (Ungarn, Bulgarien) höchstens eine Woche hätte Widerstand leisten können.[28] (Daß General Ion Serb, der Stellvertretende Oberbefehlshaber der 2. Armee den Sowjets die rumänische Verteidigungspositionen am Pruth verraten hatte, haben die Rumänen erst 1971 erfahren. General Serb wurde vor ein Militärgericht gestellt, zum Tode verurteilt und im Dezember 1971 füsiliert.[29]) Unzweifelhaft waren im Spätsommer 1968 sowjetische und bulgarische Truppen an der Grenze Rumäniens aufmarschiert. Nach rumänischen Quellen hatten die Sowjets auf der Krim sogar Luftlandetruppen bereitgestellt mit der Aufgabe, Bukarest und die wichtigsten Industriezentren des Landes südlich der Karpaten zu besetzen.

Daß schließlich keine Invasion sowjetischer und verbündeter Truppen in Rumänien stattfand, hing aller Wahrscheinlichkeit nach mit inneren sowjetischen Problemen zusammen. Uneinigkeit in der politischen Führung der Sowjetunion, aber auch Unstimmigkeiten innerhalb des Stabes des Oberkommandos des Warschauer Paktes hatten zur Folge, daß die rumänische Aktion abgeblasen wurde. (Als äußeres Zeichen der inneren Krise im Führungsstab des Warschauer Paktes kann man den Postenwechsel des Armeegenerals W. I. Kasakow werten. Dieser war seit 1965 Stabschef des Warschauer Paktes. Am 4. August 1968 trat er „aus Gesundheitsgründen" zurück. Seine Stelle übernahm Armeegeneral S. M. Schtemenko, der unter Stalin 1948—1952 Generalstabschef der Sowjetarmee gewesen war und seither mehrere verantwortungsvolle Stabsposten in der sowjetischen Militärhierarchie inne hatte. Kasakow erhielt kein neues Kommando: er wurde in das Generalinspektorat im sowjetischen Verteidigungsministerium abgeschoben.)

Wie dem auch sei: 1968 blieb Rumänien von einer fremden Intervention verschont und Ceausescu konnte sich halten. In den folgenden Jahren verfolgte er mutig seine eigene Politik innerhalb des Sowjetblocks, vernachlässigte dabei aber keineswegs die Festigung des Wehrpotentials seines Landes. Die sowjetisch-rumänischen Beziehungen begannen sich 1969 wieder zu verbessern; Rumänien nahm an einigen Tagungen und Stabsmanövern des Warschauer Paktes teil. Aber die Stationierung sowjetischer Garnisonen innerhalb des Landes oder die Teilnahme rumänischer Militärkontingente an ausländischen Großmanövern der rumänischen Staats- und Parteiführer weiterhin verhindern.

7. „Die Zweite Front"

Vom Kriegsende 1945 an war die sowjetische Führung bemüht, vor die europäische Grenze ihres Reiches einen möglichst breiten Gürtel von befreundeten Staaten zu legen. Den dort stationierten sowjetischen und verbündeten Truppen fiel dann die Aufgabe zu, mögliche Angriffe von „revanchistisch-imperialistichen Kräften" in diesem „Vorraum" der Sowjetunion aufzufangen. Dieses militärische Denken, das in der *russischen nationalen Geschichte* wurzelt, erfuhr auch im Zeitalter der Raketentechnik kaum Wandlung. Moskau betrachtete nach wie vor Europa als die „Erste Front" — waren doch alle Invasoren, die Rußland in der Neuesten Zeit erobern wollten, von dort ins Reich eingefallen.

In den sechziger Jahren mußten jedoch die sowjetischen Strategen ihre bisherigen Ansichten über die mögliche Hauptfront revidieren. Eine neue Gefahr entstand für die Sowjetunion, diesmal in Asien, entlang der fernöstlichen Grenze des Reiches. Die vom Großen Vorsitzenden Mao Tsetung geschaffene und geführte Volksrepublik China stellte Ende der fünfziger und Anfang der sechziger Jahre immer nachdrücklicher territoriale, politische und ideologische Forderungen an Moskau, welche die Sowjets zu Recht oder Unrecht als unerfüllbar bezeichneten. Das Schisma zwischen den beiden größten kommunistischen Staaten, das in der Ära Chruschtschow entstanden war, wurde nach dem Machtwechsel im Kreml 1964 noch tiefer:

— *China erhob Anspruch auf 1,5 bis 2,3 Millionen km² des sowjetischen Territoriums, die dem „Reich der Mitte" vom zaristischen Rußland nach militärischen Niederlagen und durch sogenannte „ungleiche Verträge" abgenommen worden waren.*[30]
— *Mao beschuldigte Breschnew, er habe in der Sowjetunion den Kapitalismus restauriert und er unterdrücke mit imperialistischen Mitteln fremde Völker.*[31]

Tiefgreifende ideologische Differenzen, die sowohl den weiteren Weg des antiimperialistischen Kampfes als auch wichtige Fragen von Krieg und Frieden bestrafen, vergifteten in der zweiten Hälfte der sechziger Jahre die politische Atmosphäre zwischen Moskau und Peking immer mehr. Das Zünden der ersten chinesischen Atombombe einen Tag nach Chruschtschows Sturz warnte die Nachfolger.

Als dann Breschnew so wenig wie sein Vorgänger gewillt war, Chinas Forderungen zu erfüllen, häuften sich die Zwischenfälle an der sowjetisch-chinesischen Grenze zu Hunderten. Für die Chinesen wurden die Sowjets „Revisionisten", dann „Sozialimperialisten", und als die Warschauer-Pakt-Truppen die ČSSR okkupierten, wurde Breschnew in Peking schlicht und einfach als der „Hitler unserer Tage" bezeichnet.[32] Moskauer Parteikreise apostrophierten danach die chinesischen Genossen als „Maoisten" und die Parteiführung in Peking als die „Mao-Clique".

Mit der Verschärfung der politischen Spannung im Fernen Osten wurde die sowjetische Streitmacht in diesen Regionen beträchtlich verstärkt. Standen 1965/66 an der ca. 7000 km langen Grenze zwischen China und der Sowjetunion nur 14 Divisionen, so wurde deren Zahl bis Ende der sechziger Jahre verdreifacht: etwa 45 bis 49 Divisionen, darunter 8 bis 10 Panzerdivisionen schützen nunmehr die „Zweite Front" der Sowjetunion. Diese Streitmacht verfügt über 1200 Kampfflugzeuge. Dazu kommen noch zwei Schützendivisionen der Mongolischen Volksrepublik, der nun eine ähnliche Pufferfunktion zufiel wie den europäischen Volksdemokratien, und die deshalb den Sowjets als Aufmarschgebiet und Nachschubbasis dient.

Der kalte Krieg im sowjetischen Fernen Osten drohte im Frühjahr 1969 „heiß" zu werden. Am 2. März dieses Jahres war es am Grenzfluß Ussuri (chinesisch: Wusuli) zu einer militärischen Aktion gekommen, deren Urheber aller Wahrscheinlichkeit nach im sowjetischen Lager zu suchen sind. Es ging um eine in diesem Fluß liegende unbewohnte Insel. Die Pekinger Parteizeitung „Renmin Ribao" schilderte den Vorfall in ihrer Ausgabe vom 4. März wie folgt:

„Diese schwerwiegende bewaffnete Grenzprovokation ist völlig von der sowjetischen Renegatenclique im voraus geplant und mit Vorbedacht ausgeführt worden. Die im Wusuli-Fluß gelegene Insel Dschenbao gehört zum chinesischen Territorium. Es ist unser heiliges Recht, daß Angehörige unserer Grenzschutzeinheiten auf dem Territorium unseres eigenen Landes patrouillieren. Die sowjetrevisionistischen Behörden jedoch schickten bewaffnete Truppen in großer Zahl, Panzer und Kraftwagen zum Einfall in Chinas Territorium und zum Angriff auf unsere Patrouille aus. Unsere Grenzschutzeinheit warnte die sowjetrevisionistischen Grenzschutztruppen wiederholt, aber völlig ergebnislos. Erst unter diesen unerträglichen Umständen sahen sich die Angehörigen unserer Grenzschutzeinheit gezwungen, um der Selbstverteidigung willen zum Gegenangriff vorzugehen und den eingedrungenen Provokateuren die gebührende Strafe zu erteilen: auf diese Weise verteidigten sie siegreich das heilige Territorium unseres Landes…"

Weiter hieß es:

„Wir warnen die sowjetrevistionistische Renegatenclique: Niemand darf Chinas territoriale Integrität und Souveränität verletzen! Wir greifen nicht an, wenn wir nicht angegriffen werden: wer uns angreift, hat aber unbedingt mit unserem Gegenangriff zu rechnen! … Nieder mit den neuen Zaren! Nieder mit dem Sowjetimperialismus der Sowjetrevisionisten!"

Zwei Tage später wiederholten sich die Vorfälle im selben Gebiet. Es wurden Schüsse gewechselt, scharfe Drohungen ausgesprochen. Etwa zwanzig sowjetische Grenzsoldaten fielen bei diesem Zwischenfall. Die sowjetische Regierung blieb jedoch sehr zurückhaltend. Lediglich in einer Protestnote zeigte sie Peking ihren Unmut und betonte, wenn die Chinesen die sowjetischen Grenzsoldaten provozieren, würden diese selbstredend zurückschlagen.[33] Am 14. März wiederholten sich die Szenen auf der anscheinend von beiden Seiten beanspruchten Insel Dschenbao (russisch: Damanski). Wir zitieren diesmal einen sowjetischen Bericht:

„Was wir im Raum der Damanski-Insel gesehen haben, hielten wir auf Bildern fest... Sie zeugen davon, wie die Maoisten die Spannung in diesem Raum immer mehr verschärft hatten. Sie begannen mit provokatorischen Demonstrationen längs der Grenze. Aufgeputsche Menschen schwenkten Zitatenbändchen. Dann folgten Grenzverletzungen. Unsere Grenzsoldaten ließen sich nicht provozieren: auch wenn es zum Handgemenge kam, drängten sie die Grenzverletzer auf ihr Gebiet zurück, ohne Waffen zu gebrauchen. Schließlich gingen die Maoisten zu bewaffneten Provokationen über, die die Aufmerksamkeit der ganzen Welt auf die im Ussuri-Fluß liegende, bisher kaum bekannte Insel Damanski lenkten. Die geheiligten Grenzen des sowjetischen Landes verteidigend, vergossen unsere Soldaten ihr Blut. Niemals werden wir die letzte Begegnung mit Oberst D. Leonow vergessen, auch seine Worte, die wir zuletzt gehört hatten, werden wir für immer im Gedächtnis behalten: ‚Alles wird in Ordnung sein. Sollten sie versuchen einzudringen, werden wir sie zurückschlagen!' Wir sahen die Standhaftigkeit und Tapferkeit der jungen, noch nicht kampferprobten Soldaten. Und wenn es auch nur ein winziges Stück des sowjetischen Bodens ist, so ist es dennoch jedem sowjetischen Menschen unendlich teuer. Die Grenzen der UdSSR sind auf ihrer ganzen Länge, auf jedem beliebigen Abschnitt unantastbar. Und jeder, der es versuchen sollte, sie zu verletzen, wird eine vernichtende Niederlage erleiden!“[34]

Moskau protestierte erneut in Peking, machte die chinesische Seite für die notwendigen sowjetischen Maßnahmen „verantwortlich“ — und verstärkte die Truppen im Fernen Osten. Armeegeneral N. G. Ljaschtschenko, Breschnews Kriegskamerad, derselbe Mann, der im November 1956 den ungarischen Aufstand niedergeworfen hatte, übernahm den neu geschaffenen Militärbezirk Mittelasiens in Kasachstan.

Im Sommer 1969 erreichten die Auseinandersetzungen an der chinesisch-sowjetischen Grenze ihren Höhepunkt. Am 13. August gerieten sowjetische Grenzsoldaten mit chinesischen Bauern und Fischern, diesmal im Raum Sinkiang, aneinander. Es ging wieder um eine Insel und um die genaue Grenze in der Mitte des Flusses Helung. Anscheinend hatten die sowjetischen Grenztruppen keinen Schießbefehl erhalten. Sie schlugen die „angreifenden“ Bauern und Fischer, die „ihre Produktionstätigkeit“ auf einer von sowjetischen Grenzsoldaten besetzten Insel ausüben wollten, mit Holzknüppeln und Prügeln zurück. (In chinesischer Darstellung: „Banden sowjetischer Grenztruppen eines sogenannten sozialistischen Landes.“[35]) Sowjetischerseits wurden auf dem Fluß auch Kanonenboote eingesetzt, welche die chinesischen Fischer mit Hochdruck-Wasserwerfern verjagten. Nach chinesischen Quellen forderte diese „neue Provokation der Sowjetimperialisten“ chinesischerseits drei Tote bzw. Verwundete.[36]

Langsam beruhigte sich die Lage an der sowjetisch-chinesischen Grenze wieder. Moskau blieb aber beunruhigt wegen der nuklearen Aufrüstung und der zunehmenden militärischen Stärke der Volksrepublik China. Darum entstand wohl in dieser Zeit der Gedanke, die Volksrepublik China zu überfallen und so dem „Maoistischen Spuk“ mit einem Präventivvorschlag ein Ende zu bereiten. Die Marschälle plädierten für einen sogenannten „chirurgischen Eingriff“, d. h. sie wollten die chinesischen Forschungszentren im Norden des Landes, die maßgeblich für die Entwicklung der Nuklear- und Militärtechnologie waren, vernichten. Bei Ausfall dieser Zentren wäre China als Atommacht gelähmt worden, möglicherweise für Jahrzehnte, und dem ketzerischen Tun der „Maoisten“ wäre ein Ende gesetzt worden. Als Drohung brachte das sowjetische Oberkommando Mittelstreckenraketen nach dem Fernen Osten und stellte sie gegen China auf.[37] Der Schlag gegen die Chinesische Volksrepublik sollte, wie schon in der Tschechoslowakei 1968, unter der Fahne des Warschauer Paktes erfolgen. Wie im Herbst 1969 im Westen bekannt wurde, sind damals polnische, ostdeutsche und ungarische Fliegertruppen nach dem sowjetischen Fernen Osten verlegt worden.[38] Im Juni 1970 brachte sogar die ungarische Parteizeitung „Népszabadság“ einen Bericht von „Manövern ungarischer Raketentruppen in Kasachstan“.[39]

Im Herbst 1969 begannen dann sowjetisch-chinesische Verhandlungen, um die Streitigkeiten an den Grenzen zu beenden. Sie führten zu keinem wirklichen Ergebnis. Breschnew stand vor einem Dilemma. Die Marschälle drängten ihn wohl zu einer Abrechnung mit China, solange dieser asiatische Riese noch nicht voll gerüstet sei. Der sowjetische Parteichef konnte sich aber zu keinem Entscheid durchringen. Das „chinesische“ Problem“ beschäftigte (und beschäftigt) ihn und die sowjetische Führung aber weiter, wie aus verschiedenen Fakten zu erkennen ist. Die Idee, Chinas Forschungszentren und Raketenstellungen mit einem Präventivschlag zu zerstören, wurde in Moskau nicht aufgegeben. An den SALT-Verhandlungen in Helsinki und in Wien schlug der sowjetische Chefdelegierte Wladimir S. Semjonow im Juli 1971 den Amerikanern vor, beide Großmächte sollten gemeinsam „provokativen Handlungen“ einer anderen Macht vorbeugen und — wenn nötig — gemeinsam mit einem militärischen Angriff Vergeltung üben![40] Mit anderen Worten: die Sowjets legten den Amerikanern nahe, gemeinsam einen Angriff auf die chinesischen Forschungszentren und Raketenstellungen zu führen! Die Amerikaner lehnten diesen Vorschlag ab. Sie teilten ihn wahrscheinlich nicht nur ihren Verbündeten, sondern auch Peking mit. Mit Hochdruck machten sich nun die Chinesen anfangs 1972 daran, Luftschutzbunker für Millionen von Menschen zu bauen und ihre militärische Bereitschaft zu erhöhen. Sie wurden in diesen Aktivitäten bestärkt durch Breschnews Äußerungen gegenüber Kissinger, die Sowjetunion könne nicht mehr allzu lange zögern, etwas gegen China zu unternehmen![41]

Anmerkungen:

1 *Sacharow,* M. W., a.a.O., S. 654.
2 Vgl. Radio Prag, 15. Juli 1968. Mitgeteilt bei *Gosztony*, Peter: Schild und Schwert. Fakten und Erkenntnisse zum zwanzigjährigen Bestehen des Warschauer Paktes. In: „Schweizer Monatshefte", Zürich, Nr. 5/1975, S. 110.
3 Vgl. „Wedomosti Werchownogo Sowjeta Sojuga Sowjetskich Sozialistitscheskich Respublik", Moskau, Nr. 42/1967.
4 Einzelheiten siehe *Révész,* László: Militärische Ausbildung in Osteuropa, Bern 1975, S. 213ff.
5 „Prawda", Moskau, 13. Oktober 1967.
6 *Gretschko*, A. A.: Die Streitkräfte des Sowjetstaates, Berlin/DDR 1975, S. 128 (fortan als Gretschko II zitiert).
7 Der Kampfweg der sowjetischen Seestreitkräfte... a.a.O., S. 558.
8 The Military Balance 1968/69, London 1968.
9 *Sadat,* Anwar El-: Unterwegs zur Gerechtigkeit. Auf der Suche nach Identität: Die Geschichte meines Lebens, Wien-München 1978, S. 155.
10 Einzelheiten bei *Vancura,* Georg: Kontinuität und Wandel der sowjetischen Militärdoktrin, 1945—1972, Bern 1977. Unveröffentlichte Studie, S. 186.
11 „Prawda", Moskau, 8. Juni 1967.
12 „Prawda", Moskau, 10. Juni 1967.
13 Lyndon Johnson CBS-Fernsehinterview vom 12. Mai 1971. Auszüge in „Vaterland", Luzern, 13. Mai 1971.
14 Ebd.
15 Zitiert bei *Pachman*, Ludek: Was in Prag wirklich geschah. Illusionen und Tatsachen aus der Ära Dubček. Freiburg-Basel-Wien 1978, S. 56.
16 *Czizmás,* Michael: Militärpolitische und völkerrechtliche Aspekte der militärischen Besetzung der ČSSR. In: „Allgemeine Schweizerische Militärzeitung", Frauenfeld, Nr. 3/1969, S. 134.
17 Einzelheiten bei *Czizmás*, a.a.O., S. 136.
18 Am 20. August 1968, nachmittags 14 Uhr 30, hatte ein ungarischer Offizier, der begreiflicherweise seinen Namen nicht nennen wollte, dem Botschafter der ČSSR in Budapest telephonisch mitgeteilt: Noch in der kommenden Nacht erfolge eine militärische Intervention des Warschauer Paktes in der ČSSR. Seine Einheit werde um 23 Uhr 30 die ungarisch-slowakische Grenze überschreiten. Er rufe an, um die Genossen in Prag zu warnen. Der Botschafter hatte darauf Dubček sofort durch ein chiffriertes Telegramm unterrichtet. Er selber glaubte jedoch, es handle sich um sowjetische Provokation, und schenkte der Meldung keine Beachtung. (Mitgeteilt von Jiři Pelikan.)
19 Zitiert nach „NZZ", 9. Oktober 1969.
20 Vgl. die Erinnerungen von Zdeněk *Mlynař,* im Jahre 1968 Sekretär des Zentralkomitees der KPČ, Nachtfrost. Erfahrungen auf dem Weg vom realen zum menschlichen Sozialismus, Köln 1978.
21 „Rudé Právo", Prag, 19. Oktober 1968.
22 „Prawda", Moskau, 13. November 1968.
23 „Meschdunarodnaja Schisn", Moskau, Nr. 4/1969, S. 11—20 bzw. Nr. 8/1969, S. 3—14.
24 So z. B. in „Prawda", Moskau, 7. April 1969.
25 „Kommunist", Belgrad, 29. August 1968.
26 „Der Spiegel", Hamburg, Nr. 50/1968, S. 140.
27 Zitiert nach „Der Spiegel", Hamburg, Nr. 28/1971, S. 71.

28 Mitteilung eines hohen rumänischen Parteifunktionärs an den Autor in Bukarest, Dezember 1969.
29 Über die Hinrichtung, ohne nähere Angaben, berichtete die „NZZ", 15. Februar 1972.
30 Vgl.: *Salisbury*, Harrison E.: Krieg zwischen Rußland und China, Frankfurt a. M. 1970, S. 114.
31 Die neuen Zaren. Sozialistisch in Worten — imperialistisch in Taten, Köln 1975, S. 41.
32 Ebd.
33 „Prawda", Moskau, 4. März 1969.
34 „Sowjetunion", Moskau, Nr. 5/1969, S. 54.
35 „China im Bild", Peking, Nr. 8/1969, S. 40.
36 Ebd.
37 „Der Spiegel", Hamburg, Nr. 7/1971, S. 79.
38 „News From Hungary", New York, 26. September 1969.
39 „Népszabadság", Budapest, 6. Juni 1970.
40 *Newhouse,* J.: Colt Down. The Story of SALT, Chicago-San Francisco 1974, S. 188 ff. *sowie* die Memoiren von Robert H. *Haldemann*, Leiter des Sekretariats von US-Präsident Nixon, in: „Stern", Hamburg, Nr. 9/1978, unter dem Titel „Die Sowjets wollten den Atomkrieg!"
41 „Der Spiegel", Hamburg, Nr. 7/1974, S. 76.

X. Die sowjetischen Streitkräfte in den siebziger Jahren

Über die ausführliche Entwicklung des sowjetischen Militärwesens in den siebziger Jahren gibt es kaum offizielle Unterlagen. Alle zu diesem Buch beigezogenen östlichen Veröffentlichungen schließen ihre Darlegungen mit den sechziger Jahren ab. Wir wollen gleichwohl versuchen, die Hauptlinien der sowjetischen Militärpolitik und des sowjetischen Militärwesens in dieser Periode aufzuzeigen, wenn auch nur in großen Zügen. Die Entwicklung vollzog sich auf verschiedenen Ebenen und sie wurde mehrmals durch unerwartete politische Ereignisse beeinflußt.

1. Probleme der Expansion

Am XXIV. Parteikongreß der KPdSU (30. März bis 9. April 1971) verkündete Generalsekretär L. I. Breschnew in seinem Rechenschaftsbericht nicht ohne Stolz, daß die in den letzten Jahren eingeleiteten Maßnahmen es ermöglicht hätten, die Stärke und Kampfkraft der sowjetischen Streitkräfte wesentlich zu erhöhen. „Die Sowjetmenschen können sicher sein, daß unsere ruhmreichen Streitkräfte zu jeder Tages- und Nachtzeit bereit sind, einen Überfall des Feindes zurückzuschlagen, von wo er auch ausgehen möchte. Jeder beliebige Aggressor weiß sehr wohl, daß er, sollte er versuchen, einen Raketenüberfall gegen unser Land zu unternehmen, einen vernichtenden Schlag erhält!“[1]

Ungeachtet der von der sowjetischen Führung seit Jahren propagierten Entspannungspolitik, wurden die eigenen Streitkräfte sowohl qualitiativ als auch quantitativ ausgebaut. Auf militärischem Gebiet gab es sowenig Zugeständnisse wie in der Ideologie. Die straffe Zentralisierung des Wehrwesens und die ständige Einsatzbereitschaft wurden beibehalten. (In der neuen sowjetischen Verfassung von 1977 ist kein Hinweis mehr zu finden, daß die Unionsrepubliken das Recht hätten, eigene Truppen aufzustellen, wie ihnen das noch 1944 zugestanden worden war![2]) Obschon öffentlich nie erwähnt, wurde doch erkennbar, daß die Sowjets das Ziel verfolgen, bis Ende der siebziger Jahre das *militärische Übergewicht in der Welt* zu erringen.

Nachträglich erwiesen sich folgende Ereignisse der siebziger Jahre als Meilensteine der sowjetischen Militärpolitik.

Nach der Kuba-Krise hatten die Sowjets sorgfältig jede direkte Herausforderung der USA auf militärischem Gebiet vermieden. In Europa wünschten sie weiterhin Ruhe. Nach dem im August 1970 in Moskau mit der Bundesrepublik Deutschland abgeschlossenen Vertrag unterließen die Sowjets die Behauptung, daß die Bundesrepublik einen Revanchekrieg plant, um die im Zweiten Weltkrieg verlorenen deutschen Ostgebiete mit Hilfe der „USA-Imperialisten" zurückzuerobern. Im Moskauer Vertrag anerkannten UdSSR und BRD die Unverletzlichkeit der gegenwärtigen Grenzen in Europa; zugleich verzichteten sie auf jegliche Drohung und Gewalt. Bilateral wurde hier bereits festgelegt, was im Sommer 1975 in Helsinki allgemein erklärt wurde. Es war ein altes Anliegen der Sowjets, ihre Nachkriegsgrenzen in Europa durch internationale Anerkennung zu sichern. Um diese Sicherheit zu erlangen, machte Breschnew in Helsinki sogar verbale Zugeständnisse, indem er den sogenannten Dritten Korb, den freien Informationsaustausch zwischen West und Ost widerwillig, aber akzeptierte.

Aber nicht nur den Westmächten gegenüber konnte die sowjetische Führung ihre Nachkriegsposition festigen, sondern auch innerhalb des Warschauer-Paktes. Als im Herbst 1970 die ersten großen gemeinsamen Manöver nach 1968 unter der Bezeichnung „Waffenbrüder" in der DDR durchgeführt wurden, machten alle sieben Mitgliedstaaten mit. Das Kriegsspiel galt als Demonstration der vereinten Kraft — ungeachtet einiger Schönheitsfehler. So hatten beim Manöver mitwirkenden Truppen der ČSSR-Volksarmee sichtlich das Trauma 1968 noch nicht verkraftet, und Rumäniens Mitwirkung beschränkte sich auf eine Offiziers-Abordnung. Auch diesmal hatte es Ceausescu abgelehnt, rumänische Truppen unter fremdes Kommando zu stellen. (Als 1974 der rumänische Verteidigungsminister Ion Ionita von der Redaktion der DDR-Volksarmee-Zeitung über Rumäniens Mitgliedschaft im Warschauer Pakt befragt wurde, gab der schlaue General folgende Antwort: „Als Mitglied des Warschauer Vertrages erfüllt Rumänien entschlossen und verantwortungsvoll — im Sinne und auf Grundlage der Beschlüsse *unserer* Partei und Staatsführung — die ihm zukommenden Verpflichtungen..."[3])

1975 mußte der Warschauer Pakt — abmachungsgemäß — erneuert werden. Kein Mitgliedstaat legte dagegen ein Veto ein, auch nicht gegen das Fallenlassen der Bestimmung, daß der gegenseitige Beistand nur innerhalb Europas zu erfolgen habe. So hat fortan das sowjetische Oberkommando das Recht, im Falle eines Krieges im Fernen Osten dort auch Truppen des Warschauer Paktes einzusetzen.

Die „chinesische Gefahr" dauerte für die Sowjetunion auch in den siebziger Jahren fort und wurde als ständige Bedrohung des Reiches empfunden. Charakteristisch dafür ist die Erklärung, die der Befehlshaber des Zentralasiatischen Militärbezirkes der UdSSR, Armeegeneral N. G. Ljaschtschenko am XVI. Parteitag der Kommunistischen Partei der Kirgisischen Sozialistischen Sowjetrepublik im Januar 1976 in Frunse, der Hauptstadt dieser Republik, abgab:

„Die kapitalistischen Staaten fördern die Rüstung und bereiten sich aktiv auf einen Krieg vor. Die Kräfte der weltweiten Reaktion wollen eine einheitliche antisowjetische Front mit aktiver Beteiligung Pekings aufbauen. Die gegenwärtige Politik der Maoisten zeigt, daß diese schon seit längerer Zeit mit den reaktionären Kräften zusammengehen. Peking führt eine subversive Tätigkeit in der internationalen kommunistischen Bewegung und stellt territoriale Forderungen, insbesondere gegenüber der Sowjetunion. Die Maoisten bereiten sich offen zum Krieg vor und richten die Spitze ihrer Politik vor allem gegen die Sowjetunion. Unser Staat erachtet die Maoisten als Feind Nummer Eins!"[4]

Auch nach dem Ableben von Mao Tse-tung (9. September 1976) haben sich die sowjetisch-chinesischen Beziehungen nicht gebessert, im Gegenteil! Unter Hua Kuo-feng werden sie noch gespannter.

In den siebziger Jahren wandte die sowjetische Führung ihr politisches Interesse zunehmend Afrika und dem Nahen Osten zu. Ohne nennenswerte Opposition des Westens, konnten fast alle in die Selbständigkeit entlassenen Staaten zur Annahme des sozialistischen Wirtschaftsmodells bewegt werden. Mehr als die Hälfte von ihnen erhielt umfangreiche sowjetische Wirtschafts- und besondere Militärhilfe. (Von 1972 bis 1975 entfielen 75 % der sowjetischen Entwicklungshilfe auf militärische Leistungen und Waffenlieferungen.) An zahlreichen Orten wirken Wirtschafts- und Militärberater aus der Sowjetunion und der Volksdemokratien. Die Sowjetunion erwarb sich Hafenrechte in Algerien, Libyen, Tanzania, Mozambique, Angola und Kongo (Brazzaville). Bis 1978 hatte sie in Berbera an der Nordküste Somalias Militärbasen. Solche bestehen fort auf der südjemenitischen Insel Sokotra. Für einen Marinestützpunkt in Madagaskar wird seit 1978 verhandelt. Die Machtkämpfe im ehemals portugiesischen Angola wurden 1975 durch eine aus Kuba entsandte, nach sowjetischem Muster gedrillte sogenannte „Karibische Legion" von 20 bis 25000 Mann entschieden. Seitdem steht dieses Expeditionskorps in Afrika als jederzeit und überall einsatzbereites „revolutionäres Fußvolk" der Sowjets, die davon auch schon in Äthiopien Gebrauch gemacht haben.

Schiffbruch erlitt die sowjetische Afrika-Politik eigentlich nur in Ägypten, wo Präsident Sadat im Juli 1972 das Heer der sowjetischen Ausbilder und die Bewachungstruppen in der Größenordnung von 15000 Mann von einem Tag auf den anderen des Landes verwies. Den Krieg mit Israel vom Oktober 1973, den sogenannten „Jom-Kippur-Krieg" hatten die Ägypter ohne Wissen der Sowjets, ja gegen deren Willen ausgelöst. Mit ihren sowjetischen Waffen und Ausrüstungen vermochte die ägyptische Armee anfänglich den überraschten Israelis mehrere empfindliche Schläge zu versetzen. Bald aber wandte sich das Blatt. Der *Zahal* gewann die Oberhand. Die neuesten amerikanischen Waffensysteme in der Hand der Israelis waren der sowjetischen Waffentechnik bei den Ägyptern überlegen. Nach dem *Vierten Nahostkrieg* hatte Moskau seine militärische Position im Irak festigen können. Der neueste Erfolg der Sowjets war in Mittel-Asien der unblutige Staatsstreich in Afghanistan vom April 1978. Seit Jahren waren Hunderte von sowjetischen Offizieren als Ausbilder im Kabul tätig. Diese betätigten sich in der Folgezeit, in dem auf kommunistischen Kurs gesteuerten Land die Armee nach sowjetischem Muster zu reorganisieren. Den gegen Staatspräsident Amin geführten inneren Widerstand machte die UdSSR in den letzten Tagen des Jahres 1979 durch offenes militärisches Eingreifen (anfänglich mit einer Streitmacht von vier Divisionen) ein Ende. Seit Anfang 1980 ist nun das mittelasiatische Land mit den von den Sowjets eingesetzten neuen Partei- und Staatspräsidenten Babrak Karmal praktisch unter sowjetischer Militärgewalt. Volksdemokratie zu werden.

2. Die Militärdoktrin

Nach wie vor wird als oberstes Ziel der Sowjetarmee die Verhinderung eines Dritten Weltkrieges bezeichnet. Die militärische Macht der UdSSR soll abschreckend wirken. „Vom Standpunkt der inneren Verhältnisse aus" so heißt es im Programm der KPdSU von 1961, „braucht die Sowjetunion keine Armee mehr. Da jedoch die vom imperialistischen Lager ausgehende Kriegsgefahr bleibt und die vollständige und allgemeine Abrüstung nicht verwirklicht ist, hält die KPdSU es für notwendig, die Verteidigungsmacht des Sowjetstaates, die Kampfbereitschaft seiner Streitkräfte auf dem Niveau zu halten, das die entscheidende und vollständige Zerschmetterung jedes Feindes sichert, der es wagt, seinen Arm gegen unsere Sowjetheimat zu erheben!"[5] (Daß die Sowjets das buchstäblich genau nehmen, zeigten 1978 zwei Zwischenfälle an der sowjetischen Grenze, die beide Todesopfer forderten: ein vom Kurs abgekommenes südkoreanisches Verkehrsflugzeug wurde im April ohne Warnung über Karelien abgeschossen und ein iranischer Armee-Helikopter, der sich im Juni im Raum Aschkbat auf sowjetisches Gebiet verirrt hatte, wurde vernichtet.)

Sollte es trotz aller Abschreckung zu einem Krieg kommen, so würde ihn die Sowjetunion nach ihrer Militärdoktrin von der ersten Stunde an unter Einsatz aller Waffengattungen, ohne zeitliche und räumliche Begrenzung sowie ohne Unterschied zwischen Front und Hinterland führen. Sie ist überzeugt, genügend Mittel zu haben, um den Krieg auch nach einem „ersten Schlag" bis zum Endsieg führen zu können. Das Ziel wäre dabei nicht nur ein Sieg über den Gegner, um ihn an der Fortsetzung der Kampfhandlungen zu hindern, sondern seine völlige Vernichtung! „Ein Dritter Weltkrieg wird mit entscheidenden politischen Zielen geführt werden und wird die Zerstörung des Imperialismus als System sein. Die Veränderung des Kräfteverhältnisses in der Weltarena zwischen Sozialismus und Imperialismus beweist dies ebenso wie die Erfahrung zweier Weltkriege. *Krieg darf nicht einfach die Niederlage des Feindes sein, er muß seine Vernichtung sein.*

Diese Bedingung ist und bleibt die Grundlage der sowjetischen Militärstrategie!" — so steht es in einer offiziellen Veröffentlichung des sowjetischen Verteidigungsministeriums.[6]

3. Die politische Indoktrination der Streitkräfte

Lenin prägte den Satz, daß „in jedem Krieg der Sieg in letzter Instanz vom Kampfgeist der Massen abhängt, die auf dem Schlachtfeld ihr Blut vergießen!"[7] Diesen Kampfgeist wach zu halten und weiter zu pflegen war und ist die als wichtig und verantwortungsvoll bezeichnete Aufgabe des „politischen Apparates" in den sowjetischen Streitkräften. Der Politischen Hauptverwaltung der Sowjetarmee, einer Abteilung des Zentralkomitees der KPdSU, sind fachlich unterstellt: die sog. „politischen Offiziere" (offiziell: Stellvertreter des Kommandeurs für politische Angelegenheiten), die Partei- und Komsomolsekretäre und die Aktivisten der Parteiorganisationen in den Einheiten der gesamten Sowjetarmee. Der „politische Apparat" muß alle Soldaten — nicht nur Partei- und Komsomolmitglieder — im Sinne der jeweils gültigen Parteilinie schulen, ihnen die nötige politische Reife vermitteln und sie ideologisch für die optimale Kampfausbildung stählen. Obwohl in den Streitkräften nur eine Minderheit Mitglied der KPdSU ist, muß die gesamte Mannschaft und das ganze Offizierskorps nach den politischen Richtlinien der KPdSU leben und wirken. Die Ära Schukow, in der die fachliche Ausbildung der politischen Erziehung der Soldaten vorging, ist schon längst wieder Vergangenheit. Unter Breschnew erhielt die Politik innerhalb der Streitkräfte erneut Vorrang und ihr Primat wurde sogar noch betont. Dafür sorgt seit 1962 Armeegeneral A. A. Jepischew, Leiter der Politischen Hauptverwaltung, der vor einigen Jahren dem Thema „Ideologischer Kampf und Militärwesen" ein ganzes Buch gewidmet hat.[8]

Der „politische Apparat" der Sowjetarmee erarbeitet bei den Soldaten der sowjetischen Streitkräfte auch das Feindbild. Dieses ist stets düster und abscheuerregend. Die Entspannung, die besonders seit 1970 im Zentrum der sowjetischen Politik steht, wird in dem politischen Unterricht der Sowjetarmee so wenig erwähnt wie die sowjetisch-amerikanischen Verhandlungen über Abrüstung, wie zum Beispiel die Besprechungen in Wien über „Beiderseitig ausgewogenen Truppenabbau" (MBFR) und die Genfer „Gespräche über die Begrenzung der strategischen Waffen" (SALT). In der Moskauer „Prawda" ist öfters zu lesen, daß die politischen Entspannungen in der Welt immer noch nicht auf das militärische Gebiet habe übertragen werden können.

So gehört zum Feindbild der sowjetischen Soldaten nach wie vor der „Imperialismus" — sowohl im Westen als auch in Peking. Die NATO ist weiterhin die Inkarnation alles Bösen, und an der deutschen Bundeswehr wird kein guter Faden gelassen. All das ungeachtet der Verträge von Moskau (1970) und der Deklaration von Helsinki (1975), wo doch in aller Feierlichkeit der Wille zum Frieden auf Erden verkündet worden ist. Das kommunistische — und einst befreundete — China ist für die politische Erziehung der Soldaten ein besonderes Problem. Dessen Lösung wird in oft geübter Manier so versucht, daß die chinesische Führung als „Clique" hingestellt und als Spalter der „großen Freundschaft" zwischen den Völkern der Sowjetunion und China diffamiert wird. Auffallenderweise ist bis dahin die chinesische Volksbefreiungsarmee mit Worten nie angegriffen worden, auch nicht nach den blutigen Zwischenfällen am Ussuri.

Die sowjetischen Soldaten müssen im politischen Unterricht lernen, ihre Feinde zu *hassen* und sich vorbehaltlos für den „gerechten Befreiungskampf" derjenigen Völker zu begeistern, die nach der Darstellung der KPdSU von Imperialisten unterdrückt werden. Die politische Erziehung der Soldaten dient wie die militärische Ausbildung dem Endziel, die Truppe stets gefechtsbereit zu halten, als ob der Dritte Weltkrieg unmittelbar bevorstünde. „Die Gefechtsbereitschaft ist keine Losung, kein großes Wort, sondern ein sehr konkreter Begriff!" schrieb Marschall Gretschko in seinem Buch. „Diese bezeichnet einen Zustand der Streitkräfte, bei dem diese in *jedem Moment* (sic! — Anm. P. G.) und unter kompliziertesten Bedingungen in der Lage sind, eine Aggression abzuwehren, woher diese auch immer kommen und welche Mittel und Methoden sie auch anwenden mag!" Der Marschall nannte die wichtigsten Faktoren dieser Gefechtsbereitschaft:

„Tiefe kommunistische Überzeugung, selbstlose Ergebenheit zu Partei und Volk, hohe Bildung, Disziplin und psychische Stählung; die Ausrüstung von Armee und Flotte mit moderner Bewaffnung, ihre Kampftechnik, die Aufrechterhaltung ihrer Einsatzbereitschaft; ein hohes Niveau der militärischen- und Spezialausbildung der Führungskader, ihre Fähigkeit, Truppen zu führen, deren Handlungen zu leiten sowie die kontinuierliche Versorgung mit materiellen Mitteln zu organisieren und sicherzustellen; die Bereitschaft der Politorgane, der Parteiorganisationen und aller Kommunisten, die Soldaten mit Wort und Tat zur Erfüllung der Gefechtsaufgaben anzuspornen!"[9]

Zahlreiche Aktionen der Sowjetarmee in den letzten Jahrzehnten — zuletzt diejenigen zum Neujahr 1980 in Afghanistan — haben gezeigt, daß diese *ständige Gefechtsbereitschaft* keine Fiktion ist, sondern tatsächlich besteht!

4. Die neuen Männer an der Spitze der sowjetischen Streitkräfte

Die Jahre 1976 und 1977 brachten einige Änderungen in den stark überalterten obersten Rängen der sowjetischen Militärhierarchie. Im April 1976 starben gleich zwei der berühmtesten Heerführer: am 23. April der 69jährige Armeegeneral S. M. Schtemenko und am 26. April Marschall A. A. Gretschko, im Alter von 73 Jahren.

Schtemenko, seit 1940 im Generalstab und seit 1968 Stabschef des Warschauer Paktes, war zweifellos einer der begabtesten Militärs und mit der Organisation der sowjetischen Streitkräfte durch und durch vertraut; nach seinen Erfolgen bei der militärischen Integration der osteuropäischen Volksarmeen galt er bei Fachleuten als ein „zweiter Schukow". Sein Nachfolger wurde erst am 10. Oktober 1976 gefunden, und zwar in der Person des 57jährigen Armeegenerals Anatolij Iwanowitsch Gribkow, einem Ukrainer, der den Zweiten Weltkrieg als junger Panzeroffizier mitgemacht hatte. In der Nachkriegszeit bekleidete er verschiedene verantwortungsvolle Posten in den Stäben von Militärbezirken und im Generalstab der sowjetischen Streitkräfte. Anfang der siebziger Jahre wurde Gribkow Erster Stellvertreter des Befehlshabers und ab 1973 Befehlshaber des wichtigen Leningrader Militärbezirkes. Er ist Abgeordneter im Obersten Sowjet der UdSSR und Kandidat des Zentralkomitees der KPdSU.

Marschall der Sowjetunion A. A. Gretschko, Kriegskamerad und Freund Breschnews, war seit 1967 Verteidigungsminister der UdSSR. Seine Nachfolge war innerhalb von zwei Tagen geregelt. Die Streitkräfte waren in den letzten zehn Jahren so stark „politisiert" worden, daß Breschnew diesmal mit seinem Kandidaten durchdrang: Dimitrij Fjodorowitsch Ustinow. Dieser, ein Rüstungsfachmann, war zwar bereits 70 Jahre alt, aber Mitglied des Politbüros und Sekretär des Zentralkomiees der KPdSU. Er wurde rasch zum Marschall der Sowjetunion befördert. Mit Ustinow kam erstmals seit Trotzki (abgesehen von Stalin im Zweiten Weltkrieg) ein Zivilist an die Spitze der Streitkräfte.

Die Ernennung des Rüstungsfachmannes Ustinow zum Verteidigungsminister läßt erkennen, welche Bedeutung der seit geraumer Zeit notwendig gewordenen *Umrüstung* der sowjetischen Streitkräfte zugemessen wird. Es war möglicherweise die zunehmende Bedeutung des militärindustriellen Komplexes, welche die Marschälle bewogen hat, Ustinow jetzt zu akzeptieren. (Als rechte Hand und „richtiger Militär" steht Ustinow der begabte S. L. Sokolow zur Seite, der seit 1967 Erster Stellvertretender Verteidigungsminister der UdSSR ist und am 21. Februar 1978 zum Marschall der Sowjetunion befördert worden war.)

Am 30. November 1976 verstarb 64jährig Marschall der Sowjetunion I. I. Jakubowski, seit Juli 1967 Oberkommandierender des Warschauer Paktes. An seine Stelle wurde im Januar 1977 der 56jährige Wiktor G. Kulikow berufen, unter gleichzeitiger Beförderung zum Marschall der Sowjetunion. Dieser hatte alle Voraussetzungen für diesen Posten: Weltkriegserfahrung, Absolvent der Militärakademie und der Generalstabsakademie, Befehlshaber des Militärbezirkes Kiew, Oberkommandierender der „GSSD“ in der DDR und seit 1971 Chef des Generalstabes der Sowjetunion. Ihm wird nachgesagt, daß er ein guter Organisator und Stratege sei und daß er, was noch wichtiger ist, gute menschliche Kontakte mit seiner Umwelt herstellen könne. Als Oberkommandierender des Warschauer Paktes kommen ihm diese Eigenschaften in jeder Hinsicht sehr zu gute!

Nachfolger Kulikows als Generalstabschef wurde unter gleichzeitiger Beförderung zum Marschall der Sowjetunion Nikolai W. Ogarkow, ein Russe wie sein Vorgänger Kulikow, 60 Jahre alt. Er war 1938 in die Rote Armee eingetreten, ist aber erst 1945, also mit 28 Jahren Parteimitglied geworden. Im Zweiten Weltkrieg war er in verschiedenen Stabsposten und nachher im Generalstab. Während vier Jahren hat Ogarkow die Militärtechnische Hochschule in Kujbyschew besucht. Am 1. April 1968 wurde er Erster Stellvertreter des Generalstabschefs der Sowjetarmee, und am 1. März 1974 sogar stellvertretender Verteidigungsminister der UdSSR. Ustinow und Ogarkow ergänzen einander gegenseitig, was für den Aufbau und die Führung der Streitkräfte von Vorteil ist.

An dieser Stelle muß auch Breschnew erwähnt werden. Der Generalsekretär des Zentralkommitees der KPdSU ist seit 1967 auch Vorsitzender des damals neu eingerichteten *Verteidigungsrates* der UdSSR — eines staatlichen Gremiums von höchster Bedeutung, dem (wie in der Zeit des „Großen Vaterländischen Krieges 1941—1945“ unter Stalin) das Recht zusteht, in Not- und Krisenfällen die uneingeschränkte Führung des Staates zu übernehmen und sowohl im militärischen wie im zivilen Bereich Sofortmaßnahmen zu ergreifen. In Friedenszeiten obliegt diesem Verteidigungsrat die Führung des Auf- und Ausbaus der sowjetischen Streitkräfte und der Rüstungsindustrie. Breschnew war im Krieg als politischer Offizier bis zum Generalmajor aufgestiegen. 1953 war er als stellvertretender Leiter der Politischen Hauptverwaltung im Verteidigungsministerium zum Generalleutnant befördert worden. Am 10. Mai 1976 ernannte ihn dann das Präsidium des Obersten Sowjets der UdSSR aufgrund seiner „außerordentlichen Leistungen auf dem Gebiet des sowjetischen Militärwesens“ zum Marschall der Sowjetunion.

Der heute 74jährige Leonid Iljitsch Breschnew bot während seiner Amtszeit den Militärs auch äußeren Glanz: Er sorgte für Gleichstellung der Abgangszeugnisse sowjetischer Kriegsakademien mit Universitätsdiplomen, er beförderte in 16jähriger — friedlicher — Entwicklung ebenso viele Offiziere zu Armeegenerälen (42) wie Stalin nach Wiedereinführung der Rangunterschiede in 18 Jahren inklusive Weltkrieg (41). Breschnews Militärs stellen heute einen so schwergewichtigen Faktor dar, daß sich kaum noch an ihnen vorbeiregieren läßt.

5. Stärke und Organisation der sowjetischen Streitkräfte 1980

Angaben über die zahlenmäßige Stärke der sowjetischen Streitkräfte sind seit Chruschtschows Entmachtung (1964) nicht mehr offiziell publiziert worden. Breschnew hatte 1968 eine strenge Militärzensur eingeführt, um zu verhindern, daß wesentliche Informationen in die Öffentlichkeit drangen.[10] Westliche Stellen beziffern 1980 die Stärke der Sowjetarmee auf insgesamt 3,7 Millionen Mann (dazu 750000 uniformierte Zivilangestellte). Zugezählt werden müssen noch die Grenztruppen und die kasernierten Ordnungstruppen (MWD) mit ihren insgesamt 450000 Mann Stärke, obwohl diese nicht dem Verteidigungsministerium, sondern dem Innenministerium unterstellt sind.[11]

Die fünf Teilstreitkräfte der Sowjetarmee hatten im vergangenen Jahrzehnt eine in jeder Hinsicht beachtenswerte Entwicklung durchgemacht, wie nachstehender Überblick zeigt:

Die erst 1959/60 aufgestellten Raketenverbände der Sowjetarmee sind seitdem als Teilstreitkraft *„Strategische Raketentruppen"* zum Rückgrat der sowjetischen Streitkräfte geworden. Sie verfügen zwar „nur" über 375000 Mann, aber ihr Waffenarsenal hat weitaus das größte Zerstörungspotential. Dieses umfaßt nach westlichen Schätzungen 1398 ICBM Interkontinental-ballistische Raketen (USA: 1054), jetzt größtenteils mit mehrfach-unabhängig zielsuchenden Gefechtsköpfen (MIRV), sowie 710 ballistische Raketen mittlerer Reichweite (IRBM und MRBM). Die Masse dieser sogenannten kontinentalen Waffensysteme mit einer Reichweite von 1500 bis 5500 Kilometer ist in den westlichen Wehrkreisen der Sowjetunion konzentriert; sie sind aber auch im Kaukasus und entlang der sowjetisch-chinesischen Grenze stationiert.

Die *Landstreitkräfte* bilden zahlenmäßig mit 1,8 Millionen Mann die größte Teilstreitkraft. Sie verfügen zur Zeit über 170 Divisionen, wovon 45 Panzerdivisionen sind. Die Divisionen sind in Großverbänden zusammengefaßt, die in Friedenszeiten führungsmäßig mit den 16 Militärbezirken der UdSSR und den Armeegruppen im Vorfeld der Mittel- und osteuropäischen verbündeten Staaten (DDR, ČSSR, Polen und Ungarn) zusammenfallen. Seit 1970 stehen auch in der Mongolischen Volksrepublik zwei sowjetische Divisionen und man beziffert die Stärke der sowjetischen Truppen in Afghanistan 1980 mit 6 bis 8 Verbänden. Die Zahl der Panzer in der Sowjetarmee stieg von 30000 (1964) auf 47000 (1980). Die Typentabelle weist immer noch Panzer von T-54 und T-55 aus; dazu kommen der Schwimmpanzer PT-76 und die Modelle T-10 und T-62, deren Produktion jedoch in der letzten Zeit stark gedrosselt oder überhaupt eingestellt wurde. Der Panzer, mit dem die sowjetische Führung ihre Streitkräfte in den achtziger Jahren auszurüsten gedenkt, ist zweifellos der T-72, der offiziell erstmals bei der Novemberparade 1977 in Moskau gezeigt worden und seither in größeren Zahlen bereits bei der Truppe vorhanden ist. Dieser kann — als Ergebnis der planmäßigen sowjetischen Panzerentwicklung — auch nachts und amphybisch eingesetzt werden und besitzt auch einen wirksamen Strahlenschutz.

Die *Truppen der Heimat-Luftverteidigung* umfassen 450000 Mann mit etwa 2700 Einsatzflugzeugen und verschiedenen Fliegerabwehr-Waffensystemen wie Fla-Raketen, Fla-Artillerie und antiballistischen Raketen (ABM), die vornehmlich um Moskau herum aufgestellt sind.[12] Marschall Gretschko maß dieser Teilstreitkraft große Bedeutung zu. Er begründete deren fortdauernde Ausstattung mit neuen Kampfmitteln damit, daß „die aggressiven imperialistischen Blöcke (das heißt: USA/NATO und China! Amn. P. G.) ihre Luftangriffsmittel ständig vervollkommnen, und deren qualitative und quantitative Bestrebungen auf diesem Sektor nicht nachlassen!“[13] Die Forderung ständiger Gefechtsbereitschaft gilt für die Truppen der Heimat-Luftverteidigung in ganz besonderem Maße. Seit Jahrzehnten, ungeachtet des relativen Friedens sind sie im Alarmzustand.

Die *Luftstreitkräfte* verfügen über 475000 Mann und 4350 Kampfflugzeuge, dazu kommen noch die Transportfliegerkräfte mit 1200 Maschinen. Die 156 Langstrecken-Bomber und 503 Mittelstreckenbomber bzw. die Flugzeuge der Heimat-Luftverteidigung sind in diesen Zahlen nicht enthalten. (Gleichfalls beinhalten diese Zahlen die Marine-Luftstreitkräfte *nicht:* 870 Flugzeuge aller Art.)

Seit Beginn der siebziger Jahre werden die Luftstreitkräfte der Sowjetarmee in rascher Folge mit Flugzeugen der dritten Generation ausgerüstet. Der leichte Jäger MiG-21 wird durch die viel leistungsfähigeren MiG-23, MiG-25 sowie Suchoj SU-17 und SU-19 ersetzt, die bei dreifacher Waffenlast die doppelte Reichweite haben. Die neuen Flugzeuge werden hochspezialisiert produziert: die MiG-23 beispielsweise in sechs Versionen: Abfangjagd, Raumschutz, Langstreckenjagd, Tiefangriff, Erdkampf, Training. MiG-25 gibt es in zwei Versionen: als Höhenabfangjäger und als Höhenaufklärer.

Leistungsmäßig sind die sowjetischen Flugzeuge den westlichen keineswegs unterlegen, wie das Beispiel des bereits recht alten MiG-25 zeigt (Erstflug 1964!). Sie sind einfach und robust, und eignen sich für den Einsatz unter rauhen Umweltbedingungen. Auf Wirtschaftlichkeit wurde weniger geachtet. Die Achilles-Ferse der sowjetischen Flugzeuge ist allerdings die Elektronik. Diese ist im Vergleich zu westlichen Flugzeugen erheblich einfacher, wie die Untersuchung der im September 1976 in Japan gelandeten MiG-25 gezeigt hat.

Die *Seekriegsflotte* hat sich in den siebziger Jahren quasi vor den Augen der westlichen Marinefachleute zu einer sehr beachtlichen und modernen Seemacht entwickelt, während die US-Kriegsmarine von über eintausend Einheiten auf 442 Schiffe zusammenschrumpfte. Zahlenmäßig umfaßt sie jetzt 433000 Mann, einschließlich 59000 Mann Marineflieger, 12000 Mann Marine-Infanterie und 10000 Mann Küsten-Raketen-Artillerie. An Schiffen befehligt Flottenadmiral der Sowjetunion Sergej G. Gorschkow, der Chef der Seekriegsflotte, über 2000 Einheiten.[14] Die „Hauptwaffe“ ist nach der sowjetischen Seedoktrin das U-Boot.[15] Man schätzt die Zahl der sowjetischen U-Boote auf 338, wovon 90 mit SLBM (ballistischen Raketen mit Unterwasserstart) ausgerüstet sind. 158 sowjetische U-Boote sollen Nuklear-Antrieb haben.

Bei den Überwasserschiffen sind die zwei in den letzten Jahren gebauten Flugzeugträger der Stolz der sowjetischen Seekriegsflotte. Der Flugzeugträger „Kiew" ist das Flaggschiff der sowjetischen Nordmeerflotte (die stärkste der vier Flotten der Sowjetunion) während der zweite Flugzeugträger, die 40000 Tonnen schwere „Minsk" gegenwärtig in Wladiwostok weilt. Weitere Einheiten wie die „Minsk" sind bereits fertiggestellt oder befinden sich in der Endausrüstung. So der erste mit Nuklear-Antrieb versehene Kreuzer, der im Mai 1980 eine Leningrader Werft verlassen hat und zu einer Testfahrt in den Finnischen Meerbusen ausgelaufen ist. Es handelt sich um das 22000 Tonnen schwere und 240 Meter lange Kriegsschiff „Kirow", das nach Ansicht der amerikanischen Experten ein Beweis für die weitere entscheidende Verstärkung der sowjetischen Seestreitmacht darstellt. 35 Kreuzer, davon 8 noch mit konventioneller Bewaffnung, bilden das Gros der sowjetischen Überwasserflotte, zusammen mit jenen zwei Hubschrauber-Trägern („Moskwa" und „Leningrad"), deren Bau den Flugzeugträgern vorangegangen ist. Unter den vielen Spezialschiffen sind hier noch die 216 Landungsschiffseinheiten zu erwähnen, welche die Sowjets nach amerikanischem Muster (Pazifik-Krieg, Korea-Krieg) gebaut haben.

Die sowjetische Seekriegsflotte kann jetzt nicht nur im Küstenbereich, sondern auch über die Ozeane operieren — wie dies ihr Manöver „Okean" 1975 gezeigt hat. Die neuen sowjetischen Schiffe haben einen größeren Fahrbereich, sind wesentlich schneller, mit Raketen bestückt und hängen weniger von Häfen ab. Bereits 1972 sagte Flottenadmiral Gorschkow in einem Interview für die „Prawda" stolz: „Niemals zuvor war unsere Flotte so mächtig und kampfkräftig wie sie es heute ist!"[16] Der britische Kapitän zur See John E. Moore, Herausgeber des international anerkannten Flottenhandbuchs „Jane's Fighting Ships", schrieb schon 1976 in diesem Buch: *„Auch* als amphibische Seemacht hat die Flotte Moskaus die Kriegsmarine der Vereinigten Staaten auf den zweiten Platz verwiesen. Die Sowjets können heute an jedem Punkt der Erde eine groß angelegte Landungsoperation durchführen..."

6. Die Sowjetarmee in Afghanistan

Das alte Rußland hatte einige wichtige politische Leitsätze, die der Sowjetstaat anscheinend als Tradition weiterführt. Einen davon umschreibt der amerikanische Rußland-Experte George F. Kennan in seinen Memoiren wie folgt: „Das eifersüchtige Auge des Kreml kann nur zwischen Vasallen und Feinden unterscheiden, und Rußlands Nachbarn müssen, wenn sie das eine nicht sein wollen, sich damit abfinden, für das andere zu gelten!"

Das jüngste Beispiel dafür ist Afghanistan.

Am 27. April 1978 hatten in der Sowjetunion ausgebildete afghanische Armeeoffiziere zusammen mit den kommunistischen Zwergparteien Khalq und Parcham den um die Unabhängigkeit des Landes bemühten reformfreudigen Ministerpräsidenten Fürst Daud gestürzt. Khalq-Chef Nur Mohammed Taraki, der am Putschtag im Gefängnis saß, wurde Staats- und Parteichef; Parcham-Chef Babrak Karmal sein Stellvertreter. Schon nach einer Stunde des Sieges wurde die neue afghanische Regierung von der Sowjetunion anerkannt. In kürzester Zeit gelang es den neuen Männern die Republik Afghanistan zu einer Volksrepublik mit Revolutionsrat, Zentralkomitee, Einheitspartei und rote Fahne umzugestalten. Doch der Widerstand der moslemischen Bevölkerung gegen die dilettantische und mit Polizei-Methoden durchgeführte Umgestaltung der Gesellschaft wuchs rapid und wurde durch Stammesrevolten noch verstärkt. Obwohl in den nach sowjetischem Vorbild geschulten afghanischen Streitkräften (100000 Mann, gegliedert in drei mechanisierte, zehn Infanterie-Divisionen, drei Gebirgs-Brigaden sowie eine Flugabwehrbrigade) Tausende von sowjetischen Militärberatern Dienst taten, konnten diese die Rebellen, die durch Pakistan sporadisch Waffen erhielten, innerhalb einer angemessenen Frist nicht unterwerfen.

Als Mitte März 1979 eine wütende Menge in Herat die Stadtverwaltung vorübergehend verjagte und dabei auch etliche Sowjetberater ermordete, bzw. die Garnison von Jahallabad meuterte, schickte die Sowjetregierung Kampfhubschrauber mit ausgebildetem Flugpersonal nach Kabul und stellte diese Taraki zur Verfügung.

Am 14. September 1979 kam es in Kabul zu einem neuen Staatsstreich: Vorsitzender des Revolutionsrates und Parteichef Taraki wurde nach seiner Rückkehr von Verhandlungen in Moskau von seinem Parteigänger, dem amtierenden Ministerpräsidenten Hafisullah Amin gestürzt und während der Sitzung des Revolutionsrates umgebracht. (Offiziell war Taraki dann „wegen schlechten Gesundheitszustandes“ zurückgetreten). Der neue Machthaber versicherte der Sowjetregierung seine Treue — und beschleunigte die Umgestaltung des Landes und der Gesellschaft in Richtung „Sozialismus“. Dies vermehrte den Widerstand des Volkes und brachte bis im November 1979 das Land an den Rand eines Bürgerkrieges. Im Kampf gegen die Rebellen eingesetzt, erwies sich die afghanische Armee in höchstem Maße als unzuverlässig: Tausende von Soldaten verließen die Fahnen und gingen mit Waffen und Ausrüstung zu den „Mujahidin“-s („Heilige Krieger“ = Rebellen) über. Diese Entwicklung beunruhigte Moskau immer mehr. Der sowjetische Generaloberst Pawlowski ging mit Militärexperten auf eine zehntägige Inspektionsreise nach Afghanistan. Dort wurde ihm klar, daß die Sowjetunion mit Amin ihre Position in Afghanistan riskierte, um so mehr, als dieser Anfang Dezember 1979 versuchte durch eine Politik der „Flucht nach vorn“, Burgfrieden mit Kompromissen mit den „Mujahidins“ zu schließen. Der von Generaloberst Pawlowski informierte Breschnew sah ein, daß rasches Eingreifen von nöten war. Amin wurde nach Moskau eingeladen, lehnte jedoch ab. Für die sowjetische Führung gab es nunmehr lediglich zwei Möglichkeiten: entweder den Dingen den Lauf lassen und Afghanistan als „unbefreundeten Staat“ verlieren, oder einen eigenen Mann einsetzen, der die Lage zugunsten der „gesunden Kräfte des Sozialismus“ ändern würde. Es kam zum gleichen Entscheid wie 1956 bei Ungarn und 1968 bei der Tschechoslowakei.

Der Einmarsch der Sowjettruppen in Afghanistan und Babrak Karmals blutige Machtergreifung am 26. bzw. 27. Dezember 1979 erfolgte dann routinemäßig wie ein gewöhnliches Planspiel. Innerhalb kürzester Zeit hatte die Sowjetarmee Kabul und die wichtigsten strategischen Punkte des Landes besetzt, Amin und andere Regierungsmitglieder ermorden lassen und die afghanische Armee in ihren Kasernen provisorisch interniert.

Speerspitze der Invasion war die in Fergana (Sowjet-Usbekistan) stationierte 105. Garde-Luftlandedivision, welche am 1. Operationstag (in der Nacht von 26. auf 27. Dezember), die Hauptstadt Kabul handstreichmäßig einnahm und bis Jahresende zusammen mit anderen Luftlande-Einheiten die wichtigen Städte Kandahar, Herat und Shindand besetzte. Gleichzeitig mit der Luftlandeoperation stießen drei mechanisierte Divisionen von den sowjetischen Grenzstädten Termez und Kushka nach Süden vor und brachten nebst wichtigen Orten die Verbindungswege des Landes unter ihre Kontrolle.

Die Erwartung der Sowjetregierung, den Widerstand in Afghanistan innerhalb von wenigen Wochen brechen zu können, erwies sich als falsch. Die anfänglich ins Land geschickten vier Divisionen erwiesen sich zur Festigung der Positionen der neuen Regierung unter Karmal und zur Bekämpfung der Rebellen als zu schwach. Der afghanische Widerstand wuchs zunehmend, da sich immer mehr Angehörige der afghanischen Streitkräfte den „Mujahidins“ anschlossen. Im Januar 1980 befanden sich von 28 Provinzen des Landes 23 in Aufruhr! Die „Mujahidins“ wurden immer kühner: sie gingen vielerorts zur Offensive über und überfielen sowjetische Nachschub-Transporte, wobei sie unter anderem auch Beute an Waffen und militärischen Gegenständen machten. (Einige westliche Zeitungen und Illustrierten veröffentlichten Bilder von solchen Operationen, während die Sowjetpresse es unterließ, die Sowjetbevölkerung über Einzelheiten des Einsatzes der eigenen Truppen in Afghanistan zu informieren.)

Mitte Januar 1980 sah sich das sowjetische Oberkommando gezwungen, drei weitere Divisionen aus den Militärbezirken Turkestan und Mittelasien in Afghanistan einzusetzen. Damit erhöhte sich die Stärke der Sowjettruppen in dem winterlichen Hochland auf über 80000 Mann.

In den Monaten März und April 1980 kam es wiederholt zu Kämpfen zwischen sowjetischen Einheiten und „Mujahidins“, wobei die Sowjets mit ihrer Kampfhubschrauber-Flotte empfindliche Verluste den Rebellen zufügte. Ihre Lage wurde auch dadurch schwieriger, da eine Koordination unter den etwa 60 unterschiedlichen aufständischen Gruppen völlig fehlt. Wohl werden die „Mujahidin“ indirekt durch China und insbesondere durch Pakistan unterstützt, wo zahlreiche Auffanglager für afghanische Flüchtlinge entstanden sind und möglicherweise auch Ausbildungslager für die zukünftigen Kämpfer existieren. Auf die Dauer haben diese aber gegenüber der hochtechnisierten Sowjetarmee keine Chancen, obwohl sie noch im Mai und Juni Offensiven gegen die Sowjetarmee ausführten.

Am 14. März 1980 wurde von den Regierungen der UdSSR und von Afghanistan in Moskau ein Truppenstationierungsabkommen unterzeichnet. Dieses wurde zwar nicht publiziert, doch kann angenommen werden, daß die Stationierungsverträge mit den osteuropäischen sozialistischen Staaten als Vorlage gedient haben.

Wie es weitergeht, ist zur Zeit noch ungewiß. Zum Abbau dieses Krisenherdes in Asien hat zwar Großbritannien eine Neutralisierung Afghanistans — allerdings aufgrund des heutigen status quo — vorgeschlagen und dafür die Unterstützung des Europarates gefunden. Moskau hat sich bisher zu diesem Vorschlag ausgeschwiegen, fährt jedoch unbeirrt fort, seinen Machtbereich in Richtung des Persischen Golfes auszuweiten.

Der Fall Afghanistan ist in sich schon deshalb etwas Besonderes, weil hier die Sowjetregierung *erstmals* seit 1945 *eigene Truppen* unter *eigener Fahne* außerhalb der — angeblich in Jalta und Potsdam vereinbarten — Einflußsphären eingesetzt hat. In allen anderen, vorhergehenden, Fällen hatte sie sogenannte Stellvertreter mit Militärinterventionen beauftragt (v. a. Kuba in Afrika!).

* * *

Als Wladimir Iljitsch Lenin 1918 die Rote Arbeiter- und Bauern-Armee schuf, ahnte er sicher nicht, daß diese Streitmacht einmal die mächtigste Armee der Welt sein würde. Sein Ziel war, so nehmen wir an, Rußland zum reichsten und wohlhabendsten Land unserer Erde zu machen. In den dreißiger Jahren strebte Stalin mit seinem Aufrüstungsprogramm danach, die sowjetischen Streitkräfte denjenigen der führenden kapitalistischen Länder Europas nach Zahl und Bewaffnung gleichwertig, wenn nicht noch stärker zu machen. Chruschtschow setzte dieses Streben so weit fort, daß er in den letzten Jahren seiner Amtszeit von der Schreckensvision eines Nuklearkrieges tief beeindruckt war. Breschnew konnte dann unter Ausnützung der weltpolitischen Lage (Handelsgüter und technologische Hilfe aus dem Westen!) die Streitmacht des Sowjetstaates zu der *stärksten* und *größten* Armee der Welt machen. Die Sowjets, die mit dem kommunistischen System ihrem Land sicherlich einen hohen Industrie- und Lebensstandard bringen wollten, haben einzig im militärischen Bereich die westlichen Demokratien einholen und sogar teilweise überholen können.

Anmerkungen:

1 Rechenschaftsbericht des ZK der KPdSU an den XXIV. Parteitag der KPdSU, Moskau-Berlin 1971, S. 111.

2 Vgl. Verfassung der Union der Sozialistischen Sowjetrepubliken. Angenommen... am 7. Oktober 1977, Moskau 1977. S. 33. Deutscher Text auch in „Archiv der Gegenwart" 1977, S. 21387 A.

3 „Volksarmee", Berlin/DDR, Nr. 43/1974.

4 „Sowjetskaja Kirgizija", Frunse, 19. Januar 1976.

5 Programm und Statuten der Kommunistischen Partei der Sowjetunion, Berlin/DDR 1961, S. 105.

6 „WIZ", Moskau, Nr. 9/1970.

7 *Lenin:* Werke, Bd. 31, S. 125.

8 *Jepischew,* A. A.: Ideologitscheskaja bor'ba po woenym woprosam, Moskau 1974.

9 *Gretschko* II, S. 108.

10 *Révész,* László: Recht und Willkür in der Sowjetpresse. Eine presserechtliche und pressepolitische Untersuchung, Freiburg 1974, S. 225ff.

11 The International Institute for Strategic Studies: The Military Balance 1979/80, London 1979, S. 9ff.

12 *Poser,* Günter: Militärmacht Sowjetunion, Daten, Tendenzen, Analysen, München/Wien 1977, S. 88.

13 *Gretschko* II, S. 102.

14 Zitiert nach „Die Welt", Hamburg, 17. Februar 1976.

15 *Meisner,* Hans-Friedrich: Die UdSSR als Seemacht. In: „Marineforum", Bonn, Nr. 8/1976.

16 „Prawda", Moskau, 30. Juli 1972.

Anhang

1. Taktisch-technische Angaben der wichtigsten vor dem Krieg gebauten Überwasserschiffe der sowjetischen Seekriegsflotte

Typ und Name des Schiffes	Länge, Breite und Tiefgang in m	Wasserverdrängung in ts	Marschgeschwindigkeit in Knoten	Bewaffnung Art, Anzahl und Kaliber in mm
Kreuzer „Kirow"	191; 18; 5,2	8600	35	Kanonen: 9–180, 8–100, 10–37; 6 Fla-MGs; Torpedos: 2 Torpedorohre, 6 Torpedos; 170 Minen; 2 Flugzeuge
Großzerstörer „Leningrad"	139; 13,7; 4,2	2690	40	Kanonen: 5–130, 3–76, 5–37; 4 Fla-MGs; Torpedos: 2 Torpedorohre, 8 Torpedos; 80 Minen; Wasserbomben
Zerstörer „Gnewny"	116; 11; 4	1860	37	Kanonen: 4–130, 2–76, 4–37; 6 Fla-MGs; Torpedos: 2 Torpedorohre, 6 Torpedos; Minen; Wasserbomben
Küstenschutzschiff „Uragan"	71; 7; 2,6	530	24	Kanonen: 2–100, 4–37; 2 Fla-MGs; Torpedos: 1 Torpedorohr, 3 Torpedos
Räumboot „Fugas"		450	18	Kanonen: 1–100, 1–45, 1–37
Torpedoschnellboot G-5	20; 3,5; 0,6	17	48	2 Fla-MGs; 2 Torpedos; Wasserbomben
U-Boot-Jäger MO-4	27; 4; 1,5	56	25	Kanonen: 2–45; 3 Fla-MGs; Wasserbomben

Quelle: Gretschko, a.a.O., Bd. 3, S. 513.

2. Organisation der Verwaltung der sowjetischen Streitkräfte (1939)

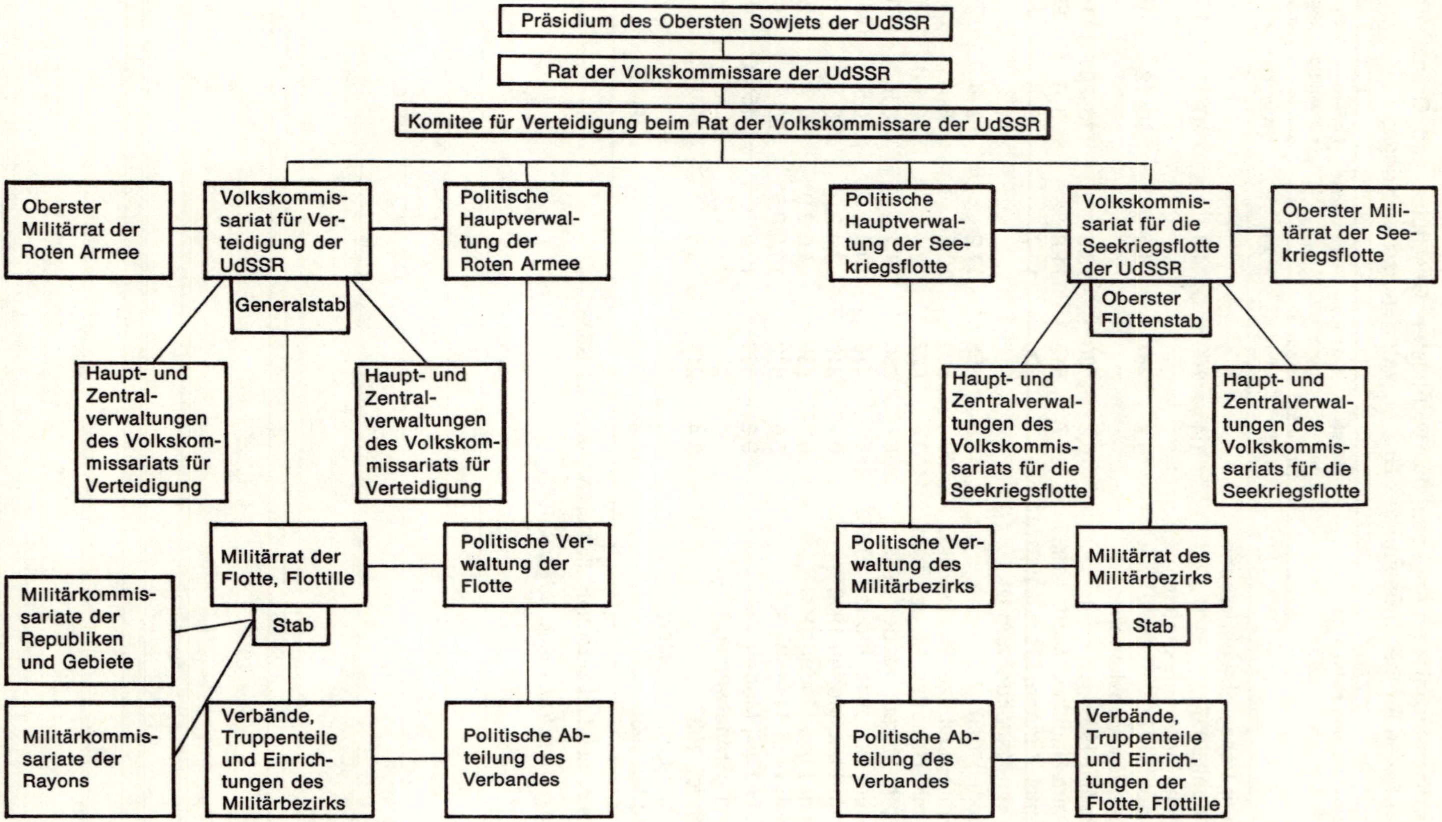

Quelle: Sacharow, M. W., a.a.O., S. 297.

3. Taktisch-technische Angaben der wichtigsten Geschütze und Granatwerfer der Roten Armee zu Beginn des Großen Vaterländischen Krieges

Bezeichnung und Kaliber des Geschützes	Masse der Granate in kg	Anfangs-geschwin-digkeit in m/s	Reichweite in km	Feuerge-schwindig-keit in Schuß/min	Ge-fechts-masse in kg
45-mm-Panzerabwehrkanone, Modell 1937	1,4	760	4,6	20	780
76-mm-Regimentskanone, Modell 1927	6,2	387	8,5	10–12	1620
76-mm-Divisionskanone, Modell 1939	6,2	680	13,3	15–20	1480
122-mm-Haubitze, Modell 1938	21,7	515	11,8	5–6	2500
122-mm-Kanone, Modell 1931/37	25	800	19,7	5–6	7120
152-mm-Kanonenhaubitze, Modell 1937	43,5	655	17,2	3–4	7129
152-mm-Haubitze, Modell 1938	40	508	12,3	3–4	4150
203-mm-Haubitze, Modell 1931	100	607	18	0,5–1	17700
280-mm-Mörser, Modell 1939	286	356	14,4	0,5	17600
305-mm-Haubitze, Modell 1939	465	410	10,4	0,5	45700
25-mm-Flak, Modell 1940	0,28	910	2,4/2,0*	250	1060
37-mm-Flak, Modell 1939	0,77	880	4,0/3,0*	180	2100
76-mm-Flak, Modell 1938	6,6	813	14,6/9,5*	20	4300
85-mm-Flak, Modell 1939	9,2	800	15,5/10,5*	15–20	4300
82-mm-Granatwerfer, Modell 1937	3,4	211	3,1	25	61
120-mm-Granatwerfer, Modell 1938	16	272	5,7	12–15	280

* Die zweite Zahl bezeichnet die Reichweite in der Höhe.

Quelle: Gretschko, a.a.O., Bd. 3, S. 508.

4. Wichtigste taktisch-technische Angaben der Panzer der Roten Armee zu Beginn des Großen Vaterländischen Krieges

Panzertyp	Jahr der Einführung	Gefechtsmasse in t	Besatzung (Mann)	Bewaffnung: Kanone (Anzahl in Stück – Kaliber in mm)	Bewaffnung: MGs (Anzahl in Stück – Kaliber in mm)	Bewaffnung: Fla-MGs (Anzahl in Stück – Kaliber in mm)	Stärke d. Panzerung in mm: Wanne Bug/Seite	Stärke d. Panzerung in mm: Turm	Motorleistung in PS	Höchstgeschwindigkeit in km/h	Fahrbereich auf Straße in km
Leichte Panzer											
T-26	1937	10,5	3	1–45	2–7,62	1–7,62	15–15	15	90	30	200
BT-7m	1939	14,6	3	1–45	2–7,62	1–7,62	20–13	15	400	68/86*	600–700
BT-7	1935	13,8	3	1–45	1–7,62		20–13	15	400	55/73	375–500
Mittlere Panzer											
T-34/76	1940	26,5	4	1–76	2–7,62		45–45	45	500	51	370
Schwere Panzer											
KW-1	1941	47,5	5	1–76	2–7,62	1–7,62	100–75	95	600	35	250

* Die erste Zahl bedeutet die Geschwindigkeit auf Ketten, die zweite die Geschwindigkeit auf Rädern. Nicht mehr produziert, aber noch vorhanden waren die Panzer T-35, BT-5, T-37, T-38.

Quelle: Gretschko, a.a.O., Bd. 3, S. 506.

5. Taktisch-technische Angaben der wichtigsten Flugzeugtypen der Roten Armee zu Beginn des Großen Vaterländischen Krieges

Typ	Jahr der Einführung	Besatzung in Mann	Anzahl und Motorleistung in PS	Höchstgeschwindigkeit in km/h	Reichweite in km	Bewaffnung Anzahl und Art	Bewaffnung Kaliber in mm	Bombenlast in kp
Jagdflugzeuge								
I-15 bis	1935	1	1– 700	367	770	4 MGs	7,62	150
I-16	1934	1	1– 900	462	625	4 MGs	7,62	100
I-153	1938	1	1– 900	427	690	4 MGs	7,62	200
Jak-1	1941	1	1–1050	572	700	1 Kanone	20,0	–
						2 MGs	7,62	
LaGG-3	1941	1	1–1050	549	556	1 Kanone	20,0	200
						1 MG	12,7	
						2 MGs	7,62	
MiG-3	1940	1	1–1200	620	1000	1 MG	12,7	200
						2 MGs	7,62	
Schlachtflugzeuge								
Il-2	1941	1	1–1600	412	510	2 Kanonen	20,0	400– 600
						2 MGs	7,62	
						8 Raketen	82,0	
Bombenflugzeuge								
TB-3*	1931	8	4– 850	288	4000	8 MGs	7,62	2000–4000
DB-3f	1940	3	2–1000	440	2700	3 MGs	7,62	1000–2500
SB	1935	3	2–1050	445	1000	4 MGs	7,62	600–1500
Pe-2	1941	3	2–1260	540	1100	4 MGs	7,62	600–1000
Aufklärungsflugzeuge								
R-5	1931	2	1– 650	230	600	3 MGs	7,62	200– 400
Spezialflugzeuge								
U-2 (Po-2)	1929	2	1– 110	145	470	–	–	–

* in der Version von 1934.

Quelle: Gretschko, a.a.O., Bd. 3, S. 512.

6. Zahl der Panzer, SFL, Geschütze und Flugzeuge der Feldarmee während des Großen Vaterländischen Krieges

	Dezember 1941	Mai 1942	November 1942	Juli 1943	Januar 1945
Panzer und SFL	1 731	4 065	6 014	9 580	10 994
Geschütze (*)	21 983	43 642	72 505	98 790	91 400
Flugzeuge (**)	2 495	3 164	3 088	8 293	14 570

(*) 50-mm-Granatwerfer und reaktive Geschütze nicht gerechnet.
(**) Im Dezember 1941 nur Flugzeuge neuer Typs angegeben.

Quelle: Geschichte der Kommunistischen Partei der Sowjetunion, Moskau 1974, Bd. 5, Buch 1, S. 338 ff.

7. Der Stand der Zurückzahlung der US-Pacht-Leih-Ausrüstung und Dienstleistungen der Sowjetunion im Jahre 1978 (Offizielles Schreiben des US-State Departments vom 3. Juli 1978 an den Autor):

„Pacht- und Leih-Ausrüstung und -Dienstleistungen wurden unseren Alliierten als Teil unserer gemeinsamen Kriegsanstrengung zur Verfügung gestellt. Wir betrachteten die großen Mengen militärischer wie ziviler Güter, die während des Krieges aufgewendet wurden, nicht als zurückzuerstattende Verpflichtung. Pacht-Leih-Empfänger wurden ersucht, uns lediglich den angemessenen Abschreibungswert von Gütern mit einem Nutzwert für eine Friedenszeit-Wirtschaft, soweit sie am Tag des Sieges in Japan [2.9.1945] noch vorhanden waren, sowie — auf einer Dollar-um-Dollar-Grundlage — die sog. „Pipeline-Rechnung" für vor Kriegsende bestellte, aber erst danach gelieferte Waren zu bezahlen.

Auf der Grundlage dieser Prinzipien gingen die Vereinigten Staaten Nachkriegs-Pacht-Leih-Regelungen ein, in deren Rahmen wir die Rückerstattung eines Prozentsatzes des Wertes der „zivilen" Ausrüstungsgüter akzeptierten. Im Falle des Vereinigten Königreiches [Großbritanniens] z. B. belief sich die Hilfe während des II. Weltkrieges auf insgesamt rund 21,5 Milliarden Dollar. Die vom Vereinigten Königreich letztlich zurückzuzahlende Summe wird etwa 895 Millionen Dollar ausmachen.

Im Falle der UdSSR ist unser wiederholtes anfängliches Ersuchen um ein Inventar der „zivilen" Güter unbeantwortet geblieben. Die Vereinigten Staaten schätzten daher ihren Wert auf annähernd 2,6 Milliarden Dollar. Wir machten konkrete Regelungsangebote von 1,3 Milliarden Dollar und schließlich von 800 Millionen Dollar im Jahre 1972. Beide Angebote wurden von den Sowjets abgelehnt (deren eigene Rückerstattungsangebote von 175 Millionen Dollar bis im Jahre 1952 auf 300 Millionen Dollar gestiegen waren). Die Verhandlungen brachen 1952 zusammen.

Spätere Verhandlungen führten zum 1972er Abkommen, das eine endgültige Regelung in Form der Rückerstattung von 772 Millionen Dollar vorsah. Gemäß den Bestimmungen des 1972er Abkommens haben die Sowjets bedingungslose Zahlungen von insgesamt 48 Millionen Dollar gemacht. Laut dem Abkommen hing jedoch die Bezahlung des restlichen Saldos von mindestens 674 Millionen Dollar von der Gewährung der Meistbegünstigung durch die Vereinigten Staaten (d. h. nichtdiskriminierende Behandlung) für die Exporte der Sowjetunion ab. Die Vereinigten Staaten haben den Meistbegünstigungsstatus nicht gewährt, und *der sowjetische Saldo ist noch nicht beglichen.*"

8. Die Spitzengliederung der Sowjetarmee im Frieden (oben) und im Krieg (unten)

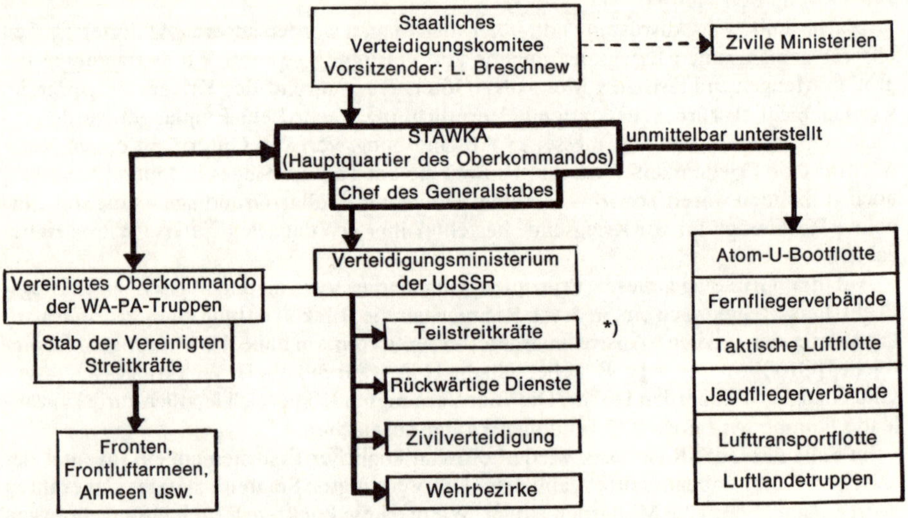

* abzüglich der ausgegliederten selbständigen Truppengattungen.

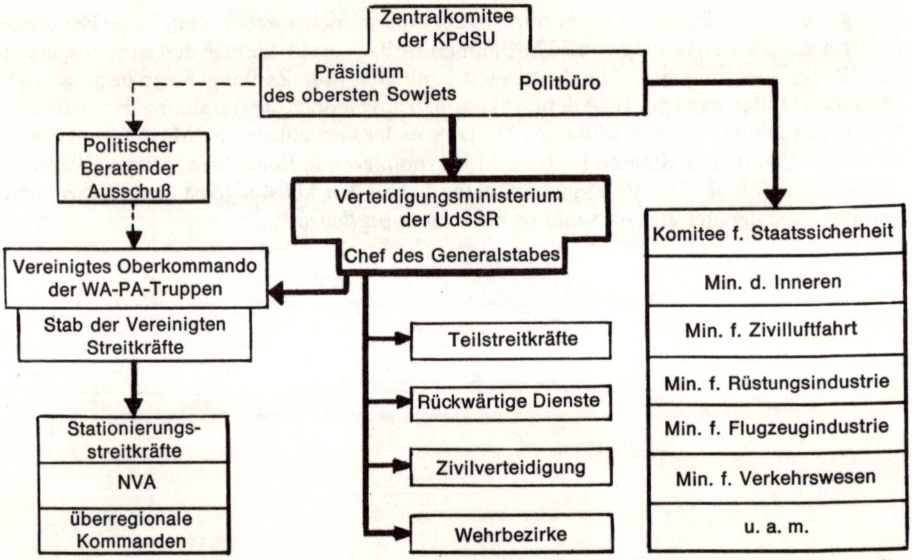

9. Mannschaftsstärken und Zahl sowjetischer Divisionen

Jahr	Mannschaftsstärke	Divisionen*
1945	11 365 000	?
1955	5 763 000	175
1960	3 623 000	?
1965	3 570 000	140
1970	3 550 000	147
1975	3 575 000	166
1978	3 675 000**	168
1980	3 700 000**	170

** ohne die uniformierten Zivilangestellten der Streitkräfte und ohne die Grenzwache bzw. die kasernierten Ordnungstruppen (MVD).

* 1 sowjetische Panzerdivision: 9 000 Mann und 316 Panzer
1 mot. Schützendivision: 10 000 Mann und 188 Panzer
1 Luftlandedivision: 7 000 Mann

Quelle: The Military Balance, London und Bloomfield, L., Clemens, W., Griffith, F.: Khrushchev and the Arms Race, Cambridge, Mass., London 1966.

10. Beschreibung der wichtigsten Waffen der Sowjetarmee während des Zweiten Weltkrieges (aus der Zeitschrift „Militärtechnik" Berlin/DDR)

Panzer IS-2
Der IS-2 war der beste schwere Panzer des Zweiten Weltkrieges und wurde 1943 in den sowjetischen Panzertruppen eingeführt. Von 1944 an gab es eine modernisierte Ausführung. Der IS-2 besaß eine Gefechtsmasse von 46 t und wurde von vier Mann bedient. Die Bewaffnung bestand aus einer 122-mm-Kanone und vier MG (davon ein Fla-MG). Seine Panzerung war 90 bis 120 mm dick. Auf festen Fahrbahnen erreichte der IS-2 bis 30 km/h.

Panzer T-34/85
Die ersten Panzer dieses Typs wurden am 15. 12. 1943 der Truppe übergeben. Er hatte eine Gefechtsmasse von 32 t und war mit einer 85-mm-Kanone und zwei MG bewaffnet. Seine Panzerung war vorn bis 90 mm und an den Seiten bis 75 mm dick. Der Kraftstoffvorrat ermöglichte einen Fahrbereich von 420 km auf Straßen und von 320 km auf unbefestigten Fahrbahnen. Die neue Kanone gestattete, Panzer des Gegners bis auf 1500 bis 2000 m Entfernung zu bekämpfen.

SFL ISU-152
Die schwere 152-mm-SFL ISU-152 diente zur Bekämpfung von schweren Panzern und SFL des Gegners. Sie besaß eine Gefechtsmasse von 46 t, eine größte Schußentfernung von 12 200 m und eine Feuergeschwindigkeit von 2 bis 3 Schuß/min. Eine Granate wog 49 kg und erreichte beim Schuß eine Anfangsgeschwindigkeit von 600 m/s. Die Besatzung bestand aus 5 Mann. Die Vereinigung von starker Bewaffnung und hoher Manövrierfähigkeit machte die ISU-152 zu einem unentbehrlichen Mittel für die Unterstützung der Panzertruppenteile.

SFL SU-100
Die mittlere SFL SU-100 gelangte 1944 in die Bewaffnung der Sowjetarmee. Sie hatte eine Gefechtsmasse von 31,6 t und verfügte über eine 100-mm-Kanone. Die Dicke der

Panzerung betrug 45 bis 75 mm. Der Kraftstoffvorrat ermöglichte einen Fahrbereich von über 400 km auf Straßen und etwa 300 km auf unbefestigten Fahrbahnen. Die SU-100 erreichte eine Höchstgeschwindigkeit von 55 km/h. Eine Granate wog 15,6 kg. Bei einer Anfangsgeschwindigkeit von 900 m/s betrug die größte Schußentfernung 15400 m.

76-mm-Kanone Mod. 1942
Die 76-mm-Kanone Mod. 1942 diente zur Bekämpfung von Panzern und lebenden Kräften des Gegners. Ihre Masse in Gefechtslage betrug 1200 kg, ihre maximale Feuergeschwindigkeit 15 Schuß/min, die größte Schußentfernung 13290 m, die Masse einer Granate 6,2 kg, die Anfangsgeschwindigkeit der Granate 680 m/s, der größte Erhöhungswinkel des Rohres 37°, der größte Neigungswinkel 5°, der Seitenschwenkbereich 54°. Die Kanone wurde von einem Lkw gezogen. Auf Straßen war eine Fahrgeschwindigkeit bis 50 km/h, auf unbefestigten Fahrbahnen bis 30 km/h zulässig.

Geschoßwerfer BM-13 „Katjuscha"
Der Geschoßwerfer BM-13 war für die Vernichtung von lebenden Kräften und von Feuermitteln durch überraschende und massierte Schläge vorgesehen. Die ersten Gefechtsfahrzeuge dieses Typs besaßen das Fahrgestell des Lkw SIS-6. Der BM-13 hatte 16 Führungsschienen für reaktive 132-mm-Geschosse. Die Masse eines Geschosses betrug 42,5 kg, die größte Schußentfernung 7900 m. Ohne Bedienung und Geschosse hatte der BM-13 eine Masse von 7200 kg.

120-mm-Regimentsgranatwerfer Mod. 1938
Diese Waffe war zur Vernichtung von lebenden Kräften und Feuermitteln des Gegners sowie zur Zerstörung von Verteidigungsanlagen bestimmt. Seine Masse betrug 275 kg, die Masse einer Granate 15,9 kg, die größte Schußentfernung 5700 m, die Feuergeschwindigkeit mit Richtkorrektur 6 Schuß/min. Mit seinen taktisch-technischen Daten war dieser Granatwerfer allen ausländischen Modellen überlegen.

14,5-mm-Panzerbüchse
Mit der 14,5-mm-Selbstlade-Panzerbüchse System Simonow wurden mittlere und leichte Panzer und gepanzerte Fahrzeuge des Gegners, aber auch Schießscharten von Feuerpunkten und andere Feuermittel bekämpft. Dank ihrer einfachen Konstruktion konnte diese Waffe auch unter den schwierigen Bedingungen der Kriegszeit in Massenproduktion hergestellt werden. Die Panzerbüchse hatte eine Masse von 20,9 kg und eine praktische Feuergeschwindigkeit von 15 Schuß/min. Das Geschoß wog 63 g und erreichte eine Anfangsgeschwindigkeit von 1012 m/s.

MPi PPSch-41
Mit der 7,62-mm-MPi Mod. 1941 (PPSch-41) des Konstrukteurs Schpagin konnte Einzel- und Dauerfeuer abgegeben werden. Die Masse der Waffe ohne Magazin betrug 3,5 kg, ihre Länge 840 mm, die theoretische Feuergeschwindigkeit 1000 Schuß/min, die Anfangsgeschwindigkeit der Geschosse 500 m/s. Das Trommelmagazin faßte 71 Patronen, das Stangenmagazin 35 Patronen. Infolge der einfachen Konstruktion dieser Waffe war die Industrie in der Lage, innerhalb kürzester Zeit ihre Massenproduktion aufzunehmen. Bis zum Ende des Großen Vaterländischen Krieges wurde sie zu der am meisten verbreiteten Schützenwaffe.

Sturzkampfbomber Pe-2
Die Pe-2 ist eine Konstruktion W. M. Petljakows und wurde 1940 geschaffen. Sie besaß zwei Motoren M-105 R mit einer Leistung von je 808 kW (1100 PS). Bewaffnet war die

Pe-2 mit fünf MG und Bomben bis insgesamt 1500 kg. Ihre Höchstgeschwindigkeit betrug 540 km/h, die Reichweite 1315 km, die Gipfelhöhe 8800 m, die Startmasse 8520 kg und die Länge 12,6 m. Während des Großen Vaterländischen Krieges war die Pe-2 das wichtigste sowjetische Frontbombenflugzeug. Insgesamt wurden 11427 Flugzeuge dieses Typs gebaut.

Erdkampfflugzeug Il-2

Erdkampfflugzeug Il-2 ist eine Konstruktion S. W. Iljuschins und entstand im Jahre 1940. Anfangs wurde es in einsitziger, später in zweisitziger Ausführung gebaut. Sein Motor vom Typ AM-35 leistete 1180 kW (1600 PS). Die Bewaffnung bestand aus zwei 23-mm-Kanonen (von 1943 an zwei 37-mm-Kanonen), zwei MG SchKAS oder zwei 12,7-mm-MG, acht Raketen RS-82 oder RS-132 sowie Bomben mit einer Gesamtmasse bis 600 kg. Die Höchstgeschwindigkeit betrug 450 km/h, die Reichweite 630 km und die Gipfelhöhe 7500 m. Die Il-2 wurde erfolgreich zur unmittelbaren Unterstützung der Truppen auf dem Gefechtsfeld eingesetzt.

Jagdflugzeug Jak-3

Das einsitzige Jagdflugzeug Jak-3 — eine Konstruktion A. S. Jakowlews — wurde 1943 eingeführt. Es war mit dem Motor WK-105 PF ausgestattet, der 920 kW (1240 PS) leistete. Auch die Motoren WK-107 und WK-108 gelangten bei diesem Flugzeug zum Einbau. Bewaffnet war die Jak-3 mit einer 23-mm-Kanone und zwei 12,7-mm-MG. Die Höchstgeschwindigkeit betrug 650 km/h, die Reichweite 710 km, die Gipfelhöhe 11800 m, die Startmasse 2660 kg, die Länge 8,5 m. Die Jak-3 war eines der am meisten eingesetzten Jagdflugzeuge des Großen Vaterländischen Krieges.

U-Boot Typ K

Der Bau der U-Boote vom Typ K begann in den 30er Jahren. Die Boote besaßen eine Wasserverdrängung von 1390 t in Überwasserlage und 2600 t in Unterwasserlage. Ihre Höchstgeschwindigkeit betrug bei Überwasserfahrt 18 kn, bei Unterwasserfahrt 10 kn, ihre Länge 94 m, die Breite 7 m und der Tiefgang 4 m. (Die Daten der einzelnen Boote weichen von diesen Mittelwerten ab.) Die Besatzung zählte 62 Mann. Die Bewaffnung umfaßte zehn 533-mm-Torpedorohre, zwei 100-mm-Geschütze und zwei 45-mm-Geschütze. Angetrieben wurden die Boote von zwei Dieselmotoren mit 6250 kW (8500 PS) Gesamtleistung sowie von zwei Elektromotoren mit 3100 kW (4200 PS) Gesamtleistung. An Kraftstoff wurden 150 t mitgeführt. Die mächtige Artilleriebewaffnung verlieh diesen Booten auch in Überwasserlage eine hohe Kampfkraft.

11. Sowjetische Volkskommissäre und Minister für Landesverteidigung

Leo Dawidowitsch *Trotzki*	März 1918	–	Januar 1925
Michail Wassiljewitsch *Frunse*	Januar 1925	–	Oktober 1925
Kliment Jefremowitsch *Woroschilow*	November 1925	–	Mai 1940
Semjon Konstantinowitsch *Timoschenko*	Mai 1940	–	Juli 1941
Josif Wissarionowitsch *Stalin*	Juli 1941	–	März 1947
Nikolaj Aleksandrowitsch *Bulganin*	März 1947	–	März 1949
Aleksandr Michajlowitsch *Wassilewski*	März 1949	–	März 1953
Nikolaj Aleksandrowitsch *Bulganin*	März 1953	–	Februar 1955
Georgij Konstantinowitsch *Schukow*	Februar 1955	–	Oktober 1957
Rodion Jakowlewitsch *Malinowskij*	Oktober 1957	–	März 1967
Andrej Antonowitsch *Gretschko*	April 1967	–	April 1977
Dimitrij Fjodorowitsch *Ustinow*	April 1977	–	

Oberkommandierende der Warschauer-Pakt-Streitkräfte seit 1955

Iwan Stepanowitsch *Konjew*	Mai 1955	–	Juni 1960
Andrej Antonowitsch *Gretschko*	Juli 1968	–	Juli 1967
Iwan Ignatjewitsch *Jakubowski*	Juli 1967	–	November 1976
Wiktor Georgiewitsch *Kulikow*	Januar 1977	–	

Bibliographie

Abosch, Hans: Trotzki-Chronik. Daten, Leben und Werk, München 1973.

Achtzehnter Parteitag der Kommunistischen Partei (Bolschewiki) der Sowjetunion, Paris 1939.

Agnoli, Johannes, *Brendel,* Cajo, *Mett,* Ida: Die revolutionären Aktionen der russischen Arbeiter und Bauern. Die Kommune von Kronstadt, Berlin 1974.

Anfilow, W. A.: Natschalo Welikoj Otetschestwennoj Wojny, Moskau 1962.

Antonow-Owsejenko, W.: Im Jahre siebzehn. Erinnerungen an die Oktoberrevolution, Berlin/DDR 1958.

Armstrong, J. A.: Ukrainian Nationalism 1939—1945, New York 1955.

Arschinoff, P.: Geschichte der Macnno-Bewegung 1918—1921, Berlin 1923.

Asowzew, N. N.: Die militärischen Fragen in den Arbeiten W. I. Lenins. Mit kurzen Inhaltsangaben versehenes Nachschlagewerk, Berlin/DDR 1974.

Ausschuß für deutsche Einheit (Hrsg.): Wer zog die Drähte? Der Juni-Putsch 1953 und seine Hintergründe, Berlin/DDR o. J.

Autorenkollektiv des Instituts für Deutsche Militärgeschichte: Militarismus gegen Sowjetmacht 1917 bis 1919. Das Fiasko der ersten antisowjetischen Aggression des deutschen Militarismus, Berlin/DDR 1967.

Bagramjan, I. Ch.: Trudnoje leto, Moskau 1962.

Bagramjan, I. Ch.: Tak natschinalas' wojna, Moskau 1971.

Barwich, Heinz und Elfi: Das rote Atom. Als deutscher Wissenschaftler im Geheimkreis der russischen Kernphysik, Bern 1967.

Baschanow, Boris: Ich war Stalins Sekretär, Berlin 1977.

Batow, P. I.: Von der Wolga zur Oder, Berlin/DDR o. J.

Berend, Iván T.: Gazdaságpolitika az elsö ötéves terv megvalòsitasákor 1948—1950, Budapest 1964.

Bergmann, H., *Smilga,* J., *Trotzki,* L.: Die russische sozialistische Armee, Zürich 1920.

Benes, Eduard: Memoirs, London 1954.

Berija, L.: Zur Geschichte der bolschewistischen Organisationen in Transkaukasien, Moskau 1936.

Birjuzov, Sz. Sz.: A vörös nyil a Krimre mutat, Budapest 1962.

Bitwa sa Leningrad, Moskau 1964.

Bontsch-Brujewitsch, M. D.: Petrograd. Erinnerungen eines Generals, Berlin/DDR 1970.

Bradley, John: Allied Intervention in Russia, London 1968.

Bronska-Pampuch, Wanda: Polen zwischen Hoffnung und Verzweiflung, Köln 1958.

Bruegel, J. W.: Stalin und Hitler. Pakt gegen Europa, Wien 1973.

Brussilow, A. A.: Moi wospominanija, Moskau 1963.

Bugyonnij, Sz. M.: A megtett ut, Budapest 1959.

Bugyonnij, Sz. M.: Lovasroham, Budapest 1967.

Bugyonnij, Sz. M.: Uj utakon, Budapest 1975.

Bundesministerium für Gesamtdeutsche Fragen (Hrsg.): Es geschah im Juni 1953. Fakten und Daten, Bonn 1963.

Bundesministerium für Gesamtdeutsche Fragen (Hrsg.): Der Volksaufstand vom 17. Juni 1953. Denkschrift über den Juni-Aufstand in der sowjetischen Besatzungszone Deutschlands und in Ost-Berlin, Bonn 1953.

Chamberlain, William Henry: Die russische Revolution 1917—1921, Frankfurt a. M. 1958, Bd. 1 und 2.

Chruschtschow, Nikita S.: Einen Krieg verhüten — die vordringlichste Aufgabe! Moskau 1963.
Churchill, Winston S.: Memoiren, Stuttgart 1951.
Churchill, Winston S.: The World Crisis: The Aftermath, London 1929.
Colton, J. Timothy: The Zhukov Affair reconsidered. In: Soviet Studies, Glasgow, April 1977.
Craig, William: Als Japans Sonne unterging. Das Ende des Krieges im Pazifik 1945, Wien 1970.
Csizmàs, Michael: Militärpolitische und völkerrechtliche Aspekte der militärischen Besetzung der CSSR. In: Allgemeine Schweizerische Militärzeitschrift, Nr. 3/1969.
Csizmàs, Michael: Der Warschauer Pakt, Bern 1972.
Csujanov, A. Sz.: Sztálingrad 162, Budapest 1977.
Csujkov, V. I.: Eröd a Volga partján, Budapest 1960.
Csujkov, V. I.: Az évzázad ütközete, Budapest 1977.

Dach, H. v.: Ein kleines Volk wehrt sich... In: Der Schweizer Soldat, Basel, Nr. 2/1977.
Darnóy, Pal: Die sowjetische Militärintervention in Ungarn. In: Wehrkunde, Nr. 2/1957.
DDR-Handbuch, Köln 1975.
Deane, John R.: Ein seltsames Bündnis. Amerikas Bemühungen während des Krieges, mit Rußland zusammenzuarbeiten, Wien 1947.
Deane, Michael, J.: Political Control of the Soviet Armed Forces, London 1977.
Der Kampfweg der sowjetischen Seekriegsflotte, Berlin/DDR 1976.
Deutscher, Isaac: Die unvollendete Revolution, Frankfurt a. M. 1970.
Die ausländische militärische Intervention und der Bürgerkrieg in der UdSSR 1918—1920, Berlin/DDR 1954.
Die Erinnerungen Nikita Chruschtschows — auf Tonband gesprochen. In: Der Spiegel, Hamburg, Nr. 18/1974.
Die Partei der Bolschewiki in der Periode der Vorbereitung und Durchführung der sozialistischen Oktoberrevolution (April 1917—1918), Berlin/DDR 1951.
Die neuen Zaren. Sozialistisch in Wort — imperialistisch in Taten, Köln 1975.
Djilas, Milovan: Gespräche mit Stalin, Frankfurt a. M. 1962.
Djilas, Milovan: Der Krieg der Partisanen. Jugoslawien 1941—1945, Wien-München 1978.
Dserschinski, F. E.: Isbrannye proiswedenija, Moskau 1957.
Duschenskij, W. W.: Proletarskij marschal, Moskau 1973.
Dzierzynska, Zofia: Jahre großer Kämpfe, Berlin/DDR 1977.

Ehrenburg, Ilja: Menschen, Jahre, Leben. Autobiographie, München 1965 Bd. 1—2.
Ehrmann, John: Grand Strategy. October 1944 — August 1945, London 1956.
Emilian, I. V.: Der phantastische Ritt. Rumäniens Kavallerie an der Seite der Deutschen Wehrmacht im Kampf gegen den Bolschewismus, Preussisch Oldendorf 1977.
Erickson, John: The Military Purge. In: The Twentieth Century, London, Juli 1957.
Erickson, John: Soviet High Command. Military Political History 1918—1941, London 1962.
Erickson, John: Zum Frühstück in München. Möglichkeit und Absicht der sowjetischen Militärpolitik, Düsseldorf-Wien 1972.

Fischer, Kurt: Deutsche Truppen und Entente-Intervention in Südrußland 1918—19, Boppart am Rhein 1973.
Fischer, Louis, *Jakovlev,* Boris: Thirteen Who Fled, New York 1949.
Foerster, Gerhard, *Paulus,* Nikolaus: Abriß der Geschichte der Panzerwaffe, Berlin/DDR 1977.

Friessner, Hans: Verratene Schlachten, Hamburg 1957.
Frunse, Michael W.: Na frontach graschdanskoj wojny. Sobranie dokumentow, Moskau 1941.
Frunse, Michael W.: Ausgewählte Schriften, Berlin/DDR 1955.
Frunse, Michael W.: Isbrannye proiswedenija, Moskau 1957.

Gackenholz, Hermann: Der Zusammenbruch der Heeresgruppe Mitte. In: Entscheidungsschlachten des Zweiten Weltkrieges, Frankfurt a. M. 1964.
Garder, Michel: Die Geschichte der Sowjetarmee, Frankfurt a. M. 1968.
Germanis, Uldis: Oberst Vacietis und die lettischen Schützen im Weltkrieg und in der Oktoberrevolution, Stockholm 1974.
Geschichte des Großen Vaterländischen Krieges der Sowjetunion, Berlin/DDR 1967.
Geschichte der Kommunistischen Partei der Sowjetunion, Berlin/DDR 1975.
Gibney, Frank H. (Hrsg.): Oleg Penkowskij. Geheime Aufzeichnungen, München-Zürich 1966.
Glawnoje Archiwnoje Uprawlenie pri Sowjete Ministrow SSSR: Direktiwy kommandowanija frontow Krasnoj Armii (1917—1922 gg.). Sbornik dokumentow w 4-ch tomach, Moskau 1971—1974.
God 1941 jugosapadnyj front. Wospominanija, otscherki, dokumenty, Lwow 1975.
Goerlitz, Walter: Geldgeber der Macht, Düsseldorf-Wien 1976.
Golub, P. A.: Der Kampf der Bolschewiki um die Gewinnung der Armee für die Oktoberrevolution. In: Zeitschrift für Militärgeschichte, Berlin/DDR Nr. 1/1968.
Gorbatow, A.: Gody i wojny, Moskau 1964.
Gordon, Herold: Die Reichswehr und die Weimarer Republik 1919—1926, Frankfurt a. M. 1959.
Gorschkow, S. S.: Seemacht Sowjetunion, Hamburg 1978.
Gosztony, Peter: Die Sowjetarmee in Ungarn 1956. In: Aus Politik und Zeitgeschichte, Bonn, Nr. 43/1966.
Gosztony, Peter: Moskau in der Krise. In: Österreichische Militärische Zeitschrift, Wien, Nr. 3/1967.
Gosztony, Peter: „Aber Churchill, dem traue ich alles zu!" Stalin fürchtete 1945 ein Bündnis zwischen Hitler und den Westmächten. In: Der Spiegel, Hamburg, Nr. 47/1969.
Gosztony, Peter: Der Kampf um Berlin 1945 in Augenzeugenberichten, Düsseldorf 1970.
Gosztony, Peter: Über die Entstehung der Nationalkomitees und der nationalen Militärformationen der osteuropäischen Nationen in der Sowjetunion während des Zweiten Weltkrieges. In: Militärgeschichtliche Mitteilungen, Freiburg i. Br., Nr. 2/1973.
Gosztony, Peter: Die Aufrüstungsmaßnahmen in der Bundesrepublik Deutschland und das Echo des Ostblocks. In: Aspekte der deutschen Wiederbewaffnung bis 1955, Boppard am Rhein 1975.
Gosztony, Peter: Schild und Schwert. Fakten und Erkenntnisse zum zwanzigjährigen Bestehen des Warschauer Paktes. In: Schweizer Monatshefte, Zürich, Nr. 5/1975.
Gosztony, Peter: Parlamentäre. Das Schicksal der Parlamentäre der Roten Armee vor Budapest im Dezember 1944. Tatsachen und Legenden. In: Truppendienst, Wien, Nr. 1/1975.
Gosztony, Peter (Hrsg.): Zur Geschichte der europäischen Volksarmeen, Bonn-Bad Godesberg 1976.
Gosztony, Peter: The Hungarian Revolution of 1956. In: Canadian-American Review of Hungarian Studies, Kingston/Canada, Nr. 3/1976.
Gosztony, Peter: Hitlers Fremde Heere. Das Schicksal der nichtdeutschen Armeen im Ostfeldzug, Düsseldorf-Wien 1976.

Gosztony, Peter: Endkampf an der Donau 1944/45, Wien 1978[2].
Gretschko, Andrej A.: Über die Karpaten, Berlin/DDR 1972.
Gretschko, Andrej A.: Die Streitkräfte des Sowjetstaates, Berlin/DDR 1975.
Gretschko, Andrej A. (Red.): Geschichte des Zweiten Weltkrieges 1939—1945 in zwölf Bänden, Berlin/ DDR 1975—1980.
Grigorenko, Pjotr: Der sowjetische Zusammenbruch 1941, Frankfurt a. M. 1969.
Groehler, Olaf: Geschichte des Luftkrieges 1910 bis 1970, Berlin/DDR 1975.

Hahlweg, Werner (Bearb.): Der Friede von Brest-Litowsk, Düsseldorf 1971.
Haldeman, Robert H.: „Die Sowjets wollten den Atomkrieg!" In: Stern, Hamburg, Nr. 9/1978.
Hattori, Takushiro: The Complete History of the Greater East Asia War, Tokyo 1952—54.
Heinkel, Ernst: Ein stürmisches Leben, Stuttgart 1953.
Hidas, Antal: Vilàgotjàrt sorok, Budapest 1973.
Hilger, Gustav: Wir und der Kreml. Deutsch-sowjetische Beziehungen 1918—1941, Frankfurt a. M. 1955.
Hillgruber, Andreas, *Hümmelchen,* Gerhard: Chronik des Zweiten Weltkrieges, Frankfurt a. M. 1971.
Hoelzle, Erwin: Lenin und die russische Revolution, Bern-München 1968.
Hoxha, Enver: Der Kampf der Partei der Arbeit Albaniens gegen den Chruschtschow-Revisionismus, Dortmund 1976.
Hümmelchen, Gerhard: Die Luftstreitkräfte der UdSSR am 22. Juni 1941 im Spiegel der sowjetischen Kriegsliteratur. In: Wehrwissenschaftliche Rundschau, Herford, Nr. 6/1970.

Ignatjew, A. A.: Fünfzig Jahre in Reih und Glied, Berlin/DDR 1956.
Iszraeljan, Viktor: A Hitler-ellenes koaliciò diplomàcià, Budapest 1973.
Iwanowski, J. F.: Auf Gefechtsposten. Ein Buch über die Gruppe der sowjetischen Streitkräfte in Deutschland, Berlin/DDR 1977.

Jakowlew, A. Sz.: Szárnyak, emberek. Egy repülögéptervezö feljegyzései, Budapest 1968.
Jakowlewa, W.: Der Professor des bewaffneten Aufstandes. Aus dem Leben P. K. Sternbergs, Moskau-Leningrad 1933.
Jefremow, A.: Die sozialistischen Länder und die Kernabrüstung, Moskau 1974.
Jepischew, A. A.: Ideologitscheskaja bor'ba po wojennym woprosam, Moskau 1974.
Just, Arthur W.: The Red Army, London 1936.

Kahle, Günter: Das Kaukasusprojekt der Alliierten vom Jahre 1940, Opladen 1973.
Karelin, Viktor: Der längste Marsch. Ein Kampf um Freiheit 1939—1945, Freiburg-Basel-Wien 1976.
Kaupisch, Hugo: Die Befreiung von Livland und Estland, Oldenburg 1918.
Keller, Werner: Ost minus West gleich Null. Der Aufbau Rußlands durch den Westen, Stuttgart-Zürich-Salzburg o.J.
Kerr, Walter: Das Geheimnis Stalingrad. Hintergründe einer Entscheidungsschlacht, Düsseldorf-Wien 1977.
Knorin, W. (Red.): Kurze Geschichte der KPdSU (B), Moskau 1935.
Kopelew, Lew: Aufbewahren für alle Zeiten! Hamburg 1976.
Korabljow, J. I., *Anfilow,* W. A., *Mazulenko,* W. A.: Kurzer Abriß der Geschichte der Streitkräfte der UdSSR von 1917 bis 1972, Berlin/DDR 1976.
Korolkow, Juri: Der Mann, für den es keine Geheimnisse gab. Richard Sorge in Tokio, Berlin/DDR 1967.

Konjev, Ivan: A negyvenötös esztendö, Budapest 1968.
KPSS w resoljuzijach, Moskau 1970.
Kriegsgeschichtliche Forschungsanstalt des Heeres (Hrsg.): Der Weltkrieg 1914 bis 1918, Berlin 1942.
Kruhin, Peter: Lenin and the Soviet Armed Forces. In: Studies on the Soviet Union, München, Nr. 1/1970.
Kunert, Dirk (Hrsg.): General Ljuschkows Geheimbericht. Über die Stalin'sche Fernostpolitik 1937/38, Bern 1977.
Kusnezow, N. G.: Am Vorabend, Berlin/DDR 1973.
Kusnezow, N. G.: Gefechtsalarm in den Flotten, Berlin/DDR 1974.

Lasky, Melvin J.: Die Ungarische Revolution. Ein Weißbuch, Berlin 1958.
Lenin, Wladimir Iljitsch: Sämtliche Werke, Wien 1931—1935.
Lenin, Wladimir Iljitsch: Über Krieg, Armee, Militärwissenschaft, Berlin/DDR 1959.
Lenin, Wladimir Iljitsch: Werke, Berlin/DDR 1960—1968.
Lenin, Wladimir Iljitsch: Briefe, Berlin/DDR 1967—1970.
Lenin und der Aufbau der sowjetischen Streitkräfte, Moskau 1969.
Leonhard, Wolfgang: Die Revolution entläßt ihre Kinder, Köln-Berlin 1955.
Leonhard, Wolfgang: Der Kreml ohne Stalin, Köln-Berlin 1962.
Lewytzkyj, Boris: Die Marschälle und die Politik, Köln 1971.
Ljubimow, Lew: Zwischen Petersburg und Paris, Berlin/DDR 1975.
Lorbeer, Hans-Joachim: Westmächte gegen die Sowjetunion 1939—1941, Freiburg i. Br. 1975.
Lotockij, Sz. Sz. (szerk.): A hàboruk és a hadmüvészet története, Budapest 1975.

Marx-Engels-Lenin Institut (Hrsg.): J. Stalin. Kurze Lebensbeschreibung, Berlin 1945.
Mastny, Vojtech: Stalin and the Prospects of a Separate Peace in World War II. In: The American Historical Review, 1977.
Matloff, Maurice (Hrsg.): American Military History, Washington 1969.
Mazulenko, W. A.: Die Zerschlagung der Heeresgruppe Südukraine, August bis September 1944, Berlin/DDR 1959.
Medwedew, Roy: Die Wahrheit ist unsere Stärke. Geschichte und Folgen des Stalinismus, Frankfurt a. M. 1973.
Meisner, Hans-Friedrich: Die UdSSR als Seemacht. In: Marineforum, Bonn, Nr. 8/1976.
Meissner, Boris: Rußland unter Chruschtschow, München 1960.
Meister, J.: Die Amur-Flottille und der chinesisch-sowjetrussische Konflikt von 1929. In: Marine-Rundschau, Frankfurt a. M., Nr. 3/1960.
Méray, Tibor: Nagy Imre élete és halàla, München 1978.
Merezkow, K. A.: Im Dienste des Volkes, Berlin/DDR 1972.
Mlynař, Zdeněk: Nachtfrost, Köln 1978.
Morozow, Michael: Leonid Breschnew, Stuttgart-Berlin-Köln-Mainz 1973.

Na wetschnyje wremena, Moskau 1975.
Naszkowski, Marian: Jahre der Prüfung. Auf dem Weg zum neuen Polen, Berlin/DDR 1968.
Nekritsch, Alexander, *Grigorenko,* Pjotr: Genickschuß. Die Rote Armee am 22. Juni 1941, Wien-Frankfurt a. M.-Zürich 1969.
Nerus, S.: Nationale Formationen in der Roten Armee. In: Das neue Rußland, Berlin, Nr. 1—2/1930.
Newhouse, J.: Colt Down. The Story of SALT, Chicago-San Francisco 1974.

Niedhart, Gottfried: Der Bündniswert der Sowjetunion im Urteil Großbritanniens 1936—1939. In: Militärgeschichtliche Mitteilungen, Freiburg i. Br., Nr. 2/1971.
Nikulin, Lew: Die Affäre Tuchatschewski, Berlin o.J.

Obolenskij, W.: Krym pri Wrangele, Moskau 1927.
Obschtschewojskowaja armija w nastuplenii, Moskau 1966.
Olberg, Paul: Die Bauernrevolution in Rußland. Die alte und die neue Politik Sowjet-Rußlands, Leipzig 1922.
Olberg, Paul: Die Tragödie des Baltikums, Zürich-New York 1941.
Oljschanski, Boris: My prichodim s wostoka, Buenos Aires 1954.

Pachman, Ludek: Was in Prag wirklich geschah. Illusionen und Tatsachen aus der Ära Dubcek, Freiburg i. Br.-Basel-Wien 1978.
Pächter, Heinz: Chruschtschow, Kennedy, Castro. Die Oktoberkrise 1962 und ihre Folgen, Köln-Berlin 1963.
Paleckis, Justas: In zwei Welten, Berlin/DDR 1976.
Petrow, Ju. P.: Stroitel'stwo politorganow, partijnych i komsomol'skich organisazij armii i flota, 1918—1968, Moskau 1968.
Philippi, Alfred, *Heim,* Ferdinand: Der Feldzug gegen Sowjetrußland 1941 bis 1945. Ein operativer Überblick, Stuttgart 1962.
Plecha, Darius: Das Werden einer Weltmacht, München 1968.
Poltorak, A. J.: Njurnbergskij epilog, Moskau 1968.
Pokroskin, A. I.: Háborus égbolt, Budapest 1972.
Pospelow, P. N., *Bugajew,* J. I., *Iljitschow,* L. F.: Geschichte der Kommunistischen Partei der Sowjetunion, Moskau 1972.
Pressegruppe sowjetischer Journalisten (Hrsg.): Zu den Ereignissen in der Tschechoslowakei. Tatsachen, Dokumente, Presse- und Augenzeugenberichte, Moskau 1968.
Programm und Statuten der Kommunistischen Partei der Sowjetunion, Berlin/DDR 1961.
Putna, W.: Do Wisly i obratno, Moskau 1925.

Quilitzsch, Siegmar, *Krüger,* Joachim: Sozialistische Staatengemeinschaft. Die Entwicklung der Friedenspolitik der sozialistischen Staaten, Berlin/DDR 1972.

Radek, Karl: Die internationale Lage und die äußere Politik der Räteregierung, Moskau 1918.
Rádo, Sándor: Dóra jelenti..., Budapest 1971.
Raid, Robert: Wenn die Russen kommen..., Freiburg i. Br.-Frankfurt a. M. 1953.
Ránki, György: A második világháboru története, Budapest 1973.
Rechenschaftsbericht des Zentralkomitees der KPdSU an den 24. Parteitag der KPdSU, Moskau, Berlin/DDR 1971.
Révész, Lászlò: Militärische Ausbildung in Osteuropa, Bern 1975.
Révész, Lászlò: Recht und Willkür in der Sowjetpresse. Eine presserechtliche und pressepolitische Untersuchung, Fribourg 1974.
Rexin, Manfred: Die Folgen des 13. August 1961. Chronik und Dokumente zur Berlin-Krise, August 1961 — Dezember 1962, Berlin 1963.
Ritter, Gerhard: Das Kommunemodell und die Begründung der Roten Armee im Jahre 1918, Berlin 1965.
Rokossowski, K. K.: Soldatenpflicht. Erinnerungen eines Frontoberbefehlshabers, Berlin/DDR 1971.
Rotmisztrov, P. A.: Az idö és a harckocsik, Budapest 1975.

Rummel, Rudolf J.: Der gefährdete Frieden. Die militärische Überlegenheit der UdSSR, München 1977.

Sacharow, Andrej D.: Memorandum. Gedanken über Fortschritt, friedliche Koexistenz und geistige Freiheit, Frankfurt a. M. 1968.
Sacharow, Matwej W.: Natschalnyj period Welikoj Otetschestwennoj Wojny i jego uroki. In: Wojenno-Istoritscheskij schurnal, Moskau, Nr. 7/1961.
Sacharow, Matwej W. (Red.): Die Streitkräfte der UdSSR. Abriß ihrer Entwicklung von 1918 bis 1968. Berlin/DDR 1970.
Sacharow, Matwej W.: Utschonyj i woin. O Marschale Sowjetskogo Sojusa B. M. Schaposchnikowe, Moskau 1974.
Sadat, Anwar El-: Unterwegs zur Gerechtigkeit. Auf der Suche nach Identität: Die Geschichte meines Lebens, Wien-München 1978.

Sakonodatel'stwo ob oborone SSSR, Moskau 1939.
Salisbury, Harrison E.: Krieg zwischen Rußland und China, Frankfurt a. M. 1970.
Salisbury, Harrison E.: 900 Tage. Die Belagerung von Leningrad, Frankfurt a. M. o.J.
Sandalow, L. M.: Pereschitoje, Moskau 1961.
Schlapnikow, A.: Der Kampf um das Gewehr. Zur Geschichte der Roten Garde, Berlin 1920.
Schmid, Alex P.: Churchills privater Krieg. Intervention und Konterrevolution im russischen Bürgerkrieg 1918—1920, Zürich 1974.
Schmidt-Häuer, Christian, *Müller,* Adolf: Viva Dubček. Reform und Okkupation in der ČSSR. Köln-Berlin 1968.
Schmiedel, Karl, *Schnitter,* Helmut: Bürgerkrieg und Intervention 1918—1922, Berlin/DDR 1970.
Schtemenko, S. M.: Im Generalstab, Berlin/DDR 1969 + 1975 (Bd. 1—2).
Schtemenko, S. M.: Kak planirowalas' poslednjaja kampanija po razgromu gitlerowskoj Germanii? In: Wojenno-Istoritscheskij schurnal, Moskau, Nr. 5/1965.
Schukow, Georgi K.: Erinnerungen und Gedanken, Stuttgart 1969.
Seaton, Albert: The Soviet Army, London 1972.
Seaton, Albert: Der russisch-deutsche Krieg 1941—1945, Frankfurt a. M. 1973.
Seydlitz, Walther von: Stalingrad. Konflikt und Konsequenz. Erinnerungen, Oldenburg 1977.
Shukow, J. M. (Red.): Weltgeschichte in zehn Bänden, Berlin/DDR 1968.
Sik, Endre: Vihar a levelet..., Budapest 1970.
Smilg-Benario, Michael: Von Kerenski zu Lenin. Die Geschichte der zweiten russischen Revolution, Zürich 1929.
Smirnow, W.: Die Rote Armee und ihre Aufgaben. In: Russische Korrespondenz, Nr. 4—5/1922.
Sokolowski, W. D. (Red.): Militärstrategie, Berlin/DDR 1965.
Spanow, N.: Perwyj udarnyj, Moskau 1939.
Speer, Albert: Erinnerungen, Frankfurt a. M.-Berlin-Wien 1969.
Speidel, Helm: Reichswehr und Rote Armee. In: Vierteljahreshefte für Zeitgeschichte, Stuttgart, Nr. 1/1953.
Stankewitsch: Wospominanija 1914—1919, Berlin 1924.
Stalin, Josef W.: Probleme des Leninismus, Moskau/Leningrad 1944.
Stalin, Josef W.: Über den Großen Vaterländischen Krieg der Sowjetunion, Berlin/DDR 1951.
Stalin, Josef W.: Werke, Berlin/DDR 1953.

Stenzel, Ernst: Die Entwicklung der sowjetischen Artillerie bis zum Ende des Zweiten Weltkrieges. In: Militärgeschichte, Berlin/DDR, Nr. 4/1977.
Steppart, Fritz: Iran zwischen den Weltmächten 1941—1948, Oberursel 1948.
Stoekl, Günther: Sowjetrußland unter Lenin und Stalin, 1917—1953, München 1953.
Strelok, J.: Rotarmisten, Berlin 1930.
Sutton, Antony C.: Der leise Selbstmord. Amerikas Militärhilfe an Moskau, Bern 1976.
Syrop, Konrad: Spring in October. The Polish Revolution of 1956, London 1957.
Szekisztov, W. A.: Nagy hazugság a háboruról, Budapest 1974.
Szmirnov, Oleg: Katonavonat, Budapest 1974.
Sztálin, J.: A békéért, 1946—1951. Gyüjtemény Sztálin elvtárs háboruutáni beszédeiböl és nyilatkozataibòl, Budapest 1952.

Talbott, Strobe (Hrsg.): Chruschtschow erinnert sich, Reinbek 1971.
Telpuchowski, B. S.: Die sowjetische Geschichte des Großen Vaterländischen Krieges 1941—1945, Frankfurt a. M. 1961.
Teske, Hermann: General Ernst Köstring. Der militärische Mittler zwischen dem Deutschen Reich und der Sowjetunion 1921—1941, Frankfurt a. M. o. J.
Thach, Joseph E.: Soviet Military Assistance to the Peoples' Republic of China 1950—1960. In: Military Review, Fort Leavenworth, Nr. 1/1978.
Thalmann, Paul: Wo die Freiheit stirbt. Stationen eines politischen Kampfes, Olten-Freiburg i. Br. 1974.
The International Institute for Strategic Studies (Hrsg.): The Military Balance, London 1959—1978.
Thomas, J. (Hrsg.): Illustrierte Geschichte des Bürgerkrieges, Berlin 1929.
Thunig-Nitner, Gerburg: Die Tschechoslowakische Legion in Rußland. Ihre Geschichte und Bedeutung bei der Entstehung der 1. Tschechoslowakischen Republik, Wiesbaden 1970.
Tiedke, Stephan: Sowjetisches Rüstungsverhalten Anfang der sechziger Jahre. In: Wissenschaft und Frieden, Wien, Nr. 1/1976.
Tjusin, F. S.: Die militärische Tätigkeit der Bolschewiki in den Jahren 1905 bis 1907, Berlin/DDR 1956.
Todorski, A. I.: Krasnaja Armija w gorach, Moskau 1924.
Trotzki, L.: Von der Oktober-Revolution bis zum Brester Friedensvertrag, Belp-Bern 1918.
Trotzki, Leo: Die Geburt der Roten Armee, Wien 1924.
Trotzki, Leo: The Red Army. In: „The Saturday Evening Post", New York, 26. 5. 1934.
Trotzki, Leo: Tagebuch im Exil, München 1963.
Trotzki, Leo: Über Lenin, Hamburg 1964.
Tscherapanow, A. I.: Bei Pskow und Narwa, 23. Februar 1918, Berlin/DDR 1958.
Tschuikow, W.: Das Ende des Dritten Reiches, München 1966.
Tschuikow, W. I.: Gardisten auf dem Weg nach Berlin, Berlin/DDR 1976.
Tuchman, Barbara: August 1914, Bern 1964.
Tuhacsevszkij válogatott müvei, Budapest 1975.
Tylowaja sluschba Sowjetskich Wooruschonnych Sil w Welikoj Otetschestwennoj Wojne 1941—1945, Moskau 1977.

Vancura, Georg: Kontinuität und Wandel der sowjetischen Militärdoktrin 1945—1972, Bern 1977 (Unveröff. Studie).
Verfassung der Union der Sozialistischen Sowjetrepubliken, Moskau 1977.
Vorosilov, Kliment J.: Cikkek és beszédek, Budapest 1954.

Wassilewski, Alexander M.: Sache des ganzen Lebens, Berlin/DDR 1977.
Wedomosti Werchownogo Sowjeta Sojusa Sowjetskich Sozialistitscheskich Respublik, Moskau 1967 (Nr. 42).
Weissberg-Cybulski, Alexander: Hexensabbat. Rußland im Schmelztiegel der Säuberungen, Frankfurt a. M. o.J.
Weizsäcker, Ernst von: Erinnerungen, München 1950.
Werth, Alexander: Rußland im Krieg, München-Zürich 1965.
Wetlugin, A.: Awantjuristy graschdanskoj wojny, Paris 1921.
Wettig, Gerhard: Die Rolle der russischen Armee im revolutionären Machtkampf 1917. Aus: Forschungen zur osteuropäischen Geschichte, Berlin 1967.
Whaley, Barton: Codeword Barbarossa, Cambridge, Mass.,-London 1973.
Wiener, Friedrich: Soldaten im Ostblock, München 1972.
Wildman, Allan: The February Revolution in the Russian Army. In: Soviet Studies, Glasgow, Nr. 1/1970.
Wneschnjaja Politika SSSR. Sbornik dokumentow, Moskau o.J.
Wosnessenski, N.: Die Kriegswirtschaft der UdSSR während des Vaterländischen Krieges, Moskau 1949.
Woroschilow, Kliment J.: Stalin und der Aufbau der Roten Armee, Berlin/DDR 1953.
Woroschilow, Kliment J.: Stalin und die Streitkräfte der UdSSR, Berlin/DDR 1954.
Wu, K.: China and the Soviet Union. A Study of Sino-Soviet Relations, London 1950.

Zur Rolle der KPdSU und der Sowjetunion im revolutionären Weltprozeß, Berlin/DDR 1975.

Personenregister